기독교문서선교회(Christian Literature Center: 약칭 CLC)는 1941년 영국 콜체스터에서 켄 아담스에 의해 시작되었으며 국제 본부는 미국 필라델피아에 있습니다.
국제 CLC는 59개 나라에서 180개의 본부를 두고, 약 650여 명의 선교사들이 이동도서차량 40대를 이용하여 문서 보급에 힘쓰고 있으며 이메일 주문을 통해 130여 국으로 책을 공급하고 있습니다. 한국 CLC는 청교도적 복음주의 신학과 신앙 서적을 출판하는 문서선교기관으로서, 한 영혼이라도 구원되길 소망하면서 주님이 오시는 그날까지 최선을 다할 것입니다.

추천사

이 신 열 박사
고신대학교 신학과 교의학 교수

   조윤호 박사는 기독론에 있어서 칼빈 이후 개혁주의 신학에서 거의 표준적으로 다루어진 그리스도의 삼중직분과 개혁주의 신학에서 거의 간과되어 왔던 창조론과의 관계를 살핀다. 물론 기독론과 창조론의 조합 자체가 우리의 신학적 관심을 끌기도 하지만, 더욱 흥미롭고 중요한 것은 이 주제가 그리스도와 창조와의 관계라는, 성경의 궁극적이며 시원적인 주제로 우리를 인도한다는 사실이다.
   조 박사는 이 주제를 성경적으로 고찰하는 동시에 고대 교회 이후의 정통적인 기독론적 입장을 견지하면서 자신의 견해를 치밀하고 상세하게 고찰해 나간다. 그의 관점은 신선하고 독특하며 많은 유익을 제공한다.
   『그리스도의 세 가지 직분: 둘째 아담 그리고 창조회복』은 고대 교회에서 출발해 현대 신학에 이르기까지 걸출한 신학자들의 작품을 찬찬히 살펴보는데, 이런 고찰은 기독론의 역사적 발전 과정에 대해 더욱 방대하고 정확한 이해를 추구하는 모든 신학자와 신학도 그리고 평신도에게도 많은 도움을 제공할 것이다.
   우주의 창조주이신 그리스도께서 또한 우리의 구원주이시라는 놀라운 사실이 지닌 의미를 좀 더 깊이 깨닫기에 적절한 기회를 제공한다는 점에 있어서 이 책을 흔쾌히 그리고 강력하게 추천하는 바이다.

박재은 박사
총신대학교 신학대학원 조직신학 외래교수

이 책은 그리스도의 세 가지 직분에 대해 충실히 연구한 대작(大作, masterpiece)으로 다음과 같은 세 가지 이유에서 오랫동안 널리 읽힐 필독서로 자리매김할 것을 확신한다.

첫째, 둘째 아담 그리스도의 세 가지 직분에 관해 고대부터 근현대까지 교회사적 발전상을 성실하고 치밀하게 연구했다. 이를 통해 이후 연구자들에게 대단히 소중한 관련 자료집을 선사해 주었다.

둘째, 둘째 아담 그리스도의 세 가지 직분, 하나님의 형상, 창조회복에 대한 교의학적 담론들을 통찰력 있고 아름답게 엮어 냈다. 얼핏 보면 연결이 힘들 것으로 보이는 개념들을 기가 막힌 신학적 설득력과 치밀한 논증으로 엮어 내어 아름다운 큰 그림을 그려 냈다.

셋째, 둘째 아담 그리스도의 세 가지 직분론과 창조회복론이 우리에게 얼마나 큰 은혜의 교리인지를 파악할 수 있는 실천적인 물꼬를 활짝 터 주었다.

이 책을 읽고 난 후 머리에 남는 그리스도는 사변적이고 추상적으로 화석화된 그리스도가 아니라 왕, 선지자, 제사장의 유익을 우리에게 친히 전가해 주신 은혜롭고 자비로우신 그리스도이시다. 그러므로 이 책은 '그리스도인'인 우리에게 신학적 유익과 실천적 소망을 강하게 안겨 주는 수작(秀作) 중 수작이다.

배정훈 박사
고신대학교 신학과 교회사 교수

　조윤호 박사는 목회자이며 신학자이다. 경건하며 성실할 뿐만 아니라 학적으로도 뛰어나다. 조 박사의 이런 면모가 책의 매 페이지마다 녹아 있다.

　이 책은 두 번째 아담이신 그리스도께서 첫 번째 아담이 잃어버린 세 직분 곧 왕, 선지자, 제사장 직분을 회복하셨음을 조직신학과 교회사적인 절묘한 분석을 통해 분명하게 보여 준다. 이는 곧 하나님의 형상의 회복이다.

　저자는 그리스도의 세 직분론이 기독론과 구원론과 더불어 창조회복과 긴밀하게 연결됨을 명쾌하게 논증한다. 현대 신학이 지닌 약점을 간파함은 물론 그리스도의 세 직분론에 대한 면밀한 교리사적인 추적은 감탄을 자아낸다.

　특히 저자는 "근원으로 돌아가라"(*ad fontes*)라는 종교개혁가들의 정신에 걸맞게 오랫동안 잊혔던 교부들의 샘물에서 신학을 세워 나가고 있음을 볼 수 있다. 이 책이 퍼 올린 그 샘물은 풍성하며 달콤하고 감미롭다.

　이 책은 목회자와 신학생뿐만 아니라 그리스도의 십자가와 구속 사역에 진지한 관심을 가지고 있는 모든 신자에게 유용한 길잡이가 될 것이라고 믿어 의심치 않는다.

우 병 훈 박사
고신대학교 신학과 교의학 교수

그리스도께서 왕, 선지자, 제사장의 세 가지 직분을 가지신다는 교리는 교회사에서 교부 시대부터 논의되던 내용이며, 특별히 종교개혁자들이 발전시킨 내용이다. 개혁주의 신학에서 기독론을 다룰 때 빼놓을 수 없는 교리가 그리스도의 세 직분론이다. 개혁주의 신학은 그리스도의 인격과 사역을 그리스도의 삼중직분에 따라 설명했기 때문이다.

그런데 이때까지 국내는 물론이고 외국에서도 그리스도의 세 가지 직분에 대한 심도 있는 연구서가 거의 나오지 않았다. 하지만 이제 이 주제에 대한 아주 신뢰할 만한 포괄적인 연구서를 갖게 되었으니 너무나 반가운 일이 아닐 수 없다. 하나의 교리에 대해 이 정도로 치밀한 연구서는 발견하기 어려울 것이다.

이 책은 그리스도의 세 가지 직분에 대한 교리사적, 교의학적, 성경주석적 연구를 담고 있다. 이 책의 장점은 세 가지이다.

첫째, 그리스도의 세 직분에 대해 교부로부터 중세, 종교개혁과 근현대에 이르는 논의들을 자세하게 정리했다. 이에 독자들은 이 교리가 처음 시작되고 발전해 온 과정을 면밀하게 살펴볼 수 있다.

둘째, 그리스도의 세 직분에 대한 논의가 단지 기독론뿐만 아니라, 창조론, 인간론, 구원론 등 다양한 교리들과 연결되어 진술된다. 이로써 우리는 하나의 통합적 신학의 진수를 맛볼 수 있다.

셋째, 그리스도의 세 직분에 대한 변증적 논의를 제공한다. 이 교리가 분명한 성경적 근거를 두고 있음을 보여 주며, 현대 신학 사조처럼 이 교리를 무시하거나 왜곡할 때 생기는 신앙적, 신학적 문제점을 지적한다.

무엇보다 이 책은 그리스도의 세 가지 직분에 대한 교리가 우리 성도들에게 얼마나 큰 위로가 되며, 말로 다 할 수 없는 큰 은혜가 되는지 생생하게 보여 준다.

이 책의 독자들은 여러 중요한 신앙고백서들과 교리문답서에 기술된 그리스도의 세 가지 직분이 지니는 중대하고 깊은 의미를 충분하고도 분명하게 알게 될 것이다.

이 책은 우리 마음을 그리스도로, "오직 그리스도"(*solus Christus*)로 가득 채우도록 만든다.

The Threefold Office
# of Christ:
The Second Adam and
**the Restoration
of Creation**

그리스도의 세 가지 직분

둘째 아담 그리고 창조회복

The Threefold Office of Christ: The Second Adam and the Restoration of Creation
Written by YounHo Jo
All rights reserved.
Korean Edition Copyright ⓒ 2021 by Christian Literature Center, Seoul, Korea

그리스도의 세 가지 직분
둘째 아담 그리고 창조회복

2021년 4월 15일 초판 발행

지 은 이 | 조윤호

편   집 | 전희정
디 자 인 | 박성숙
펴 낸 곳 | (사)기독교문서선교회
등   록 | 제16-25호(1980.1.18.)
주   소 | 서울특별시 서초구 방배로 68
전   화 | 02-586-8761~3(본사) 031-942-8761(영업부)
팩   스 | 02-523-0131(본사) 031-942-8763(영업부)
이 메 일 | clckor@gmail.com
홈페이지 | www.clcbook.com
송금계좌 | 기업은행 073-000308-04-020 (사)기독교문서선교회
일련번호 | 2021-34

ISBN 978-89-341-2264-7(93230)

이 책의 저작권은 저자와 (사)기독교문서선교회가 소유합니다. 신저작권법에 의하여 한국 내에서
보호받는 저작물이므로 무단 전재와 무단 복제를 금합니다.

신학 박사 논문 시리즈 58

그리스도의 세 가지 직분

둘째 아담 그리고 창조회복

조윤호 지음

The Threefold Office of Christ: The Second Adam and the Restoration of Creation

CLC

| 목차 |

추천사   1
  이신열 박사 (고신대학교 신학과 교의학 교수)
  박재은 박사 (총신대학교 신학대학원 조직신학 외래교수)
  배정훈 박사 (고신대학교 신학과 교회사 교수)
  우병훈 박사 (고신대학교 신학과 교의학 교수)

머리말   11
  문병호 박사 (총신대학교 신학대학원 조직신학 교수)

감사의 글   14

저자 서문   16

서론   18

제1장 세 가지 직분의 의미   52
제2장 둘째 아담 그리스도의 세 가지 직분에 대한 고대 교회의 이해   70
제3장 둘째 아담 그리스도의 세 가지 직분에 대한 중세 후기에서 현대 교회까지의 이해   164
제4장 창조론의 관점에서 바라본 첫째 아담의 세 가지 직분   315
제5장 창조회복과 관계된 둘째 아담의 세 가지 직분과 공생애 사역   383
제6장 그리스도의 세 가지 직분이 가지는 교의학적 의미   444

총결론   508

참고 문헌   537

머리말

문 병 호 박사
총신대학교 신학대학원 조직신학 교수

그동안 새 언약의 머리이신 그리스도를 첫 언약의 머리인 아담과 관련지어 다룬 글은 적지 않았지만 이를 개혁 신학의 정통적 입장에 서서 창조 중보의 관점으로 논구한 글은 손에 꼽힐 정도였다. 이 분야의 수작으로서 서철원 교수님의 박사 논문이 우선적으로 떠오르지만 거의 반세기가 다 되어 가며 그 후속 작품을 학계에서 찾기 어려워 안타까움이 없지 않았다.

차제에 상재된 이 책은 조윤호 박사의 박사 학위 논문을 다듬은 글로서 개혁파 언약신학적 관점에서 그리스도의 창조 중보의 본질과 의의와 가치를 그리스도의 구속 중보 개념으로부터 도출하고 이를 언약의 열매인 하나님의 온전한 자녀됨을 뜻하는 영생이라는 측면에서, 특히 하나님의 형상의 완성이라는 측면에서, 엄밀하게 논구한 주목되는 작품이다.

무엇보다 학문적 깊이가 더한 것은 이를 왕, 선지자, 제사장으로서의 중보자 그리스도의 삼중직(munus triplex)이라는 프리즘을 통해 분광시키고 있다는 점이다. 칼빈과 그를 잇는 개혁 신학자들은 주님의 삼중직을 구속사적 성취라는 점에서는 단회적이지만, 구원론적 적용이라는 점에서는 계속적이라는 점에 착안해 통시적이자 공시적으로 파악한다.

주님의 제사장직은 그분이 자신을 제물로 삼아 아버지께 제사를 '올려 드리심'과 관련되며, 주님의 왕직은 그분이 아버지께 제물로 드려진 자신을 우리에게 '내려 주심'과 관련된다. 전자는 의의 성취를 뜻하며, 후자는 의의 전가를 뜻한다.

그리스도의 의의 전가는 성도의 구원 전 과정에, 영혼과 육체의 전 인(人)에, 살아남과 살아감의, 생명과 생활의 전 영역에 미친다. 주님은 '길이요 진리로서' 선지자이시며, '생명으로서' 왕-제사장 혹은 제사장-왕이시다. 이 땅에 오신 독생자 하나님의 영광은 그분께 은혜와 진리가 충만하심을 온전히 계시하니, 이에 대한 절대적 아멘이 없다면 구원의 은혜를 무조건적으로 누림이 있을 수 없다. 이 책에서 시종 면밀하고 정치하게 개진되는 신학적 맥락이 여기에 있다.

조윤호 박사는 부족한 종이 지도한 신학석사 학위 논문에서 중보자 그리스도의 성육신의 비하성(卑下性)을 논하며 가히 기독교 신학의 대 요체라고 할 만한 중보자 그리스도의 인격에 있어서 신인양성의 위격적 연합과 속성교통 교리에 대해 연구한 적이 있었다.

이 책에서 이를 반영해 그리스도께서 다 이루신 대리적 무름의 값이 성도의 구원을 위한 실제적 의가 됨이 그 연합의 비밀에 기인한다는 사실과 그 의의 작용으로 하나님의 형상의 온전한 회복에 이르게 된다는 사실을 기독론, 인간론, 구원론의 제 교리 조목들에 비추어 층층이 제시하고 변증한다.

요컨대, 이 책을 통해 두 신학자의 말을 상기하게 될 것이다.

갑바도기아 교부 나지안주스의 그레고리는 이렇게 말했다.

    취함이 없이는 치유가 없다.

또한, 칼빈은 이렇게 말했다.

    아버지의 사랑의 시작은 아들의 의이며 그 의를 믿음으로 우리 자신뿐만 아니라 우리의 행위도 의롭다 함을 얻게 된다.

이를 통해 중보자 그리스도의 대속의 전(全)적 특성과 무조건(無條件)적 특성을 되새기게 되며, 궁극적으로 하나님께 무한한 감사와 영광을 돌리게 된다.

    조윤호 박사는 심장 수술을 몇 차례 받는 와중에도 개척한 교회를 충실히 섬기고 눈물로 기도하는 가운데 박사 논문을 끝내 집필했으며 비로소 이 책을 출간하게 되었다. 그 눈물이 책에 배여 있으니, 그 감동도 크게 전달되리라.

이는 뿌리는 자와 거두는 자가 함께 즐거워하게 하려 함이라(요 4:36).

감사의 글

조 윤 호 박사
그리심교회 담임목사

『그리스도의 세 가지 직분: 둘째 아담 그리고 창조회복』은 필자의 박사 논문이었던 "둘째 아담 그리스도의 세 가지 직분론: 교리사적 고찰과 창조론에 근거한 교의학적 연구"를 책으로 엮은 것입니다. 논문을 쓰고, 책을 편찬하기까지 지내 온 시간을 잠시 회상해 봅니다.

제일 먼저 다가오는 것은 하나님의 은혜입니다. 하나님의 은혜가 아니고는 지탱할 수 없는 시간들이었습니다. 교회를 개척하고 목회하면서 했던 공부와 하나님이 주신 또 하나의 생명을 기억하게 만듭니다. 열차 안에서 일어났던 심장마비 사건 등 많은 고통이 하나님의 은혜와 함께 흘러왔습니다.

또한, 책을 발간하기까지 지금의 나를 만들어 주신 특별한 교수님 세 분을 떠올립니다.

총신대학원에서 조직신학을 가르쳐 주시고, 석사 과정과 박사 논문의 지도에 이르기까지 필자의 신학의 기초와 틀을 만들어 주신 문병호 교수님을 잊을 수가 없습니다. 교수님께 감사드립니다.

그리고 고신대학교 박사 과정에서 필자에게 신학을 정진시켜 주시고, 신학의 세심한 것까지 아낌없이 지도하시고 편달하셔서 필자의 신학을 더욱 깊이 있게 만들어 주신 이신열 교수님께 감사드립니다.

그리고 제 박사 논문의 지도 교수이셨던 우병훈 교수님은 끊임없는 격려와 지도, 그리고 새벽 한두 시에도 질문하면 주무시다가도 즉시 응답해 주셨습니다. 교수님의 열정과 사랑은 지금도 눈앞에 생생합니다. 평생 잊을 수가 없습니다. 필자의 논문과 책은 우 교수님의 열매라고 말할 수 있습니다. 교수님께 감사드립니다.

또한, 논문을 함께 지도해 주신 배정훈 교수님과 김재윤 교수님께 감사드립니다.

필자가 밤새워 책을 읽고 연구하며 글을 쓸 때도 함께했고, 언제나 응원하며 힘을 주고 함께 기뻐해 준 아내 황영선 사모에게 감사합니다. 또한, 자랑스러운 장녀 양지와 든든한 아들 재현이의 헌신에 감사합니다.

그리고 함께 기도하고 힘이 되어 주신 우리 그리심교회의 모든 성도님께 감사드립니다.

『그리스도의 세 가지 직분: 둘째 아담 그리고 창조회복』은 필자의 결론이 아니라, 모두의 작품이며 결론이라고 고백합니다.

2021년 2월
장산 자락 아래에서

저자 서문

조 윤 호 박사
그리심교회 담임목사

　성자 하나님이 둘째 아담이 되신 것은 한 가지 이유다. 첫째 아담의 죄를 대속하기 위해서였다. 성자는 창조에 있어서 중보자의 위치에 계시는 분이셨다. 그분은 인간의 구원을 위해 중보자로서 둘째 아담인 그리스도가 되실 것이 작정된다. 그 이유는 첫째 아담의 당사자인 둘째 아담이 되셔서 첫째 아담이 범한 죄의 값을 완전히 대속하시기 위해서였다. 여기에는 첫째 아담의 불순종으로 상실당했던 세 가지 직분의 회복을 함께 말한다.
　창세 전, 성부와 성자 사이에 '구속언약'이 체결된다. 이때 제2위 성자 하나님이 아담의 죄를 대속할 그리스도가 되실 것이 언약으로 작정된다. 그리스도께서는 '기름 부음 받은 자'로서 '왕'과 '선지자' 그리고 '제사장'의 세 가지 직분을 수행하신다. 성자께서 '둘째 아담 그리스도'가 되신 것은 '하나님 형상'으로 창조된 아담에게 주어진 세 가지 직분과 직접적인 관계를 가진다. 왜냐하면, 아담이 창조될 때, 그에게 '하나님 형상'에 따라 주어진 직분이 '왕', '선지자', '제사장'의 세 가지 직분이었기 때문이다.
　그리스도의 세 가지 직분은 기독론과 구원론에 있어서 매우 중요한 위치를 차지한다. 이런 그리스도의 세 가지 직분론은 '하나님 형상'의 회복과 관련된 좁은 의미의 '창조론'과 깊은 관계를 가진다. 따라서 그리스도께서 수행하신 세 가지 직분은 구원론과 기독론 측면에서뿐만 아니라 '하나님 형상'과 관련해 좁은 의미의 '창조회복'에 따른 직분 수행이었다는 '창조론적' 관점을 함께 보게 한다.

신인양성의 위격적 연합에 의한 그리스도의 세 가지 직분론은 칼빈에 의해 처음으로 제시된 교리가 아니다. 바울 이후, 칼빈에 의해 교리로 정착되기까지 그 틀은 로마의 클레멘스에 의해 제시된다. 여기에 더해 그리스도를 가리켜 "둘째 아담"이라고 칭했던 최초의 신학자는 이레나이우스였다. 그리스도의 세 가지 직분에 대한 연구가 고대 교회에서부터 중세와 현대 교회에 이르기까지 광범위하게 연구될 필요가 있는 것은 둘째 아담인 그리스도의 세 가지 직분론이 '창조회복'을 교리적으로 어떻게 제시하는지 그 근거를 찾기 위해서이다.

둘째 아담인 그리스도의 세 가지 직분론에 대해 '창조회복'에 따른 '창조론적' 관점을 잃어버렸던 "아래로부터의 기독론"은 구원을 인간의 의지와 지식 안에서 찾고 있었다. 슐라이어마허와 리츨과 몰트만 그리고 "아래로부터의 기독론"을 이끌었던 현대 신학의 판넨베르크와 해방신학은 그리스도의 세 가지 직분을 "위로부터의 기독론" 관점에서 보지 않는다. 여기에 대해 바르트도 예외가 아니었다. '둘째 아담'인 그리스도의 '왕', '선지자', '제사장'의 세 가지 직분은 '형상회복'에 따른 '위로부터의 기독론'을 보게 한다. 그리고 '창조론'에 근거한 '하나님 형상회복'의 진정한 의미를 알게 한다.

'둘째 아담 그리스도의 세 가지 직분'에 대한 연구는 '하나님 형상'과 관련된 '하나님의 속성'을 더욱 깊이 있게 알게 한다. 뿐만 아니라 '창조회복'에 따른 '구속언약'과 그에 따른 '하나님의 은혜의 교리'를 더욱 깊이 깨닫게 하는 등불이 된다. '신성'과 '인성'이 연합해 첫째 아담의 대속을 이루었던 둘째 아담 그리스도의 세 가지 직분의 직무를 가리켜 '창조회복'에 따른 사역이라고 일컫는다. 우리는 '둘째 아담 그리스도의 세 가지 직분' 교리가 기독론과 함께 '창조회복'을 말한다는 것을 그리스도의 '한 인격' 안에서 찾는 신학적 자세를 가질 필요가 있다.

서론

1. 하나님의 형상과 세 가지 직분에 대한 이해

성경은 사람의 창조에 대해 우리에게 두 가지를 말해 준다.

첫째, 하나님이 사람을 창조하셨다.
둘째, 사람은 "하나님의 형상과 모양대로" 창조되었다.

인류의 조상이며, 인류에 대해 대표성을 가졌던 첫 번째 사람인 아담이 "하나님의 형상과 모양대로" 창조되었다는 것은 두 가지의 의미를 가진다.

첫째, 아담의 창조는 하나님의 속성과 관계가 있다.[1]
둘째, 아담은 하나님의 목적에 의해 창조되었다.

아우렐리우스 아우구스티누스(Aurelius Augustinus, A.D. 354-430)는 이렇게 말한 바 있다.

> 이성적 인간 안에서는 삼위일체 하나님의 흔적이 발견된다.
>
> 이런 흔적은 인간의 인식과 의지와 본질에서 나타나며, 지식과 사랑 등

---

[1] Gregory of Nyssa, "An Address on Religious Instruction", (ed.), Edward R. Hardy, *Christology of the Later Fathers* (Louisville, KY: Westminster John Knox Press, 2006), 276.

의 비공유적 속성 가운데 나타난다.[2]

창세기 2:7에 의하면, 하나님이 아담을 창조하신다. 그리고 하나님이 아담의 코에 "생기"를 불어넣는다. 이때 불어넣었던 "생기"는 "하나님의 형상"과 관련이 있으며, 이것은 하나님의 "공유적 속성"(지식, 지혜, 진실, 사랑, 거룩, 의 등)으로 연결된다.

루이스 벌코프(Louis Berkhof)는 하나님의 공유적 속성을 크게 세 가지로 분류한다.

첫째, "지성적인 속성"이다. 여기에는 '하나님의 지식'과 '지혜' 그리고 '하나님의 진실성' 등이 담겨 있다.
둘째, "도덕적인 속성"이다. '하나님의 선'(사랑, 은혜, 긍휼, 오래 참음 등), '거룩함', '의'가 여기에 해당된다.
셋째, "주권적 속성"이다. '하나님의 주권적 의지', '주권적 능력'이다.[3]

공유적 속성은 완전하신 하나님이 제한적인 피조물과 인격적인 교통을 하는 데 매우 중요한 자리를 차지한다.

> 사실 완전한 인격은 오직 하나님 안에서만 발견됩니다. 우리가 인간에게서 보는 것은 원본의 유한한 사본일 뿐입니다. 더구나 하나님 안에는 인간에게서는 어떤 유비도 발견할 수 없는 세 인격이 존재합니다. … 인간의 인격을 설명하기 위해 인격적인 하나님이 요청됩니다. … 인간의 도덕적, 종교적 본성 역시 하나님의 인격을 가리킵니다. 인간의 도덕적 본성은 인간에게 옳은 일을 해야 한다는 의무감을 부여하며, 이것은 반드시 최고의 입법자의 존재를 암시해 줍니다. 더욱이 인간의 종교적 본성은 인간에게

---

[2] Herman Bavinck, *Reformed Dogmatics* Vol. 2 (Grand Rapids: Baker Academic, 2004), 325.
[3] Louis Berkhof, *Systematic Theology* (Carlisle, PA: Banner of Truth, 1949), 69-87: Berkhof 은 하나님의 속성을 통해 인격의 본성을 강조한다.

더 높은 존재와 인격적인 교제를 추구하도록 끊임없이 자극합니다. 그리고 종교의 모든 요소들과 활동들은 그들의 목적이자 최종 목적인 인격적인 하나님을 요구합니다. 소위 범신론적 종교들조차도 종종 무의식적으로 인격적인 하나님에 대한 신앙을 증언합니다.[4]

하나님이 창세기 1:28에서 "땅을 정복하라", "모든 생물을 다스리라" 그리고 창세기 2:15에서 아담을 에덴동산에 두시고 "그것을 경작하며 지켜라"라고 말씀하신 것은 하나님이 아담을 창조한 목적인 '하나님을 영화롭게 하는 것'과 깊은 관련을 가진다. 여기에 대해 『웨스트민스터 대요리문답』과 『웨스트민스터 소요리문답』은 이렇게 말한다.

(질문) 사람의 제일되는 목적은 무엇입니까?
(대답) 사람의 제일되는 목적은 하나님을 영화롭게 하는 것과 영원토록 그를 즐거워하는 것입니다.[5]

하나님의 창조 목적이 사람이었다면, 하나님의 뜻을 밝히는 계시의 궁극적 목적은 하나님을 영화롭게 하는 것으로 집약된다.[6] 그리고 하나님의 영광은 사람이 최종적으로 추구해야 할 직접적인 목표가 된다.[7] 이때, 하나님은 자신의 뜻을 이루고자 자신이 세운 아담과 인격적인 교통을 가지며 그 뜻을 이뤄 가시게 된다.

---

4   Berkhof, *Systematic Theology*, 69-70.
5   Philip Schaff, (ed.), "The Westminster Shorter Catechism. A.D. 1647", *The Creeds of Christendom* Vol. III, (Grand Rapids: Baker Book House Company, 1996), 676; Zacharias Ursinus, *Commentary on The Heidelberg Catechism*, ed., G.W. Williard (Columbus, Ohio: Olive Tree Communications, 2004), 280.
6   알버트 월터스, 『창조 타락 구속』, 양성만 · 홍병룡 역 (서울: 한국기독교학생회출판부, 2007), 41.
7   Francois Wendel, *Calvin: The Origins and Development of His Religious Thought*, trans. Philip Mairet (New York: Harper & Row, 1963), 171.

아우구스티누스는 이렇게 말한다.

> 물질적인 것들의 지각은 신체의 감각기관을 통해 이뤄지지만 영적인 것들, 즉 인격적인 교통은 지혜의 이성에 의해 이해된다.[8]

하나님의 공유적 속성은 하나님의 형상인 사람이 하나님과 영적인 교통을 이룰 수 있는 중요한 통로이며, 사람의 창조 목적을 이루는 중요한 요소가 되기도 한다.

하나님은 자신의 창조 목적을 이루기 위해 하나님의 형상인 사람과 영적인 교통을 이루며, 그 사역을 온전히 감당해 나가도록 자기의 성품을 담아내고 있는 직분을 첫째 아담에게 부여하신다. 그것이 '왕', '선지자', '제사장'의 세 가지 직분이었다.

다스리고 명령하는 점에서 볼 때, 아담은 하나님의 영광을 드러낼 대리인으로서 땅 위의 통치자인 '왕'이었다. 그리고 명령을 수반하는 측면에서 경작하고, 동산(예배)을 맡은 자로서 그는 섬기는 '제사장'이었다. 그런가 하면 이 직무를 완수하기 위해 하나님의 말씀에 대해 명령을 따라 그 직분을 감당해야 했으니 그는 '선지자'였다.[9]

하나님의 형상은 세상에 대한 하나님의 다스림을 나타내는 특징을 구성한다.[10] 따라서 첫째 아담의 대속을 이루기 위해, 첫째 아담의 완전함을 담아낸 둘째 아담인 그리스도께 나타나는 세 가지 직분은 신인양성의 위격에 따라 기독론적인 측면을 가지며, 둘째 아담을 대신한다는 측면에서 무너진 첫째 아담의 '형상회복'을 말하는 '창조론'의 관점을 함께 가진다.

아담과 관련해 존 칼빈(John Calvin, A.D. 1509-1564)은 고린도전서 15:45

---

8   아우구스티누스, 『삼위일체론』, 성염 역 (왜관: 분도출판사, 2015), 941.
9   J. V. Fesko, *Last Things First* (Fearn, Ross-Shire, UK: Christian Focus Publications, 2014), 147.
10   존 프레임, 『존 프레임의 조직신학』, 김진운 역 (서울: 부흥과개혁사, 2017), 806.

의 주석에서 "첫 사람 아담은 생령이 되었다"는 것은 "생명의 원리를 의미하는 것으로 받아들여지거나 혹은 생명 그 자체의 본질을 나타내는 것으로 받아들여진다"라고 말한다. 그리고 "마지막 아담(그리스도)은 살려 주는 영이 되었나이다"에 대해서는 첫 사람 아담과 마지막 아담을 생명과 관계된 것으로 본다.

> 이("마지막 아담은 살려 주는 영이 되었나이다") 표현은 성경 다른 곳에서는 발견되지 않는다. … 이 귀결의 의미는 사도 바울이 참으로 육신은 죄로 말미암아 죽었다고 선포한 로마서 8장에서 발견할 수 있으며, … 그는 또한 마지막 날에 죽은 자 가운데서 우리를 살리는 생명이 되신다.

47절의 주석에서는 '첫 사람'과 '둘째 사람'에 대해 바울이 이 두 사람 사이를 상세하고 면밀하게 하기 위한 것은 아니지만 "그가 그리스도와 아담의 본질에 대해 논하므로 그는 아담이 흙으로 지어졌다고 말하면서 아담의 창조에 대해 대충적인 설명을 한다"라고 말한다.[11]

그리고 고린도전서 15:45, 47을 주석하면서 "첫 사람 아담"과 "마지막 아담"에 대해 다음과 같이 주석한다.

> 즉 하나는 첫 아담인데, 땅의 흙에서 자연의 몸을 가졌고(창 2:7), … 다른 하나는 마지막 아담 곧 그리스도이시며, 자신의 죽음과 부활을 통해 생명을 주시는 영으로, 다시 오시는 때에 구원받은 사람들에게 부활한 자신의 영광스러운 몸과 비슷한 영의 몸을 주실 것이다.

특히 고린도전서 15:45은 아담을 가리켜 "첫 사람 아담"으로, 그리고 그

---

[11] 존 칼빈, 『칼빈성경주석 19: 고린도전서』, 존 칼빈 성경주석 출판위원회 역 (서울: 성서연구원, 2012), 458-462; 존더반 NIV 스터디 바이블 편찬팀, 『NIV 스터디 바이블』, 김대웅 외 7인 역 (서울: 부흥과개혁사, 2016), 2085.

리스도를 가리켜 "마지막 아담"으로 소개한다. 특히 마지막 아담에게 사용된 '마지막'이라는 단어는 시간적으로 마지막 사건을 의미한다. 고린도전서 15:47에서 하나님이 창조하신 '아담'을 가리켜 45절과 동일하게 "첫 사람"이라고 표현한다. 그러나 45절에서 그리스도를 가리켜 "마지막 아담"이라고 한 것을 47절에서는 "둘째 사람"으로 표현한다.

여기서 우리는 칼빈의 주석을 주목해 볼 필요가 있다. 칼빈은 45절과 47절을 별개의 개념으로 바울이 보고 있지 않다고는 말했지만 이것을 '생명'과 '본질'에 대한 것으로 나누는 것을 볼 수 있다. 따라서 '마지막 아담'이 '생명'에 따른 여러 가지 것들을 포괄적으로 설명한다면, '둘째 사람'은 아담에게 주어진 세 가지 직분과 연관해 설명될 수 있는 대목이다.

오리게네스(Origenes, A.D. 185-254)는 자신의 저서 『원리론』(De Principiis)에서 이렇게 말했다.

> 인간은 이성적인 동물이며, 그런 인간에 대해 여러 분류의 이름이 있다는 것은 그냥 지나칠 수 없는 문제다.

실체가 있는 존재는 그것들의 서열과 직분에 관한 중요한 이름들이 있다.[12] 창세기 1:28과 2:15의 "정복하라", "다스리라", "지켜라"라는 말씀은 하나님이 창조하신 피조 세계에 대해, 하나님의 형상을 지닌 아담이 다른 피조물과 달리 어떤 위치에 있고, 어떤 존재인지 그것을 서열을 통해 말해 준다. 그리고 그에 따라 주어진 것이 세 가지 직분이었다.

『웨스트민스터 소요리문답』 제1문은 사람(아담)의 제일의 목적을 가리켜, "하나님을 영화롭게 하고", "영원토록 그분을 즐거워하는 것"이라고 고백한다. 그리고 제2문은 '하나님의 말씀을 지켜 준행하는 가운데 하나님을 영화

---

12 Alexander Roberts · James Donaldson (eds.), "The Writing of Origen", *Ante-Nicene Christian Library* Vol. X, , ed., Frederick Crombie (Edinburgh: Hamilton & Co, 1868), 46-47.

롭게 하고, 그분을 즐거워할 수 있다고 말한다. 『웨스트민스터 소요리문답』 제1문과 제2문은 아담의 존재적인 측면과 위치에 대해 돌아보게 한다. 아담은 하나님의 창조 세계를 하나님이 보시기에 "좋았더라"의 모습으로 가꾸어야 할 목적을 가지는 존재와 위치에 있었다. 그리고 피조 세계에 대해서는 하나님의 대리자인 '권세자'로서의 위치에서 이들을 하나님의 말씀에 따라 그 법의 원칙 안에서 권세 있게 다스려야 할 존재였다.[13] 이렇게 아담에게 주어진 세 가지 직분은 크게 세 가지의 의미를 설명한다.

첫째, 하나님 나라의 성격을 설명한다.

'왕', '선지자', '제사장'은 대표성을 가지는 직분들이며, 사적인 것이 아니라 공적인 것을 수반하는 기능을 가지고 있다. 칼빈은 『기독교 강요』 제2권 제15장에서 그리스도께 주어진 세 가지 직분(선지자, 왕, 제사장)을 논하는 자리에서 타이틀을 통해 직분이 공적인 목적을 가지고 있음을 설명한다.[14] 아담에게 주어진 세 가지 직분은 하나님 나라의 '공의'와 '정의'를 나타내야 하는 직분이었으며, 하나님의 법에 따라 다스려야 할 직분들이었다.

둘째, 하나님 나라 백성의 서열의 성격을 설명한다.

백성은 권리도 있지만 무엇보다 중요한 것은 그 나라의 법을 지켜야 할 의무를 가진 서열의 위치에 있다. 아담에게 주어진 직분은 하나님의 형상으로서 권리를 말하기보다 백성된 자로서 아담의 자세 및 서열을 더욱 분명하게 말한다.

창세기 2:15-17의 주석을 통해, 요한 크리소스토무스(Johannes Chrisosto-

---

13 Schaff (ed.), "The Westminster Shorter Catechism. A.D. 1647", *The Creeds of Christendom* Vol. III, 676.

14 John Calvin, *Institutes of the Christian Religion* II.15.

mus, A.D. 349-407)는 "아담이 동산을 일구고, 지키는 일은 하나님을 믿고, 그 계명을 지키는 일이었다"라고 말한다.

그런가 하면 아우구스티누스는 『마니교도 반박 창세기 해설』(*De Genesi adversus Manicheo*)에서 아담이 에덴동산을 지키고, 일하는 것은 수고로움이 아니라 그 자신이 마땅히 해야 할 직무였다고 말한다.[15] 에덴동산에 거하는 아담에게 주어진 세 가지 직분은 하나님의 법에 대해 순종해야 할 아담의 기본적인 자세와 존재적인 측면에서의 서열, 즉, 질서를 설명한다.

셋째, 중보적 위치의 성격을 설명한다.[16]

> 구약에서는 하나님이 그분의 백성과 맺은 언약이라는 관계 속에서 선지자와 제사장이 중보의 직무를 감당했다. 제사장은 하나님 앞에서 백성들을 위한 중보자였다.[17]

아담에게 주어진 직분은 하나님의 대리적 통치권을 가진 직분으로서 피조 세계를 통해 하나님께 영광을 돌리는 중보적 위치에 놓인 직분이었다.

프란시스 투레틴(Francis Turretin, A.D. 1623-1687)은 하나님과 아담 사이의 관계를 설명하면서 이렇게 강조했다.

> 아담은 하나님이 제공하기로 약속한 것뿐만 아니라 자신이 행해야 할 의무에 있어서 하나님으로부터 능력을 받아야 하며, 언약에 관한 모든 것이

---

15 Andrew Louth (ed.), *Ancient Christian Commentary on Scripture, Old Testament* Ⅰ, ed., Thomas C. Oden (Illinois: IVP, 2001), 59-61.
16 A. A. Hodge, *Commentary on The Confession of Faith* (Philadelphia: Presbyterian Board of Publication, 1869), 185.
17 J. D. Douglas (ed.), *New Bible Dictionary*, ed., N. Hillyer (Michigan: Eerdmans Publishing Co, 1962), 802.

전적으로 하나님에 의존되어야 했다.[18]

중보자는 자신의 뜻을 이루는 자가 아니라 자신을 세운 자의 뜻을 이루는 자였다.[19]

하나님이 아담에게 주신 세 가지 직분은 중보자로서의 위치를 설명해 준다. 첫째 아담은 하나님이 창조하신 피조 세계로 하여금 하나님과 화목을 이뤄 하나님께 기쁨이 되고, 영광이 되도록 직무를 감당해야 할 중보자의 역할을 지닌 직분이었다.

하나님은 자신이 친히 부여하신 직분에 대해 아담이 '의'와 '선'을 향한 열정을 가지고 세 가지 직분을 충실히 수행하며, 그 직분이 가지는 본래의 고귀성을 잃지 않길 바라셨다.[20] 그러나 뱀의 유혹에 빠진 아담은 이런 하나님의 뜻에 불순종한다. 아담의 죄는 그에게 주어진 세 가지 직분의 박탈과 상실을 초래하고, 생명에 대해서는 죽음이라는 저주 가운데 놓이게 만든다. 아담 안에서 죄는 우리의 운명이 된다.[21]

여기에 대해 『벨직 신앙고백서』(The Belgic Confession) 제14조는 이렇게 말한다.

> 사람은 자기 죄로 인해 참된 생명이신 하나님으로부터 이탈해 본성이 전적으로 부패되었을 뿐만 아니라 모든 면에 있어서 뒤틀리게 되었으며, 육체적이고, 영적인 죽음에 대해 스스로 책임져야만 했다.

---

[18] Francis Turretin, *Institutes of Elenctic Theology* Vol. 1: *First through Tenth Topic*, trans. James T. Dennison, Jr (Phillipsburg, New Jersey: Presbyterian and Reformed Publishing Company, 1992), 574.
[19] 알리스터 맥그래스, 『신학이란 무엇인가』, 김기철 역 (서울: 도서출판 복있는 사람, 2017), 695-697; J. 판 헨더렌 · W. H. 펠레마, 『개혁교회 교의학』, 신지철 역 (서울: 새물결플러스, 2018), 344-345.
[20] Calvin, *Inst* II.1.3.
[21] Bavinck, *Reformed Dogmatics* Vol. 1, 138.

사람은 이전에 하나님으로부터 받은 모든 뛰어난 선물을 상실당하게 된다.[22] 그러므로 아담의 죄를 대속할 둘째 아담 그리스도는 두 가지의 분명한 모습을 담아내야만 했다. 생명에 대해서는 속전의 값이 되어야 했으며, 불순종으로 인해 박탈당하고 상실당한 아담의 세 가지 직분에 대해서는 순종을 통해 회복시켜야만 했다. 아담의 대속을 이룰 둘째 아담이 되신 그리스도는 '왕', '선지자', '제사장'의 직분을 가지신다. "그리스도"라는 칭호는 '기름 붓다'를 뜻하는 헬라어 '크리오'에서 파생된 단어로서 "기름 부음 받은 자"를 뜻한다.[23]

> 이제 '그리스도'라는 칭호는 이 세 직분에 속한다는 사실에 주목해야 합니다. 율법 아래에서 선지자와 제사장과 왕이 거룩한 기름으로 기름 부음을 받았음을 우리는 알고 있습니다. 그래서 약속된 중보자에게도 '메시아'라는 이름이 부여되었습니다.[24]

> 그러나 우리는 이 관점에서 예수 그리스도를 주어로서의 속격으로 받아들이지 말아야 합니다. 즉, 창조는 예수님이 성취하신 '존재하게 하는 것'(새로운 창조물)이라는 뜻입니다. … 여기서 '그리스도'(기름 부음받은 자)가 본명으로 쓰이는지, 칭호로 쓰이는지 논란의 여지가 있습니다. 처음의 의미는 그것이 고유 명사라는 것입니다. 그러나 바로 뒤에 "다윗의 아들"이 뒤따르고 16절에서 사용된 직함을 주시하기 때문에 여기서 그 이름의 의미는 마태의 마음에서 멀어질 수 없다고 말해야 합니다.[25]

22　Schaff (ed.), "The Belgic Confession", *The Creeds of Christendom* Vol. III, 398-399.
23　Donald A. Hagner, World Biblical Commentary : Vol. 33a, Matthew 1-13 (Colombia: Word, Incorporated, 1993), 9.
24　Calvin, *Inst* II.15.1.
25　Hagner, World Biblical Commentary : Vol. 33a, Matthew 1-13, 9.

성경에서 최초로 기름 부음 받은 자의 등장은 출애굽한 이스라엘 백성들이 시내산에서 하나님과 언약을 맺고, 하나님이 구별하신 레위인 가운데서 제사장을 세울 때였다. 출애굽기 29:7에 따르면, 아론과 그의 아들들이 '제사장'으로 세움을 받을 때, 그들은 머리에 기름(관유) 부음을 받는다. 그리고 이스라엘에 초대 왕이 세워질 때, 사무엘에 의해 사울은 머리에 기름 부음을 받는다. 그리고 사울이 이스라엘의 '왕'으로 세워진다(삼상 10:1). 그런가 하면 엘리사는 엘리야에 의해 머리에 기름 부음을 받고 엘리야를 대신할 '선지자'로 세워진다(왕상 19:16).

'왕', '선지자', '제사장'에게 기름 붓는 것은 두 가지의 큰 의미가 있다.

첫째, 직능(職能)적이다.
둘째, 위치적이다.

직능적인 측면에서 '기름 부음 받은 자'의 역할은 하나님과 목적을 같이하는 자라는 의미를 가진다. 그리고 위치적인 측면에서 '기름 부음 받은 자'는 하나님의 뜻을 이룰 중보자의 위치에 있다는 뜻이다. 예수님이 '기름 부음 받은 자'로서 그리스도이신 것을 구약성경에서는 "메시아"로서 '하나님의 목적을 이루실 분'으로, 그리고 그 역할에 있어서는 '중보적인 위치에 서 계신 분'으로 소개한다.[26]

> 그리스도와 천사들의 관계는 인간의 관계와 전혀 다릅니다. … 성경의 다양한 구절들은 천사들이(골 1:16) 만물(시 33:6, 잠 8:22ff; 요1:3; 고전 8:6; 3:9-11; 히 1:2)과 함께 성자에 의해 지음 받았음을 가르칩니다. 따라서 성자는 모든 피조물에 대한 '연합의 중보자'이십니다. … 하나님은 그리스도를 통해 만물을 자신과 화해하셨습니다. 그리고 그들 모두의 머리인 그리스도

---

26 Bavinck, *Reformed Dogmatics* Vol. 1, 344; Vol. 2, 423.

아래 모이게 하셨습니다. … 만물은 그리스도를 위해 창조되었습니다. 이는 그리스도께서 화해되고 회복된 만물을 성부에게 다시 돌려드리기 위함이었습니다.[27]

칼빈에 따르면 그리스도는 선지자로서 하나님의 은혜를 증언하는 증인이셨다. 그리고 왕으로서 하나님의 은혜를 영적으로 베푸시는 분이었으며, 제사장으로서 하나님과 우리 사이에 화목을 이루실 중보자이셨다.[28] 이런 그리스도의 세 가지 직분에 대해 아우구스티누스와 칼빈을 비롯한 신학자들은 삼위일체론적인 측면에서 기독론을 중심으로 직분에 대해 해석한다.[29] 칼빈은 세 가지 직분의 용도와 목적을 구원에 근거해 말할 때, 기독론적으로 그 내용을 전개한다. 이런 가운데 칼빈은 그리스도의 주권의 영원성을 통해 '왕직'을 설명한다. 그리고 제사장직을 통해서는 그리스도께서 우리를 위해 하나님의 호의를 얻어 주시며, 하나님의 진노를 풀기 위해 화해와 중보로서 그 역할을 감당하신다고 말한다.

한편, 그리스도께 주어진 '왕', '선지자', '제사장'에 대한 세 가지의 직분에 대해 '삼중직분'이라는 단어가 일반적으로 사용된다.[30] 세 가지 직분과 '삼중직분'은 근본적으로 같은 뜻을 가진다.[31] 다만 세 가지 직분이라는 명칭을 사용하는 것은 '첫째 아담'에게 부여된 직분의 박탈이 불러일으킨 잃어버린 '하나님 형상'을 '둘째 아담'인 그리스도께서 직분 회복을 통해 이것을 이루셨다는 것을 강조하기 위해서다.

---

27 Bavinck, *Reformed Dogmatics* Vol. 2, 462.
28 Calvin, *Inst* II.15.2-6.
29 Calvin, *Inst* II.15.3-6; Bavinck, *Reformed Dogmatics* Vol. 4, 371; Cornelis Van Der Kooi, "Christology", ed. Herman J. Selderhuis, *The Calvin Handbook* (Grand Rapids: Eerdmans, 2009), 262-263.
30 이신열, "부에 대한 칼빈의 이해",「행복한 부자학회」제3권, 제2호 (2014), 16.
31 J. 판 헨더렌·W. H. 펠레마,『개혁교회 교의학』, 신지철 역 (서울: 새물결플러스, 2018), 758-759: three office(s)는 그리스도의 '사역의 다양성'을 강조한다. 그리고 threefold office는 그리스도의 '사역의 통일성'을 강조한다.

세 가지 직분이라는 어휘는 '왕', '선지자', '제사장'의 사역에는 각각의 모습이 있다는 것을 강조한다. 그리고 그 각각의 모습은 별도의 모습이 아니라 셋이 연합을 이루고 있다는 것을 강조한다. 그리고 둘째 아담인 그리스도께 세 가지의 직분이 주어진 것은 첫째 아담의 박탈당한 직분의 회복에 따른 값이 각각의 직분에 계획되어 있었다는 것을 설명하기 위해서다. 첫째 아담의 타락을 포괄적인 모습으로 볼 때는 '죄'라는 것으로 그 내용이 정리된다. 그러나 구체적인 측면에서 문제 해결을 위해 접근하다 보면 첫째 아담의 죄는 자신에게 부여된 '왕', '선지자', '제사장'이라는 각각의 직분이 타락으로 연결되었다는 것을 발견하게 된다. 따라서 첫째 아담의 대속을 이루기 위해서는 이 세 직분에 대한 각각의 값이 필요했던 것이다.

그리스도의 세 가지 직분은 기독론적이며, '하나님 형상회복'에 따른 '창조회복'을 말하는 '창조론적' 관점을 가지고 있다. 특히 둘째 아담 그리스도의 세 가지 직분이 이룬 사역이 '창조론적' 관점을 가졌다는 것은 넓은 의미에서 말하는 '우주의 창조'를 말하는 것이 아니다. 좁은 의미를 나타내는 '인간 창조'와 관련된 '창조회복'을 말한다.

하나님이 인간을 '하나님 형상대로' 창조하시고 그를 이 땅에 둔 것을 가리켜 데이비드 A. S. 퍼거슨(David A. S. Fergusson)은 "하나님의 주권에 응답하는 모습"과 "하나님의 자리에서 행동하는 하나님의 주권을 나타내는 모습"으로 설명한다. 그에 따르면, "인간에게 주어진 독특한 역할은 창조를 보살피고, 보존하는 관계성의 측면에서 이해되어야 한다."[32]

하나님의 창조를 크게 둘로 나누면 다음과 같다.

첫째, 피조 세계의 창조이다
둘째, 인간의 창조이다.

---

[32] 데이비드 퍼거슨, 『우주와 창조자』, 전성용 역 (서울: 도서출판 세 복, 2009), 30-38.

인간의 창조는 마지막 날(제육일)의 창조이며, 동시에 하나님 창조의 중심이었다.³³ 그리고 인간이 '하나님 형상'으로 창조되었다는 것은 인간은 다스리도록 창조되었다는 것을 의미한다. 여기에는 하나님처럼 무한한 권세를 가진 자로서의 다스림이 아니라 "책임 의식을 가진 감독자 또는 대리자로서의 다스림"을 뜻한다.³⁴ 그리고 다스림은 직분을 가진 상태에서의 다스림을 가리키는데, 이는 바로 세 가지 직분을 뜻한다.

세 가지 직분이라는 용어는 아담에게 부여된 각각의 직분에 대한 성격을 설명한다.

첫째, 하나님 나라의 성격을 설명한다. 세 가지 직분은 하나님 나라의 '공의'와 '정의'를 나타내야 할 직분이었다.

둘째, 하나님 나라 백성의 서열의 성격을 설명한다. 세 가지 직분은 절대 권위자의 직분이 아니라 하나님의 법에 대해 순종하고, 복종해야 할 직분이었다.

셋째, 중보적 위치의 성격을 설명한다. 세 가지 직분은 하나님께 영광을 돌리는 중보적 위치에 놓인 직분이었다.

첫째 아담에게 부여된 '왕'과 '선지자' 그리고 '제사장'의 직분은 하나님의 창조 세계를 다스리며, 창조주되시는 하나님께 영광을 돌리기 위한 직분이었다. 이런 세 가지 직분은 각각의 직분마다 그 고유한 기능을 가지고 있다. 그리고 그 고유한 직분의 기능은 '하나님 형상'을 하고 있는 아담의 '한 인격' 안에서 작용되었다. 따라서 첫째 아담의 대속을 이루기 위한 완전한 아담이며 둘째 아담인 그리스도께서 가지신 세 가지 직분은 '신인양성의 위격적 연합'에 따른 기독론의 측면과 함께 '하나님 형상'이 가

---

33 W. 로버트 갓프리, 『창조를 위한 하나님의 패턴』, 이동수 역 (서울: 도서출판 그리심, 2008), 98.
34 알렉산드레 가노치, 『창조론』, 신정훈 역 (서울: 가톨릭대학교출판부, 2012), 36-37.

지는 좁은 의미의 '창조회복'을 의미하는 '창조론적' 관점을 함께 가미했던 것이다.

제2위 하나님 되시는 성자 하나님의 위격은 중보적 위치와 그 역할을 함께 감당한다.[35] 그러므로 그리스도의 세 가지 직분을 기독론적인 측면에서 해석하는 것은 틀리지 않다. 왜냐하면, 그리스도의 세 가지 직분은 '신인양성의 위격'에 의한 것이며, 아담의 대속을 이루기 위한 직분 수행이었기 때문이다. 그런데도 둘째 아담인 그리스도께서 첫째 아담의 완전한 회복을 이루신다는 것은 첫째 아담의 불순종과 관계가 있다. 첫째 아담에 의해 상실당한 세 가지 직분을 둘째 아담이 그 직분의 순종을 통해 회복시켜야만 했다. 직분의 상실과 함께 무너진 '하나님 형상'의 회복을 의미하는 '창조회복' 사역을 함께 감당해야 했다.

'하나님의 형상'이라 불렸던 첫째 아담에게 부여된 중보적 직분은 하나님이 창조하신 피조 세계를 "하나님 보시기에 좋았더라"의 모습으로 다스려야 할 직분이었다. 그리고 '신인양성의 위격적 연합'을 이루고 있는 둘째 아담인 그리스도의 세 가지 직분은 기독론적인 측면에서 보는 중보적 직분이었다. 완전한 아담의 모습이 되기 위해 신인양성의 위격적 연합으로 마리아의 몸에 잉태해 성육신하신 그리스도는 신성과 인성이 혼합을 이루지 않은 상태에서 '한 인격'을 형성하신다.[36]

하인리히 헤페(Heinrich Heppe)는 자신의 『개혁 교의학』(*Reformed Dogmatics*) 제19장 "그리스도의 비하와 승귀"에서 둘째 아담인 그리스도의 성육신을 가리켜, "자기 비움의 단순한 성육신이 아니라 신이신 그분이 신과 동등하지 않은 형태의 성육신을 하셨다"라며, 그리스도의 성육신은 "종의

35　Bavinck, *Reformed Dogmatics* Vol. 2, 423-424; Vol. III, 223.
36　Schaff (ed.), "The Creed of Chalcedon", *The Creeds of Christendom* Vol. I, 30-31; Bavinck, *Reformed Dogmatics* Vol. 3, 254-255; Philip Schaff, *History of The Christian Church* Vol. II: *Ante-Nicene Christianity.* A.D. 100-325 (New York: Charles Scribner's Sons, 1922), 559-560; 리차드 A. 멀러, 『종교 개혁 이후의 개혁파 교의학』, 이은선 역 (서울: 이레서원, 2002), 206-207.

형체"를 가진 사람들의 모습이었다고 정의한다.[37]

그리스도는 하나님의 완전한 형상이다(고후 4:4). 그리스도는 신자들에게 하나님의 형상의 본질을 계시하시는 분이다.[38] 그리고 그리스도는 창조에 있어서도 이미 중보자로 존재하고 계셨다.[39] 이런 그리스도께서 인간의 죄를 대속하기 위해 성육신하셨을 때, 세 가지 직분을 가진 중보자 그리스도이셨다.

칼빈은 자신의 주석에서 신인양성으로 성육신하신 그리스도께서 세 가지 직분을 통해 중보적 사역을 감당하셨던 모습을 가리켜, "필요에 따라 그 신성이 쉬고 있거나 그 신성이 뒤로 감추어져 있었다"라고 말했다.

그날과 그때는 하늘의 천사들도, 아들도 모르고 오직 아버지만이 아신다 (마 24:36).

이 장면을 통해, 신성으로서 알고 있는 것들을 인성의 측면에서 그 능력을 제한하고 있었다고 칼빈은 설명한다. 아리우스파는 그리스도께서 참되고 유일한 하나님이 아니라는 것을 이 장면이 입증한다고 말하지만 칼빈은 그것을 헛소리라고 일축한다.[40]

둘째 아담으로 존재하신 그리스도는 어떤 순간도 신인양성이 분리되어 계신 일이 없다. 중보자로서 그리스도의 직분 또한 경륜적으로나 본질적으로 신인양성이었다. 그리스도께서는 '한 인격' 안에서 신성의 어떤 부분도 손상당하지 않은 상태로 세 가지 직분을 가지고 계셨으며, 인성으로도

---

37 Heinrich Heppe, *Reformed Dogmatics*, trans. G.T. Thompson (Eugene, OR: Wipf and Stock Publishers, 2007), 488-489.
38 Calvin, *Inst* III.6.3.
39 Hans Burger, *Being in Christ* (Eugene, OR: Wipf and Stock Publishers, 2009), 91-93; 이신열, "칼빈의 유비(analogy) 이해", 「갱신과 부흥」, 17 (2017), 43-44.
40 칼빈, 『칼빈성경주석 16: 공관복음 II』, 존 칼빈 성경주석 출판위원회 역 (서울: 성서연구원, 2012), 359-360.

세 가지 직분을 가지고 계셨다.⁴¹ 이런 그리스도께서 인성에 대한 한계를 담아내시며, 괴로움과 고통 가운데서 아버지의 뜻을 물으셨던 겟세마네에서의 기도(마 26:39), 그리고 십자가의 죽음 앞에서 자신을 완전히 비우는 과정에서의 고통과 절규(마 27:45-46)는 신성이 포기된 가운데 일어났던 사건이 아니다. 오히려 인성 앞에서 신성의 영광이 잠시 흐려진 것에서 나타난 현상이었다고 칼빈은 말한다.⁴²

알렉산드리아의 클레멘스(Clement of Alexandria, A.D. 150-215)에 의하면, 그리스도께서는 성육신과 수난의 자리에서 인간의 본성을 취하신다. 그리고 인간의 고통을 기꺼이 견디신다. 그리고 자신을 대속물로 드릴 때 "나의 사랑을 너에게 주노라"라며 새 언약을 우리에게 남기신다. 구속을 이루시기 위한 그리스도의 모습을 통해, 그리스도의 사역들이 대속을 이루는 관점에서 그 당사자였다는 것을 설명한다.⁴³ 첫째 아담의 대속을 이룰 그리스도의 세 가지 직분은 그리스도의 신성을 뒤로 감춘 상태에서 첫째 아담의 구속을 이뤄 간다.⁴⁴

루터란(Lutheran)들은 그리스도의 비하를 "인성이 신성을 사용하지 않은 것"으로 설명한다.⁴⁵ 그러나 칼빈은 이런 루터란의 견해와 함께하지 않는

41　Turretin, *Institutes of Elenctic Theology V*ol. 2, 380-384: "(1) Scripture ascribes the mediation of Christ to both natures …(2) All the parts of the mediatorial work demand both natures. Christ is Mediator as to the same nature in which he is a Prophet, Priest and King. And yet according to both, he could and was bound to exercise that threefold office. … Hence nothing hindered Christ as God-man from being a Mediator to himself, as he is God essentially."
42　칼빈, 『칼빈성경주석 16: 공관복음 II』, 422-427, 493-496; Heppe, *Reformed Dogmatics*, 488.
43　Clement of Alexandria, "The Work of Christ", ed. Henry Bettenson, *The Early Christian Fathers* (New York: Oxford University Press, 2010), 174.
44　Van Der Kooi, "Christology", 263: 칼빈은 자신의 주석에서 그리스도의 완전한 인성을 크게 강조한다. "Christ shares our human condition of dependence and creatureliness. The accommodation goes so far that now and then the divine nature hides itself."
45　Charles Hodge, *Systematic Theology* Vol. II (Peabody, MA: Hendrickson Publishers Marketing, 2011), 407-413.

다. 칼빈은 신성의 "낮추셨다"라는 "케노시스"를 통해 대속을 이루고자 성육신하신 그리스도의 사역에 대한 전반적인 성격들을 함께 설명한다.

칼빈은 빌립보서 2:7의 주해에서 이렇게 말한다.

> '비운다'는 것은 '낮추셨다'라는 것과 같은 말로 보아야 한다. … 그리스도께서 그분의 신성을 포기하신 것이 아니라 잠깐 동안 중지하시고, 육체의 나약함 아래서 보이지 않게 되셨을 뿐이다.

칼빈은 여기서 "케노시스", 즉 "자기 비움"을 말한다.

여기에 대해 벤자민 B. 워필드(Benjamin B. Warfield, A.D, 1851-1921)는 '케노오'라는 동사는 종종 문맥을 나타내는 데 사용되는 동사며, 이 동사는 '비웠다'라는 단어가 아니라 그 앞에 놓인 '자기를'이라는 단어를 강조한다고 말한다.[46]

그리스도의 세 가지 직분은 때로는 둘로 나뉘어 설명되기도 한다.

첫 번째는 '케노시스'에 따른 기독론의 관점과 함께 '창조회복'이라는 아담의 입장에서 설명하는 구속사적인 측면에서의 세 가지 직분이다.

두 번째는 승천을 통해 지금도 이뤄 가시며 제2위 하나님 되시는 그리스도의 '왕', '선지자', '제사장'의 세 가지 직분으로 설명된다.[47]

첫째 아담의 대속을 이루기 위한 그리스도는 완전한 하나님이시며, 동시에 완전한 사람으로 '한 인격'을 이루셨다. 이때 로고스로서의 인격은

---

46 칼빈, 『칼빈성경주석 19: 빌립보서』, 존 칼빈 성경주석 출판위원회 역 (서울: 성서연구원, 2012.), 497; Fred G. Zaspel, *The Theology of B. B. Warfield: A Systematic Summary* (Illinois: Crossway, 2010), 265-266.

47 Calvin, *Inst* II.16,1-4; Van Der Kooi, "Christology", 262.

인간이나 인간의 본질이 신성에 의해 해를 끼치는 방식이 아니라 그 존재와 상태 안에 들어가는 방식이라고 하인리히 헤페는(Heinrich Heppe) 말한다.⁴⁸ 이런 상태에서 그리스도는 둘째 아담의 자격으로, 첫째 아담의 회복을 이루기 위한 직분을 감당하셨다. 그리고 첫째 아담의 대속을 이루기 위해 세 가지 직분의 사역을 수행하셨다. 이때 그리스도께서 행하신 세 가지 직분은 그리스도의 신성을 뒤로 감춘 상태에서 하나님의 형상인 첫째 아담의 직분을 회복시키기 위한 직분 수행이었다.⁴⁹

그리스도께서 광야에서 마귀에게 당했던 것은 세 번의 '시험'(Test)이 아니라 '유혹'(Temptation)이었다. 칼빈은 마태복음 4:7 주해에서 이렇게 말한다.

> '시험하다'라는 말은 하나님이 우리의 손에 쥐어 주시는 수단을 소홀히 한다는 의미로 사용된다.

그리스도를 향한 마귀의 유혹은 하나님 자신을 향한 유혹이(하나님은 유혹의 대상이 될 수 없을 뿐만 아니라 유혹할 수가 없다) 아니라, 둘째 아담으로서 첫째 아담의 대속을 이루기 위한 그리스도의 사역에 대한 유혹이었다.⁵⁰ 다시 말하면 마귀의 유혹은 그리스도께서 둘째 아담으로서 첫째 아담의

---

48 Heppe, *Reformed Dogmatics*, 414.
49 Bavinck, *Reformed Dogmatics* Vol. 3, 258: 칼빈과 달리 루터파와 기쎈 신학자들은 신성의 감춤이 아니라 인성이 신성을 사용하지 않은 것을 '비하'를 통해 설명한다. "Between the Giessen and the Tübinger theologians a lengthy controversy (1607–24) was even conducted over this issue. According to the Tübingers, Christ only refrained from the public use of these attributes. …but in the state of his humiliation, Christ used the attributes imparted only in a latent or hidden manner; … For that reason the Giessen theologians, as well as the later Lutherans, preferred to say that in the moment of exinanition Christ totally ceased to use the attributes communicated to him."; Bavinck, *Reformed Dogmatics* Vol. 2, 423-424: 영지주의자들은 성부의 감추어진 신성은 오직 로고스를 통해서만 계시된다고 말한다.
50 칼빈, 『칼빈성경주석 16: 공관복음 Ⅰ』, 214.

창조회복을 일으키지 못하도록 저지하기 위한 것이었다. 그 저지는 '형상의 회복'이라는, 좁은 의미의 '창조회복'을 일으키지 못하도록 하기 위한 것이었다.

2. 형상(창조)회복을 약화시키는 아래로부터(from below)의 신학

1) 칼 바르트(Karl Barth, A.D. 1886-1968)

하나님은 만물을 창조하시고, "하나님의 형상대로"(창 1:27) 사람을 창조하셨다. 그리고 자신이 창조한 모든 것을 보시고 "심히 좋았다"(창 1:31)고 말씀하셨다. 하나님은 만물을 창조하실 때 목적을 가지고 창조하셨다.

사람의 창조에 대해 『웨스트민스터 소요리문답』과 『웨스트민스터 대요리문답』의 제1문은 사람의 제일의 목적이 무엇인지 질문한다. 그리고 여기에 대한 답으로 "하나님을 영화롭게"하고, "하나님을 기쁘게 하는 것"에 그 목적이 있다는 것을 말한다.[51]

'하나님 형상'은 하나님의 공유적 속성을 나타내며, 동시에 하나님의 창조 목적을 설명한다.[52] 둘째 아담은 "하나님의 형상"(고후 4:4)이면서 동시에 '첫째 아담의 형상'이다. 이것은 위격적 연합으로 '한 인격'을 이루고 있는 그리스도의 세 가지 직분이 기독론과 함께 '형상회복'에 따른 '창조론적' 관점을 가지고 있다는 것을 말한다.

바르트는 자신의 『교회 교의학』 III.1에서 창조에 대해 크게 두 가지를 논한다.

---

51 James T. Dennison ed., *Reformed Confessions* Vol 4, *Westminster Larger Catechism* A.D. 1648, (Grand Rapids: Reformation Heritage Books, 2008), 299.
52 Ursinus, *Commentary on The Heidelberg Catechism*, 83.

첫째, 창조는 "계약"이다.

바르트에 따르면, 창조를 올바르게 이해하기 위해서는 계약에 대해 바른 사관을 가져야 한다. 바르트가 말하는 계약은 겉으로 드러나는 "외적인 계약"[53]과 창조는 하나님 자신의 의지와 결의에 의해 이뤄졌다는 "내적인 계약"[54] 둘로 나눠진다. 여기서 바르트는 창조를 하나님이 인간과 사랑의 사귐을 가지기 위한 것으로 내용을 정의한다.

둘째, 창조는 "창조자 하나님의 행동"이다.

여기에는 하나님의 사역적인 면이 강조된다. 바르트는 하나님의 사역을 셋으로 나눈다. "선한 행동으로서의 창조"[55], "실현으로서의 창조"[56], "칭의로서의 창조"이다.[57] 그리고 내용 면에서는 "그리스도 안에서의 창조"와 "그리스도 안에서의 하나님의 은혜"를 부각시킨다.

한편, 바르트는 그리스도의 직분에 대해 '왕'과 '제사장'의 두 직분만을 논한다.[58] 그리고 이 두 직분을 화해론에서 거론한다. 그리고 '계시적' 측면에서 '종속적'이고 '양태론적'인 교리로 접근하는 것을 볼 수 있다.[59]

둘째 아담인 그리스도의 직분을 계시 철학적 문제로 접근했던 바르트에게 성부와 성자는 동일본질이 아니었다. 그는 그리스도는 위격에 따른 화해자가 아니라 성부의 뜻을 계시하는 측면에서의 종속적 관계에 있는

---

53 Karl Barth, *Church Dogmatics*, III.1, ed., G.W. Bromiley, T.F. Torrance (Peabody: Hendrickson Publishers, 2010), 94-228.
54 Barth, *Church Dogmatics*, III.1, 229-329.
55 Barth, *Church Dogmatics*, III.1, 330-344.
56 Barth, *Church Dogmatics*, III.1, 345-365.
57 Barth, *Church Dogmatics*, III.1, 366-414.
58 Barth, *Church Dogmatics*, IV.3-1, 5-6, 13; Barth, *Church Dogmatics*, I.1, 415; Barth, *Church Dogmatics*, IV.1, 197-199, 205.
59 Barth, *Church Dogmatics*, I.1, 295-296, 371-372, 386, 388, 400, 466, 480-481; Barth, *Church Dogmatics*, IV.1, 122.

화해자로 보았다. 위격적 연합에 따른 신성 측면에서의 '비하'와 인성 측면에서의 '형상회복'이라는 '창조회복'의 관점을 보지 않는다.

바르트는 그리스도를 주관적이며 주체적인 화해자라고 말하지 않는다. 형식만 가진 화해자로서의 그리스도와 그분의 직분에 대한 사역을 다룬다.[60] 그리스도의 직분을 첫째 아담의 '형상회복'이라는 '창조회복'의 관점을 가지지 못하고, 계시적인 측면에서 기독론에 접근한다. 이런 문제점은 그리스도께서 가지시는 '비하'의 전체에서 드러난다.

바르트에 의하면, 우리가 하나님과 함께하는 것은 사건 가운데 함께 공유하는 것이다.[61] 전통 개혁주의 신학은 '예정론'을 말할 때, '구속언약'의 성취를 바탕으로 한다. 이때 '구속언약'은 그리스도의 세 가지 직분 사역과 직접적으로 연결된다. 그리고 그리스도의 세 가지 직분 사역에는 구원이 곧 '형상회복'과 연결되어 있으며, 여기에는 좁은 의미의 '창조회복'을 말하는 '창조론적' 관점이 새겨져 있다.

그러나 바르트는 이런 구원에 대해 두 가지 오류를 제시한다.

첫째, 계시의 사건을 통해 "이중 예정"(선택과 유기)의 장소를 창세 전에서 그 무대를 십자가 사건 이후로, 그리고 선택으로 몰아간다.[62]

둘째, 구원의 "가능성"을 말하는 "보편적 구원"이다. 바르트에 따르면 인간이 하나님의 말씀을 듣고 받아들이는 것은 어떤 가능성에 의해 이뤄

---

60 Barth, *Church Dogmatics*, IV.1, 79, 122; 에버하르트 부쉬, 『위대한 열정』, 박성규 역 (서울: 새물결플러스, 2017), 104-106, 388: 바르트를 사망할 때까지 그의 조교로 함께했던 Eberhard Busch에 따르면, 바르트가 제시하는 제사장의 직분에서 나타나는 '화해'는 "하나님의 행동하는 인식"이다.

61 Barth, *Church Dogmatics*, IV.1, 5-7, 18-20; 문병호, 『기독론』, 1112: "바르트에 의하면, '상태'가 아니라 '사건'으로써 하나님은 우리와 함께 계신다. 하나님은 우리와 한 역사를 공유하신다. '구원'은 '하나님의 존재에 참여함'이다."

62 Barth, *Church Dogmatics*, II.2, 94, 185-188.

진다.⁶³ 바르트는 말씀이 육신이 되었다는 것 또한 가능성에서 그 답을 찾는다. 그는 가능성을 통해 그리스도는 하나님의 영원한 의지적 선택이었다며, 인식론적으로 접근을 한다.⁶⁴

이런 바르트는 구원을 하나님의 불가항력적인 은혜로 말미암는 것이라고 여기지 않는다. 구원은 하나님의 말씀이 알려지고, 그 말씀이 인식의 가능성에 의해 믿어지는 것이라고 주장한다.⁶⁵

둘째 아담 그리스도의 세 가지 직분론이 '형상회복'을 말하는 것은 바르트가 주장하는 것처럼 '가능성'을 말하는 것이 아니라, '이중 예정'에 따른 구속언약을 토대로 한다는 것을 증거한다. 그리고 '창조회복'은 보편적 구원에 따른 결론을 말하는 것이 아니라, 제2위 성자 하나님이신 그리스도께서 친히 아담을 위한 대속의 값이 되어 주셨다는 것을 말한다. 그리고 구원은 하나님의 불가항력적 은혜로 말미암은 것임을 함께 증거한다.

따라서 '형상회복'과 연결되는 '창조회복'은 바르트가 주장하는 신정통주의의 제시에 대해, 성경이 말하는 바른 신학으로 돌아가고자 하는 교의학을 제시한다.

2) 볼프하르트 판넨베르크(Wolfhart Pannenberg, A.D. 1928-2014)

판넨베르크의 신학은 보편적인 것에 호소하는 특징을 가지고 있다.⁶⁶ 이런 그의 신학은 이성을 앞세운다. 그는 그리스도의 세 가지 직분을 위격

---

63 Barth, *Church Dogmatics*, Ⅰ.1, 194.
64 Barth, *Church Dogmatics*, Ⅱ.2, 146.
65 Barth, *Church Dogmatics*, Ⅰ.1, 194, 197, 243, 407.
66 앨리스터 맥그래스, 『신학의 역사』, 소기천 외 3인 역 (고양: 지와사랑, 2016), 463-465.

적 연합에 따른 '신성'과 '인성'의 사역으로 보지 않는다. 구약적 발상이며 예표적인 것을 의미한다고 본다.[67] 그는 그리스도의 세 가지 직분론에 대한 교리를 중세 신학이 교부들의 신학을 기독론과 연결해 성화시킨 신학으로 여긴다.[68]

기독론과 관련해 많은 것을 논하는 판넨베르크는 자신의 『조직신학』 제1권에서 바르트 이후, 하나님의 "자기 계시"에 대해 상당한 분량을 할애하며 내용을 전개한다. 여기서 그는 바르트에 대한 하나님의 자기 계시가 이해와 설득력을 넘어섰다고 지적한다.[69] 그는 하나님의 자기 계시가 하나님의 본질 개념으로부터 도출하게 되면 이것은 결국 "양태론"이 되고, "종속론"에 따른 위기에 봉착하게 된다고 지적한다.[70] 그런데도 그 또한 계시를 존재로 인식한다. 그리고 존재로 대체하려는 것에 대해서는 바르트와 견해를 같이하며,[71] 바르트처럼 '계시'를 변증적으로 풀어 간다.[72]

판넨베르크에 의하면, 창조는 하나님으로부터 시작된다. 그리고 세계는 하나님의 행동의 결과물이다.[73] 몰트만의 희망신학과 그 맥을 함께하고 있었던 판넨베르크는 종말론을 결정적이며, 궁극적 결론을 만들어 가는 것으로, 만물을 최종적인 완성으로 인도하는 것으로 본다.[74]

이성과 희망의 상호 연관 관계에 초점을 맞추고 있는 그의 신학은 "아래로부터의 기독론"을 체계화한 "상승신학"이었다. 그러므로 그의 신학

---

67 Wolfhart Pannenberg, *Jesus-God and Man*, trans. Lewis L. Wilkins, Duane A. Priebe (Philadelphia: The Westminster Press, 1977), 224-225.
68 Pannenberg, *Jesus-God and Man*, 212.
69 판넨베르크, 『판넨베르크 조직신학 I』, 신준호·안희철 역 (서울: 새물결플러스, 2018), 479-485.
70 판넨베르크, 『판넨베르크 조직신학 I』, 483-485.
71 Pannenberg, *Jesus-God and Man*, 137-139.
72 Pannenberg, *Jesus-God and Man*, 132.
73 판넨베르크, 『판넨베르크 조직신학 II』, 29.
74 프레드 샌더스, "삼위일체", 켈리 M. 케이픽·브루스 L. 맥코맥(편), 『현대 신학 지형도』, 박찬호 역 (서울: 새물결플러스, 2016), 60-61.

은 하나님의 창조에 대한 진정성과 둘째 아담 그리스도의 사역을 통한 '형상회복'이 하나님의 '창조회복'이라는 관점을 보지 못한다. 판넨베르크는 창조적 형틀 위에 만물뿐만 아니라 신학의 진화적 발전 요소를 주장한다.[75] 그리고 하나님 '안에서' 세계가 자신의 존재를 갖는다는 다양한 형태의 "만유재신론"을 채택한다.[76]

판넨베르크는 '창조'의 궁극적인 답을 팽창하는 우주의 원리인 '빅뱅'에서 찾았을 뿐만 아니라 진화에 대해 문을 열어 놓는다. 그는 하나님의 창조를 공간을 채우는 자로서의 행위로 보며, 하나님이 세계를 주관하신다는 사실을 부인한다.[77]

그의 『신학과 철학』 제1권 제5장에서 "세계의 질서"는 신에 의해 만들어진 것이 아니라 만물의 존재 질서에 의해 만들어진 것으로 본다. 그리고 궁극적으로 그 질서는 시간의 경과에 따라 사라질 것을 "우연성"으로 설명한다.[78] 이런 발상은 창조의 진화를 인정하는 그의 신학적 바탕에서 나온다. 판넨베르크에 따르면 생명이 유기체 형태로 생성되었다는 것은 피조물이 새로운 차원의 자율성을 가진 존재로 창조되었다는 것을 의미한다.

판넨베르크는 성경에서 말하는 것과 진화론이 대립된다는 것을 거부한다. 그는 기계적 진화가 아니라 유기체에 의해 매 순간 새롭게 만들어지는 진화

---

[75] 판넨베르크, 『판넨베르크 조직신학 II』, 220-254.
[76] 웹스터, "섭리", 380; Philip Clayton and Arthur Peacocke, eds., *In Whom We Live and Move and Have Our Being* (Grand Rapids: Eerdmans, 2004); Philip Clayton, *Adventures in the Spirit: God, World, Divine Action* (Minneapolis: Fortress, 2008)을 보라- 웹스터, "섭리", 380의 각주 28)을 재인용; 볼프하르트 판넨베르크, 『신학과 철학 II』, 오성현 역 (서울: 도서출판 종문화사, 2019), 127-133: "… 종교의 대상은 원래 초자연적이고 초월적인 어떤 존재자가 아니라 '우주', 즉 모든 유한자의 총체성이다. 유한자 안에 무한자가 현존하는 한에서 말한다. …"
[77] 볼트하르트 판넨베르크 외 4인, 『신 인간 과학-우주 생명 정신을 주제로 한 석학들의 대화』, 여상훈 역 (서울: 도서출판 씽크스마트, 2018), 32-33.
[78] 볼프하르트 판넨베르크, 『신학과 철학 I』, 오성현 역 (서울: 도서출판 종문화사, 2019), 178-185.

를 주장한다. 이런 측면에서 그는 다윈의 "종의 기원"을 인정한다.[79]

그의 주장대로라면 빅뱅의 원리와 같은 물리학과 진화에 따른 생물학으로 생명의 존재와 속성은 설명될 수 있다. 그리고 이를 통해 하나님의 존재도 설명할 수 있다는 가능성에 도달한다. 판넨베르크의 주장이 맞다면 세계를 '창조된 것'으로 보는 신학의 해석을 물리학과 자연과학의 설명과 대립시켜서는 안 된다. 그는 신을 우주에서 일어나는 사건들의 주체와 주관자로 보기를 거부한다. 단순히 신을 세계의 창조자로 볼 것을 주장한다.[80]

그는 자신의 『조직신학』 제1권에서 신학의 출발점은 하나님으로부터 시작되어야 한다며, 전통적 신학의 방향을 제시한다. 하나님은 신학을 하나로 묶는 중심 주제가 됨과 동시에 신학의 배타적 대상이 될 수 있다는 것이 그의 주장이다.[81] 그러므로 신학의 전체적인 구성에 있어서 그 출발점은 신론이 아니라 종교의 개념이 되어야 한다는 것이다.

판넨베르크는 『조직신학』 제1권 제3장, "종교의 경험 안에 있는 하나님의 현실성과 신들의 현실성"에서 종교의 개념이 신학적 체계의 근간을 이룬다고 주장한다.[82] 종교의 절대성을 인간학적인 부분으로 연결시킨다. 그는 종교를 창조와 연결시키지 않는다. 판넨베르크 주장에 의하면, 종교는 인류와 함께 보편적으로 확산된 것이다.[83]

판넨베르크의 『조직신학』 제1권과 제2권 그리고 『예수-신인』(*Jesus-God and Man*)은 기독론이 내용의 주류를 이룬다. 그의 『조직신학』 제2권에 의하면, 아담이 "하나님의 형상"으로 불리는 것은 인간 창조에 대한 하나님의 목적을 설명하는 것이다. 하나님의 통치권에 참여할 것과 그 권리를 수

---

[79] 판넨베르크 외 4인, 『신 인간 과학: 우주 생명 정신을 주제로 한 석학들의 대화』, 106, 137-139.
[80] 판넨베르크 외 4인, 『신 인간 과학: 우주 생명 정신을 주제로 한 석학들의 대화』, 92-94., 258-260.
[81] 판넨베르크, 『판넨베르크 조직신학 Ⅰ』, 31-32.
[82] 판넨베르크, 『판넨베르크 조직신학 Ⅰ』, 206-232.
[83] 판넨베르크, 『판넨베르크 조직신학 Ⅰ』, 233-309.

행하도록 부름받았다는 것을 말한다.[84] 그에 따르면 그리스도는 새로워져야 하는 "인류의 원형"이다. 그러므로 그리스도께서는 자신의 삶의 형태를 하나님께 순종하는 것으로 초점을 맞추셔서 첫째 아담의 값을 대신하시게 된다.[85]

이성에 따른 합리주의 신학을 추구했던 판넨베르크에게 기독론은 "위로부터의 신학"이 아니라 "아래로부터의 신학"이었다. 인간 중심 신학이었으며, 창조의 진화를 담고 있다.[86] 판넨베르크는 창세기 1:24-25에서 말하는 "땅에게 명령하여"라는 구절을 통해 진화에 대한 자신의 정당성을 주장한다. 그에 의하면, 창조는 하나님이 직접 만드신 것을 말하는 것이 아니다. '땅'이라는 '무기질'에게 하나님이 명령하셨으며, 이 명령에 따라 '무기질'이 활동한 것이 창조였다. 그로 인해 피조물이 탄생되었다는 것이 그의 주장이다. 신학은 이것을 간과한다는 것이다.[87]

그러나 분명한 것은 어떤 창조물도 하나님의 직접적인 창조로 이뤄지지 않은 것은 없다. 그리고 하나님은 자신이 창조한 모든 창조물에 대해 절대 주권으로 주관하신다.

하나님 형상회복에 따른 '창조회복'은 둘째 아담 그리스도의 세 가지 직분을 통해 "아래로부터의 신학"이 아니라 "위로부터의 신학"의 중요성을 알게 한다. 그리고 둘째 아담 그리스도의 세 가지 직분을 통해 '창조회복'에 따른 '창조론적' 관점을 보게 한다. 뿐만 아니라 20세기 현대 신학이 오류를 범하는 "아래로부터의 신학"의 모순을 직시하며, 신학이 걸어가야 할 바른 길의 푯대를 제공한다. 그리고 둘째 아담 그리스도의 세 가지 직분은 '창조회복'에 따른 '창조론적' 관점의 신학의 중요성을 보게 한

---

[84] 판넨베르크,『판넨베르크 조직신학 II』, 359
[85] 판넨베르크,『판넨베르크 조직신학 II』, 530-533, 648-651.
[86] 스탠리 그렌츠 · 로저 올슨,『20세기 신학』, 신재구 역 (서울: 한국기독학생회출판부, 2013), 315, 317-319.
[87] 판넨베르크 외 4인,『신 인간 과학-우주 생명 정신을 주제로 한 석학들의 대화』, 103, 110-111.

다. 우리를 구원하시고 하나님이 은혜를 베푸신 구속언약을 믿음으로 바라보면서 십자가에서 우리를 대속하신 하나님의 결정적인 은혜를 다시 되새기게 한다.

3) 레오나르도 보프(Leonardo Boff, A.D. 1938-)

존 소브리노(Jon Sobrino)는 레오나르도 보프(Leonardo Boff)를 해방신학의 기독론을 발전시킨 최초의 학자로 소개한다.[88] 보프에 의하면, 전통적인 기독교의 기독론은 인간에게 진정한 해방을 가져다주지 못하는 한 도구에 불과하다.[89] 구스타보 구티에레즈(Gustavo Gutierrez)와 함께 해방신학을 선도했던 보프가 주장하는 신학의 바탕은 "예수 그리스도는 정말로 무엇을 원하셨는가"에 있다.[90] 1960년대 라틴 아메리카를 중심으로 일어났던 해방신학은 가난과 그들의 곤경에 대한 해결의 열망으로부터 일어난다. 그러므로 보프의 해방신학은 그리스도의 위격보다 그리스도의 사역에서 나타나는 역사적 사건이 더 큰 관심사였다.

보프의 저서 『해방자 예수 그리스도』에는 그의 기독론에 대한 몇 가지의 특징적 요소가 설명된다.

첫째, 신인양성의 위격적 연합을 이루고 있는 그리스도의 사역에 관한 것이다. 여기서 그는 그리스도의 사역을 첫째 아담의 죄를 대속하는 기독론으로 보지 않는다. 그리스도의 사역은 가난하고, 권력에 대해 약자의 위치에 놓인 자들을 위한 해방자로서의 사역이었다. 사회의 변혁을 꾀하고,

---

[88] 밀리오 누네즈, 『해방신학 평가』, 나용화 역 (서울: 기독교문서선교회, 1990), 211-212; Jon Sobrino, *Christology at the Crossroads: A Latin American Approach*, p. xi: 누네즈, 『해방신학 평가』의 p.212의 각주 5)를 재인용.
[89] 누네즈, 『해방신학 평가』, 211-214.
[90] 레오나르도 보프, 『해방자 예수 그리스도』, 황종렬 역 (왜관: 분도출판사, 2002), 73-88.

행동하며, 실천하는 "혁명적 기독론"으로 본다.[91]

둘째, 그리스도의 인성을 강조하며, 철저히 '아래로부터의 기독론'을 펼친다.[92] 보프는 그리스도를 이성적으로 접근한다. 『해방자 예수 그리스도』에서 보프는 그리스도를 "창조적 상상력"과 "건전한 이성"을 가진 분으로 소개한다. 심지어 그리스도를 "우리의 맏형"으로 소개한다. 그러면서 그리스도의 능력을 "자질"로 표현하며, "아래로부터의 기독론"을 펼친다.[93]

셋째, 진화적인 사상을 바탕으로 한 기독론을 주장한다. 보프에 의하면, 복음서들이 증거하고, 교회 내에서 설교되는 것들은 그리스도의 진보적인 진화의 계열을 수렴시키는 출발점이었다.[94] 창조에 대해 진화를 설명하는 보프는 기독론을 진화적으로 진보하는 것으로 여긴다.

보프의 저서 『해방자 예수 그리스도』와 『성 삼위일체 공동체』는 "사회의 또 다른 변혁"이라는 혁명을 사회의 진화적 측면에서 다룬다.[95] 기독교인은 사회변혁의 결과물인 "유토피아"를 건설하기 위해 "진보적 진화"를 일으키는 존재가 되어야 한다. 여기서 기독교인은 그리스도의 사역을 실행하는 주역이 되어야 할 것을 강조한다.[96]

보프뿐만 아니라 해방신학자들에 의해 이해되는 "진화적 신학"은 실용주의로 그 모습이 나타난다. 이것은 단순히 신학이 관련된 것만을 말하는

91　보프, 『해방자 예수 그리스도』, 89-110.
92　보프, 『해방자 예수 그리스도』, 111-136, 233-268, 295-321.
93　보프, 『해방자 예수 그리스도』, 112-120, 135-136.
94　보프, 『해방자 예수 그리스도』, 39-40.
95　레오나르도 보프, 『성 삼위일체 공동체』, 김영선 · 김옥주 공역 (서울: 크리스천 헤럴드, 2011), 14.
96　보프, 『해방자 예수 그리스도』, 73-82, 117-133, 163-184, 272-294.

것이 아니라 기독교인의 삶의 실천을 함께 의미한다.[97]

후안 루이스 세군도(Juan Luis Segundo)는 이런 실천을 통해 신학은 그 내용을 더욱 풍성하게 만든다고 주장한다. 그리고 구티에레즈는 이것을 종말론적 성격에 중점을 두고 말한다. 이런 맥락 속에 '사회적 진화'와 '사회의 또 다른 변혁'은 교회와 마르크스주의의 만남을 만들어 갔다.[98]

무너져버린 사회를 삼위일체의 본 모습으로 구현하는 것은 보프에게 있어서 너무나도 중요한 사안이었다. 그는 "항상", "함께" 그리고 "지속적"이라는 것을 통해 사회구조적인 측면의 삼위일체를 논한다. 그리고 해방에 따른 평등사회의 구현을 외친다. 이런 보프의 삼위일체 속에 내포된 기독론에서 우리는 사회주의와 공산사회의 건설을 촉구하는 모습을 발견하게 된다.

보프에 의하면, 가난은 인간성을 비하시키고, 하나님을 상심시키는 죄악이다.[99] 따라서 연약하고 가난한 자들을 도와주는 원조와 같은 방식으로는 그들을 진정하게 해방하지 못한다. 보프는 신학을 하기 전에 먼저 해방해야 할 것을 주장한다. 그리고 해방 활동에 참여하는 것을 중요하게 여긴다.[100]

이런 보프의 기독론은 이성을 앞세우는 인본주의 신학이었으며, "아래로부터의 신학"이었다. 그는 진보적 진화를 주장한다. 그리고 진화적 사상의 신학으로 기독론을 혁명의 장으로 인도한다. 사회 변혁을 통해 기독론을 논하는 보프의 신학은 창조회복을 이루기 위한 둘째 아담 그리스도의 대속의 사역을 지워 버린다. 그리고 그 자리에 자신의 혁명 사상을 대입시키는 기독론을 펼친다.

97　Millard J. Erickson, *The Word Became Flesh* (Grand Rapids: Baker Books, 2000), 141.
98　Erickson, *The Word Became Flesh*, 142; 레오나르도 보프, 『해방신학 입문』, 김수복 역 (서울: 한마당, 1987), 15-18; 레오나르도 보프, 『삼위일체와 사회』, 이세형 역 (서울: 대한기독교서회, 2011), 49-50, 153-163, 314.
99　레오나르도 보프, 『세상 한가운데서 하느님을 증언하는 사람들』, 성염 역 (왜관: 분도출판사, 1990), 138.
100　Erickson, *The Word Became Flesh*, 143-144.

3. 둘째 아담 그리스도와 창조회복

첫째 아담을 대속할 둘째 아담 그리스도의 세 가지 직분에 대한 교리적 구성은 그리스도의 '신성'과 '인성'을 떠나 다른 것으로 논할 수 있는 문제가 아니다. 그리스도께서 위격적 연합으로 '한 인격'을 형성할 때, 그 모습은 '완전한 신성'과 '완전한 인성'이 그 고유의 성질을 잃어버리거나 혼합된 상태에서 '한 인격'을 형성하지 않는다. 그 고유한 성질을 그대로 유지한 채 '한 인격'을 형성한다.[101]

그리스도께서 신인양성의 모습으로 잉태되실 때, 성육신은 '인성'에 따른 첫째 아담의 죄의 문제를 해결하기 위해서였다. 따라서 둘째 아담은 반드시 '완전한 인성'을 가진 존재가 되어야만 했다. 그리스도께서 둘째 아담으로 잉태되시고 성육신하실 때, 비록 죄 없이 잉태되시고 출생하실지라도 인간의 연약성 곧 죄를 범할 수 있는 가능성을 가진 상태로 출생하시게 된다. 둘째 아담 그리스도께서 비록 죄 없는 모습으로 태어나실지라도 이런 약점에 노출되실 수밖에 없다.

그러므로 둘째 아담 그리스도께서 이루신 '한 인격'으로서 '신성'은 첫째 아담의 죄를 대속할 완전한 제물이 되시는 조건을 위해 돕는 역할을 하게 된다. 칼빈은 이것을 가리켜 "신성이 인성 뒤에 감추어졌다"라고 말했던 것이다.[102]

둘째 아담 그리스도의 세 가지 직분이 '신성'적인 측면에서 기독론이 다뤄진다면, '인성'적인 측면에서는 '형상회복'에 따른 좁은 의미의 '창조회복'을 돌아보게 한다. 둘째 아담인 그리스도의 세 가지 직분을 기독론

---

[101] 문병호, 『기독론』, 323: "위격적 연합이 성육신이다. 성육신이 위격적 연합의 시작을 뜻한다면, 위격적 연합은 성육신의 상태를 의미한다. … 성육신의 비밀은 신성과 인성이 한 인격을 이루나 각 '본성에 고유한 속성'은 손상되지 않고 그대로 유지되는 위격적 연합의 비밀이 있다. 이는 '하나님의 비밀'이신 성자 예수 그리스도 자신께 있다."
[102] 칼빈, 『칼빈성경주석 16: 공관복음 II』, 359-360.

과 함께 '창조회복'에 따른 '창조론적' 관점에서 봐야 할 이유는 '신성'과 '인성'이 '한 인격'을 이루고 있기 때문이다.[103]

3세기와 4세기에 활동했던 아리우스(Arius)는 그리스도의 '신성'과 '인성'이 '한 인격'을 이루고 있다고 보지 않았다. 그는 그리스도의 '신성'을 거부할 뿐만 아니라 그리스도의 '인성'을 논할 때도 인간의 영혼이 없는 그리스도의 '인성'을 논한다.

> 아리우스에 따르면 성자는 진정한 인성을 가지고 있다고 할 수 없다. 왜냐하면, 그에겐 인간의 영혼이 없기 때문이다. 또한, 진정한 신성을 가지고 있는 것도 아니다. 왜냐하면, 그는 하나님의 속성과 본질이 결여되어 있기 때문이다.
> … 아타나시우스는 아리우스를 반박하면서 다음과 같은 점을 지적한다.
> (1) 피조물과 접촉하기 위해 그 가운데 중개자가 필요한 하나님이라면, 또 한 피조물인 성자와 접촉하기 위해서도 역시 중개자가 다시 필요하게 될 것이다. 그리고 이런 피조물인 성자는 그 어떤 의미에서도 신이라고 말할 수 없다.
> (2) 만약 로고스가 피조되었고 신적 본체와는 다르다고 한다면, 그는 우리들에게 성부를 계시할 수 없다. 그리고 우리는 성부를 발견할 수 없다.
> (3) 한편으로서는 그리스도의 신성을 주장하면서, 또 다른 한편으로 성부와의 본질적 통일성을 부정하는 것은 결국 불가피하게 다신론으로 떨어지게 된다.
> (4) 또한, 이런 주장은 우리들로 하여금 창조주와 아울러 피조물을 섬기게 한다.[104]

---

103 Calvin, *Inst* II.14.1.
104 E. H. 클로체, 『기독교 교리사』, 강정진 역 (서울: 기독교문서선교회, 2002), 117-121.

'신성'을 물려받은 유한한 인간 그리스도를 주장했던 아리우스에게 그리스도의 사역은 '하나님 형상회복'에 따른 절대적인 사역이 아니었다. 존재적인 측면에서 하나님보다 열등한 존재로서의 그리스도의 사역이었을 뿐이다.

여기에 대해 A.D. 325년의 니케아 공의회는 그리스도께서 "성부와 동일본질"이시며, "참 신성을 가지신 분"이란 고백을 이끌어 낸다.

그리고 A.D. 451년의 '칼케돈 공의회'는 "신성"에 따른 동일본질과 함께 우리와의 동일본질인 "참 인성"을 공식화한다.[105]

둘째 아담 그리스도께서 위격적 연합으로 '한 인격'을 이루고 있다는 것은 우리로 하여금 그리스도의 두 가지의 모습을 돌아보게 한다.

하나는 '신성' 측면에서 일어나는 일로서 그리스도의 '비하'에 따른 기독론이다.

또 다른 하나는 '인성'의 측면에서 일어나는 일로서 '형상회복'이라는 좁은 의미의 '창조회복'이다.[106]

둘째 아담 그리스도의 직분과 사역은 첫째 아담의 죄와 직결된 '인성'의 문제와 이를 완전하게 이끌어 갈 '신성'의 문제를 떠날 수 없다. 그러므로 펠라기우스(Pelagius)와 같이 인간의 자유의지에 따른 결정을 논하는 인본주의 신학으로는 이 문제에 근원적으로 접근할 수 없다. 왜냐하면, 위격적 연합에 따른 둘째 아담 그리스도의 세 가지 직분에 대해 진정으로 그 가치를 논할 수 없기 때문이다.[107]

---

105 맥코맥, "그리스도의 인격", 262-263.
106 J.리처드 미들턴, 『해방의 형상』, 성기문 역 (서울: SFC 출판부, 2010), 115-116: "'이마고 데이'는 또한 제사장적이거나 제의적인 차원도 포함한다. 인간은 하나님의 세계라는 우주적 성소에서 환경에 대한 제왕적 청지기들과 문화적 형성자들일 뿐만 아니라 … 창조의 제사장들이라는 지위의 자부심과 최고의 책임이 주어졌다. …"
107 Berkhof, *Systematic Theology*, 256-258.

기독론에 대해 탁월한 식견을 가졌던 바르트는 20세기 신정통주의를 앞세운다. 그리고 판넨베르크와 보프의 신학은 창조 진화와 함께 신학적인 진화를 낳는다. 그러나 이들의 신학은 "아래로부터의 신학"이었으며 "상승 기독론"을 낳는다. 이런 신학들은 20세기 이후 신학에 대해 건전한 터를 세우지 못한다.[108] 이들의 신학은 마치 시대의 기독론을 대변하는 것만 같았다. 그러나 이들의 기독론을 쫓아가다 보면, 이성과 합리주의를 만나게 된다. 기독론 속에서 '형상회복'을 말하는 좁은 의미의 '창조회복'을 발견할 수 없다.

현대 신학은 이성적이고 합리적인 사고를 앞세워 "아래로부터의 신학"인 "상승신학"을 활성화시키고 있다. 둘째 아담 그리스도의 세 가지 직분론은 위격적 연합에 따른 '신성'과 '인성'의 두 측면을 온전하게 보게 한다. 여기서 첫 번째 아담의 '형상회복'을 말하는 '창조론적' 관점은 빠질 수 없다. 그렇지 않을 경우 '왕', '선지자', '제사장'에 따른 그리스도의 세 가지 직분은 첫째 아담의 대속과 함께 '창조회복'을 일으키고자 하는 하나님의 뜻을 상실해 버리게 된다.

---

[108] Cornelis Van Der Kooi · Gijsbert van den Brink, *Christian Dogmatics*, ed., Reinder Bruinsma (Grand Rapids, Michigan: Eerdmans Publishing Co, 2017), 474; Erickson, *The Word Became Flesh*, 140-141.

제1장

세 가지 직분의 의미

그리스도께서 성육신하신 것은 오직 첫째 아담의 구속을 이루시기 위해서였다. 그리스도의 나심에서부터 십자가에 제물로 자신을 드리시기까지 대속을 이루시기 위한 모든 것이 구속사를 통해 이뤄진다.

칼빈은 첫째 아담의 상태를 가리켜 "선택의 자유를 박탈당하고 비참한 노예의 상태에 묶여 있다"라는 표현을 사용한다. 그리고 타락 이후 인간의 상태를 가리켜 "하나님의 은혜의 도움이 없이는 선을 행할 수 없는 상태에 놓였다"라고 말한다.[1] 구원은 '처음 아담의 회복'이라는 의미이다. 다시 말하면 구원은 처음 아담을 창조한 죄 없는 상태로의 '창조회복'이다.

신인양성의 위격적 연합으로 성육신하신 그리스도의 세 가지 직분이 가지는 의미는 기독론과 함께 '하나님 형상회복'이 의미하는 '창조회복'을 말한다. 이것은 좁은 의미의 '창조론적' 관점에서 그리스도의 세 가지 직분을 함께 보는 것이다. 인간은 '하나님의 형상'을 반영한다. 이것은 하나님이 인간의 창조에 공유적 속성을 부여했다는 사실과 함께 창조하신 목적이 반영됨을 말한다.[2]

---

1 Calvin, *Inst* II.2; Wendel, *Calvin*, 189.
2 Anthony A. Hoekema, *Created in God's Image* (Grand Rapids: Eerdmans, 1994), 66.

여기서 둘째 아담인 그리스도의 세 가지 직분이 첫째 아담의 세 가지 직분과 어떤 관계를 가지고 있는지 논의되어야 한다. 그리고 둘째 아담인 그리스도의 세 가지 직분이 이룬 사역이 어떻게 해서 좁은 의미의 '창조회복'을 말하는지 그 내용이 다뤄져야 한다.

일반적으로 그리스도의 세 가지 직분을 크게 둘로 나누어 설명한다.

첫째, 비하의 측면에서 그리스도의 세 가지 직분이 기독론을 중심으로 구원론을 논한다.[3]

둘째, 승천에 따른 그리스도의 세 가지 직분의 역할에 대한 것으로, 중보적 역할이 집중적으로 조명된다.

전자에서 나타난 그리스도의 세 가지 직분은 그리스도의 비하가 강조된다. 첫째 아담의 대속을 일으키시는 그리스도의 사역과 십자가에서 생명의 속전이 되신 그리스도께 초점이 맞춰진다.

반면, 후자의 세 가지 직분은 둘째 아담 그리스도께서 머리가 되신 교회론적이고, 다스림과 심판에 따른 종말론적인 측면을 나타낸다.[4] 첫째 아담의 회복이 더 이상 필요치 않았던 그리스도께서 자신의 신 위격을 나타내는 완전한 세 가지 직분을 승천하셔서 세상을 다스리시는 것으로 그 모습을 드러낸다.[5] 이때 그리스도의 세 가지 직분은 신 위격에 관한 것으로, 구속사의 완성을 이뤄 가시는 중보자로서의 역할을 감당한다.[6]

---

3   Berkhof, *Systematic Theology*, 392.
4   A. A. Hodge, *Commentary on The Confession of Faith*, 184; Fesko, *Last Things First*, 193; 윌렘 반 게메렌, 『구원계시의 발전사』, 권대영 역 (서울: 도서출판 솔로몬, 2017), 693: "성경은 미래에 관한 주제를 하나님, 주 예수, 성령, 하나님의 백성, 예수 그리스도의 교회, 구원과 성화, 하나님의 계시의 성격에 관한 성경의 가르침과 서로 연결시켜서 다룬다."; Wendel, *Calvin*, 287-288.
5   J. I. Packer, *Affirming the Apostles' Creed* (Wheaton: Crossway Books, 2008), 98.
6   A. A. Hodge, *Commentary on The Confession of Faith*, 185.

그리스도의 세 가지 직분은 신인양성의 위격적 연합에 따른 기독론과 함께 둘째 아담의 세 가지 직분을 회복케 하는 사역이었다. 여기에는 '하나님 형상' 회복에 따른 '창조회복'을 말하는 '창조론적' 관점이 함께 설명된다. 첫째 아담의 범죄로 인해 죄는 이중적인 결과를 낳는다.

첫째, 인간은 하나님의 진노의 대상이 된다.
둘째, 하나님의 의로우심이 인간을 기피하고 미워하게 된다.

첫째 아담의 회복을 말하는 둘째 아담 그리스도의 세 가지 직분의 사역은 하나님의 창조에 따른 근원적인 회복을 말한다.[7] 따라서 진행의 전체적인 방식에는 두 가지의 유형이 참고된다.

첫째, 헤르만 바빙크(Herman Bavinck, A.D. 1854-1921)의 발생론적 방법론이다. 바빙크는 자신의 『개혁주의 교의학』(Reformed Dogmatics)의 제1권 서론에서 교의학의 방법론에 대해 다음과 같이 말한다.

> 교의학의 방법론이란 넓은 의미에서 교의학의 재료를 어떻게 획득하고, 어떻게 취급하는지에 관한 방법을 말한다. 따라서 교의학의 재료를 취득하기 위해서는 세 가지 요소인 '성경'과 '교회의 고백서' 그리고 '그리스도인의 의식'이 사용된다.[8]

바빙크는 이 세 가지의 요소를 어떻게 사용하느냐에 따라 그 전개 내용이 달라진다고 했다. 따라서 본 내용은 바빙크의 발생론적 방법론에 따라 '성경'과 '교부들의 서신들', '교회의 고백서'를 비롯해 '개혁주의 신학 서

---

7   Wendel, *Calvin*, 216-217.
8   Bavinck, *Reformed Dogmatics* Vol. 1, 3, 61-62.

적들'을 기초 자료로 활용한 개혁주의 입장에서 내용이 진행될 것이다. 이런 가운데 둘째 아담 그리스도의 세 가지 직분이 첫째 아담의 세 가지 직분과 어떤 관계를 가지고 있는지 논한다. 그리고 그리스도께서 둘째 아담으로서 세 가지의 직분자가 되셔야 하는 이유와 함께, 둘째 아담인 그리스도의 세 가지 직분이 '형상회복'에 따른 좁은 의미의 '창조회복'을 담고 있다는 사실을 교의학적으로 증거한다.

둘째, 전체적인 구성 및 배치에 관한 것이다.

책의 전체적인 배치의 형태는 한스 버거(Hans Burger)의 저서 『그리스도 안에 존재』(Being in Christ)가 가지는 방식을 취한다. 한스 버거는 이 책의 내용을 전개할 때, 자신이 제시하고자 하는 신학적 근거를 찾기 위해 먼저 그와 관련된 신학자들을 역사 속에서 전개해 나가는 방식을 취한다.[9] 그리고 그리스도에 대한 의미를 분석한다. 마지막으로 자신이 제시하고자 하는 신학적 관점을 이 책에서 풀어 가는 방식을 취한다.[10]

그러므로 "왕, 선지자, 제사장 그리고 창조회복"의 내용은 크게 세 가지 방향에 집중한다.

첫째, 그리스도의 세 가지 직분에 대한 교리사적 제시이다.

여기서 그리스도의 세 가지 직분이 역사 가운데서 어떤 교리를 형성했는지 조명할 것이다. 그 출발은 교리적인 신학적 근거의 발판을 놓았던 로마의 클레멘스로부터 시작한다. 그리고 "배상설"을 통해 둘째 아담 그리스도의 사역이 첫째 아담의 회복을 말한다는 암브로시우스와 그리스도의 두 직분론을 거론한 요한 크리소스토무스 등과 같은 교부들의 신학적 견

---

9   Burger, *Being in Christ*, ⅴ-ⅷ.
10 Burger, *Being in Christ*, ⅴ-ⅸ.

해를 전개한다. 그리고 안셀무스의 그리스도의 "속상설" 등이 그리스도의 세 가지 직분과 어떤 관계를 가지는지 교부들의 각종 서신과 함께 신학 작품들의 텍스트를 통해 제시한다. 그리고 둘째 아담인 그리스도의 세 가지 직분론을 교리적으로 체계화한 칼빈의 『기독교 강요』를 교리사적인 측면에서 세부적으로 다룬다.

둘째, 창조론적인 관점에서 보는 그리스도의 세 가지 직분 교리이다.
그리스도의 세 가지 직분은 신인양성의 위격적 연합으로 '한 인격'을 이룬 그리스도의 사역이다. 이것을 기독론과 함께 '창조회복'에 따른 '창조론적' 관점에서 세 가지 직분론이 교리적으로 다루어져야 할 이유를 제시한다. 이때, 첫째 아담의 세 가지 직분과 둘째 아담의 세 가지 직분이 어떤 연관을 가지는지 소개한다. 그리고 그리스도의 공생애의 시작을 알리는 광야에서의 사십 일 금식이 가지는 의미를 조명한다. 여기서 마귀의 세 가지의 유혹을 그리스도의 세 가지 직분을 향한 공격으로 본 로버트 셔어만(Robert Sherman)의 견해를 참고한다.

셋째, 그리스도의 세 가지 직분에 대한 교의학적 의미를 논한다.
그리스도의 세 가지 직분이 가지고 있는 신학적 의미와 함께 세 가지 직분이 교리적으로 어떻게 연결되는지 확인할 것이다. 여기서 칼빈을 비롯한 바빙크 그리고 벌코프 등 개혁주의 신학자들의 견해를 소개한다. 그리고 최종 결론에서는 그리스도의 세 가지 직분에 대한 총 결론의 내용을 요약한다. 그리고 그리스도의 세 가지 직분에 근거한 세 가지 메시지를 제시한다.

① 멜기세덱의 반차(班次)를 통한 구원의 메시지[11]

11　Bavinck, *Reformed Dogmatics* Vol. 3, 335: "There will come another priest who will not be

② 세 가지 직분의 낮아지심의 사역을 통한 구원의 메시지[12]
③ 그리스도의 세 가지 직분이 이룬 하나님 나라의 메시지

이 세 가지 메시지를 통해 그리스도의 세 가지 직분이 가지는 진정한 의미를 교의학적으로 제시한다.[13]

1. 그리스도의 세 가지 직분에 대한 교리적 바탕

그리스도의 세 가지 직분에 대해 제2장에서 첫째 아담의 대속을 이룰 '둘째 아담인 그리스도의 세 가지 직분에 대한 고대 교회의 이해'를 다룬다. 여기서는 '왕', '선지자', '제사장' 직분이 가지는 초기의 역사를 이야기한다. 예를 들어, '그리스도의 세 가지 직분론'의 출발이 언제, 누구로부터 시작되었는지 논한다. 그리고 그 역사적인 출발을 로마의 클레멘스(Clement of Rome, A.D. 35-110)로 본다.

『클레멘스의 제1서신』은 그리스도를 "하나님의 왕권을 가지신 분"으로 소개한다. 그리고 우리의 구원을 위해 "자신을 낮추신 분", "유일한 대제사장", 우리 "영혼의 보호자"로 소개한다.[14]

계속해서 첫째 아담의 대속을 이룰 '둘째 아담'에 대한 신학적 제시자

---

appointed in the manner of Aaron but according to the order of Melchizedek and therefore unite in himself both priestly and royal dignity and bear the two forever (Ps. 110; Jer. 30:21; Zech. 6:13); …"

12　Carl R. Trueman, "Calvin and Reformed Orthodoxy", 475.
13　Calvin, *Inst*, Ⅱ.2.12; *Inst*, Ⅱ.10.22.
14　Clement of Rome, "The Person and Work of Christ", 29; Clement of Rome, "Sanctification— Justification", 30; Clement of Rome, "The Holy Spirit and the Trinity", 31; Clement of Rome, "The Letter of the Church of Rome to the Church of Corinth-Commonly Called Clement's First Letter", ed. Cyril. C. Richardson, *Early Christian Fathers* (Louisville, KY: Westminster John Knox Press, 2006), 50-51, 61, 72-73.

로서는 이레나이우스(Irenaeus, A.D. 130-202)를 증거한다.[15]

그리고 "그리스도의 세 가지 직분론에 대한 이해"를 다루는 제2장에서 '그리스도의 세 가지 직분'이 16세기에 와서 어떻게 교리적으로 그 기둥을 세우게 되었는지 그 과정을 크게 세 단계의 시기로 나누어 제시한다.

첫 번째 단계는 '둘째 아담인 그리스도의 세 가지 직분론에 대한 이해와 발달'로서 이 시기를 로마의 클레멘스에서부터 오리게네스(A.D. 184-253)까지로 본다.

두 번째 단계는 '아담의 관점에서 보는 그리스도의 세 가지 직분론'이 역사적으로 어떻게 발달을 이뤄 왔는지에 대해 주목하는 단계이다. 여기에 대해 아타나시우스(A.D. 295-373)와 니케아 신경(A.D. 325)은 둘째 아담의 세 가지 직분에 대한 신학적 형성에 있어서 하나의 분기점을 제공한다.[16] 그리고 포이티에르의 힐라리우스(Hilarius of Poitiers, A.D. 310-368)부터 암브로시우스(Sanctus Ambrosius, A.D. 337-397)까지의 시기는 그리스도의 세 가지 직분론을 형성하는 신학적인 큰 틀을 놓게 된다.

세 번째 단계는 '그리스도의 세 가지 직분에 대한 교리적 발전과 휴면'에 대한 것이다. 그리스도의 세 가지 직분에 따른 교리의 확립은 한 시대 또는 한 사람의 신학적 통찰력에 의해 생겨난 것이 아니다. 그리스도의 세 가지 직분에 대한 교리의 첫 걸음을 형성했던 교부들의 시대에는 주로 신앙의 독려와 함께 소망의 메시지를 전하는 측면에서 그 내용이 포괄적으

---

15 Irenaeus, "Redemption and the World to come", 387; 프리스 · 크레취마르(편), 『신학의 고전 Ⅰ』, 정지련 역 (서울: 대한기독교서회, 2008), 20-21.
16 J. N. D. Kelly, *Early Christian Doctrines* (London: Adam & Charles Black, 1968), 232-237.

로 다루어진다.[17]

　이것이 니케아 신경 이전의 모습이었다면, 이후 그리스도의 세 가지 직분은 '두 본성의 교리'와 함께 직분에 따른 신학적 조명이 이뤄진다. 이런 것들이 각 교부들의 서신을 텍스트로 해 거론될 것이다.
　크리소스토무스는 첫째 아담의 상태와 하나님의 은혜의 발동이었던 그리스도의 사역을 통해 그리스도의 직분에 관한 것을 직·간접적으로 조명한다. 그는 낙원에서의 아담의 상태를 고통 없는 실존으로 설명한 바 있다.[18] 이런 것들을 그의 『요한복음 설교』와 『에베소서 강해』 그리고 『로마서 강해』 등을 통해 발견해 나갈 것이다.
　그런가 하면 아우구스티누스를 통해서는 아담의 세 가지 직분에 대해 신학적으로 어떻게 접근하는지 확인한다. 그리고 이것이 그리스도의 세 가지 직분론과 어떻게 연결되었는지 그의 작품인 『고백록』, 『인내론』, 『참된 종교』, 『자유의지론』, 『하나님의 도성』, 『삼위일치론』 등을 중심으로 증거한다.
　이어지는 알렉산드리아의 키릴루스는 그리스도께서 첫째 아담의 대속을 이루기 위한 직분자였다는 것을 대속의 값에 따른 제사장의 직분을 통해 강조한다. 이런 신학적 형성에 대한 활력이 마치 꺾인 활처럼 신학적으로 휴면한다. 어떤 이유 때문에 이런 현상들이 일어났는지 '칼케돈 신경과 세 가지 직분론의 휴면'은 이를 간략하게 설명한다.[19] 여기에는 시대적 배

17　맥그래스, 『신학의 역사』, 45: "2세기에서 특히 중요한 현안은 변증론, 즉 비판자들 앞에서 기독교 신앙을 이성적으로 방어하고, 합리화하는 것이었다. … 기독교회의 존립 자체가 당연시될 수 없는 상황에서 신학적 논쟁을 위한 장소는 제한적이었다. … 신학적 논쟁은 교회가 더 이상 핍박받지 않게 되었을 때, 시작될 수 있었다."
18　앤서니 C. 티슬턴, 『기독교 교리와 해석학』, 김귀탁 역 (서울: 새물결플러스, 2016), 504; 앤터니 티슬턴, 『조직신학』, 박규태 역 (서울: 한국기독학생회출판부, 2018), 92.
19　아우구스트 프란츠, 『세계 교회사』, 최석우 역 (왜관: 분도출판사, 2013), 139-140: 고트족의 침략으로 신학적 침체기를 가져f오게 된다. 뿐만 아니라 칼케돈 이후 중세 초기는 신학이 권력을 지켜 나가는 도구가 된다. 루이스 벌코프, 『기독교교리사』, 박문재

경사와 각종 텍스트들이 증거물로 제시될 것이다.

그리고 제3장에서는 '둘째 아담의 세 가지 직분에 대한 교의학적 발전'과 '교리적 확립', '20세기 해방신학(현대 신학)의 반응'이라는 세 분류로 전체를 나눈다. 그리고 그리스도의 세 가지 직분의 교리에 대한 다양한 견해들을 소개한다. 여기에는 각 시대 신학자들의 작품들, 그리고 각종 신앙고백서들이 텍스트로 제시된다.

제3장에서 또한 중요하게 다루어지는 것은 '둘째 아담의 세 가지 직분에 대한 교의학적 발전'에서 나타난 안셀무스(Anselmus, A.D. 1033-1109)의 견해이다. 특히 안셀무스는 "그리스도의 직분론"에 대해 암브로시우스, 크리소스토무스, 아우구스티누스 등과 함께 칼빈에게 직·간접적인 영향을 끼친 인물이다. 그는 제2장에서 거론된 '그리스도의 세 가지 직분론의 휴면'에 대해 다시 활력을 불어넣는 계기를 마련한 인물이었다.[20] 그의 저서인 『하나님은 왜 사람이 되셨는가』와 함께 『프로슬로기온』과 『모놀로기온』은 이를 증거한다.

> 그러나 안셀무스의 작품인 『하나님은 왜 사람이 되셨는가』는 다른 모든 견해보다 '배상적' 견해를 우선에 두었습니다. 이런 안셀무스의 새로운 점은 그리스도의 죽음을 우리의 죄를 위한 희생제사로 여겼다는 점에 있지 않았습니다. … 그가 발견했던 것은 죄에는 반드시 그 값이 징벌이나 배상으로 따른다는 사실이었습니다. 여기에 대해 하나님이 인간을 용서하고 구원하길 원하신다면 그 대상은 '신인'(God-man)만이 하나님께 그 보상을 치르고 영광을 회복시킬 수 있다는 사실입니다.[21]

역 (고양: 크리스찬다이제스트, 2008), 119: 중세 초기는 죄와 은혜, 구속에 관한 교리가 주류를 이루며, 그리스도의 세 가지 직분의 교리는 부각되지 않는다.

20 Bavinck, *Reformed Dogmatics* Vol. 3, 343.
21 Bavinck, *Reformed Dogmatics* Vol. 3, 343.

그리고 토마스 아퀴나스가 제시했던 "그리스도의 직분"에 이어 루터에게서 강조되었던 "두 직분론"은 세 가지 직분론과 다른 것을 말하는지, 아니면 어떤 이유에서 루터는 그리스도의 세 가지 직분을 '두 직분'으로 설명하는지 설명할 것이다. 그 내용들이 제3장에서 그들의 작품들을 중심으로 소개된다.

제3장의 하이라이트이며 중심 주제이기도 한 '둘째 아담인 그리스도의 세 가지 직분에 대한 교리적 확립'에서는 그리스도의 세 가지 직분이 칼빈에 의해 어떻게 교리적으로 확립되었는지 그 내용들이 전개될 것이다.

칼빈의 『제2차 제네바교회 교리문답서』(A.D. 1542)는 그리스도의 세 가지 직분의 교리적 확립을 이루는 데 직접적 영향을 끼친다.

그리고 1536년, 1539년, 1559년 칼빈의 『기독교 강요』가 그리스도의 세 가지 직분에 대해 어떤 교리를 세우게 되는지 텍스트를 통해 그 내용들이 증거된다.

이런 그리스도의 세 가지 직분의 교리에 대한 확립이 칼빈이 아니라 안드레아스 오시안더(Andreas Osiander)라는 주장이 판넨베르크에 의해 주장된다.[22] 그리고 그리스도의 세 가지 직분에 대한 교리가 요한네스 아 라스코(Johannes a Lasco)에 의해 먼저 주장되었다는 존 V. 페스코(J. V. Fesko)의 주장이 등장한다.[23]

'둘째 아담인 그리스도의 세 가지 직분에 대한 교리적 확립'은 여기에 대해 역사적, 신학적으로 반증을 제시한다.

계속해서 칼빈 이후 그리스도의 세 가지 직분의 교리는 어떤 반응을 일으키며 신학적 전개를 펼쳐 나갔는지 16세기와 17세기의 신학을 통해 이를 조명한다.

그리고 17세기에서부터 20세기에 이르는 헤르만 비치우스(Hermann

---

22 Pannenberg, *Jesus-God and Man*, 213.
23 J. V. Fesko, *Theology of the Westminster Standards* (Wheaton: Crossway, 2014), 185-186.

Witsius)와 투레틴, 그리고 찰스 핫지(Charles Hodge)와 바빙크, 게르할더스 보스(Geerhardus Vos)를 비롯한 벌코프 등 개혁주의 신학자들과 함께 리츨과 바르트, G. C. 벌카워(G. C. Berkouwer) 그리고 판넨베르크와 몰트만(Jürgen Moltmann) 등은 그리스도의 세 가지 직분 교리에 대해 어떻게 반응했는지 그들의 신학 서적들을 통해 그 의미를 돌아볼 것이다.

특히 20세기의 해방신학은 그리스도의 세 가지 직분 교리를 자신들이 추구하는 신학적 개념에 맞춘다. 해방신학은 그리스도를 해방에 따른 한 모형 또는 모범으로 보며, '왕'과 '선지자'와 '제사장'의 직분을 자신들이 추구하는 신학에 맞추어 해석한다.[24] 따라서 제3장의 말미에서는 구스타보 구티에레즈(Gustavo Gutiérrez)와 존 소브리노(Jon Sobrino), 레오나르도 보프 등 해방신학자들이 그리스도의 세 가지 직분에 대한 교리를 어떻게 이해했는지 해방신학을 말하는 서적들의 텍스트 분석을 통해 이 사실을 밝힌다.[25]

2. 창조회복(창조론)과 세 가지 직분 교리

하나님이 아담을 창조하시고, 그에게 하나님의 창조 세계를 잘 다스리도록 주신 직분이 '왕', '선지자', '제사장' 직분이었다. 그러나 아담은 자신의 직분을 바르게 수행하지 못한다. 그 일로 인해 직분을 박탈당한다.[26]

---

24 Erickson, *The Word Became Flesh*, 141: Erickson은 이 책을 통해 해방신학자들을 가리켜 기독교 메시지의 번역자라기보다 변압기로 분류해야 한다고 주장한다. Erickson에 의하면, 해방신학자들은 현 상황에 직접적으로 대처하기 위해 과거의 기본 메시지를 단순히 적용하기보다 변경하려는 경향을 가지고 있었다.
25 앤터니 티슬턴, 『조직신학』, 48-49, 152-153.
26 Turretin, *Institutes of Elenctic Theology* Vol. 1, 611-612: "(I). As the sin of Adam was most heinous, so it could not but draw after itself the most dire effects, both in himself and in his posterity. ⋯ By the former, he incurred the curse and wrath of God with his descendants; by the latter, he contracted universal corruption and impurity for himself and his. ⋯ (VIII).

그리스도께서 둘째 아담으로서 첫째 아담의 죄를 대속하신다는 것은 첫째 아담의 박탈당한 세 가지 직분을 회복하신다는 의미를 포함한다. 하나님으로부터 부여받은 아담의 세 가지 직분은 하나님을 대신해 하나님의 창조 세계를 바르게 다스리는 직분이었다.[27]

세 가지 직분의 회복은 이런 측면에서 '창조회복'이라는 창조론의 관점을 가능하게 한다. 창조회복이라는 창조론의 관점에서 보는 그리스도의 세 가지 직분 교리에 대한 연구는 제4장와 제5장에서 집중적으로 다뤄진다.

제4장에서는 '창조회복(창조론)의 관점에서 바라본 첫째 아담의 세 가지 직분'이, 그리고 제5장에서는 '창조회복(창조론)과 관계된 둘째 아담의 세 가지 직분과 공생애 사역'이 전개된다. 여기서 그리스도께서 세 가지 직분의 직무를 수행하신다 함은 '형상회복'과 관련된 '창조회복'에 따른 창조론적 측면을 말한다는 교리적 입장을 제시한다. 이것을 성경 주해와 함께 칼빈과 바빙크 등 개혁주의 신학자들의 신학적 견해를 근거로 함께 제시한다.

특히 제4장에서는 아담에게 세 가지 직분이 어떻게 주어졌는지 그 생성과정을 창조론의 관계를 통해 논한다. 여기서 '하나님의 형상'과 '하나님의 공유적 속성'은 어떤 관계를 가지고 있는지 교리적 입장을 밝힌다. 그리고 하나님은 아담에게 세 가지 직분을 어떤 근거로 주셨는지 이 또한 교의학적으로 근거를 제시한다. 이때 각종 주석서들이 신학 서적들과 함께 활용될 것이다. 그리고 중보자로서의 역할을 담아내는 세 가지 직분과 하나님의 공의의 속성을 드러내는 나침판으로서의 역할, 그리고 하나님 나

Third, the nakedness of fallen men denoted the loss or privation of goods in which they before rejoiced."

27　Bavinck, *Reformed Dogmatics* Vol. 3, 32: "In Genesis 1:28, the humans, who were created in the image of God, were instructed to exercise dominion over the earth (cf. 9:1-2), and in Genesis 2:15 and 19, they were instructed to till and keep the Garden of Eden and to name the animals (cf. 3:23)."

라의 본질을 지켜 내기 위한 세 가지 직분에 대한 것이 기능적인 측면에서 연구된다.[28]

아담의 세 가지 직분은 창조주요 만물을 주관하시는 하나님이 아담에게 주신 직분이다. 아담에게 세 가지 직분이 주어진 틀은 '하나님의 형상'과 관계가 있다. 아담에게 주어진 세 가지 직분은 기계적으로 직무만을 수행하는 직분이 아니었다. 하나님께 영광을 돌리는 순종과 능동적인 자세가 요구되는 직분이었다.

아더 W. 핑크(Arthur W. Pink)는 인간이 '하나님의 형상'으로 지음 받은 것에 대해 크게 두 가지를 설명한다.

첫째, '형상'을 보편적인 관점에서 보는 것이다. '형상'은 인간이 가지는 본래적인 성질로서 탁월성을 가진다는 것이다.

둘째, '형상'을 시험적인 관점에서 보는 것이다. 인간을 시험한다는 것은 인간의 형상이 도덕적 성질을 가지고 있다는 것을 말한다.[29]

그는 '형상'에 대한 본질과 성질을 조명한다. 창조의 과정 속에서 비추어졌던 것처럼, 하나님의 속성과 관계가 있는 아담의 세 가지 직분은 하나님의 형상과 깊은 관계를 가지고 있다.[30] 그리고 이것은 하나님 나라의 공의와 따로 떼어놓을 수 없는 관계를 교의학적으로 조명한다. 따라서 아담

---

28 Fesko, *Last Things First*, 33.
29 아더 핑크, 『인간의 전적 타락』, 서문강 역 (서울: 청교도신앙사, 2006), 30-31.
30 Turretin, *Institutes of Elenctic Theology* Vol. 1, 465: "We must, however, premise that the Scriptures mention a fourfold image of God. The first is of the Son of God who is called "the image of the invisible God" (*eikon tou Theou aoratou*, Col. 1:15); the second of Adam who was made in the image of God: the third of the renewed who are said to be "renewed in knowledge after the image of him that created them" (Col. 3:10); the fourth of man who in a peculiar manner is called "the image of God" above the woman, who is "the image of the man" (1 Cor. 11:7)."; 466: "VI. Second (affirmatively, *kata thesin*), this image consisted in gifts bestowed upon man by creation."

의 세 가지 직분은 하나님 나라의 완성을 이뤄 가기 위한 중요한 모티브가 된다. 이런 것들이 교의학적으로 증명될 것이다.

첫째 아담의 바르지 못한 직분 수행은 하나님 나라에 커다란 충격을 안겨 준다. 이렇게 해서 상실당한 아담의 세 가지 직분의 회복은 하나님 나라의 회복을 위한 필수적인 조건이었다. 따라서 둘째 아담인 그리스도의 구속 사역에 등장하는 세 가지 직분은 첫째 아담의 직분과 어떤 연관을 가지고 있는지 논한다.

그리고 제5장에서 그리스도께서 공생애의 첫 번째 사역을 시작하시기 전, 무엇 때문에 광야에서 마귀로부터 세 가지 직분에 대해 시험을 받게 되셨는지 그 사실을 밝힌다. 계속해서 그리스도의 사역이 이뤄진다. 첫째 아담의 대속을 이루기 위한 그리스도의 초기 사역이 회당을 중심으로 이뤄진다. 그리고 병든 자들과 귀신 들린 자들을 향한 사역이 그리스도의 세 가지 직분과 연관된다. 이것은 하나님 나라의 회복과 하나님 형상의 회복을 이루기 위한 구속 사역과 긴밀한 관계를 가진다. 이런 것들이 제5장에서 교리적으로 논해진다.

제5장에서 주목할 것은 하나님의 형상인 첫째 아담의 회복을 일으킬 그리스도의 대속 사역이다. 이것이 공생애를 통해 세 가지 직분으로 그 모습이 나타났다.

로버트 셔어만(Robert Sherman)은 자신의 저서 『왕, 제사장 그리고 선지자』(*King, Priest, and Prophet: A Trinitarian Theology of Atonement*)에서 "그리스도의 메시아직 기름 부음을 방해하기 위한 세 가지의 유혹"에 대한 소제를 다룬다.[31]

그리스도께서 광야에서 마귀로부터 받으신 세 번의 유혹은 하나님의 형상을 하고 있는 그리스도의 세 가지 직분을 향한 공격이었다. 이것은 에

---

31 Robert Sherman, *King, Priest, and Prophet: A Trinitarian Theology of Atonement* (New York: T & T Clark International, 2004), 110-115.

덴동산에서 일어났던 아담의 세 가지 직분을 향한 뱀의 공격(유혹)과도 같은 것이었다. 뱀의 유혹에 의해 죄를 범하기 전, 첫째 아담은 자신이 어떤 의무를 감당해야 주인(창조주 하나님)의 기쁨이 되는지 알고 있었다. 이때 아담의 의지는 모든 면에 있어서 하나님의 뜻과 잘 어울렸다. 아담은 하나님의 말씀을 떠올리고 순종해 하나님의 거룩을 드러내야 했다. 그러나 그러지 못했다. 불순종 때문에 그는 결국 하나님의 안식으로부터 떨어져 나갔다.[32]

그리스도께서 마귀의 세 번의 유혹을 신명기 8장과 6장에 기록된 말씀으로 물리치신 것은 둘째 아담으로서 첫째 아담의 회복을 담고 있는 사역이라는 것을 천명해 준다.

칼빈은 마태복음 4장 주석에서 그리스도께서 자발적으로 시험에 임하신 이유는 마귀를 이기시기 위함이었다고 말한다. 그 승리를 우리의 승리로 돌아오게 하시기 위함이었다고 주석한다. 그리스도께서 하나님의 말씀으로 마귀를 물리치신 것은 하나님의 말씀과 하나님의 약속을 신뢰하심으로 마귀를 물리치신 것이었다. 하나님의 명령에 대한 순종이 아닌 다른 방법으로는 안 된다는 것이 표현되었다. 이것은 첫째 아담의 박탈당한 세 가지 직분이 하나님의 말씀을 신뢰하고, 그 명령에 순종하는 것을 통해 회복 된다는 것을 증거한다.[33] 이런 교리적 내용이 제5장에서 집중적으로 조명된다.

---

[32] Thomas Boston, *Human Nature in its Fourfold State* (Carlisle, PA: The Banner of Truth Trust, 2015), 38.
[33] 칼빈, 『칼빈성경주석 16: 공관복음 Ⅰ』, 205-216.

3. 그리스도의 세 가지 직분이 가지는 교의학적 의미

로버트 루이스 레이몬드(Robert Lewis Reymond)는 그리스도의 세 가지 직분을 "삼중직분"으로 설명한다. 그는 그리스도께서 언약을 성취하는 측면에서 택함 받은 자들의 "보증인"이 되시며, 은혜언약의 "중보자"로서 구원에 따른 세 가지 직분의 직무를 수행하셨다고 말한다. "선지자의 직분"을 통해서는 아버지의 메시지를 전하는 직무를 수행하셨으며, "대제사장의 직분"으로서는 하나님의 의를 충족시키는 직무를 수행하셨다. 그리고 "왕의 직분"으로 자신의 택한 백성을 세상에서 불러내시는 직무를 기독론적인 측면에서 수행하셨다고 증거한다.[34]

"왕, 선지자, 제사장 그리고 창조회복"은 그리스도의 세 가지 직분에 대한 교의학적 근거가 어디서부터 시작되었고, 교리적으로 어떻게 정착했는가를 역사적으로 밝힌다. 그리고 그리스도의 세 가지 직분론이 기독론과 함께 '창조회복'에 따른 '창조론적 관점'에서 교의학적으로 어떻게 접근하는지 조명한다.

제6장에서는 '그리스도의 세 가지 직분이 가지는 교의학적 의미'가 제일 먼저 소개된다. 그리고 그리스도의 세 가지 직분의 순서가 무엇을 의미하는지 두 가지의 교의학적 견해를 제시한다.

첫째, '선지자', '왕', '제사장'의 순서가 가지는 의미이다. 여기서는 세 직분이 기독론 측면에서 '그리스도의 비하'를 어떻게 강조하는지 교의학적 견해를 제시한다.[35]

---

[34] 로버트 L. 레이몬드, 『개혁주의 기독론』, 나용화 역 (서울: 기독교문서선교회, 2011), 366-368.
[35] Calvin, *Inst* II.15.1-6: 칼빈은 그리스도의 세 가지 직분의 순서를 '선지자', '왕', '제사장'의 순으로 소개한다.

둘째, '왕', '선지자', '제사장'의 순서이다. 전자와 달리 교의학적 측면에서 '형상회복'이 '창조회복'과 관련이 있다는 것을 말한다. 이 견해를 칼빈과 벌코프 등 개혁주의 신학자들의 견해를 비교하며 제시한다.

계속해서 제6장에서는 그리스도의 세 직분인 '왕', '선지자', '제사장'의 직분이 '은혜론', '회개론', '중보적 화해론'의 교리와 어떻게 관련되는지 교의학적 의미를 통해 논한다. 그리고 '세 가지 직분의 연합성이 지니는 교의학적 의미'를 소개한다. 세 가지 직분과 하나님의 속성의 관계가 불러오는 연합성에 관한 것이다. '왕', '선지자', '제사장'의 직분이 어떻게 일체를 이뤄 사역하는지 그 이유가 각종 개혁주의 교의학의 텍스트에 의해 제시된다.[36]

제6장 '그리스도의 세 가지 직분이 가지는 교의학적 의미'의 마지막 부분인 네 번째 부분에서 '세 가지 직분의 구조와 신학적 의미'가 소개된다. 그리스도의 '위격' 안에서 세 가지 직분이 일체를 이루는 것과 그리스도의 '한 인격'과 연합을 이루는 세 직분이 설명된다. 그리고 '중보자 그리스도로 연결되는 세 가지 직분'이 '구속언약'과 어떻게 연결되었는지 살펴본다.[37] '왕', '선지자', '제사장'과 관련된 그리스도의 세 가지 직분 교리는

---

[36] Stephen Charnock, *Existence and Attribute of God* Vol. 1 (New York: Robert Carter & Brothers, 1865), 187; 191: "(1). Man is not the image of God, according to his external bodily form and figure. The image of God in man consisted not in what is seen, but in what is not seen ; not in the conformation of the members, but rather in the spiritual faculties of the soul ; or, most of all, in the holy endowments of those faculties (Eph. iv. 24); …"- 존재와 속성에 관해 말한다; 291-297; 둘째 아담인 그리스도의 세 가지 직분은 하나님의 형상인 첫째 아담에게 주어졌던 직분과 무관하지 않다. 첫째 아담에게 주어진 직분의 능력은 몸의 형태와 구조에 있는 것이 아니라 영혼의 영적 능력에 의한다. 그럴 때, 이 직분들은 다른 교리와 연결되어 있는 것을 발견할 수 있다. 그리고 그 교리는 각각의 직분에 주어진 직무 수행과 무관하지 않다.

[37] Geerhardus Vos, *Reformed Dogmatics: Anthropology* Vol. 2, ed., Richard B. Gaffin (Grand Rapids: Lexham Press, 2014), 3.4, 84: Geerhardus Vos는 '구속언약'을 '평화의 작정'이라고 불렀다. 그는 '평화의 작정'이라는 표현을 스가랴 6:13에서 가져왔다고 한다: "Even He shall build the temple of the LORD; and He shall bear the glory, and shall sit and rule upon His throne; and He shall be a priest upon His throne: and the *counsel of peace* shall be between those two."

신학적으로 매우 중요하게 다루어야 할 제목이다.

이런 측면에서 결론은 독자들로 하여금 '왕', '선지자', '제사장'에 따른 그리스도의 세 가지 직분이 창조회복과 어떻게 조화를 이루는지 세 가지 메시지를 통해 깨닫게 한다. 특히 결론에서는 예수 그리스도께서 생명의 속전이라는 제물로 자신을 드리셨던 십자가, 그곳에서 "다 이루었다"(요 19:30)라고 하신 말씀의 의미가 무엇인지[38] 논한다.

---

[38] 조윤호, "요한복음 19:30의 '다 이루었다'가 의미하는 것", 「갱신과 부흥」 Vol. 20 (2017), 199, 226: "요한복음 19:30은 말한다. "예수께서 신 포도주를 받으신 후에 이루시되 '다 이루었다' 하시고 머리를 숙이니 영혼이 떠나가니라." 이 말씀은 대속을 이루기 위한 값은 죽는 것만이 아니라는 것을 말한다. 그리고 대속을 이루기 위한 완전한 제물이 되기까지는 이뤄야 할 것들이 있다는 것을 말한다. 그것은 불순종에 대한 값이었다. 종의 모습은 그 값을 이루기 위한 것이었으며, 십자가에서 당하는 고난의 마지막 순간은 남은 저주를 완전한 제물로 담아내는 장면이었다." …"그리스도께서 '다 이루었다'라고 말씀하신 것은 자신이 이제 완전한 대속의 제물이 되었음을 말씀하시는 것이었다."

제2장

둘째 아담 그리스도의 세 가지 직분에 대한 고대 교회의 이해

둘째 아담 그리스도의 세 가지 직분의 교리에 대한 초기 모습에 대해 교부들의 신학을 먼저 돌아보는 것은 세 가지 직분의 교리를 논하는 데 있어 매우 중요하다. 왜냐하면, 교부들의 신학은 크게 두 가지의 특징적인 모습에서 출발하기 때문이다.

첫째, 교부 시대의 신학은 포괄적인 신학의 형태를 띤다.[1] 그리스도의 세 가지 직분론은 교부 시대에 교리적으로 제시된 신학이 아니다. 그런데도 둘째 아담 그리스도의 세 가지 직분에 대한 교리의 근원을 교부들의 신학에서 찾는 이유는 그들의 포괄적인 신학적 틀 안에 둘째 아담인 그리스도의 세 가지 직분론에 대한 형태가 있기 때문이다.

교부들의 시대는 신앙의 박해와 함께 영지주의 이단을 비롯한 거짓 선지자들에 의해 교회가 위기 가운데 놓이게 된다. 이때 교부들의 신학은 신앙을 독려하는 측면에서 그 내용들이 포괄적인 형태로 다루어진다. 그리스도의 세 가지 직분에 대한 교리적 형태도 마찬가지였다.

1　P. B. 슈미트, 『교부학 개론』, 정기환 역 (서울: 도서출판 컨콜디아사, 2003), 89; 맥그래스, 『신학의 역사』, 45.

둘째, 교리문답 학교를 중심으로 교리에 대한 신학적 체계가 갖추어지기 시작했다는 것이다. 교회와 성도들을 향한 박해와 이단에 대한 방어적인 측면에서 '왕', '선지자', '제사장'에 대한 그리스도의 세 가지 직분론은 기독론이 중심이 된다. 그리고 교리문답 학교를 통해 기독론을 중심으로 신학이 가르쳐진다.

> 특히 로마나 안티오키아, 알렉산드리아처럼 당시의 세계적인 도시의 큰 교회들에서는 매일같이 그리스도교로 개종하려는 이들의 쇄도 때문에 세례 지원자들을 위한 특별한 세례 지원기 제도가 필요하게 되었다. … 이들 교리교사들을 위해서도 양성소, 이른바 교리 교사 학교를 만들어야 했는데, 그곳에서는 수준 높은 신학적 훈련과 그리스도교적 가르침이 제공되었다. 이런 학교가 2세기에 이미 알렉산드리아에 존재했다는 것이 확실하다. … 알렉산드리아 학교의 유형적 특징은 무엇이었을까? 학교는 교회의 목적 때문에 설립된 시설이 아니었고, 교리교사 학교도 교회의 신학대학도 아니었으며, 최근의 연구가 지적했듯이 자유로이 개인적인 주도로 설립되었다는 점이 특색일 것이다.[2]

그리스도의 세 가지 직분에 대한 교리가 초기에 어떤 형태를 지니면서 발전했는지 돌아보는 것은 그리스도의 세 가지 직분론에 대한 연구에 있어서 필수적이다. 그리고 또 하나 중요한 것은 그리스도의 세 가지 직분론이 기독론을 중심으로 그 틀을 형성하게 된 것이 16세기 신학의 결과물이 아니라 교부들의 신학에서 이미 시작되었다는 사실이다.

우리는 그리스도의 세 가지 직분론이 기독론을 중심으로 그 틀을 갖추기 시작한 초대 교부들의 신학을 살펴보며 그리스도의 세 가지 직분 교리가 '창조회복'의 측면에서 기독론과 함께 다뤄져야 할 이유를 찾을 것이다.

---

2   프란츠, 『세계 교회사』, 52-55.

1. 둘째 아담 그리스도의 세 가지 직분에 대한 이해와 발달

1) 로마의 클레멘스(Clement of Rome, A.D. 35-110)와
안디옥의 이그나티우스(Ignatius of Antioch, A.D. 35-108)

그리스도의 세 가지 직분에 대한 신학적 인지가 확립되지 못했던 교부들의 시대에는 그리스도께서 이루신 화해와 사역이 세 가지 직분의 중심에 선다. 그리고 기독론이 주류를 이루면서 신학이 신앙에 묶여 포괄성을 지니게 된다. 특히 교부들의 시대는 성육신과 그에 따른 대속과 관련된 사상들 또한 그리스도의 화해의 사역에 초점을 맞추어 공유한다.[3] 기독교 교리사의 첫걸음을 뗐다고 여겨지는 2세기와 3세기의 교리의 발전은 성문화된 교리가 아니었다. '초자연적 질서'에 대한 이해가 본질적인 요소를 차지한다.[4]

1세기와 2세기 초, 바울과 베드로의 제자이자 로마의 세 번째 감독이었던 로마의 클레멘스는 서신을 통해 분열로 고난 가운데 놓여 있는 고린도 교회를 훈계하고 격려한다.[5]

---

[3] 자로슬라브 펠리칸, 『고대교회 교리사』, 박종숙 역 (서울: 크리스챤다이제스트, 1999), 227.
[4] 펠리칸, 『고대교회 교리사』, 178, 183-187.
[5] Clement of Rome, "The Letter of the Church of Rome to the Church of Corinth", 37, 39: "The most striking feature of Clement's letter is its blending of Old Testament and Christian themes with Hellenistic ideas and expressions. …Clement's Letter reflects the movement away from the Pauline faith to a type of Christianity in which ethical interests and concern for law and order predominate."; Clement of Rome, "The Letter of the Church of Rome to the Church of Corinth", 43-44: "Due, dear friends, to the sudden and successive misfortunes I and accidents we have encountered, we have, we admit, been rather long in turning our attention to your quarrels. …For you always acted without partiality and walked in God's laws. … Content with Christ's rations and mindful of them, you stored his words carefully up in your hearts and held his sufferings before your eyes.", Clement of Rome는 고린도 교회에 서신을 보냈다. Clement's First Letter 제1항과 제2항에서 그는 바울처럼 고린도 교회를 향해 문안 인사를 하고, 그들의 상황에 대해 지적하고 격려한다.

제2장 둘째 아담 그리스도의 세 가지 직분에 대한 고대 교회의 이해   73

클레멘스는 『클레멘스의 제1서신』(Clement's First Letter)[6]에서 예수 그리스도를 통해 전능하신 하나님으로부터 오는 은혜와 평강이 임하기를 기원한다. 여기서 그는 그리스도를 "왕권을 가지신 분"으로, 우리의 구원을 위해 "자기를 낮추신 분"으로 소개한다.[7] 그리고 그리스도를 "조성자"와 "창조자"로 피력하면서[8] "유일한 대제사장"과 우리 "영혼의 보호자"로 칭한다.[9] 비록 삼위일체에 대한 교리가 확고하게 세워진 시기는 아니었지만, 클레멘스는 삼위일체 교리에 바탕을 둔, '선택된 자들의 소망이 되시는 하나님'과 '주 예수 그리스도' 그리고 '성령'에 대해 뚜렷하게 증거한다.[10]

그는 폴리카르푸스(Polycarpus, A.D. 69-155)를 제외하고, 유일하게 바울의 "이신칭의"에 대한 가르침을 교리적 개념으로 나타냈던 교부였다.[11] 이런 클레멘스는 그리스도의 사역을 우리를 구원하기 위한 직분에 따른 모습으로 피력한다.[12]

클레멘스는 그리스도의 직분을 교리적으로 명시하지는 않았다. 그러나 그리스도께서 우리를 구원하기 위해 이루신 사역이 순간적 필요에 의해 수급된 사역이 아니라 필연성을 동반한 사역이었다고 말한다. 필연성을 동반한 사역은 구원에 따른 사역이 직분에 의한 사역이었다는 것을 간접적으로 증거한다. 고린도 교회에 보낸 『클레멘스의 제1서신』 제7항에서 클레멘스는 "그 피가 우리의 구원을 위해 부어졌으며, 그분이 온 세상

---

6   *Clement's First Letter* 이라고 불리는 '고린도 교회에 보낸 서신'은 총 65항으로 구성되어 있다.
7   Clement of Rome, "The Person and Work of Christ", 29; Clement of Rome, "The Letter of the Church of Rome to the Church of Corinth", 50-51.
8   Clement of Rome, "The Letter of the Church of Rome to the Church of Corinth", 61; Clement of Rome, "The Church and Ministry", 31.
9   Clement of Rome, "The Letter of the Church of Rome to the Church of Corinth", 72, 73.
10 Schaff, *History of The Christian Church* Vol. II, 643.
11 Schaff, *History of The Christian Church* Vol. II, 644.
12 Schaff, *History of The Christian Church* Vol. II, 645: 클레멘스는 예수 그리스도의 구원 사역에 대해 그 역할을 하나님의 뜻대로 우리를 위해 피흘리셨음과 우리를 위해 자신의 몸을 내어 주셨음과 우리의 영혼을 위해 자신의 영혼을 내어주셨음을 말한다.

에 회개의 은혜를 가져오셨다"라고 말한다. 이것은 우리의 구원과 회개에 따른 것이 그리스도의 직분 수행에 의해 성취된 사역이었다는 것을 증거한다.[13]

클레멘스는 『클레멘스의 제1서신』 제8항에서 하나님은 그 뜻을 이루실 때, "사역자들"을 세워 자신의 뜻을 성취해 나가신다고 말한다.[14] 이것은 구원에 이르기 위한 그리스도의 사역이 결과론적으로 직분에 따른 사역이었다는 것을 증거하는 또 하나의 장면이다.

『클레멘스의 제1서신』 제16항에 따르면, 그리스도는 "왕권"을 가지신 분이다. 그리고 이사야 53:1-12의 성취를 이루시기 위해 우리의 모든 죄악을 친히 담당하신 제사장으로 순종과 겸손의 종의 길을 걸으신 분이다.[15]

클레멘스는 그리스도께서 행하신 사역 가운데 제사장으로서의 직분 사역을 강조한다. 그는 서신을 마무리하는 제62항과 제64항에서도 그리스도를 유일한 대제사장으로서 성부의 뜻을 겸손히 이루신 분으로 소개한다. 그리고 우리는 대제사장이신 그리스도를 통해 하나님의 백성이 되도록 선택되었다고 말한다. 여기서 선택은 기계적 결정론이 아니다. 그리스도의 사역에 따른 회복의 값을 말한다.

클레멘스가 주장하는 선택 교리는 그리스도의 사역과 연결된다. 이런 그리스도는 제사장의 직분으로 사역을 감당하신다. 선택과 회복이 사역으로 연결되었다는 것을 알 수 있다. 따라서 선택은 처음 아담의 창조회복이란 것을 간접적으로 증거해 준다. 클레멘스는 그리스도의 사역을 가리켜 성취된 것으로 끝난 사역이 아니라 "전가"를 통해 그 직분의 사역이 우리에게 계속해서 효력이 발생된다는 것을 강조한다.

13　Clement of Rome, "The Letter of the Church of Rome to the Church of Corinth", 47.
14　Clement of Rome, "The Letter of the Church of Rome to the Church of Corinth", 47.
15　Clement of Rome, "The Letter of the Church of Rome to the Church of Corinth", 50-52.

그리고 이제 모든 것을 보시는 하나님과 '영들의' 주님 그리고 '모든 육체의' 주님이신 분께서, 주 예수 그리스도와 그분을 통해 '자신의 백성이 되도록' 우리를 선택하신 주님께서 그분의 위대하고 거룩하신 이름을 부르는 모든 영혼에게 믿음, 경외, 평화, 인내, 오래 참음, 자제, 순결 및 절제를 불러일으키셨습니다. 그러므로 우리는 대제사장이자 수호자이신 예수 그리스도를 통해 그분의 승인을 얻게 되길 빕니다. 그분을 통해 하나님께 영광과 위엄과 능력과 명예가 영원히 있을지어다. 아멘.[16]

선택 교리와 대제사장의 직분이 그리스도와 연결되어 그 효력이 우리에게 계속해서 발생한다는 것은 창조회복에 따른 교리적 형태를 간접적으로 구축하는 모습이다. 클레멘스는 그리스도의 직분론과 그리스도의 사역에 따른 창조회복을 교리적으로 제시하지는 않았지만 그의 포괄적인 신학은 이런 사항을 이미 간접적으로 설명했다.

한편, 순교자들에 대해서는 격려를, 교회의 분파주의자들을 향해서는 교회 직분자들의 권위가 하늘로부터 주어짐을 강조했던 이그나티우스는 그리스도를 예언의 성취자로 소개한다.[17] 그는 성육신을 강조하면서 그리스도께서 하나님이시라고 말한다.[18] 이런 이그나티우스의 신학은 그리스도에 관해 두 가지 점을 크게 강조한다.

첫째, 그리스도의 '신성'을 강조한다.
둘째, 그리스도의 '성육신', '수난' 그리고 '부활의 실제'를 강조한다.[19]

---

16 Clement of Rome, "The Letter of the Church of Rome to the Church of Corinth", 73.
17 Ignatius of Antioch, "The Letters of Ignatius", 74-76.
18 Schaff, *History of The Christian Church* Vol. Ⅱ, 658; 제프리 브로밀러, 『역사신학』, 서원모 역 (서울: 크리스챤다이제스트, 1999), 41.
19 Ignatius of Antioch, "The Letters of Ignatius", 77-78.

안디옥의 감독이었던 이그나티우스는 에베소 교인들을 향한 서신에서 가현설(docetism)에 사로잡혀 있는 영지주의 이단을 특별히 경계한다.

> 참으로 어떤 사람들은 이름을 과시하면서 하나님에 합당하지 않은 방식으로 행동하는 사악하고, 기만적인 습관을 가지고 있습니다. 야수처럼 피해야 합니다. 그들은 교활하게 사람을 물어뜯는 미친 개들입니다.[20]

이그나티우스는 그리스도에 대한 가현설주의자들의 주장을 "성육신하신 하나님"으로, 그리고 우리의 "참된 생명"이라는 말로 일축한다. 그는 교회를 "예수 그리스도의 몸"이라고 칭하면서 그리스도로 말미암아 우리가 높이 들려졌다는 사실을 강조한다.[21]

이그나티우스의 신학은 크게 세 가지 측면에 관심을 두고 전개된다. 참된 제자도의 길로 여겨지는 "순교", 교회의 권위에 순종할 것을 권면하는 "교회의 연합", 그리고 "이단들의 정체성"을 널리 알리는 것이다.[22]

교리적으로 발전의 초기 단계에 머물러 있던 그 시대에 이그나티우스는 이단들에 대해 신앙적인 권면과 함께 신학적으로 반박한다.[23] 이때 그리스도에 대한 신성을 "아버지를 드러내는 로고스"라고 설명한다. 그는 그리스도를 아버지와 연합하신 분으로, 그리고 구속주로서 신성과 인성으로 연합하신 분으로 본다.[24] 또한, 그리스도인들은 그리스도와 연합된 자라는 사실

---

20 Ignatius, "To the Ephesians", 89-90.
21 Schaff, *History of The Christian Church* Vol. II, 659; 브로밀러, 『역사신학』, 42-43: 이그나티우스의 서신의 특징은 그리스도에 대한 강한 정립이다. 그는 『서머나인들에게 보내는 서한』을 통해 '그리스도를 우리의 진정한 생명'으로 부른다; Ignatius of Antioch, "The Letters of Ignatius", 113-114.
22 Ignatius of Antioch, "The Letters of Ignatius", 75-77.
23 펠리칸, 『고대교회 교리사』, 167; 버나드 맥긴, 『서방 기독교 신비주의의 역사 (1)』, 엄성옥 역 (서울: 은성출판사, 2015), 167.
24 Ignatius of Antioch, "The Letters of Ignatius", 77-78; 맥긴, 『서방 기독교 신비주의의 역사(1)』, 164.

을 피력한다. 그는 서머나 교인들에게 그리스도의 십자가를 굳게 잡으라고 권면한다. 그리고 그리스도인은 하나님의 뜻과 권능에 따라 그의 아들이 되었음을 강조한다.[25]

이그나티우스에 따르면 그리스도는 구속자로서 "참된 신성"을 지니고 있을 뿐만 아니라 "참된 인성"의 존재였다. 그는 트랄레스인들(Trallians)과 서머나인들(Smyrnaeans)에게 보내는 서신에서 그리스도의 인성의 실재를 주장한다. 그리고 구속자로서 그리스도께서 당할 인간적인 고통의 현실을 성육신과 수난 등을 통해 강조한다.[26] 순교를 바라보며 로마인들(Romans)에게 보낸 서신은 여기에 대해 종합을 이루고 있다. 그는 그리스도께서 우리의 구원을 위해 모진 고통 가운데 놓이셨음을 강조한다. 그리고 순교에 따른 신앙을 독려하는 측면에서 교리적 제시가 이뤄진다.

> 내가 [순교에 대해] 단지 말만 하지 않고 진정으로 그것을 원할 수 있도록 저의 영혼과 육체의 힘을 가지도록 기도해 주십시오. 나는 단순히 기독교인이라고 부르기를 바라는 것이 아니라 실제로 하나가 되기를 원합니다. … 그러면 세상이 내 몸을 더 이상 보지 못할 때 나는 예수 그리스도의 진정한 제자가 될 것입니다. 이런 방법으로 내가 하나님의 산 제물이 될 수 있도록 그리스도께 기도해 주십시오. … 그러나 내가 고통을 당한다면 나는 예수 그리스도에 의해 해방될 것입니다. 그리고 그분과 연합하며 다시 살아나 자유로워질 것입니다. … 형제 여러분 저를 동정하십시오. 내가 생명으로 나아가는 데 방해가 되지 마십시오. … 나는 다윗의 혈통에서 나온 그리스도의 육체인 하나님의 떡을 원합니다. 그리고 나는 그분의 피를 원합니다. 참으로 영원한 애찬입니다.[27]

---

25 벵트 헤그룬트, 『신학사』, 박희석 역 (서울: 성광문화사, 2014), 24-25.
26 Ignatius, "To the Trallians", 44; Bettenson (ed.), *The Early Christian Fathers*, 4.
27 Ignatius, "To the Romans", 104-105.

이그나티우스는 순교를 예수님의 수난사에 동참하는 신앙 정도로 여기지 않는다. 그는 순교를 통해 세 가지의 교리적 의미를 신앙에 담아 가고 있었다.

첫째, '진정한 제자'가 되는 길이었다.
둘째, '그리스도와의 연합'이었다.
셋째, '새 생명과 함께 주어지는 해방'이었다.

이그나티우스의 그리스도 수난사와 참 생명에 대한 강조는 『에베소인들에게』 보내는 서신에서뿐만 아니라 『마그네시아인들에게』, 『트랄레스인들에게』, 『로마인들에게』, 『필라델피아 인들에게』, 『에베소 인들에게』, 『서머나 인들에게』 보낸 서신에서 동일하게 나타난다. 특히 다시 살아나는 '새 생명에게 주어지는 해방'은 '형상회복'에 따른 참된 의미를 부여한다. 이것은 자신의 삶으로부터 자유를 얻는 해방이 아니라, 죄의 족쇄에 묶여 있는 모습으로부터의 해방이다. 하나님이 창조하신 인간 본래의 모습과 관련된 회복이었다. 포괄적 의미에서 창조회복에 따른 진정한 가치관을 '새 생명'과 '해방'으로 설명한다.

여기서 이그나티우스는 그리스도의 직분과 관련해 제사장의 직분에 따른 교리를 신앙을 독려하는 측면에서 강조한다.[28] 그리스도에 대한 제사장의 직분 수행은 당시 고난과 핍박 가운데 놓여 있는 교부 시대를 대변하는 신앙의 모습이기도 했다. 그리고 그리스도로 말미암는 인간성의 회복을 함께 가름하는 잣대였다.

"그리스도의 육체"인 "떡"과 "피"가 "영원한 애찬"이 되는 것은 그리스도께서 우리의 진정한 회복을 위해 자신을 대속의 제물로 드리셨기 때문이다. 그러므로 자신의 순교가 "하나님의 산 제물"이 된다는 것은 자신

---

28 Ignatius, "The Letters of Ignatius", 87-116.

이 그리스도처럼 대속의 제물로 드려진다는 것이 아니다. 대제사장인 그리스도와 진정한 연합을 이루는 '형상회복'에 따른 창조회복을 포괄적 측면에서 설명한 것이다.

2) 둘째 아담 그리스도를 말한 이레나이우스(Irenaeus, A.D. 130-202)

영지주의자들과 논쟁에서 기독론을 정립시켰던 초창기의 지도자는 이레나이우스였다.[29] 그는 삼위일체의 세 위격을 소개하는 자리에서 그리스도를 통한 구속을 강조한다. 여기서 그는 그리스도의 이름 안에는 "기름부음 받은 자"가 내포되어 있으며, 직분이 있다고 논한다.[30] 지금까지 교부들과는 달리 그리스도를 아담과 직접 관련시키면서 그리스도의 의미를 조명하고, 이를 그리스도의 직분과 자연스럽게 연결시킨다. 리용의 이레나이우스라고도 불리는 그는 첫째 아담의 죄 문제를 해결하고, 하나님과

---

29 Bavinck, *Reformed Dogmatics* Vol. 2, 63: "Irenaeus, writing against the Gnostics, does assert that the world has been created by God, reveals him, and makes him known, but he does not say a word about innate knowledge."; Irenaeus, "Christ and his Incarnation", 74: "If anyone asks us how the Son was 'produced' from the Father, we reply that no one understands that 'production' or 'generation' or 'calling' or 'revelation' or whatever term anyone applies to his begetting, which in truth is indescribable. Valentinus does not understand it, nor Marcion, nor Saturninus, nor Basilides, nor angels, nor archangels, nor principalities nor powers. Only the Father knows who begat him, and the Son who was begotten."; 크레취마르(편), 『신학의 고전 I』, 19: "이레나이우스에게 있어서 영지(Gnosis)와 거짓 영지를 구분하는 올바른 선도적 이념이 중요했다. 그에게 가장 중요한 것은 창조와 구원의 주이신 오직 한 분 하나님만이 존재하신다는 사실을 깨닫는 지식이다."; Richardson (ed.), "Selections from the Work Against Heresies by Irenaeus, Bishop of Lyons: 'The Refutation and Overthrow of the Knowledge Falsely So Called'", *Early Christian Fathers*, 346; 윌리스턴 워커, 『기독교회사』, 송인설 역 (고양: 크리스천다이제스트, 2016), 93: "이레나이우스의 견해에 따르면, 마르키온과 영지주의자들이 제기한 최초이자 가장 큰 문제는 그들이 참되신 하나님과 세계를 지으신 분이 하나이심을 부인한 데서 나왔다."

30 Irenaeus, "The Trinity", 88: "In the name of Christ ['the Anointed'] is implied the anointer, the anointed and the unction. The Father is the anointer; the Son, the anointed; the Holy Spirit the unction. …"

화목을 이룰 "둘째 아담"으로서의 그리스도를 소개한다.[31]

그리스도께서 "둘째 아담"으로 소개되는 것은 특히 영지주의 이단들에 대한 답변의 하나였다. 이레나이우스에 의하면, 아담이 "하나님의 형상과 모양을 따라" 피조된 것은 그가 결코 하나님의 수중을 벗어날 수 없다는 것을 의미한다. 구원은 육신이나 사람의 뜻에 의해서가 아니라 성부의 섭리에 의해 이뤄진다.

다시 말하면 "둘째 아담"은 하나님의 형상에 따른 하나님의 섭리를 증명하는 것이었다. 하나님이 "인간이 되심으로써" 하나님은 자신의 피조물을 자기 형상대로 회복시키신다는 것이다. 그리고 이 모든 것이 하나님의 은혜라고 그는 말한다.[32] 그리스도의 구원 사역이 "원형상"의 회복을 이끌어 가는 측면에서 둘째 아담의 사역이었으며, 창조회복이라는 의미로 접근한다.

유세비우스(Eusebius, A.D. 263-339)의 소개를 통해 알려진 그의 작품 『사도적 설교의 증명』(*Proof of the Apostolic Preaching*)은 전통을 설명하는 교리문답 방식의 형식을 취한다. 여기서 이레나이우스는 그리스도의 구원의 역사를 '창조'에서부터 시작한다. 그리고 그리스도의 공로를 통한 구원의 역사로 마무리한다. 그는 요한복음 1:3의 말씀을 통해 로고스가 없이는 아무것도 만들어진 것이 없다고 말한다. '천사들', '대천사들', '보좌들', '권세들'에 이르기까지 모든 것이 만물 위에 뛰어나신 하나님과 "그분의 로고스"를 통해 창조되었다고 결론짓는다.[33]

전통적인 로고스 기독론의 영향을 받은 이레나이우스는 '구원의 계획'

---

31 크레취마르(편), 『신학의 고전 Ⅰ』, 20-21.
32 Irenaeus, "Redemption and the World to come", 387; 브로밀러, 『역사신학』, 62-63; 슈미트, 『교부학 개론』, 89: 『이단 반박』은 이레나이우스의 작품으로서 영지주의의 잘못된 이론에 대항해 가장 오래되고, 가장 철저하게, 그리고 가장 포괄적으로 기독교의 진리를 방어한 책이다.
33 Donald K. McKim (ed.), "Irenaeus", *Historical Handbook of Major Biblical Interpreters* (Downers Grove: Inter-Varsity Press, 1998), 40; 펠리칸, 『고대교회 교리사』, 180.

에 대해 '주'와 '종'으로 이어지는 종속론적 구조를 취한다.³⁴

이레나이우스는 그리스도에 대해 크게 두 가지를 말한다.

첫째, "창조자로서의 그리스도"이다.
둘째, "구원자로서의 그리스도"이다.

그리스도는 성부와 함께한 창조자이시다. 그리고 우리의 구원을 위해 아담의 불순종을 순종으로 바꾸기 위해 값을 치르신 분이다.³⁵ 이레나이우스의 로고스 기독론에 따르면 그리스도는 율법의 시작이며, 율법의 마침이다. 그리고 말씀으로 아버지를 계시하신다.³⁶ 기독교 변증가면서 로고스 기독론에 대해 선구자적 역할을 감당했던 유스티누스(Justinus, A.D. 100-165)는 그리스도께서 메시아로서 육체적 고난을 당하셨다고 역설한다.

이것은 기독교가 다른 모든 사람의 가르침보다 명백히 우월하다는 유스티누스의 진술입니다. 왜냐하면, 이성적 원리 전체가 우리 몸과 로고스와 영혼으로 나타나신 그리스도가 되었기 때문입니다. 그 밖의 마지막 구절의 의미는 유스티누스의 관점에서 로고스가 인간 예수 안에서 인간의 이성적 영혼을 대신하는 것으로 보았다는 것임에 틀림없다고 주장되어 왔습니다. 이런 해석이 옳다면, 유스티누스는 우리가 나중에 살펴보게 될 '말씀-

---

34 크레취마르(편), 『신학의 고전 I』, 27; 윌리스턴 워커, 『기독교회사』, 94: "이레나이우스는 자신을 무엇보다 전승을 보존하고 해석하는 자로 보았다."

35 John Anthony McGuckin ed., *Ancient Christian Doctrine* 2 (Downers Grove: Inter Varsity Press, 2009), 87, 90: "The Word existed in the beginning with God, and through him all things were made. He was always present with the human race, and in the last times, according to the time appointed by the Father, he has been united with his own handiwork and made man, capable of suffering. ⋯: he existed always with the Father."-Against Heresies 3.18.7. "⋯ He was, as man, contending on behalf of the Father and through obedience canceling the disobedience. He bound the strong one and set free the weak, and he gave salvation to his handiwork by abolishing sin"-Against Heresies 3.18.6.

36 Irenaeus, "Christ and his Incarnation", 75.

육신' 유형의 기독론의 선구자였음이 틀림없습니다. 자신의 환경 속에서 스토아 학파의 영향력은 유스티누스로 하여금 로고스를 신인(the God-man) 안에서 활동하는 지배적 원리로 여기도록 자극했음이 틀림없습니다. 사실 유스티누스의 글 속에는 십자가에 못 박힌 그리스도께서 자신의 영을 내어 주셨거나, 자신의 수난(passion)에 직면했을 때에 가졌던 감정들을 언급합니다. 이것은 그리스도께서 인간의 영혼을 소유했음을 암시합니다.[37]

유스티누스의 영향을 받은 이레나이우스의 로고스 기독론은 첫째 아담을 거룩하게 하고 새롭게 할 둘째 아담으로서의 그리스도론이었다. 이것은 유스티누스보다 한발 앞선 성육신에 따른 로고스 기독론이었다.[38]

그리스도께서는 고난을 받으시며, 죽으실 때도 침묵하셨지만 인내와 부활에 있어서 그분의 로고스가 인성과 하나를 이뤄 이 일들을 이뤄 내셨다는 것이다. 교회의 기능과 역할을 중요하게 여겼던 이레나이우스는 로고스 기독론을 통해 그리스도의 살과 피를 설명하는 자리에서 피조물로서의 교회를 설명한다. 그리고 교회가 하나님께 드리는 빵과 포도주의 헌납을 중요하게 다룬다.[39]

이레나이우스는 성경의 모호하고, 해석이 확실치 않는 구절들을 다룰 때는 교회의 진리 규칙에 비추어 해석되어야 한다고 생각했다.[40] 로고스 기독론에 따른 그의 개념 중 하나는 하나의 인격을 가진 그리스도 안에서의 "두 본성의 일치"(하나이고 동일한)를 논하는 것이다.[41] 이런 이유에서

37　Kelly, *Early Christian Doctrines*, 145-147.
38　Kelly, *Early Christian Doctrines*, 148-149.
39　Richardson (ed.), *Early Christian Fathers*, 351: "In contrast to all Gnostic or falsely spiritual depreciation of the material universe, Irenaeus stresses the significance of the offerings of bread and wine which the Church, as the priest of creation, offers to God. They are the gifts of thanksgiving which become the body and blood of Christ, and as such preserve our bodies and souls to everlasting life."
40　McKim (ed.), "Irenaeus", 41.
41　H.R. 드롭너, 『교부학』, 하성수 역 (왜관: 분도출판사, 2015), 202: 이 개념은 아우구스

이레나이우스는 '교회론'의 첫 번째 조직신학자로 간주되기도 한다.[42]

이레나이우스는 구원에 대해 두 가지 측면에서 고전적인 정의를 내린다.

첫째, "구세주를 따르는 것이 구원에 참여하는 것"이라는 정의이다.
둘째, "빛을 따르는 것은 빛을 지각하는 것"이라는 정의이다.

여기에 대해 그의 신학적 견해와 반대의 길을 걸었던 영지주의자들조차 이에 동의한다.[43]

"첫째 아담"의 대속을 이룰 "둘째 아담"을 제시한 이레나이우스는 특히 둘째 아담인 그리스도께서 "왕"으로서 그 직분을 감당하셨음을 강조한다. 진리를 사수하는 측면에서 이단을 반박한 『교회의 신앙』에 의하면, 그리스도는 육신을 입으신 "하나님의 아들"인 "왕"으로서 아버지의 뜻이 이뤄지도록 "무릎을 꿇는" 왕이셨다. 동시에 인류를 되살리는 성부의 영광을 위해 "하늘로부터 온" 왕이셨다. 뿐만 아니라 둘째 아담으로서 "언약을 이룰" 왕이셨다.[44]

그리스도의 신성을 누구보다 강조하는 이레나이우스는 『세르돈과 마르키온에 대한 서신』에서도 그리스도는 세상을 형성하신 하나님으로 부터 나오신 분으로 본다. 그리고 그리스도는 온 우주를 창조하신 창조자를 아버지로 고백하는 분으로 본다. 성경은 그리스도께서 자신의 왕권을 행사하며, 심판의 주가 되어 다시 오실 것을 예언한다. 이를 부인하고 거부하

티누스 이후 '하나의 위격인 그리스도'로 정식으로 대체된다.
[42] Richardson (ed.), "Selections from the Work Against Heresies by Irenaeus, Bishop of Lyons", 344: "Irenaeus may be considered as the first great systematic theologian of the Church, but he did not write a systematic theology."; 드롭너, 『교부학』, 201: "야쉐케는 이레나이우스를 '교의학의 창시자'라고 부르나 이에 관해 상세히 다루지는 않는다."
[43] 펠리칸, 『고대교회 교리사』, 188.
[44] Irenaeus, "The Faith of the Church", 360-362.

는 마르키온을 따르는 자들을 가리켜 예수 그리스도의 이름을 미끼로 사용하고, 속이는 자들로서 많은 사람을 파멸로 이끄는 자들이라고 이레나이우스는 비판한다.[45]

이레나이우스에 따르면 그리스도는 말씀에 대한 권세자이시다. 그분은 말씀을 통해 인간을 회복시키셨고, 말씀을 통해 자신을 나타내신 하나님이시다. 특히 마르키온을 비롯한 영지주의 이단에 대한 문제를 집중적으로 다루었던 이레나이우스는 그리스도의 직분에 대해 말씀의 권세를 강조한다.[46]

그리스도께서 둘째 아담으로 세워지신 것은 육신이 원하는 바에 따르거나 사람의 뜻에 의한 것이 아니다. 하나님의 섭리 가운데 이 모든 것이 이뤄졌다며 하나님의 절대주권과 주관하심을 드러낸다. 이레나이우스는 "둘째 아담"으로서의 그리스도를 논하면서 신학적으로 확연하게 "그리스도의 직분"이라는 명칭을 사용하지는 않는다. 그렇지만 그리스도께서 첫째 아담의 문제를 해결하기 위한 직분자이셨다는 사실이 그의 신학적 전개에서 드러난다.

> 아담은 "우리의 형상과 닮은 모양대로 사람을 만들자"라고 말씀하신 하나님의 수중에서 결코 벗어나지 못했습니다. 그러므로 하나님의 형상과 모양에 따라 [두 번째] 아담이 있게 되었습니다. 이렇게 성부의 손길이 살아 있는 사람을 완전하게 하신 것은 육체의 뜻이나 사람의 뜻에 의한 것이 아니라 성부의 섭리에 의한 것이었습니다.[47]

그리스도의 직분 가운데 '제사장직'을 강조했던 로마의 클레멘스와 안디옥의 이그나티우스와는 달리 이레나이우스는 둘째 아담 그리스도의 왕

---

45 Irenaeus, "Cerdon and Marcion", 367-368.
46 Irenaeus, "The Faith in Scripture and Tradition", 370-384.
47 Irenaeus, "Redemption and the World to come", 387.

직을 강조한다. 여기서 이레나이우스는 '형상회복'에 대한 것을 대속의 값에 따른 그리스도의 사역으로 논하지 않는다. 권위와 권세를 통한 '회복'으로 나타낸다(특히 그가 '기름 부음 받은 자'의 직분 가운데 '왕직'을 강조했던 이유는 이단을 반박하는 권세와 권위가 우선적으로 작용되었기 때문이다). 둘째 아담으로서 그리스도의 왕직이 가지는 역할은 첫째 아담의 '형상회복'인 창조회복이었다.

그리스도의 직분 가운데 왕직을 강조했던 그의 글 가운데 『교회의 신앙』은 육신을 입은 둘째 아담 그리스도께서 왕직의 직분 수행을 통해 "모든 육체인 전(全) 인류를 되살리시게 될 것"을 확정한다.[48] 그러나 이단들의 문제에 대한 접근에서 그는 "하나님은 자연에 의해 자연을 구하고, 온 우주를 구한다"라는 주장을 통해 온 세상은 종국적으로 모두 하나님께 돌아간다는 "만유회복설"에 대한 오리게네스의 길을 열어 주게 된다.

> 하나님은 자연과 자연을 통해 자연을 구속하십니다. 우리는 하나님이 자신의 소중한 우주를 구속하셨으며, 단순히 그것으로부터 탈출할 수 있는 방법을 제공하지 않으셨다는 이레나이우스의 주장의 일부로서 지상의 천년왕국에 대해 문자 그대로 종말론을 취하는 그의 경향을 우리는 가장 잘 이해할 수 있습니다. 그래서 드라마의 끝에 하나님으로부터 온 세상은 가시적으로 그분에게 다시 돌아갈 것입니다. … 이레나이우스는 전통 형성의 공식화에 대해 첫 번째 시대를 종결했고 기독교 사상의 전반적 흐름에서 논리적 후계자인 오리게네스에게 길을 열어 줍니다.[49]

---

48 Irenaeus, "The Faith of the Church", 360.
49 Richardson (ed.), "Selections from the Work Against Heresies by Irenaeus, Bishop of Lyons", 351-352.

3) 알렉산드리아의 클레멘스(Clement of Alexandria, A.D. 150-215)

알렉산드리아의 클레멘스는 성경적 지식과 헬레니즘적 사상을 사변적 사고와 결합시킨 교부였다. 그는 그노시스파에 대해 긍정적 사고를 가지고 있었다. 심지어 그노시스파들이야말로 하나님을 향한 진정한 신앙을 가진 자들로 여겼다.[50] 하나님의 참된 가르침은 영지주의자들만이 이해할 수 있다고 여기며, 참된 영지주의자를 신령한 그리스도인으로 생각했다.[51] 그러나 그는 나중에 피조된 세계에 대해 비관적인 관점을 취하고, 구원에 있어서 자유의지의 역할을 거절했던 그노시스파들과 대립각을 세우게 된다. 그럼에도 불구하고 클레멘스는 신앙을 지식과 확신으로 이해했다. 그리고 신앙이 없는 학문은 존재하지 않는다고 가르쳤다.[52]

기독교 신앙을 보다 긍정적이고, 설득력 있게 논증하려는 그의 노력은 신학 곳곳에서 드러난다. 이런 흔적은 '그리스도', '구원 계획', '구원'에 대해, 로고스가 이방 세계 가운데 사역하는 것을 인정하는 폭넓은 제시로 나타나기도 한다.

클레멘스는 『이교도에게 보내는 격려문』(*Cohortatio ad gentes*)을 통해, 이교도들을 개종시키기 위해 그리스도를 "신적인 교사"(Lehrmeister)로 소개하면서 기독교의 가르침을 최고의 참된 신의 종교라고 설명한다.[53] 뿐만 아니라, 결혼제도를 창조주 하나님의 피조 세계를 아름답게 가꾸는 것으로 평가하면서 결혼하지 않은 남자는 결혼한 남자보다 열등한 위치에 있다고 주장한다.

---

50 Clement of Alexandria, "On Spiritual Perfection", (ed.), Henry Chadwick · J. E. L. Oulton, *Alexandrian Christianity* (Louisville, KY: Westminster John Knox Press, 2006), 93-105.
51 McKim (ed.), "Clement of Alexandria", 37.
52 Chadwick · Oulton (ed.), Alexandrian Christianity, 21-24; Clement of Alexandria, "On Spiritual Perfection", 96; Bavinck, Reformed Dogmatics Vol. 1, 567; McKim (ed.), "Clement of Alexandria", 36, 38.
53 Bavinck, *Reformed Dogmatics* Vol. 1, 318; Vol. 3, 452; 드롭너, 『교부학』, 217; 슈미트, 『교부학 개론』, 98.

또한, 신앙에 대한 바른 척도가 어떤 것인지 성화 사상을 통해 가르친다.[54] 심지어 그는 하나님에 대한 지식을 얻는 것은 정욕의 통제 아래에 놓여 있는 사람에게는 불가능한 일이라고 『각종 모음집』(*Miscellanies*) III. 43에서 피력한다.[55]

클레멘스에 의하면, 하나님은 어떤 칭호로도 그 존재가 표현될 수 없는 분이다. 왜냐하면, 자존하는 것에 앞설 수 있는 것은 아무것도 없기 때문이다. 그런데도 지혜와 지식과 진리인 아들에 대해서는 증명과 설명이 용이하다고 말한다.[56] 클레멘스는 그리스도를 "마음의 감독", 우리를 위해 "피 흘리신 분", 그리고 유일하신 전능자와 가장 밀접하게 "본성적으로 연결되신 분"으로 묘사한다.[57]

우리는 이런 그리스도의 위격에 관한 지식을 가져야 하며, 그분께서 이 땅에 오신 목적과 그분이 하나님의 아들이심을 믿어야 한다고 주장한다. 그리고 말씀으로 하나님과 함께 계셨으며, 하나님과 함께 창조 사역을 이루신 그 말씀이 우리의 교사로 나타났다고 가르친다. 이것을 클레멘스는 선지자로서 그리스도의 직분과 사역을 구원과 연결시켜 강조한다.[58]

클레멘스는 그리스도를 생명에 대해서는 "수여자"로, 선한 삶에 있어서는 "교사"와 "교훈자"로서 로고스를 논한다. 그리고 구원과 관련해 아버지의 뜻대로 만물을 다스리는 온 우주의 "최고 통치자"로서의 왕권을 설명한다. 아울러 '대제사장'과 자기를 비워 종의 형체를 지니게 된 하나님

---

54 Chadwick · Oulton (ed.), *Alexandrian Christianity*, 33-34; 35: "The third and seventh books of Clement's Miscellanies are documents of the first importance for understanding the origins of Christian asceticism." Clement의 각종 모음의 책 3권은 결혼에 대한 것을 다루며, 7권은 영적 완전에 대한 내용을 다룬다; 38-39; 41: "Continence is an ignoring of the body in accordance with the confession of faith in God."; 62: "In us it is not only the spirit which ought to be sanctified., but also our behaviour, manner of life, and our body."
55 Clement of Alexandria, "On Spiritual Marriage", 59-60.
56 Clement of Alexandria, "God the Son", 170.
57 Clement of Alexandria, "God the Son", 170-171.
58 Clement of Alexandria, "The Trinity", 172.

의 말씀인 '선지자'를 표현한다. 그의 가르침의 중심에는 인간은 교육을 통해 하나님의 형상인 그리스도를 닮는다는 사상이 내포되어 있다.

클레멘스에 의하면, 우리가 정욕을 위해 육신의 일을 도모하지 않으려면 예수 그리스도의 옷을 입고 육신을 도모하지 않는 일을 배워야 한다.[59] 『논설집』(Stromateis) III에서 인간의 죄를 "유전되지 않은 부패"로 보던 클레멘스는 "물질의 연약과 지식의 결여에서 기인한 무지"에서 죄를 찾는다.[60] 따라서 구원은 선포된 은혜의 말씀을 배우고, 훈련된 자에게 나타나는 믿음과 그에 따른 소망과 회개를 통해 일어난다는 것이다.[61]

클레멘스에 의하면, 이때 진리는 지식을 전수받고, 사랑을 통해 진리를 찾는 사람들만을 위한 것이 된다.[62] 그가 말하는 구원은 전통 개혁주의 교리에서 말하는 하나님의 예정과 선택이 아니라 이성의 행보에 의해 일어나며, 무지에 대한 자각에서 일어난다.[63] 다시 말하면 클레멘스는 전체적으로 회복을 강조한다. 그리스도의 직분이 가르침의 중심에 있는 것 또한 회복에 대한 것을 뒷받침한다.

플라톤적 철학의 요소를 가지고 기독교 철학의 길을 개척한 클레멘스는

---

59 Clement of Alexandria, "On Spiritual Marriage", 67.
60 Clement of Alexandria, "Man", 173: "… It may be that the first-created man may have anticipated our season and before the time of the grace of marriage desired and sinned."-*Stromateis*, III. xiv (94, i); "Man", 173-174: "Let them say where the new-born child committed fornication, or how that can have fallen under Adam's curse which has not yet performed any action. … But Eve was 'the mother of all living,' and if he was conceived in sin in this sense still he is not himself in sin nor is he himself sin."-*Stromateis*, III. xvi (100, 5); "Man", 175: "It is in our power to believe and obey, but the cause of evil one may take to be the weakness of matter and the involuntary impulse of ignorance and unreasonable compulsions which arise from lack of knowledge."-*Stromateis*, VII. iii.
61 Clement of Alexandria, "The Work of Christ", 178: "The first inclination towards salvation is displayed to us as faith, then follows fear and hope and repentance: these, advancing with the help of discipline and endurance, lead us to love and knowledge."-*Stromateis*, II. vi (31. I).
62 McKim (ed.), "Clement of Alexandria", 37.
63 Clement of Alexandria, 178, "The Work of Christ", : *Stromateis*, V. vii (17, I)

자신의 작품을 통해 아버지와 아들과 성령이 하나인 것을 곳곳에서 증거한다. P. B. 슈미트(P. B. Schmidt)에 의하면, 클레멘스는 제일 원리에 대해 보다 급진적인 초월적 견해를 가지고 있는 중기 플라톤주의를 따른다.[64]

클레멘스는 그리스도를 가리켜 죄를 용서해 주시는 하나님으로 소개한다. 그리스도는 죄에 대해서는 그 죄를 깨끗케 하시는 "정화자"요, "구원자"이자 "평화를 주시는 분"이다.[65] 여기서 클레멘스는 그리스도의 직분에 따른 사역을 통한 '하나님 형상'에 대한 창조회복의 교리를 공식적으로 제시하지는 않는다. 그러나 그의 신학의 전반적인 요소는 이런 의미를 포괄적으로 담고 있다. "그리스도는 우리의 죄를 사하시고, 우리로 하여금 죄에서 해방되도록 우리를 가르친다"[66]라는 선지자의 직분에서도 '하나님 형상'에 대한 창조회복을 강조한다.

4) 오리게네스(Origen of Alexandria, A.D. 185-254)

A.D. 185년경 알렉산드리아에서 태어난 것으로 추정되는 오리게네스는 수사학자였던 것으로 여겨지는 아버지 레오니데스(Leonides)와 당시 교리문답 학교 교사로 널리 알려졌던 알렉산드리아의 클레멘스의 지도하에 신앙과 학문적인 교육을 받았다.[67] 이후 기독교에 대한 로마 황제 셉티미우스 세베루스(Septimius Severus, A.D. 145-211)의 박해(A.D. 202-203)가 극렬해지자 클레멘스는 알렉산드리아를 떠나 피신한다. 이때 오리게네스는 열여덟이었다. 그는 데메트리우스(Demetrius, A.D. 189-231)에 의해 클레멘스의 후계자로 선출되어 알렉산드리아 교리문답 학교의 교장으로 임명된다.

---

64 슈미트 『교부학 개론』, 99; 맥긴, 『서방 기독교 신비주의의 역사(1)』, 211.
65 펠리칸, 『고대교회 교리사』, 202.
66 Clement of Alexandria, "The Work of Christ", 178-179.
67 Schaff, History of The Christian Church Vol. II, 786; Origen, "On Prayer", 186; 프란츠, 『세계 교회사』, 52.

로마나 안티오키아, 알렉산드리아처럼 당시의 세계적인 도시의 큰 교회들에서는 매일 그리스도교로 개종하려는 이들의 쇄도 때문에 세례 지원자들을 위한 특별한 세례 지원기 제도가 필요하게 되었다. … 교리를 가르치는 교사들에게 더욱더 요구되었다. 이들 교리사들을 위해서도 양성소, 이른바 교리교사 학교를 만들어야 했는데 … 2세기에 이미 알렉산드리아에 존재했다는 것이 확실하다.[68]

그의 성장 배경을 형성했던 알렉산드리아의 문화와 종교 그리고 철학 등과 같은 환경들은 성경을 보는 시각에 결정적인 영향을 끼친다.[69] 플라톤적 이상주의를 추구하던 오리게네스였다. 그러나 그는 하나님의 구원의 행위에 대해 그리스도의 길만을 강조함으로 플라톤주의와 엄연한 차이를 드러내며 데메트리우스와 지속적인 마찰을 겪는다. 그리고 알렉산드리아를 떠나게 된다.[70] 오리게네스는 팔레스타인의 가이사랴를 제2의 고향으로 삼고 저술 활동과 함께 가르치는 사역을 지속한다.

오리게네스는 영지주의 이단을 반박하는 신학을 전개했으며, 교회의 신앙에 대한 법칙을 지키려 애를 썼다. 그러나 그의 신학은 그의 사후에 열린 '제5회 에큐메니칼 공의회'(The Fifth Ecumenical Council, A.D. 553)에서 부정적으로 받아들여진다.[71]

알렉산드리아의 문헌학적 방법을 통해 해석의 길을 설명하려 했던 최초

---

68 브로밀러, 『역사신학』, 86.
69 Chadwick · Oulton (ed.), *Alexandrian Christianity*, 173; Bettenson (ed.), *The Early Christian Fathers*, 18; Schaff, *History of The Christian Church* Vol. II, 787; McKim (ed.), "Origen", 52.
70 Chadwick · Oulton (ed.), *Alexandrian Christianity*, 175; McKim (ed.), "Origen", 52: "From the philosopher Ammonius Saccas(c. 175-242) Origen learned Platonic doctrines. … Platonism was put in the service of Christian apologetics against the Gnostics."; 크레취마르(편), 『신학의 고전 I』, 39.
71 McKim (ed.), "Origen", 53-54: 오리게네스는 특히 Basilides, Valentinus, Marcion의 영지주의에 대항했다. 그러나 오리게네스의 많은 작품이 유스티아누스 1세에 의해 정죄되고, 그의 작품들은 몰수되어 소각당했다.

의 신학자인 오리게네스는 공개적인 신학적 논쟁을 자주 사용했으며, 헤라클레이데스(Heracleides)와는 성부, 성자와 영혼에 대해 대중 앞에서 논쟁하기도 했다.[72] 여기서 오리게네스는 헤라클레이데스가 아들의 선재성과 독립적 위격을 부인했다며, 그의 단일신론적 신학을 공격한다.[73]

오리게네스는 『원리론』과 『요한복음주석』뿐만 아니라 『기도』와[74] 『순교』,[75] 『켈수스 반박』[76] 외에 주석을 위시한 많은 저작물을 남겼다. 그의 대표적인 저술이라고 말할 수 있는 『원리론』은 기독교의 근본 교리에 관한 내용을 중심으로 하고 있으며, 모두 4권으로 구성되어 있다.

제Ⅰ권은 '하나님'과 '그리스도' 그리고 '성령'에 대해 다룬다.

제Ⅱ권은 '창조와 성육신', '부활과 심판'을 다룬다.

제Ⅲ권은 '자유'를 다루면서 영지주의자들을 대항한다.

제Ⅳ권은 '성경의 영감'과 '권위' 그리고 '삼위일체 교리의 요약'에 대한 해석으로 마무리한다.[77]

오리게네스는 『원리론』 제Ⅳ권 제2장에서 "성경을 어떻게 읽고 이해해야 하는가?"라는 질문과 함께 성경 주석의 원리를 제공한다. 여기서 그는

---

[72] 크레취마르(편), 『신학의 고전 Ⅰ』, 37; Chadwick · Oulton (ed.), *Alexandrian Christianity*, 177.

[73] Origen, "Dialogue with Heraclides", 430-431: "Origen frequently took part in theological disputations. … held some time between 238 and 244 with Beryllus, Bishop of Bostra in Arabia, whose monotheistic theology led him to deny the pre-existence and independent hypostasis of the Son. Origen won over Beryllus to his own more pluralistic doctrine of God.": 오리게네스와 디디모스는 553년 유스티니아누스 황제가 주도한 콘스탄티노플 공의회에서 이단으로 정죄된다.

[74] 맥긴, 『서방 기독교 신비주의의 역사(1)』, 243-244: "기도를 주제로 다룬 최초의 기독교 저술은 아니지만 성숙한 신자를 위해 개인 기도를 광범위하게 다룬 최초의 책이다."

[75] 맥긴, 『서방 기독교 신비주의의 역사(1)』, 244: 오리게네스는 순교자를 예수를 증언하기 위해 이교의 마귀를 섬기는 자와 정면 대결하는 사람이 아니라, 육적인 몸과 물질로부터 자신을 분리시키고자 하는 사람으로 이해한다.

[76] Origen, "On Prayer", 180: "The *Contra Celsum*, although it was an answer to a particular book, the True Word of the philosopher Celsus, can hardly be ranked as an occasional writing, since it was composed about seventy years after the book to which it was a reply."

[77] Schaff, *History of The Christian Church* Vol. Ⅱ, 796.

성경의 의미를 자신의 영혼 안에서 "삼중적으로" 기술해야 할 것을 말한다.[78] 그리고 주석을 위한 세 가지의 방법을 제시한다.

첫째, 문자의 "육체적" 또는 "문자적" 해석이다.
둘째, "영혼적" 또는 "도덕적" 해석이다.
셋째, "정신적" 또는 "신비적" 의미로 성경을 해석할 것을 제시한다.

왜냐하면, 사람이 '육체'와 '영혼'과 '정신'을 형성하고 있는 것처럼, 성경 또한 그런 부분에 맞추어 해석의 길을 찾아야 하기 때문이다.[79] 알렉산드리아에서 집필된 것으로 알려진 『원리론』은 오리게네스의 신학이 비판을 받게 되는 주요 근거가 되기도 한다.[80] 그 이유는 『원리론』 제Ⅰ권 제2장에서 성자인 그리스도를 본질상이 아니라 생성에 따른 아들로 가르쳤기 때문이다.

> 그러나 나지 않으신 하나님이 어떻게 외아들의 아버지가 되시는지 인간의 생각으로 이해할 수 있도록 사물뿐만 아니라 생각이나 상상으로도 결코 비교할 수 없고 오로지 하나님께만 어울리는 그 무엇을 정의할 필요가 있다. … 그분은 성령의 입양을 통해 밖으로부터 아들이 되는 것이 아니라 본성상 아들이기 때문이다. … 하나님의 지혜는 다른 존재들이 아니라 만물의 시작이신 분 안에 자존적 존재를 지니고 있으며, 그분에게서 태어났다. 이 지혜는 본성적으로 유일하게 아들이신 바로 그분이기 때문에 '외아들'이라고 불린다. … 사람들은 때때로 나무나 돌과 같은 물체에 그리거나

---

78 오리게네스, 『원리론』, Ⅳ.2.4, 이성효 외 3인 역 (서울: 아카넷, 2014), 761.
79 오리게네스, 『원리론』, Ⅳ.2.4-5, 760-764; 드롭너, 『교부학』, 223-224.
80 Schaff, *History of The Christian Church* Vol. Ⅱ, 795-796: "It was the first attempt at a complete system of dogmatics, but full of his peculiar Platonizing and Gnosticizing errors, some of which he retracted in his riper years.",

조각한 대상을 모상(imago)이라 부른다. 또는 아버지의 모습이 자식 안에 그대로 나타날 때 아들을 아버지의 모상이라고 말하기도 한다.[81]

오리게네스는 성자의 기도가 오직 성부께로만 향하는 것에 대해, 이것을 본질과 관련해 종속적 개념으로 설명한다. 그리고 성령은 성자에게 종속된다는 것을 명시적으로 가르친다.[82] 그리고 "영혼의 선재성"을 비롯한 "천사의 육체성"과 "지옥 형벌에 대한 시간의 제한성" 등 이단적 요소를 가르치기도 했다.[83] 오리게네스의 성경적 접근 방법은 하나님과 하나님의 말씀 그리고 말씀과 인간의 상호 연결에 의한 기독론을 선호했다. 오리게네스에게 로고스는 구약성경의 성취였다. 그러므로 구약성경을 기독론으로 해석해야 하는 것은 너무나도 당연한 것이었다.[84]

오리게네스는 아담의 대속을 이룰 그리스도를 『원리론』 제Ⅱ권 제6장에서 "중보자"로 소개한다.[85] 오리게네스가 주장하는 중보자는 직분에 따른 사역적인 측면에서의 중보적 의미가 강조된다. 그는 창조와 관련해 그리스도의 신성을 강조할 때도 중보적 사역을 강조한다. 그리고 그리스도의 성육신에 대해서도 중보자로서 그리스도를 강조한다.[86]

오리게네스는 신·구약성경 전체에 대해 체계적으로 주석을 집필한 기독교 역사 최초의 주석가로 추정된다. 그의 주석은 인간 본질과 인간의 본질과 하나님과의 관계에 대한 플라톤적 우주론의 견해를 전제하는 주석 방법이

---

81 오리게네스, 『원리론』, Ⅰ.2.1-13.
82 Berkhof, *Systematic Theology*, 89; Bettenson (ed.), *The Early Christian Fathers*, 21; Origen, "On Prayer", 189-190.
83 슈미트, 『교부학 개론』, 104; Bavinck, *Reformed Dogmatics* Vol. 2, 284-285; 벌코프, 『조직신학』, 권수경·이상원 역 (고양: 크리스챤다이제스트, 2011), 84-85.
84 McKim (ed.), "Origen", 57-58; 슈미트, 『교부학 개론』, 101: "오리게네스의 구약성경의 번역인 '헥사플라(Hexapla)는 그가 개종시켰던 영지주의자 암브로시우스의 물질적 도움을 받아 진행되었던 것이다."; Origen, "On Prayer", 180.
85 오리게네스, 『원리론』, Ⅱ.6.1-7, 457-471.
86 오리게네스, 『원리론』, Ⅱ.6.1-7, 462-464.

었다. 그는 구약뿐만 아니라 신약에 이르기까지 성경 전체에 대해 주(註)를 달아 해석했다. 그는 해석에 있어서 영적인 의미를 중요하게 여겼다.[87] 이런 오리게네스는 성경을 언약의 두 부분으로 나누어 설명한다. 구약성경이 언약에 대해 "그림자"였다면, 신약성경은 이 그림자에 대한 "형상"이었다.[88] 성경 해석에 있어서 그는 감추어진 영적 의미를 드러내는 알레고리적 방법을 사용해 그리스도인의 관점에서 신앙과 조화를 추구했다.[89]

오리게네스에 의하면, 중보자로서 그리스도의 사역은 언약을 성취하기 위한 직분에 따른 사역이었다. 대속의 죽음에 따른 제사장의 직분은 중보적 위치에서 이를 증명했다. 바빙크는 대속의 교리를 다루면서 오리게네스의 『켈수스 반박』(Contra Celsum)에 대해 언급한다.

> 오리게네스는 그리스도의 대속의 죽음을 악령의 세력을 깨뜨리기 위한 공익상 의인의 죽음으로 본다.

즉, 조국을 구하기 위해 죽은 자들의 죽음과 비교한다.[90] 오리게네스는 중보자로서 그리스도의 직분 사역을 '대리적'인 측면을 통해 설명한다.

플라톤 철학을 품었던 오리게네스는 삼위에 대해 영원 전부터 "구별된 위격"과 "영원한 출생"을 가르친다. 그리고 그리스도의 중보적 위치가 신성에 따른 위격으로서 중보적 위치에 있다고 말한다.[91] 오리게네스는 『원리론』 제Ⅰ권 제2장에서 구원의 경륜을 위해 그리스도의 신성과 인성에

---

87 McKim (ed.), "Origen", 54, 58; 크레취마르(편), 『신학의 고전 Ⅰ』, 38-39: 오리게네스는 해석의 방법을 두 가지로 본다. 하나는 문자적 해석이며, 또 다른 하나는 영적 해석이다.
88 윌리엄 J. 덤브렐, 『새 언약과 새 창조』, 장세훈 역(서울: 기독교문서선교회, 2007), 115.
89 Bettenson (ed.), *The Early Christian Fathers*, 21.
90 Bavinck, *Reformed Dogmatics* Vol. 3, 403.
91 Kelly, *Early Christian Doctrines*, 131-132.

대한 구분을 강조한다.

> 무엇보다 먼저 우리는 그리스도 안에서, 성부의 외아들이신 그분의 신성과 마지막 때에 구원 경륜을 위해 취하신 인성이 구분된다는 점을 알아야 합니다.[92]

오리게네스에 의하면, 그리스도께서 지닌 신인양성의 실체가 중보적 역할을 담당해 영혼이 육체를 취할지라도 그 본성은 거스르지 않는다.[93] 하나님은 말씀을 비롯한 만물의 실체를 지니게 하는 원인이다. 그리고 하나님을 계시하는 측면에서 말씀은 하나님과 사람 사이를 연결시키는 중보적 작용이었다.

존 노만 데이비슨 켈리(John Norman Davidson Kelly, A.D. 1909-1997)에 따르면, 오리게네스는 중기 플라톤주의로부터 가져온 '공리'(axiom)에 의해 "성부는 언제나 자신의 권능을 행사할 대상인 세계를 가지고 있어야 한다"는 절대적인 주장을 내세운다.[94] 말씀이신 그리스도의 위치는 신성의 제2위 되시며, 중보적 위치에 놓인다. "절대적인 것"과 "중보적인 것"을 통해 성부와 그리스도를 구별 짓는다.

그가 저술한 『기도』에 따르면, 기도를 받는 것은 중보자 직분을 감당하는 그리스도께는 해당되지 않는다. 기도는 절대적 위치에 놓여 있는 성부에게만 해당된다. 대제사장으로서 그리스도는 기도를 받는 위치에 있는 분이 아니라 기도를 드리는 중보적 위치에 놓인 직분자였다. 그리스도는 우리와 마찬가지로 '한 하나님'께 기도하는 형제였다. 그러므로 자격적인 측면에서 '한 형제'를 이루고 있는 우리가 그리스도께 기도하는 것은 합리적이 못하

---

92 오리게네스, 『원리론』, Ⅰ.2.1, 297; Roberts· Donaldson (eds.), "The Writing of Origen", 18.
93 Roberts · Donaldson (eds.), "The Writing of Origen", 108-109.
94 Kelly, *Early Christian Doctrines*, 131.

다는 것이 그의 주장이다.[95]

오리게네스는 영원한 창조와 이성적 존재의 타락에서 비롯된 경험의 세계를 구분하며, 삼위일체적 행위가 전체적인 구원 사건을 포괄하게 되는 것을 설명한다. 예를 들면, 모든 피조물은 성부로부터 존재를, 그리스도이신 로고스로부터는 이성을, 그리고 성령으로부터는 거룩함을 부여받는다.[96] 그러므로 삼위일체가 완전하게 실현되지 않는다면 구원은 불가능하다. 이런 오리게네스가 그리스도의 직분에 대해 선지자직과 제사장직을 거론할 때, 이것을 종속적인 관점에서 문제를 이끌어 간다. 그 이유는 성부의 뜻을 수행하는 제2위 되시는 그리스도를 종속적인 개념에서 봤기 때문이다.[97]

오리게네스의 사상은 그가 가르쳤던 성경 해석에서도 발견된다.

그는 요한복음 14:28에서 "아버지가 나보다 크시다"는 구절과 고린도전서 15:28의 "아들도 만물을 복종케 하신 이에게 복종케 된다"라는 구절을 '절대주권'을 가지고 계신 분과 종속적 관계 속에서 직분을 수행하시는 그리스도의 개념으로 본다.[98]

또한, 오리게네스는 그리스도의 제사장직을 '배상'에 따른 직분 수행으로 보는 특징을 가진다. 그는 그리스도의 사역을 가리켜 "죽음을 당하실 필요가 없으신 분이 죄를 사하시기 위해 희생제물이 되셨다"라며, 속죄에 따른 제사장직의 필연성을 말한다.[99] 여기서 제사장직으로 필연성을 이루고 있는 그리스도의 사역은 악한 자에게 포로로 사로잡힌 인간을 구출하기 위해 악한 자에게 그리스도 자신이 스스로 몸값을 지불하는 방식이었다. 즉, 악한 자인 마귀에게 자신을 대속의 값으로 내어 주는 "배상

---

95 Origen, "On Prayer", 189-191, 327-328; 크레취마르(편), 『신학의 고전 Ⅰ』, 44-45.
96 크레취마르(편), 『신학의 고전 Ⅰ』, 43-44.
97 오리게네스, 『원리론』, Ⅲ.5.6, 712-714.
98 Origen, "On Prayer", 190.
99 Origen, "The Atonement", 221: *Hom, in Numeros*, xxiv. 1.

설"(ransom theory)에 따른 방식이다. 마치 인질로 붙잡혀 있는 자를 구출하기 위해 자신이 인질의 몸값(ransom)이 되어 지불하는 방식이었다.

> [많은 사람을 위한 몸값이] 누구에게 지불되었습니까?
> 확실히 하나님께는 아닙니다. 그렇다면 그것은 악한 자에게 주어졌습니까?
> 그는 우리를 대신해 그에게 몸값 곧 그리스도의 생명이 주어지기까지 우리를 다스리는 권세를 가지고 있었습니다. … (*Comm. in Matthaeum*, xvi. 8.).[100]

오리게네스는 그리스도와 관련해 제사장 직분을 특히 강조한다. "종속적 관계를 가진 중보적 직분 수행"과 함께 마귀에게 인질의 몸값을 배상하는 "인질 구출설"로서의 제사장 직분이다. 그리고 오리게네스는 인질로부터의 해방 과정을 통해 형상의 회복을 주장한다. "그리스도께서 대제사장으로서 인간을 위해 자신을 제물로 드렸다"라며, 하나님과 화목을 이뤘다는 것이다.[101]

그리스도께서 이루신 직분에 따른 사역의 결론은 인간의 죄에 대한 본질적 문제였던 하나님의 말씀에 불순종한 것에 따른 값의 지불이었다. 이 과정을 통해 그리스도의 대속에 따른 제사장 직분 사역이 '형상회복'을 이끌어 가는 '창조회복'을 이루는 사역이었다는 것을 증거한다.

그러나 오리게네스는 그리스도의 직분에 따른 사역을 빚진 자가 빚을 필연적으로 갚아야만 한다는 근거에서 설명한다. 그리스도의 제사장 직분의 사역은 채무자가 진 빚을 채권자에게 자신이 대신해 갚아 주는 사역이었다.

값의 지불을 통한 오리게네스의 형상회복은 첫째 아담의 대속을 이룰 둘째 아담으로서의 필연적 사역을 드러내지 못한다. 오리게네스에 의한

---

100 Origen, "The Atonement", 224.
101 Origen, "The Atonement", 226: *Comm. in Ep. ad Romanos*, iv. 8.

형상회복은 빚진 자에게 값을 지불함으로 원래의 지위를 회복받는 가치적 측면에서의 해방이었다. 비록 오리게네스가 주장하는 전반적인 내용과 함께 제사장의 직분이 형상회복에 따른 창조회복의 의미를 담고 있다 할지라도 진정한 의미의 형상회복은 말하지 못한다.

2. 아담의 관점에서 보는 그리스도의 세 가지 직분론

1) 니케아 신경(A.D. 325)과 아타나시우스(A.D. 295-373)

그리스도의 직분과 관련해 '왕'과 '선지자' 그리고 '제사장'이 신학적 용어로 등장하게 된 것은 어느 한 특정한 시대 또는 어느 특정한 신학자에 의해 비롯된 것이 아니다. 그리스도께서 '기름 부음 받은 자'로서 '왕'과 '선지자', '제사장'의 직분을 지닌다는 것은 구약성경에서도 이미 드러나 있다.[102] 특히 초대 교부들은 그리스도의 직분에 관한 것을 신학적으로 조명할 때, 이것을 개별 직분으로 세분화해 설명하지는 않았지만, 통전적 관점에서 기독론적으로 보았다.

그리고 초대 교부들이 가진 그리스도의 직분론에 대한 특징 가운데 하나는 그리스도의 직분을 교리적으로 구분해 설명하기보다 그리스도의 역할적인 측면을 강조하며 신앙적 관점에서 설명하기를 선호했다. 이런 영향으로 인해 이그나티우스는 순교 당하기 위해 로마로 압송되는 자신의 고난을 가리켜 "그리스도의 모범을 따르는 것"이라고 밝히기도 했다.[103]

---

102 Ursinus, *Commentary on The Heidelberg Catechism*, 324: Ursinus는 'Question 31'을 통해, "그리스도의 기름 부으심에 대해 성경은 어디에서도 직접적으로 그 사실을 말하고 있지 않다"라는 반문에 대해 그리스도는 영적으로 기름 부음을 받으셨다는 것을 시편 45:7과 히브리서 1:9, 이사야 61:1을 통해 이를 증거한다.
103 윌리엄 C. 플래처, 『신학의 역사』, 이은선·이경섭 역 (서울: 기독교문서선교회, 1996), 56-57.

그리스도의 직분에 따른 사역을 포괄적인 측면에서 이해하고, 해석했던 2세기와 3세기 초반까지의 교부들은 그리스도의 신성과 인성에 대해 위격적 연합을 뜻하는 신인양성을 주장한다.[104] 이와 달리 반기독교적 이단들은 성육신에 대한 신비적 연합을 부인하는 것을 자신들의 표지로 삼는다.

이런 가운데 니케아 이전의 신학은 그리스도에 대해 "신인"(God-man)과 "세상의 구속주"(Redeemer of the world)라는 교리에 집중한다.[105] 이레나이우스를 필두로 교부들은 그리스도를 '둘째 아담'으로 피력하면서 그리스도의 구원 사역을 정립한다.[106] 그리고 후기 교부들의 시대뿐만 아니라 그 이후에도 그리스도론은 그리스도를 피조물로 보는 아리우스(A.D. 256-336)와 정통적 입장을 견지한 아타나시우스(Athanasius, A.D. 295-373)의 견해가 충돌한다. 그리고 이것이 로고스의 개념을 담은 둘째 아담의 관점으로 계속해서 발전한다.[107]

특히 아리우스 논쟁의 주요 쟁점은 성자를 성부와 동일한 본질로 바라볼 수 있는가에 대한 논쟁이었다. 그리고 그리스도론의 논쟁의 쟁점은 성육신하신 그리스도의 신성과 인성에 대한 위격이었다.[108] "한 분 하나님"을 인정했던 아리우스에 따르면 신적 존재는 둘이 될 수 없다. 하나님의 신적인 존재에 대해 한 분 하나님 외에는 어떤 존재도 여기에 부합될 수 없었다.[109] 그러므로 하나님은 성부 하나님 한 분만으로 존재하며, 그리스도의 신성은 거부되어야 했다.

아리우스의 주장에 따르면 성자의 발생을 가리키는 "낳았다"라는 것은 "만들다"라는 것을 의미하기에 본질적으로 신성의 지위를 가질 수가 없

---

104 플래처, 『신학의 역사』, 83-85.
105 Schaff, *History of the Christian Church,* Volume II, 544-547.
106 펠리칸, 『고대교회 교리사』, 251; 플래처, 『신학의 역사』, 86.
107 클로체, 『기독교 교리사』, 117-121; Schaff, *History of the Christian Church* Vol. III, 618-621.
108 Schaff, *History of the Christian Church* Vol. III, 705-708.
109 Kelly, *Early Christian Doctrines,* 226-227.

다. 그러므로 성자는 본질에 의해서 하나님이 아니라 "은혜에 참여한다는 의미에서 하나님이다." 성자는 '삼위'에 대해 '동일한 본질'을 지닌 존재가 아니라 서로 다른 본질을 가진 존재이다.[110]

이에 대해 '니케아 공의회'(A.D. 325)는 "성자는 지음을 받은 것이 아니라 낳음을 입었으며", 성자는 두 번째의 위치가 아니라 "참 하나님"이심을 증거한다.[111]

삼위일체를 부정하는 아리우스와 그의 추종 세력들을 향해 니케아 신경은 성자는 "성부의 본질로부터" 낳음을 입었으며, 성자는 "성부와 동일본질"이라고 분명하게 언급한다.[112] 아리우스에 의해 야기된 삼위일체 논쟁에서 성부, 성자, 성령에 대해 "동일본질"을 말한다. 그리고 창조된 성자가 아니라 "영원한 성자"를 주장한다. 이런 니케아 공의회의 결정이 있었을 때도 그리스도의 직분론에 대한 직접적인 신학적 고찰은 일어나지 않았다.[113]

그런데도 그리스도의 세 가지 직분은 피조된 자에 의해 만들어지거나 상황의 필요에 따라 제3자에 의해 주어진 직분이 아니라 창세 전에 이미 주어진 직분이라는(언약과 관련해) 사실을 기독론적인 측면에서 깨닫게 한다.

---

110 Kelly, *Early Christian Doctrines*, 227-228.
111 Kelly, *Early Christian Doctrines*, 232-233; *cf*) Schaff, *History of the Christian Church* Vol. III, 668-669; 김영재(편), 『기독교 신앙고백』 (수원: 도서출판 영음사, 2011), 53-59.
112 Schaff (ed.), "The Nicene Creed", *The Creeds of Christendom*, Vol. I, 24; "The terms coessential or coequal(ὁμοούσιος τω πατρί), begotten before all worlds, very God of very God(θεός ἀληθινός ἐκ θεου ἀληθινου), begotten, not made"; Schaff (ed.), *The Creeds of Christendom*, "The Nicene Creed-Constantinopolitan Creed", Vol. II, 58-59; Kelly, *Early Christian Doctrines*, 233.
113 Schaff (ed.), "The Athanasian Creed", *The Creeds of Christendom* Vol. II, 68; Schaff (ed.), "The Nicene Creed", *The Creeds of Christendom* Vol. I, 24: "The terms coessential or coequal(ὁμοούσιος τω πατρί), begotten before all worlds, very God of very God(θεός ἀληθινός ἐκ θεου ἀληθινου), begotten, not made."; 클라우스 샤츠, 『보편공의회사』, 이종한 역 (왜관: 분도출판사, 2005), 41.

니케아 신경은 성자에 관해 "참 하나님 중의 참 하나님", "피조되지 않고, 낳으심을 받은 분", "성부와 동일본질"을 말하면서 그리스도께서 본질적으로 어떤 사역들을 전개하셨는가를 주장한다.[114] 여기서 니케아 신경은 그리스도의 직분이 가지는 목적과 그 직분이 가지는 직무 수행의 성격이 어떤 사실을 내포하는지 우리에게 가르쳐 준다. 먼저 그리스도께서 성육신하신 목적이 "우리의 구원을 위한" 것임을 피력한다. 그리고 그리스도의 직분이 언약의 성취와 관련된 직분이라는 것을 보여 준다. 계속해서 "고난 받으신 것"을 통해, 그리스도의 직분 수행이 첫째 아담의 대속에 필요한 '그 값'에 따른 사역이었다는 것을 전반적으로 강조한다.[115]

> 우리 인간과 우리의 구원을 위해 성육신해 인간이 되셔서 오셨습니다. 그분은 고난을 당하셨고, 삼일만에 다시 살아나셨으며, 하늘로 올라가셨습니다. 그때로부터 그분은 산 자와 죽은자를 심판하러 오십니다.[116]

아버지와 '동일본질'이신 그리스도의 구원 사역의 증거는 종전까지 그리스도의 사역을 포괄적으로 보거나, 신앙의 틀에서 보는 한계를 벗어나 구원 사역에 대한 필연성을 통해 신학적인 조명을 전개해 나간다.

아타나시우스는 그리스도를 통해 아버지와 함께 존재하시는 분, 인류의 구원을 위한 아들의 성육신, 아들의 영광과 아버지와의 연합을 설명한다.[117]

안디옥 학파와 알렉산드리아 학파는 그리스도의 오심의 목적이 구원에

---

114 Bavinck, *Reformed Dogmatics* Vol. 2, 355: "니케아 회의에서 참되고, 완전한 성자의 신성을 선언했다. 이 고백은 전적으로 종교적인 성격을 지녔다. 이 고백은 기독교의 구원론적 원리를 견지했다."; Berkhof, *Systematic Theology*, 89-90.
115 Schaff, *History of the Christian Church* Vol. III, 668-669.
116 "The Nicene Creed of 325"
117 McKim (ed.), "Athanasius", 20.

있었다는 것에 의견의 일치를 보인다.[118]

니케아 신경을 통해 주어진 '동일본질'과 그리스도의 사역에 대한 것은 4세기 중후반 이후 아리우스와 대비를 이루었던 아타나시우스에게 중요한 신학적 근거가 되었으며, "구속에 관한 확신"은 그의 신학에 대한 주요 관심사를 이루게 된다.[119]

> 그러나 나중에 유세비안들이 성자를 "아버지와 같은(유사)"이라며 "같은"이라는 단어를 결함이 있다는 의미에서 사용했다. 유사본질자들이 성자를 "본질에 있어서 유사한"으로 정의하면서 자기와 비슷한 표현들을 사용하게 되자 그(아타나시우스)는 "호모우시오스"(동일본질)라는 용어가 문제의 진리를 가장 잘 나타내는 적합한 용어라 믿고 니케아의 핵심 용어였던 이 단어를 점점 더 많이 사용하게 된다.[120]

아타나시우스는 성부와 성자의 동일본질뿐만 아니라 성령에 대해서도 동일본질을 말하며 아리우스와는 달리 "삼위"의 각 위를 "동일본질"로 본다.[121] 성부, 성자, 성령에 대해 동일본질을 말할 뿐만 아니라 누구보다 기독론에 대해 많은 관심을 가졌던 아타나시우스는 타락한 인류의 구원이 "하나님만이 이루실 수 있는 일"이라는 것을 주장한다.

그의 저작인 『말씀의 성육신에 대해』(*On the Incarnation of the Word*)는 인간의 죄를 대속하기 위해 그리스도께서 이루신 "성육신"과 육체로서 고난을

---

118 펠리칸, 『고대교회 교리사』, 302.
119 펠리칸, 『고대교회 교리사』, 276-279; Kelly, *Early Christian Doctrines*, 243: "Writing almost twenty years later, in 362, Athanasius might fmd it convenient to disown the Serdican manifesto; … His theology, of course, represents the classic exposition of the Nicene standpoint. As a Christian thinker he stood in complete contrast to Arius and even to Eusebius of Caesarea."
120 Kelly, *Early Christian Doctrines*, 245.
121 Kelly, *Early Christian Doctrines*, 255-258; McKim (ed.), "Athanasius", 17.

겪는 "낮아지심의 사역"을 강조한다.[122]

아타나시우스에 의하면, 타락한 인간을 회복시킬 수 있는 것은 '하나님 형상'을 지닌 창조의 근원이 되시는 '구세주'에 의해서만이 가능하다. 그러므로 인간과 동일본질을 이루며, 하나님과 동일본질을 이루는 그리스도의 "신인양성의 위격적 연합"이라는 성육신의 낮아지심은 이런 모든 조건들을 갖추는 것임과 동시에 구원의 완성을 이루는 길이 되었다.[123] 아타나시우스의 주장에 따르면, 그리스도께서 구원 사역을 이루시는 측면에서 가장 강조되는 것은 말씀이신 로고스가 제사장의 직분을 수행하는 것이었다.

『말씀의 성육신에 대해』에서 그는 그리스도께서 제사장의 직분으로 두 가지의 값을 지불한 것을 논한다.

첫째, "고난의 값"이다.

그리스도께서 "가시와 엉겅퀴"에 따른 고난의 값을 그 자신이 받아 "모든 사람이 진 빚"을 대신하게 된다.[124]

둘째, "죽음의 값"이다.

죽음의 값은 죽을 수밖에 없는 육체를 취해 죽음의 세력을 잡은 자, 마귀를 멸하고, 죽음에 매여 종노릇하는 모든 사람을 풀어 준다.[125]

아타나시우스가 볼 때 그리스도께서 십자가에서 죽으신 것은 신성으로서, 인성으로서, 그리고 구원의 완성을 이루기 위한 제사장으로서의 직분 수행이었다. 이것을 『말씀의 성육신에 대해』에서는 "죽음에 대한 승리"

---

122 Athanasius, "On the Incarnation of the Word", 58-73.
123 Athanasius, "On the Incarnation of the Word", 73-75.
124 Kelly, *Early Christian Doctrines*, 347.
125 Athanasius, "On the Incarnation of the Word", 74-75.

로 표현한다.[126]

> 죽음과 부패는 그것과 연합된 말씀으로 완전히 사라졌습니다. 죽음이 필요했고, 죽음은 모든 사람을 위해 고난을 받아서 모든 사람이 진 빚을 지불하게 될 것입니다.[127]

그리스도께서 제사장의 직분을 수행한 것은 단순한 직무 수행이 아니라 구원에 있어서 최종적으로 '승리'를 안겨 주는 측면에서의 직무 수행이었다.[128]

> 이제 만약 십자가의 표징과 그리스도를 믿는 신앙으로 죽음이 짓밟힌다면, 진리의 법정 앞에서 죽음에 대한 전리품과 승리를 보여 주었으며, 죽음으로부터 모든 능력을 빼앗은 분은 다름 아닌 그리스도 자신이라는 것이 분명해야 합니다. … 우리가 지금까지 말한 것은 죽음이 효력을 상실했으며, 주님의 십자가가 죽음을 이기는 표징이라는 작지 않은 증거입니다. … 우리의 주장에서 알 수 있듯이 죽음이 무효가 되었고, 그리스도 때문에 모두가 죽음을 발로 짓밟아 버린다면 그리스도 자신이 먼저 자신의 몸으로 죽음을 밟으셨으며, 그분을 쇠약하게 만들어 버렸던 것입니다.[129]

죽음 이후에 일어났던 부활은 이 모든 것에 대한 증거물이었다. 아타나시우스의 기독론과 구원론에 있어서 특징은 '그리스도께서 사람이 되셨

---

[126] Athanasius, "On the Incarnation of the Word", 75-82: "… The death on the cross, then, for us has proved seemly and fitting, and its cause has been shown to be reasonable in every respect; … For that death is destroyed, and that the cross is become the victory over it, and that it has no more power but is verily dead, this is no small proof, …"
[127] Athanasius, "On the Incarnation of the Word", 74.
[128] Athanasius, "On the Incarnation of the Word", 83-85.
[129] Athanasius, "On the Incarnation of the Word", 83-84.

다'는 것과 그리스도께서 우리의 구원을 위해 제사장으로서 자신을 희생 제물로 드리셨다는 것에 있다. 그리스도께서 희생제물로 드려진 것은 '한 사람'으로서의 희생이 아니다. '모든 사람의 죽음'을 대속하기 위한 희생이었다.[130] 이에 대해 아타나시우스는 대속을 이루는 그리스도의 직분에 있어서 제사장직을 특별히 강조했다. 그것은 『말씀의 성육신에 대해』에도 계속 등장하는 것처럼 아담의 "속전"에 따른 "제사장 직분"을 강조하기 위한 것이었다.

2) 포이티에르의 힐라리우스(Hilarius of Poitiers, A.D. 310-368)

초기 교부들이 심어 놓았던 신학의 씨앗은 후기 교부들에게 와서 다양한 결실을 맺는다. 특히 그리스도를 둘째 아담으로 거론하며, 대속의 값에 관한 사고가 본격적으로 다루어지면서 삼위일체에 대한 교리가 더욱 발전하게 된다.

"서방의 아타나시우스"로 불리는 힐라리우스는 동방의 가르침을 서방에 알린다. 동시에 그는 동방으로 하여금 서방의 관점을 보다 잘 이해하도록 한다.[131] 힐라리우스는 '동일본질'에 대한 견해를 피력한다. 그는 "성자께서 항상 존재하셨던 것이 아니다"라는 아리우스 추종자들의 주장에 대해, 성부와 성자를 "어떤 상상 속의 실체"로 믿는 것으로 여기고 이를 거부한다. 힐라리우스에 의하면, 모든 것의 이면에는 "어떤 하나님"이 계시는 것이 아니라 "성부, 영원히 성자를 사랑하시는 분"이 계신다.

> 하나님은 한 분이요, 참되신 하나님이라고 고백할 수 있기 전에 먼저, 성부와 성자를 고백해야 한다.

---

130 Kelly, *Early Christian Doctrines*, 377-380.
131 Henry Bettenson (ed.), *The Later Christian Fathers: Hilary of Poitiers* (Great Britain: The Guernsey Press co. Ltd, 1984), 5.

이렇게 하나님에 대한 정의를 성부와 성자로부터 시작하지 않는 것은 다른 하나님으로 귀결하는 것으로 여겼다.[132]

힐라리우스는 동일본질을 하나의 단일한 존재, 즉 "단일신론"으로 보지 않는다. 동일본질을 단일한 존재로 볼 경우, 자신이 아버지이면서 동시에 아들이라는 주장이 성립되기 때문이다. 그럴 경우 아버지를 인정하면서 아들은 인정이 되지 않는 결론이 도출된다. 그는 존재론적인 측면에서 "아버지와 아들이 한 본질"이라고 주장하는 견해를 진리로 여기지 않는다.

그에 따르면 아버지는 출생이 없으며, 아들은 아버지로부터 그 기원과 존재를 지닌다. 따라서 "그분은 아버지가 아니지만, 그분(성부)에게서 나온 아들이며", "피조물이 아니라 하나님(성부)으로부터 온 하나님(성자)이다." "위격에 있어서 하나가 아니라 하나님이라는 본질에 있어서 하나"를 이루고 있다.[133]

힐라리우스는 그리스도의 신성과 인성의 두 본성에 대해, 그리스도께서 참 하나님이면서 동시에 참 사람이라고 가르친다. 이것을 알지 못하는 사람은 그 자신의 생명에 대해서도 무지한 사람으로 여긴다. 그는 종전 교부들이 주장했던 것처럼 하나님이 인간의 본성을 입고 태어났을지라도 그 하나님은 하나님이기를 그치지 않으셨다는 분명한 입장에 선다.[134]

계속해서 그리스도의 위격에 대해 신성과 인성의 두 본성이 "하나의 인격"을 형성한다는 것과 두 본성을 지닌 "하나의 위격"이 그리스도 안에서 존재한다는 사실을 천명한다. 그에 따르면 한 위격의 그리스도는 "종"의 형체로 존재하며, 동시에 "하나님"의 실체로 존재한다. 이때 그리스도는 자신의 신성에 대해 자신을 비워 "종의 형체"를 취하게 된다. 그리스도께서 종의 형체를 취하기 위해서 자기를 비운다는 것은 신성으로 존재하기

---

[132] 마이클 리브스, 『선하신 하나님』, 장호준 역 (서울: 도서출판 복 있는 사람, 2016), 56-57.
[133] Hilary, "The Trinity", 48(de syn. 67-9); 55-56(de trin. 12. 55, 56).
[134] Hilary, "The Person of Christ", 50.

를 멈추거나 신성에 대한 본성을 폐지한 것을 말하는 것이 아니다.[135]

힐라리우스는 그리스도께서 우리의 구속을 위해 이루신 사역을 가리켜 "인간이 될 필요가 없으신 그분이 육신을 취하셨다"라고 밝힌다. 하나님의 실존으로는 종의 형체를 취할 수 없다. 그리스도께서 이루신 구속 사역은 하나님이 자기를 비우고 종의 형체를 취한 상태에서의 사역이었다.[136] 힐라리우스는 하나님이신 그분이 육체 가운데서 우리와 함께 거하는 즉, 신성이 구속에 "참여"하게 된 것을 주장한다.[137] 그리스도께서 구원을 위해 이루신 사역은 인성으로서의 고통을 수반하고 있었다.

"종의 형체"와 그에 따른 사역을 강조했던 힐라리우스는 그리스도를 가리켜 "아담 육체의 본성을 취한 둘째 아담"으로 표현한다.[138] 그리스도께서 둘째 아담으로서 육체의 본성을 취하시고 그에 따른 죽음을 당하셨을 때, 우리는 첫째 아담의 죄로 말미암은 형벌로부터 벗어나게 된다. 그리고 그 본성이 영생으로 되살아난다.

힐라리우스는 그리스도께서 우리의 구원을 위해 이루신 사역에 대해 크게 두 가지를 강조한다.

첫째, '희생'과 '화해'를 이끌어 내는 '제사장'으로서의 직분이다.

둘째, 그리스도의 '중보자' 됨이다.

이런 그의 견해는 성찬예식을 통해서도 드러낸다. 그는 성례에서 우리에게 전달되는 '살'과 '피'를 '중보자'되시는 그리스도와 우리가 연합을 이루는 것으로 설명한다. 그리스도께서 하나님을 통해 다시 살아나신 것처럼 성찬은 우리가 그분을 통해 살게 됨을 보여 준다고 강조한다.

---

135 Hilary, "The Person of Christ", 50-51(*de trin*. 9. 14).
136 Hilary, "The Person of Christ", 50-51.
137 Hilary, "The Work of Christ", 53; Hilary, "The Church and the Eucharist", 57-58.
138 Hilary, "The Work of Christ", 54(*tract. in Ps*. 68. 23).

그분의 목적은 분명히 본질상 신으로서 성부 안에 있다는 것을 우리는 믿어야 합니다. 우리는 그분이 육신으로 태어나심으로써 그분 안에 있고, 그분은 성례의 신비를 통해 우리 안에 계신다는 것을 믿어야 한다는 것입니다. 그러므로 우리는 중보자를 통해 완성된 연합의 교리로 나아가야 합니다. 왜냐하면, 우리가 그분 안에 있는 동안 그분은 성부 안에 계실 것이고, 그런식으로 우리 안에 거하실 것이기 때문입니다. 그러므로 우리는 이런 식으로 나아가 성부와 일치되어야 할 것입니다. … 그리고 우리는 그분이 성부를 통해 사는 것과 같은 방식으로 그분을 통해 살 것입니다. 우리는 육체에 따라 그분의 육체의 본성을 취함으로써 그분을 통해 사는 것입니다.[139]

힐라리우스는 그리스도의 세 가지 직분 가운데 제사장 직분을 유독 부각시킨다. 이럴 통해 그는 그리스도께서 이루신 사역의 "희생"과 "화해"를 강조한다. 그리고 이 사역을 이끌어 낸 중보자로서의 그리스도를 증거한다.

이 과정에서 힐라리우스의 강조점은 회복에 주안점을 두는 것을 볼 수 있다. 그리스도께서 '종의 형체'를 가진 '둘째 아담'인 것은 '첫째 아담'의 회복을 목적으로 한다. 그리고 그리스도께서 "아담 육체의 본성을 취한 둘째 아담"인 것은 그리스도의 사역의 목적이 본성의 회복을 위한 것임을 설명한다. 이런 측면에서 힐라리우스는 둘째 아담 그리스도께서 이루신 제사장 직분의 수행이 아담의 본래 모습을 회복시키기 위한 '창조회복'에 있었다는 것을 간접적으로 설명한다.

---

[139] Hilary, "The Church and the Eucharist", 57-58.

3) 나지안주스의 그레고리우스(Gregorius of Nazianzus, A.D. 329-390)

삼위일체의 위격에 대해 "신성은 셋 안에서 하나이고, 셋은 하나이며, 신성은 셋으로 존재한다"라고 정의했던 나지안주스의 그레고리우스는 신성에 대해 세 존재들 속에 하나를 주장하는 사벨리우스(Sabellius)를 거부한다. 그리고 그리스도의 신성을 거부하는 아리우스로부터 구별되어야 할 것을 주장한다.[140]

이런 가운데 "아담이 불러온 타락을 해결하기 위해서는 당사자인 아담만이 그 문제를 해결할 수 있다"라는 사상이 후기 교부들에게 갈수록 더욱 뚜렷하게 드러났다. 이런 모습은 알렉산드리아의 클레멘스와 오리게네스에 이어 힐라리우스에게도 나타났다.

오리게네스의 신학을 따르며, 니케아 공의회의 "삼위일체론"을 보편적으로 수용했던 나지안주스의 그레고리우스에 의하면, "모든 사람은 예외 없이 똑같은 아담을 공유하며, 죄로 인해 죽음에 이르게 되었다."[141] 그뿐만 아니라 첫째 아담이 인류의 머리에 해당하는 위치에 놓여 있었던 것처럼, 그리스도께서는 인류 전체를 대신해 첫째 아담의 불순종을 자신의 것으로 삼는 위치에 계신다.[142]

그레고리우스는 『두 번째 신학적 연설』에서 하나님은 피조물을 창조하시고 보존하시는 존재임을 밝힌다. 하나님은 본질에 있어서 사람의 몸을 지닐 수 없는 분이다. 유한이 무한을 담을 수 없으며, 창조주가 피조물

---

140 Gregory of Nazianzus, "The Trinity", 118.
141 크레취마르(편), 『신학의 고전 I』, 95-97; Gregory of Nazianzus, "The Status of Christ", 102-103.
142 Gregory of Nazianzus, "The Status of Christ", 103; Hardy (ed.), "Introduction to Gregory of Nazianzus", 120: "The writings of Gregory of Nazianzus fall into three groups—letters, poems, and sermons (conventionally called Orations). The letters and sermons were obviously called forth by particular occasions, and the poems scarcely less so, since many of them were written to record or express his own feelings at a certain moment."

의 위치에 놓이게 된다는 것은 사람의 상식으로 맞지 않는다. 따라서 우리는 이것을 우리의 상식으로 바라봐서는 안 된다. 우리는 하나님의 본성이 제한된다는 상식을 뛰어넘어 하나님의 본성의 참된 모습을 보고 이해해야 한다는 것이 그레고리우스의 주장이다.[143]

그의 『네 번째 신학적 연설』은 "아들에 관한 두 번째 글"을 소개한다.[144] 하나님의 본성을 제한하는 한계를 뛰어넘어 성자가 우리 인간을 위해 "둘째 아담"이 되셨다고 말한다. 그리고 죄 때문에 고통당할 수 있는 인간적 속성이 그분께 돌려졌다는 것을 강조한다.[145]

이때 죄 없는 아담으로서의 그리스도가 소개된다. 그리스도께서 첫째 아담의 모든 것을 담아냈기에 그분을 가리켜 "새 아담"이라고 칭한다. 이런 관점에서 죄를 범했던 첫째 아담은 "옛 아담"으로 표현된다. 따라서 새 아담이 이룰 사역은 옛 아담의 불순종으로 인한 죄에 대해 순종과 복종의 값으로 본래의 모습을 회복시키는 사역이었다.[146] 이것은 창조회복이 가지는 의미를 함께 설명하는 장면이었다.

> 우리를 위해 둘째 아담이 되셨고, 죄에 대항해 고통을 겪을 수 있었던 성자에게 보다 낮은 인간적인 속성을 돌렸던 것입니다.[147] … 그러나 이것을

---

[143] Gregory of Nazianzus, "The Theological Orations", 29.10. 14. 16 (CLF 166- 167. 169-170. 171. PG 36.86-87, 91-94, 94-95): 나지안주스의 그레고리우스는 성부와 성자는 본질에 있어서는 동등하지만 관계에 있어서는 영원히 아버지에게서 나심을 말한다. 그리고 아버지와 아들은 동일한 본성을 공유한다고 주장한다; 문병호, 『기독론』, 453: 각주 1301)을 인용.

[144] 크레취마르(편), 『신학의 고전 Ⅰ』, 103: "그는 동시대의 다른 신학자들과는 달리 성경 주석이나 교의학을 기술하지 않았다. 그는 웅변가로서 제시할 수 있는 자신만의 것을 통해 시대의 정신적인 논쟁에 참여했다."

[145] Gregory of Nazianzus, "The Theological Orations", 177: "… and the lower and more human to Him who for us men was the second Adam, and was God made capable of suffering [to strive] against sin; …"

[146] Gregory of Nazianzus, "The Status of Christ", 103.

[147] Gregory of Nazianzus, "Which is The Second on The Son", 177.

> 이런 방식으로 보시기 바랍니다. 나를 위해 그분은 내가 받을 저주를 파괴하기 위해 스스로 저주를 받으셨습니다. 그리고 세상의 죄를 제거하기 위해 죄를 대신 지셨습니다. 그리고 '옛 아담'을 대신해 '새 아담'이 되셨습니다. 마찬가지로 그분은 전체 몸의 머리로서 나의 불순종을 자신의 것으로 만드셨습니다.[148]

그레고리우스에 따르면 그리스도께서 인간의 모습으로 자신을 드러내신 이유는 우리의 구원을 위해서였다. 그리고 그리스도께서 성별되어 '기름 부음'을 받은 것 또한 이런 이유 때문이다.[149] 그레고리우스가 강조하는 것 가운데 하나는 그리스도께서 '신성'과 '인성'의 두 본성을 지녔다는 것이다. 이것은 그리스도의 '신성'과 '인성'에 대한 두 본성의 특성만을 강조하는 것이 아니다. 그리스도께서 첫째 아담의 완전한 대속의 제물이 되었다는 것을 말한다. 위격적 연합을 이루고 있는 그리스도의 신성이 비하를 이룬다. 시간을 초월하신 분이 시간에 종속된다.[150]

그리스도께서 둘째 아담으로서 첫째 아담의 속전을 이뤄 가는 과정을 그려나갈 때도, 그레고리우스는 그리스도께서 종으로 봉사하셨으며, 육신의 노예 상태에서 이 모든 과정을 이루셨음을 『네 번째 신학적 연설』에서 밝힌다.

> 다음은 그분이 종으로 불리고 많은 사람을 섬기고 있다는 사실입니다. 그리고 그분이 하나님의 자녀로 불리는 것은 대단한 일입니다. 진실로 그분은 육신의 노예 상태였습니다. 그분은 태어나셔서 우리 삶의 조건과 같은 상황에서 죄의 속박에 놓여 있는 모든 사람을 구원하셨습니다.[151]

---

148 Gregory of Nazianzus, "Which is The Second on The Son", 179.
149 Gregory of Nazianzus, "Letters on the Apollinarian Controversy", 178.
150 Gregory of Nazianzus, "The Person of Christ", 105-107.
151 Gregory of Nazianzus, "Letters on the Apollinarian Controversy", 178.

그레고리우스는 성찬을 통해 그리스도는 하나님이라는 사실과 함께, 그리스도는 희생제물이셨고 대제사장이셨음을 밝힌다.[152] 그리스도께서 둘째 아담으로서 이루신 사역이 첫째 아담을 대신한 사역이었으며, "희생제물"로서 직무를 수행하셨다. 그레고리우스는 '대제사장'이라는 직분으로 이런 사역들이 이뤄질 때 나타난 그리스도의 비하를 특별히 강조한다. 그리스도께서 구속 사역을 이뤄 갈 때 그 모습은 "기름 부음 받은 자"로서 순종하고 복종하는 "종"의 형태를 취한 제사장의 모습이었다.[153]

그레고리우스는 『아폴리나리안 논쟁에 대한 서신』(Letters on the Apollinarian Controversy)에서 이렇게 말한다.

> 만일 아담의 본성이 전적으로 철저히 타락했다고 한다면 … 전적으로 모든 것이 그렇게 구원을 받아야 합니다.[154] … 아리우스주의자들(Arianism)처럼 둘째 아담인 그리스도의 고난을 하나님께로 돌리게 된다면, 그 몸이 당한 고난은 하나의 운동에 불과하게 될 것입니다.[155]

그레고리우스는 그리스도께서 이루신 사역에 대해 종의 형태를 강조하면서 그리스도의 "신성의 비하"를 부각시킨다. 특징적인 것은 여기서 그리스도께서 이루신 제사장 직분을 함께 설명하고 있는 것이다.

그는 중보자로서 그리스도를 바라볼 때도 "하나님과 세상 사이의 중보자였다"[156]는 것을 강조한다. 신 위격을 통해 중보자의 직분이 '옛 아담'

---

152 Gregory of Nazianzus, "The Sacraments", 121-124.
153 Gregory of Nazianzus, "Letters on the Apollinarian Controversy", 179-181, 188.
154 Gregory of Nazianzus, "Letters on the Apollinarian Controversy", 218-219.
155 Gregory of Nazianzus, "Letters on the Apollinarian Controversy", 219; 드롭너, 『교부학』, 403-404: 「5편의 신학적 연설」이 아리우스파와 성령적대론파와 벌인 논쟁에서 당시 신학적으로 중요한 문제점인 삼위일체론을 설명하는 반면, 『3편의 신학적 편지』는 주로 아폴리나리우스파와 벌인 논쟁인 그리스도론을 다룬다."
156 Gregory of Nazianzus, "Letters on the Apollinarian Controversy", 220, 222.

을 회복시키는 직무를 수행한다는 것을 알게 한다. 그리스도께서 둘째 아담으로서 '새 아담'인 것은 '원형상의 회복'을 뜻한다. 이것이 가지는 의미는 곧 창조회복이었다.

마찬가지로 그리스도께서 제사장의 직분을 이룰 때 중보자의 역할은 옛 아담과 새 아담 사이에 대한 중보자였다. 이를 통해 그레고리우스는 창조회복으로서 중보자되시는 제사장을 간접적으로 제시하고 있다.

4) 닛사의 그레고리우스(Gregorius of Nyssa, A.D. 335-394)

나지안주스 그레고리우스의 평생 친구였던 닛사의 그레고리우스는 '제2차 니케아 공의회'(The Second Council of Nicaea A.D. 787)에서 "교부들의 아버지" 또는 "닛사의 별"이라는 칭송을 받는다.[157] 나지안주스의 그레고리우스와 함께 갑바도기아 신학자 중 한 사람이었던 그는 인간 구원과 관련해 아타나시우스가 주장했던 "성자의 신성에 의한 온전한 구원"을 따른다.[158]

갑바도기아 학파(Cappadocians)가 직면한 문제는 아타나시우스의 사상을 보존하면서 사벨리우스주의(Sabellianism)의 위험에 빠지지 않는 것이었다.[159] 오리게네스로부터 많은 영향을 받은 닛사의 그레고리우스가[160] 볼 때 그리스도께서 성육신해 보인 일들은 죽을 인류를 위한 "신적 계획" 속에서 단행된 일이었다. 이때 이 일은 그 존재 속에 있는 본성이 혼합을 이루거나 변화되지 않았으며, 그 본성을 그대로 유지한 상태에서 행해졌던

---

[157] Gregory of Nyssa, "Introduction to Gregory of Nyssa", 235.
[158] McGuckin ed., *Ancient Christian Doctrine* 2, 92.
[159] Gregory of Nyssa, "Introduction to Gregory of Nyssa", 241.
[160] Gregory of Nyssa, "Introduction to Gregory of Nyssa", 236-237: 닛사의 그레고리는 자신의 친구였던 나지안주스의 그레고리로부터 꾸짖음의 편지를 받고 세속 직업을 등지고 Pontus에 있는 수도원에 들어간다. 여기서 그는 오리게네스의 책을 읽고 그의 많은 영향을 받았다는 점에서 다른 갑바도기아 교부들과 구별된다.

것이다.¹⁶¹

   그는 죄로 인해 본성이 악해진 인간을 원래 은혜의 상태로 되돌려 놓는 것은 누구의 일인가라는 질문을 던진다. 그리고 이런 일을 주관적으로 행하실 수 있는 분은 처음 그에게 생명을 주신 분만이 회복시킬 능력과 권리를 가졌다고 말한다. 그리스도께서 둘째 아담으로 오셔야 할 이유가 여기에 있었으며, 제사장 직분은 여기에 대해 필연성을 가지고 있었다.¹⁶² 지금까지 '형상의 회복'에 대해 간접적 제시가 주류를 이루었던 앞선 교부들의 견해보다 발전된 창조회복을 말한다.

   그레고리우스는 그리스도께서 신인양성의 연합을 이루면서 한 몸을 이룰 때, 그리스도의 인격은 '두 인격'이 아니라 '한 인격'을 이루었다는 아타나시우스의 견해를 떠나지 않는다.

   그레고리우스에 따르면, 신성이 육신을 입었다는 것은 신성이 인성 안에 들어오기 위해 '자기를 비웠다'는 것을 뜻한다. 이때 인성은 신성과의 결합을 통해 새로워진다. 신성의 속성들이 육신에 존재하게 된 것이 아니라 죄 없는 아담의 모습으로 성육신이 이뤄졌다는 것을 말한다.¹⁶³ 그리스도께서 둘째 아담으로 성육신하신 것은 둘째 아담이 첫째 아담 그 자체가 되는 데서 비롯된다. 그리스도께서 이루시는 사역이 대속을 이루는 것은 제3자 관점에서의 대속이 아니라 당사자로서의 대속을 이루는 것을 가리킨다.

   그레고리우스는 그리스도께서 받은 고통과 관련해, 비록 고통은 인성에 의한 것이지만 인간 구원을 성취하기 위한 하나님의 사역으로 본다.¹⁶⁴ 구속사에서 구원을 이루고자 하는 의지를 그리스도의 신성에 따른 결과로

---

161 Gregory of Nyssa, "The Person of Christ", 134-135.
162 Gregory of Nyssa, "Man", 133.
163 Gregory of Nyssa, "The Person of Christ", 137-138, 139.
164 Gregory of Nyssa, "The Person of Christ", 140.

설명한다.[165] 인간의 본성이 악하게 된 것은 인간의 자유의지가 쾌락을 탐닉했기 때문이다. 그리고 그리스도께서 성육신하신 것은 모든 것을 행하실 능력을 가지고 계시는 하나님이 죽음과 부패의 정복자로서 이 문제의 해결을 위해 오신 것이었다.[166]

그러나 오리게네스의 영향을 받은 그레고리우스는 그리스도께서 자신을 낮추어 성육신하신 것을 마귀에 대한 "배상설"(ransom theory)로 연결시킨다. 결국, 그리스도의 성육신은 마귀가 받을 배상을 제공하기 위해서였던 것이다.[167]

22. … 그리고 그 방법은 이것입니다. 노예의 주인에게 노예의 값으로 주인이 원하는 것을 취할 기회를 주는 것입니다.
23. 그때 우리의 지배자(마귀)는 무엇을 취하기로 선택했을까요?
… 원수가 그런 능력을 보았을 때 그는 그가 보유하고 있는 것보다 그리스도가 더 많은 가치 있는 거래가 될 수 있다는 것을 인식했습니다. 이런 이유로 그는 자신이 죽음의 감옥에 가두어 놓았던 사람들의 몸값으로 그를 (그리스도) 선택했습니다.[168]

그레고리우스에 따르면, 이때 그리스도께서 신성을 감추시기 위해 육체로 덮은 것이 성육신이었다. 특히 성육신은 마귀로 하여금 신성을 삼키게 만들어 인간을 구원할 미끼로 삼기 위한 하나의 방편이었다. 그리고 이것을 마귀까지 정화시키는 도구로 사용해 모든 피조물을 원상태로 회복시키는 창조회복을 말하고 있었다. 이것을 그리스도의 사역에 따른 목적으로

---

165 McGuckin ed., *Ancient Christian Doctrine* 2, 89; 문병호, 『기독론』, 457: "… 닛사의 그레고리의 기독론이 삼위일체의 페리코레시스에 대한 이해에 기초한다는 점을 감안하면 삼위일체론-기독론-구원론의 큰 그림이 그려진다."
166 Gregory of Nyssa, "An Address on Religious Instruction", 289.
167 Gregory of Nyssa, "An Address on Religious Instruction", 299-300.
168 Gregory of Nyssa, "An Address on Religious Instruction", 299-300.

그는 보았다.[169]

그레고리우스는 이런 과정을 통해 인간을 구원할 하나님의 능력을 말했다. 그리고 인간을 구원할 하나님의 갈망을 제사장 직분의 필연성으로 설명했다.

그레고리우스는 그리스도의 구속사를 조명할 때, 제사장 직분의 직무 수행을 통한 "화해"(reconciliation)의 측면을 다룬다. 여기서 그는 그리스도께서 "우리의 저주를 자신의 것으로 삼으셨다"는 것을 강조한다.[170] 하나님과 첫째 아담의 화해를 이루기 위해 그리스도의 살과 피가 드려졌다고 그는 보고 있다.

그레고리우스는 그리스도의 구속 사역에 대해 왕직과 선지자직보다 제사장직을 더욱 강조하고 부각시킨다. 이때 그레고리우스는 그리스도께서 제사장의 직분으로 이루신 사역을 두 가지 측면에서 본다. 그는 그리스도께서 제사장의 직분으로 죽음을 통해 이루신 사역을 인성과 신성의 사역으로 구분할 것을 주문한다.[171]

인성의 사역에서 볼 때, 그리스도께서 이루신 제사장으로서의 죽음은 죄에 대한 "사망의 값"이었다.

신성의 사역으로 볼 때, 그리스도께서 십자가에서 이루신 죽음은 인간의 본성을 죽음으로부터 생명으로 인도하는 '회복의 길'이었다.

첫째 아담의 죄로 말미암은 죽음은 하나님과의 관계에 있어서 '막혔던 담'이었다. 그러나 둘째 아담으로서 그리스도께서 제사장의 직분으로 이루신 십자가에서 죽으심은 하나님과 막혔던 담을 허무는 화해를 이뤄 낸다. 제사장 직분의 사역이 '원형상의 회복'에 따른 창조회복이었음을 나타낸다. 닛사의 그레고리우스는 그리스도께서 둘째 아담으로서 그 사역을 성취해 나가실 때, 인간성의 연약함이 아니라 영원성을 가진 신성에 의해

---

169 Gregory of Nyssa, "Introduction to Gregory of Nyssa", 247.
170 Gregory of Nyssa, "The Work of Christ", 143.
171 Gregory of Nyssa, "The Work of Christ", 147.

이뤄진 사역임을 강조한다. 이런 그레고리우스의 주장은 불멸하고 영원히 존재하는 초월적 본성을 지닌 로고스에 의한 말씀 사역을 통해서도 드러난다.[172]

닛사의 그레고리우스가 보는 둘째 아담으로서 그리스도의 사역에서 신성의 사역이 절대적으로 부각된다. 그는 그리스도께서 이루신 제사장 직분에 따른 사역을 그리스도의 '한 인격'이 이룬 사역적인 측면에서 보지 않는다. 이것을 양성으로 분리해 본다. 그 이유는 그리스도께서 이루신 사역은 인성의 연약성에 의해 완성된 사역이 아니기 때문이다. 신성에 의해 첫째 아담의 창조회복을 이룬 "필연적인 사역"이었다는 것을 강조하기 위해서였다.

5) 암브로시우스(Ambrosius, A.D. 337-397)

암브로시우스는 아우구스티누스를 개종시키고, 그에게 세례를 베푼 주교로 유명하다. 그는 교회의 정통 신앙을 지킨 증인이었다. 특히 알렉산드리아 학파의 전형을 따라 성경을 해석했던 암브로시우스는 알레고리적 해석을 많이 사용한 인물이었다. 그는 그리스도인의 삶에 필요한 가르침을 줄 땐 성경 인물들을 그 주제로 삼았다.[173]

이런 암브로시우스는 두 사람에게서 신학적인 영향을 받는다.

초창기에는 "그리스도교의 필로"라고 불려진 알렉산드리아의 필로에게서 영향을 받는다.

그 다음은 오리게네스였다.[174] 유세비우스에 의하면, 암브로시우스가 발렌티누스(2세기의 그노시스 이단자)를 지지한 것은 오리게네스에게서 많은

---

172 Gregory of Nyssa, "The Holy Trinity", 150-152.
173 암브로시우스,『나봇 이야기』, 최원오 역 (왜관: 분도출판사, 2012), 24.
174 드롭너,『교부학』, 426. 434-435.

영향을 받은 결과였다.[175]

이런 암브로시우스는 아퀴나스와 루터에게 영향을 끼친다. 이들은 암브로시우스를 신학적으로 중요한 위치에 둔다.

암브로시우스에 따르면 첫 번째 사람인 아담의 죄가 본성적인 것이 되어 모든 사람에게 자연적 유산으로 이전된다. 그 결과 아담이 우리 모두 각자 안에 거하게 되었다.[176] 그러나 성육신하신 그리스도는 본질적으로 우리와 똑같은 육신을 가지셨지만 전혀 죄에 물들지 않은 완전한 육신을 취하셨다.[177] 그리스도는 아담의 죄로 인해 잃어버린 인간 본성에 대한 것을 되찾기 위해 성육신하셨으며, 아담의 회복을 위해 스스로 십자가와 같은 올무에 다가서셨던 것이다.

암브로시우스는 자신의 누이에게 보낸 『서신 41』에서[178] 인류의 대표요, 머리였던 첫째 아담이 하나님께 범한 죄를 가리켜 "하나님께 진 빚"으로 설명한다. 그리고 이런 아담의 모습을 '채무자'로 그려낸다. 그의 『서신 41』에 따르면 죄는 마귀로부터 왔기에 '채권자'는 마귀가 된다. 그리고 첫째 아담을 대신할 그리스도께서 이 땅에 오신 목적은 "빚진 자의 채무를 책임지시기 위해서"였다.[179]

암브로시우스는 아담의 죄로 말미암은 인간의 모습을 "고리대금업자"의 무거운 융자금에 묶여 있는 것으로 보았으며, 그리스도는 이 문제를 해

---

175 유세비우스 팜필루스, 『유세비우스의 교회사』, 엄성옥 역 (서울: 도서출판 은성, 2008), 328.
176 Ambrose, "Man and Sin", 177.
177 Ambrose, "Man and Sin", 177-178.
178 Ambrose, "Letters 40 and Letters 41: The Synagogue at Callinicum", (ed.), S. L. Greenslade *Early Latin Theology* (Louisville, KY: Westminster John Knox Press, 2006), 226-228: 『서신 41』은 암브로시우스가 자신의 누이에게 보낸 서신이다. 388년, 기독교인들에 의해 유대 회당이 불에 타고, 수도승들이 발렌티니안주의자들의 예배 처소를 파괴한 것에 대해 테오도시우스는 징벌할 것을 명한다. 새로운 법은 회당을 공격한 자들을 벌 주도록 제정한다. 암브로시우스는 이런 이야기들을 『서신 41』을 통해 자신의 누이에게 이야기한다.
179 Ambrose, "The Work of Christ", 181.

결하시기 위해 "우리 모두를 위해 죽으셨고", "우리 모두를 위해 피를 흘리신" 분으로 보았다.[180]

> 이전에 우리는 채무자의 죽음으로만 갚고 만족할 수 있는 가혹한 고리대금업자의 손아귀에 있었습니다. 주 예수께서 오셔서 우리가 무거운 융자금으로 묶여 있는 것을 보셨습니다. 아무도 자신의 무죄의 유산으로부터 융자금을 면제받을 수 없습니다. … 이 부채는 빚을 진 조상이 그의 후손에게 전해 준 무거운 융자금으로 우리는 이것을 물려받은 것입니다. 예수 그리스도께서 오셔서 모든 사람의 죽음을 위해 자신의 생명을 바치셨고 모든 사람의 피를 위해서 피를 쏟으셨습니다.

암브로시우스의 "배상설"은 그리스도의 죽음을 마귀에 대한 "배상설"로 여겼던 오리게네스와 닛사의 그레고리우스와 비슷한 견해를 피력하지만 그 실효는 다르다. 오리게네스와 닛사의 그레고리우스의 "배상설"은 마귀에게 포로가 된 상태의 인간을 구하기 위한 값으로서의 "배상설"이다. 그러나 암브로시우스의 "배상설"은 그리스도의 사역적인 측면을 강조한다. 그는 그리스도께서 이 땅에 오신 목적에 대한 표현을 "배상설"로 표현한다.

비록 극단적이기는 하지만 암브로시우스는 그리스도의 사역을 통해 우리 모두가 그리스도와 하나의 몸을 이루는 각각의 지체가 되었다고 말한다.[181] 그리스도의 사역이 '형상회복'을 말한다는 것은 창조회복과도 연결된다. 다시 말하면 '형상회복'을 말하는 암브로시우스의 "배상설"은 창조회복을 이끌어 가는 측면에서의 배상이었다.

암브로시우스의 『서신 51』은 A.D. 390년, 데살로니가에서 있었던 학살

---

180 Ambrose, "Letters 41: From Brother to Sister", 242.
181 Ambrose, "Letters 41: From Brother to Sister", 243-244.

을 다룬다.[182] 여기서 암브로시우스는 황제 테오도시우스(Theodosius, A.D. 347-395)에게 서신을 보내 회개를 촉구한다. 그리고 성찬에 참여할 수 있는 자가 되라고 권면한다. 그러나 죄에 대한 용서는 다른 사람에 의해 용서받는 것으로 해결되는 것이 아니다. 주님이 회개한 사람의 죄에 대해 직접적으로 용서하시는 것으로 이뤄진다.

암브로시우스의 "배상설"은 그리스도께서 둘째 아담으로서 첫째 아담의 죄에 대해 '그 값'이 되어 주는 것만을 말하지 않는다. 중보자로서 그리고 '새 생명'에 대한 주관자로서 적극적인 모습을 함께 비춰 본다. 암브로시우스의 "배상설"이 창조회복을 의미한다는 근거가 된다.

영국 성공회 신학자이면서 성경연구가인 앤서니 C. 티슬턴(Anthony C. Thiselton, 1937년-현재)은 다음과 같은 견해를 제시했다.

> 암브로시우스는 성경의 다양한 텍스트를 신중하고 책임감 있게 활용한다. 이런 그의 작업은 그리스도를 높이는 목적과 동시에 도덕적 가르침과 영적이고 '헌신적인' 목적을 가진다.[183]

암브로시우스의 이런 특징은 그의 "배상설"이 목적을 가진 값의 배상이라는 것을 증거한다. 아울러 그의 "배상설"이 하나님 형상회복에 따른 창조회복에 목적이 있었음을 함께 이끌어 낸다. 암브로시우스는 그리스도에 대해 우리의 죄를 대속했던 제사장으로서의 직분을 설명한다. 그리고 동시에 주관자로서 그리스도께서 가지신 중보적 직분을 통해 '형상회복'을 함께 논한다.

---

[182] Ambrose, "Letters 51: The Massacre at Thessalonica", 253-258: 390년, 여름 데살로니가 사람들은 야만인 수비대에 대항해 반역을 일으키고 장군을 살해한다. 테오도시우스는 여기에 대해 엄벌을 내릴 것을 명한다. 이에 데살로니가 사람들은 서커스를 관람하도록 초대받는 방식을 통해 7천명이 살육을 당하게 된다.
[183] 앤서니 티슬턴,『성경 해석학 개론』, 김동규 역 (서울: 새물결플러스, 2018), 168.

암브로시우스는 A.D. 381년, 그라티안을 비롯한 발렌티니안과 테오도시우스 등 3명의 황제들에게 서신을 보낸다. '아킬레이아 종교회의'에서 결정된 아리우스주의자들에 대한 정죄 및 파문의 결정을 강제해 줄 것을 촉구하는 『서신 10』이었다.[184] 주요 내용은 그리스도를 "육신을 입은 아들"로서, "신성에 있어서 아버지와 동일하며", "권능에 있어서 일치하며", "그 위대함에 있어서는 차이가 없다"는 것이었다.[185]

그리고 그의 누이 말셀리나에게 보낸 『서신 20』에서는 성직자의 권위를 탐하는 황제를 비롯한 권력자들의 행태를 비난하면서 "그리스도는 왕이 되지 않기 위해 도망가셨다"고 강조한다.[186] 세상의 권력자들의 모습과는 달리 그리스도는 아담의 죄를 대속하기 위해 자신에게 주어진 직분을 수행하신다. 사사로움을 추구하기 위해 직분을 사용하지 않으신다. 그리스도는 자신에게 주어진 직분의 목적을 이루는 일에 충실한 분이셨다.

암브로시우스는 그리스도의 직분에 대해 제사장 직분과 왕직을 강조한다. 그는 여기에 대해 두 가지의 관점을 가지고 있었다.

첫째, 첫째 아담의 죄를 해결할 '대속의 값'에 따른 '형상회복'과 관련된 그리스도의 직분이었다.

둘째, 신 위격으로서의 그리스도의 직분이었다.

암브로시우스가 그리스도를 첫째 아담의 채무 변제자로 보면서 중보자로서 역할을 강조할 때, 그 중보자는 단순한 중보적 기능을 감당하는 것이 아니었다. 두 가지의 개념을 함께 가진 변제자의 모습을 하고 있었다.

첫째, '신성의 측면'에서의 변제자의 모습이었다.

---

184 Ambrose, "Letters 10: The Council of Aquileia", 182-183.
185 Ambrose, "Letters 10: The Council of Aquileia", 184-189.
186 Ambrose, "Letters 20: Battle of the Basilicas", 209-217.

둘째, '인성에 따른' 변제자의 모습이었다.

암브로시우스는 첫째 아담의 죄와 '형상회복'에 대해 보다 적극적 자세를 취하면서 동시에 그리스도의 신격을 통해 기독론을 강조한다. 그가 주장하는 "배상설"이 가지는 성격은 아담의 "형상회복에 대한 값"이었다. 따라서 암브로시우스는 우리로 하여금 그리스도의 직분을 통해 위격적 연합을 보게 한다. 그리고 이를 통해 신성에서의 기독론과 인성에 따른 '창조회복'을 함께 발견하도록 한다.

3. 그리스도의 세 가지 직분론에 대한 교리적 발전과 휴면

1) 요한 크리소스토무스(Johannes Chrisostomus, A.D. 349-407)와 그리스도의 두 직분론

본명이 요한이었던 크리소스토무스는 수도원 생활에서 도덕적, 영적 성장을 꾀했다.[187] 그는 수사적 기교와 함께 뛰어난 호소력으로 "황금의 입"이라는 별칭을 얻기도 했다.[188] 동방 교부였던 크리소스토무스의 작품은 루터와 칼빈뿐만 아니라 현대 주석가들에 의해 많이 읽혔으며, 그 내용이 자주 인용되었다.[189]

아우구스티누스는 '원죄 교리'의 규범을 세웠다. 특히 "한 사람의 범죄

---

187 칼 수소 프랑크, 『기독교 수도원의 역사』, 최형걸 역 (서울: 도서출판 은성, 2006), 61: "크리소스토무스는 오랜 기간 안디옥 근방에서 은둔자로 당시의 금욕적, 수도원적 이상에 따라 살아갔다. 그에게 있어서 수도원은 이 세상에 사는 그리스도인들에게 가장 모범적인 삶의 방법이었다."
188 Schaff, *History of the Christian Church* Vol. III, 933-934.
189 McKim (ed.), "Chrysostom, John", 34; 디모데 웨어, 『동방정교회의 역사와 신학』, 이형기 역 (서울: 한국장로교출판사, 2008), 34.

로 말미암아 죄와 사망이 세상에 들어왔다"라는 바울의 사상을 발전시켰다. 이때 그는 자신의 변호를 위해 힐라리우스, 암브로시우스, 나지안주스의 그레고리우스 그리고 크리소스토무스 등의 견해를 인용했다.[190]

"아담은 살았고 우리는 모두 그 안에서 살았습니다. 아담은 죽었고 우리는 모두 그 안에서 죽습니다."

그런데 누구보다 바울의 사상을 붙잡고 더 발전시킨 사람은 아우구스티누스였습니다. 특히 율리아누스에 대항하는 자신의 글에서 그는 로마서 5:12에 호소합니다. 그리고 고린도전서 15:22, 에베소서 2:3에 호소합니다. 또한, 그는 키프리아누스, 힐라리우스, 암브로시우스, 나지안주스의 그레고리우스, 크리소스토무스 등을 인용해 그의 감정을 지지합니다. 그래서 그는 유아세례의 실행을 원죄에 대한 자신의 교리(원죄론)에 대한 강력한 증거로 여깁니다.[191]

시대를 초월한 크리소스토무스의 영향력 있는 설교는 종교개혁 시대의 신학자들에게도 중요한 영향을 끼친다.

루터는 『탁상담화』의 일화에서 크리소스토무스를 "신앙의 주요 항목들을 놔두고 다른 것에 치중한 자"[192]라고 비방한다. 그랬던 루터 또한 크리소스토무스의 히브리서와 로마서의 주석을 인정했으며, 자신의 설교에 이를 자주 인용했다.[193]

---

190 Bavinck, *Reformed Dogmatics* Vol. 3, 93; 노마 가이슬러, 『로마가톨릭주의와 복음주의』, 라은성 역 (서울: 도서출판 그리심, 2016), 122.
191 Bavinck, *Reformed Dogmatics* Vol. 3, 93.
192 마르틴 루터, 『탁상담화』, 이길상 역 (고양: 크리스찬다이제스트, 2008), 332.
193 McKim (ed.), "Chrysostom, John", 33-34: "Chrysostom's homilies were also a major influence on exegesis in the Reformaton era. Martin Luther often quoted Chrysostom with approval, especially in his lectures on Hebrews and Romans, though according to an anecdote preserved in Talble Talk (Tischreden no. 252), he complained that Chrysostom was 'only a gossip!'"

칼빈은 크리소스토무스를 교부로서, 주요 주석가로서 높이 평가했다.[194] 그는 자신의 글에 대해 보충할 것이 있고 이해를 더 높일 필요가 있을 때면, 크리소스토무스의 견해를 인용했다. 특히 자신의 『기독교 강요』에서 난해한 부분이 생기면 이해를 돕기 위해 크리소스토무스의 글을 적극적으로 활용했다. 그리고 이를 토대로 자신의 교리적 견해를 설명해 나갔다.

(참고)

칼빈은 자신의 저서 『기독교강요』(*Inst*) Ⅰ.13.21.에서 반(反)삼위일체 논박을 할 때, 크리소스토무스를 인용해 이단에 대한 정의를 내리는 것을 볼 수 있다. 인간의 자유의지에 대해 교부들의 견해를 인용할 때, 크리소스토무스의 견해를 적극적으로 끌어들이며, 자신의 견해를 밝힌다(Calvin, *Inst* Ⅱ.2.4). 율법에 대한 자신의 견해를 펼칠 때에 크리소스토무스의 해석을 적극적으로 활용한다(Calvin, *Inst* Ⅱ.2.9; Calvin, *Inst* Ⅱ.3.7; Calvin, *Inst* Ⅱ.5.2). 스콜라학파의 교리에 대한 논박에서 크리소스토무스의 교리적 결정을 통해 변증한다(Calvin, *Inst* Ⅱ.8; Calvin, *Inst* Ⅲ.4.1). 칭의의 교리를 논할 때 크리소스토무스의 견해를 인용한다(Calvin, *Inst* Ⅲ.14.15). 행위에 따른 공로에 대한 잘못된 물음과 올바른 물음에 대해 크리소스토무스의 견해로 응답한다(Calvin, *Inst* Ⅲ.15.2). 교회의 상태와 교회의 정치를 논할 때, 크리소스토무스가 감독으로 어떻게 했는지를 통해 자신의 견해를 변증한다(Calvin, *Inst* Ⅲ.24.14; Ⅳ.4.6). 크리소스토무스의 견해를 인용해 교회권징의 필요성과 그 목적을 설명한다(Calvin, *Inst* Ⅳ.8.13; Calvin, *Inst* Ⅳ.12.5). 수도원에 관한 내용을 크리소스토무스의 경우를 들어 설명한다(Calvin, *Inst* Ⅳ.13.8). 크리소스토무스의 견해를 통해 성례를 설명한다(Calvin, *Inst* Ⅳ.14.3). 세례에 대해 크리소스토무스를 인용한다(Calvin, *Inst* Ⅳ.15.7). 만찬에 관한 아우구스티누스와 크리소스토무스는 어떻게 생각

---

[194] 루돌프 브랜들레, 『요한 크리소스토무스』, 이종한 역 (왜관: 분도출판사, 2016), 81; McKim (ed.), "Chrysostom, John", 34.

하고 있는지 두 사람의 견해를 인용하며, 설명한다(Calvin, *Inst* IV.15.7). 가톨릭의 미사에 대한 오류를 설명할 때 크리소스토무스를 인용한다(Calvin, *Inst* IV.18.10).

크리소스토무스가 활동하던 그 시기는 신학적 충돌로 인해 교리적 이슈가 크게 발생했던 시기가 아니었다. 따라서 크리소스토무스의 신학은 교의학적인 부분보다 신앙적인 측면에서 신학들이 제시되었다.[195] 크리소스토무스는 세속에 대해서는 엄격한 권징을 요구했으며, 가난하고 연약한 자들에게는 선행 베풀 것을 고집했다. 그는 마태복음뿐만 아니라 요한복음 설교를 통해 선행과 구원에 관한 교리를 제시한다.[196]

마태복음 7:13-14의 설교에 따르면, 우리가 하나님의 자녀가 되었다는 것은 하나님 자녀다운 '사랑'과 '섬김'의 삶을 필요로 한다는 것이다.[197] 우리가 하나님의 자녀가 되기까지 하나님 편에서와 인간 편에서의 역할이 있다는 것을 명심시킨다.

하나님의 역할이 '은혜를 주는 것'의 방편이었다면, 인간의 역할은 주어진 은혜를 '신앙으로 받아들이는 것'이다. 크리소스토무스는 요한복음 1:11-13에 대한 10번째 설교에서 구원에 따른 하나님의 역할과 인간의 역할을 말한다.[198] 여기서 그는 "구원에 따른 인간의 협력"을 주장하기도 한다. 그가 말하는 협력은 하나님이 우리의 구원을 혼자서 성취할 수 없기 때문이 아니었다. 하나님이 거기에 동참하기를 바라시는 것을 신앙으로

---

[195] Junghun Bae, "John Chrysostom on Almsgiving and the Therapy of Soul," (Ph.D diss., Australian Catholic University, 2018), 4, 156; Schaff, *History of the Christian Church* Vol. III, 938; 드롭스, 『교부학』, 449; *cf*) 브랜들레, 『요한 크리소스토무스』, 78, 82.
[196] 티슬턴, 『성경 해석학 개론』, 182-183.
[197] Bae, "John Chrysostom on Almsgiving and the Therapy of Soul", 164; 배정훈, "세상 속에서의 수도적 삶: 마태복음 7장 13-14절에 대한 요한 크리소스톰의 해석", 「갱신과 부흥」, Vol. 23 (2019), 49-61.
[198] 제프리 브로밀리, 『역사신학』, 서원모 역 (서울: 크리스챤다이제스트, 1999), 151.

그려냈던 것이다. 그러나 이런 그의 협력은 나중에 수백 년간 "신인협력설"이라는 딱지가 붙어 교의학적으로 온당하지 못하다는 혹평을 듣기도 한다.[199]

인간 구원과 관련해 크리소스토무스는 그리스도를 "죄인"으로 부른다. 이때 그가 그리스도를 "죄인"으로 부르는 것은 객관적 의미에서 그렇게 부르는 것이다.[200] 이것은 그리스도께서 실제로 죄인이 되었다거나 율법을 어겼다는 뜻이 아니다. "그리스도께서 죄로 삼으신 바 되셨으며, 저주가 되셨다"는 의미이다.[201]

그는 요한복음 12:31 해석에서 그리스도께서 "왜 죽어야 하는지" 질문한다. 그리고 "모든 세상이 그를 통해 죄사함을 받을 것"이라고 답한다.[202]

> 어떻게 세상이 내 안에서 심판을 받을 수 있습니까?
> 그것은 마치 회기 중에 있는 사탄이 법정에서 조사받는 것과 같습니다. 좋습니다. 당신은 그들이 죄를 지었음을 알았기 때문에 그들을 모두 죽였습니다.
> 그런데 당신은 왜 그리스도를 죽였습니까?
> 부당하게 행동한 것이 분명하지 않습니까?
> 그러므로 온 세상이 그를 통해 무죄 판결(죄 사함)을 받을 것입니다.[203]

크리소스토무스는 그리스도의 죽음이 우리에게 사면을 주기 위한 사역이었다는 것을 증거한다. 그리스도의 사역에 대한 그의 강조와 '죽음'과 '사면'은 목적을 이루고자 하는 의지를 담고 있다. 그 목적은 '회복'이며,

---

199 브랜들레, 『요한 크리소스토무스』, 81.
200 Bae, "John Chrysostom on Almsgiving and the Therapy of Soul", 163-164.
201 Bavinck, *Reformed Dogmatics* Vol. 3, 399-400.
202 Chrysostom, "The Work of Christ", 171-172.
203 Chrysostom, "The Work of Christ", 172.

곧 '형상회복'에 따른 창조회복이었다.

그의 로마서 주석은 그리스도의 죽음과 관련해 두 가지를 설명한다. 그리스도의 죽음은 우리를 처벌로부터 자유롭게 하는 죽음이었다. 그리고 우리를 위로부터 다시 태어나게 하는 죽음이었다.[204] 이런 것들이 그리스도의 사역에 의해 이뤄졌으며, 그 사역은 둘째 아담으로서 그리스도께 주어진 제사장의 직무에 따라 이뤄졌던 것이다. 제사장의 직분으로 이루는 사역이 회복을 일으키는 사역에 집중되는 것을 볼 수 있다.

그리스도의 직분에 따른 사역을 기독론적인 관점에서 보는 크리소스토무스는 그리스도의 직분을 크게 왕직과 제사장직, 두 가지의 방향으로 본다. 이것은 그의 요한복음 1:16-17의 설교에도 잘 나타난다.

크리소스토무스는 요한복음 1:16의 "은혜 위에 은혜"를 "옛 것"과 "새 것"으로 해석한다.[205] 은혜가 옛 것과 새 것으로 연결되는 것은 회복의 성립이 전제되어야 한다. 그는 그리스도의 사역에는 특별히 "회복"에 따른 사역이 전제되었다는 것을 독자로 하여금 알게 한다. 그리고 이것을 "모형"과 "참된 것"의 관계로 여기며, 그리스도의 직분에 따른 사역을 통해 우리가 "양자"인 "새로운 아들"로 받아들여진다고 말한다.[206]

계속해서 크리소스토무스는 요한복음 1:17에서 "은혜"와 "진리"가 주어지는 것을 말한다.

그에 따르면 은혜와 진리는 "권세를 가진 이"를 통해 이뤄진다. 요한복음 1:16의 뒤를 이어 17절에 등장하는 "은혜와 진리는 예수 그리스도로 말미암아 온 것이다"라는 말씀은 그리스도께서 본질적으로 왕에 속한 분이라는 것을 증거한다. 그리스도는 그 권세로 병든 자를 회복시키시고 죄를 사하셨으

---

204 Chrysostom, "The Work of Christ", 172-173.
205 요안네스 크리소스토무스, 『요안네스 크리소스토무스의 요한복음 설교 I』, 염창선 역 (천안: 호서대학교출판부, 2011), 235.
206 브로밀리, 『역사신학』, 151-152.

니 이 땅에서 왕직의 사명을 감당하신 분이었다.[207]

또한, "은혜 위에 은혜"는 권세로만 되는 것이 아니라 우리를 저주의 속량으로부터 벗어나게 하는 것을 내포한다. 여기에 대해 크리소스토무스는 다음과 같이 말한다.

> 그분 자신이 바로 봉헌물이 되셨습니다. 그리고 자신이 아버지께 희생물과 봉헌물로 바쳐졌습니다.[208]

크리소스토무스는 그리스도를 가리켜 제사장의 직분으로 이 땅에서 사역을 수행한 분으로 소개한다.

> 제사장의 직분은 지상에서 행해지지만 하늘의 일에 속한 것입니다. 그리고 이 사역은 천사 또는 천사장과 같이 어떤 창조된 힘에 의해서가 아니라 중보자께서 친히 세우신 사역이었습니다. …
>
> 만일 너희가 누구의 죄든지 사하여질 것이요… (요 20:23).
>
> 어떤 더 큰 권위가 있을 수 있겠습니까?
> 성부께서 이 모든 심판을 성자에게 맡기셨습니다. 그리고 여기서 나는 아들이 제사장들의 손에 그 모든 것을 주시는 것을 봅니다(*de sacerd*. 3, 4).[209]

'은혜의 사역'을 통해 왕직과 제사장직의 두 직분을 소개함에 있어서 더욱 강조한 직분은 제사장의 직분이었다. 이 사실은 그의 성찬론에서도 잘 드러난다. 크리소스토무스는 성찬의 빵과 포도주에 대해 설명할 때, 이

---

207 크리소스토모스, 『요안네스 크리소스토모스의 요한복음 설교 Ⅰ』, 241-242.
208 크리소스토모스, 『요안네스 크리소스토모스의 요한복음 설교 Ⅰ』, 243.
209 Chrysostom, "The Priesthood", 175-176.

것을 믿음 안에서 다룰 것을 권면한다.²¹⁰ 그리고 성찬을 통해 그리스도를 "대제사장으로서 우리의 깨끗해짐을 위해 희생제물로 바쳐진 분"으로 "회복"에 따른 제물이라고 설명한다. 이때 그리스도께서 행한 제사장의 직무 수행은 우리에게 죄 사함의 결과를 가져다준다.

그리고 첫째 아담의 대속(회복)을 이루기 위한 둘째 아담으로서의 직무 수행이었음을 간접적으로 밝힌다.²¹¹

> 그리스도는 지금도 함께 계십니다. ⋯ 그리스도의 몸과 피가 되게 하는 것은 우리를 위해 십자가에 못 박히신 그리스도 자신이지 사람이 아닙니다. ⋯ "이것은 내 몸이다"라는 말씀은 그때로부터 지금까지, 심지어 그리스도께서 오실 때까지 교회의 모든 식탁에서 희생을 완전하게 합니다(de prod. Jud. Ⅰ. 6).²¹²

> 우리는 그분의 죽음을 기념해 매일 제사를 드립니다. 이것은 많은 희생이 아니라 한 번의 희생입니다. ⋯ 많은 곳에서 희생을 드림은 많은 그리스도께서 계신다는 것을 의미하지 않습니다. 그리스도는 어디에서나 완전하신 한 분이며 한 몸입니다. 그래서 하나의 희생입니다. 우리의 대제사장은 우리의 정화를 위해 희생제물을 바치신 그분입니다. ⋯ (hom. 17 in Heb. 3).²¹³

칼빈 또한 성찬 문제를 다룰 때, "그리스도께서는 믿음에 의해서만이 아니라 그분의 몸 자체에 의해서 우리를 그분의 몸으로 만드신다"라는 크리소스토무스의 견해를 견지한다. 칼빈은 이런 크리소스토무스의 주장을 "선"에 대한 것으로, "믿음 외에는 다른 근거로 얻어지는 것이 아니다"라

---

210 Chrysostom, "The Eucharist", 173.
211 Chrysostom, "The Eucharist", 174.
212 Chrysostom, "The Eucharist", 173.
213 Chrysostom, "The Eucharist", 174.

는 것으로 보았다.[214] 칼빈에 따르면, 크리소스토무스의 이런 주장은 믿음을 단순히 상상으로 생각하려는 가능성을 제거하기 위해서였다. 크리소스토무스는 성찬을 통해 대제사장으로서 그리스도의 사역이 어떤 효력을 나타냈는지 증명한다.

우루시누스(Zacharias Ursinus)는 "크리소스토무스는 성찬에서의 '떡'과 '포도주'를 통해 대제사장으로서 그리스도의 사역에 따른 본질을 설명한다"고 본다.[215] 크리소스토무스는 성찬에서 그리스도께서 이루신 제사장으로서 사역의 결론이 성찬을 통해 사람들에게 연결된다고 이해했다.[216]

크리소스토무스는 로마서 9-11장을 주석하면서 자신의 교리적 입장을 크게 세가지로 나눈다.

첫째, "선택적 교리"이다.

그는 로마서 9:10의 주석에서 "선택의 교리"를 설명한다. "리브가가 우리 조상 이삭 한 사람으로 말미암아 임신했는데"라는 구절에는 난제가 있으며, 여기에는 유대인의 문제와 이방인에 대한 문제가 복합적으로 비치고 있다는 것이다. "이삭에게서 난 자"는 아브라함과의 관계를 말한다. 여기에는 아브라함과 이스마엘의 관계가 있다. 그리고 아브라함과 이삭의 관계에서 또 다른 가지가 되는 야곱과 에서의 문제가 불거진다. 뿐만 아니라 아브라함과 그의 후처였던 그두라의 소생들의 문제도 발생한다.

이것은 유대인과 이방인의 구원이 혈통이나 다른 조건에 의해 이뤄지는 것이 아니라 하나님에 의한 "선택적 구원"으로 이뤄지는 것을 말하는 것이라고 크리소스토무스는 주석한다.[217]

그는 아브라함과의 관계에 근거한 유대인의 문제, 그리고 이방인의 구

---

214 Calvin, *Inst* IV.17.6.
215 Ursinus, *Commentary on The Heidelberg Catechism*, 696, 701, 717-718, 724
216 대니엘 B. 클린데닌, 『동방 정교회 신학』, 주승민 역 (서울: 은성출판사, 2012), 35.
217 요한 크리소스톰, 『로마서 강해』, 송종섭 역 (서울: 지평서원, 2010), 336-342.

원에 관한 문제에 대해 선택적 구원을 설명한다. 크리소스토무스의 견해에 따르면, "하나님이 우리를 택하셨다"라고 말할 때, 그 택함은 자신의 믿음만으로 되는 것이 아니다. "하나님의 사랑 안에서", 그리고 "그리스도로 말미암아" 이뤄진다. 그는 『로마서 강해』와 『에베소서 강해』를 통해 이것을 동일하게 강조한다.[218]

크리소스토무스에 따르면, 선택적 구원은 절대자의 권한에 의해 이뤄진다. 일부는 구원받고, 일부는 구원받지 못하는 것은 구원에 있어서 절대자의 권한이 어떤 것인지 로마서 9:1-33의 주해를 통해 설명한다.[219]

그리고 구원에 따른 죄의 문제는 "대표성"과 "대속의 죽음" 그리고 "용서"라는 '형상회복'을 통해 해결한다. 이와 같은 결론들이 그리스도의 제사장 직무와 연결된다.

둘째, "전가에 대한 교리"이다.

크리소스토무스는 로마서 10:1-13의 주석에서 율법에 대해 두 가지 견해를 밝힌다.

① 그리스도께서 이루신 율법의 성취이다.
② 그리스도께서 이루신 율법의 완성을 통해 우리가 그리스도를 믿는 믿음으로 율법에 대한 목적을 이루게 된다.[220]

크리소스토무스에 따르면, 그리스도께서 이루신 율법의 성취가 그 사람의 의가 되는 것은 그 사람이 그리스도께 속한 자이기 때문이다.

---

218 요한 크리소스톰, 『에베소서 강해』, 송영의 역 (서울: 지평서원, 2012), 13-19: 크리소스토무스의 에베소서 1:1-10 주석에 의하면, "그리스도 안에서"라는 말은 '그리스도 예수에 의해 우리에게 주어지는 것'을 말한다.
219 크리소스톰, 『로마서 강해』, 327-357.
220 크리소스톰, 『로마서 강해』, 359-372.

우리가 지금은 그 율법을 이루지 못한다 하더라도 예수 그리스도를 근거로 그것을 반드시 성취할 것입니다. … 그리스도께서 "율법의 마침"이 되시기에 그리스도가 없는 자는 비록 그가 의를 가진 것처럼 보일지라도 실상 의를 가지지 못한 것입니다. 그러나 그리스도가 있는 자는 율법을 이루지 못했다 하더라도 모든 것을 가집니다(로마서 10:4 주해 중에서).[221]

우리의 죄가 첫째 아담과의 관계라면, 그리스도의 의는 첫째 아담과의 관계에서 비롯된 문제의 해결점에서 나와야 한다. 다시 말하면 크리소스토무스는 그리스도께서 이루신 "율법의 의"가 "우리의 의"가 된다는 사실을 통해 그리스도께서 둘째 아담으로서 첫째 아담의 의를 이룬 대속의 당사자가 되었다는 것을 말한다. 그 사역이 제사장 직분을 통해 이뤄졌다는 것이다. 그리스도께서 당사자의 값이 된다. 그리고 그 제사장으로서 이룬 율법의 의가 우리의 의가 된다는 것은 대속의 값으로 인한 원형상의 회복을 간접적으로 증거한다.

셋째, "은혜에 대한 교리"이다.

크리소스토무스의 로마서 3:9-31 그리고 10:14-11:6 주석에 의하면, 복음이 세상에 뿌려지고 이방인이 복음 가운데 서게 된다. 그리고 유대인이 구원에 이르기까지 모든 사람의 구원이 "은혜에 의해서" 이뤄진다.

그리고 로마서 3:9-18에서는 "유대인이나 이방인이나 할 것 없이 모두가 벌을 받아야 마땅하다"라고 주석한다. 바울의 견해를 따르는 크리소스토무스에 의하면, 구원받기 위해 유대인과 이방인 모두에게 "은혜가 필요하다"는 것이다.[222] 여기서 그가 주장하는 '은혜'는 그리스도께서 이루신 제사장 직분의 사역을 총괄한다.[223]

---

221 크리소스톰, 『로마서 강해』, 359-361.
222 크리소스톰, 『로마서 강해』, 121.
223 크리소스톰, 『로마서 강해』, 121-145, 373-392.

크리소스토무스는 『에베소서 강해』에서 "성육신하신 그리스도의 영광은 고난이었다"라고 말한다. 그리고 우리가 그리스도의 고난에 동참하게 될 때, 우리는 '큰 은혜'를 입게 된다고 말한다.

> 우리에게 천국을 가져다주시는 그리스도를 위해 결박을 당하는 것은 고귀한 일입니다. 이것은 그리스도를 위해서 된 일입니다. 저는 이 결박들을 축복하는데, 이는 그것들이 천국으로 안내하기 때문입니다
> (에베소서 4:1 주석 중에서).[224]

크리소스토무스가 볼 때, 은혜는 그리스도와 관련된 두 직분인 왕직과 제사장직의 직분 수행과 관련이 있다. 크리소스토무스는 구원에 따른 효력적인 측면에서 제사장직을 더욱 강조한다. 그 이유는 제사장의 직분 수행이 일으키는 원형상의 회복을 강조하기 위해서였다. 크리소스토무스는 둘째 아담으로서 그리스도의 직분에 따른 사역의 필요와 필연성을 말한다. 그리고 그에 따른 결론적 제시를 제사장 직분의 강조를 통해 제시한다. 이를 통해 둘째 아담의 세 가지 직분과 관계되는 교리 형성과 '원형상회복'을 나타내는 창조회복에 대한 밑그림을 제공한다.

2) 아우구스티누스(A.D. 354-430)와 아담의 세 가지 직분론

니케아 공의회가 세웠던 삼위일체 교리에 대해 아타나시우스가 그 중심에 서 있었다면, 아우구스티누스는 아타나시우스에 의해 세워진 교리를 더욱 발전시킨 4, 5세기의 대표적인 신학자였다. 그는 이전 교부들에 의해 제기되었던 그리스도의 제사장 직분에 따른 종속설의 잔재를 제거하는 변혁을 일으켰다. 그리고 니케아 신경과 아타나시우스가 가지고 있었던 "동

---

[224] 크리소스톰, 『에베소서 강해』, 147-196.

일본질"에 대한 견해를 더욱 분명하게 세웠다.[225]

여기서 그는 성자의 성육신뿐만 아니라 성육신에 따른 그리스도의 구속 사역을 그리스도의 위격에 따른 중보자의 위치에 둔다. 아우구스티누스에 따르면, 타락 전 첫째 아담의 모습은 "죄짓지 않을 수 있는"(Posse non pecare) 상태로 창조된다. 이와 같은 견해는 아담에게 주어진 '자유의지'가 이중성에 대해 어떤 결정을 내릴 수 있다는 것을 전제로 한다.

그의 『자유의지론』에 의하면, 하나님은 아담에게 자유의지를 허락하셨을 뿐만 아니라 이 의지의 결정에 따른 이중적인 결과물을 함께 말씀하신다. 이 이중성은 선한 것에 대해서는 선한 선물을 받도록 한다. 그리고 의지를 악하게 사용할 경우에는 그 행위에 따라 공정하게 처벌받도록 한다.[226] 이때 자유의지에 대해 하나님의 법이 공정의 기준이 된다.

아우구스티누스는 아담의 죄를 법률상의 "씨"와 "싹"에 의한 죄로 간주한다. 그리고 이것을 인류 전체의 죄로 파악한다. 아우구스티누스의 이런 견해는 그가 개종하기 전, 9년간 추종했던 "아담은 사탄에 의해 탐욕과 죄와 연결된 상태에서 태어났다"라는 마니교의 사상을 완전히 뒤엎는 것이었다.

마니는 두 개의 실체가 세계의 시작을 형성했다는 것을 가르쳤다. "빛"과 "어둠"이다. 이 둘은 서로 분리되었다. 존재적 측면에서도 세계가 두 왕국으로 존재하며, 적대적 관계에 있다고 가르쳤다.[227] 악의 근거를 하나님에 대한 패역과 타락에 두지 않았다. 존재적인 측면에서 "선"과 "악"이라는 "두 왕국"의 실체를 말한다.[228] 마니의 가르침은 인간의 구원을 기존 어둠의 세계에서 빛의 세계로 탈출하는 또 다른 모습의 출애굽이었다.

---

225 Schaff, *History of the Christian Church* Vol. III, 684-685.
226 Augustine, *Augustine Earlier Writings: On Free Will*, ed., J. H. S. Burleigh (Louisville, KY: Westminster John Knox Press, 2006), Ⅱ.1.1-Ⅱ.2.6, 134-136.
227 스탠리 로메인 호퍼, "마니교 반박 저술들", 로이 배튼하우스(편), 『아우구스티누스 연구핸드북』, 현재규 역 (고양: 크리스챤다이제스트, 2004), 187-197.
228 로메인 호퍼, "마니교 반박 저술들", 189.

그러나 『고백록』에서 드러나는 것처럼, 인간 타락의 원인은 인간 의지의 왜곡에 따른 하나님을 향한 "교만"이었다.

> 사악이란 무엇인가?
> 추구한 결과 내가 알게 된 것은 사악이란 어떤 실체가 아니고 (인간) 의지의 왜곡이라는 것이었습니다. 의지의 왜곡이라 함은 그 의지가 최고 실체이신 하나님으로부터 돌아서서 자신 안에 깊이 놓여 있는 보배를 버리고 낮은 부분으로 떨어져 밖으로 잔뜩 부풀어 있음을(교만) 말합니다 (VII.16.23.).[229]

인간의 원죄에 대한 아우구스티누스의 교리는 마니교의 잘못된 사상뿐만 아니라 뒤이어 나타나는 도나투스파(Donatist)와 "재세례"에 따른 논쟁과 펠라기우스(Pelagius)와 자유의지에 대한 논쟁에서도 분명하게 드러난다.[230]

A.D. 270년 북아프리카 루미니아에서 태어난 도나투스는 북아프리카에서 주교였다. 북아프리카 기독교인에 대한 박해가 끝나고 배교자들에 대한 처리가 문제된다. 이때 도나투스는 두 가지에 대해 거부한다. 배교자들에 대한 관용과 기존 교회에서 행한 세례를 거부한다. 자신들의 교회에서 '재세례'를 받아야 할 것을 주장한다.

도나투스파 교리에 대한 논쟁으로 교회가 심각한 위기에 빠지게 되자 아우구스티누스는 415년경 『요한 서간 강해』를 통해 교회의 신앙을 보존한다.

---

[229] 어거스틴, 『성 어거스틴의 고백록』, 선한용 역 (서울: 대한기독교서회, 2012), 215-217, 222-223, 227-228, 233.
[230] 아우구스티누스, 『인내론』, 이성효 역 (수원: 수원가톨릭대학교 출판부, 2006), 15-18; 크레취마르(편), 『신학의 고전 Ⅰ』, 139-141: 도나투스 감독을 따르는 사람들은 자신들을 가리켜, "거룩한 교회의 유일한 대변인" 즉 "순교자"와 "고백자"로 여겼다.

『인내론』은 도나투스파와의 논쟁이 거의 끝나는 시점과 함께 펠라기우스와의 논쟁이 한창 진행 중이었을 때 기록된다.[231]

> 펠라기우스는 인간의 자연적 능력에서 출발합니다. 그의 근본적인 명제는 다음과 같습니다. 하나님은 인간에게 선한 일을 하도록 명하셨습니다. 이 말씀은 곧 인간에게 선한 일을 할 수 있는 능력이 있음을 의미합니다. 또한, 이 말씀은 인간에게 절대적인 의미에서 자유의지가 있다는 것을 의미합니다. 따라서 인간은 선한 것에 대해서 긍정적으로 결단할 수 있으며, 부정적으로 결단할 수도 있다는 것을 말합니다. … 죄는 완전히 자유로운 의지에 의해 의도적으로 악을 선택하는 것입니다. 선을 선택하고 따르는 것도 마찬가지입니다. … 아담은 최초의 죄인이었습니다. 그러나 그의 죄는 어떤 의미에서도 후손들에게 전이되지 않았습니다. … 펠라기우스주의에 의하면, 죄인이란 없습니다. 단지 개별적인 죄의 행위만이 있을 수 있을 뿐입니다.[232]

이 논쟁들에 의하면 악에 대해 견디게 하고, 선을 잃지 않게 하는 "인내" 또한 사람의 자유의지에 의해서 작용하는 것이 아니었다. "하나님의 선물"에 의한 것이었다. 아우구스티누스에 의하면, 사람의 탐욕과 야망 그리고 사치와 같은 것은 어떤 악한 행위와 연계된다. 그것은 법에 의해 금지된 불의와 연결된다.[233]

아우구스티누스는 자신의 『인내론』에서 다음과 같이 고백한다.

---

231 Berkhof, *Systematic Theology*, 256-258; 크레취마르(편), 『신학의 고전 I』, 141-144; 아우구스티누스, 『인내론』, 16-19; 아우구스티누스, 『요한 서간 강해』, 최익철 역 (왜관: 분도출판사, 2011), 1,12.13; 2,3.4; 3,7; 6,2; 7,11를 참고; 그리고 411년-418년, 은총과 자유의지에 대한 펠라기우스와의 논쟁에 개입한다; 아우구스티누스, 『인내론』, 46.
232 Berkhof, *Systematic Theology*, 256-258.
233 아우구스티누스, 『인내론』, 34; 아우구스티누스, 『인내론』, 43-45

"인내"라고 불리는 영혼의 덕은 위대한 하나님의 선물입니다. 우리는 이를 주신 거룩한 분 안에서 인내를 높이 칭송합니다. … 우리는 하나님이 인내하신다는 것을 전심으로 믿을 뿐만 아니라 이것이 구원을 위해 진실하다는 사실을 확신합니다.[234]

아우구스티누스는 『요한 서간 강해』를 통해 "하나님의 형상"으로 창조된 첫째 아담의 죄를 가리켜 "하나님의 명령을 업신여기고, 그 뜻에 불순종한 것"이라고 표현한다.[235] 아담이 하나님의 명령에 따라 순종해야 할 위치에 놓여 있는 존재라고 말한다.

그리고 『하나님의 도성』에서 하나님이 아담에게 계명을 내려 자신의 자유의지를 통해 계명을 지키도록 했으며, 아담은 본성으로 창조주 하나님을 진정한 주인으로 섬기도록 했다고 주장한다. 아우구스티누스는 하나님의 형상대로 피조된 아담이 지켜야 할 계명의 준수와 더불어 하나님을 섬겨야 하는 창조 목적을 통해 아담에게 선지자의 직분이 주어졌다는 사실을 간접적으로 피력한다.[236]

반면에 사람은 그 본성을 천사와 짐승들의 중간으로 창조하셨습니다. 인간은 자신의 창조주를 진정한 주인으로 복종하고, 경건한 순종으로 하나님의 계명을 지키며, 천사들의 무리에 들어가 죽음을 거치지 않고 한없는 축복과 불사하는 불멸을 얻게 되었습니다. 그러나 그가 자유의지를 오만하고, 불순종하게 사용해 자신의 하나님 여호와를 불쾌하게 해 드렸습니다. 그는 죽음에 처하고 짐승처럼 살아야 했습니다. 정욕의 노예가 되고,

---

234 아우구스티누스, 『인내론』, 31-33.
235 아우구스티누스, 『요한 서간 강해』, 195-197.
236 Augustinus, *The City of God* Vol. Ⅰ: Ⅰ-XIII, XII.21, ed., Marcus Dods (Edinburgh: T.&T. Clark, 1891), 513-514.

죽은 후에 영원한 형벌을 받게 됩니다.²³⁷

계명의 준수와 하나님을 섬기라는 명령은 선지자 직분에 따른 직무를 가리킨다. 징벌은 그 직분이 개인적인 성향에 의해 단순히 주어진 것이 아니라 법적 효력을 가지고 있는 직분임을 증거한다.

아우구스티누스는 원죄에 대한 죄책의 교리를 로마서 5:12에서 찾는다. 모든 사람은 하나님의 공의에 복종해야만 한다. 사람의 죄는 하나님의 공의에 대해 자발적으로 복종하지 않는 반응에서 나왔다.²³⁸

아우구스티누스는 아담에게 주어진 직분이 어떤가에 대해 그리스도의 세 가지 직분과 그에 따른 직무로 구분해 신학적으로 제시하지는 않는다. 그러나 아담에게 주어진 명령의 수행과 징벌이 아울러 주어졌다는 사실을 통해 아담에게는 책임과 의무가 따르는 직분과 직무가 주어졌다는 것을 설명했다.

아우구스티누스는 도나투스와의 논쟁에서 그들의 분파주의적 오류를 지적한다.

> 배교자로 의심받는 자들이 수행하는 성례를 타당하지 못하다고 주장한 이들의 태도는 얼마 지나지 않아 분파주의를 낳게 되었습니다.²³⁹

아우구스티누스는 그리스도인들을 바른 신앙으로 인도하는 역할을 감당했던 『요한 서간 강해』에서 아담의 죄를 언급한다. 이곳에서 아담이 지은 죄는 순간적 판단과 실수에 의한 것이 아니라 하나님의 명령에 대항하는 의도적 죄였음을 지적한다.

---

237 Augustinus, *The City of God* Vol. Ⅰ : Ⅰ-XIII, XII.21, 514.
238 Schaff, *History of the Christian Church* Vol. III, 497-498.
239 프레드릭 딜리스톤, "도나투스주의자를 반박하는 저술들", 219-222.

아담이 하나님의 명을 업신여기며 하나님의 뜻에 순명하지 않고 자기 힘으로 서려고 머리를 쳐듦으로써 불멸에서도, 행복에서도 떨어져 나오게 된 것입니다(넷째 강해, 요한일서 2:29).[240]

뿐만 아니라 『참된 종교』에서 첫째 아담의 자유의지로 말미암은 범죄는 하나님을 예배해야 하는 인간 본성을 왜곡시키게 되었다고 말한다. 아담이 제사장 직분에서 이탈했다는 사실을 밝힌다.[241]

아우구스티누스는 아담의 문제를 거론할 때, 그에게 부여된 "자유의지"를 매우 중요하게 여긴다. 왜냐하면, 자유는 하나님의 속성을 담아낼 뿐만 아니라 하나님의 형상을 지닌 인간이 인격적 존재라는 것을 표현하기 때문이다. 또한, 자유의지는 하나님의 은혜와 뗄 수 없는 관계에 있다.

> 우리는 (인간의 행동에서) 세 가지 요소를 구별하고, 고정된 순서대로 그것들을 배치합니다. 첫째로 힘, 둘째로 의지, 셋째로 실재입니다. 힘은 본성, 의지는 인간의 선택, 실재는 실현 속에 있습니다. 이들 중 첫째는 전적으로 자신의 피조물에게 이 능력을 부여하신 하나님께 속합니다. 다른 두 가지는 인간의 선택에서 비롯된 것이기 때문에 인간에 기인합니다. … 선을 의지하고 그것을 실현하는 인간의 능력은 오직 하나님의 능력입니다. … 선한 것을 말하고 생각하는 우리의 능력은 우리에게 이 능력을 주셨고, 또한 그것을 돕는 이로부터 나옵니다(*de grat. Chr.* I .5).[242]

아우구스티누스의 『자유의지론』에 따르면, 아담에게 주어진 자유의지는 정욕에 의해 지배당한다. 이로 인해 그에게 주어진 풍부한 덕성들이 박

---

240 아우구스티누스, 『요한 서간 강해』, 195.
241 아우구스티누스, 『참된 종교』, 성염 역 (왜관: 분도출판사, 2011), 157-165.
242 Augustine, "Man-Sin-Grace", 192-194.

탈되며, 그 결과 빈궁에 처하게 된다.²⁴³ '하나님의 형상'에 치명적 타격이 가해진다. 이것은 왜곡된 자유의지에 따른 죄악으로 말미암아 아담이 하나님의 은혜로부터 벗어났다는 것을 의미한다. 원래 인간은 본성적으로 하나님 안에서 평화로운 삶을 살도록 창조되었다. 여기에는 어떠한 죄도 함께하지 않았다. 인간은 하나님의 은총 가운데 놓인 존재였다.²⁴⁴

그러니 아담이 자유의지로 죄악을 범했다는 것은 다른 원인이 아니라 하나님의 명령에 대한 불순종에서 비롯되었던 것이다. '원형상의 회복'에 따른 창조회복이 있어야만 한다.

하나님의 명령과 아담에게 주어진 자유의지의 관계는 아담에게 주어진 왕과 선지자와 제사장의 세 가지 직분과도 긴밀한 관계를 가진다.

『자유의지론』 제3권에서 아우구스티누스는 자유의지에 대해 두 가지를 말한다.

첫째, "자유의지는 하나님이 주신 것이다."
둘째, "자유의지는 하나님이 우리에게 주셔야만 하는 것이다."²⁴⁵

자유의지는 인간의 본성뿐만 아니라 필연성과도 연결되어 있음을 뜻한다. 아담에게 주어진 자유의지는 행동하는 자유 또는 마음대로 하는 방종의 자유의지가 아니었다. 하나님을 향해 "올바로 행동하기 위해서" 주어진 의지였다.²⁴⁶ 그러니 인간의 자유의지로 말미암은 죄에는 창조회복을 불러일으키는 '원형상의 회복'이 있어야만 했던 것이다.

에티엔느 질송(Etienne Gilson)에 따르면 아우구스티누스의 신학에는 중요

---

243 아우구스티누스, 『자유의지론』, 제1권, XI.22, 성염 역 (왜관: 분도출판사, 1998), 117.
244 아우구스티누스, 『자유의지론』, 27; 아우구스티누스, 『자유의지론』, 제1권 제2부 (VII.16-XI.23), 103-119; 에티엔느 질송, 『아우구스티누스 사상의 이해』, 김태규 역 (서울: 성균관대학교 출판부, 2011), 290-292.
245 아우구스티누스, 『자유의지론』, 제3권, I.1, 269.
246 아우구스티누스, 『자유의지론』, 제2권, XVIII.47.

한 두 가지의 특징이 있다.

첫째, "이성적 사고의 필연성"이다.
둘째, "영혼과 신의 일치"이다.[247]

아담에게 주어진 자유의지는 '하나님의 형상'에 따른 '다스림'의 '왕직'이 연결된다. 그리고 '선지자직'과 '제사장직'에 해당하는 '섬김'과 연관된다.[248] 아담은 이 세 가지 직분에 따라 "올바로 행동하도록" 의지가 하나님의 법에 순종해야만 했다. 의지의 순종하는 행위를 통해 하나님께 영광을 돌리는 자유의지가 되어야 했던 것이다.[249]

아우구스티누스와 끊임없는 논쟁을 벌였던 펠라기우스는 인간의 구원을 하나님의 은혜에 두지 않는다. 인간 본성에 두며, 구원을 낙천적으로 바라본다.[250] 그러나 아우구스티누스는 인간의 자유의지에 앞서 하나님의 은혜를 내세운다. 인간의 자유의지는 전능하신 '하나님의 선'에 의해 도움을 받지 않으면 악해질 수밖에 없다.[251]

인간 구원에 관한 펠라기우스의 결정은 아담에게 주어진 직분을 염두에 두지 않는다. 이것은 하나님의 형상에서 비롯된 속성과 '하나님의 선'에 대한 회복을 의미하는 '창조회복'을 무시한 결과였다.

아우구스티누스는 『삼위일체론』을 통해 다음과 같은 주장을 제기한다.

> 인류는 천상에 대한 지식을 소중하게 여기지만, 그 지식보다 자기 자신을

---

247 질송, 『아우구스티누스 사상의 이해』, 26-27.
248 질송, 『아우구스티누스 사상의 이해』, 319-321.
249 질송, 『아우구스티누스 사상의 이해』, 260.
250 포시디우스, 『아우구스티누스의 생애』, 이연학·최원오 역 (왜관: 분도출판사, 2009), 82: 각주 77) 재인용.
251 Augustine, "Man-Sin-Grace", 204-206.

아는 일을 앞세우는 사람이 더 훌륭하다.[252]

아우구스티누스는 하나님의 형상인 인간이 "하나님을 깨달아 아는 것"을 가리켜 "자기 자신을 아는 일"로 표현한다. 아담이 하나님의 형상에 따른 완전함을 이루기 위해서는 하나님의 형상에 걸맞은 두 가지의 모습을 갖추어야 했다.

첫째, 하나님이 명하신 바에 대해 순종하는 직무 수행의 자세를 잃지 않아야 했다.
둘째, 하나님을 섬기는 직무 수행을 통해 하나님께 영광을 돌리며, 하나의 창조 목적을 이뤄 가는 자세를 잃지 않아야 했다.

성육신의 신비와 함께 그리스도의 구원 사역에 관한 정통적인 기독론을 취했던 아우구스티누스는 그리스도만이 인간 본성을 취하게 된다는 존재 양식의 구분과 함께 삼위의 활동에 대한 구분을 말한다.[253] 그리고 펠라기우스의 인간 자력 구원을 거부한다. 구원은 하나님의 사역이며, 인간적인 것에서 유래될 수 없다는 주장을 내세운다.

아우구스티누스는 니케아 신경에서 확립된 인간 구원에 따른 그리스도인의 두 본성의 강조와 함께 인간의 구원을 성취시킬 수 있는 것은 하나님의 은혜뿐임을 가르친다.[254]

로마서 9장(이스라엘과 이방인에 대한 하나님의 계획)에 근거해 아우구스티누스는 구원론을 말한다. 여기서 "모든 사람"에 대한 구원의 범위는 인류 전체를 말하는 것이 아니라 모든 계층의 사람들 가운데 구원받을 자가 있다는 것을 말한다. 하나님에 의해 "선택된 자"의 구원을 말하는 "예정론"

---

252 아우구스티누스, 『삼위일체론』, 성염 역 (왜관: 분도출판사, 2015), IV.1.1, 393.
253 알버트 C. 아우틀러, "그리스도의 위격과 사역", 407-410.
254 헤그룬트, 『신학사』, 181-192.

의 교리를 펼친다.[255]

> 아우구스티누스의 체계 안에서 예정론의 교리는 칼빈의 체계와 달리 시작이 아니라 완성을 이룹니다. 그것은 죄와 은혜에 대한 그의 견해로부터 연역한 것입니다. … 그리고 아담과 인류(후손) 사이의 끊을 수 없는 관계를 보는 독특한 견해로 모든 인간은 아담의 타락에 대해 개별적으로 책임지는 존재로 만들 수 있었습니다. … 아우구스티누스는 자신의 교리를 뒷받침하기 위해 성경의 여러 부분 가운데 로마서 9장을 크게 강조했습니다. … 아우구스티누스의 예정교리는 신학논쟁에 계기를 만들어 냅니다. 이 논쟁은 거의 100년 동안 지속되면서 교리에 대한 지지와 반대의 논리 모두를 발전시켜 나갑니다.[256]

아우구스티누스는 예정론을 전개해 나가면서 다음의 두 가지를 설명한다.

첫째, 모든 인간은 아담 안에서 죄로 인해 죽었다.
둘째, 선택된 인간이 그리스도 안에서 살아난다.

그리스도 안에서 예정이 완성될 것을 그의 저서 『하나님의 도성』 제13권과 제14권에서 말한다. 아우구스티누스는 구원으로 예정된 자를 가리켜 "자기도 의당히 함께 벌을 받아야 할 사람이 공동 운명으로부터 면제받은 것"이라고 표현한다.[257]
아우구스티누스는 아담과 인류 사이의 끊을 수 없는 관계를 통해 예정

---

[255] Schaff, *History of the Christian Church* Vol. III, 851-856.
[256] Schaff, *History of the Christian Church* Vol. III, 851-856.
[257] 아우구스티누스, 『신국론』13.23.1-23.3, 성염 역 (왜관: 분도출판사, 2009), 1403-1411; 14.26, 1531-1535.

론을 세운다. 그 관계는 바로 그리스도 안에서라는 사실을 밝힌다. 그리스도는 이 예정의 성취를 둘째 아담의 대속 사역으로 이루신다. 여기서 그리스도께서 대속의 제물로서 제사장의 직분을 감당하신다. 이 필연적 사역이 예정론의 성취를 이루기 위한 그리스도의 지상 사역에 대한 정점을 이루게 된다.

아우구스티누스는 그리스도께서 참된 신성과 참된 인성을 지닌 '한 인격'으로 지상 사역을 강력하게 이뤄 가실 때, 왕이신 그리스도의 낮아지심을 통해 우리의 구원이 온전케 되었음을 피력한다.[258] 또한, 인간의 구원을 위한 그리스도의 사역이 선지자로서, 그리고 제사장으로서 감당되었음을 논한다.

아우구스티누스의 신학은 포괄적인 내용을 담고 있는 통전적 신학이다. 그의 신학은 이단과의 논증을 통해 교리적으로 더욱 풍성하게 발전을 거듭한다. 아담의 '원죄'에 따른 죄의 전가 교리는 구원을 이루기 위한 둘째 아담의 대속에 따른 세 가지 직분 사역의 필연성에 대한 신학적 근거를 더욱 견고하게 다졌다.

그리고 『하나님의 도성』 등을 비롯한 아우구스티누스의 작품들은 아담의 세 가지 직분의 직무 수행과 구원이 '하나님 형상회복'과 연결된다는 점에서 '창조회복'에 따른 세 가지 직분의 교리적 근거를 견고하게 세웠다.

3) 알렉산드리아의 키릴루스(A.D. 376-444)와 그리스도의 제사장 직분

첫째 아담의 대속을 이룰 둘째 아담인 그리스도의 '기름 부음 받은 자'로서의 사역은 교부 시대의 특징인 '포괄적인 신앙관을 넘어 그리스도의 필연적 사역에 따른 교리적 신학으로 발전을 거듭하게 된다. 여기에 대해

---

[258] 아우틀러, "그리스도의 위격과 사역", 410-419.

아우구스티누스의 "자유의지"를 비롯한 "원죄론"에 따른 그리스도의 낮아지심의 사역이 조명된다. 둘째 아담으로서 그리스도의 사역은 교리적 신학으로 조명되는 밑거름으로 작용한다.

이런 가운데 428년 콘스탄티노플의 주교로 임명된 네스토리우스(Nestorius)는 "하나님의 어머니"(데오토코스)를 주장한 키릴루스(Cyrillus of Alexandria)와 논쟁한다.[259] 키릴루스의 삶과 업적은 네스토리우스와의 논쟁에 의해 규정된다.[260]

네스토리우스는 그리스도의 완전한 인성을 거부하고, 그리스도의 "참신성"만을 주장했던 아폴리나리우스(Apollinarius)를 처음에는 따랐다. 그러나 그는 나중에 아폴리나리우스를 거부한다. 아폴리나리우스는 그리스도의 "육체"와 인간의 "혼"(soul)을 인정한다. 그는 이것을 '인간의 영' 또는 '이성'으로 보지 않는다. 그 자리에 신적인 로고스를 세워 혼합을 이루게 한다.[261]

네스토리우스는 그리스도의 모습을 "사람 모습 속의 주님"으로 혼합시킨 아폴리나리우스를 거부한다. 그리고 그리스도는 신인양성의 인격이 아니라 영혼과 육체와 로고스로 이뤄진 사람일 뿐이라고 했던 아리우스의 타락을 비난한다.[262]

덧붙여 마리아를 "하나님의 어머니"라고 부르는 것은 니케아 교부들의 정신에 어긋난다고 주장한다.[263] 여기에 대해 키릴루스로 하여금 자신과 뜻을 함께할 것을 호소한다.

네스토리우스는 동정녀 마리아가 스스로 거룩할 수 없다는 것을 고려할 때, 마리아를 "하나님의 어머니"라고 표현하는 것은 잘못이라고 여겼다.

---

259 Cyril, "The Person of Christ", 252-253; 후스토 L. 곤잘레스, 『기독교 사상사 Ⅰ』, 이형기 · 차종순 역 (서울: 한국장로교출판사, 2002), 420-426.
260 크레취마르(편), 『신학의 고전 Ⅰ』, 164-166, 169.
261 Schaff, History of the Christian Church Vol. III, 709-712.
262 문병호, 『기독론』, 166.
263 Hardy (ed.), "Dogmatic Letters of Nestorius and Cyril of Alexandria", 347-348.

그는 마리아를 "하나님의 어머니"라 부르기를 거부했다. 네스토리우스가 볼 때, 마리아가 낳은 것은 "로고스"가 아니라 인간 그리스도였다. 네스토리우스는 마리아를 "그리스도의 어머니라고 부를 수 있을 뿐이지, 하나님의 어머니는 아니다"라는 결론을 내린다.[264]

여기에 대해 키릴루스는 네스토리우스에게 보낸 세 번째 서신에서 "동정녀 마리아가 잉태한 분은 신성과 인성이 위격적 연합을 통해 '한 인격'을 이루신 그리스도였다"라고 밝힌다.[265] 이때 키릴루스는 네스토리우스의 입장과 반대편에 서 있었던 로마의 켈레스티누스(Caelestinus)와 이미 교제하고 있었다.[266] 이런 키릴루스는 그리스도를 잉태한 마리아를 가리켜 "하나님의 어머니"라고 부르는 것이 옳다고 밝히며 네스토리우스의 주장을 거부하게 된다.[267]

키릴루스는 "데오토코스" 논쟁뿐만 아니라 그리스도의 "위격"과 관련해 네스토리우스에 대해 강한 거부감을 나타낸다. 그리스도 안의 두 본성이 혼동되지 않은 것, 양자가 완전히 다르다는 것에 대해 네스토리우스의 기독론과 초기 안디옥 학파 신학자들의 기초는 서로 같은 것이었다. 그러나 키릴루스는 그리스도 안에서 두 본성 간에 실제적이고, 본체적인 연합을 주장한 반면, 네스토리우스는 이것을 "도덕적 혹은 신비적 연합"의 개념으로 보게 된다. 키릴루스는 이런 네스토리우스의 입장을 거부한다.[268]

---

[264] Schaff, *History of the Christian Church* Vol. III, 717-729, 948; Schaff, *History of the Christian Church* Vol. III, 717; 플래처, 『신학의 역사』, 105-106; Kelly, *Early Christian Doctrines*, 310-312, 316; 문병호, 『기독론』, 173.
[265] 문병호, 『기독론』, 337-338: "'위격적 연합'이라는 용어가 신학적으로 개념화된 것은 알렉산드리아의 키릴이 네스토리우스에게 보내는 두 번째 편지에서 '하나님의 말씀이 우리와 우리의 구원을 위해 인간의 육체를 자기 자신에게 위격적으로(καθ ὑπόστασιν) 연합시키시고, 여자에게서 나타나셨다'라고 한 말로부터 비롯된다."; 문병호, 『기독론』, 185.
[266] Hardy (ed.), "Dogmatic Letters of Nestorius and Cyril of Alexandria", 347-348.
[267] Cyril, "The Person of Christ", 252; Hardy (ed.), "Dogmatic Letters of Nestorius and Cyril of Alexandria" 352-353; Bavinck, *Reformed Dogmatics* Vol. 3, 301-302.
[268] 헤그룬트, 『신학사』, 127-133.

네스토리우스는 그리스도께서 십자가 상에서 당한 고난을 신성과 인성의 두 본성에 따른 고난으로 보지 않았다. 그리스도께서 당한 고난은 인성만의 고난이었다. 신성은 아니었다. 우리가 구원에 빚진 것은 하나님이 아니라 인간 그리스도께 빚진 것을 암시한다.[269]

키릴루스에 따르면 그리스도는 독생하신 하나님이셨다. 그리고 "자비롭고, 충실한 대제사장"으로서 자신의 직분에 따른 사역을 감당하셨다. 권위와 주권에 있어서 온 우주가 수종을 들어야 할 왕권의 소유자이며, 심판의 주로 다시 오실 분이셨다.[270]

키릴루스는 "기름 부음 받은 자"로서 첫째 아담의 대속을 이룬 그리스도의 사역을 말한다. 그는 아우구스티누스와 마찬가지로 그리스도의 사역에 대한 "대표성"을 강조한다.[271] 그리스도는 아담의 모든 것을 회복시켰을 뿐만 아니라 그 사역의 힘이 전 인류에게 확장되게 하셨다는 것이다. "완전한 신성"과 "완전한 인성"을 지닌 그리스도의 사역은 첫째 아담의 대속에 대한 사역이었다. 그는 제사장의 직분과 왕의 직분을 통해 이런 사역들이 이뤄졌다는 것을 교리적으로 증거한다.[272]

키릴루스는 네스토리우스에게 보내는 세 번째 서신에서 이전의 교부들처럼 그리스도의 사역을 포괄적으로 제시하지 않고 교리적으로 조명한다. 여기서 그는 그리스도를 "우리를 위해 하나님께 자신을 향기로 받쳐진 분"으로 표현한다. 그리스도께서 첫째 아담의 대속을 이룰 대제사장으로서의 직분자였다는 것을 강조한다.[273]

그는 그리스도의 세 가지 직분 가운데 특히 제사장의 직분을 강조했다.[274] 희생제물과 대속에 따른 것, 그리고 율법의 저주로부터의 속량을

---

269 플래처, 『신학의 역사』, 106-107.
270 Cyril, "The Person of Christ", 255-258.
271 Cyril, "The Person of Christ", 256.
272 Cyril, "The Work of Christ", 262-263.
273 Hardy (ed.), "Dogmatic Letters of Nestorius and Cyril of Alexandria", 354.
274 Hardy (ed.), "Dogmatic Letters of Nestorius and Cyril of Alexandria", 354.

말할 때 죽음이라는 대속의 값으로 그리스도께서 사역의 완성을 이루셨다는 것을 제시한다.[275] 그리고 왕직은 종말론적인 측면에서 심판주로서의 모습으로 묘사한다.

네스토리우스는 키릴루스가 주장하는 위격적 연합에 따른, 신성과 인성이 '한 인격'을 이루는 것을 가리켜 본성의 혼합으로 여기며 반대했다. 그러나 신인양성의 위격적 연합을 통해 '한 인격'을 이룬 그리스도의 사역을 주장했던 키릴루스의 교리적 해설은 그리스도께서 둘째 아담으로서 첫째 아담의 대속을 완전하게 이루는 원인에 대한 해설을 제공한 셈이었다.[276] 그리스도의 사역이 '원형상의 회복'에 따른 창조회복의 사역이었다는 교리적 근거를 제시한다.

키릴루스는 성육신에 대한 문제를 다룰 때도 그리스도의 수난과 부활을 관련지어 논한다. 그리스도의 수난은 성육신의 목적이었으며, 부활은 성육신의 완성이었다.[277] 그는 성육신을 신성과 인성이 교류를 이루는 '한 인격' 안에서 찾았다. 중요한 것은 그리스도의 수난과 구원의 사역들이 단순하게 한 인간에 의해 이뤄진 것으로 보지 않았다는 것이다.[278]

그리스도의 성육신이 신성과 인성이 교류를 이루는 '한 인격'을 형성하지 못했다면 인성의 연약성은 언제든지 또 다시 죄를 범할 수 있었다. 이로 인해 그리스도는 '흠 없는 완전한 제물'이 되지 못하게 된다. 따라서 그리스도의 죽음은 인류 전체를 대속할 완전한 제물이 되지 못한다. 이럴 경우 그리스도의 죽음은 둘째 아담으로서의 죽음이 아니라 단순한 한 인간의 죽음으로 치부된다.[279]

키릴루스는 위격적 연합을 통해 성육신하신 그리스도의 사역을 첫째 아

---

275 Cyril, "The Work of Christ", 264-265.
276 Kelly, *Early Christian Doctrines,* 312, 313-314.
277 크레취마르(편), 『신학의 고전 I』, 175.
278 문병호, 『기독론』, 111, 323.
279 Kelly, *Early Christian Doctrines,* 318.

담의 회복을 이루기 위한 그리스도의 사역으로 보았다. 이것은 '창조회복'에 따른 그리스도의 사역에 대한 근거가 되었다. 그리고 그리스도께서 이루신 제사장직에 따른 직분의 수행은 그리스도께서 이루신 구원의 사역들 가운데서 가장 두드러진 대속에 따른 창조회복 사역으로 이해되었다.

4) 칼케돈 신경과 세 가지 직분론의 휴면

그리스도의 세 가지 직분론은 기독론의 발전과 함께 그 모습이 구체적으로 드러난다. 이런 가운데 그리스도의 '인격'(Person)에 대한 교리는 신성과 인성의 연합 교리와 함께 신성과 인성의 교류를 말하는 "속성의 교류"로 논증된다.

"속성의 교류"는 양성의 상호 침투에 따른 교류를 말하지 않는다. "속성의 교류"는 그리스도의 '한 인격' 안에서 일어난다. 이때 신성이 인성에 영향을 끼치거나, 인성이 신성에 영향을 끼치는 교류를 말하지 않는다.

그러나 로마가톨릭은 양성이 서로 영향력을 끼친다고 설명한다.

핫지와 벌코프에 따르면 루터란들도 초기에는 신성에서 인성으로, 인성에서 신성으로의 쌍방 교류를 주장했다.[280] 이후 루터란들은 신성이 인성으로 이전된다고 가르친다. 루터란들은 "속성의 교류"를 그리스도의 '한 인격' 안에서뿐만 아니라 신성과 인성 간에도 서로 속성 간의 교류가 일어난다고 말한다. 특히 루터란들은 신성과 인성의 교류에서 그리스도의 인성이 신성을 사용하지 않은 것을 가리켜 '비하'로 설명한다.[281]

"속성의 교류"를 거부했던 네스토리우스의 주장에 따르면, 신성과 인성의 두 본성은 위격적 연합을 이뤄 '한 인격'을 형성하는 것이 아니었다. 그리스도의 인격은 신적 로고스가 거하기 위해 사용되는 하나의 도구였

---

280 Berkhof, *Systematic Theology*, 355-358; Hodge, *Systematic Theology* Vol. II, 407-408.
281 Hodge, *Systematic Theology* Vol. II, 407-408

다.²⁸² 네스토리우스는 신성과 인성이 연합을 이루는 것을, 두 본성이 묶여 제3의 어떤 것을 형성한다고 믿었다. 그는 본성적 혹은 본체적 연합을 각 본체의 고유한 본성이 서로 혼합되어 상실되는 것으로 보았다.²⁸³

두 본성과 "속성의 교류"에 따른 문제들이 계속해서 발생하자 이에 대한 해결을 위해 황제 테오도시우스(Theodosius)는 '에베소 공의회'(Council of Ephesus, A.D. 431)를 소집한다. 공의회는 니케아 신경의 기독론을 고수한다. 그리고 그리스도 안의 신성과 인성의 분리를 반대하며, 위격적 연합에 의한 "속성의 교류"를 받아들인다.²⁸⁴

그러나 448년, 콘스탄티노플의 주교였던 유티케스(Eutyches)는 소위 '강도 공의회'(Robber Council)로 알려진 '에베소 공의회'(Council of Ephesus, A.D. 448)에서 그리스도께서 지니셨던 신성과 인성의 두 본성이 성육신을 이루면서 하나의 본성만을 지니게 된다고 주장한다.²⁸⁵

> '강도 공의회'는 448년 에베소에서 개최된 회의로서 그리스도는 두 본성을 가진 것이 아니라 오직 한 본성(one nature)을 가졌다는 것을 절대적으로 확신하는 유티케스의 문제를 다루기 위해 테오도시우스 2세가 소집한 회의이다. 여기서 이 회의를 주재했던 디오스쿠루스는 유티케스의 입장을 적극적으로 옹호한다. 그리고 이 회의에서 디오스쿠르스는 유티케스의 반대론자들에게 일체 발언을 주지 않으며, 단성론자들은 그 회의의 결정을 받아들인다. 이것을 가리켜 일명 '강도회의(Robber Council)의 결정'이라고

---

282 Schaff, *History of the Christian Church* Vol. III, 718-722.
283 곤잘레스, 『기독교 사상사 Ⅰ』, 429-436.
284 Kelly, *Early Christian Doctrines*, 326-328; 에른스트 다스만, 『교회사 Ⅱ/1』, 하성수 역 (왜관: 분도출판사, 2013), 316.
285 Hardy (ed.), "The Tome of Leo", 359-370; 크레취마르(편), 『신학의 고전 Ⅰ』, 181-182: "유티케스는 에페수스에서 다시 한번 공의회를 소집해 달라고 황제에게 요청했으며, 이런 요청은 받아들여졌다. 이 회의의 의장이었던 디오스쿠스는 양성론의 색채를 띤 레오의 책을 금지시켰으며, 콘스탄티노프의 플라비아누스를 면직시켰다."

한다. 그리고 이 회의에서 결정된 사항들은 451년 '칼케돈 공의회'에서 번복된다.[286]

유티케스에 따르면, 그리스도의 인성은 신성에 완전히 흡수되었다.[287] 여기에 대해 칼케돈 신경(The Creed of Chalcedon, A.D. 451)은 두 가지의 교리적 논쟁에 대해 종지부를 찍는다.

첫째, 네스토리우스주의자들이 주장하는 그리스도께서 "두 인격"으로 존재한다는 사고를 거부한다. 속성의 교류를 통해 그리스도는 두 인격이 아니라 "한 인격"으로 존재하신다는 교리를 확정한다.[288]

둘째, 유티케스의 혼합주의를 배격한다. 칼케돈은 448년의 에베소 공의회 결정을 무효화시키고, 유티케스주의자들을 면직 처리하기에 이른다.[289]

칼케돈 신경은 두 가지에 대한 '동일본질'을 확립하게 된다.

첫째, 그리스도의 신성에 대해 "성부와 동일본질"을 말한다.
둘째, 그리스도의 인성에 대해 "우리와 동일본질"을 확립한다.

칼케돈 신경은 신성과 인성의 "두 본성" 안에는 "혼동 없이(without confusion), 변화 없이(without conversion), 분리 없이(without severance), 분할 없이(without division)" 양성이 그대로 남아 있다고 확정하며, 네스토리우스와 유

---

286 플래처, 『신학의 역사』, 108-109.
287 Kelly, *Early Christian Doctrines*, 331.
288 Schaff (ed.), "The Creed of Chalcedon", *The Creeds of Christendom* Vol. Ⅰ, 31; Kelly, *Early Christian Doctrines*, 341, 344; 웨인 그루뎀, 『성경 핵심 교리』, 박재은 역 (서울: 도서출판 솔로몬, 2018), 376-377; 맥코맥, "그리스도의 인격", 262-263.
289 Schaff, *History of the Christian Church* Vol. III, 743-744.

티케스의 주장을 정죄한다.[290] 칼케돈 신경의 "한 인격"에 대한 교리는 자신들의 필요에 따라 만들어 낸 것이 아니라 성경의 가르침과 거룩한 교부들의 견해를 따라 이뤄진 교리였다.[291]

칼케돈 신경의 "한 인격"에 관한 교리는 고통당할 수 없는 신성이 그리스도라는 한 인격 안에서 고난당할 수 있다는 교리적 근거를 확정한다. 그리고 451년 칼케돈 회의는 그리스도께서 "참 하나님"임과 동시에 "참 사람"이라는 교리를 확정한다. 여기에 더해 그리스도께서 우리를 위해 완전한 둘째 아담으로서 중보자가 될 수 있다는 조건을 제시한다.

4세기와 5세기에는 삼위일체뿐만 아니라 특히 기독론에 관한 논쟁들이 뜨겁게 일어났다. 이런 가운데 니케아와 칼케돈의 그리스도의 "두 본성"에 대한 교리적 확립은 그리스도론에 관한 교리적 발전을 가져왔을 뿐만 아니라 둘째 아담인 그리스도의 세 가지 직분에 따른 교리적 확립에 대한 큰 틀을 놓았다.[292]

니케아 신경은 그리스도의 신성과 인성의 '두 본성'이 '한 인격'을 이룬다는 교리와 '동일본질'교리를 통해 "그분이 인간이 되셨다"라는 교리적 틀을 만들었다.[293] 칼케돈은 "혼동 없이, 변화 없이, 분리 없이, 분할 없이"라는 표현을 통해 그리스도의 수난과 부활에 따른 성육신의 목적이 이뤄지는 교리적 틀을 마련하게 된다.

그리스도에 관한 니케아와 칼케돈 신경의 교리는 왕이면서 말씀의 근본이신 선지자로서의 그리스도와 함께 완전한 제물로서 중보자의 모습을 지닌 제사장으로서 그리스도의 직분에 대한 기독론적 바탕을 형성한다.

---

290 Hardy (ed.), "The Chalcedonian Decree", 373; 곤잘레스, 『기독교 사상사 I』, 450; Schaff, *History of the Christian Church* Vol. III, 745-746.
291 저스틴 홀콤, 『신조를 알면 교회사가 보인다』, 이심주 역 (서울: 부흥과개혁사, 2015), 72-74; 곤잘레스, 『기독교 사상사 I』, 443-445.
292 존 머레이, 『존 머레이 조직신학』, 박문재 역 (고양: 크리스챤다이제스트, 2008), 47.
293 크레취마르(편), 『신학의 고전 I』, 175: 키릴루스 또한 "그가 인간이 되셨다"라는 고백이 니케아 신경의 고백이었다는 것을 부인하지 않는다.

이런 가운데 기적을 행하신 로고스 하나님과 고난 받은 그리스도는 서로 다른 분이라고 주장하는 자들이 '제2차 콘스탄티노플 공의회'(A.D. 553)에서 정죄받는다. 이때 논쟁의 중심은 기독론이었다. 그리스도의 신성과 인성을 분리하지 않아야 한다는 주장을 내세운다.[294] 그리스도의 신성과 인성의 큰 틀에서 그리스도의 성육신이 첫째 아담의 대속을 이루기 위한 값이라는 대속적 사역과 함께 그리스도의 사역에 직분이 있었다는 것이 교리적으로 조명된다.

두 본성과 한 인격에 대한 교리는 둘째 아담인 그리스도의 왕과 선지자 그리고 제사장 사역을 '신성'에 따라서 기독론을 보게 한다. '인성'에 따라서는 '창조회복'의 직분 사역이 될 것을 조명한다. 이런 가운데 그리스도께서 중보자로서 자신에게 주어진 직분을 감당하셨는 사실이 더욱 선명하게 부각된다. 먼저 구원론에 있어서 그리스도는 하나님이면서 동시에 인간이 되어야 했다.[295]

두 본성과 한 인격에 대한 교리와 함께 그에 따른 그리스도의 사역이 본격적으로 다루어지지 않았을 때는 그리스도께서 대속물로서 자신을 내어 주신 것은 인류의 죄를 위한 화목제의 성격이 아니었다. 그리스도는 입법자이자 교사였으며, 영생의 길로 인도하시는 분에 불과했다.[296]

칼케돈 공의회 이후 중세 초기, 그리스도의 '신성'과 '인성'의 '두 본성'에 대한 교리는 "하나의 본성"을 말하는 단성론과 끊임없는 논쟁 가운데 놓이게 된다. 단성론을 주장하는 자들은 "필리오케"를 인정하지 않는다.[297] 그리고 '본성'의 문제는 그리스도의 본성 속에 있는 '의지'의 문제로 발전한다. 콘스탄티노플의 주교였던 세르기우스(Sergius)가 중심이 된 "단성론"에 대해 헤라클리우스 황제(Heraclius, 610-641)는 638년 법령을 발

---

294 펠리칸, 『고대교회 교리사』, 317.
295 펠리칸, 『고대교회 교리사』, 333-334.
296 Kelly, *Early Christian Doctrines*, 349-350; 벌코프, 『기독교교리사』, 76-77.
297 Schaff, *History of the Christian Church* Vol. III, 774.

동시켜 힘을 실어 준다. 그리고 "하나의 힘"이라고 불렸던 "에네르게이아"가 "하나의 의지"로 대체된다.[298]

그리스도의 인격은 "단일성"에서 출발했던 "단의론자"와 칼케돈 공의회의 결정인 그리스도의 "두 본성"이 존재한다는 입장을 취하는 고백자 막시무스(Maximus the Confessor)가 중심이 된 "양의론자"의 진영으로 갈라진다.

이런 가운데 '제3차 콘스탄티노플 공의회'(A.D. 680)는 그리스도 안에는 "두 의지"와 "두 힘"이 존재한다는 교리를 채택한다. 그리고 인간적 의지는 신적 의지와 연합에 의해 승화되고, 완전해진다고 주장한다. 공의회는 단의론을 단죄하고, 콘스탄티노플의 주교 세르기우스와 파울루스(Paulus)를 파문한다.[299]

칼케돈 이후 중세 초기의 신학은 칼케돈 공의회의 결정과 아우구스티누스 신학의 영향을 받으며, 기독론 중심의 논쟁을 활발하게 펼친다.

중세 초기 신학적 논쟁의 중심은 기독론이었다. 그리스도의 "비하"가 심도 있게 다뤄진다. 첫째 아담의 대속을 이룰 둘째 아담으로서 그리스도의 모습에 대해 칼케돈 공의회 이전의 교부들보다 대속을 이루는 측면은 발전된 모습을 보인다. 그런데도 대속을 이루는 그리스도의 세 가지 직분에 대한 것은 교리적 논의에서 제외되는 경향을 보인다. 그 이유는 자신의 위치를 지키고, 자신의 주장을 방어하는 측면에서 변증하는 신학이 중심을 이루었기 때문이다. '둘째 아담 그리스도의 세 가지 직분'은 변증론 측면에서 관심을 끌지 못했다.

590년에 교황으로 선출된 그레고리우스 1세는 로마가톨릭교회를 세상에서 가장 중요한 기관으로 여긴다.

---

[298] 샤츠,『보편공의회사』, 103-104; Kelly, *Early Christian Doctrines*, 402.
[299] 벌코프,『기독교교리사』, 114-116; 샤츠,『보편공의회사』, 105.

그의 신념은 놀랍도록 단순했다. 그는 성인들과 유적지에 대한 숭배 분위기가 확산될 뿐만 아니라 기적과 예언에 대한 믿음이 커지는 것에 상당히 책임을 느끼고 있었다. … 초기 중세 시대의 가장 위대한 교황인 그레고리오가 이룬 가장 중요한 업적은 로마의 가톨릭교회가 세상에서 가장 중요한 기관임을, 그리고 그 조직 내에서는 교황권이 최고의 권위임을 사람들의 생각 속에 뿌리 깊이 심어 주었다는 것이다.[300]

그레고리우스 1세는 신학적으로 아우구스티누스의 입장을 따른다. 그러나 전적인 입장에서 따른 것이 아니라 희석시키고 완화시킨 개념을 가지고 아우구스티누스를 따른다. 예를 들면 그는 '죄의 전가'와 '모든 사람이 죄인' 되었음을 말할 때, 아우구스티누스를 따른다. 그러나 예지에 근거한 예정을 가르친다.

그는 첫째 아담의 죄로 말미암아 모든 사람이 죄인이 되었다는 것과 그 결과 정죄를 받았다는 아우구스티누스의 견해를 받아들였다. 그러나 그는 죄를 죄책으로 보지 않고 질병 또는 연약함으로 본다. 그리고 인간의 타락은 자유가 아니라 의지가 지닌 선함만을 잃어버린 것으로 가르친다.

그의 신학은 교리에 근거한 정통신학을 대변하는 것이 아니라 자신이 주장하고자 하는 신학에 교리를 변증적으로 대입시켰다.[301] 그러다 보니 예지를 말하고자 하는 그의 예정론에서는 '형상회복'에 따른 대속의 교리가 밀려날 수밖에 없었던 것이다. 당연히 거론되어야 할 대속에 따른 '둘째 아담 그리스도의 세 가지 직분'이 그의 교리에서 제거될 수밖에 없었다. 이런 모습은 유독 그레고리우스 1세에게만 나타나는 것이 아니었다.

중세 초기의 신학은 교부 시대와는 달리 세 가지의 특징적인 틀을 형성했다.

---

300 존 줄리어스 노리치, 『교황 연대기』, 남길영 외 2인 역 (서울: 바다출판사, 2014), 107-108.
301 벌코프, 『기독교교리사』, 148-149.

첫째, 공의회를 중심으로 그 내용들이 전개되는 특징을 가지고 있었다.

둘째, 니케아와 칼케돈 공의회의 결정에 따른 변증과 방어가 자신들의 주장을 통해 지속적으로 일어나는 특징을 지니고 있었다.

셋째, 칼케돈 공의회와 같은 기존의 공의회가 가지지 못한 것을 '5-6차 공의회'(Quinisextum, A.D. 692)와 같은 새로운 공의회를 통해 이를 충족시켜 나가는 특징을 가지고 있었다.[302]

여기서 보충된 문제는 대체로 신앙과 관련된 문제들이었다. 이때 신학이 정통 교리를 중심으로 변증되는 것이 아니라 자신들의 주장에 따라 변증되는 경향을 가지게 된다.

이런 현상은 787년의 제2차 니케아 공의회(제7차 세계공의회)에서도 그대로 나타났다. 당시 제2차 니케아 공의회는 754년에 세웠던 "성화상"에 대해 적대적인 결의 사항들을 파기시킨다. 2차 니케아 공의회는 다음과 같은 교의를 결정한다.

> 그리스도와 하나님의 어머니, 천사와 성인들을 화상으로 묘사하는 것을 허용한다.[303]

자신들이 추구하는 신앙과 신학에 따라 교리가 달리 해석되면서 자신들의 입장을 대변하는 역할을 하게 된다. 성화상이 서방에서 교육적 지위를 지니고 있었다면, 동방에서는 예배적 지위를 보유하고 있었던 것이다.[304]

중세 초기의 신앙과 관련한 논증들은 그리스도의 '인격'에 관한 교리보다 '죄'와 '은혜' 그리고 '구속 사역'에 관련된 교리적인 문제들이 관심의

---

302 샤츠, 『보편공의회사』, 110-111.
303 후베르트 예딘, 『세계공의회사』, 최석우 역 (왜관: 분도출판사, 2006), 41-42.
304 샤츠, 『보편공의회사』, 111-119.

주류를 이룬다.³⁰⁵ 이런 논증 속에 '형상회복'을 나타내는 그리스도의 세 가지 직분에 따른 교리적 문제는 관심의 대상이 아니었다. 따라서 논증의 대상이 되지 못했다.

뿐만 아니라 고트족의 침략으로 서로마제국은 '암흑 시대'를 맞이하면서 신학적인 침체기를 맞이하게 된다. 이때 수도원을 중심으로 학문과 신앙이 그 중심축을 이루게 된다.

8, 9세기의 샤를마뉴(Charlemagne)는 중세 신학의 새로운 활력을 불러일으킨다. 이런 샤를마뉴는 교회에 대해 우호적인 반면, 프로이센의 프리드리히 2세(Frederik II)와 나폴레옹 보나파르트(Napoleon Bonaparte)와는 적대관계를 이룬다. 794년, 샤를마뉴는 '프랑크푸르트 공의회'를 직접 주재한다. 여기서 그는 자신과 의견을 달리하는 교리를 단죄한다. 그리고 상대를 권징하는 문제들을 입법화시킨다.³⁰⁶

샤를마뉴는 프랑크푸르트 공의회에서 "양자설"을 이단으로 단죄했을 뿐만 아니라 787년의 제2차 니케아 공의회의 결정을 다시 파기시키고, 성화상 숭배를 배격한다.³⁰⁷ 이런 논쟁들은 계속해서 일어나게 된다. 성화상에 대한 문제는 포티우스 논쟁과 함께 콘스탄티노플의 또 다른 공의회(A.D. 861-880)를 이끌어 내지만 뚜렷한 결정을 가지지 못한다.³⁰⁸

칼케돈 이후 중세 초기의 신학은 그리스도의 위격에 대한 신학적인 고찰보다 자신들의 권위를 지켜 내는 것이 급선무였다. 따라서 자신들이 추구하는 신앙을 지켜 나가는 데 필요한 교리를 앞세워 신학을 변증적으로 발전시켜 나갔던 것이다.³⁰⁹

이런 가운데 자신들의 주장과 자신들의 사상과 거리가 먼, '형상회복'

---

305 벌코프, 『기독교교리사』, 119.
306 브로밀리, 『역사신학』, 221; Schaff, *History of the Christian Church*, Vol IV, 239.
307 Schaff, *History of the Christian Church*, Vol IV: *Mediaeval Christianity. A.D. 590-1073*, 253-254.
308 예딘, 『세계공의회사』, 45-46.
309 프란츠, 『세계 교회사』, 139-140.

을 논하는 둘째 아담인 그리스도의 세 가지 직분에 관한 교리는 그들의 관심사가 아니었다. 따라서 첫째 아담의 불순종에 따른 회복을 통해 '형상회복'이 가지는 '창조회복'에 따른 '창조론적' 관점을 말하는 '둘째 아담 그리스도의 세 가지 직분'에 대한 교의학적 접근은 조직적으로 이뤄지지 못하며, 칼케돈 공의회 이후 마치 멈춰 버린 모래시계와도 같은 '휴면'의 상태를 취하게 된다.

4. 결론

사도 이후 교부들의 시대에 접어들면서 그리스도론에 대한 신학의 정립은 신앙에 대한 핍박과 고난 그리고 이단들의 문제 등 여러 가지 난제와 맞물려 가게 된다. 그러다 보니 신학에 대한 정립 또한 신앙의 가르침과 신앙에 대한 제시가 그 중심에 서게 된다.

따라서 이 시대의 신학에 대한 교리적 제시의 특징 가운데 하나는 내용이 포괄적인 측면을 담고 있다는 사실이다. 다시 말하면 교리에 대한 신학적 제시가 통전적으로 제시되는 경향을 가지게 된다. 그 이유는 교리를 신학적으로 제시하는 것보다 신앙의 격려와 독려가 더 필요했기 때문에 교리적인 문제가 신앙이라는 형태에 묶여 종합적으로 제시되었던 것이다.

이때 그리스도의 세 가지 직분에 대한 교리 또한 기독론이라는 큰 틀 안에서 '왕직'과 '선지자직' 그리고 '제사장직'에 대한 것이 포괄적으로 제시된다. 여기에 덧붙여 한 가지 더 돌아볼 것은 교부들의 시대에는 그리스도의 세 가지 직분에 대한 것이 '왕직'과 '제사장직'의 두 직분의 강조와 함께 '선지자직'의 직분이 '제사장직'의 직분에서 포괄적으로 설명되었다는 사실이다.

바울 이후, 그리스도의 세 가지 직분에 대한 교리적인 출발은 그리스도의 제사장 직분을 강조했던 로마의 세 번째 감독이었던 클레멘스에게서 발견된다. 그리고 그리스도의 왕직을 강조했던 이레나이우스에 의해 그리스도께서 "둘째 아담"으로 불리는 교리가 조명된다. 그리고 헬레니즘의 영향을 받았던 알렉산드리아의 클레멘스는 구원에 대해, 로고스가 이방 세계 가운데 사역하는 폭넓은 제시를 한다.[310] 클레멘스는 그리스도의 위격에 대해 조직적으로 거론하면서 '통치자'와 '대제사장' 그리고 '선지자'에 관한 내용을 피력하며 그리스도의 직분론을 논한다.

그리스도의 세 가지 직분에 대한 고대 교회의 출발은 고전적 틀을 유지하며 직분을 기독론의 방향에서 이해했다. 이때 신학은 포괄적인 의미로 전체를 구성하고 있었다. 그리스도의 세 가지 직분에 대한 이해 또한 '하나님 형상'에 따른 '창조론적' 관점을 기독론에 내포하고 있었다는 것이 간접적으로 발견된다.

이런 모습은 고대 교회 속에 나타나고 있는 그리스도의 제사장 직분에 대한 강조를 통해 발견된다. 로마의 클레멘스를 비롯한 순교자 이그나티우스는 그리스도의 제사장 직분을 강조하면서 그리스도께서 우리를 구원하기 위해 이루신 사역을 표방한다. 특히 클레멘스는 자신의 『클레멘스의 제1서신』 제7항과 제8항, 그리고 제16항과 제62항, 제64항 등에서 이를 증거한다.

'둘째 아담 그리스도의 세 가지 직분'에 대한 고대 교회의 이해는 16세기처럼 교리적인 체계를 이루지는 못한다. 그러나 제사장 직분의 강조를 통해 그리스도의 직분 수행이 기독론을 이루고 있는 사역임과 동시에 '형상회복'에 따른 '창조회복'을 이루기 위한 사역이었다는 것을 간접적으로 증거한다.

여기에 대해 알렉산드리아의 클레멘스는 그리스도의 직분 수행을 '대제사장'과 함께 자기를 비워 종의 형체를 지니게 된 하나님의 말씀인 '선지자'

---

310 Bavinck, *Reformed Dogmatics* Vol. 1, 318; Vol. 3, 452; 드롭너, 『교부학』, 217; 슈미트『교부학 개론』, 98: 클레멘스는 『이교도에게 보내는 격려문』(*Cohortatio ad gentes*)을 통해, 이교도들을 개종시키기 위해 그리스도를 신적인 교사(Lehrmeister)로 소개하면서 기독교의 가르침을 최고의 참된 신의 종교라고 설명한다.

의 사역으로 표현한다.[311] 그의 주장은 플라톤적 철학의 요소를 가지고 있었다. 그렇지만 '선지자직'에 의한 '가르침'을 통해 하나님의 형상인 그리스도를 닮아 간다는 '형상회복'에 따른 '창조회복' 사상을 말하고 있었다.[312]

그런가 하면 오리게네스는 마귀에게 자신을 대속의 값으로 내어 주는 "배상설"을 통한 인질의 구출에 따른 이단적 직분 수행을 설명하기도 한다.

니케아 신경(A.D. 325)과 구별될 수 없는 아타나시우스는 그리스도께서 이루신 구원 사역에 대해 "말씀이신 로고스"가 제사장의 직분이 된 것을 강조한다. 그의 작품인 『말씀의 성육신에 대해』에 따르면 그리스도는 첫째 아담의 죄를 대속할 직분자로서 "고난의 값"이 되셨다. 그는 아담을 대신해 모든 사람의 빚을 "죽음의 값"으로 대신한 그리스도의 직분을 '창조회복'에 따른 제사장 직분으로 증거한다.

둘째 아담으로서 그리스도의 직분은 힐라리우스에게 넘어온다. 그는 그리스도의 "두 본성"인 "신성"과 "인성"을 강조한다. 그리고 "인간이 될 필요가 없으신 그분이 육신을 취하셨다"라며 "종"으로서 그리스도의 사역을 제시한다. 이때 힐라리우스는 '희생'을 통해 '화해'를 이끌어 낸 그리스도의 제사장 직분을 통해 '아담의 본성'을 취한 '창조회복'의 사역을 부각시킨다.

그리고 나지안주스의 그레고리우스는 니케아 공의회의 "삼위일체론"을 받아들이면서 "모든 사람은 예외 없이 똑같은 아담을 공유하고 있으며, 죄로 인해 죽음에 이르게 되었다"라고 피력한다.[313] 자신의 『세 번째 신학적 연설』과 『네 번째 신학적 연설』에서 첫째 아담을 대신할 둘째 아담인 그리스도를 다룬다. 여기서 제사장의 직분이 "옛 아담"의 불순종에 따른 죄

---

311 Clement of Alexandria, "The Work of Christ", 178-179.
312 Clement of Alexandria, "On Spiritual Marriage", 67.
313 크레취마르(편), 『신학의 고전 Ⅰ』, 95-97; Gregory of Nazianzus, "Man's Condition", 102-103.

를 해결했을 뿐만 아니라 우리를 위한 중보자가 되셨다는 것을 교의학적으로 조명한다. 그리고 '형상회복'에 따른 '창조론적' 관점으로 다가선다.

니케아 공의회 이후 둘째 아담에 대한 그리스도의 교의학적 견해는 계속해서 닛사의 그레고리우스와 암브로시우스의 마귀에 대한 "배상설"이 그리스도의 제사장 직분과 관련되어 거론된다.

암브로시우스의 "배상설"은 그리스도의 사역이 아담의 '형상회복에 대한 값'을 설명한다는 측면에서 '창조회복'을 간접적으로 증거한다. 이런 측면에서 암브로시우스의 "배상설"은 마귀에게 포로가 된 인간을 구하기 위한 값으로 배상을 주장하는 오리게네스와 닛사의 그레고리우스의 "배상설"과는 다르다.

이런 가운데 그리스도의 세 가지 직분론에 대한 교의학적 형성은 크리소스토무스에 와서 그 모습이 더욱 분명해진다. 그는 요한복음 1:16-17의 설교에서 "은혜와 진리"를 통해 그리스도의 왕 직분 그리고 "은혜 위에 은혜"를 통해 그리스도의 제사장직 직분이 우리를 저주의 속량으로부터 벗어나게 했다고 강조한다.[314] 뿐만 아니라 크리소스토무스는 성찬을 통해 그리스도의 제사장 직분 수행이 우리에게 죄 사함을 가져다주었으며, 이것이 그리스도께서 둘째 아담으로서 첫째 아담의 대속을 이룬 '창조회복'에 따른 결과물이라는 것을 알게 한다.

크리소스토무스는 『로마서 강해』와 『에베소서 강해』에서 그리스도께서 이루신 둘째 아담으로서의 제사장 직분을 더욱 강조했다. 그는 그리스도께서 제사장 직분으로 이룬 성취의 사역이 우리에게 "전가"되었음을 증거한다. 그리스도께서 제사장 직분으로 이룬 '형상회복'에 따른 '창조회복'이 '전가'로 나타난다는 크리소스토무스의 교의학적 견해는 칼빈에게 직·간접적인 영향을 끼친다. 이런 모습은 칼빈의 『기독교 강요』 곳곳에

---

314 크리소스토모스, 『요안네스 크리소스토모스의 요한복음 설교 I』, 241-243; Chrysostom, "The Priesthood", 175-176.

등장한다.

그리고 둘째 아담 그리스도의 세 가지 직분론은 아우구스티누스의 『삼위일체론』 및 『하나님의 도성』 제13권과 제14권, 그리고 『자유의지론』, 『요한 서간 강해』, 『고백록』 등을 통해 나타난다. '왕직'은 '하나님의 형상'에 해당하는 '다스림'으로, '선지자직'과 '제사장직'은 '섬김'과 관련해 '하나님 형상'과 연관을 지어 설명된다.

그리스도의 신성과 인성이 "한 인격"을 이루는 "위격적 연합"이라는 용어를 신학적으로 개념화시켰던 사람은 알렉산드리아의 키릴루스였다. 그는 아우구스티누스가 그랬던 것처럼, "기름 부음 받은 자"로서 그리스도의 사역에 대한 "대표성"을 부여한다.[315] 키릴루스는 그리스도의 세 가지 직분 가운데 특히 제사장 직분을 강조한다.[316] 그는 제사장 직분을 통해 그리스도께서 사역의 완성을 이룬 두 가지를 강조한다.

첫째, 희생제물과 대속에 따른 사역이었다.
둘째, 율법의 저주로부터의 속량을 죽음이라는 '대속의 값'으로 이룬 사역이었다.[317]

키릴루스에 의하면, 그리스도께서 이루신 제사장직에 따른 사역 가운데 대속을 이루는 사역이 가장 부각된다. 이는 '형상회복'을 위해 그리스도께서 이루신 구원 사역의 전체를 설명했기 때문이다.

이처럼 '둘째 아담 그리스도의 세 가지 직분'에 대해 고대 교회는 그리스도의 제사장 직분을 중요하고 여겼다. 우리는 이런 교의학적 전개를 통해 그리스도께서 이루신 세 가지 직분, 특히 제사장 직분의 수행이 '형상회복'이 말하는 '창조회복'에 따른 '창조론적' 관점의 출발점과 근원이었

315　Cyril, "The Person of Christ", 256.
316　Hardy (ed.), "Dogmatic Letters of Nestorius and Cyril of Alexandria", 354.
317　Cyril, "The Work of Christ", 264-265.

다는 것을 발견하게 된다.

　그런가 하면 칼케돈 공의회(A.D. 451) 이후 그리스도의 세 가지 직분은 상황의 특수한 전개에 의해 휴면에 들어간다. 그 이유는 중세 초기 교황을 비롯한 기득권 세력이 자신의 지위를 보존하며, 교리적으로 자신의 위치를 지키고, 자신의 주장을 방어하는 측면에서 변증하는 신학이 중심을 이루었기 때문이다. '둘째 아담 그리스도의 세 가지 직분'은 변증을 이루는 측면에서 관심의 대상이 아니었다.

　590년에 교황으로 선출된 그레고리우스 1세는 죄를 하나의 질병 요소로 취급하며, 자신의 유권해석을 통해 "예지"에 근거한 "예정론"을 변증한다. 여기서 예지가 아니라 "예정"을 말하는 '그리스도의 세 가지 직분'에 따른 대속의 사역은 밀려나게 된다. '형상회복'에 따른 '창조론적' 관점은 대속의 교리와 함께 자연히 휴면을 취하게 된다.

　787년에 열렸던 제2차 니케아 공의회는 754년에 세웠던 "성화상"에 대한 적대적 요소를 파기하며 성화상을 허용한다. 뿐만 아니라 샤를마뉴가 주재했던 프랑크푸르트 공의회(A.D. 794)는 교리와 권징에 따른 문제에 있어서 제2차 니케아 공의회(A.D. 787)의 성화상 숭배를 배격한다. 그리고 자신의 신학적 관철을 위해 상대의 입장을 배격하고 교리를 통해 자신을 대변한다. 이때 신학은 교리적으로 발전하는 것이 아니라 자신들의 입장을 대변하는 데 있어서 하나의 변증적 도구와 같은 역할을 한다. '그리스도의 세 가지 직분'의 교리는 마치 멈춘 시계처럼 휴면을 맞이하는 양상을 띠며, '그리스도의 세 가지 직분론'에 대한 회복의 시기를 기다리게 된다.

제3장

둘째 아담 그리스도의 세 가지 직분에 대한 중세 후기에서 현대 교회까지의 이해

그리스도의 세 가지 직분 교리가 세워지기까지 중세 초기는 포괄적인 측면에서 신앙을 독려하는 모습으로 그 내용이 전개된다. 4세기 후반 이후 그리스도의 직분론은 초기의 형태를 벗어나 '둘째 아담에 대한 사역의 관점'이 조명된다. 이것이 크리소스토무스에 의해 신학적으로 거론된다.[1]

그 이전에 암브로시우스의 "배상설"은 그리스도의 사역적인 측면을 비추면서 '하나님 형상' 회복에 따른 것을 간접적으로 논한다. '형상회복'에 따른 '창조론적' 관점이 기독론과 함께 4세기 신학에서 암브로시우스에 의해 간접적으로 부각된다. 그러나 신학을 자신들의 권위를 보존하는 도구로 삼았던 권위주의적 신학은 세 직분에 대한 발전을 더 이상 가져오지 못하고 휴면에 빠진다. 그러나 11세기에 이르러 둘째 아담인 그리스도의 직분에 관한 교리는 안셀무스를 통해 새로운 발전을 이룬다.[2]

이후 그리스도의 직분론은 종교개혁의 선두주자 루터에 의해 '선지자 직분'과 '제사장 직분'이 통합된 '두 직분'으로 나타난다. 그러나 루터의 "두 직분론"은 세 가지 직분에 대한 근본적 사고를 벗어난 것이 아니었다.

4세기 이후 그리스도의 세 가지 직분의 교리는 11세기에 이르러 안셀

---

1 Chrysostom, "The Work of Christ", 171-173; 브로밀리, 『역사신학』, 151-152.
2 Kelly, *Early Christian Doctrines*, 375; 데이비드 N. 벨, 『중세교회 신학』, 이은재 역 (서울: 기독교문서선교회, 2012), 237-240.

무스를 통해 또 다른 '교의학적 부흥'을 꾀하게 되며, 16세기 신학의 꽃이라 할 수 있는 칼빈의 『기독교 강요』를 통해 그 결실을 맺는다.[3] 칼빈 이후 그리스도의 세 가지 직분론은 16, 17세기의 신앙고백서를 중심으로 발전하며, 이후 20세기에 이르기까지 다양한 모습으로 둘째 아담의 세 가지 직분의 교리가 증거된다. 그 가운데 20세기의 "해방신학"은 그리스도의 세 가지 직분을 자신들의 해방사상에 집요하게 적용한다.[4]

둘째 아담의 세 가지 직분에 대한 신학적 형성과 발달, 그리고 신학적 휴면의 과정은 우리로 하여금 그리스도의 세 가지 직분이 교리적으로 어떻게 신학에 등장하게 되었는지 알게 한다. 그리고 그리스도의 세 가지 직분의 교리적 형성에서부터 휴면에 이르기까지 그리고 다시 부흥과 발전을 거치는 동안 발생한 신학의 역사적 변천을 돌아보면서 '둘째 아담 그리스도의 세 가지 직분'이 첫째 아담의 세 가지 직분과 관련해 기독론적이며, '하나님 형상회복'에 따른 '창조론적' 관점을 보여 주고 있다는 것을 발견할 수 있게 한다.

1. 둘째 아담의 세 가지 직분에 대한 교의학적 발전

1) 안셀무스(A.D. 1033-1109)와 그리스도의 속상(Theory of Satisfaction)

둘째 아담 그리스도의 직분에 관한 교리는 오랜 시간을 두고 간접적으로 제시된다. 그리고 두 본성에 따른 '한 인격'은 구원론과 관련해 성육신의 중요성과 함께 대속의 값을 본격적으로 대두시킨다. 이런 가운데 안셀무스는 구속과 관련해 『하나님은 왜 사람이 되셨는가』(Cur deus homo)라는

---

3 Berkhof, *Systematic Theology*, 391; Barth, *Church Dogmatics*, IV/3-1, 5.
4 Erickson, *The Word Became Flesh*, 141.

자신의 저서를 통해 이 문제들을 "속상적 개념"으로 거론한다. 아우구스티누스의 신학에 빚을 지고 있던 안셀무스는 '배상'에 따른 이론을 『하나님은 왜 사람이 되셨는가』에서 최초로 검토를 받게 된다.[5] 여기서 안셀무스는 "인류의 구속은 하나님의 존재로만 가능하다"라는 소전제를 제시한다. 그리고 다른 존재에 의해 사람이 죽음에서 구원을 받았다면 사람은 마땅히 자신을 구원해 준 그 존재의 종이 되었을 것이라고 주장한다.[6]

안셀무스에 따르면, 어느 누구도 그리스도를 떠나서는 구원받을 수 없다.[7] 그리스도는 제2위 하나님으로서 첫째 아담의 대속의 값이 되신 분이셨다.

바르트는 안셀무스의 신학적 체계와 신 존재 증명을 연구한 바 있다. 바르트에 따르면, 안셀무스는 그리스도를 통하지 않고는 누구도 구원받을 수 없다고 말한다. 이것이 안셀무스의 핵심적인 메시지라고 바르트는 자신의 연구에서 밝히고, 자신 또한 여기에 동의한다.[8]

안셀무스는 『프로슬로기온』 제3장에서 "하나님이 존재하지 않는 것으로 생각하는 것은 불가능하다"라는 주장을 통해 하나님의 존재를 증명한다.[9] 여기에 대해 바르트는 하나님이 존재하지 않는다는 것은 생각할 수 없는 것이며, 불가능한 것이라 일축한다.[10]

안셀무스 당시에 "하나님이 사람이 되셨다"라는 것에 대해 동방교회 또한 이의를 표명하지 않는다. 다만 그들은 이 과정에서 신성이 인성과 연합

---

5   Kelly, *Early Christian Doctrines*, 375; 가이슬러, 『로마가톨릭주의와 복음주의』, 131-132; 클로체, 『기독교 교리사』, 230.
6   Anselm, *Cur Deus Homo*, ed., Sidney Norton Deane (Chicago: Open Court Publishing Company, 2005), Ⅰ.Ⅴ, 13.
7   가이슬러, 『로마가톨릭주의와 복음주의』, 133.
8   Karl Barth, 『이해를 추구하는 믿음: 안셀무스의 신학적 체계와 연관한 신 존재 증명』, 김장생 역 (서울: 한국문화사, 2013), 62-63.
9   Eugene R. Fairweather (ed.), *A Scholastic Miscellany: Anselm to Ockham, An Address(Proslogion)* (Louisville, KY: Westminster John Knox Press, 2006), 74-75; 안셀무스, 『모놀로기온 프로슬로기온』, 박승찬 역 (서울: 아카넷, 2014), 396.
10 Barth, 『이해를 추구하는 믿음: 안셀무스의 신학적 체계와 연관한 신 존재 증명』, 259.

을 이루며, 그 결과 "인간성"이 "신성화"의 능력을 받게 되었다는 것을 강조한다.

서방교회 신학자였던 안셀무스는 교회의 정통에 따라 첫째 아담의 타락 이후 하나님과의 단절된 관계를 다루는 성육신을 십자가 사건으로 연결시킨다.[11] 그는 아우구스티누스의 전통을 따르고 있었다. 그런데도 그의 신학은 아우구스티누스처럼 '믿음과 이성'의 관계가 아니라 '이성과 믿음'의 관계로 신학하는 경향이 있었다.

서방의 신학자였던 안셀무스는 동방교회의 견해와는 달리, 그는 십자가 사건을 법정적으로 설명한다. 그는 『하나님은 왜 사람이 되셨는가』를 통해 만약 그리스도께서 법적으로 만족을 채우지 못했다면 우리 또한 여전히 죄 가운데 있을 것이라고 말한다. 그리스도의 십자가 사건이 법적으로 첫째 아담과 관계된 둘째 아담의 값이었다고 말한다.[12]

서방의 신학자들이 동방 신학자들보다 십자가 형벌을 더 중요하게 여긴 이유는 터툴리아누스(Tertullianus, A.D. 160~220)의 영향 때문이다. 십자가를 강조했던 안셀무스 또한 서방 신학자로서 터툴리아누스의 영향 아래 있었다.[13]

안셀무스는 그리스도의 세 가지 직분이 첫째 아담의 죄에 대한 값의 성격을 가지고 있다는 "값의 원리"를 통해 첫째 아담의 '형상회복'에 따른 '창조론적' 관점의 접근을 용의하게 한다. 안셀무스의 "법정적 만족을 채우는 값"의 논리는 속죄론을 통해 왕, 선지자, 제사장의 세 가지 직분과 관련된 그리스도의 직무로 나타난다. 그리스도의 사역을 배상으로 다루고 있었던 안셀무스는 채무에 따른 빚을 청산하는 차원의 주고받는 배상이 아니었다. 그의 "배상설"은 사탄의 권세로부터 건져 내는 해방으로 본다.

---

11 F. 코플스톤, 『중세철학사』, 박영도 역 (고양: 도서출판 서광사, 2016), 212; 크레취마르(편), 『신학의 고전 Ⅰ』, 215.
12 벨, 『중세교회 신학』, 243.
13 벨, 『중세교회 신학』, 237-240.

따라서 "배상설"이 '속상'이 되는 것은 '형상의 회복'에 따른 창조회복의 개념을 가지고 있다고 말할 수 있다. 그의 사상은 그리스도의 죽음을 하나님의 공의를 만족시켜서 인간을 해방하는 것으로 본다. 이런 측면에서 안셀무스는 "속상론"을 전체적으로 조화롭고 일관되게 설명하고자 했던 최초의 인물이었다."[14]

안셀무스에 의하면, 하나님이 죄에 대해 공정하게 판결하는 것은 죄를 용서하고, 죄를 무마시키는 것으로 끝나는 것이 아니다. 그 죄에 대한 값으로 반드시 벌을 내려야만 한다. 하나님이 죄에 대해 벌하지 않을 경우, 그것은 하나님의 속성과도 맞지 않을 뿐만 아니라 그 자체가 방임이 되기 때문이다.

> 하나님이 이렇게 죄를 벌하지 않고 넘기시는 것은 적절하지 않습니다. … 그리고 이것은 하나님께 어울리지 않습니다.[15]

안셀무스의 접근 방식에서 우리는 그리스도의 비하와 성장 과정 및 고난과 십자가에서의 죽으심이 첫째 아담의 대속을 이루기 위한 둘째 아담으로서의 법정적 사역이었다는 것을 알게 된다. 그러므로 안셀무스는 그리스도의 죽음을 "자원하는 순종"으로 설명했으며,[16] 두 본성이 한 인격 안에서 연합을 이룬 그리스도께서 사람의 죄를 자신의 직무를 통해 대속하셨다고 주장했던 것이다.

안셀무스는 그리스도께서 둘째 아담이 되신 것을 가리켜, "죽기 위한 목적으로 사람이 되셨다"라는 표현을 사용한다. 그리고 이것을 첫째 아담의 죄에 대한 빚을 청산하기 위한 성육신으로 증거한다.[17] 그리스도는 성

---

14 벌코프, 『기독교교리사』, 174-182.
15 Anselm, *Cur Deus Homo*, Ⅰ.VIII-IX, 17-21; Ⅰ.XII, 26.
16 벨, 『중세교회 신학』, 241.
17 Anselm, *Cur Deus Homo*, Ⅰ.XXIV, 48-50; Ⅱ.VI, 58-65; Ⅱ.XVII, 75.

육신하신 중보자이시다. 그리고 자신의 직분 수행을 통해 자신이 목표하는 영광을 드러내셨을 뿐만 아니라 자기 백성의 영광 또한 드러내신 분이었다.[18] 이것은 『하나님은 왜 사람이 되셨는가』의 전반적인 내용이었을 뿐만 아니라 『프로슬로기온』의 신앙고백이기도 했다.[19]

인생으로 하여금 하나님을 명상하게 하는 『프로슬로기온』 제1장은 "네 영혼이 골방에 들어가 하나님을 구하는 것 외에는 모든 것을 제거하라"고 권면한다.[20] 제10장에서는 악인들을 벌하는 것은 악인들의 행실에 적합하기 때문에 의로운 것이라고 말한다. 그리고 악인들을 용서하는 것은 하나님의 선하심에 적합하기 때문에 이 또한 의로운 것이라고 밝힌다.[21]

『프로슬로기온』은 하나님의 존재의 필요성과 존재의 이유를 밝힌다. 그리고 그리스도의 성육신의 필요성과 함께 하나님의 선하심을 구하는 그리스도 사역의 필연성을 표현한다.[22] 안셀무스의 구속사의 핵심은 죄로 인해 단절된 하나님과의 관계 속에서 이해된다.

그리고 『프로슬로기온』에서 나타나는 것처럼, 하나님에 대해서 우리는 그분의 존재와 이보다 '더 큰 존재'는 존재할 수 없다는 것을 믿는다.[23] 하나님의 존재의 크기는 측량할 수 없는(무한) 존재로서의 크기를 말한다. 이것은 그리스도께서 세상의 모든 죄를 짊어질 수 있는 조건이 되기도 한

---

18 Donald Macleod, *The Person of Christ* (Downers Grove: InterVarsity Press, 1998), 106-107.
19 워커, 『기독교회사』, 372: "*Proslogion*의 원제목인 『이해를 추구하는 신앙』(*Fides quaerens intellectum*)은 -정신이 기독교 신앙의 합리적 근거를 적극적으로 탐구하는 것을 강조한다- 스콜라주의의 핵심 동인들을 요약하고, 변증법의 부활에 따른 지적 흥분을 드러낸다."
20 Fairweather (ed.), *A Scholastic Miscellany: An Address(Proslogion)*, Ⅰ, 70.
21 Fairweather (ed.), *A Scholastic Miscellany: An Address (Proslogion)*, 80-81.
22 안셀무스, 『모놀로기온 프로슬로기온』, 399: "제9장-11장은 하나님이 악인들을 용서하실 때(제9장), 그분이 죄인들을 벌하실 뿐만 아니라 용서하실 때(제10장), 그리고 죄인들을 벌하실 때(제11장) 드러나는 하나님의 정의와 자비(선함) 사이의 충돌을 다루른다." 『프로슬로기온』 해제.
23 질송, 『중세 철학사』, 196-197.

다. 앞에서도 이미 밝혔던 것처럼 이것은 순수한 이성에서 출발하는 것이 아니라 신앙에서 제시된 것을 이성적으로 이해할 수 있다는 결론에 도달한 것을 말한다.

스콜라 신학의 특징을 따라 '이성'과 '신앙'을 함께 말하는 안셀무스는 『모놀로기온』 제1장에서 '하나님의 존재'를 증명하는 논리를 전개한다. '이성'과 '신앙'의 결합이 스콜라 신학의 특징이었다면, 안셀무스는 기존 스콜라 신학이 가지는 신학을 능가하는 신학적 사고를 제시한다.[24] 이런 안셀무스를 가리켜 "스콜라철학의 아버지"라고 부르기도 한다.

안셀무스는 기독교 교리들을 증명하는 데 있어서 때로는 급진성을 보이기도 했지만, 성직자로서 성경과 교회 전승의 주된 권위를 옹호하는 인물로 남아 있기를 원했다.[25] 이런 그의 사상이 인간과 하나님을 증거하는 『하나님은 왜 사람이 되셨는가』와 『프로슬로기온』과 『모놀로기온』에 나타난다.

안셀무스는 '하나님의 존재 증명'에서뿐만 아니라 '하나님의 본질과 속성'을 『모놀로기온』에서 논한다. 그는 선하다고 여기는 것의 '선'은 오직 하나의 출처를 통해서 이뤄지며, '최고의 선'이 하나님이라고 주장한다.

안셀무스는 『모놀로기온』의 제1장에서 최상의 비교급으로 하나님이 어떤 존재인지를 설명한다.

제2장에서는 '선'에 대한 "크기의 비유"를 통해 '선'에 대해 모든 것의 근본을 이루고 있는 하나님을 설명한다.[26]

> 내가 지극히 거룩한 삼위일체가 세 실체(tres substantias)라고 말한다면 우리가 한 실체(substantia) 안에 세 위격(persona)을 가지고 있다고 주장하는 것과 같은 신앙을 가지고 한 위격(persona) 안에 세 실체라고 고백하는 그리스도

---

24 코플스톤, 『중세철학사』, 215-218; 크레취마르(편), 『신학의 고전 Ⅰ』, 211-212;
25 워커, 『기독교회사』, 369, 371.
26 질송, 『중세 철학사』, 191-194.

> 인들을 따르는 것이기 때문이다. 왜냐하면, 그들은 하나님 안에 있고, 우리가 '위격'이라고 부르는 바로 그것을 '실체'라고 부르기 때문이다. … 인간 정신의 본질은 선을 구분하고, 더 좋은 것을 그보다 못한 것보다 우선적으로 원해야 하는 데 있기 때문에 … 그는 대부분 홀로 그 자체로 선한 것인 최고선을 추구한다. 이 선에 대한 인식과 사랑에서 인간 정신은 자기 자신을 실현하고, 오직 그 안에서만 자신의 행복을 발견한다(『모놀로기온』 해제).[27]

하나님이 인간의 죄에 대해 형벌이 아니라 '속상'의 방법을 택하신 것은 인류의 멸망을 원하신 것이 아니었기 때문이라고 벌코프는 안셀무스의 속죄론(속상론)을 통해 설명한다.

> 안셀무스의 입장이 정확히 무엇이었는지 죄와 배상적 속죄에 관한 그의 인식에 비추어 볼 때만 제대로 이해될 수 있다. … 하나님은 형벌이라는 방법을 택하지 않았다. 그 방법을 사용하면, 인류는 멸망받게 될 것이고 그러면 하나님의 목적도 좌절되고 말 것이기 때문이다.[28]

안셀무스에 의하면, 하나님이 원하시는 속상의 방법에는 두 가지의 근본적인 것이 포함되어 있다.

첫째, 속상에 대한 '방식'이다.

안셀무스는 인간의 죄에 따른 속상은 자발적인 순종이 그 바탕이 되어 속상이 이뤄져야 할 것을 강조한다. 안셀무스는 『하나님은 왜 사람이 되셨는가』 제1권 제9장에서 첫째 아담의 불순종에 따른 값을 그리스도는

---

27 안셀무스, 『모놀로기온 프로슬로기온』, 21, 379.
28 벌코프, 『기독교교리사』, 183.

죽기까지 자원하는 순종으로 그 값을 치르셨다고 말한다.

> … 그러므로 그분은 아버지께서 계명을 주신대로 행하셨고, 아버지께서 그에게 주신 잔을 마시고 죽기까지 순종하셨습니다.[29]

그리스도께서 행하신 순종의 행위는 생명을 단순히 포기하는 행위를 말하는 것이 아니었다. '하나님의 의'를 지키기 위해 자원하는 순종으로 죽음을 맞이하셨음을 말한다.[30]

둘째, 속상에 대한 '범위'이다.

첫째 아담이 하나님을 욕되게 했으므로 아담은 여기에 대해 '속상'해야만 한다. 『하나님은 왜 사람이 되셨는가』 제1권 제20장에 따르면, 죄를 지은 자는 자신이 죄를 지은 그 분량에 따라 대가를 치러야만 한다.[31] 하나님은 무한하신 분이다. 그러므로 무한하신 하나님을 욕되게 한 것에 대한 '속상'을 "질"과 "양"으로 계산한다면, "무한한 속상"이 이뤄져야 한다. 그럴 경우 유한한 인간은 여기에 대해 속상할 어떠한 능력도 가지고 있지 못하다. 따라서 제2위 하나님이시며 무한하신 그리스도께서 이 일을 감당하기 위해 인간이 되셔야만 했던 것이다.[32]

안셀무스는 그리스도의 순종에 따른 죽음에 그 값을 집중시킨다. 벌코프의 지적에서도 나타나는 것처럼 안셀무스는 첫째 아담의 불순종에 의한 값을 그리스도의 순종하는 죽음에서 그 값을 찾는다. 그러나 죽음에 대한 것이 모든 것에 대한 값을 대신하는 것으로 조명하는 것은 그리스도께서 둘째 아담으로서 속죄에 따른 순종의 삶을 이루신 것을 부정하는 방식

29　Anselm, *Cur Deus Homo*, Ⅰ.Ⅸ, 21.
30　Anselm, *Cur Deus Homo*, Ⅰ.Ⅸ, 20.
31　Anselm, *Cur Deus Homo*, Ⅰ.ⅩⅩ, 42.
32　클로체, 『기독교 교리사』, 230.

이 된다.³³ 그럼에도 불구하고 안셀무스의 순종에 따른 값의 지불은 '형상의 회복'이 담고 있는 창조회복의 측면에서 그리스도께서 둘째 아담으로서 대속에 따른 직분을 수행하셨다는 큰 틀을 놓게 된다.

2) 토마스 아퀴나스(A.D. 1225-1274)와 그리스도의 직분

안셀무스 이후 그리스도의 세 가지 직분은 "예수 그리스도께서 구속과 구원에 있어서 원인이 된다"는 것을 주장하는 토마스 아퀴나스(Thomas Aquinas)에 와서 보다 더 선명해진다. 아퀴나스는 그리스도를 "로고스의 파견"으로 보면서 그리스도의 직분에 대해 논한다. 여기서 그는 그리스도의 직분을 두 가지로 소개한다.

첫째, 쇄신된 인류를 위한 "새로운 아담"이다.
둘째, 은총을 입은 역사의 "봉사자"로서 직분이다.³⁴

그리스도의 세 가지 직분을 신학적으로 조명하기보다 직분이 가지는 전체적인 것을 내포하는 가운데 사역이 해설된다. 이런 아퀴나스의 신학적 견해는 자생적인 것이 아니라 아리스토텔레스, 안셀무스 등 앞서 진행되었던 선진(先進)들의 신학적 사상들을 발전시킨 것이었다.

> 그는 아리스토텔레스에 의존했던 최초의 신학자는 아니었다. 그러나 그는 아리스토텔레스의 논리적 저서뿐만 아니라 아랍 철학을 통해 새롭게 해명된 아리스토텔레스의 자연과학적 저서들과 형이상학적 저서들을 받아들인 최초의 신학자였다. ⋯ 토마스는 아리스토텔레스에 의존하면서 자연을

---

33 벌코프, 『기독교교리사』, 185.
34 토마스 오미어러, 『신학자 토마스 아퀴나스』, 이재룡 역 (서울: 가톨릭출판사, 2012), 261-262, 267.

지속적인 과정 속에서 잠재적인 것이 실재적인 것이 되는 역동적인 사건으로 이해한다. 그의 철학적 인간학은 영혼과 몸의 통일을 강조한다.[35]

그는(아퀴나스) 그의 선배들의 사상을 중세의 그 어떤 신학자보다도 더 완벽하게 소화했다. 이것에 비추어 볼 때, 우리는 그에게서 안셀무스적인 견해와 아벨라르적인 견해의 흔적을 둘 다 발견할 수 있다. 그리고 그리스도의 사역에 대한 그의 설명 속에서 그 어떤 통일성도 없다는 것은 전혀 놀라운 일이 아니다.[36]

신학 사상에 대해 독창성을 가졌다고 말하기보다 발전적으로 승계시켰다는 표현이 아퀴나스에게는 적합할 것이다. 그는 아우구스티누스의 신학으로부터도 자유롭지 못하다.[37] 질송(Etienne Gilson)은 이런 아퀴나스의 신학을 가리켜 "아우구스티누스가 후계자들에게 남겨놓은 기독교의 교의신학을 그는 자신의 새로운 것에 통합시켰다"라고 말한 바 있다.[38]

이뿐만 아니라 아퀴나스는 주석에 따른 자료를 수집할 때, 크리소스토무스와 키릴루스의 저서들을 자주 인용했으며, 아리스토텔레스의 언어를 사용해 자신의 신학을 펼쳐 나갔다. 지금까지 이성의 방식을 통해 하나님을 증거했다면 그는 이성으로 알 수 있는 것과 계시를 통해 알 수 있는 것을 구별했다. 그는 아리스토텔레스의 지식과 감각을 내면에서가 아니라 감각적 관찰에서 찾아 신학자들에게 한층 심화된 문제들을 제시한다.[39]

---

35 크레취마르(편), 『신학의 고전 I』, 270-272.
36 벌코프, 『기독교교리사』, 190.
37 Luther, "Disputation against Scholastic Theology", ed., James Atkinson, *Early Theological Works* (Louisville, KY: Westminster John Knox Press, 2006), 254.
38 질송, 『중세 철학사』, 505.
39 Schaff, *History of the Christian Church*, Vol. V: *The Middle Ages. A.D. 1049-1294*; McKim (ed.), "Aquinas, Thomas", 89; 윌리엄 C. 플래처, 『기독교 신학사』, 박경수 역 (고양: 크리스챤다이제스트, 2007), 206-211.

그리고 하나님의 존재에 대해 아우구스티누스가 "영원한 불변성"으로 봤다면, 안셀무스는 존재를 통해 "본질"을 바라본다. 아퀴나스는 이것을 발전시켜 "존재"를 통해 "있다"라는 "실존"을 말한다.[40]

스콜라 사상을 가지고 있었던 아퀴나스는 선진들의 견해를 받아들이면서 자신의 신학적 소견을 펼쳐 나갈 때, 하나님의 존재에 대한 것을 인간의 경험에서 도출하는 방식을 선호한다. 여기서 그는 하나님을 세상의 "제1원인"이며, "설계자"로 본다.[41] 하나님은 모든 사건의 근본 원인이자 인도자이다. 따라서 인간은 처음부터 근본 원인자인 하나님의 은혜에 의해 인도된다.[42]

아퀴나스는 자신의 저서 『신학대전』과 『대이교도 대전』을 하나님의 "존재"로부터 시작한다.

『신학대전』 제 I 권 제1문 1-10절까지의 내용은 "거룩한 가르침"에 대한 것을 다룬다. 여기서는 하나님의 존재에 대한 서론을 펼친다. 그리고 제2문에서 하나님의 존재에 대해 본격적으로 논한다.

『대이교도대전』 제 I -III권에서는 이성을 통해 인식할 수 있는 신적 진리를 제시한다. 제IV권에서는 계시를 통해서만 인식되는 신과 신적 실재들에 대해 논한다.[43]

그의 "제1원리"는 기독론과 구원의 수단들로 그 내용이 전개된다. 이 원리는 그의 『신학대전』에서 더욱 분명하게 전개된다.[44] 아퀴나스 신학의 특징 중 하나는 그리스도 안에서 일어난 하나님의 구원의 행위를 인간의

---

40 질송, 『중세 철학사』, 510-516; 코플스톤, 『중세 철학사』, 398-399.
41 McKim (ed.), "Aquinas, Thomas", 88; 맥그래스, 『신학이란 무엇인가』, 435-438; 질송, 『중세 철학사』, 529; 한스 큉, 『교회』, 정지련 역 (서울: 한들출판사, 2007), xxx;
42 Luther, *Early Theological Works*, 254.
43 토마스 아퀴나스, 『신학대전』 II.1-3, 정의채 역 (서울: 바오로딸, 2014), 140-183; 토마스 아퀴나스, 『대이교도대전』, 신창석 역 (왜관: 분도출판사, 2015), 47; 코플스톤, 『중세 철학사』, 417-418.
44 크레취마르(편), 『신학의 고전 I』, 273-274.

자율적 행위와 연관시키는 것에 있다. 그는 그리스도께서 이루신 구속사건을 "그리스도께서 우리에게 몸소 진리의 길을 보여 주신 것"으로 여긴다. 예를 들어, 그리스도는 부활을 통해 우리에게 불멸의 삶을 얻을 수 있는 진리의 길을 보여 주신다는 것이다.[45] 아퀴나스의 이런 특성은 당시 스콜라 학자들이 그리스도의 인성을 강조했던 기독론의 유형이기도 했다.

아퀴나스는 하나님의 구속에 대해 절대적 필연성을 주장하지 않는다. 아퀴나스가 볼 때, 구속은 필연성이 아니라, 필요에 따른 적합성에서 비롯된다. 왜냐하면, 하나님의 속성에 비춰 볼 때, 구속이 가장 적절한(적합한) 조치가 되기 때문이다.[46]

그는 안셀무스로부터 야기되었던 죄 사함에 따른 속상의 필수 조건을 거부한다. 왜냐하면, 속상은 적합한 요소가 아니라 하나님의 공의와 자비를 가장 잘 나타낼 수 있는 방법이었기 때문이다.[47] 아퀴나스는 그리스도께서 십자가에서 죽음을 겪은 것 또한 배상의 치유라는 측면에서 적합했기에 단행된 사건으로 본다.[48]

아퀴나스의 이런 견해는 스콜라주의자들이 가지고 있었던 '하나님 형상'에 대한 '원의'와 '모양'에 따른 "덧붙여진 은사"를 구별하는 인간의 상태를 염두에 둔 견해였다. 여기에는 첫째 아담에 의한 '원죄'를 "소극적 결여"로 여기는 경향이 있었다.

그의 『신학대전』은 다음과 같이 말한다.

> 2. 아담의 다른 죄들은 그의 본성에 해당되는 것이 아니라 그의 인격에 해당된다. 따라서 공로가 유전되지 않듯이 이 나머지 죄들도 유전되는 것이 아니다.

---

45 Schaff, *History of the Christian Church*, Vol. V, 670; 벌코프, 『기독교교리사』, 191-192.
46 G. 달 사쏘(편), 『신학대전 요약』, III.46, 이재룡외 2인 역 (서울: 가톨릭대학교출판부, 2001), 435-438; 벌코프, 『기독교교리사』, 190.
47 Bavinck, *Reformed Dogmatics* Vol. 3, 343: Thomas Aquinas, *Summa Theologia*, III, qu. 1, art. 1, 2; qu. 46, art. 1-3 각주를 참고; 클로체, 『기독교 교리사』, 232.
48 토마스 아퀴나스, 『신학요강』, 박승찬 역 (고양: 나남, 2008), I.228, 409-410.

3. '원죄'는 자연적 출산을 통해 유전된다.[49]

그리스 교부들과 같은 스콜라주의자들은 흔히 "형상"과 "모양"(창 1:26)을 구별했고, 대개 "형상"을 인간의 최초의 재능과 동일시하고 "모양"은 추가 재능과 동일시했다. 토마스 아퀴나스는 이 두 가지를 이론적으로 구별했으나, 구체적으로는 일치시켰다. … 토마스 아퀴나스에 의하면, 원죄는 소극적인 결여, 비존재일 뿐만 아니라 본질적으로 정욕에 존재하는 적극적인 것이기도 하다. … 아퀴나스는 부모에 의해 자녀에게로 이성적인 영혼이 전달되는 것이 아니라 세대에 의해 죄악된 인간성이 유전되는 것을 말한다. 아퀴나스는 아담의 죄가 민족 유기적 조직체의 연합이라는 사실에서 아담의 죄가 자손에게로 이전된 것을 추론한다.[50]

아퀴나스는 인간의 '원죄'를 '본래의 정의'를 형성하고 있던 조화가 깨지면서 생긴 무질서한 성향(성품)이며, "본래의 정의의 결핍"으로 여긴다.[51] 그는 인간의 상태를 "원의"와 "덧붙여진 은사", 이 둘로 구분해 이를 일치시킨다. 그리하여 인간의 본성이 죄로 말미암아 약해졌지만 은혜의 도움을 받아 자신의 능력으로 본성이 회복될 수 있다고 주장한다.

아퀴나스에 따르면, 인간이 비록 자신의 의지로 악에 머물러 있을지라도 자유로운 결정을 하지 못하는 것은 아니다. 다만 죄를 범하기 전과 같이 '선'에 대해 비슷하게 판단할 수 없을 뿐이다.[52] 문제는 첫째 아담의 죄로 인한 원죄는 아담의 어떤 행위로도 후손들의 본성을 회복시켜 줄 수 없다는 사실이다. 아퀴나스는 인간 본성의 회복을 위해 그리스도께서 구속

---

49 사쏘(편), 『신학대전 요약』, II/1.81, 187-188.
50 클로체, 『기독교 교리사』, 233-234.
51 Thomas Aquinas, *Aquinas on Nature and Grace: Selections from the Summa Theologica*, ed., A. M. Fairweather (Louisville, KY: Westminster John Knox Press, 2006), 120-122.
52 아퀴나스, 『신학요강』 I.174, 293-295.

과 구원에 근거한 원인이 되는 것을 주장한다. 이것은 그리스도의 구속 사역에 따른 직무 수행을 말한다.

> 그러나 비록 원죄의 죄가 인간 본성 전체를 오염시켰을지라도 그의 참회나 그의 공로들 중에 어떤 것이 전체 본성을 회복시켜 줄 수는 없었다(Ⅰ.198). … 그러나 (인간 본성은) 아담을 통해서나 또는 다른 어떤 순수한 인간을 통해서 회복될 수는 없었다는 사실이 밝혀졌다. … 따라서 오직 신을 통해서 그러한 회복이 일어날 수 있었다는 사실만이 귀결된다(Ⅰ.200).[53]

바빙크에 따르면, 아퀴나스는 안셀무스의 견해처럼, 원죄에 대한 것을 '속상'에 따른 '죽음'으로 제한하지 않는다. 그는 그리스도의 모든 고난과 전반적인 순종까지 확대한다. 이런 가운데 그리스도께서 머리로서 이루신 공로가 그 지체에 전가되는 것을 말한다.[54]

여기서 아퀴나스는 그리스도의 직무를 세 가지 직분으로 나누어 설명하지는 않는다. 그는 그리스도의 직무를 둘로 나누어 설명한다.

첫째, 중보적 위치에서의 직무였다.
둘째, 자발적인 순종을 통한 직무 수행이었다.

아퀴나스는 그리스도의 죽음을 첫째 아담의 대속에 따른 필연성에 의한 죽음이 아니라 권능과 고유한 의지에 의해 죽음을 택한 순종의 결과라고 말한다.[55] 여기서 강조되는 것은 그리스도의 인성에 따른 사역이었다.

---

53 아퀴나스, 『신학요강』 Ⅰ.198-200, 321-325.
54 Bavinck, *Reformed Dogmatics* Vol. 3, 344.
55 아퀴나스, 『신학요강』 Ⅰ.230, 412-413.

그리스도 예수는 이 세상에 죄인들을 구원하러 오셨기 때문에 인류가 어떻게 죄에 떨어졌는가를 먼저 다루어야 하는 것으로 보인다. 그럼으로써 그리스도의 인성을 통해서 인간들이 어떻게 죄로부터 해방되는가를 더욱 명료하게 인식하게 될 것이다.[56]

아퀴나스는 아우구스티누스와 암브로시우스의 견해를 사용한다. 죄는 "하나님의 법에 대항하거나 행동하는 것"으로, "죄의 처소"는 "의지"에 있다고 정의한다. 아퀴나스에 따르면, 죄는 의지가 그 원인이 되며, 죄는 무질서의 행위로 나타난다.[57]

아담의 죄는 무의식 가운데서 자행된 것이 아니라 의지가 있는 의식 가운데서 일어난 행위였다고 그는 설명한다. 아퀴나스는 죄의 주체는 꼭 의지뿐만이 아니라 '관능'(官能) 속에도 죄가 있을 수 있다고 주장한다. 감각적 욕구의 움직임 또한 의지에 의존하고 있기에 그렇다는 것이다. 덧붙여 죄의 원인은 의지에 대한 결함인 "올바름의 결핍"에 있다고 함께 말한다.[58] 그러므로 아담은 죄에 대한 형벌을 치러야 했으며, 이를 위해 아담은 하나님의 정의 앞에 놓이게 되었다는 것이다.

그리스도는 자신이 둘째 아담이 되어 첫째 아담에 대한 두 가지의 값을 치르게 된다.

첫째, "불순종에 따른 값"을 고난을 통해 치르게 된다.
둘째, 죄에 대한 "결론의 값"으로 죽음을 맞이하게 된다.

아퀴나스는 이것을 대속에 따른 필연적인 값으로 보는 것이 아니라 공

---

56 아퀴나스, 『신학요강』 I .185, 309; Bavinck, *Reformed Dogmatics* Vol. 3, 363.
57 토마스 아퀴나스, 『진리론』, 이명곤 역 (서울: 책세상, 2012), 86-90; 사쏘(편), 『신학대전 요약』, II .1.72, 181.
58 사쏘(편), 『신학대전 요약』, II .1.74-75, 182-184.

로적인 측면에서 강조한다. 구속에 따른 그리스도의 사역을 공로적인 측면에서 본다. 그의 『신학대전』은 이렇게 논한다.

> 5. 구속의 값은 그리스도께서 흘리신 피였다. 구속의 업적은 인간 본성을 수용하신 성자에게 속한다.
> 6. 그리스도는 그분의 수난으로 그분이 현양되는 공로를 이루었다. … 수난을 통해서 그리스도의 권위는 말할 수 없는 방식으로 억눌렸다.[59]

아퀴나스에 따르면, 그리스도의 죽음은 인류를 향한 구속적 은총의 원인이 된다. 피조물들의 활동을 통해 하나님의 은총이 현존하게 된다고 생각했던 아퀴나스는 그리스도를 '영적 의사'로 여겼다. 그에 따르면, 그리스도는 구속의 은총을 현존하게 하기 위해서 두 가지 방식으로 일한다.[60]

첫째, 내면의 방식을 들 수 있다. 여기서 인간의 의지가 '선'을 원하고, '악'을 미워하도록 준비시킨다.
둘째, 외부적인 방식을 통해 충만에 이르게 하는 것으로 이는 '성찬예식' 가운데 실행된다. 세례를 받은 사람은 세상의 죄를 대속하신 그리스도의 죽음에 함께 묻히게 된다.[61]

아퀴나스는 그리스도의 세 가지 직분을 조직적으로 설명하거나 교리적으로 제시하지는 못한다. 그리고 그리스도의 직분에 따른 사역이 둘째 아담으로서 첫째 아담의 대속을 이루기 위한 필연적 사역이었다는 것을 말하지 않는다. 적합성에 의한 사역임을 통해 공로를 강조한다. 그런데도 그리스도께서 구속의 원인이라는 것은 안셀무스보다 더욱 선명하게 밝힌다.

---

59 사쏘(편), 『신학대전 요약』, III.48, 439-440.
60 오미어러, 『신학자 토마스 아퀴나스』, 291-292.
61 사쏘(편), 『신학대전 요약』, III.68.4-5, 463.

서두에서 밝혔던 것처럼 아퀴나스가 주장하는 "새로운 아담"과 은총을 입은 역사의 "봉사자"로서 그리스도의 직분은 회복에 따른 값이었음을 강조한다. 포괄적인 측면에서 볼 때, '형상에 대한 회복'에 주안점을 주며, 창조회복에 따른 모습으로 이어진다.

3) 마틴 루터(A.D. 1483-1546)와 그리스도의 두 직분

신앙의 한 획을 그었던 루터는 그의 본명이 '루더'(Luder)였다. 그는 종교개혁의 시발점이 되었던 '95개조' 논제를 출판하고 자신의 이름을 '루더'에서 '루터'(Luther)로 바꾼다.[62]

1517년 종교개혁이 있기까지 스콜라 사상과 그 뒤를 이은 인문주의적 체계 아래에서 루터는 신학 연구를 시작한다. 스콜라주의는 종교개혁이 시작되기 직전에 절정기가 지난다. 반면, 이탈리아에서 독일로 들어온 인문주의는 16세기 초에 가장 두드러진 발전을 이룬다.[63]

루터는 이에 영향을 받는다. 1505년, 루터는 수도원을 통해 신앙과 신학의 길을 걷는다. 그리고 아우구스티누스에 대한 연구가 그의 신학 형성에 커다란 영향을 끼친다.[64] 스콜라 사상의 영향 아래에 있었던 루터가 스콜라주의에 대한 급진적 비판자가 된다.[65] 그리고 중세 교회에 대해서는 성직자의 복잡한 성례전에 따른 제도를 비판적으로 본다.[66]

---

[62] 우병훈, 『처음 만나는 루터』(서울: 한국기독학생회출판부, 2017), 107: "루터는 '자유자'라는 의미의 엘레우테리우스(Eleutherius)라는 이름을 사용했다. 그 이유는 복음이 주는 자유를 누리기 시작했기 때문이다. 그는 1517년 11월부터 1519년 봄까지 쓴 스물여덟 통의 편지에 엘레우테리우스라는 이름으로 서명했다. 그러다가 엘레우테리아(eleutheria)라는 단어에서 앞뒤의 모음들을 떼고 철자를 약간 변형한 루터(Luther)라는 이름을 쓰기 시작했다."

[63] 베른하르트 로제, 『루터 연구 입문』, 이형기 역 (고양: 크리스챤다이제스트, 2013), 35.

[64] 우병훈, 『처음 만나는 루터』, 55.

[65] Luther, "Disputation against Scholastic Theology", 264; Scott H. Hendrix, *Martin Luther: Visionary Reformer* (London: Yale University Press, 2015), 69.

[66] 맥그래스, 『신학의 역사』, 264-265.

루터는 스콜라 사상을 배격하면서도 그의 신학은 여전히 스콜라적 요소를 남겼다. 예를 들어, 그는 자신의 신학에서 이성을 배제시키지 않았다. 이유는 하나님을 알기 위해서는 이성의 도움이 필요했으며, 피조물을 다스리는 데도 이성은 필요하다고 그는 인지했기 때문이다. 루터는 이성을 '이해하고 판단하는 능력'으로 받아들였다.[67] 이런 루터는 아우구스티누스의 신학을 근거로 스콜라 신학에 대한 반대의 길을 걸었던 것이다.

그리고 아우구스티누스의 죄론과 은총론을 앞세워 전통 교부들의 신학을 방어하며, 인간의 의지를 주장하는 펠라기우스주의자들을 대항한다. 하나님의 은혜가 아니고는 타락한 인간의 의지는 악하고, 나쁜 행위만 하게 될 따름이라고 주장하며 "노예 의지"를 표방한다.[68]

1. 아우구스티누스가 이단에 대해 너무 길게 썼다는 것을 말하는 것은 아우구스티누스가 쓴 거의 모든 것이 거짓말이라는 것입니다.

2. 이것은 펠라기우스주의자들과 모든 이단자들에게 유익을 주는 것과 똑같습니다. 사실 그들에게 승리를 안겨 주는 것입니다.…

5. 욕망이 자유롭고 다른 것은 물론 어떤 것을 선택할 수 있다는 것은 진리가 아닙니다.…

7. 반대로, 하나님의 은혜가 없다면 의지는 필요에 따라 악하고 그릇된 행동을 낳게 됩니다.…

12. 이것을 말하는 경우는 아우구스티누스를 반대해서 말하는 것이 아닙니다. "그러므로 의지 자체보다 더 의지의 힘이 되는 것은 없다" (*On Augustine and the bondage of will*).[69]

---

67 베른하르트 로제, 『마틴 루터의 신학』, 정병식 역 (서울: 한국신학연구소, 2016), 278-279.
68 로제, 『루터 연구 입문』, 55. 75; 로제, 『마틴 루터의 신학』, 236-237.
69 Luther, "Disputation against Scholastic Theology", 266-267.

면죄부 95개조를 공표하기까지 루터에게 나타났던 신학에는 특징적인 요소가 있다. 그 가운데 하나는 "그리스도의 공로"를 근거로 "의롭다 여김"을 받는 "칭의론"이었다. 이것은 '신앙'과 '선행'에 의해 '의로움'이 결정된다고 믿는 로마교회의 칭의론과는 달랐다. 그리스도의 공로에 따른 칭의는 루터에게 마치 계시처럼 작용하게 된다. 그리고 그에게 빛으로, 생명의 위안으로 다가온다.[70]

이런 루터 신학의 특징이라 할 수 있는 "칭의론"은 시작이 다른 곳이 아니라 "창조론"에 근거를 두었다. 루터는 칭의의 원리를 하나님의 창조적 활동 가운데서 찾았다. 그에 따르면, 경건하지 않은 자를 "의롭다"고 칭하는 것은 "그 사람의 능동적 의지"에 의해서가 아니다. "하나님의 일하심"이라는 방법의 특별한 예를 통해 나타난다. 세계의 시작에서부터 종말에 이르기까지 인간의 능력으로 되는 것은 없다. 모든 것은 '하나님의 일하심'이라는 창조에 따른 계획 속에서 나온 것이다.[71] 루터가 칭의를 창조적 관점에서 이해했다는 것을 엿보게 한다.

루터의 신학에서 나타난 "노예 의지"와 "칭의"는 "우리가 할 수 있는 것은 아무것도 없다"라는 견해와 함께 '하나님의 일하심'과 하나님 편에서의 "능동적 의"로 나타난다. 루터는 갈라디아서 주석에서 "수동적 의"와 "능동적 의"를 다룬다. "하나님의 일하심"을 "능동적 의"라고 말한다면, '의'와 관련해 우리가 할 수 있는 것은 아무것도 없다. 단지 우리는 우리 안에서 역사하는 하나님을 받아들이는 '수동적 의'를 이룰 뿐이다.[72]

이것은 곧 인간 구원을 위해 '참 신성'과 '참 인성'을 가진 그리스도께서 둘째 아담으로서 사역을 이루셔야 할 것에 대한 필연성을 담고 있었다.

---

70 Philip Schaff, *History of the Christian Church*, Vol. VII (Grand Rapids, MI: Christian Classics Ethereal Library, 2002), 73.
71 파울 알트하우스, 『루터의 신학』, 이형기 역 (고양: 크리스챤다이제스트, 2008), 138-139.
72 루터, "갈라디아서 주석", 존 딜렌버거(편), 『루터 저작선』, 이형기 역 (고양: 크리스챤다이제스트, 2005), 148-157.

루터의 이런 신학적 제시는 그가 주장하는 그리스도의 사역에 따른 제사장과 왕의 두 직분에 나타나는 사역과도 관련된다. 루터에 의하면, 그리스도께서 이루신 두 직분의 사역은 하나님의 진노를 진정시키며, 화해시키는 희생제물로서 제사장의 직분과 왕으로서의 직분이었다.[73] 이때 그리스도는 '능동적 의'를 이룰 '참 신성'과 '참 인성'의 모습이었다. 그리고 여기에 따른 모든 계획이 창조와 관련되어 진행된다.

루터는 첫째 아담의 대속을 이룰 둘째 아담으로서의 그리스도의 직분에 근거한 사역을 자신의 "십자가신학"과 연결해 푼다. "십자가신학"이라는 용어는 종교개혁의 신학을 이끌어 갔던 루터가 1518년 『하이델베르크 논제』에 등장시켜 사용했던 유명한 용어 가운데 하나였다. 이 용어는 스콜라주의와 인문주의를 겨냥했다.[74]

루터는 하나님의 존재와 세상의 구원을 위한 하나님의 뜻을 "고난"과 "십자가"라는 개념을 통해 표현하고자 했다. 루터의 십자가신학은 인간의 구원과 관련해 죄와 심판에 대해 "숨어 계시는 하나님"과 자신을 "계시하시는 하나님"을 동시에 드러낸다.[75]

루터가 볼 때, 십자가의 고난 가운데 계시는 분은 참 하나님이셨다. 하나님은 십자가에서 겸손과 수치 가운데서 자신을 드러내심과 동시에 숨기신다.[76] 고난과 십자가 안에서 알려지신 분이 하나님이라는 측면에서 이 드러내심을 "계시"라고 말한다면, 이 계시는 믿음의 눈으로만 분별된다는 측면에서 "숨겨지심"이 된다.[77]

---

73 알트하우스, 『루터의 신학』, 251.
74 로제, 『마틴 루터의 신학』, 61-65.
75 로제, 『마틴 루터의 신학』, 65; 알트하우스, 『루터의 신학』, 306; 우병훈, 『처음 만나는 루터』, 102: "루터는 십자가의 신학, 겸손의 신학을 지향했고, 자기 이름을 드러내는 것을 극히 싫어했다."
76 알리스터 E. 맥그라스, 『루터의 십자가 신학』, 김선영 역 (서울: 도서출판 컨콜디아사, 2015), 299-300.
77 맥그라스, 『루터의 십자가 신학』, 300-302; 로제, 『마틴 루터의 신학』, 64.

루터는 십자가를 두 가지 측면에서 만족을 이루는 그리스도의 직분에 따른 사역으로 본다.

첫째, 십자가는 하나님의 측면에서 만족을 이루는 그리스도의 직분에 따른 사역이었다.

여기서 그리스도는 "화해자"로서 직분을 수행하시는 분이다. 죄에 대해 "속상설"을 주장했던 안셀무스는 인간의 죄에 대해 그 값을 심판이 아니라 "속상"에 따른 "만족"으로 설명한다. 반면, 루터는 이것을 범죄자가 당할 "선고의 형량"을 그리스도께서 심판을 통해 그 값을 대신하는 것으로 말한다.[78]

루터는 '하이델베르크 논쟁'(A.D. 1518)에서 스콜라 신학이 주장하는 "영광의 신학"을 반대하며, "십자가신학"을 주장한다.[79]

> 그 후에 그는 보름스로 가야 했다. 십자가신학은 그의 '개혁자의 결단'의 정점을 이루었으며, 그의 신학적 근거를 기술했다. 왜냐하면, 루터는 그리스도의 신비를 완전히 비신비적으로 이해해 인간적인 지혜를 목적으로, 인간적인 활동성을 종교적으로 높이기 위한 목적으로, 또한 중세기의 교회 사회의 기독교적 제국주의를 목적으로 그분의 이름을 악용하는 것에 대항하는 하나님의 저항으로 이해했기 때문이다. 십자가신학과 함께, … 종교개혁의 투쟁이 시작되었다.[80]

---

78 알트하우스, 『루터의 신학』, 232-233.
79 Luther, "Heidelberg Disputation 1518", 274-275, 278: "21. The theologian of glory says bad is good and good is bad. The theologian of the cross says what is in fact the truth (i.e., calls them by their proper name)."-*Thesis from the province of theology*; 로제, 『루터 연구 입문』, 75.
80 위르겐 몰트만, 『십자가에 달리신 하나님』, 김균진 역 (서울: 한국신학연구소, 2011), 291-292.

하이델베르크에서 면죄부 논쟁은 제쳐졌습니다. 그리고 루터는 신학자들 사이에서 그들 앞에 서게 됩니다. … 여기서 역시, 아리스토텔레스에 대한 그의 확고한 공격이 있었습니다. 이 문제는 이전의 스콜라 신학에 대한 문서에서 더욱 확실하게 제기되었습니다(Disputation held at Heidelberg, April 26th, 1518).[81]

루터에 따르면, 그리스도의 십자가 고난은 우리로 하여금 하나님의 뜻을 이해하고, 알 수 있게 한다. 루터는 '하이델베르크 논쟁'을 통해 "인간은 죽을 수밖에 없는 죄"를 짓고 있다는 것과 함께 그리스도의 행위의 효과가 인간에게 효력을 미친다고 주장한다.

루터는 갈라디아서 3:10과 13절을 주석한다. 갈라디아서 3:13의 주석에서 그는 이렇게 말한다.

> 그리스도께서 우리의 몸과 피를 감싸듯이 해 십자가에서 못 박히셨고, 죽으셨으며, 이것은 하나님의 저주에 대한 값이었으며, 하나님은 이런 그리스도의 모습을 주목하지 않을 수 없었다.[82]

그리고 로마서 2:12과 4:15을 주석한다. 죄는 율법을 통해 진노를 이루게 하지만 그리스도는 율법의 저주 아래 놓인 우리를 자유하게 했다고 말한다.[83]

그리스도는 율법의 저주로부터 우리를 해방하기 위해 스스로 저주가 되셨다. 그리스도는 죄에 따른 값으로 십자가에 못 박히셨다. 그리고 그 값

---

81 Luther, "Heidelberg Disputation 1518", 274-275.
82 루터, 『갈라디아서 강해(상)』, 412-416.
83 Luther, "Heidelberg Disputation 1518", 292-293; Luther, *Lectures on Romans*, ed., Wilhelm Pauck (Louisville, KY: Westminster John Knox Press, 2006), 50, 145-146; 말틴 루터, 『갈라디아서 강해(상)』, 김선희 역 (용인: 루터신학대학교 출판부, 2003), 371-398, 409-430.

에 따라 죽으심으로 하나님 측면에서 만족을 이루셨다. 루터는 그리스도의 직분을 왕과 제사장의 두 직분으로 나누어 설명하면서 하나님과 화해를 이루는 것에 초점을 맞춘다. 왜냐하면, 그가 볼 때 그리스도께서 둘째 아담으로서 이뤄야 할 것은 하나님을 향해 불순종했던 첫째 아담의 만족을 채우는 것이 되어야 했기 때문이다.

둘째, 십자가는 하나님의 만족을 우리에게 전가해 준, 그리스도의 직분에 따른 사역이었다.

십자가는 우리에게 만족을 이뤄주는 사역에 해당된다. 십자가가 하나님 측면에서 만족을 이끌어 내는 값이었다면, 우리 측면에서는 회복을 나타낸다. 하나님의 만족을 우리에게 전가해 주는 것은 '형상회복'에 따른 창조회복을 이끌어 낸다. 이런 측면에서 그리스도는 우리의 '구속주'로서 자신의 직분을 십자가에서 감당하신 분이었다는 사실이 먼저 언급되어야 한다. 죄 가운데 놓인 타락한 인간은 자신의 선행으로 의롭게 될 수가 없었다.

루터에 의하면, 하나님은 "의를 이룬다"라는 측면에서 그리스도의 십자가 안에 이미 계시되어 있었다.[84] 그런데도 십자가에서 죽어 가는 그리스도를 목격하는 인간의 눈에는 이런 하나님의 계시가 보이지 않았다.[85] 십자가에서 이루신 그리스도의 직분에 따른 사역은 '의'를 이룬다. 그리스도께서는 둘째 아담으로서 하나님의 만족을 이룬 그 '의'를 첫째 아담의 형상을 지닌 우리에게 전가하신다. 여기서 하나님은 우리에게 더 이상 "감추어진 하나님"이 아니라 "계시된 하나님"으로 창조회복을 위해 우리에게 다가오신다.[86]

십자가를 통해 그리스도의 두 직분을 다룰 때, 루터는 하나님과 화해를

---

[84] Bavinck, *Reformed Dogmatics* Vol. 2, 40, 152.
[85] 맥그라스, 『루터의 십자가 신학』, 311-316.
[86] 맥그라스, 『루터의 십자가 신학』, 312-313.

이룰 자로서 '제사장의 직분'을 다룬다. 제사장은 그의 직분을 통해 우리를 하나님과 화해시켰다면 우리를 위해서는 하나님의 의를 만족시켰다. 그는 죽음의 제물이라는 제사장의 직분으로서 이것을 이루게 된다.[87]

십자가에서 왕의 직분을 통해서는 마귀의 세력과 "전투하는 사역자"로서의 모습을 그려낸다. 루터는 전투하는 왕의 직분에 따른 사역을 그리스도의 '신성'과 '인성'의 '두 본성'을 통해 논한다. 마귀의 강력한 영적 도전에 대해 그리스도께 신성이 없었다면 인성만으로는 그가 이 전투를 이길 수 없었다는 것이다.

골로새서 2:15 주석에서 루터는 이렇게 말한다.

> [이 싸움은] 하나이고, 유일한 그리스도의 인격 안에서 일어났다. 인간 예수는 이 모든 싸움에서 살아남았다. 그러나 그의 신성이 없었다면 그는 이 강력한 대적들과의 두려운 싸움에서 승리할 수 없었을 것이다.[88]

루터는 첫째 아담의 '형상회복'을 위해 그리스도께서 공생애를 통해 겪었던 고난을 마귀의 세력에 대항하는 전투로 보았다. 그리고 십자가와 부활은 '형상회복'이라는 '창조회복'을 뜻하는 승리의 열매로 여겼다.

루터는 『노예 의지론』에서 하나님은 자기 백성의 죽음을 방관하지 않으실 뿐만 아니라 오히려 그 죽음을 비탄하신다. 그리고 그 죽음을 자기 백성으로부터 제거하기를 원하셨다고 밝힌다.[89] 선하신 하나님은 죄와 죽음을 제거하고, 우리로 하여금 구원에 이르도록 하시는 것이 계획이었고, 일하심이었다.[90] 여기에 대해 그리스도는 무능력과 무지 가운데 놓여 있는

---

87 로제, 『마틴 루터의 신학』, 317.
88 알트하우스, 『루터의 신학』, 237-239.
89 Luther, "Refutation of Arguments in Support of Free Choice", (ed.), E. Gordon Rupp · A. N. Marlow, *Luther and Erasmus: Free Will and Salvation* (Louisville, KY: Westminster John Knox Press, 2006), 201-202; 루터, "노예 의지론", 246-247.
90 Luther, "Refutation of Arguments in Support of Free Choice", 201-202.

인간의 대속자가 되신다. 그리고 계명에 대한 준수와 함께 자신을 생명으로 내어놓는 '창조회복'을 위한 사역을 이뤄 가신다. 여기서 강조되는 그리스도의 대표적 직분의 사역이 제사장의 직분이었으며, 이 직분의 사역은 선지자 사역을 함께 포함했다.

루터가 볼 때, 그리스도의 두 직분의 사역은 그리스도께서 이 땅에서 살아가시면서 스스로 범하신 자신의 죄에 대한 값을 치르기 위한 사역이 아니었다. 그것은 '형상회복'에 따른 첫째 아담의 '대속'의 값이었으며, '존귀한 피'로서의 값이었다.

이것을 루터는 자신의 『대교리문답』과 『소교리문답』의 제2부 "신조", 제2조 "구원"에서 증거한다.[91]

> 주님은 인간이 되셨습니다. 처녀에게서 죄 없이 성령으로 잉태하셨습니다. 이것은 주의 권세로 죄를 다스리기 위함입니다. 더 나아가 봅시다. 그분은 고난받으시고, 죽으시고, 묻히셨습니다. 이는 나를 위해 대속하신 것입니다. 금과 은으로 나의 죄값을 지불하신 것이 아닙니다. 그분의 존귀한 피로 값을 치르셨습니다(『대교리문답』 2.2.31).

> 그분은 나의 주님이십니다. 버림받아 저주에 묶인 나를 풀어 주셨고, 모든 죄와 죽음과 마귀의 권세에서 나를 건져 그분의 것으로 만드셨습니다. 금과 은으로 하신 것이 아닙니다. 그분의 거룩하고, 값진 피, 무고한 고난과 죽음이 나를 구원했습니다(『소교리문답』 2.2).

루터는 『시편 강해』(A.D. 1513)에서 고난과 시련 가운데 놓이게 될 그리스도를 비춘다. 그리고 둘째 아담인 그리스도의 직분이 "고난의 종"으로서의

---

91 마르틴 루터, 『대교리문답』 2.2.28-31, 최주훈 역 (서울: 도서출판 복 있는 사람, 2017), 211-213; 마르틴 루터, 『소교리문답』 2.2, 최주훈 역 (서울: 도서출판 복 있는 사람, 2018), 47-48; Scott Hendrix, *Martin Luther: Visionary Reformer*, 196.

직분이 될 것을 말한다.⁹²

『로마서 강해』(A.D. 1515-1516)에서는 그리스도께서 십자가에서 자신의 직분 수행을 통해 이루신 '의'가 우리의 '의'가 될 것이라고 말한다. 여기서 루터는 그리스도께서 십자가에서 둘째 아담으로서, 첫째 아담의 회복을 이룬 직분자였다는 것을 강조한다.

『갈라디아서 강해』(A.D. 1516-1517)에서는 그리스도께서 십자가에서 이루신 '의'가 우리의 '의'가 되었다는 것을 조명하면서 그리스도께서 둘째 아담으로서 이루신 사역의 의미를 더욱 부각시킨다.

『히브리서 강해』(A.D. 1517-1518)에서는 그리스도께서 '희생제물'로서 제사장 직분을 수행하신 것을 강조한다.

루터는 히브리서 5:6의 "멜기세덱의 반차를 쫓는 제사장"과 7절의 "그는 육체로 계실 때에 자기를 죽음에서"에 대해 주석한다. '그'는 그리스도였으며, 실제로 자신을 희생제물로 드리는 '형상회복'을 위한 제사장이었다. 사람 가운데 선택된 제사장이었다.

그리고 8절과 9절의 주석에서는 그리스도를 가리켜, "구원의 주"와 "중보자"로서 자신에게 주어진 모든 고난을 통해 완전하게 된 대제사장으로 소개한다.⁹³

종교개혁 이후 기록된 루터의 『히브리서 강해』는 1518년의 '하이델베르크 논쟁'을 앞둔, "십자가신학"의 분기점이 되기도 한다. 루터가 하이델베르크에 소환된 시기는 그가 『히브리서 강해』 11장에 이르렀을 때였

---

92 딜렌버거(편), "시편 서문", 78: "시편은 그리스도의 죽음과 부활을 매우 분명하게 약속하고 그분의 나라와 모든 그리스도의 백성의 본질과 지위를 묘사한다는 이유만으로도 시편은 우리에게 귀하고 사랑스럽다."-시편 서문, Bertram Lee Woolf가 번역하고 편집한 *The Reformation Writings of Martin Luther*, volume II, *The Spirit of the Protestant Reformation* (London: Lutterworth Press, 1956), 267-71의 내용을 인용한 것이며, 여기에 대한 각주를 재인용.

93 Luther, "Lectures on the Epistle to the Hebrews", 109-116.

다.[94] 이런 루터에게서 증거된 신학이 "십자가신학"이었던 것이다. 바로 제사장인 그리스도, '형상회복'에 따른 제사장이었다. 루터의 "십자가신학"의 발전은 1525년, 에라스무스의 "자유의지"를 반박하기 위한 『노예의지』에서 더욱 뚜렷하게 나타났다.[95]

> 존경하는 에라스무스여!
> 당신의 「자유선택에 관한 강론」에 내가 너무나 오랜 시간 답하지 못한 것은 모든 사람의 기대에 대해 반하는 것이었습니다. …
> 오직 니고데모와 요셉 그리고 십자가상의 강도 외에 구원받은 사람은 거의 없지 않습니까? …
> 에라스무스의 권위에서 볼 때 자유 선택이라는 것은 하나님의 말씀과 사역에 스스로 의지하든지 않든지 할 수 있는 의지의 능력을 말하는데, … 그와 같은 경우 구원으로 인도하는 하나님의 사역들은 죽음과 십자가 그리고 세상의 모든 악들을 포함하게 됩니다. 때문에 인간의 의지는 죽음과 그 자체의 멸망에도 의지할 수 있어야 합니다. … (On the Bondage of the Will).[96]

루터는 왕과 제사장이라는 그리스도의 두 직분을 조직적으로 다루지는 않는다. 그런데도 그는 그리스도의 두 직분을 첫째 아담의 '형상회복'이라는 좁은 의미의 '창조회복'을 이루기 위한 필연적 사역이었다는 것에 대해서는 분명한 자세를 취한다.

이런 그리스도에 대한 직분론이 루터 이후 게르하르트(Gerhard)에 의해 루터파 가운데 처음으로 세 직분이 교리로 제시된다. 그러나 루터파 내에서 세

---

94 Luther, "Lectures on the Epistle to the Hebrews", 22-23.
95 Luther, "On the Bondage of the Will", 101-334; 139-144: 루터는 우리가 행하는 것은 자유 선택에 의해 행해지는 것이 아니라 하나님의 필연성에 의해 이뤄진다는 것을 강조한다-*Divine Necessity and the Human Will*
96 Luther, "On the Bondage of the Will", 101, 155, 173.

직분의 교리에 대한 반감이 일어난다.

그리고 라인하르트(Reinhard)와 두덜라인(Doederlein) 등을 비롯한 후기 루터파 신학자들에 의해 세 직분론은 거부된다. 이들은 두 가지의 주장을 내세워 그리스도의 직분에 대한 구분을 거부한다.

첫째, 그리스도의 중보적 사역은 "항상 전(全) 인격의 사역"이라는 것이다.[97] 왕, 선지자, 제사장에 대한 구별은 마치 '한 인격'의 중보 사역이 각각의 구별된 인격의 사역처럼 보인다는 것이다.

둘째, "하나의 사역이 어느 한 직분에 국한될 수 없다"는 것이다. 루터가 선지자 직분을 제사장 직분 안에 녹인 이유도 이런 이유 때문이었다.

그러나 이들은 루터의 견해를 너무 넘어 버렸다. 이들의 견해는 '하나님 형상'에 따른 아담의 직분이 가지는 각각의 역할과 사역을 구별하지 못한 것에서 발동된 것이다. 그리스도께서 둘째 아담으로서 첫째 아담의 직분을 회복시켜야 할 '창조회복'의 사역을 보지 못한 것이다.

그리스도의 제사장 직분의 강조를 통해, 루터는 그리스도께서 이루셔야 할 대속의 값이 '창조회복'을 위한 '창조론적' 관점에서 하나님의 예정하심에 따라 이뤄진 사역인 것을 부인하지 않는다. 또한, 루터는 그리스도께서 둘째 아담으로서 첫째 아담의 대속을 이루실 것을 그리스도의 제사장 직분을 통해 포괄적으로 다룬다. 그리고 '형상회복'에 따른 '창조회복'에는 불순종에 따른 순종의 값이 둘째 아담인 그리스도의 직분 가운데 있었다는 것을 수용했다.

---

[97] Berkhof, *Systematic Theology*, 391-392.

2. 둘째 아담인 그리스도의 세 가지 직분에 대한 교리적 확립

1) 세 가지 직분에 대해 칼빈(A.D. 1509-1564)이 받은 세 가지 영향

교부 시대부터 종교개혁을 일으켰던 루터에 이르기까지 그리스도의 세 가지 직분에 대한 교리적 접근은 하나의 줄기가 없이 마치 분산되어 있는 조각과 같았다. 그리스도의 세 가지 직분의 초기의 모습은 '그리스도론'이라는 포괄적인 개념에서 취급된다. 그리고 성도들의 신앙을 견인하는 측면에서 그 내용들이 함께 전개된다.

그리스도의 세 가지 직분론은 삼위일체의 교리처럼 여러 신학적 논증을 통해 독단적으로 발전된 교리가 아니다. 삼위일체를 비롯한 그리스도의 "신성"과 "인성"을 논하는 "두 본성"에 관한 교리적 논증 속에서 함께 발전된 교리다.

그리스도의 세 가지 직분론이 단독적인 신학의 발전 전개를 통해 이뤄진 교리가 아니었던 이유가 있다. 왕, 선지자, 제사장의 세 가지 직분은 이미 성경에서 직·간접적으로 밝혀진 직분이었다. 이런 그리스도의 세 가지 직분에 대한 신학적 확립은 종교개혁 이후 칼빈에 와서 그 열매를 맺는다.[98] 그리고 교리로서 정착을 이루게 될 뿐만 아니라 각 시대에 영향을 끼치게 된다.

---

98 불페르트 더 흐레이프, "칼빈의 저술", 도널드 맥킴(편), 『칼빈 이해의 길잡이』, 한동수 역 (서울: 부흥과개혁사, 2012), 80-83: "1536년의 『기독교 강요』는 총 6장으로 구성된 안내서다. 1539년 스트라스부르크에서 출판된 『기독교 강요』 2판은 1536년 판에 비해 그 길이가 세 배에 달한다. 이 판에서 칼빈은 동일한 교리문답식 구도를 따르지만, 제목에서는 더 이상 '경건이란 무엇인가'를 언급하지 않는다. 1543년과 1550년의 『기독교 강요』 증보판은 칼빈의 발전된 성경 주해 능력을 잘 보여 주며, 이전 판들과 이 두 개정판 사이 기간 동안 발생한 여러 신학적 논쟁들과 관련이 있다. 1559년의 『기독교 강요』는 라틴어 최종판이다. 총 4권으로 기독교 신앙에 대한 가르침을 주고자 한다는 사실을 제목을 통해 발견할 수 있다." 1559년의 『기독교 강요』 제2권, 제15장에서 그리스도의 세 가지 직분에 대한 교리가 펼쳐진다.

칼빈은 성경에 대한 해설과 함께 기독교 전통 교리를 정착시킨 사람으로 유명해진다.[99] 그리스도께서 세 가지 직분자로서 각각의 세 가지 직무를 완전하게 수행하셨다고 칼빈은 여긴다.[100] 이런 그리스도의 세 가지 직분에 대한 교리를 정착시키기까지 그는 크게 세 가지의 영향을 받으며 직분에 대한 교리화를 이루게 된다.

첫째, 교부들의 신학적 영향이다.

그리스도의 세 가지 직분론은 칼빈의 독특성에 의해 창의적으로 만들어진 교리가 아니다. 그리스도의 직분론은 이미 교부들의 신학 속에 직·간접적인 형태로 등장했다. 칼빈은 이런 교부들의 영향에 의해 그리스도의 세 가지 직분론을 자신의 교리로서 발전시켜 나갔다. 특히 크리소스토무스의 로마서 9-11장의 주석에 나타나는 "선택적 교리"와[101] "전가에 대한 교리",[102] "은혜에 대한 교리"는[103] 그리스도의 사역과 관련된 것으로, 칼빈에게 전반적인 영향을 끼치게 된다.

칼빈이 세 가지 직분에 대한 교리를 세우기까지 그에게 직·간접적으로 영향을 끼친 것은 교부들의 흔적에서 찾아진다. 특히 초대 교부들로부터 시작된 '교리문답 교수법'의 시행은 칼빈에게 매우 유효하게 작용한다. 이것은 미래의 개혁주의 기독교를 보존하는 데 있어서도 매우 중요한 요소가 된다.[104]

---

99 van den Kooi · van der Brink, *Christian Dogmatics*, 447; 빌렘 판 엇 스페이커르, 『칼빈의 생애와 신학』, 박태현 역 (서울: 부흥과개혁사, 2014), 7-8.
100 앤터니 티슬턴, 『조직신학』, 299-300.
101 크리소스톰, 『로마서 강해』, 336-342.
102 크리소스톰, 『로마서 강해』, 359-372.
103 크리소스톰, 『로마서 강해』, 121-145, 373-392.
104 스캇 마네치, 『칼빈의 제네바 목사회의 활동과 역사』, 신호섭 역 (서울: 부흥과개혁사, 2019), 501.

이런 가운데 암브로시우스와 크리소스토무스 그리고 아우구스티누스, 키릴루스, 안셀무스 등의 신학이 칼빈에게 직접적인 영향을 끼쳤다. 칼빈은 이들 교부들의 책들을 참고하며 깊이 있게 다루었다.[105]

칼빈은 로마교회의 옹호론을 펼치며 제네바인들을 로마교회로 돌아오도록 회유하는 추기경 야코포 사돌레토(Jacopo Sadoleto)에 대해 반박한다. 그때 그는 두 가지 견해를 내세우며 추기경에게 대항한다.

① 사돌레토의 교회론에 대해 반박한다.

그의 교회론은 성경에 입각한 것이 아니라 교황 중심의 사견에 가까운 것이었다. 칼빈은 이 사실을 증명하기 위해 교부 시대 교회 모습을 떠올린다. 칼빈은 사돌레토로 하여금 교회를 오류 가운데 두지 않도록 크리소스토무스를 등장시킨다. 그리고 암브로시우스, 아우구스티누스 시대의 교회 모습을 살펴보게 한다.[106] 자신이 얼마나 오류 가운데 빠져 있는지 스스로 돌아보도록 한다.

② 사돌레토의 교회에 대한 잘못된 견해를 지적할 때, 고대 교회의 교리에 호소한다.

> 우리의 교리는 고대 교회에 호소하는 것을 주저하지 않습니다. 당신이 우리를 비난할 근거가 있다고 생각했던 특정 부분 ... 얼마나 부당하고 거짓으로 주장하는지 간략하게 보여 줄 것입니다.[107]

그리스도의 세 가지 직분에 대한 교리를 집중적으로 다루었던 『기독교

---

[105] Irena Backus, "Calvin and the Church Fathers", 126-128; R. Ward Holder, "Tradition and Renewal", 386-388.
[106] J. K. S. Reid ed., *Calvin: Theological Treatises, Reply to Sadolet*(1539) (Louisville, KY: Westminster John Knox Press, 2006), 231.
[107] Reid ed., *Calvin: Theological Treatises, Reply to Sadolet*(1539), 233.

강요』(1559) 제2권 제15장에서 칼빈은 그리스도의 세 가지 직분에 대한 교리를 바르게 이해할 필요성을 논한다. 이때 아우구스티누스를 유일하게 거론하면서 그는 본론을 전개한다. 특히 칼빈은 1543년 이래로 서문에 아우구스티누스의 금언을 언급하면서 『기독교 강요』를 출판했다.

> 나는 진전하면서 저술하고, 저술하면서 발전하는 자들 가운데 속한다고 생각한다.[108]

이것은 그가 제시하는 그리스도의 세 가지 직분에 대한 교리적 입장이 이미 교부들의 견해를 염두에 두고 내용들이 펼쳐진다는 것을 간접적으로 보증해 주는 장면이었다. 그러므로 칼빈의 그리스도의 세 가지 직분에 대한 교리는 교부들의 견해와 동일하게 기독론을 중심으로 그 방향이 구원론으로 전개되었다.

둘째, 종교개혁주의자들에 의한 영향이다.

칼빈의 그리스도의 세 가지 직분 교리에 대해, 빌렘 판 엇 스페이커르(Willem Van't Spijker)는 "그것은 마틴 부써(Martin Bucer)로부터 차용된 생각이다"라고 말한 바 있다.[109] 알려진 것처럼, 부써는 케임브리지에서 신학 교수로 사역했다. 그는 칼빈에게 중대한 영향을 끼친 인물이었다.[110]

부써는 스트라스부르에서 3년 동안(1538-1541) 사역할 때, 칼빈을 만나게 된다. 이때 칼빈은 부써로부터 배움을 얻는다. 그리고 두 사람은 깊은 공감대를 형성하게 된다. 부써에 의해 스트라스부르로 긴급 소환된 칼빈은 1538년 9월에 새로운 프랑스인 난민 회중을 맡는다. 그는 이곳에서 신

---

108 Calvin, *Inst* II.15.1; 스페이커르, 『칼빈의 생애와 신학』, 221.
109 스페이커르, 『칼빈의 생애와 신학』, 236.
110 로버트 레담, 『웨스트민스터 총회의 역사』, 권태경 · 채천석 역 (서울: 개혁주의신학사, 2014), 350.

학 논쟁에도 관여하며 자신의 지평을 넓혀 갔다.[111]

칼빈은 루터의 영향 또한 명백하게 받는다. 루터의 영향은 1536년 판 『기독교 강요』에 나타난다. 그런데도 칼빈은 루터를 맹목적으로 따르지는 않았다.[112]

앞에서 빌렘 판 엇 스페이커르는 그리스도의 세 가지 직분에 대해 부써를 거론한다. 그러나 부써는 칼빈처럼 그리스도의 직분에 대한 것을 조직적으로 취급하지는 못했다. 그는 자신의 주석서에서 그리스도의 세 가지 직분에 대해 논한다.

여기서 그는 선지자의 직분을 제사장 직분에 포함시켜 루터처럼 왕직과 제사장직의 "이중직"을 설명한다. 부써가 이렇게 생각하게 된 이유는 구약의 제사장은 선지자에 따른 예언적 기능을 함께 담당한다고 보았기 때문이다.

또한, 부써는 그리스도의 세 가지 직분을 교리적인 측면보다 사상적인 측면에서 내용을 다루었다. 그 모습이 그리스도의 왕직과 제사장직을 일치적인 측면에서 보는 것으로 나타났다. 그 모형을 그는 멜기세덱에게서 찾았다. 멜기세덱의 모형 가운데에는 그리스도의 '왕직'과 '제사장직'의 두 직분이 대표적으로 명시되어 있다.[113]

그리스도의 세 가지 직분을 이중적으로 보는 부써의 특징은 1550년에 저술된 것으로 여겨지는 그의 저서 『그리스도 왕국론』에도 나타난다. 여기서 그리스도는 보내심을 받은 '대제사장'과 '왕'으로 소개된다. 그리고

---

111 Wilhelm Pauck ed., *Melanchthon and Bucer* (Louisville, KY: Westminster John Knox Press, 2002), 157; 티모시 라슨(편), 『복음주의 인물사』, 이재근·송훈 역 (서울: 기독교문서선교회, 2018), 841.
112 스페이커르, 『칼빈의 생애와 신학』, 225-227.
113 최윤배, 『잊혀진 종교개혁자 마르틴 부써』 (서울: 대한기독교서회, 2015), 199-209 Henk van den Belt (ed.), *Studies in Medieval and Reformation Traditions* Vol 2 (Boston: Koninklijke Brill NV, 2016), 123; Turretin, *Institutes of Elenctic Theology* Vol. 2, 392.

세례와 성찬의 시행과 관련해 '왕'과 '거룩한 대제사장'이 소개된다.[114] 부써의 신학적 견해와 사상들이 그리스도의 세 가지 직분에 대한 칼빈의 교리적 확립에 영향을 미친 것은 부인할 수 없다.

> 그리스도 직무와 관련해 특별히 중요한 것은 그리스도의 왕권이다. 선지자직과 제사장직은 왕으로서의 그리스도의 사역의 일부가 된다. … 부써는 심지어 그리스도의 왕권은 목양을 통해 존재한다고까지 말했다. … 그리스도의 왕권은 교회에 계시되어 있으며, 모든 것보다 우위에 있다. … 교회는 하늘의 왕국이며, 그리스도께서 그의 왕권을 실행하시는 영역이다. … 성령의 거룩하게 하는 사역과 그리스도의 왕적 통치는 권징에서 서로 만나게 된다. … 교리와 권징을 매우 철저하게 연결한 사람이 바로 칼빈이다. … 칼빈은 교리 선포에 주목하는 교회란 관점에서 교리와 권징의 관계에 접근하지만, 신자의 생활 방식도 강조한다.[115]

종교개혁의 지도자인 루터와 멜란히톤은 칼빈에게 신학적인 문제와 신학적 틀을 형성하는 데 영향을 끼친다. 단 한 차례도 만나보지 않았던 루터는 칼빈보다 25살이 많았다. 그는 그리스도의 직분에 대해 왕직과 제사장의 두 직분을 논했다.

1545년, 칼빈은 멜란히톤 편으로 소책자 두 권과 함께 서신을 루터에게 보내면서 그를 "존경하는 나의 아버지"라고 부른다. 이것은 칼빈이 루터의 저서 등을 통해 신학적으로 많은 부분에 영향을 받았다는 것을 말한다.[116]

---

114 Pauck ed., *Melanchthon and Bucer*, 157-159, 226, 239.
115 헤르만 셀더하위스, 『비덴베르크에서 도르트까지』, 김병훈 외 4인 역 (수원: 합동신학대학원출판부, 2018), 87-92, 171.
116 Schaff, *History of the Christian Church*, Vol. VII, 364-365.

칼빈은 자신에게 있어서 영적 아버지였던 루터가 츠빙글리와 성찬논쟁을 할 때, "영적 임재설"을 내어놓는다. 이것은 츠빙글리의 "기념설"과는 거리가 멀었으며, 루터의 "공재(共在)설"과 가까웠다. 그리스도의 임재가 실제가 아니라 영적으로 실재한다는 측면에서 신학적 차이는 있었지만 이때도 칼빈은 츠빙글리보다 루터를 더 높이 평가했다.[117]

한편, 칼빈과 루터가 서신을 교환함에 있어서 두 사람 사이의 징검다리 같은 존재였던 멜란히톤은 『신학총론』 1521년 초판에 이어 1543-44년에 증보판을 낸다. 그는 『신학총론』 초판에서 성경에 의존할 것을 주장하고 도덕적 보편론은 거부한다. 그리고 에라스무스의 자유의지 견해와 다른 입장에 선다.[118]

1543년, 칼빈은 이런 멜란히톤의 『신학총론』을 프랑스어로 번역한다. 멜란히톤은 『신학총론』을 "인간의 능력"과 "자유의지"에 대한 설명으로 시작한다. 그리고 인간의 죄를 아담으로부터 그 후손에게 유전되는 것으로 논한다. 그는 첫째 아담을 "죄의 창시자"로, 그리스도는 "정의의 창시자"로 묘사한다.

> 아담 안에서 모든 사람이 죽은 것 같이 그리스도 안에서 모든 사람이 삶을 얻을 것입니다.[119]

여기서 멜란히톤은 그리스도로 말미암은 '형상의 회복'을 강조한다. 그리고 '제의법'을 통해 레위기에 나타난 제사장직의 희생이 그리스도의 제사장직의 예표이며 표징이라고 주장한다.[120]

멜란히톤의 『신학총론』에 따르면, 그리스도는 제사장 직분을 감당하셨

---

117 Schaff, *History of the Christian Church*, Vol. VII, 361-366.
118 Pauck ed., *Melanchthon and Bucer, Melanchthon: Loci Communes*, 13-17.
119 Pauck ed., *Melanchthon and Bucer, Melanchthon: Loci Communes*, 30-33.
120 Pauck ed., *Melanchthon and Bucer, Melanchthon: Loci Communes*, 61.

을 뿐만 아니라 선지자로서 가르치는 직분을 함께 감당하셨다. 멜란히톤은 "칭의와 믿음"의 소제목을 통해 그리스도를 하나님이 하와에게 약속하신 "언약의 성취자"로 본다. 그리고 복음 안에서 그리스도의 권능을 통해 왕권을 설명하면서 그리스도의 직분 수행이 '우리를 위해' 그렇게 하셨다는 것을 강조한다.[121] 우리는 여기서 두 가지 점을 주목해야 한다.

① 그리스도의 세 가지 직분에 대한 칼빈의 교리에 대한 기본과 바탕이 교부들의 견해를 통해 이뤄졌다는 것이다.
② 부써와 멜란히톤의 포괄적인 그리스도의 직분론은 그리스도의 세 가지 직분에 대한 칼빈의 교리를 더욱 풍성하게 만드는 역할을 감당했다는 것이다.

셋째, 논쟁을 통한 영향이다.

판넨베르크에 따르면, 오시안더는 1530년 '아우그스부르크 의회'(The Augsburg Reichstag)를 위해 변론을 쓴다.[122] 거기에서 오시안더는 '왕', '선지자', '제사장'에 대한 그리스도의 세 가지 직분을 "기름 부음 받은 자"라는 칭호를 사용해 교리적 입장을 펼친다. 이것은 칼빈이 그리스도의 세 가지 직분을 교리적으로 설명한 것보다 앞서는 것이라고 주장한다.

판넨베르크의 주장에 따르면, 칼빈은 1536년 이후, 『제네바 신앙고백서』와 『기독교 강요』를 통해 그리스도의 세 가지 직분 교리를 일반적으로 사용했다는 것이다.[123] 그는 칼빈이 그리스도의 직분론에 대해 논한 것은 오시안더로부터 비롯된 것이라고 주장하는 듯하다. 그러나 판넨베르크는 자신이

---

121 Pauck ed., *Melanchthon and Bucer, Melanchthon: Loci Communes*, 102-104.
122 Pannenberg, *Jesus-God and Man*, 212-213; Mark A. Garcia, *Life in Christ: Union with Christ and Twofold Grace in Calvin's Theology* (Colorado Springs: Authentic Media, 2008), 198-199.
123 Pannenberg, *Jesus-God and Man*, 213.

스스로 밝힌다. 그리스도의 세 가지 직분에 대한 "기름 부음 받은 자"라는 칭호는 닛사의 그레고리우스와 크리소스토무스와 같은 교부들에게서 이미 발견된다고 논한 바 있다.[124]

그리스도의 세 가지 직분을 오시안더가 아우그스부르크 의회에서 변론을 위해 용어 자체를 먼저 사용했다 하더라도 교리적 체계와 정착은 칼빈에 와서 이뤄졌다.

마크 A. 가르시아(Mark A. Garcia)에 의하면, 칼빈은 그리스도 안에 있는 하나님의 존재와 행동에 순응하는 그리스도를 중심으로 삼는 사상이 깔려 있는 기독론을 추구한다.[125]

칼빈의 그리스도의 세 가지 직분에 대한 교리는 교부들과 종교개혁주의자들의 영향뿐만 아니라 논쟁의 과정을 통해 더욱 부각된다. 사돌레토와의 논쟁에서 칼빈은 그리스도 없이는 의로움도, 믿음도 없다는 결론을 통해 "이신칭의"의 교리를 부각시킨다. 그리스도의 직분 수행이 우리에게 의로움을 가져주었다는 것을 포괄적으로 피력한다.[126] 그런가 하면 오시안더와의 논쟁에서는 그리스도의 세 가지 직분에 대한 것을 직접적으로 거론하면서 논쟁한다.

칼빈이 가지고 있는 그리스도의 세 가지 직분에 대한 교리적 입장은 오시안더와의 논쟁에서 영향을 받은 결과가 아니다. 그리스도의 직분론은 크리소스토무스와 같은 교부들로부터 칼빈 자신이 직·간접적으로 이미 영향을 받은 상태였다. 그리고 종교개혁 지도자들의 영향은 그를 더욱 교리적으로 풍성하게 만들어갔다.

칼빈은 이런 상태에서 세 가지 직분에 대한 견해를 가지고 오시안더와 논쟁했다. 다만 이런 논증을 통해 칼빈의 그리스도의 세 가지 직분에 대한 교리는 더욱 분명해지게 된다. 따라서 제네바 신앙고백서와 『기독교 강

---

124 Pannenberg, *Jesus-God and Man*, 213.
125 Garcia, *Life in Christ: Union with Christ and Twofold Grace in Calvin's Theology*, 11-14.
126 Reid ed., *Calvin: Theological Treatises, Reply to Sadolet*(1539), 235-237.

요』에 나타나는 세 가지 직분의 교리는 이런 칼빈 자신의 견해를 확정적으로 정립하는 단계였다.

칼빈에 따르면, 오시안더는 그리스도의 신성과 인성을 논할 때, 우리가 '의'에 이르게 되는 것은 그리스도의 신성에 의한 사역으로 가능하다고 밝힌다. 칼빈은 "오시안더의 주장은 제사장이면서 중보자가 되시는 그리스도를 우리로부터 분리시켜 외적인 면을 주장하는 신성으로 인도하려 한다"며 그리스도의 직분론을 통해 오시안더의 모순을 지적한다.[127]

비록 그리스도의 세 가지 직분 교리의 기록이 『제2차 제네바교회 교리문답서』(*The Catechism of the church of Geneva*, 1542)를 통해 이뤄졌다 할지라도,[128] 칼빈의 그리스도의 세 가지 직분에 대한 교리적 중심은 이미 교부들로부터 정립되었다는 것이 사실이다.[129] 그러므로 칼빈은 오시안더와 신학적 논쟁 속에서 그리스도의 세 가지 직분에 대한 교리를 더욱 풍성하게 가꾸어갔던 것이다.

리처드 A. 뮬러(Richard A. Muller)는 그리스도의 세 가지 직분에 대한 교리는 칼빈의 독창성에 의한 것이 아니라고 주장한다. 개혁주의 사상이 정통주의 시대로 이어지는 한 시점에 세 가지 직분의 개념에 대해 탁월성을 부여했을 뿐이라고 주장한다. 그런데도 "그리스도의 삼중직은 칼빈에 의해서 체계적으로 정리되었다"고 그는 말한 바 있다.[130]

---

[127] Calvin, *Inst* Ⅲ. 11.8; 이신열, "칼빈의 대적자 오시안더: 인간론을 중심으로", 『칼빈과 종교개혁가들』, 이상규(편) (부산: 고신대학교 개혁주위학술원, 2012), 208-209: "칼빈이 처음 오시안더를 만난 것은 보름스 대담(Colloquy of Worma, 1540/41)에서였다. 그가 이 모임을 통해서 오시안더에 대한 상당히 부정적인 인상을 받았다는 것은 그 후로 10여년이 지난 1552년 12월 4일에 멜랑흐톤에게 보낸 편지를 통해서 어느 정도 파악할 수 있다. … 이렇게 부정적인 개인적인 감정들은 결국 칼빈으로 하여금 자신의『기독교 강요』최종판(1559)에서 오시안더의 인간론과 기독론 그리고 칭의론에 대해서 집중적으로 비판하도록 이끄는 계기를 제공했다고 볼 수 있다."

[128] John Calvin, *Catechism of the Church of Geneva*, ed., William S. Johnson (Sheldon: Goodwin Printer, 1815), 16-19.

[129] Garcia, *Life in Christ*, 226.

[130] Richard A. Muller, *After Calvin: Studies in the Development of a Theological Tradition* (Ox-

칼빈은 오시안더와의 논증을 통해 그리스도의 직분에 따른 사역들을 반증한다.[131] 그리고 그리스도의 세 가지 직분에 대한 중요성을 인지하고, 그 내용을 조직적으로 발전시켜 간다.[132] 칼빈의 그리스도의 세 가지 직분에 대한 발전과 확립에 대해, 벌코프은 다음과 같이 말한다.

> 그리스도의 사역과 관련해 초대 교부들 중 일부는 그리스도의 직분에 대해 말했습니다. 그러나 선지자, 제사장, 왕, 세 가지 직분 구별의 중요성을 처음 인식한 것은 칼빈의 『기독교 강요』였습니다.[133]

그리고 바르트도 이렇게 증언한다.

> 칼빈은 초대 교회를 본받아 예수 그리스도의 직분과 사역에 대한 교리를 발전시킨 사람이었습니다.[134]

벌카워는 "구체적으로 그리스도의 삼중개념을 이끌어 낸 사람은 칼빈이었습니다"라며 동의한다.[135]
한편, 그리스도의 세 가지 직분에 관한 교리에 대해, 초기 현대 개혁주의 신학자들과 그 이후 신학자들 가운데는 람베르트 다네우스(Lambert Daneaus, 1530-1595)와 아만두스 폴라누스(Amandus Polanus, 1561-1610)가 있다. 이들을

---

ford: Oxford University Press, 2003), 1; 문병호, 『기독론』, 791.
131 Garcia, *Life in Christ*, 210, 237-240.
132 이신열, "칼빈의 대적자 오시안더", 197-198: "… 그런데 칼빈이 개입되었던 교리적 논쟁에 있어서 안드레아스 오시안더와의 논쟁은 하나의 교리가 아니라 다양한 교리에 걸쳐서 발생했다는 사실이 눈에 띈다. 오시안더와의 논쟁은 하나님의 형상을 둘러싼 인간론과 기독론 그리고 칭의론을 포괄한다는 점에 있어서 칼빈의 『기독교 강요』 이해에 있어서도 중요한 위치를 점한다."
133 Berkhof, *Systematic Theology*, 391.
134 Barth, *Church Dogmatics,* IV/3-1, 5.
135 G. C. Berkouwer, *The Work of Christ*, trans. Cornelius Lambregtse (Grand Rapids: William B. Eerdmans Publishing Company, 1965), 61-62.

통해 그리스도의 세 가지 직분에 대한 중보자의 성격이 연구되고 발전되었다고 말하기도 한다. 그러나 분명한 것은 그리스도의 세 가지 직분에 대한 교리적 발전에서 선구자적 위치에 서 있는 자는 칼빈이었다.[136]

존 페스코는 17세기의 웨스트민스터 표준문서에 담긴 신앙고백을 『웨스트민스터 표준문서 신학』(*The Theology of the Westminster Standards*)을 통해 밝혀 나가면서 제6장 "그리스도론"(The Doctrine of Christ)에서 그리스도의 사역을 다룬다. 그는 이렇게 말한다.

> 웨스트민스터 신앙고백서는 그리스도의 사역을 '선지자'와 '제사장' 그리고 '왕'의 세 가지 직분에 위치시켜 다룬다.[137]

이때 페스코는 그리스도의 세 가지 직분론의 발달에 대한 것을 잠깐 피력한다.

그에 따르면, 그리스도의 직분론은 이미 초대 교회 시절에 언급되었을 뿐만 아니라 가이사랴의 유세비우스(A.D. 263-339)와 같은 교부들에 의해 논의되었다. 그리고 아퀴나스(A.D. 1224/5-1274)와 같은 중세 신학자들에게도 이미 나타나고 있었다. 그뿐만 아니라 그리스도의 세 가지 직분론은 칼빈보다 16세기의 요한네스 아 라스코(Johannes a Lasco, A.D. 1499-1560)에 의해 먼저 주장되었다는 것이다.[138]

---

[136] B. Hoon Woo, *The Promise of the Trinity* (Göttingen: Vandenhoeck & Ruprecht, 2018), 47-48: Witsius, *De oeconomia foederum*, II.3.3. Muller, "Predestination and Christology in Sixteenth Century Reformed Theology," 13, 119-20 (Calvin), 182 (Calvin), 234 (Daneau), 338 and 351(Polanus), 403-4 (Arminus); Muller, *Christ and the Decree*, 31-33, 72, 74 (Calvin), 140-41 (Polanus); Muller, *After Calvin*, 1.4. For Goodwin's discussion of the threefold office of Christ in connection with the pactum, see Thomas Goodwin, *The Works of Thomas Goodwin*, vol. 5 (Edinburgh: James Nichol, 1863), 10 ("Of Christ the Mediator")- *The Promise of the Trinity*, Chapter 2의 각주 78을 재인용; 리처드 멀러, 『하나님의 본질과 속성』, 김용훈 역 (서울: 부흥과개혁사, 2014), 179; Muller, *After Calvin*, 1.2.

[137] Fesko, *Theology of the Westminster Standards*, 169.

[138] Fesko, *Theology of the Westminster Standards*, 185-186.

페스코는 아 라스코가 칼빈보다 그리스도의 세 가지 직분에 대한 것을 먼저 제시했다며, 각주에 『런던 신앙고백』(London Confession, 1551)을 그 근거로 삼았다. 그러나 그리스도의 세 가지 직분에 관한 칼빈의 견해 및 교리적 발판은 『기독교 강요』(1559년)에서 이뤄진 것이 아니다. 페스코의 주장대로 아 라스코는 『런던 신앙고백』에서 그리스도의 세 가지 직분에 관한 것을 거론한다.[139]

그러나 그리스도의 세 가지 직분에 대한 교리는 아 라스코가 논하기 이전, 칼빈이 이미 1542년 제네바 제2차 신앙교육서에서 세 가지 직분에 대한 교리적 입장을 밝혔다. 그 이전, 칼빈은 그리스도의 세 가지 직분에 대해 이미 1536년 판과 1539년 판의 『기독교 강요』에서 이를 언급했다.[140] 그리스도의 세 가지 직분과 관련해 그 내용을 다루었던 1559년 판의 『기독교 강요』는 제2권 제15장을 통해 지금까지 진행되어 왔던 세 가지 직분에 대한 교리 내용을 보충해 최종적으로 확립했던 것이다.

> 개혁 이전에 이 각각의 직분들은 그리스도께 적용되었습니다. 유세비우스는 세 직분에 대해 가까이 있었지만 칼빈은 여기에 대해 다양한 측면을 체계적으로 발전시켰습니다. 그는 아버지께서 그리스도를 왜 우리에게 보내셨는지 그리고 우리를 위해 그분이 무엇을 하셨는지 칼빈은 세 가지에 대해 주목했습니다. 그것은 그분의 선지자직과 제사장직 그리고 왕직의 직분이었습니다(Inst. 2.15, heading).[141]

---

139 James T. Dennison ed., *Reformed Confessions* Vol 1, *London Confession of John à Lasco* A.D. 1647, 552-553, 563-577: *The Compendium of Doctrine of the One True Church of God and Christ.*
140 Bavinck, *Reformed Dogmatics* Vol. 3, 345.
141 Van Der Kooi · van der Brink, *Christian Dogmatics*, 449.

둘째 아담인 그리스도의 세 가지 직분 교리는 칼빈이 새롭게 만든 직분 교리가 아니다. 교부들의 견해와 신학적 영향, 그리고 여러 논쟁들을 통해 더욱 확고하게 칼빈이 교리로 체계화한 것이다.[142]

그리고 1559년 판 『기독교 강요』에서 칼빈이 그리스도의 세 가지 직분론을 피력할 때, 그리스도의 사역을 비교적 간단하게 언급한다. 그것은 16세기 신학에서 그리스도의 사역은 더 이상 논란의 대상이 아니었기 때문이다. 16세기에 그리스도의 사역이 논란의 대상이 아니었던 것은 로마가톨릭도 구원은 그리스도의 사역에서 나왔다고 믿었기 때문이다.[143]

칼빈의 『기독교 강요』(1559) 제1권은 '창조주 하나님에 대한 지식'을 다루고, 제2권의 핵심 주제는 "기독론"이었다. 제3권은 "성령의 인격과 역사", 제4권은 "성령"을 다룬다.[144]

『기독교 강요』의 19퍼센트를 차지하는 제2권은 1장에서 "죄에 빠진 인간"을 이야기한다. 그리고 2-5장에서는 "죄의 결과", "죄가 인간에게 미친 영향"을 다룬다. 6장에서는 "그리스도의 필요성"을 이야기하면서 제7-8장에서는 "율법의 성격"을 취급한다. 9-11장에서는 "신약과 구약의 공통점과 차이점"을 이야기한다. 그리고 마지막으로 12-14장에서 "그리스도의 인격"을, 15-17장에서 "그리스도의 구속 사역"을 다루면서 그리스도의 세 가지 직분론을 본격적으로 논한다.[145]

칼빈의 구약과 신약의 주석은 기독론을 주로 다룬다. 구원론을 앞세운 칼빈의 세 가지 직분에 대한 견해 역시 기독론적이었다. 칼빈의 기독론은 신론과 인간론 그리고 구원론과 교회론적 특성을 담고 있었다. 높이 계시는 하나님과 죄악 된 인간 사이의 관계를 보여 준다. 그리스도께서 중보자

---

142 Pannenberg, *Jesus-God and Man*, 212.
143 로버트 갓프리, 『칼빈: 순례자와 목회자』, 김석원 역 (서울: 부흥과개혁사, 2009), 260.
144 Selderhuis, "The Institutes", 204: 1559년 판은 새로운 내용이 추가로 구성되면서 내용과 구조에 있어서 사실상 새 책이 된다.
145 갓프리, 『칼빈』, 234-235.

가 되신 것은 두 가지 의미를 담고 있다.

첫째, 하나님이신 그분이 인간의 구원을 위해 친히 그 자신을 낮추셨다는 것을 뜻한다.[146]

둘째, 그리스도는 창세 전, 구속언약을 체결할 그 당시에도 창조의 중보자이셨던 그분이 우리의 구원을 위해 하나님과 사람 사이에 친히 중보자가 되셨다는 것을 말한다.[147]

그리스도의 세 가지 직분이 칼빈에 의해 개혁 신학에 체계화가 되어 직접적으로 표현되기 시작한다. 1542년에 작성된 『제2차 제네바교회 교리문답서』(The Catechism of the church of Geneva)가 본격적으로 그 시작을 이룬다.[148] 갓프리(Robert Godfrey)는 자신의 저서 『칼빈』에서 이렇게 말한다.

> 칼빈은 최초로 그리스도의 사역을 선지자, 제사장, 왕이라는 삼중직으로 설명했다. 최초로 그리스도를 세 가지 직분으로 설명한 사람은 칼빈의 위대한 정신적 지주이고 친구였던 마틴 부써라는 설도 있다. 그러나 이를 발전시킨 사람은 칼빈이었다.[149]

1559년의 『기독교 강요』는 그리스도의 세 가지 직분의 교리를 제2권

---

146 Van Der Kooi, "Christology", 258-259; 문병호, 『칼빈신학: 근본 성경교리 해석』(서울: 지평서원, 2017), 279-280: "칼빈의 기독론은 신론에 기초하며, 신론은 기독론에서 확증된다. …칼빈의 기독론은 또한 인간론에 의해 예기된다."

147 Woo, *The Promise of the Trinity*, 46-47.

148 Calvin, *Catechism of the Church of Geneva*, 16-19; Woo, *The Promise of the Trinity*, 47: "Calvin already spoke of this threefold office in his 1539 Institutes, included it in the Genevan Catechism(French 1542; Latin 1545), and elaborated it in the 1559 Institutes. The doctrine of the threefold office of Christ appeared in time in numerous works by Reformed., Lutheran, and Roman Catholic theologians."

149 갓프리, 『칼빈』, 262; 문병호, "*Christus Mediator Legis* : 칼빈 율법관의 기독론적 기초", 「신학지남」 통권 281호 (2004), 277-278.

제15장에서 펼치며 교리적 장르를 마련한다. 이와 같이 칼빈에 의해 그리스도의 세 가지 직분은 교리적 설정이 열매를 맺게 되었고, 신학적 결과를 만개하게 된다.

2) 칼빈의 제2차 제네바교회 교리문답서(A.D. 1542)

16세기 초의 제네바는 큰 도시였다. 그러나 1536년에 칼빈이 오기 전, 샤노와르 거리는 10년 동안의 전쟁과 혁명에 의해 제네바에서 가장 황폐한 곳이 된다.[150] 칼빈은 제네바교회가 기독교 교리 가운데 바르게 설 수 있도록 신앙 고백서를 작성한다.

1536년 칼빈은 자신보다 20년 선배인 파렐(Guillaume Farel)과 함께 제1차 『제네바 신앙고백서』(The Geneva Confession)를 시의회에 제출한다.[151] 총 50페이지가 안 되는 적은 분량이었다. 전체 내용은 서술적인 방식을 담고 있었다.[152] "하나님의 말씀"에 대한 선언과 함께 "권세가들"에 이르기까지 총 21장으로 그 내용이 구성되었다.

칼빈은 『제네바 신앙고백서』 제12장에서 "그리스도의 중재"에 대해 논한다. 여기서 그리스도의 세 가지 직분에 대해 포괄적이며, 간접적인 방식으로 이것을 다룬다.

그 후 칼빈은 제네바를 약 3년간(1538-1541) 떠났다가 귀환한다. 칼빈에 의해 1542년 프랑스어로 작성된(1545년 라틴어 역) 『제2차 제네바교회 교리문답서』는 1536년의 제1차 신앙고백서를 확장시킨 것이었다. 작성된 목적은 어린이뿐만 아니라 성인을 52주에 걸쳐 교육하기 위해서였다.

칼빈은 교리에 대한 문답 방식을 중요하게 여겼다. 그 방식은 초대 교부

---

150 윌리엄 몬터, 『칼빈의 제네바』, 신복윤 역 (수원: 합신대학원출판부, 2015), 18, 35.
151 Frans Pinter Van Stam, "Calvin's First Stay in Geneva", 30; Reid ed., *Calvin: Theological Treatises, The Geneva Confession*, 25.
152 Van Stam, "Calvin's First Stay in Geneva", 3 2-33.

들이 사용했던 방식이기도 했지만 성도들이 좋은 결실을 맺는 데 있어서 중요한 역할을 감당했기 때문이다.

칼빈은 1548년 서머싯(Somerset)의 공작에게 복음진리를 어린아이에게 적절한 방법으로 전달하는 것이 종교개혁의 핵심 과제이며, 이 일에 있어서 교리문답이 그 답인 것을 제시한다. 교리문답은 기독교 가르침에 대한 기준을 가지고 거짓된 가르침과 구별하는 것을 목표로 했다.[153]

총 다섯 분류, 373개의 문답 형식으로 구성된 『제2차 제네바교회 교리문답서』는 '믿음의 교리'와 관련된 문답이 총 130문, '율법'과 관련된 것이 총 102문, '기도'와 관련된 것이 총 62문, '하나님의 말씀'과 관련된 문답이 총 14문, '성례'와 관련한 것이 총 65문으로 구성되었다. 여기서 칼빈은 제1차 신앙고백서와는 달리 그리스도의 세 가지 직분과 관련된 교리를 직접 다룬다.[154]

칼빈은 그리스도의 세 가지 직분을 '믿음의 교리'와 관련된 항목에서 전개한다. 제30문에서 그리스도께서 하나님의 독생자이시며, 우리의 주가 되신다는 고백을 담은 서론 방식을 빌린다. 그리고 제34문에서부터 제45문까지 그리스도의 세 가지 직분과 관련된 '왕직'과 '제사장직', '선지자직'의 내용을 취급한다. 총 16개의 문답형식을 통해 교리적으로 직접 설명한다.[155]

칼빈은 제34문에서 이렇게 묻고 답한다.

(문) 그리스도라는 말의 의미는 무엇입니까?"

(답) 이 칭호는 그분의 직분을 통해 더 잘 표현됩니다. 그분이 선지자, 제사

---

[153] Reid (ed.), *Calvin: Theological Treatises, The Catechism of the Church of Geneva*, 84; William G. Naphy, "Geneva II", 49; Matthias Freudenberg, "Catechisms", 206-207, 209.
[154] 헨더렌 · 펠레마, 『개혁교회 교의학』, 758: "그리스도의 삼중직에 대한 교리는 칼뱅의 저서인 『제네바 교리문답』에서 찾을 수 있다. 그리고 그의 저서 『기독교 강요』 2:15에서 이 점에 대해 더욱 자세하게 설명한다."
[155] Calvin, *Catechism of the Church of Geneva*, 15-19; Freudenberg, "Catechisms", 210.

장 그리고 왕으로 임명받기 위해 기름 부음 받았음을 의미합니다.

그리고 그리스도에 대한 세 가지 직분의 예식(기름 부음)은 신·구약성경에 의해 인정된다는 것을 제35문에서 계속해서 설명한다.[156]

그러나 제2위 하나님 되시는 성자께 이뤄진 기름 부음은 그리스도라는 직분 부여의 예식을 위한 기름 부음이 아니었다. 칼빈은 이것을 두 가지와 관련된 기름 부음으로 본다. 그 기름 부음은 "영적" 기름 부음이었으며, 첫째 아담의 구원과 관련된 기름 부음이었다. 그는 이것을 제36문에서 "마귀에게 눌린 모든 자를 고치셨으니"를 통해 명시적으로 나타내고 있었다.[157]

칼빈은 계속해서 이런 사실을 제37문의 '왕직'의 형태와 제38문의 '제사장직', 제39문의 '선지자직'에 대한 직분의 사역에서 분명히 했다.[158] 칼빈이 볼 때 그리스도의 세 가지 직분의 직무 수행은 우리로 하여금 그 은사들에 참여하도록 하기 위한 직무 수행이었다. 이것은 첫째 아담의 불순종으로 상실당한 직분의 회복과 함께 아담의 '형상회복'인 '창조회복'을 말했다.

칼빈은 이것을 제37-39, 42문에서 밝힌다.[159]

37.(문) 당신이 말하는 그분(그리스도)의 왕국(왕직)의 본질은 무엇입니까?
(답)그것은 영적인 것이며, 그 왕국은 의와 생명을 가져다주는 말씀과 성령으로 이뤄져 있습니다.
38.(문) 제사장직의 본질은 무엇입니까?
(답) 하나님의 존전에서 호의를 얻고 그분이 받아들일 수 있는 희생의 제사

---

[156] Calvin, *Catechism of the Church of Geneva*, 16.
[157] Calvin, *Catechism of the Church of Geneva*, 16.
[158] Calvin, *Catechism of the Church of Geneva*, 17.
[159] Calvin, *Catechism of the Church of Geneva*, 17-19.

를 드림으로써 그분의 진노를 달래기 위해 하나님 앞으로 나아가는 직분이며, 권한입니다.

39.(문) 당신은 어떤 의미에서 그리스도를 선지자라고 부릅니까?

(답) 왜냐하면, 그분은 이 세상에 오셨을 때 아버지의 대사로(대언자), 인간들 사이에서 자신의 뜻을 해석하는 자로 선언되었기 때문입니다. 그리고 이 목적을 위해 아버지의 뜻을 충분히 설명하셨고, 그렇게 할 수 있었습니다. 그리고 모든 예언과 계시를 완성시키셨습니다.

42.(문) 그분의 왕의 직분은 우리에게 무슨 유익이 있습니까?

(답)그것은 그분을 통해 우리의 양심은 해방을 받고, 그분의 영적 풍요로움을 부여받아 경건하고, 거룩한 삶을 살 수 있게 합니다. 그리고 육체, 세상, 죄, 악마를 이길 수 있는 능력을 소유하게 되는 유익이 있습니다.[160]

특히 제42문은 그리스도께서 다스리는 왕국은 우리로 하여금 "죄에서 해방을 얻고", "의롭고, 거룩한 삶"을 살게 될 것과 "마귀와 죄로부터 이길 수 있는 능력"을 소유하게 될 것을 말한다.[161]

제43문에 의하면, 첫째 아담의 불순종으로 단절된 하나님과의 관계에 대해 제사장직은 "화해의 중보자"로서 우리로 하여금 하나님께로 나아갈 수 있는 길을 열어 준다.

제44문에 따르면, 선지자직의 직분 수행은 우리로 하여금 하나님 아버지에 대한 진리의 참된 지식을 얻도록 한다.[162]

그리고 제45문의 마무리를 통해 칼빈은 '형상회복'을 일컫는 '창조회복'에 따른 그리스도의 세 가지 직분의 열매와 그 능력이 택한 백성에게 전달될 것을 강조한다.[163]

---

160 Calvin, *Catechism of the Church of Geneva*, 17-18.
161 Calvin, *Catechism of the Church of Geneva*, 18.
162 Calvin, *Catechism of the Church of Geneva*, 18.
163 Calvin, *Catechism of the Church of Geneva*, 18-19.

1542년의 『제2차 제네바교회 교리문답서』는 1563년의 『하이델베르크 요리문답』(The Heidelberg Catechism)에 나타난 그리스도의 세 가지 직분과 세례 그리고 성찬 등에 대한 중요한 모델이 된다.[164]

우르시누스(Zacharias Ursinus)에 의해 작성된 『하이델베르크 요리문답』은 제31문에서 그리스도는 세 가지 직분을 가지고 계신다고 말한다. 이때 그리스도의 기름 부음은 "영적" 기름 부음이었다는 점을 강조한다. 이것은 『제2차 제네바교회 교리문답서』 제34-36문의 문답 방식을 빌려 사용한 것이다.[165] 『하이델베르크 요리문답』은 그리스도의 세 가지 직분이 우리의 구원과 관련해 성부로부터 주어진 직분이라며 『제2차 제네바교회 교리문답서』와 동일한 견해를 펼친다.

『하이델베르크 요리문답』은 계속해서 제32문에서 우리를 "그리스도인"으로 부르는 이유에 대해 질문한다. 그리고 이것을 '왕직'과 '제사장직'을 통한 설명으로 그 답을 준다. 믿음으로 우리는 "그리스도에 속한 지체"가 되며, "그의 기름 부으심"에 참여하게 된다. 그리고 "우리 자신을 감사의 산 제물로 드리는 것"과 "선한 양심으로 마귀와 대적해 싸우는 것"이 그리스도에 속한 열매의 결과에서 비롯된 것임을 그리스도의 직분으로 설명한다. 그리고 여기에 대한 예문을 『제2차 제네바교회 교리문답서』 제40-45문의 내용을 빌려 답을 제공한다.[166]

뿐만 아니라 제네바의 제1차와 제2차의 교리서는 칼빈 자신의 『기독교 강요』에도 공유되며, 상호간에 영향을 주고받는다.

첫 번째 교리서였던 『제1차 제네바 신앙고백서』가 『기독교 강요』 1536년 초판과 1539년의 두 번째 판을 연결하는 징검다리의 역할을 한다. 그리고

---

[164] Freudenberg, "Catechisms" 211.
[165] Ursinus, *Commentary on The Heidelberg Catechism*, 322-332; Calvin, *Catechism of the Church of Geneva*, 16-17.
[166] Ursinus, *Commentary on The Heidelberg Catechism*, 333-340; Calvin, *Catechism of the Church of Geneva*, 17-19.

1542년의 『제2차 제네바교회 교리문답서』는 1539년 판 『기독교 강요』의 발전된 모습을 보여 준다.[167] 그리고 1542년의 『제2차 제네바교회 교리문답서』에 설명된 그리스도의 세 가지 직분 교리는 여러 증보판을 거쳐, 최종판에 이르게 된 1559년의 『기독교 강요』 II.15.1-6의 그리스도의 세 가지 직분 교리에 직접 영향을 끼친다.

칼빈에 의해 작성된 1542년의 『제2차 제네바교회 교리문답서』는 그리스도의 세 가지 직분을 기독론에 입각해 구원론으로 그 방향을 전개해 나간다. 그것은 교부들이 사용했던 방식이었다. 칼빈은 이런 교부들의 방식을 따랐다. 덧붙일 것은 1542년의 『제2차 제네바교회 교리문답서』는 그리스도의 세 가지 직분에 대해 종전과는 달리, 포괄적으로 그 내용을 제시하지 않는다. '왕직'과 '선지자직' 그리고 '제사장직'에 대해 항목을 체계화하고 교리화한다. 『제2차 제네바교회 교리문답서』는 여기에 대한 첫 번째 교리문답서였다.

3) 그리스도의 세 가지 직분과 칼빈의 『기독교 강요』(A.D. 1536-1559)

(1) 변증적으로 설명된 그리스도의 세 가지 직분(A.D. 1536)

스토아 윤리학이 고대 교부들에게 영향을 끼쳤다면 칼빈으로 하여금 종교적 순례의 첫걸음을 내딛게 했던 것은 1532년의 『세네카 관용론 주석』(*The Commentary on Seneca's De Clementia*)이었다.[168] 그리고 『기독교 강요』는 칼빈의 신학에 있어서 결실을 맺은 열매였다.

칼빈의 『기독교 강요』는 총 6장으로 구성된 1536년의 초판을 시작으로 한다. 제1-4장은 '율법', '신경', '주기도문', '성례' 등을 다루었고, 제5-6장은 로마의 '잘못된 성례들'과 기독교인의 자유에 관한 프로테스탄트의 입

---

167 Freudenberg, "Catechisms", 212.
168 Wendel, *Calvin*, 29-30.

장을 요약했다. 이렇게 작성된 초판은 작은 소책자 형식으로 전체 516쪽으로 구성되었다. 1536년 바젤에서 출판되었으며, 프랑스 내에서 비밀리에 유포되었다.[169]

1539년(라틴어 역, 증보판-총 17장, 1541년 불어 역), 1543년(불어 역, 증보판-총 21장, 1545년 라틴어 역), 1550년(제4판-총 21장, 1551년 번역본), 1559년(라틴어 역, 제5판-총 4권, 80장, 1560년 불어 역) 최종판이 나오게 된다.[170] 특히 1539년 판 『기독교 강요』는 총 17장으로 구성되었다. 이것은 1536년의 증보판으로 초판에 있었던 내용을 더 자세히 설명하거나 내용을 추가했다. 책의 제목이 경건과 관련된 1536년 『기독교 강요』는 교리문답식 장르로 변증서에 가까운 내용으로 구성되었다.

여기에 대해 제임스 팩커(James Innel Packer)는 다음과 같이 말한다.

> 칼빈은 『기독교 강요』의 초판(1536) 제목을 『경건의 총합과 구원의 교리의 모든 지식을 포함하는 기독교 종교의 기본 지침서: 경건을 열망하는 자가 읽을 가치가 충분한 책』이라고 정한다. 1539년 판에서는 『기독교 종교의 기본 지침서: 그것의 서술에 대한 최종적 참된 답변』으로, 1559년 판에서는 『기독교 종교의 기본 지침서: 네 권으로 새롭게 꾸며지고 최적의 방법으로 장·절이 구분되고 최대로 증보되어 깜짝 놀라게 달라진 새 책』으로 제목이 기술된다.[171]

이 사실은 책의 전체적인 구성에서뿐만 아니라 프랑스 왕 프랑수아 1세를 향한 헌사를 통해서도 드러난다.[172] 여기서 칼빈은 교리적으로 혼란을

---

[169] 후스토 L. 곤잘레스, 『종교개혁사』, 엄성옥 역 (서울: 은성출판사, 2012), 112-113.
[170] Wendel, *Calvin*, 112-121.
[171] 제임스 I. 팩커, "서문", 데이비드 W. 홀 · 피터 A. 릴백(편), 『칼빈의 기독교 강요 신학』, 나용화 외 역 (서울: 기독교문서선교회, 2009), 12-13; 존 칼빈, 『라틴어 직역 기독교 강요』, 문병호 역 (서울: 생명의 말씀사, 2012), XXX-XXXiii.
[172] John Calvin, *Institutes of the Christian Religion* (1536) ed., Ford Lewis Battles (Grand Rap-

유발시키는 세력들에 대해 단호해야 할 것을 호소한다.

따라서 칼빈은 1536년 『기독교 강요』 제1장을 "율법: 십계명 해설 포함"이라는 제목 아래 "하나님에 대한 지식"으로부터 시작하게 된다.[173] 계속해서 제2장에서는 사도신경을 중심으로 '믿음'에 관해 설명한다. 제3장에서는 주기도문의 해설을 통해 '기도'에 대한 내용을 다룬다. 그리고 제4장에서는 '성례', 제5장에서는 '거짓 성례', 제6장에서는 '기독교인의 자유, 교회의 권세, 정치조직'을 피력한다.

칼빈은 그리스도의 직분론과 관련해서 제2장 "믿음"에 포함된 "사도신경 해설" 두 번째 부분에서 이것을 취급한다. 칼빈은 여기서 그리스도를 "중보자"로 소개한다.[174] 칼빈에 따르면, 그리스도는 하나님과 사람 사이의 "중보자"며 "대제사장"이시다. 그리스도는 참 사람으로서 '형상회복'에 따른 '창조회복'을 위해 두 가지 직무를 감당하는 직분자였다.

첫째, "죽음을 삼키는" 직분자였다.
둘째, "죄를 정복하는" 직분자였다.

이 두 가지 직무 수행이 순종을 통해 수행될 것을 칼빈은 증거한다.[175] 그는 그리스도의 높아지심의 자리가 아니라 "자기 비우심"이라는 낮아지심의 "케노시스"를 통해 이 직무가 실행될 것을 설명한다. 1536년 『기독교 강요』 II.2.13에서 이런 내용들이 변증적으로 증거된다.[176]

1536년 『기독교 강요』에 따르면, 성부의 기름 부음을 통해 세워진 그

---

ids: Eerdmans Publishing Co, 1995), 1-14.
173 Calvin, *Institutes of the Christian Religion*(1536) I, 15: "The Law: Containing an Explanation of The Decalogue. A Knowledge of God"
174 Calvin, *Institutes of the Christian Religion*(1536) II.2.12, 50-51: 칼빈, 『라틴어 직역 기독교 강요』, 181-182.
175 Calvin, *Institutes of the Christian Religion*(1536) II.2.12, 51-52.
176 Calvin, *Institutes of the Christian Religion*(1536) II.2.13, 52-54.

리스도의 직분이 우리에게 유익을 주는 직무의 수행으로 이어진다. 우리 또한 그리스도 안에서 왕이 되어 마귀와 죄와 죽음과 지옥을 다스리게 될 것이라고 변증한다.[177] 이런 내용들은 1539년 『기독교 강요』에서 이어진다. 이어 1542년 『제2차 제네바교회 교리문답서』제40-42문의 교리로 나타난다. 그리고 1563년 『하이델베르크 요리문답』의 제32문에도 영향을 끼친다.

> 제32문: 그러면 당신은 왜 그리스도인이라 불립니까?
> (답) 믿음으로 나는 그리스도와 한 지체가 되어 그분의 기름 부음에 동참한 자이기 때문입니다. 내가 기름 부음을 받음으로써 그분의 이름을 고백하고, 나 자신을 그분에게 감사의 산 제사로 드려서 현재 삶에서 자유로운 양심을 가지고 죄와 마귀에 대항해 그리스도인의 삶을 살며 장차 그리스도와 함께 영원히 만물을 다스리게 됩니다.[178]

칼빈에 의해 그리스도의 세 가지 직분에 대한 교리가 뿌리내릴 때, 『기독교 강요』에서 '왕'과 '선지자' 그리고 '제사장'의 세 가지 직분론이 거론된다.[179] 여기에 대해 J. F. 젠센(John Frederick Jansen)은 『칼빈의 그리스도 사역 교리』(Calvin's Doctrine of The Work of Christ) 제3장, "칼빈의 그리스도의 직분 교리에 대한 해석적 근거"에서 여섯 가지 사례를 가지고 칼빈의 견해에 대해 설명한다.

① 성경의 모든 곳에 있는 그리스도
② 대속자의 직분
③ 메시아

---

177 Calvin, *Institutes of the Christian Religion* (1536) Ⅱ.2.14-15, 54-56.
178 Ursinus, *Commentary on The Heidelberg Catechism*, 333.
179 데릭 W.H. 토마스, "언약의 중보자", 287.

④ 우리의 왕 그리스도
⑤ 우리의 제사장 그리스도
⑥ 하나님의 계시 그리스도[180]

젠센은 그리스도의 직분에 대해, 칼빈은 '왕직', '선지자직' 그리고 '제사장직'의 세 가지 직분을 말하지 않고, '왕직'과 '제사장직'만을 거론한다고 주장한다.

젠센은 그리스도의 직분에 대한 칼빈의 교리적 발달에 대해, 그 출발이 1536년의 『기독교 강요』에서 시작되었다고 말한다. 이때 칼빈이 그리스도의 직분에 대해 세 가지 직분을 말한 것이 아니라 '왕'과 '제사장'의 '두 직분'을 거론했다는 것이다.[181] 젠센에 따르면, 칼빈이 그리스도의 '두 직분' 교리를 거론한 것은 초대 교부들뿐만 아니라 당시 중세의 일반적인 유형이었다. 이것은 루터에게도 드러났다. 물론, 젠센의 주장처럼 칼빈의 그리스도의 직분론은 초대 교부들의 견해와 당시 종교개혁주의자들의 일반적 특징을 담고 있는 것은 사실로 보인다.

그리스도의 세 가지 직분론은 칼빈의 독창성에 의해 탄생한 교리가 아니다. 교부들과 종교개혁자들에게서 영향을 받았다. 그리고 신학적 논쟁으로 교리적 사고는 더욱 깊어졌다. 젠센이 말하는 것처럼 칼빈은 그리스도의 직분론에 대해 초대 교부들 또는 종교개혁 시대의 어떤 유형을 따를 수도 있었다.

그러나 1536년 『기독교 강요』에서 칼빈에 의해 다루어졌던 그리스도의 직분론은 변증적인 측면에서 그 내용들이 작용했던 것이다. 세 가지 직분에 대해 그 모습을 명확하게 구별하기보다 변증적인 측면에서 세 가지 직분에 대한 것들이 포괄적으로 다루어진다는 점을 그가 놓친 것이라 볼 수 있다.

---

180 John Frederick Jansen, *Calvin's Doctrine of The Work of Christ* (London: James Clarke, 1947), 60-104.
181 Jansen, *Calvin's Doctrine of The Work of Christ*, 39-42.

여기에 대해 스페이커르는 다음과 같이 증거한다.

> 칼빈은 1535년 8월 23일자 프랑스 왕에게 바치는 헌사를 『기독교 강요』의 서문으로 실었다. … 프랑수아 1세는 복음주의자들을 반역과 혁명적 선동가들로 비난했다. … 마치 2세기 변증가의 언어가 되살아난 것처럼 보였다. … 칼빈의 변증은 후속되는 『기독교 강요』의 모든 판에 덧붙여졌다. … 『기독교 강요』가 출간되었을 때, 그것은 사실 문답식이 아니라, 논문식으로 작성된 교리문답서로서 수용되었다.[182]

1536년 『기독교 강요』는 그리스도의 직분에 대해 두 가지 포괄적인 모습을 보여 준다.

첫째, 제사장의 직분을 통해 선지자의 직분이 함께 표현된다. 이것은 초대 교부들에게 뚜렷하게 나타났던 방식으로, 그들은 제사장의 직분 안에서 선지자의 직분을 함께 발견했기 때문에 두 직분을 함께 설명했던 것이다.

둘째, 칼빈이 그리스도의 선지자 직분 수행을 '성령의 사역'을 통해 이를 포괄적으로 설명한 것을 들 수 있다. 이것은 중세시대를 비롯한 종교개혁 시대의 신학적인 특징이었다.

하지만 칼빈에게 있어서 이 방식은 변증적 측면에서 전체를 설명하기 위한 방법이었다. 변증에 따른 칼빈의 견해는 그리스도의 위격에 대한 논증에서도 그대로 드러난다. 칼빈은 세 위격에 대해 그 위격이 '각각'이라는 것, 그러나 '한 하나님'이시며, '한 본질'이시라는 사실을 부각시킨

---

[182] 스페이커르, 『칼빈의 생애와 신학』, 67-69.

다.[183] 그리고 그리스도는 성령의 사역을 통해 우리로 하여금 아버지 하나님의 선하심을 소유하게 하시고, 복음의 진리를 가르치시며, 믿음을 받아들이게 하신다고 설명한다.[184]

젠센에 따르면, 그리스도의 세 가지 직분에 대한 칼빈의 교리는 1543/1545년에 작성된 『기독교 강요』에 명확하게 진술된다.

> 1545년판에서 칼빈은 그리스도의 세 직분에 대해 분명하게 진술했습니다. … 또한, 1543년(프랑스어판)과 1545(라틴어판)의 교리문답에도 반영됩니다.[185]

그러나 이런 그의 주장이 불명확한 것은 칼빈의 그리스도의 세 가지 직분에 대한 교리의 확립은 1542년 『제2차 제네바교회 교리문답서』에서 이미 이뤄졌으며, 1545년 『기독교 강요』는 1542년의 『제2차 제네바교회 교리문답서』를 바탕으로 그 내용들이 구성되어 있었다. 또한, 1539년 『기독교 강요』는 그리스도의 세 가지 직분에 대해 이것을 교리적으로 적용했다. 그 출발은 1536년 『기독교 강요』에서 그 뿌리를 찾게 된다.

한편, 젠센은 그리스도의 세 가지 직분에 대한 교리는 해석적 범주에서 거론된 것이 아니라 칼빈 자신의 교리에 의해 주장된 것이라고 또한 주장한다. 심지어 그는 그리스도의 세 가지 직분에 따른 칼빈의 교리를 그의 사고적 개념의 특성에 의한 것이라고 주장한다.[186]

그러나 그리스도의 세 가지 직분에 따른 칼빈의 교리는 칼빈의 전반적인 신학이 그러하듯이 그 근거를 성경에서 찾았다.[187] 그리고 세 가지 직분

---

183 Calvin, *Institutes of the Christian Religion*(1536) Ⅱ.1.6-7, 44-45; Ⅱ.3.20, 57-58.
184 Calvin, *Institutes of the Christian Religion*(1536) Ⅱ.3.20, 57-58.
185 Jansen, *Calvin's Doctrine of The Work of Christ*, 42.
186 Jansen, *Calvin's Doctrine of The Work of Christ*, 45.
187 Selderhuis, "The Institutes", 200.

에 따른 칼빈의 교리는 칼빈 자신의 사고에서 구성된 것이 아니라 그리스도론에 따른 교부들의 신학적 사상과 함께 종교개혁주의자들의 사상이 함께 그 접목을 이루었다.

칼빈의 1536년 『기독교 강요』에 따르면, 신성과 인성이 '한 인격'을 이루는 "속성의 교류"(Communication of Properties)를 통해 그리스도의 직분이 수행된다.[188]

빌렘 판 엇 스페이커르에 의하면, 칼빈은 그리스도 직분의 통일성을 그리스도의 인격과 사역의 통일성의 가시화라는 맥락에서 설명한다. 칼빈은 그리스도의 인격과 사역은 본질적인 방식으로 서로 연결되었다고 생각했다. 따라서 우리는 그리스도의 인격과 연합함으로써 그 공로에 참여하게 된다.[189]

칼빈의 이런 생각은 1536년 『기독교 강요』뿐만 아니라 그의 전반적인 사상이기도 했다. 칼빈은 1536년 『기독교 강요』의 "사도신경 해설"의 둘째 부분에서 그리스도께서 직분을 수행할 때, 속성의 교류를 이룬 두 가지 정의에 대해 변증적으로 설명한다.

첫째, 그리스도께서 '한 인격'을 이뤄 첫째 아담이 인격적으로 범했던 직분에 따른 불순종을 '순종'으로 정의하게 된 것을 말한다. 사람이 '하나님 형상'으로 피조된 것이 하나님의 창조의 결정판이었다면, 첫째 아담의 불순종은 좁은 의미에서 "하나님의 창조파괴"를 말할 수 있다. 그러므로 둘째 아담 그리스도께서 이루신 세 가지 직분의 사역은 좁은 의미의 '창조회복'이라고 말할 수 있다. 따라서 칼빈이 불순종을 '순종'으로 정의한 것은 이런 의미에서 '창조론적' 관점이 함께 변증되었다고 볼 수 있다.

---

[188] Calvin, *Institutes of the Christian Religion*(1536) II.2.13, 52-54.
[189] 스페이커르, 『칼빈의 생애와 신학』, 236.

둘째, 그리스도께서 완전한 둘째 아담이 되어 첫째 아담에 대한 죄의 값을 완전하게 지불해 "아버지의 공의"를 만족시켰다고 변증한다.

로날드 S. 월레스(Ronald S. Wallace)는 『칼빈의 기독교 생활 원리』에서 다음과 같이 증거한다.

> 칼빈이 말하는 바에 의하면, 그리스도는 우리의 화평과 구속의 값과 죄의 형벌을 지불하셨다. 대속물을 드림에 있어서 그의 과업은 우리와 하나님의 노여움 사이를 중보해 그의 의로운 심판을 만족시키는 것이었다.[190]

첫째 아담의 불순종이 '창조파괴'를 말할 때, 둘째 아담은 첫째 아담의 완전함을 이뤄야만 했다. 첫째 아담이 범한 죄에 대해 완전한 형태의 값을 치뤄야만 했다. 이것을 오리게네스와 닛사의 그레고리우스는 마귀에게 빚진 것을 갚는 "배상설"을 통해 마귀의 만족을 채우는 것으로 변증했던 것이다. 그러나 칼빈은 여기에 대해 '아버지의 공의'를 만족시키는 값으로 변증한다. 그리고 이것을 통해 둘째 아담 그리스도의 세 가지 직분 수행이 '형상회복'에 따른 '창조론적' 관점을 가지고 있다는 것을 함께 간접적으로 변증한다.

칼빈은 1536년 『기독교 강요』에서 그리스도의 비하를 설명할 때도 하나님의 아들인 그리스도께서 그의 인성을 따라 처녀의 몸에서 태어난 것을 변증적으로 설명한다. 1536년 『기독교 강요』의 특징 가운데 하나는 칼빈이 자신의 견해를 따르는 사람들에게 기독교 신앙의 기본적인 교리를 제공한다는 사실이다.[191] 칼빈의 1536년 『기독교 강요』는 '창조회복'에 따른 화목제물로서의 그리스도를 증거한다. 여기에 대해 중보자로서의 제사장과 중보자로서의 대언자와 함께, 왕으로서의 그리스도를 논한다. 이

---

190 Calvin, *Institutes of the Christian Religion*(1536) Ⅱ.2.12, 50-51; 로날드 S. 월레스, 『칼빈의 기독교 생활 원리』, 나용화 역 (서울: CLC, 2013), 13.
191 윌리엄 S. 바커, "신학적 작품 『기독교 강요』의 역사적 배경", 38-40.

때 그리스도의 직분에 따른 사역은 포괄적인 측면에서 그리스도를 변증했다는 것은 부인할 수 없는 사실이다.

(2) 교리적으로 적용된 그리스도의 세 가지 직분(A.D. 1539)

1539년 『기독교 강요』는 초판(1536)에서 다루지 않았던 "구약과 신약의 유사점과 차이점"에 대한 항목과 함께 "예정"과 "섭리", "기독교인의 생활"이라는 항목이 추가된다. 그리고 "하나님에 대한 지식"과 "인간에 대한 지식"이 서론으로 새롭게 구별된다.

헤르만 셀더하위스(Herman Selderhuis)는 『기독교 강요』를 논하는 자리에서 이와 같은 내용을 제공한다.

> 1539년판은 그리스도인의 삶에 대한 장으로 끝납니다. 이 판의 내용은 츠빙글리의 참된 종교와 거짓 종교에 대한 설명과 명확히 관계가 있습니다. 더 나아가 멜란히톤의 1521년과 1536년의 신학총론과는 명확한 관계가 있다는 것을 보여 줍니다.[192]

그리스도의 세 가지 직분에 대한 교리는 1536년 초판의 『기독교 강요』 제2장 "신앙"에 포함되어 있던 "사도신경 해설"의 둘째 부분에서 변증적으로 그 내용이 다루어진다. 이런 배치는 1539년의 증보판인 제2판에서도 그대로 적용된다.[193] 1536년 초판과 동일하게 1539년 판은 그리스도를 변증적인 측면에서 우리의 구원과 신앙으로 연결시킨다. 그리고 그리스도가 "기름 부음 받은 자"가 된 이유는 "구속"에 따른 것이라는 사실을 밝히

---

[192] Selderhuis, "The Institutes", 202-203; Barbara Pitkin, "Faith and Justification", 289-290.
[193] John Calvin, *Institutes of the Christian Religion: The First English Version of the 1541 French Edition* 4.2, ed., Elsie Anne McKee (Grand Rapids: Eerdmans Publishing Co, 2009), 218-240: Chapter 4. Of Faith, Where the Apostles' Creed Is Explained: The Second Part-*And in Jesus Christ, His sole Son, our Lord*에서 내용들이 포괄적으로 다루어지고 있다.

면서 그리스도의 직분이 지닌 성격을 교리적으로 설명한다.[194]

> 우리의 구속주는 예수라고 불립니다. 그 이름은 아버지의 입에 의해 그에게 주어졌습니다. 왜냐하면, 아버지께서 그의 백성을 구하고 죄로부터 구원하시려고 그분을 보내셨기 때문입니다(마 1:21). 그러므로 우리는 그분에게서 구원을 발견하게 될 것입니다. … 이 이름은 모든 믿는 자가 오직 그분 안에서 구원을 찾을 수 있다는 것을 의미하며, 그분을 찾아내리라는 것을 확신시켜 줍니다. …
> '그리스도'라는 즉, 기름 부음 받은 자라는 것이 예수에게 더해집니다. 비록 이 '기름 부음'이 어떤 이유로 다른 이들에게도 부여되기도 하지만 그런데도 그것은 어떤 특권처럼 그분에게 속한 것입니다. 그런데 이 영적 기름 부음을 받지 못하는 신자는 아무도 없다는 것이 확실합니다. … 선지자 역시 기름 부음을 받았으며, 왕과 제사장도 그러했습니다.[195]

총 17장으로 구성된 1539년 판 제4장, "신앙, 사도신경에 대한 해설"에서 그리스도께서 기름 부음 받은 자로서 "왕직"과 "선지자직" 그리고 "제사장직"의 세 가지 직분을 가지셨다는 것을 말한다. 이와 함께 그리스도의 기름 부음이 "영적 기름 부음"이었다는 것을 교리적으로 설명한다.[196] "그리스도의 세 가지 직분"이라는 단어를 칼빈이 직접적으로 사용한 것은 1559년 『기독교 강요』 최종판이었다.

그러나 그리스도께서 '왕직'과 '선지자직', '제사장직'의 세 가지 직분을 행하셨다는 것에 대해 교리적인 단어들을 직접 사용하기 시작한 것은 1539년의 『기독교 강요』 제4장에서 부터였다. 여기서 칼빈은 그리스도를

---

194 Calvin, *Institutes of the Christian Religion*(1541 French ed) 4.2, 218-219; Selderhuis, "The Institutes", 202.
195 Calvin, *Institutes of the Christian Religion*(1541 French ed) 4.2, 218-219.
196 Calvin, *Institutes of the Christian Religion*(1541 French ed) 4.2, 219-220.

가리켜 "자기를 제물로 드리고 우리를 풍성케 하시는 분"으로, 파괴된 아담의 "형상회복"에 따른 "창조회복"을 일으키신 분으로 소개한다.[197]

칼빈의 1539년 판 『기독교 강요』에 따르면, 그리스도께서 구속자로서 직분을 감당한 것은 아담의 대표자로서 그 직분에 따른 직무를 수행한 것이었다. 여기에는 둘째 아담으로서 첫째 아담의 형상회복을 말하는 '창조론적' 관점이 새겨지게 된다.

안셀무스는 『하나님은 왜 사람이 되셨는가』와 『프로슬로기온』에서 그리스도께서 둘째 아담이 되신 것을 가리켜 '속상'에 대한 조건을 갖추기 위한 것으로 설명한다. 칼빈은 이것을 첫째 아담의 대속을 이루기 위한 완전한 값으로 본다. 그 값은 하나님의 의로운 심판을 만족시키는 데 있었다.[198] 이를 위해 그리스도는 신인양성의 두 본성이 연합을 이뤄 이 땅에 오셨으며, '우리의 중보자'가 되셨던 것이다.

칼빈의 1539년 판 『기독교 강요』에서 다음과 같이 증거한다.

> 우리의 구속자 되신 그분이 반드시 참 하나님과 참 인간이 되셔야 했던 또 다른 이유가 있습니다. … 마귀의 공중 권세를 정복하는 것이 그분의 직분이었습니다.[199]

필립 C. 홀트롭(Philip C. Holtrop)에 의하면, 칼빈은 『기독교 강요』에서 그리스도의 사역에 대해 두 가지 점을 강조한다. "우리를 대신하신 사역"과 "우리를 위한 사역"이다. 여기서 "우리를 위한"이라는 내용이 특별히 강조된다.[200]

---

197 Calvin, *Institutes of the Christian Religion*(1541 French ed) 4.2, 219-222, 225-226.
198 마이클 S. 호튼, "깨어진 꽃병: 칼빈 사상에서 죄의 비극", 226-227; 월레스, 『칼빈의 기독교 생활 원리』, 13-16.
199 Calvin, *Institutes of the Christian Religion*(1541 French ed) 4.2, 224.
200 필립 홀트롭, 『기독교 강요 연구핸드북』, 박희석 · 이길상 역 (고양: 크리스챤다이제스트, 2003), 158-159.

그의 주장처럼 1559년 최종판 『기독교 강요』 제15장은 "우리를 위한" 이라는 강조를 통해 그리스도의 세 가지 직분에 따른 사역들을 설명한다. 성자가 성부로부터 그리스도라는 직책을 부여받은 것도 '우리를 위한' 것이었다. '선지자직'과 '왕직' 그리고 '제사장직'으로서 직무를 감당하신 것 또한 '우리를 위한' 것이었다. '우리를'이라는 말은 곧 '형상회복'에 따른 '창조회복'의 특징을 일컫는 말이다.

홀트롭은 『기독교 강요 연구핸드북』에서 칼빈의 이런 특징은 『기독교 강요』 초판에서는 찾아볼 수 없다고 밝힌다. 부써의 영향을 받은 1539년 이후에 이런 사상들이 점진적으로 『기독교 강요』 속에서 발견되고, 발전했다는 벤델(Wendel)의 주장에 그는 동의한다.[201]

칼빈의 1539년 『기독교 강요』 제4장 "신앙"에 의하면, '그리스도'는 '기름 부음을 받은 자'로서 우리의 구원과 관련해 두 가지의 중요한 의미를 교리적으로 설명한다.

첫째, '그리스도'는 '예수'와 연결된 직분으로, '자기 백성'을 구원하고자 하는 하나님의 뜻이 반영되어 있다.[202] 구속주의 이름이 '예수'인 것은 마태복음 1:21에도 나타난다. 그 이름은 사람에 의해 지어진 것이 아니다. 하나님이 지으셨고, 그렇게 부르도록 명하신 이름이다. 따라서 '그리스도'가 '기름 부음 받은 자'로서 이룰 사역의 성격은 '예수'와 연결된 직분이었다. 자신의 만족 또는 대리적 만족을 채우기 위한 직분이 아니었다. 우리의 구원과 관련해 첫째 아담의 죄의 값에 따른 하나님 자신의 만족을 채우는 당사자로서의 직분이었다. 그리고 이 직분은 '창조회복'을 일으킬 직분이었다.

---

201 홀트롭, 『기독교 강요 연구핸드북』, 159.
202 Calvin, *Institutes of the Christian Religion* (1541 French ed) 4.2, 218-219.

이것을 칼빈은 1539 『기독교 강요』 제4장 "신앙"에서 이와 같이 밝힌다.

> 예수 그리스도는 시편 기자가 우리에게 가르치는 것처럼 하늘과 땅의 모든 권세를 자신에게 복종시키시기 위해 아버지에 의해 왕으로 임명받으셨습니다. 마찬가지로 그분은 중보자 직분을 수행하시기 위해 아버지에 의해 제사장으로 봉헌되셨습니다.[203]

둘째, '그리스도'는 하나님과 "화해"를 도출할 뿐만 아니라 우리에게 적용되도록 "연합"을 이끌어 내는 "중보자"로서 직분을 수행한다고 설명한다.

> 희생을 만들어 내는 그분의 직분에 대해 … 그분은 자신의 죽음으로 성취하신 영원한 화해의 권능으로 인해 아버지의 호의를 만들어 내는 중보가 되셨을 뿐만 아니라 그분이 자신을 우리의 중보자로 삼으시고 우리로 하여금 그 희생과 연합하고 참여하도록 하셨습니다. 그로 인해 우리는 아버지께 기도와 감사를 드릴 수 있게 되었습니다.[204]

칼빈에 따르면, "그리스도"라는 이름으로 우리는 "창조회복"에 따른 영원한 "화해", "거룩함의 열매"로 초대받는다. 그리스도께서 제사장의 직분만이 아니라 왕으로서 주어진 직분이 함께 이 역할을 감당하게 된다.[205] 죽음으로써 죄인들을 위한 화목제물이 되셨을 뿐만 아니라 죄인인 우리를 성결케 하는 제사장의 중보적 완성을 함께 이루신다. 그리고 땅과 하늘의

---

[203] Calvin, *Institutes of the Christian Religion*(1541 French ed) 4.2, 219-220.
[204] Calvin, *Institutes of the Christian Religion*(1541 French ed) 4.2, 220-221; Calvin, *Institutes of the Christian Religion*(1541 French ed) 7, 390.
[205] 월레스, 『칼빈의 기독교 생활 원리』, 17-22.

모든 권세를 가진 중보적 왕으로서 '기름 부음 받은 자'의 직분 수행에 따른 역할 완성을 이뤄 화해와 연합을 이끌어 내신다.[206]

1539년 『기독교 강요』 제1장 "하나님을 아는 지식"에서는 '선지자'의 직분을 가리켜 "하나님을 영화롭게 증거하는" 직분으로 소개한다.[207] 그리고 제3장에서는 선지자를 가리켜 "우리의 내면을 하나님 앞으로 이끌어 가는 직분을 수행하는 자"로 정의한다.[208] 제4장에서는 하나님의 말씀에 따르는 직분으로서 선지자의 직분은 "순종"이 대명사와도 같은 직분으로 소개된다.[209]

그리스도께서는 선지자 직분을 수행하실 때, 마른 땅에 마치 생명의 물을 주듯이 "생명수"로 그 직분을 감당하신다.[210] 그리고 선지자로서 회개할 사람들에게 새로운 마음을 갖도록 그 사명을 수행해 나가신다. "회개하라 천국이 가까이 왔느니라"(마 4:17)라고 외치는 그리스도의 그 외침은 '생명수'의 말씀으로서 사람들의 심령에 '창조회복'을 일으킬 회개할 새로운 마음을 갖도록 한다.

특히 1539년의 『기독교 강요』는 평신도보다 목회사역에 초점이 맞춰져 있다. 따라서 그리스도의 세 가지 직분에 대한 교리적 설명이 1536년의 초판에 비해 보다 상세하게 피력되어 있는 것을 발견할 수 있다.[211] 그리고 "맹세론"(수도원 제도)이 포함된 1543년과 1550년의 증보판에서는 1539년판에서 다루었던 제4장 "믿음"(사도신경)의 2부 내용이 제7장의 "신조 2"에서 다루어진다.

---

206 Garcia, *Life in Christ: Union with Christ and Twofold Grace in Calvin's Theology*, 15-18: 그리스도와의 연합은 근본적으로 칼빈의 신학에 있어서 중요한 부분을 차지한다.
207 Calvin, *Institutes of the Christian Religion*(1541 French ed) 1, 46.
208 Calvin, *Institutes of the Christian Religion: The First English Version of the 1541 French Edition* 3, 171.
209 Calvin, *Institutes of the Christian Religion*(1541 French ed) 4, 185.
210 Calvin, *Institutes of the Christian Religion*(1541 French ed) 4.3, 241.
211 윌리엄 S. 바커, "신학적 작품 『기독교 강요』의 역사적 배경", 40.

1539년 『기독교 강요』는 그리스도의 세 가지 직분에 대한 교리를 확립하고, 1542년의 『제2차 제네바교회 교리문답서』와 1559년의 『기독교 강요』 최종판의 교리적 풍성함을 이루는 데 있어서 징검다리와 같은 역할을 한다.

(3) 기독론의 중심을 이룬 그리스도의 세 가지 직분(A.D. 1559)

1536년 6장으로 시작했던 그리스도의 직분론과 관련된 『기독교 강요』의 내용은 1559년에 와서 총 80장으로 늘어난다. 내용이 증가하게 된 직접적인 원인은 교부들에 대한 연구와 신학적 토론, 주석 자료 첨가 등에 있다.[212]

1559년의 『기독교 강요』 최종판은 그리스도의 세 가지 직분을 제2권 제15장에서 여섯 항목을 구성해 신학적으로 더욱 풍성하게 그 내용을 전개한다. 이때 칼빈은 그리스도의 세 가지 직분을 '선지자', '왕', '제사장'의 순서에 따라 설명한다.[213] 칼빈은 그리스도의 세 가지 직분을 논하는 데 있어서 '선지자직'을 제일 먼저 거론한다.

여기서 칼빈은 이스라엘 백성들의 구원을 위해 하나님이 예언자들을 보내셨다는 사실을 강조한다. 선지자직은 앞으로 있을 일에 대해 올바르게 가르치는 직무와 백성들의 불순종에 대한 죄를 깨닫게 하고, 회개를 불러 일으키는 직무를 감당하는 직분으로 정의된다.[214] 여기에 대해 히브리서 1:2의 말씀을 인용하면서 "이 모든 날 마지막에 아들로 우리에게 말씀하셨다"라고 말한다. "말씀이 육신이 되신" 그리스도는 제2위 성자 하나님이셨다. 말씀이 되시는 그분께서 구원에 따른 예언의 말씀을 선지자 직분

---

212 Selderhuis, "The Institutes", 203-204.
213 Calvin, *Inst* II.15: "To know the purpose for which Christ was sent by the Father, and what he conferred upon us, we must look above all at three things in him: the prophetic office, kingship, and priesthood."
214 이신열, 『칼빈 신학의 풍경』(서울: 도서출판 대서, 2011), 92-94.

을 통해 반드시 성취하신다고 강조한다.

칼빈은 선지자 직분을 거론할 때 구원을 바탕으로 한, 기독론적 설명을 제공한다. 그 후 제사장 직분을 통해 "화해 교리"를 펼친다. 칼빈은 제사장에 대한 직분을 이해할 때 화해(reconciliation)와 중재(intercession)라는 두 가지 측면을 강조한다. 그리스도는 하나님과 인간 사이를 화해시킬 유일한 중보자였다. 그 직무가 제사장직을 통해 이뤄지며, 우리에게 중재 개념으로 연결된다.[215] 여기서 그리스도는 '창조회복'을 위한 중보자로서 인간의 죄에 대해 형벌을 친히 감당하시는 분으로 등장한다.

칼빈의 세 가지 직분에 나타나는 특징 가운데 하나는 중보자를 드러내면서 전반적인 것들로 기독론 측면으로 이끌고 간다는 데 있다.[216] 칼빈은 그리스도의 죽음을 가리켜 하나님의 공의를 만족시키며, 화해를 일으키기 위한 대속적이며, 대리적인 죽음으로 해석한다. 그리스도의 죽음이 중보자로서 하나님과 화해를 이룰 '창조회복'에 따른 완전한 값이 되었다는 것이 강조된다. 칼빈은 이 사실들을 기독론적으로 해석한다.

그러나 그리스도의 세 가지 직분을 중보자의 관점에서 전개한 것은 1559년 『기독교 강요』 최종판뿐만 아니라 1539년의 『기독교 강요』에도 동일하게 나타난다.

칼빈은 그리스도의 세 가지 직분을 기독론적인 측면에서 종합적으로 그 내용을 담아냈다. 반면, 루터는 그리스도를 '선지자', '왕', '제사장'으로서의 세 가지 직분을 가진 분으로 설명하지 않는다. 루터는 '왕직'과 '제사장직'에 대한 "이중 직분"을 가르친다.[217] 첫째 아담을 거론할 때도 루터는 '왕직'과 '제사장직'을 말한다.[218] 그는 그리스도 안에서 우리 또한

---

215 이신열, 『칼빈 신학의 풍경』, 96-97.
216 데릭 W.H. 토마스, "언약의 중보자", 287.
217 Pannenberg, *Jesus-God and Man*, 213.
218 Martin Luther, *On Christian Liberty*, ed., W.A. Lambert (Minneapolis: Fortress Press, 2003), 23-27; Berkhof, *Systematic Theology*, 391.

그리스도처럼 '왕'과 같고, '제사장'과 같은 존재가 된다고 주장하며, '왕직'과 '제사장직'의 두 직분을 강조한다.[219]

비치우스는 '선지자', '왕' 그리고 '제사장'의 순서를 통해 그리스도의 세 가지 직분을 설명하면서 그리스도를 욥기 33:24에 언급된 대속물과 연결한다. 그의 주장에 따르면, 그리스도의 세 가지 직분은 구원과 중보의 보증이다.[220]

칼빈의 1559년 『기독교 강요』 최종판은 그리스도의 세 가지 직분을 다룰 때, 그 내용과 방향의 전반적인 강조가 기독론에 있다. 칼빈은 그리스도의 세 가지 직분을 통해 세 가지 사실을 특별히 강조한다.

첫째, 그리스도의 세 가지 직분 가운데 '왕직'을 두드러지게 강조한다. '왕직'에 대한 강조는 『기독교 강요』(1559) 제15장의 전체적인 구성에서도 뚜렷하게 드러난다. 이 장은 전체가 여섯 절로 구성되어 있다.

1절은 그리스도의 세 가지 직분 가운데 하나인 '선지자직'이다. 이것을 제일 먼저 다룬다.

2절에서는 '그리스도'의 칭호에 따른 내용을 전개한다.

3-5절까지, 즉 세 절이라는 분량을 할애하면서 '왕직'에 관한 직분을 취급한다.

6절에서는 '제사장직'이 등장한다. '왕직'과 관련된 것이 세 가지 직분을 다루는 전체 항목의 절반을 차지한다.

기독론적 측면에서 그리스도께서 왕이라는 개념을 더욱 뚜렷하게 강조한다. 여기에 대해 필립 홀트롭(Philip Holtrop)은 『기독교 강요 연구핸드북』에서 이렇게 말한다

---

[219] Luther, *On Christian Liberty*, 27, 31-32; Wayne Grudem, *Systematic Theology* (Grand Rapids, Michigan: Inter-Varsity Press, 2016), 624-626.
[220] Woo, *The Promise of the Trinity*, 48-49.

칼빈은 하나님을 주로 권능과 신실하심에 초점을 두고 생각하는 가운데 그리스도께서 왕이라는 개념에 갈수록 강조하는 경향을 띠었다.[221]

둘째, '왕직'의 내용을 종말론적으로 귀결시킨다는 점을 들 수 있다. 이 것은 1559년 판 『기독교 강요』 제2권 제15장 3-5절에서 두드러지게 나타난다.

3-4절은 '그리스도의 주권의 영원성'을 그리스도의 '왕직'에 따라 설명한다. 여기서 '왕권'의 영원성은 '교회'와 '각 성도들'의 보호자와 수호자의 차원에서 설명된다.[222]

5절에서는 그리스도께서 아버지의 우편에 앉아 계시는 '왕권'의 통치를 통해서 교회를 다스린다. 그리고 최후 심판에 임하는 '왕직'의 수행으로 이어 가게 될 것을 기독론에 근거한 종말론적인 측면에서 논한다.

> 이제부터 왕권을 논하겠습니다. 이 문제를 논할 때 그것은 본질상 영적 성격을 가졌다는 것을 먼저 독자들에게 경고하지 않는다면, 논의가 무의미할 것입니다. 이 영적 성격에서 우리를 위한 그 효력과 혜택뿐만 아니라 그 모든 힘과 영원성이 추론됩니다. … 그는 교회의 영원한 보존에 대해 신자들에게 확신하고, 교회가 억압당할 때마다 희망을 갖도록 격려합니다. … 그러므로 마귀는 세상의 모든 자원을 가지고도 교회를 결코 파괴할 수 없습니다. 교회는 그리스도의 영원한 보좌를 토대로 세워졌기 때문입니다. … 간단히 말해서 그리스도의 왕권이 영적인 것이라는 말을 들을 때에, 우리 각 사람은 이 말에서 용기를 내어 더 나은 생명에 대한 소망을 붙잡아야 합니다(『기독교 강요』 II.15.3).[223]

---

221 홀트롭, 『기독교 강요 연구핸드북』, 159.
222 이신열, 『칼빈 신학의 풍경』 94-95.
223 Calvin, *Inst* II.15.3.

그리스도의 왕권은 영적인 것임을 깨달을 때에만 우리는 그 힘과 효험을 깨달을 수 있습니다. … 그리스도는 영혼의 영원한 구원을 위해서 필요한 모든 것을 자기 백성에게 풍부히 주시며, 영적 원수들의 모든 공격 앞에 결코 굴하지 않는 용기로 그들을 강화해 줍니다(『기독교 강요』 II.15.4).[224]

… 왕을 하나님의 기름 부음을 받은 자라고 부르는 것은 지혜와 총명의 신이요 모략과 재능의 신이요 … 그러나 그는 모든 자들을 질그릇같이 부술 철장을 가지고 계시다는 말씀을 우리는 듣습니다(시 2:9). 또한, 뭇 나라를 심판해 시체로 가득하게 하시고 여러 나라의 머리를 쳐서 깨뜨리시다(시 110:6)는 말씀도 듣습니다. 오늘 우리는 이런 일의 예를 볼 수 있지만 완전한 증거는 최후 심판에서 나타날 것입니다. 이 심판은 또한 그리스도 통치의 마지막 행위라고 보는 것이 마땅할 것입니다(『기독교 강요』 II.15.5).[225]

데릭 W. H. 토마스(Derek W. H. Thomas)는 『언약의 중보자』에서 그리스도의 세 가지 직분을 다룬다. 그는 칼빈에게서 나타나는 그리스도의 제사장 직분은 우리와 하나님 사이의 화해를 이끌어 내는 측면에서 "대속과 속상"의 개념을 가지고 있다고 말한다. '왕직'에 따른 '왕권'은 현재적이며, 심판의 자리에까지 그 성격을 함께하는 종말론적인 측면을 가지고 있다고 설명한다.[226]

칼빈의 신학은 '기독론'과 '선택 교리' 그리고 '종말론적' 확실성이라는 세 가지 요소가 서로 밀접하게 관련되어 있다.[227] 이것은 『기독교 강요』의 세 가지 직분의 교리에서도 그대로 나타난다. 앞에서도 밝혔던 것처럼, 칼빈은 그리스도의 '왕직'을 기독론에 입각해 전개한다. 그리고 이것을 종

---

224 Calvin, *Inst* II.15.4
225 Calvin, *Inst* II.15.5
226 데릭 W.H. 토마스, "언약의 중보자", 291-294.
227 Van Der Kooi, "Christology", 265-266.

말론적 확실성으로 마무리 짓는 것이 제15장 5절에 나타난다.

셋째, 그리스도께서 모든 예언에 대한 종결자로서 '기름 부음'을 받은 직분자라는 사실을 들 수 있다. 칼빈은 『기독교 강요』(1559) 제2권 제15장 1-2절에서 예언적 기능을 가지고 있는 '선지자'의 직분을 소개한다. "그분께서 전하신 완전한 가르침은 모든 예언을 종결시켰다." 복음에는 어떤 인간적인 요소도 끼워 넣어서는 안 된다. 그런 행위는 곧 그리스도의 권위를 깎아내릴 뿐이라고 칼빈은 강조한다.[228]

> 그분은 자신이 가르치는 직분을 수행할 수 있도록 기름 부음을 받으셨을 뿐만 아니라 계속해서 복음을 전파하는 일에 성령의 권능이 임할 수 있도록 완전한 기름 부음을 받으셨습니다. 이것은 확실합니다. 그분이 전하신 완전한 가르침이 모든 예언을 종결시켰습니다. 그러므로 복음에 만족하지 않고 그것에 무관한 것으로 끼워 놓는 모든 사람은 그리스도의 권위를 깎아내립니다.[229]

이것은 그리스도의 왕적 직분의 특징 가운데 하나인 "그리스도의 주권의 영원성"과도 연결된다. '기름 부음 받은 자'로서 그리스도의 권세는 세상에서 만들어진 권세가 아니었다. 아버지로부터 주어진 권세였다. 이런 것들은 그리스도께서 가진 주권에 대해 '영원성'을 설명한다. 그리고 그리스도는 이 주권을 통해 교회의 영원한 보호자이자 수호자가 되신다. 칼빈은 『기독교 강요』(1559) 제2권 제15장 1-2, 3-5절과 연결시켜 이 내용을 설명한다.[230]

칼빈은 모든 예언에 대한 종결자로서 '그리스도'를 나타낸다. 그리고

---

[228] Calvin, *Inst* II.15.1-2.
[229] Calvin, *Inst* II.15.2.
[230] Calvin, *Inst* II.15.1-3; II.15.5.

『기독교 강요』(1559) 제2권 제15장 6절에서 '제사장직'을 설명한다. 이때 그리스도는 '왕권'를 가진 '중보자'로서 역할을 한다는 것을 동일하게 적용시킨다. 그리스도께서 제사장의 직분을 감당하신다. 이 직분은 죗값에 따른 값을 지불하는 형식만을 가지지 않는다. "멜기세덱의 반차를 쫓아 영원한 제사장의 직분을 수행한" 직분이었다. 그리고 그 직분은 구원에 따른 예언 성취의 종결을 이끌어간다. 예언적 성취를 이루는 데 있어서 중보적인 직분이었다고 칼빈은 강조한다.[231]

> 이제는 그리스도의 제사장직에 대해서 그 목적과 효험을 간단히 말하겠습니다. 그분은 순결하고 흠이 없으신 중보자로서 자기의 성결로 우리와 하나님을 화해시키시려 합니다. 그러나 하나님의 의로운 저주가 우리를 하나님께 접근하지 못하게 합니다. 그리고 하나님은 심판자로서 우리에게 노하셨습니다. 따라서 제사장으로서 그리스도께서 우리를 위해서 하나님의 호의를 얻어 주시며 하나님의 진노를 풀기 위해서 속죄가 그 사이에 들어와야만 했습니다. … 그리스도께서 자기의 죽음을 제물로 삼아 우리의 죄과를 도말하셨습니다. 우리의 죗값을 치르셨습니다. 제사장직은 그리스도께만 속한다고 합니다(히 9 : 22). 하나님은 '변치 아니하실' 엄숙한 행세로 이 일이 얼마나 중대한가를 우리에게 경고해, "너는 멜기세덱의 반차를 쫓아 영원한 제사장이라"(시 110:4. 참고, 히 5:6, 7:15)라고 하셨던 겁니다. 하나님은 확실히 이 말씀으로 우리의 구원 전체를 결정하는 가장 중요한 점으로 아시는 것을 제정하신 것입니다. …[232]

칼빈은 1559년 『기독교 강요』를 통해 선지자직과 제사장직에 비해 왕직을 더 비중 있게 다룬다.

---

231 Calvin, *Inst* II.15.6.
232 Calvin, *Inst* II.15.6.

① 선지자 직분: 예언적 사명(1-2절)
② 왕 직분: 그 영적 성격(3-5절)
③ 제사장 직분: 화해와 중보(6절)²³³

그것은 '왕직'이 다른 직분보다 더 중요하기 때문에 그 중요성의 빈도수에 따라 '왕직'의 내용을 더 깊이 있게 다룬 것이 아니었다. 칼빈의 관심사가 기독론에 있었으며, 그 관심사의 내용이 그리스도의 '왕권'에 초점이 맞추어져 있었기 때문이다. '왕'이신 그분이 '선지자'로서, '제사장'으로서 비하의 길을 걸었다는 것이 기독론적으로 강조되었다.

칼빈의 1559년 『기독교 강요』는 기독론을 그리스도의 세 가지 직분 가운데 있는 '왕직'의 강조를 통해 탁월하게 증거했다. 그런데도 간과하지 말아야 할 것은 앞에서 데릭 토마스가 잘 지적한 것처럼, 칼빈은 그리스도의 제사장 직분을 "대속과 속상"의 개념에서 보았다는 사실이다. 이것은 칼빈 역시 둘째 아담 그리스도의 직분을 '형상회복'을 일컫는 '창조회복'에 따른 '창조론적' 관점을 떨쳐버리지 않았다는 것을 증거해 준다.

4) 칼빈 이후 16·17세기 개혁 신학에 나타난 그리스도의 세 가지 직분

(1) 그리스도의 세 가지 직분에 대한 16세기의 반응

칼빈의 『기독교 강요』는 그리스도의 세 가지 직분 교리 발전의 분수령이다. 칼빈 이후 16세기와 17세기, 신앙고백서를 비롯한 교리문답서 그리고 여러 신학자에 의해 교리적으로 그 내용이 더욱 활발하게 취급된다. 특히 17세기에는 그리스도론이 그리스도의 인격과 직분을 구별해 그 내용이 다뤄진다.²³⁴

---

233 Calvin, *Inst* Ⅱ.15.1-6.
234 Pannenberg, *Jesus-God and Man*, 208.

요한네스 아 라스코는 『런던 신앙고백』(A.D. 1551)을 통해 그리스도의 세 가지 직분을 크게 세 가지 측면에서 논한다.

첫째, 구원에 따른 그리스도의 고유의 직분 수행이었다는 것을 논한다.
둘째, 그리스도의 이름으로 세워진 사도를 비롯한 교회에 부여된 세 가지 직분을 말한다.
셋째, 종말론적인 측면에서 그 내용을 설명한다.[235]

> 그리고 그리스도 안에 있을 이 모든 특별한 것, 즉 참 그리스도께서 장차 하나님의 교회에서 미래의 왕, 선지자, 제사장이 될 것임을 예표했습니다. 그러므로 그리스도의 이름으로 우리는 동정녀 마리아의 아들이신 주 예수께서 참된 왕, 선지자 그리고 하나님의 교회의 제사장이시라는 것을 가르쳤습니다. … 이제 왕직과 선지자직에는 두 가지 영구적이고 보편적인 특성이 있으며 … 우리는 더 나아가 이 왕국의 교회들과 전 세계에 흩어져 있는 다른 모든 교회를 보존해 달라고 가장 자비로우신 아버지께 간청합니다. … 마지막으로 우리는 가장 위대하신 아버지께 간청합니다. 뜻하지 않게 적그리스도 이름을 고백한 것 때문에 성령으로 괴로워하는 우리의 모든 형제를 위해 그리고 당신은 높은 곳의 권능으로 그들의 신앙을 강화해 그들이 당신과 당신의 아들의 이름을 사람들 앞에서 영원히 두려움 없이 고백할 수 있도록 해야 합니다.[236]

그리스도의 세 가지 직분에 대해 『런던 신앙고백』이 서술적 방식으로 그 내용을 전개했다면, 『이방인 교회의 대 엠덴 교리문답서』(*Large Emden*

---

[235] Dennison (ed.), *Reformed Confessions* Vol 1, *London Confession of John à Lasco A.D. 1647*, 552-553, 563-577.
[236] Dennison (ed.), *Reformed Confessions* Vol 1, *London Confession of John à Lasco A.D. 1647*, 563-583.

Catechism of the Strangers' Church, London, A.D. 1551)는 문답 방식을 빌려 그리스도의 세 가지 직분을 탐구한다. 그 가운데 그리스도의 세 가지 직분과 직접적인 관계를 가진 문답은 제133-135문이다. 특히 제133문의 경우는 칼빈의 1542년 『제2차 제네바교회 교리문답서』의 제34문과 제36문의 내용을 기억나게 한다.[237]

이방인 교회의 대 엠덴 교리문답(1551)	제2차 제네바교회 교리문답(1542)
133 (문) 그분은 왜 '그리스도'라고 불리며 '그리스도'라는 이름은 무엇을 의미합니까?(마 16) (답) 고대인들 사이에는 이것이 하나님의 명령에 따라 올리브 기름으로 기름 부음을 받은 모든 제사장들, 선지자들, 왕들의 일반적인 이름이었습니다. 이것은 우리에게 예수님이 실제로, 진실로 오실 것이 약속되고 하나님에 의해 기름 부음 받으실 것을 의미하는 것이었습니다. 그분은 영원한 선지자, 제사장 그리고 왕이셨습니다. 따라서 그분은 '참 그리스도'이셨으며, '하나님의 기름 부음을 받은 자'라고 불리실 수 있습니다(삼하 2장; 왕상 19장; 레 8장; 마 16장; 눅 9장).	34 (문) 그리스도라는 말은 무엇을 의미합니까? (답) 이 칭호로 그의 직분은 더 잘 설명됩니다. 그분은 왕, 제사장, 선지자로 임명받기 위해 기름 부음 받으셨다는 것을 의미합니다. 36 (문).그분은 어떤 종류의 기름 부음을 받으셨는가요? (답).그것은 고대의 왕, 제사장 그리고 선지자의 봉헌에 사용된 것과 같은 것이 아닙니다. 그 이상을 뛰어넘는 것이었습니다. 그것은 성령의 은혜에 의한 것이었습니다. 그것은 외적 기름 부음의 본질적인 것으로 성령의 은총에 의한 것입니다.

1538년 칼빈이 제네바에서 추방되었을 때, 그를 스트라스부르크에 있는 프랑스 난민교회의 목회자로 초청했던 사람은 부써였다. 그리고 폴라누스(Vallerandus Pollanus, A.D. 1520-1557)는 부써의 추천으로 목사가 된다. 폴라누스는 『글래스톤베리 회중의 신앙고백』(*Confession of the Glastonbury*

---

[237] Dennison (ed.), *Reformed Confessions* Vol 1, *Large Emden Catechism of the Strangers' Church, London*(1551), 616-617; Calvin, *Catechism of the Church of Geneva*, 16-17.

Congregation A.D. 1551)을 작성한다. 고백서는 전체가 네 부분으로 구성되어 있다.

첫째, 그리스도를 통하지 않고는 하나님을 알 수 없다. 그리스도 안에 계시된 하나님의 본질
둘째, 아들 예수 그리스도에 관해
셋째, 성령에 관해
넷째, 교회에 관해[238]

두 번째 부분에서 그리스도를 소개할 때, 그리스도의 세 가지 직분을 '선지자', '제사장', '왕'의 순서로 소개한다. '선지자'는 성부에 대한 선의의 확신을 우리에게 전해 주시는 분이었다. 그리고 '제사장'은 세상의 모든 죄를 위한 희생제물이셨으며, '왕'은 사망의 권세를 다스리는 분이셨다. 고백서는 그리스도를 모든 영적 속박에서 건져 주고, 회복시켜 주는 '창조회복'에 따른 직분으로 소개한다.[239]

그리스도의 세 가지 직분에 대해 『벨직 신앙고백서』(A.D. 1561)는 제21조에서 그리스도를 멜기세덱의 반열을 따라 "영원한 대제사장"이 되신 분으로 묘사한다.

> 우리는 예수 그리스도께서 서약을 통해 되신, 멜기세덱의 반차를 좇아서 영원한 대제사장이심을 믿습니다.[240]

---

[238] Dennison (ed.), *Reformed Confessions* Vol 1, *Vallérandus Poullain: Confession of the Glastonbury Congregation*(1551), 643-662.
[239] Dennison (ed.), *Reformed Confessions* Vol 1, *Vallérandus Poullain: Confession of the Glastonbury Congregation*(1551), 655.
[240] Schaff (ed.), "The Belgic Confession", *The Creeds of Christendom* Vol. III, 406-407.

『벨직 신앙고백서』는 그리스도의 '왕직'과 '제사장직'을 멜기세덱의 특징 안에 묶어 설명한다. 고백서에 따르면, '왕'으로서 직무를 감당했던 그리스도의 직분은 선지자들이 예언했던 것을 성취하기 위한 직분이었다. 그리고 그리스도의 직분은 그의 자발적 순종에 따른 희생을 통해 이뤄진 직분이었다. 이와 함께 하나님과 화목을 이루는 직분이었다는 것이 강조된다.

> 히브리서 7장에 나타나는 멜기세덱의 반차는 창세기 14장에서 '살렘 왕', '지극히 높으신 하나님의 제사장'이신 멜기세덱에 관한 하나님의 계시를 반영합니다. … 멜기세덱 반차를 좇은 영원한 제사장으로 임명하셨습니다. 하나님이 제사장으로 임명하셨기 때문에 예수님은 갈보리 십자가 위에서 우리의 중보자로서 기능을 하고, 오늘도 하늘에서 우리의 중재자가 되십니다.[241]

『하이델베르크 요리문답』(A.D. 1563)은 그리스도의 세 가지 직분을 제31-32문에서 다룬다. 제31문에 의하면, '선지자직'과 '제사장직'과 '왕직'은 '그리스도'라는 이름에 따른 세 가지 직분으로서, 이를 통해 그에게 공식적인 직무 수행이 주어졌다.

J. 판 브루헌(J. Van Bruggen)은 『하이델베르크 요리문답에 대한 주석』(*Annotation to The Heidelberg Catechism*)에서 '기름 부음을 받았다'라는 뜻을 가진 '그리스도'라는 단어는 자격의 상징 또는 표시를 말하며, 부과된 직무를 가리킨다고 강조한다.[242]

우르시누스는 이런 그리스도의 세 가지 직분에 따른 직무 수행이 "우리의 구원을 위한 것"임을 강조한다. 이것은 구원에 따른 '창조회복'을 말한

---

[241] 클라렌스 바우만, 『벨직 신앙고백서 해설』, 손정원 역 (서울: 도서출판 솔로몬, 2016), 301-309.
[242] J. Van Bruggen, *Annotation to The Heidelberg Catechism* (Winnipeg: Inheritance Publications, 1991), 99.

다.²⁴³ 우르시누스의 이런 강조는 칼빈의 『제2차 제네바교회 교리문답서』와 『기독교 강요』의 특징이 『하이델베르크 요리문답』에 담겨 있다는 것을 뜻한다.

아놀드 후이젠(Arnold Huijgen)은 『하이델베르크 요리문답의 영성』(*The Spirituality of the Heidelberg Catechism*)을 통해 다음과 같이 말한다.

> 칼빈의 제네바 교리문답이 하이델베르크 요리문답의 저자들에게 얼마나 영향을 미쳤는지에 대해 논쟁의 여지는 있었지만, 하이델베르크 요리문답이 적어도 부분적으로는 제네바 교리문답의 영향을 받았다는 것은 거의 모든 학자가 인정합니다. 두 가지를 비교하면 칼빈의 신학이 하이델베르크 요리문답에 가장 큰 영향을 미쳤고, 더 적절하게는 하이델베르크 요리문답의 신학이 칼빈의 신학에서 출발했음을 보여 줄 것입니다.²⁴⁴

『하이델베르크 요리문답』 제32문에 의하면, 그리스도인은 "믿음으로 그리스도의 지체"가 되며, "그리스도의 기름 부으심에 참여한 자"가 된다. 그리고 그 직분으로 "마귀와 대적하며", 이 땅에서 사역을 이뤄 가야 할 자이다.²⁴⁵

우르시누스에 따르면, 그리스도의 세 가지 직분과 그리스도인으로서 직분과 위엄은 분리될 수 없다. "그리스도인"이라고 불리는 그 자체가 "그리스도의 품성과 직분과 위엄이 그에게 전해졌다"는 것을 말한다.²⁴⁶

이런 관점들은 그리스도의 세 가지 직분이 '형상회복'에 따른 '창조회복'과 뗄 수 없는 관계를 가졌다는 것을 설명한다.

---

243 Ursinus, *Commentary on The Heidelberg Catechism*, 322.
244 Arnold Huijgen, *The Spirituality of the Heidelberg Catechism* (Bristol: Vandenhoeck & Ruprecht LLC, 2015), 64-71.
245 Ursinus, *Commentary on The Heidelberg Catechism*, 332.
246 Ursinus, *Commentary on The Heidelberg Catechism*, 334; Van Bruggen, *Annotation to The Heidelberg Catechism*, 102.

우르시누스의 견해에 의하면, '기름 부음'이란, 그리스도의 세 가지 직분이 서로 연합을 이루고 있다는 것을 말한다. 그리스도의 은사들과 직분들이 함께 공유되는 것을 의미한다. 그리고 그리스도께서 우리에게 주신 '왕직'과 '제사장직'과 '선지자직'의 세 가지 직분 또한 그리스도의 모든 은사에 참여하는 것을 뜻한다.[247] 이런 우르시누스의 견해는 『하이델베르크 요리문답』 제45문의 해설에서 다음과 같이 표현된다.

"그리스도의 부활은 우리에게 어떤 유익을 줍니까?"
이에 대한 답은 "우리로 하여금 의에 참여하게" 하며, "우리 또한 새로운 생명으로 살리심을 받으며", "우리의 부활의 보증이 됩니다"[248]

우르시누스의 『하이델베르크 요리문답』 제45문의 해설에 의하면, 그리스도는 중보자로서 세 가지 직분을 수행하신다. 중보자로서 이루신 그 공로와 효력이 우리에게 베풀어지는 것은 논리적이고 타당한 것으로 여긴다. 그 이유는 그리스도께서 이루신 세 가지 직분의 직무 수행이 대표성을 가진 '둘째 아담'의 직무 수행이었기 때문이다.

첫째 아담이 자신과 그의 모든 후손에 대해 받았던 혜택을 잃어버렸기에 둘째 아담인 그리스도는 자신과 우리를 위해 생명과 영광을 받으셨으며, 그리스도께서 이루신 모든 것이 우리에게 전가되었습니다.[249]

판 브루헌에 따르면, 그리스도께서 세 가지 직분을 이루신 것은 첫째 아담의 직무 수행의 실패에 따른 둘째 아담의 필수적 사역이었다. 동시에 그

---

247 Ursinus, *Commentary on The Heidelberg Catechism*, 337.
248 Ursinus, *Commentary on The Heidelberg Catechism*, 429.
249 Ursinus, *Commentary on The Heidelberg Catechism*, 430-443.

값을 이루기 위한 직무 수행이었다.²⁵⁰

하이델베르크 요리문답(1563)	제2차 제네바교회 교리문답(1542)
45 (문) 그리스도의 부활이 우리에게 주는 유익은 무엇입니까? (답)첫째, 그리스도께서 부활하심으로 죽음을 이기셨기 때문에 그분의 죽음으로 우리를 위해서 성취하신 의로움에 우리가 동참하도록 하십니다. 둘째, 그분의 능력으로 우리도 또한 이미 새로운 생명으로 거듭 태어났습니다. 셋째, 그리스도의 부활은 우리의 영광스러운 부활에 대한 확실한 보증입니다.	40 (문) 이것으로부터 당신은 어떤 유익을 받습니까? (답) … 그리스도께서 아버지의 그러한 것들을 우리에게 나눠 주실 수 있고, 우리 모두 그분의 충만함에 참여할 수 있도록 부여하셨습니다. 41 (문) 좀 더 자세히 설명해 주세요. (답) 그분은 성령 충만하셨습니다. 그리고 그리스도께서 모든 은사와 성령을 충만히 받으신 것은 우리 각 사람에게 나눠 주시기 위해서였습니다. … 45 (문) 이것은 여러분이 말한 모든 것의 결론입니다. 그리스도라는 이름은 아버지께서 아들에게 부여하신 세 가지 직분을 포함하고 있으며 그 목적은 이 직분들의 능력과 열매를 그들에게 풍성하게 전달하기 위함이었습니까? (답) 그렇습니다.

이런 가운데 『하이델베르크 요리문답』 제45문의 부활의 내용은 『제2차 제네바교회 교리문답서』 제40-41문 그리고 제45문에 나타난 내용을 부활의 관점에 맞추어 설명한 것이라고 볼 수 있다.²⁵¹

한편, 취리히의 불링거(Heinrich Bullinger)는 『제2스위스 신앙고백』(*The Second Helvetic Confession* A.D. 1566)을 작성한다.

---

250 Van Bruggen, *Annotation to The Heidelberg Catechism*, 100.
251 Calvin, *Catechism of the Church of Geneva*, 17-18.

그는 제8장, "사람의 타락과 죄 그리고 죄의 원인"에서 죄는 첫 번째 조상(아담)으로부터 유래되었으며, 이것이 우리 모두에게 확산되었다는 사실을 피력한다.[252]

제10장, "하나님의 예정과 성도의 선택"에서 하나님은 그리스도 안에서 성도들을 구원할 것을 예정하시고, 구원할 자를 선택하셨다고 말한다. 선택의 기준은 인간의 공로가 아니라 "그리스도 안에서", "그리스도 때문"이었다.[253]

제11장은 8장과 10장의 내용들에 대한 답변을 제공한다. 제11장에 의하면, "예수 그리스도, 참 하나님과 참 사람, 세상의 유일한 구세주"를 통해 그리스도는 '왕'으로서, '대제사장'으로서 죄의 근원을 해결할 구속주이셨다. 예정한 성도를 구원하기 위한 직분을 수행하신 분이다.[254] '창조회복'에 대한 근원이 죄의 해결과 직결되었으며, 세 직분의 회복과 관계가 있다는 것을 엿보게 한다.

그리스도의 직분에 관해 신앙고백서들은 그 내용을 다양하게 다루는 것을 볼 수 있다. 그 가운데 1566년의 『네덜란드 신앙고백서』(*Dutch Confession of 1566*)는 그리스도의 '왕직'을 '하나님의 아들'인 그리스도로, 그리고 두 번째는 '제사장직'을 "우리의 중보자이자 화해가 되어 주시는" 그리스도로 소개한다. 세 번째는 '선지자직'을 '우리의 유일한 교사'인 그리스도의 직분으로 논한다.[255]

16세기 신앙고백서들의 특징 가운데 하나는 그리스도의 직분에 대해 '대제사장직'을 강조한다는 사실이다. 제사장직의 강조는 '창조회복'에

---

252 Dennison (ed.), *Reformed Confessions* Vol 2, *The Second Helvetic Confession A.D. 1566*, 820-821; A. A. Hodge, *Commentary on The Confession of Faith*, 33.
253 Dennison (ed.), *Reformed Confessions* Vol 2, *The Second Helvetic Confession A.D. 1566*, 825.
254 Dennison (ed.), *Reformed Confessions* Vol 2, *The Second Helvetic Confession A.D. 1566*, 831.
255 Dennison (ed.), *Reformed Confessions* Vol 2, *Dutch Confession of 1566*, 888-889: '*Article Two: Concerning Christ, the Son of God*', '*Article Three: That Christ Alone Is Our Mediator and Reconciliation.*', '*Article Four: Christ Our Only Teacher*'

따른 '창조론적' 관점을 떠나지 않는다. 여기에 대해 두 가지의 주안점이 주어진다.

첫째, 그리스도는 우리의 죄를 대속하기 위한 희생제물이었다고 본다.
둘째, 그리스도의 '살'과 '피'를 통해 성찬 예식에 따른 견해를 밝힌다.

이런 견해는 『네덜란드 신앙고백서』 제8항에서 동일하게 나타난다.[256]
청교도의 핵심적인 신학자이자 탁월한 성경 해석자였던 윌리엄 퍼킨스(William Perkins, A.D. 1558-1602)는 『황금 사슬』(Golden Chain)에서 그리스도의 세 가지 직분에 대해 직접적으로 자신의 견해를 펼친다.[257] 그는 그리스도의 직분과 관련해 두 가지를 설명한다.

첫째, '그리스도'라는 직분은 성부에 의해 제2위 하나님 되시는 성자에게 부여된 직분이라는 것이다. 칼빈의 『기독교 강요』(1559년)에 의하면, '그리스도'는 성부의 임명에 의해 주어진 직책이다. 이 직책은 세 부분으로 구성되어 있다. 그리고 임명된 세 가지 직분은 '선지자'와 '왕'과 '제사장'으로서의 직분이었다.[258] 여기에 대해 그리스도는 자발적으로 이 직분을 감당하게 되었으며, 그리스도의 위격 안에서 '두 본성'에 의해 이 직분들이 수행되었다고 퍼킨스는 밝힌다.[259]

둘째, 그리스도는 중보자로서 "삼중직"(threefold office)으로 직분을 감당

---

[256] Dennison (ed.), *Reformed Confessions* Vol 2, *Dutch Confession of 1566*, 890; *The Embden Catechism of 1554*, 50-51: Question 27-Question 35; *The Belgic Confession* (1561), 436; Article XXI.
[257] 카터 린드버그, 『경건주의 신학과 신학자들』, 이은재 역 (서울: 기독교문서선교회, 2009), 102-103; Muller, *After Calvin*, 1.5.
[258] Calvin, *Inst* II.15.1.
[259] 윌리엄 퍼킨스, 『황금사슬』, 김지훈 역 (용인 킹덤북스, 2016), 108-109, 117.

했다고 주장한다. 칼빈의 『기독교 강요』와 주석들의 영향을 받은 퍼킨스의 신학은 그리스도께서 '두 본성'에 따라 수행한 직분은 '제사장'과 '선지자' 그리고 '왕직'에 따른 '삼중직'의 직분이었다고 주장한다.[260]

'삼중직'은 그리스도께만 유효한 고유한 직분으로서, 일부 또는 부분적으로 누군가가 대신할 수 있는 직분이 아니었다. 여기에 대해 퍼킨스는 다음과 같이 말한다.

> 지극히 거룩한 삼위일체는 이 직분을 천사나 사람이 아니라 임마누엘 그리스도께만 두는 것이 적절하다고 생각했습니다. … 따라서 그리스도의 중재 활동이 효율적이거나 구성적인 원인은 하나님의 영원한 법령입니다. … 그리스도의 중보 사역을 요구하게 한 동기는 우리에 대한 그의 호의적인 뜻과 좋은 기쁨, 그의 사랑이었습니다.[261]

퍼킨스는 이것을 세 가지 측면에서 증거한다.

> **첫째**, '제사장직'은 구원을 완전히 획득한다는 측면에서 다른 사람이 대신할 수 없다.
> **둘째**, '선지자직'은 말씀 안에서 구원에 따른 모든 것을 계시한다는 측면에서 다른 사람이 이를 대신할 수 없다.
> **셋째**, '왕직'은 택한 자들에게 구원의 은혜를 나누어 준다는 측면에서 다른 사람이 이를 대신할 수 없다."[262]

---

260 McKim (ed.), "Perkins, William", 231; 린드버그, 『경건주의 신학과 신학자들』, 107; Muller, *After Calvin*, 1. 1.
261 퍼킨스, 『황금사슬』, 109-110; van den Belt (ed.), *Studies in Medieval and Reformation Traditions* Vol 2, 103.
262 퍼킨스, 『황금사슬』, 110-118, 119-122.

이런 그리스도의 세 가지 직분은 '창조회복'에 따른 종말론적인 측면에서 그 직분에 따른 사역이 함께 수행된다. 여기서 강조되는 것이 그리스도께서 '왕직'으로, '교회'를 다스리시며 그 직분을 감당하시는 것이었다.[263]

(2) 그리스도의 세 가지 직분에 대한 17세기의 반응

삼위일체 교리와 16세기 칼빈주의의 특유함을 그대로 담아내면서 전체를 12항목으로 구성한 『벤트하임 신앙고백서』(*The Bentheim Confession* A.D. 1613/1617)가 있다.[264] 전체 분량의 1/3에 해당하는 '네 항목'이 그리스도의 직분과 관련된 내용으로 구성되어 있다. 우리가 믿는 그리스도는 하나님으로부터 '선지자', '제사장' 그리고 '왕'으로 임명된 그리스도이며, 이 세 가지 직분이 중보자로서 우리의 구원과 관계가 있다는 사실을 설명한다.[265]

아우구스티누스는 우리의 구원을 위해 하나님은 사람과 하나님 사이에 중보자로 그리스도를 세우셨으며, 구원을 위해 다른 어떤 합당한 것도 제시하신 일이 없다고 밝힌 바 있다.

1643년 영국 국회는 영국교회의 치리와 예배의 형식 그리고 알미니우스파(Arminianism)와 같은 자들의 거짓된 교리를 일소하기 위한 계획을 세운다. 평신도 회원인 상원의원 10명과 하원의원 20명 그리고 성직자 121명을 선정해 신앙고백서를 작성한다. '천 회'가 넘는 수많은 회의를 거친 끝에 17세기 신앙고백의 꽃이라고 표현할 수 있는 『웨스트민스터 신앙고

---

263 퍼킨스, 『황금사슬』, 122-124.
264 Dennison (ed.), *Reformed Confessions* Vol 4, *The Bentheim Confession* A.D. 1613/1617), 51: "Background information for this introduction to the Bentheim Confession has been gathered from several encyclopedias and essays. Most important is the little booklet written by Geerhardus Vos's uncle, Dr. Hendrik Beuker, entitled Tubantia: Church-State Conflicts in Graafschap Bentheim Germany."
265 Dennison (ed.), *Reformed Confessions* Vol 4, *The Bentheim Confession* A.D. 1613/1617), 52-53; van den Belt (ed.), *Studies in Medieval and Reformation Traditions* Vol 2, 105.

백서』(The Westminster Confession of Faith)가 1647년 4월 29일 작성된다.

그리고 청소년들의 교육용으로 『웨스트민스터 소요리문답』(Westminster Shorter Catechism)이 같은 해 11월 5일 의회에 보고된다. 다음 해인 1648년 4월 14일 주로 성인들과 목사의 교리교육과 설교에 도움을 주기 위해 작성된 『웨스트민스터 대요리문답』(Westminster Larger Catechism)이 의회에 보고된다.[266] 『웨스트민스터 신앙고백서』는 그 내용이 총 33장으로, 소요리문답은 107문으로, 대요리문답은 196문으로 구성되었다.

『웨스트민스터 신앙고백서』는 제8장, "중보자 그리스도"를 통해 그리스도의 세 가지 직분을 다룬다.

> 하나님은 그분의 영원한 목적 안에서 그분의 독생자이신 주 예수를 하나님과 인간 사이의 중보자, 선지자, 제사장 및 왕, 교회의 머리와 구원자, 만물의 상속자 그리고 세계의 심판자로 선택하고 임명하기를 기뻐하셨다.[267]

중보자로서 그리스도의 세 가지 직분 사역은 신인양성에 따른 사역이며, 그 직무가 구원의 은혜를 효과 있게 베풀고, 이뤄 가는 사역이라는 개혁주의 신앙을 그대로 담아낸다.[268]

페스코의 주장에 따르면, 『웨스트민스터 신앙고백서』는 "그리스도의 인격"에 덧붙여서 그리스도의 세 가지 직분을 제시한다. 그리스도의 인격에 대한 『웨스트민스터 신앙고백서』의 진술은 종교개혁 이전의 니케아 신경과 콘스탄티노플 신경, 칼케돈 신경과 연결되어 있었다.[269]

---

266 A. A. Hodge, *Commentary on The Confession of Faith*, 36-39; 헤그룬트, 『신학사』, 414.
267 Dennison (ed.), *Reformed Confessions* Vol 4, *The Westminster Confession of Faith A.D. 1646*, 243-244.
268 A. A. Hodge, *Commentary on The Confession of Faith*, 209-215; Fesko, *Theology of the Westminster Standards*, 185.
269 Fesko, *Theology of the Westminster Standards*, 169-171.

그리스도께서 세 가지 직분을 통해 사역하실 때, 세 가지 직분에 따른 중보자로서의 직책에는 중보적 기능만이 포함된 것이 아니다. 하나님과 사람 사이에 개입하셔서 평화의 실현을 이루는 기능도 포함되어 있다. 이것을 A. A. 핫지는 『웨스트민스터 신앙고백서』 제8장의 해설을 통해 주장한다.[270]

핫지의 해설에 따르면, 『웨스트민스터 신앙고백서』 제8장 8절은 그리스도께서 중보적 왕으로서 하나님 우편에 앉아 계신다고 말한다. 그리고 제사장으로서 대속을 사람들에게 합당하게 적용시키는 직무를 수행하신다고 말한다.

> 중보자는 화해를 위해 분쟁하는 당사자 사이에 중재하는 사람입니다. … 성경은 그 어떤 때보다 더 높은 의미에서 중보자라는 용어를 그리스도께 적용합니다. 중보자이신 그리스도는 하나님과 사람 사이에 단순히 평화를 위해 설득하실 뿐만 아니라 전권을 받으신 분으로서 효율적으로 평화를 실현하십니다. 그리고 평화를 위해 필요한 모든 일을 하신다고 성경은 가르칩니다(제8장 제1절 해설 중)[271]

『웨스트민스터 소요리문답』과 『웨스트민스터 대요리문답』은 시작을 "사람의 제일의 목적은 무엇입니까"라는 물음으로 시작한다. 답은 그 목적이 사람의 뜻을 세우는 데 있는 것이 아니라 "하나님을 영화롭게"하고 "하나님의 뜻을 세우는 데 있다"고 밝힌다.[272]

그러나 사람은 이런 하나님의 창조 목적을 어기고 죄를 범한다. 따라서 그리스도의 세 가지 직분은 첫째 아담의 죄를 완전하게 대속하는 둘째 아

---

270 A. A. Hodge, *Commentary on The Confession of Faith*, 185.
271 A. A. Hodge, *Commentary on The Confession of Faith*, 185.
272 Dennison (ed.), *Reformed Confessions Vol 4*, *Westminster Larger Catechism* A.D. 1648, 299.

담으로서의 직분이 되어야 했으며, 그 직분 수행의 목적이 '창조회복'에 있다는 것을 우리로 하여금 주시하게 한다. 이에 따른 사역을 대요리문답은 제31문에서 "은혜언약"과 관련해 피력한다. 그리고 제42문에서 이런 '은혜언약'을 이룰 중보자가 "왜 그리스도라 불리는지" 그것을 '선지자직'과 '제사장직' 그리고 '왕직'의 직분으로 설명한다.

> 42 (문). 우리의 중보자는 왜 그리스도라고 불렀습니까?
> (답) 우리의 중보자가 그리스도라고 불려졌던 이유는 그분이 한량없이 성령으로 기름 부음을 받으셨기 때문입니다. 그렇게 성별되어 비하와 승귀의 상태에서 그분의 교회의 선지자, 제사장 그리고 왕의 직분을 수행할 수 있도록 모든 권위와 능력이 그분에게 온전히 부여되었던 것입니다.[273]

『웨스트민스터 대요리문답』은 계속해서 제43문에서 그리스도의 '선지자' 직무는 구원에 관한 하나님의 모든 뜻을 나타내는 직무였음을 밝힌다. 제44문에서는 그리스도의 '제사장' 직무가 희생제물에 따른 중보적 기능을 가지고 있다고 서술한다.

제45문에 의하면, 그리스도께서 '왕'의 직분을 통해 세상을 자신에게 불러내고, 그들에게 직분과 법을 주면서 책망함으로 직무를 감당하셨다. 복음에 순종치 않은 자들에게 원수를 갚음으로 그 직무를 다하셨다.

제46-58문까지, 그리스도께서 이런 직무의 수행을 낮아지심(비하)과 높아지심(승귀)을 통해 이루셨다는 것을 강조한다.[274]

그리스도의 직분 및 지위에 대해 청교도의 가르침을 간단히 요약하는 『웨스트민스터 소요리문답』 제23문에서 "우리의 구속자로서 세 가지 직분"을

---

[273] Dennison (ed.), *Reformed Confessions* Vol 4, *Westminster Larger Catechism* A.D. 1648, 305-307.

[274] Dennison (ed.), *Reformed Confessions* Vol 4, *Westminster Larger Catechism* A.D. 1648, 307-310.

소개한다. 그리고 직분의 수행이 두 가지 상태로 이뤄질 것을 말한다.[275]

첫째, 낮아지심의 비하이다.
둘째, 높아지심의 승귀이다.

특히 개혁파의 그리스도의 인격에 대한 견해는 낮아지심과 높아지심의 지위에서 행하신 그리스도의 세 직분이 본질적으로 거론된다.[276]

제24문에서는 성령은 우리 구원 사역을 '선지자'의 직분을 통해 이뤄 가실 것을 말한다.

제25문에서는 그리스도께서 자신을 제물로 드려 하나님과 화목을 이룰 것을 말한다. 우리를 위해 끊임없이 간구할 '제사장'으로서의 직분을 가지셨다고 소개한다.

제26문에서는 우리를 자기에게 복종시키시고 다스리시며 보호하시고 우리의 원수를 막아 이기실 '왕'으로서의 직무를 다룬다.

제27-28문은 『웨스트민스터 대요리문답』과 마찬가지로 그리스도의 세 가지 직분이 낮아지심과 높아지심의 사역으로 이뤄질 것을 말한다.[277]

16세기와 17세기의 신학은 어느 시대보다 신학적으로 풍성하다. 그리스도의 세 가지 직분에 대한 신학적 확립이 칼빈에 의해 세워지고, 세 가지 직분에 대한 적용들이 '창조회복'에 따른 교회론으로 그 모습이 발전된다.[278] 뿐만 아니라 그리스도의 세 가지 직분에 대한 것이 '교리문답'을

---

275 조엘 비키 · 마크 존스, 『청교도 신학의 모든 것』, 김귀탁 역 (서울: 부흥과개혁사, 2015), 399.
276 Schaff (ed.), "The Westminster Shorter Catechism. A.D. 1647", *The Creeds of Christendom* Vol. III, 680-681; Dennison ed., *Reformed Confessions* Vol 4, *Westminster Shorter Catechism* A.D. 1647, 356; 비키 · 존스, 『청교도 신학의 모든 것』, 402.
277 Schaff (ed.), "The Westminster Shorter Catechism. A.D. 1647", *The Creeds of Christendom* Vol. III, 681-682; Dennison (ed.), *Reformed Confessions* Vol 4, "Westminster Shorter Catechism A.D. 1647", 356-357.
278 van den Belt (ed.), *Studies in Medieval and Reformation Traditions* Vol 2, 125-129.

통해 가르쳐진다. 그리고 그리스도의 인격과 사역을 기독론의 한 요소에서 다루었던 청교도 신학(Puritan theology)은 그리스도의 세 가지 직분을 그리스도의 인격과 사역 사이에 따른 유기적인 관계로 설명한다.[279] 이런 경향은 '중보자'와 세 가지 직분을 연결해서 보는 16·17세기 신학의 특징이기도 하다.[280]

그리스도의 세 가지 직분에 대해 16세기 청교도 신학의 선두 주자였던 퍼킨스의 뒤를 이은 아이작 암브로스(Isaac Ambrose, A.D. 1604-1664)는 『예수를 바라보라』를 통해 그리스도의 인격과 사역의 유기적인 관계를 설명한다. 그는 그리스도의 '제사장직'을 속죄 제물에 따른 직분으로, '왕직'은 마귀를 물리치는 권세의 직분으로 언약과 함께 설명한다.[281] '왕직'은 그리스도의 높아지심의 근원이 된다.

그리스도의 영광에 대해 각별했던 토마스 굿윈(Thomas Goodwin, A.D. 1600-1679)은 그리스도의 왕직에 대한 직분을 중보자의 역할과 연결시킨다.[282]

청교도 신학은 또한 제사장의 직분을 '피', '십자가'와 연결시켜 '대리', '전가', '칭의' 세 가지를 강조하며 '창조회복'의 의미를 부여한다.[283] 여기에 대해 암브로스 또한 동일한 견해를 가진다.

스티븐 차녹(Stephen Charnock)은 그리스도의 제사장 직분의 기능에 대해 '봉헌'과 '중보'의 역할을 강조했으며, 존 오웬(John Owen)은 이에 대해 동일한 견해를 피력한다.[284]

---

279 비키 · 존스, 『청교도 신학의 모든 것』, 399-411.
280 van den Belt (ed.), *Studies in Medieval and Reformation Traditions* Vol 2, 102.
281 아이작 암브로스, 『예수를 바라보라 1』, 송용자 역 (서울: 부흥과개혁사, 2011), 204-205, 240-242, 271.
282 Mark Jones, *Why Heaven Kissed Earth: The Christology of the Puritan Reformed Orthodox Theologian, Thomas Goodwin(1600-1680)* (Gottingen: Vandenhoeck & Ruprecht, 2010), 202-221.
283 비키 · 존스, 『청교도 신학의 모든 것』, 416-419.
284 John Owen, *A Display of Arminianism, in The Works of John Owen, D.D.* (Edinburgh:

계속해서 암브로스는 '선지자직'을 "예언자적 직분", "의를 전파하는 직분", "회개를 불러일으키는 직무를 감당하는 직분"으로 묘사한다.[285] 암브로스에 의하면, 그리스도께서 선지자직을 수행하실 때, 그 사역은 성부의 뜻을 계시해 주고, 복음을 열어 보여 주며 설명해 주었다.[286]

특히 암브로스는 그리스도의 세 가지 직분의 사역을 두 가지로 구별해서 본다. "계명에 합법적으로 순종하는" '능동적 순종'과 "죄로 인해 우리가 받아야 할 형벌을 그리스도께서 대신하는" '수동적 순종'으로 구별한다. 그러나 이것을 분리시키지는 않는다. 왜냐하면, 그리스도의 의는 이 모든 것이 함께 이뤄졌을 때 대속에 따른 구원의 완전한 성취가 이뤄지기 때문이다.

> 사람들은 그리스도의 거룩함, 의, 순종에 대해 다음과 같이 많은 질문을 한다.
> 그리스도의 거룩함, 의, 순종이 우리에게 속한 것인가?
> 우리는 오직 그리스도를 통한 수동적인 의를 통해서만 의롭다 칭하심을 받는 것이 아닌가?
> 그리스도의 의를 더 잘 이해하기 위해 우리는 보통 그분 안에 내재되어 있는 의와 행위를 통해 얻으신 의를 구별한다. … 이런 점에서 그리스도의 의는 그분이 원래 가지고 계신 타고난 의와 율법을 능동적으로 순종하고 수동적으로 순종함으로써 얻으신 의로 나눌 수 있다. … 그리스도의 능동적인 순종은 계명에 대해 합법적으로 순종하신 것이다. 그리스도의 수동적인 순종은 죄로 인해 우리가 받아야 할 형벌을 그분이 대신 받으신 것이다. 나는 그리스도의 의에 대한 이 구별을 더 자세히 살펴볼 것이다. …

Johnstone & Hunter, 1850-1855), 10:91; 비키 · 존스, 『청교도 신학의 모든 것』, 405.
[285] 암브로스, 『예수를 바라보라 1』, 272, 289-290: 아론을 제사장직의 예표로 보고, 다윗은 왕직, 노아는 예언자직(선지자직)의 예표로 본다.
[286] 암브로스, 『예수를 바라보라 1』, 531-540.

소극적인 의는 우리가 그리스도의 순결함이라고 부르는 것이다.…
그리스도의 적극적인 의에는 두 가지 의가 있다.
첫째, 그리스도께서 명령된 모든 것을 온전히 성취하셨다는 것이다.
둘째, 죄인들이 받아야 할 형벌을 온전히 만족시키셨다는 것이다.[287]

5) 17세기 이후 19세기에 나타난 그리스도의 세 가지 직분론

(1) 그리스도의 세 가지 직분과 비치우스와 투레틴의 언약론

칼빈의 『기독교 강요』이후 그리스도의 세 가지 직분에 대한 교리적 발전은 16, 17세기의 각종 신앙고백서들을 중심으로 형성된다. 교부들에 의해 제시되었던 그리스도의 직분에 대한 초기의 모습은 기독론적 함의를 지니고 있었지만 체계적인 모습을 취하지는 못했다.

그 가운데 직분은 포괄적이고, 신앙을 견인하는 측면에서 그 내용이 복합적으로 다루어졌다. 이때 나타난 그리스도의 직분은 '제사장'과 '왕'에 대한 직분의 모습이 주류를 이룬다. 이유는 제사장 직분 안에 선지자의 직분을 포함시켜 다루었기 때문이다.

그러나 칼빈 이후 그리스도의 직분은 '선지자', '왕' 그리고 '제사장'의 세 가지 직분에 대한 뚜렷한 교리적 모습을 갖추게 되었다. 그리고 17세기 개혁 신학의 중요한 부분을 차지하는 언약 교리와 함께 교회론과 종말론에 대한 내용들을 함께 담아 갔다.[288]

그리스도의 세 가지 직분에 대한 교리에 대해서 비치우스(A.D. 1636-1708)는 이를 은혜언약과 연결해 논한다. 그리고 구원과 중보자의 보증에 따른 사역으로 설명한다. 그는 안셀무스의 주장을 연상하는 방식으로 언약에 따른 중보자의 사역에 대한 견해를 펼친다.[289]

---

[287] 암브로스, 『예수를 바라보라 1』, 598-599.
[288] Muller, *After Calvin*, 11.
[289] Muller, *After Calvin*, 11; Woo, *The Promise of the Trinity*, 48-49.

비치우스에 따르면, 행위언약에서 아담은 "인류 전체의 머리"로서 인류를 대표한다. 그리고 은혜언약 안에서 그리스도는 인류의 만족 혹은 대속의 '보증'이 되시는 대표였다. 비치우스에게 있어서 두 언약은 별개의 언약이 아니라 서로 연결된 언약이었다. 아담은 행위언약에 있어서 인류의 머리로서 대표였다. 그리고 아담의 원형이었던 그리스도는 은혜언약에 있어서 인류의 대표자였다.[290]

리차드 A. 멀러(Richard A. Muller)에 의하면, 코케이우스가 점차적으로 폐기시킨 행위언약 개념에 내재하는 다양한 해석학적 문제들이 부르만과 비치우스에 의해 극복된다. 그리고 정통파 개혁주의 신학의 언약적 모델이 제공된다.[291]

비치우스는 그리스도의 직분에 따른 사역을 성부와 중보자 되시는 그리스도 사이에 체결된 구속언약의 관점에서 고찰한다.[292] 이를 통해 둘째 아담 그리스도의 세 가지 직분이 첫째 아담의 불순종에 따른 대속을 이룰 직분이라는 것을 보여 준다. 첫째 아담의 불순종이 '하나님 형상'의 파괴를 불러일으켰다면 둘째 아담의 세 직분의 사역은 이를 회복시키는 측면에서 '창조회복'이 될 것이며, 이것이 구속언약 가운데 체결된다.

구속언약에 나타난 그리스도의 죽음은 '창조회복'을 이루기 위한 대속의 죽음이었다. 이 죽음은 유언에 따른 죽음이 아니었다. 그리스도의 세 가지 직분에 의한 죽음이었다. 이 죽음은 언약을 이루기 위한 세 가지 직분에 따른 직무의 수행이었다.

이런 맥락에서 팔머 로벗슨(Palmer Robertson)은 그리스도의 죽음을 가리켜 "유언에 따른 죽음이 아니라 언약에 따른 죽음이었다"라고 말한 바 있

---

290 Muller, *After Calvin*, 11; 비치우스에 따르면, 은혜언약은 행위언약의 파기가 아니라 행위언약의 확립을 의미한다고 *De oeconomia foederum*, Ⅰ.xi.23에서 말한다.
291 멀러, 『종교 개혁 이후의 개혁파 교의학』 49.
292 Woo, *The Promise of the Trinity*, 38-40.

다.²⁹³ 마이클 호튼(Michael Horton)은 구속언약을 가리켜 성자가 중보자와 둘째 아담으로 그 사역을 이뤄 가는 것이라는 해석을 제공하기도 한다.²⁹⁴

비치우스에 의하면, 그리스도께서 택한 자를 대신해 자신이 그 뜻을 펼치실 수 있었던 것도 이 세 가지 직분이 자신에게 주어졌기 때문에 가능한 것이었다.²⁹⁵

16세기와 17세기는 '제한 속죄'를 놓고 알미니우스파와 논쟁한다. 그리스도의 죽음의 효력을 증거하는 대속 교리는 매우 중요한 교리 가운데 하나였다.

투레틴(A.D. 1623-1687)은 알미니우스파를 대속의 원리를 파괴하는 자들로 간주한다.²⁹⁶ 투레틴은 "제한 속죄"를 말할 때, 그리스도의 "중보적 직분"을 함께 다룬다. 그리스도는 그분의 인격과 직분과 관련해 하나님과 사람 사이의 중보자이셨다. 그리스도께서 중보자로 불리시는 이유는 그분의 존재와 직분 수행에 따른 것이다.²⁹⁷

투레틴에 따르면, 택함을 받은 자들에게 적용되는 '제한 속죄'를 그리스도께서 이룰 때, 그리스도께서는 중보적 직분 수행을 통해 이를 이루신다. 그리스도의 세 가지 직분인 '선지자', '제사장', '왕'으로서의 직분은 마치 삼위일체와 같은 '동일본질'에 따른 중보자의 모습을 가진다.²⁹⁸

투레틴은 그리스도의 세 가지 직분을 설명할 때, '선지자직'은 성부의 뜻을 우리에게 계시하는 직분으로, '제사장직'은 하나님의 '공의'를 충족시키는 직분으로, 그리고 '왕직'은 마귀를 정복하고, 그의 교회를 영화롭

---

293 O. Palmer Robertson, *The Christ of the Covenants* (Grand Rapids, Baker, 1980), 12.
294 마이클 호튼, 『언약신학』, 백금산 역 (서울: 부흥과개혁사, 2009), 123-124.
295 Woo, *The Promise of the Trinity*, 48.
296 Francis Turretin, *The Atonement of Christ*, ed., James R. Willson (New York: Board of Publication of the Reformed Protestant Dutch Church, 1859), 67-68.
297 Turretin, *Institutes of Elenctic Theology* Vol. 2, 375, 494-499.
298 Turretin, *Institutes of Elenctic Theology* Vol. 2, 377-380, 394, 397.

게 하는 직분으로 소개한다.[299] 그리스도는 이런 세 가지 직분에 따른 직무 수행을 낮고, 겸손한 종의 자세로 이 모든 것을 이루셨던 것이다.

17세기의 신학자들 가운데 그리스도의 세 가지 직분을 가장 자세하게 설명한 신학자는 투레틴이었다. 그는 총 3권으로 구성된 자신의 저서 『변증신학강요』(*Institutes of Elenctic Theology*)의 제2권을 7장으로 구성한다. 그는 그리스도께서 중보자의 직분으로서 어떤 위치에 있으며, 어떤 사역들을 감당했는지 제2권 제4장 "그리스도의 중보자 직분"(*The Mediatorial Office of Christ*)을 통해 설명한다. 그리스도는 '선지자'와 '제사장' 그리고 '왕'으로서의 세 가지 직분을 지닌 중보자이시라고 설명한다.[300] 그리스도께서 세 가지 직분을 가진 중보자로서 신인양성의 위격적 연합에 따른 직분자였다는 사실이 또한 강조된다.

영어 번역본을 기준으로, 그리스도의 세 가지 직분과 관련된 중보직에 대한 내용은 총 125페이지에 달하는 분량이다. 먼저 "어떤 의미에서 중보자라는 이름이 그리스도께 적용됩니까"라는 질문으로 시작한다. 그리고 마지막 열여덟 번째의 질문에서 이렇게 말한다.

> 그리스도는 중보자이십니다.
> 중보자이신 그리스도께 드려야 할 경배와 예배처럼 중보자를 흠모해야 합니까?
> 우리는 구별해야 합니다.

여기에 대한 투레틴은 이런 답을 우리에게 준다.

> 그분은 자신의 직분과 관련해 중보자로 흠모받기를 거절하셨습니다. 그

---

299 Turretin, *Institutes of Elenctic Theology* Vol. 2, 380-381.
300 Turretin, *Institutes of Elenctic Theology* Vol. 2, 375-499.

런데도 그분의 신성 또는 그분이 로고스라는 점을 고려한다면 중보자로서 흠모되는 것은 확고하게 지켜져야 합니다. 역시 중보자이신 그리스도를 흠모한다는 추론과는 거리가 멀며, … 그분은 한낱 사람일 뿐인 우리의 중보자가 아니라 참되시고, 영원하신 하나님입니다.[301]

투레틴은 그리스도께서 중보자로서 세 가지 직분을 계속해서 지켜야 할 이유를 말한다. 그리스도의 직분은 하나님과 사람 사이에 놓여진 매개자로서의 직분이기에 그 직분은 단회성에 머물러서는 안 된다는 것이다.[302] '창조회복'은 단회성이 아니라 지속성을 말한다. 그리고 '창조회복'은 첫째 아담의 죄에 따른 비참을 회복시키는 차원에서의 '형상회복'을 말한다. 투레틴은 그리스도의 세 가지 직분을 인간의 죄에 따른 세 가지의 비참에 따른 회복의 값으로 이를 설명한다.

첫째, 그리스도에 대한 '선지자직'이다.
선지자직은 어둠의 세력을 제거하는 빛으로서의 값이다. 선지자는 우리로 하여금 하나님을 바라보게 한다.

둘째, '제사장직'이다.
제사장직은 공로를 통해 우리의 죄책을 덜어 주며, 화해시켜 주는 값으로서의 직분이다. 제사장은 우리를 하나님께로 인도한다.

셋째, '왕직'이다.
왕직은 권세와 관련된 것으로, 죄와 죽음의 속박을 제거해 주는 직분으로서 비참의 값을 수행한다. 왕직은 함께 연합해 하나님께 영광을 돌리게

---

301 Turretin, *Institutes of Elenctic Theology* Vol. 2, 375-499.
302 Turretin, *Institutes of Elenctic Theology* Vol. 2, 391, 490-494.

한다.³⁰³ 이와 같이 그리스도께서 이루신 중보자로서의 세 가지 직분 수행은 구속언약의 완성을 논하며, 이를 통해 '창조회복'에 따른 '창조론적' 관점에서 '형상회복'을 보게 한다.

(2) 세 가지 직분에 대한 찰스 핫지, 바빙크의 견해

죄 사함은 첫째 아담에 대한 '형상회복'과 그에 따른 '창조회복'의 문제와 직결되어 있다. 그리고 첫째 아담의 대속을 이루기 위한 둘째 아담으로서 성육신하신 그리스도와의 연합은 매우 중요한 문제이다.

여기에 대해 찰스 핫지(A.D. 1797-1878)는 그리스도께서 우리의 구원을 위해 먼저 우리를 사랑하시고, 우리를 위해 자신을 내어 주셨다는 것을 성육신을 통해 말한다. 이와 함께 그리스도는 우리를 구속하셨을 뿐만 아니라 우리를 '왕'과 '제사장' 삼으셨다는 것을 그리스도와의 연합을 통해 주장한다.³⁰⁴

이것은 그리스도께서 둘째 아담으로서 첫째 아담과 연관성이 있어야만 가능한 일이었다. 여기에는 두 가지 측면의 성취가 있어야 한다.

첫째, 그리스도의 대속 사역이 첫째 아담의 사역이 되어야 한다.
둘째, 그리스도의 사역이 첫째 아담의 완전한 사역이 되어야 한다.

핫지는 로마서 5장 주석에서 칭의를 다루면서 "아담 안에서의 우리의 타락"과 "그리스도 안에서의 우리의 회복"을 말한다. 여기서 그는 첫째 아담과 그리스도의 연관성, 둘째 아담인 그리스도와 우리의 연합에 따른

---

303 Turretin, *Institutes of Elenctic Theology* Vol. 2, 393.
304 Hodge, *Systematic Theology* Vol. Ⅰ, 498-499; 우병훈, 『그리스도의 구원』(서울: SFC출판부, 2014), 47: "19세기 개혁파 신학자인 찰스 핫지도 그의 구원론을 그리스도의 제사장직과만 연결시켜 다룹니다. 그는 선지자직은 2쪽으로, 왕직은 14쪽으로 다루는 데 반해, 제사장직은 무려 132쪽을 할애해서 다룹니다."

연관성을 함께 밝힌다.305

핫지는 그리스도의 세 가지 직분을 논하기 전에 투레틴처럼, 그리스도의 중보자직에 대해 먼저 거론한다. 이런 모습은 칼빈의 『기독교 강요』에도 동일하게 나타난다. 뿐만 아니라 이것은 지금까지 신학의 한 흐름이기도 했다. 그 이유는 그리스도의 세 가지 직분이 가지고 있는 역할과 기능이 중보적 기능을 내포하기 때문에 이를 먼저 설명하기 위한 것이었다.

핫지는 그리스도의 세 가지 직분에 대해 이들의 연관성과 연합을 말함과 동시에 세 가지 직분의 개별성을 강조한다.306 그리고 그 또한 이전 신학자들과 동일하게 그리스도의 직분을 멜기세덱과 메시아의 관계적인 측면에서 설명하며, 첫째 아담의 죄를 대속하는 둘째 아담의 직분을 말한다. 여기에는 형벌에 대한 '충족설'과 하나님 편에서 '만족설'이 내포되어 있었다.307 이것은 죄를 대속하는 것이 상대에게 만족을 채워서 얻는 결론이 아니라 '형상회복'에 따른 '창조회복'을 이루기 위한 관점에서 '충족'과 '만족'이었다는 것을 의미한다.

> (5) 우리는 무지하고, 죄책 가운데, 부패하고 의지할 곳이 없어서 우리를 이끌어 주실 선지자와 우리를 위해 속죄하고 중보할 제사장 그리고 우리를 다스리고 보호할 왕인 구세주가 필요한 타락한 사람입니다. … 그리스도는 하나님의 공의를 만족시키시고 우리를 하나님과 화해시키기 위해 자신을 단번에 희생제물로 드리셨으며, 우리를 위해 계속해서 중보하심으로 제사장의 직분을 수행하신다는 것을 말씀합니다. 속죄, 위로, 화해, 중보는 제사장으로서의 그리스도의 사역이며, 하나님의 말씀에 대한 값이었습니다.308

---

305 McKim (ed.), "Hodge, Charles", 327-329.
306 Hodge, *Systematic Theology* Vol. Ⅱ, 461.
307 Hodge, *Systematic Theology* Vol. Ⅱ, 460-479.
308 Hodge, *Systematic Theology* Vol. Ⅱ, 461. 468.

그리스도의 직분이 실질적으로 효력 있는 실무를 감당하기 위해서는 그 직분에 대해 권능이 주어져야 한다. 그리스도께서 그분의 직분을 수행하는 데 있어서 성령은 기름 부음을 통해 그리스도로 하여금 직분 수행에 필요한 권능을 가지고 행하시도록 하신다.

18세기에 이어 19세기와 20세기 개혁주의 신학의 정통을 이어 갔던 바빙크(A.D. 1854-1921)는 그리스도께 주어진 세 가지 직분의 직무를 성령의 기름 부음과 연결한다.

> 성령은 기름 부음으로 그분의 직분을 위해 그리스도를 준비하신 분입니다.[309]

그는 그리스도의 세 가지 직분을 세 가지 측면에서의 직무 수행으로 여긴다.

첫째, 그리스도의 세 가지 직분은 구속언약과 관련된 중보자로서의 직무 수행이었다.[310]

둘째, 예언의 성취에 따른 직무 수행이었다.[311]

셋째, 첫째 아담의 대속에 따른 둘째 아담의 직무 수행이었다.

'하나님의 형상'을 잃어버린 인간은 더 이상 그 자신이 선지자, 제사장, 왕으로 직분을 감당할 수 없었다. 그 직분을 대신할 당사자가 필요했다.[312]

은혜언약이 행위언약과 구별된다는 것은 하나님과 인간을 하나로 묶을 뿐

---

309 Bavinck, *Reformed Dogmatics* Vol. 2, 277-279, 311-314.
310 Bavinck, *Reformed Dogmatics* Vol. 3, 212-215.
311 Bavinck, *Reformed Dogmatics* Vol. 3, 242-245, 364-367.
312 Bavinck, *Reformed Dogmatics* Vol. 3, 33-36, 332.

만 아니라 이 둘을 서로 화해시켜 그 사이에 깨어진 교제를 회복시키는 중보자를 지닌다는 것입니다. … 메시아는 선지자로 묘사되는데 … 그리고 그분은 제사장 같은 위엄과 왕 같은 위엄을 함께 지니실 것입니다. 세 가지 모든 직분은 이사야의 여호와의 종 가운데 선명하게 드러났습니다. 그분은 자신의 고난을 통해 자기 백성의 죄를 속하는 제사장이시며, 하나님의 영으로 기름 부음을 받아 여호와의 은혜의 해를 전파하는 선지자이시며, 영광을 받으며 자기 수고의 열매를 누릴 왕이십니다. … 타락한 세상은 속죄와 구원을 위해 곧바로 중보자인 성자에게 양도되었습니다. 때가 차매 이미 중보자였던 성자께서 육신으로 나타셨습니다. … 그리스도께서 참되고 완전한 왕이시기에 그분의 왕직 역시 선지자 직분과 제사장 직분을 포함합니다. … 그분의 성육신 전후에 낮아진 상태와 높아진 상태 모두에서 세 직분 모두를 행사하셨습니다.[313]

바빙크는 둘째 아담 그리스도의 세 가지 직분론과 관련해 칼빈의 견해를 따르며, 전체적인 측면에서 기독론적으로 이를 바라본다. 그는 그리스도의 세 가지 직분을 안셀무스처럼 불순종에 따른 값으로만 보지 말고, 죄인들을 위한 '죄의 용서'와 '회개의 원인'이 된다는 것을 함께 기억하길 원한다.[314]

바빙크는 암브로시우스의 주장처럼 그리스도의 세 가지 직분의 사역에 있어서 능동적, 수동적 모습을 그려낸다. 겸손 또는 그의 죽음만이 직분에 따른 사역을 이끌어 간 것이 아니었다. 능동적이며, 수동적인 모든 사역이 세 가지 직분의 완성된 사역을 이끌었다고 강조한다.[315] 이런 그의 견해는 그리스도의 세 가지 직분의 직무 수행이 '창조회복'을 나타내는 '창조론적' 관점을 가지고 있다는 것을 깨닫게 한다.

바빙크는 『개혁 교의학』 제3권에서 그리스도의 세 가지 직분에 관한 내

---

313 Bavinck, *Reformed Dogmatics* Vol. 3, 238-245, 364-367.
314 Bavinck, *Reformed Dogmatics* Vol. 3, 340-345.
315 Bavinck, *Reformed Dogmatics* Vol. 3, 344-345, 367-368.

용을 "중보자 예수"라는 타이틀 안에서 다룬다. 바빙크에 의하면, 그리스도의 사역은 신인양성이 위격적 연합을 이룬 '한 인격' 안에서 중보적으로 이뤄진다. '예수'가 구원자로서 그 사역을 감당한다. '기름 부음 받은 자'로서의 세 가지 직분인 '선지자', '제사장' 그리고 '왕'으로서 직분이 '한 인격' 안에서 중보적으로 수행된다.[316] 바빙크는 첫째 아담의 대속을 이룰 둘째 아담인 그리스도를 가리켜 이렇게 말한다.

> 그리스도는 많은 다른 이름을 가지고 있었다. 즉, "하나님의 형상"과 "그 본체의 형상", "하나님의 창조의 근본" 등이다.[317]

바빙크가 그리스도의 명칭이 가지는 이름을 거론할 때 그 이름에는 각각 강조점이 있다. "본체의 형상"은 그리스도의 신성을 강조한다. "하나님의 형상"은 그리스도께서 첫째 아담을 대속할 완전한 둘째 아담이심을 강조한다. 여기서 바빙크는 그리스도의 세 가지 직분이 첫째 아담의 무너진 '하나님 형상'을 회복시킬 '창조회복'의 사역이 될 것을 설명한 것이다.

바빙크에 따르면, 그리스도의 세 가지 직분 사역의 최종적인 완성은 신자들이 그리스도와 연합해 첫째 아담의 회복을 받는 것에 있다.[318] 이런 것들이 "창조와 재창조 모두의 중보자" 되시는 그리스도의 '중보'라는 직분의 성질에 의해 이뤄지게 된다.[319] '창조회복'의 관점을 고스란히 담아낸다. 중보적 역할을 감당했던 그리스도의 세 가지 직분에 따른 희생의 제사는 하나님의 공의가 요구하는 만족을 통해 죄와 죽음, 그리고 세상에 대한 인간의 관계를 변화시킨다.[320]

---

[316] Bavinck, *Reformed Dogmatics* Vol. 3, 367.
[317] Bavinck, *Reformed Dogmatics* Vol. 3, 362.
[318] Bavinck, *Reformed Dogmatics* Vol. 3, 361-364.
[319] Bavinck, *Reformed Dogmatics* Vol. 3, 362-363.
[320] Bavinck, *Reformed Dogmatics* Vol. 3, 345.

바빙크가 강조하는 중보자로서의 그리스도에 대한 사역은 칼빈의 견해
일 뿐만 아니라 투레틴을 비롯한 청교도 신학의 중심이었으며, 바빙크는
이를 따른다.[321]

6) 19세기와 20세기 신학의 그리스도의 세 가지 직분론

(1) 게르할더스 보스(Geerhardus Vos) 및 루이스 벌코프(Louis Berkhof)의 그리스도의 세 가지 직분론

16 · 17세기에 꽃을 피웠던 그리스도의 세 가지 직분에 대한 교리는 19세기와 20세기에 그 열매를 더욱 충실하게 맺는다. 투레틴과 찰스 핫지 그리고 바빙크에 이어 등장한 게르할더스 보스(A.D. 1862-1949)의 그리스도의 세 가지 직분론은 마치 16세기의 교리문답서를 확장시켜 놓은 듯하다.

보스는 자신의 저서 『개혁교의학』(Reformed Dogmatics) 제3권에서 총 98개 문답 형식을 통해 "직분"(Offices)에 대한 교리를 설명한다(보스의 교의학은 총 6부-신론, 인간론, 기독론, 구원론, 교회론, 종말론-로 구성되어 있다. 보스의 교의학의 특징 가운데 하나는 문답형식으로 전체 내용을 구성한 점이다. 그는 그리스도의 직분을 제3부 기독론에서 다룬다. 기독론은 전체가 5장으로 구성되어 있다. 1장-서론, 2장-칭호들, 3장-인격과 본성들, 4장-직분, 5장-신분).[322]

보스는 그리스도의 직분과 관련해서 중보자와 세 가지 직분의 관계에 대한 질문으로 시작한다.

> 중보자는 얼마나 많은 직분 가운데 거하고 있으며, 여전히 그분의 본성 가

---

[321] 조윤호, "워필드의 'The Higher Life' 성화 교리에 대한 비판", 「갱신과 부흥」 Vol. 21 (2018), 163: "바빙크에 따르면, 그리스도는 자신의 인격 전체에서 나오는 신비한 사역을 통해 우리를 자신과 교제하게 하며, 자신의 구원 사역을 통해 우리를 자신의 복된 자리에 동참시킨다. 그리고 화목을 이루는 사역을 통해 우리를 자신의 복된 자리에 동참시킨다."

[322] Vos, *Reformed Dogmatics: Christology* Vol. 3, 4.1-98, 85-182.

운데 거하고 있습니까?
세 가지 곧 선지자, 제사장, 왕의 직분입니다.

보스는 그리스도의 세 가지 직분에 대해 과거 개혁주의 신학자들처럼 세 가지 직분을 그리스도의 '중보자'의 본성과 연결한다.[323]

보스는 『개혁교의학』 제2권의 '인간론'에서 원죄는 죄와 죄책이 있는 상태로, 아담의 본성이 부패한 것으로 이해한다.

30. 아담 자신에 대한 첫 번째 죄의 결과는 무엇입니까?
… 인간본성의 완전한 부패였습니다. …[324]

보스는 이어지는 제3권의 '기독론'에서 그리스도의 세 가지 직분론을 다루면서 이런 질문을 던진다.

삼중직분은 죄의 실체와 어떤 관련이 있습니까?

이는 우리로 하여금 첫째 아담과 관련해 두 가지를 생각하게 한다.

첫째, 그리스도의 세 가지 직분이 아담의 원죄와 관련된다는 것이다.
둘째, 아담과 관련해 그리스도의 세 가지 직분은 회복되어야 할 직분이라는 것이다.

보스는 다음과 같이 말한다.

---

[323] Vos, *Reformed Dogmatics: Christology* Vol. 3, 4.1, 85.
[324] Vos, *Reformed Dogmatics: Anthropology* Vol. 2, 2.8, 30; 2.30, 53-54.

삼중직분은 죄의 실체와 어떤 관련이 있습니까?

죄는 마음을 어둡게 합니다. 그것은 양심의 죄책감으로 인한 것입니다. 그 것은 생득적(고유의) 부패이며, 각 사람과 온 인류에 그 영향을 끼칩니다. 죄의 삼중적 작용은 중보자의 삼중직분에 부합합니다.[325]

그리스도의 직분은 '형상회복'에 따른 '창조회복'을 나타낸다. 그러므로 제사장직은 하나님 편에서는 죄에 따른 만족과 충족에 따른 속죄의 값으로, 사람에게는 은혜를 가져다주는 것으로 그 모습이 묘사되었던 것이다.[326]

보스는 첫째 아담의 죄에 따른 회복을 위해 영원전에 성부와 성자 사이에 체결된 구속언약을 인간론에서 거론한다. 여기서 성자는 그리스도 안에서 '왕직'과 '제사장직'의 두 직분이 보증되면서 언약이 체결되었음을 시사한다.[327] 그리고 인간의 구원을 위해 체결된 은혜언약과 구속언약에는 그리스도의 세 가지 직분에 따른 중보자로서의 사역이 필연적으로 등장하게 된다고 강조한다.[328]

보스에 따르면, 그리스도께서 세 가지 직분의 중보자가 되는 것은 제3자 입장에서의 중보자가 아니라 당사자로서의 '창조회복'을 뜻하는 세 가지 직분의 중보자가 되는 것이다.

40. ⋯ c) ⋯ 자신의 것이 아닌 죄를 그 사람에게 처벌받도록 돌리는 것은 매우 부당합니다.[329]

---

325 Vos, *Reformed Dogmatics: Christology* Vol. 3, 4.7, 88; Vol. 3, 4.16, 94.
326 Vos, *Reformed Dogmatics: Christology* Vol. 3, 4.14-16, 94; 4.32-35, 112-113; Vol. 3, 4.51, 131; 4.59, 137.
327 Vos, *Reformed Dogmatics: Anthropology* Vol. 2, 3.4, 84-85.
328 Vos, *Reformed Dogmatics: Anthropology* Vol. 2, 3.13-18, 92-98.
329 Vos, *Reformed Dogmatics: Christology* Vol. 3, 4.38-40, 116-124.

그리스도께서 세 가지 직분자로서 이루신 대속이 아담 당사자의 값으로 성립된다. 그리고 그리스도께서 세 가지 직분의 중보자로서 이루신 그 '의'가 첫째 아담의 모습처럼, 아담의 대표성을 가지고 전가된다.[330]

그리스도의 중보적 사역에 따른 왕직으로서의 위엄은 그리스도의 승천 이후 하늘에서 이뤄진다. 그리고 그분의 교회를 통치하심으로 일어난다. 보스는 그리스도의 직분에 대해 제사장직에 따른 직무와 그에 관련된 것들을 무게 있게 다루다가 왕직과 관련된 직분론으로 마무리한다.[331] 그리스도의 세 가지 직분 가운데 '선지자직'을 '제사장직'에서 함께 거론하면서 그리스도의 '왕직'을 논하는 그의 방법론은 교부들의 전통과 유사하며, 16세기와 17세기의 유형을 계승 발전시켜나가는 것이었다.

19세기와 20세기, 개혁주의 정통을 계속해서 이어 가던 루이스 벌코프(A.D. 1873-1957)는 기독론을 크게 세 부분으로 나누어 전체를 구성한다. 제1부에서 "그리스도의 위격"을, 제2부에서는 "그리스도의 신분"을, 제3부에서는 "그리스도의 직분"을 다룬다.[332] 제3부에서 그리스도의 중보직을 먼저 다루지 않는다. '그리스도의 직분'에 대한 내용을 칼빈의 견해처럼 '선지자직'에서 시작한다. 그러나 계속해서 왕직이 아니라 '제사장직'을 논하며, 이어 그리스도께서 둘째 아담으로서 대속을 이뤄야 할 이유 등을 '속죄의 필연성'과 '성질'을 통해 설명한다.

벌코프는 그리스도께서 둘째 아담으로서 세 가지 직분을 감당했던 그 모습에서 첫째 아담에 대한 속죄의 완전한 사역을 이루기 위한 그리스도의 '능동적 순종'과 '수동적 순종'을 본다. 그리고 직분 수행을 통해 이것이 함께 이뤄졌다는 발전적 견해를 제시한다. 여기에 대해 이미 암브로스가 밝혔던 것처럼 둘은 구별되지만 분리해서는 이해할 수 없다는 입장을 분명히 한다. 그리스도께서 당하신 고통과 죽음이 적극적 순종이었다면 율법에 복종해 사

---

[330] Vos, *Reformed Dogmatics: Christology* Vol. 3, 4.81-82, 166-168.
[331] Vos, *Reformed Dogmatics: Christology* Vol. 3, 4.93-98, 175-182.
[332] Berkhof, *Systematic Theology*, 391-456.

셨다는 것은 수동적 순종의 일부였다.[333]

특히 그리스도의 세 가지 직분 가운데 '선지자직'에 대한 직무 수행이 '능동적 순종'보다 '수동적 순종'에 가까운 이유를 선지자의 임무가 하나님의 뜻을 백성들에게 드러내는 것이라는 데서 찾는다.

> 선지자는 계시를 받지 않고는 줄 수 있는 것이 없을 뿐만 아니라 더 이상 전할 것도 없다.[334]

벌코프는 그리스도의 세 가지 직분에 따른 중보 사역을 칼빈과 핫지, 투레틴과 같이 세 가지 직분에 앞서서 그 내용을 다루기보다 '제사장직'의 뒤에 그 내용을 다루면서 중보 사역은 속죄적 희생과 분리될 수 없다는 사실과 함께 '제사장직'이 중보 사역의 중심에 서 있음을 표현한다.[335] 그리고 세 가지 직분 가운데 '왕직'을 마지막으로 다룬다. 그리스도의 '왕직'을 종말론의 측면에서 '교회의 머리'로서의 '왕직'과 현재적이며 미래적인 왕국의 다스림과 함께 우주적 다스림에 따른 그리스도의 '왕직'을 부각시킨다. 여기서 벌코프는 그리스도의 '왕직'에 대해 두 가지를 말하게 된다.

첫째, '왕직'은 그리스도께서 하나님 우편에 들림을 받으셨을 때, 정식으로 위임받은 직분이었다.

둘째, '왕직'은 원수들에 대해 완전한 승리를 쟁취하고, 사망이 철폐될 때까지 계속되는 직분이었다.[336]

---

333 Berkhof, *Systematic Theology*, 418.
334 Berkhof, *Systematic Theology*, 393-394.
335 Berkhof, *Systematic Theology*, 443-446.
336 Berkhof, *Systematic Theology*, 449-456; 우병훈, 『그리스도의 구원』 39-40: "그리스도는 영원한 왕이시기에 사탄과 죽음을 이기시고 승리하십니다. … 교회도 역시 그리스도의 완전한 최종 승리를 기대하며 안심할 수 있습니다."

벌코프는 그리스도의 세 가지 직분을 말할 때, '선지자직(예언자직)'과 '제사장직'이 '가르친다'는 측면에서 서로 유사한 점을 가지고 있다고 말한다. 그러나 하나님께로 올바르게 나아가게 하는 의식적인 측면에서는 '제사장직'이 '선지자직'과 다르다는 점을 강조한다.[337] 왜냐하면, 거기에는 대속의 제물로서 필연성이 결부되어 있었기 때문이다. 벌코프는 대속의 제물을 단순히 대신하는 값으로서 "대리적 대속"을 거부한다. 그는 그리스도의 대속을 구속언약에 따른 언약의 성취와 함께 '형상회복'에 따른 '창조론적' 관점에서 논한다.

> 이제 그리스도께서는 인류를 대신해 필수적인 회개를 하나님께 드리셨고 그렇게 함으로써 용서의 조건을 이루셨습니다. … 본 이론(대리 회개설)에는 다음과 같은 문제점이 있습니다.
> 1. 인간이 되신 그리스도께서 우리의 고난과 유혹 그리고 우리의 무력감에 동정적으로 참여하실 수 있다는 것은 쉽게 이해할 수 있습니다. … 그러므로 도덕적인 의미에서 죄인들과 전혀 동일하실 수 없습니다.
> 2. … 본 이론은 하나님의 보복적 공의와 죄의 불법성을 인정하면서도 형벌적 대속의 필연성과 가능성을 부인하고 죄인들을 위한 그리스도의 사역이 그들을 위한 고난이 아니라 그들의 죄에 대한 대리적 고백에 있다고 주장합니다.
> 3. … 구속적 도움을 받아야 할 유일한 필요성은 인간이 진정으로 회개할 능력을 가지고 있지 않기 때문이라는 명제에 입각해서 전개됩니다.
> 4. 끝으로 본 이론이 내포하는 대리적 회개는 실재로 용어상의 모순입니다. …[338]

---

337 Berkhof, *Systematic Theology*, 397.
338 Berkhof, *Systematic Theology*, 431-432.

(2) 리츨(Albrecht Ritschl)과 두 직분론의 바르트(Karl Barth) 그리고 G. C. 벌카워(G. C. Berkouwer)

19세기 이후 기독론에는 변화가 생긴다. 그리스도의 위격에 따른 '신중심적'이었던 신학적 조명을 벗어나 인간학적이고 인간론 중심적인 기독론이 등장하게 된다. 여기에 선두 주자는 슐라이어마허(Schleiermacher, A.D. 1768-1834)였다.[339] 그는 인간의 죄성을 자기의식 가운데서 찾았다. 그가 볼 때, 죄성은 무한히 드러나는 자기의식의 고찰로서 신의식을 흐리게 만드는 하나의 요인이었다.

> 구세주의 특징적 활동과 배타적인 존엄성은 서로 관련되어 있으며 신자의 자의식 안에서 분리될 수 없는 하나입니다.[340]

신의식을 절대적 의존적 감정에서 찾던 슐라이어마허는 상대적 의존성 속에서 하나님을 세계 안에서 활동하지 않으신 분으로 보기도 한다.[341] 종교를 우주에 대한 직관과 감정으로 연결시켰던 슐라이어마허는 구원을 신의식의 결여에 따른 문제로 간주했다.[342] 그의 의식구조 속에서 그리스도께서 둘째 아담으로서 구원에 따른 세 가지 직분을 가질 이유는 전혀 없었다.

리츨(A.D. 1822-1889)의 그리스도의 직분론은 이런 슐라이어마허의 영향을 직·간접적으로 받는다. 리츨은 그리스도의 인격과 사역의 상호관계를 강조할 때, 루터에게 호소한다.[343] 그러나 그는 그리스도의 세 가지 직분을 신인양성의 연합에 의한 둘째 아담의 직분과 그 직무로 보지 않는다.

---

339 Berkhof, *Systematic Theology*, 338.
340 프리드리히 슐라이어마허, 『기독교신앙』, 최신한 역 (고양: 도서출판 한길사, 2013), 363-367; Pannenberg, *Jesus-God and Man*, 208.
341 맥코맥, "그리스도의 인격", 274-275.
342 슐라이어마허, 『종교론』, 최신한 역 (서울: 대한기독교서회, 2006), 46-70.
343 Pannenberg, Jesus-God and Man, 208-209.

그의 기독론의 핵심은 그리스도의 위격에 놓여 있지 않다. 그리스도의 '사역'에 있다.[344]

"하나님은 사랑이시다"라는 관점에서 바라볼 때, 첫째 아담의 죄책에 따른 둘째 아담의 대속을 이루기 위한 세 가지 직분의 직무는 불합리한 것이었다.[345] 리츨은 그리스도의 '직분'을 뜻하는 'Amt'를 직분으로 보지 않는다. 일하는 '사역'으로 간주한다.[346] 그의 견해에 따르면, 'office'라는 단어는 법률적 공동체에서만 부속적으로 사용하는 단어였다.[347] 그러므로 그리스도께 주어져야 할 명칭은 'office'라는 직분의 명칭이 아니었다. 사역적인 측면에서 주어지는 '부름'(calling)이라는 명칭이 부여되어야 했다.[348] 리츨은 도덕적인 사랑의 공동체에서는 위계적인 것을 나타내는 '직분'이라는 명칭보다 사랑의 의미를 담은 표현인 '부름'을 사용하는 것이 더 좋다고 여겼던 것이다.[349]

그러나 바빙크는 그리스도의 직분에 따른 'office'에 대해 다른 견해를 피력한다. 그에 따르면, 'office'는 '어떤 직업'과 '지위'를 나타내는 명칭의 용어가 아니라 중보자와 관련된 '직분'을 가리키는 용어로 사용되어야 한다.[350] 바빙크는 그 이유를 다음 세 가지로 설명한다.

첫째, 그리스도께서 중보자로서 품위를 취한 것은 스스로가 아니라 성부께서 그를 택하셨기 때문이다.

둘째, 성부께서 그를 부르셨기 때문이다.

---

344 Berkhof, *Systematic Theology*, 339.
345 Woo, *The Promise of the Trinity*, 49-50.
346 Woo, *The Promise of the Trinity*, 49; Ritschl, *The Christian Doctrine of Justification and Reconciliation*, 434.
347 Bavinck, *Reformed Dogmatics* Vol. 3, 354.
348 Woo, *The Promise of the Trinity*, 49-51.
349 Berkhof, *Systematic Theology*, 392.
350 Bavinck, *Reformed Dogmatics* Vol. 3, 365.

셋째, 성부께서 그를 세우셨기 때문에 '직분'으로 불려야 한다.

리츨에 따르면, 그리스도께 있어서 하나님이라는 명칭은 본질의 명칭이 아니라 서열과 신분을 가리키는 측면의 명칭이었다. 그리스도는 형의상학적 의미에서 하나님이 아니었다. 그리스도께서 차지하는 위치는 구성적 측면이었다. 그리스도는 존재에 대한 언급이 아니라 그의 직분과 관련되어서 그렇다는 것이다. 따라서 그리스도께서 하나님으로 불리는 것은 "우리와 관련해 가치와 자리"를 나타내는 것이었다.[351]

슐라이어마허와 리츨의 19세기 신학은 인간학을 앞세워 전통 기독론을 짓밟는다. 그리스도의 세 직분 속에 드러나는 '하나님 형상회복'에 따른 '창조론적' 관점을 뿌리 속까지 흔든다.

이때 신정통주의(neo-orthodoxy) 신학을 이끌었던 칼 바르트(A.D. 1886-1968)는 그리스도의 세 가지 직분을 『교회 교의학』(Church Dogmatics) IV 1, 2, 3부에서 화해론을 통해 이를 설명한다. 여기서 그는 그리스도의 직분을 셋이 아니라 '선지자직'을 '제사장직'에 포함시켜, '제사장직'과 '왕직'의 두 직분으로 그 내용을 전개한다. 바르트의 기독론은 화해의 사건 안에서 예수 그리스도의 인격과 사역을 함께 본다. 왜냐하면, 그리스도의 인격을 그 인격이 실행하는 사역 안이 아닌 다른 곳에서는 인식할 수 없다고 여겼기 때문이다. 그는 그리스도에 대해 두 가지를 설명한다.

첫째, 스스로 낮아지심의 제사장이었다.
둘째, 스스로 낮아지심을 통해 우리에게 행동하시는 '참 하나님'이셨다.

그리스도는 하나님이 하나님 자신과의 연합으로 높아지셨다. 그리고 왕

---

[351] Bavinck, *Reformed Dogmatics* Vol. 3, 264-265.

으로서 인간이 되신다는 점에서 '참 인간'이시라고 설명한다.³⁵²

이런 바르트의 화해론은 그리스도에 관해 세 가지의 형태로 그 모습을 말한다.

첫째, '낮아지신 참 하나님'이시다.
둘째, '하늘로 높아지신 참 인간'이시다.
셋째, '보증자인 예수 그리스도'이시다.

내용적인 측면에서 볼 때, 그는 '제사장'과 '왕'의 직분론을 전개한다. 바르트는 자신의 이런 신학의 뿌리를 교부와 중세 교회의 신학에서 찾았다.³⁵³

> 예수 그리스도의 '이중직'(제사장직, 왕직)과 화해론의 두 가지 문제에 대해 초대 및 중세교회에서 일반적으로 언급되었습니다. … 예수 그리스도는 그 직무와 사역에 있어서 대제사장이셨습니다. 다른 한편으로 그의 직무와 사역에 있어서 왕이셨습니다. 한편으로는 하나님이셨고, 다른 한편으로는 인간이었습니다. … 초대교회가 예수 그리스도의 이중직, 즉 제사장 직분과 왕 직분으로 상반되는 것의 연합에 대해 말한다면 화해론의 내용이 실제로 그리스도론적이며, 구원론적인 관점에서 생각되고 말해질 수 있는 것 안에서 모두 진술되는 한 옳다고 볼 수 있습니다.³⁵⁴

그리스도의 세 가지 직분의 유형에 대해 교부와 중세 교회의 유형을 바르트는 따른다. 그리스도의 세 가지 직분 가운데 거론되는 "예언자 직분"

---

352 부쉬, 『위대한 열정』, 104-106.
353 Barth, *Church Dogmatics*, IV/3-1, 5-6, 13; 신준호(편), 『칼 바르트 교회교의학 해제』 (서울: 새물결플러스, 2015), 177-211.
354 Barth, *Church Dogmatics*, IV/3-1, 5-7.

안에는 그리스도의 "왕적 통치의 직분"과 "제사장 직분"의 사역이 내포되어 있다고 그는 본다.[355] 바르트는 그리스도의 세 가지 직분을 받아들인다. 그리고 그리스도의 세 가지 직분에 대해서 설명한다.[356] 그가 그리스도의 직분을 '제사장직'과 '왕직'의 두 직분에 집중한다고 해서 두 직분의 우월성 때문에 '예언자 직분'을 흡수한 것은 아니었다. 그 이유는 자신이 펼치고자 하는 "화해론"이 가지는 계시로서의 직분에 따른 특수성 때문이었다.

바르트는 "화해"가 되기 위해서는 반드시 "계시"가 있어야 한다는 논리를 가지고 있었다. 화해를 이루기 위해서는 "생명의 빛"이 계시되어야만 했다. 화해가 계시되는 것은 예수 그리스도 안에서의 사건임과 동시에 실재성을 담고 있다.[357] 이런 사실은 그의 『교회 교의학』 Ⅳ.3.1의 § 69. "중보자의 영광"(*The Glory of the Mediator*)에서 선명하게 드러난다.

바르트는 화해론에서 인간의 구원을 하나님의 영원한 목적에 근거한 하나님의 행동으로 보았다. 에버하르트 부쉬(Eberhard Busch)에 따르면, 바르트는 "화해의 인식"을 "믿음의 인식"으로 보고, 화해를 하나님의 행동으로 인식했다.[358] 여기에 따른 그리스도의 성육신은 인간의 구원을 위한 계시의 사건이다.[359] 그리고 그리스도는 계시로서 "하나님의 유일한 말씀"이다.[360]

화해론에서 중보자 되시는 그리스도를 강조하는 바르트는 '중보자'를 "하나님의 내어 주심"으로 간주한다. 그리스도는 화해자로서 자신의 사역

---

[355] Barth, *Church Dogmatics*, Ⅳ/3-1, 14-16.
[356] Barth, *Church Dogmatics*, Ⅳ/3-1, 38.
[357] Barth, *Church Dogmatics*, Ⅳ/3-1, 38-165.
[358] Barth, *Church Dogmatics*, Ⅳ.1, 9-10; 제프리 브로밀리, 『바르트 교회교의학 개관』, 신옥수 역 (고양: 크리스챤다이제스트, 2005), 258-259; 부쉬, 『위대한 열정』, 388.
[359] Barth, *Church Dogmatics*, Ⅰ/2, 1; 조윤호, "바르트의 계시 신학 비판", 「선교교육연구」 Vol. 2 (2018), 68-70 : "바르트에게 있어서 중요한 것은 '계시'와 '사건' 그리고 '가능성'이다. 특히 바르트는 '가능성'과 '실제성'을 통해 예수 그리스도의 성육신은 가능성을 실제로 이룬 '사건'으로 묘사한다.
[360] Barth, *Church Dogmatics*, Ⅳ.3.1, 3.

에 충실했을 뿐만 아니라 화해의 집행자로 그 역할을 감당하셨다.

바르트의 『교회 교의학』 I / I 에 따르면, 바르트는 그리스도를 하나님의 화해하는 자기 계시로 본다. 그에 따르면, '화해'란 하나님만이 수행하실 수 있는 것으로, 하나님의 계시 그 자체를 통해 이뤄진다. 바르트는 예수 그리스도의 "자원하는 순종"의 길을 아담의 불순종을 대속하는 길로 보지 않는다. 하나님의 영원한 목적에 근거한 행동으로 본다.[361] 그 목적은 하나님과 화해를 이뤄 "하나 됨"을 이루기 위함이었다.[362]

'중보자'인 그리스도를 통해, 그리스도의 직분을 논하는 바르트는 직분론을 포괄적으로 설명한다. 이런 가운데 '성육신'에 따른 '낮아지심'의 사역은 하나님의 아들이신 그분이 '종'으로서의 길을 걸으셨던 것이다. 자기를 대속으로 내어 주기 위한 중보적 사역을 순종을 통해 이뤄 가셨다.[363]

바르트에게 있어서 '화해'는 하나님의 자기 계시이자 사건이다. 그는 아버지의 계시가 아들 안에서 주어졌으며, 그리스도께서 중보자로서 그 직분을 수행하는 것은 아버지를 계시하는 측면에서의 중보적 행위였다고 말한다.[364] 바르트는 그리스도의 화해하는 중보 사역에 대해 순종을 강조한다. 이때 아들의 방식에서는 이것이 신적인 복종으로 드러난다. 그리고 성부의 방식에서는 신적인 통치의 실행으로 그 모습이 계시되었다고 말한다.[365]

바르트의 『교회 교의학』 IV.2에 따르면, 그리스도께서 "왕 같은 분"으로 불러지는 것은 그리스도의 "왕적 직무"와 관련해 그렇게 불린다. 여기서 그리스도께서 '왕 같은 분'으로 불리는 것은 "참 하나님"이 그리스도 안에서 "참 인간"인 둘째 아담이 되셨다는 것을 말한다. 여기에 대해 바르트는 다음과 같이 말한다.

---

361 조윤호, "바르트의 계시 신학 비판", 58-61.
362 Barth, *Church Dogmatics*, IV.1, 122-128.
363 Barth, *Church Dogmatics*, IV.1, 157-167.
364 Barth, *Church Dogmatics*, I .1, 371-372, 400; IV.1, 122.
365 Barth, *Church Dogmatics*, IV.1, 208-209.

우리는 예수 그리스도의 왕적 직무와 관련해 그분을 "왕 같은 분"이라고 부릅니다. … 하나님이 왕이시고, 주님이라는 사실은 신, 구약 모두에서 언급합니다. … 하나님의 참 아들이신 인자는 스스로 자신을 계시합니다. 그런 분으로 보이고 이해되어야 합니다. 왕 같은 인간이신 그분은 그리스도론의 본질에 속합니다.[366]

'왕 같은 분'이신 그리스도는 하나님의 행위와 의지의 수행에 따른 하나님의 자기 계시였다. 바르트에 의하면, 하나님은 그리스도의 행위 속에 임재하시고 계시하신다.[367] 그러므로 그리스도의 직분에 따른 직무의 수행을 첫째 아담의 값을 담아내는 둘째 아담으로서의 직무 수행 또는 그 값으로 보지 않는다. 둘째 아담으로 자신의 뜻을 이루고자 하는 하나님의 자기 계시에 따른 직무 수행이었다. 그러니 '화해자'로서 그리스도는 화해에 따른 하나님 자신을 계시하는 방식이 되는 것이다.[368]

또한, 화해는 하나님의 자기 계시뿐만 아니라 하나님이 탁월하게 행하시는 인간에 대한 긍정을 뜻한다. 예수 그리스도는 주체로서 하나님 자신이시다. 그러나 바르트는 예수 그리스도를 하나님의 은혜를 나타내는 행동하는 객체로서 화해자로 본다. 하나님은 인간의 구원을 예정하시고, 그 예정에 따른 화해의 값으로 예수 그리스도를 십자가의 제물로 드려지도록 하셨다는 것이다.[369]

바르트에 따르면, 화해는 하나님이 인간과 더불어 계약을 맺으시고 확증하신 것을 넘어서는 것이다. "불순종으로 인해 상실된 계약 당사자를 하나님의 인격과 행위 안에서 받아들이는 것"이다. 하나님은 모든 사람이 구원에 이르기를 원하시며, 이런 측면에서 화해를 이끌어 내시는 그리스

---

366 Barth, *Church Dogmatics,* IV.2, 155-156.
367 Barth, *Church Dogmatics,* IV.2, 225-226.
368 Barth, *Church Dogmatics,* I.2, 124.
369 조윤호, "바르트의 계시 신학 비판", 60.

도는 하나님의 모든 약속에 대해 '아니오'가 아니라 '예'만을 이끌어 내는 원인이 된다고 한다.[370]

계속해서 바르트의 그리스도의 직분론에 나타난 강조점은 하나님이 그리스도 안에서 행하신 사건이라는 점에 있다.[371] 바르트의 견해는 삼위일체론적 측면에서 볼 때, 양태론적인 경향을 드러낸다. 바르트의 양태론적인 경향은 그리스도의 직분론에서 불거진 문제가 아니다. 이미 삼위일체에 대한 바르트의 개념이 양태적인 경향을 띠었다. 그의 신학적 견해가 그리스도의 직분론에도 직접 영향을 미치게 된 것이다.

바르트는 계시된 말씀을 "삼위일체 하나님", "예수 그리스도" 그리고 "성령"으로 나누어 설명한다. 바르트는 성부를 "계시자"(Offenbarer), 성자를 "계시"(Offenbarung), 성령은 "계시된"(Offenbarsein) 말씀으로 본다. 바르트는 성부라는 "하나의 위격"을 통해 "페리코레시스"를 말하는 양태적 모습을 설명한다.[372]

바르트는 그리스도의 직분론에 따른 자신의 신학적 견해를 조명할 때도 성부의 "자기 계시"라는 관점을 떠나지 않는다. 그러므로 바르트는 그리스도의 직분을 하나님의 행하시는 사역에서 그 방향을 잡았던 것이다. 그러므로 인간을 향해 하나님의 뜻을 계시하는 선지자직은 더 이상 필요가 없었던 것이다. 인간학을 앞세운 자유주의 신학에 대항했던 신정통주의에 입각한 바르트의 신학은 창조를 겉으로 드러내는 하나님의 "외적 계약"과 하나님의 의지와 결의를 나타내는 "내적 계약"에 따른 결론으로 본다.[373] 바르트가 창조를 '계약'으로 보는 이유는 그리스도께서 십자가에서 못 박히심과 부활 안에서 이뤄질 죄인들과의 '화해'라는 '계약'과 '계시'를 설명하기 위해서였다.

---

370 Barth, *Church Dogmatics*, VI/3-1, 3-5.
371 Barth, *Church Dogmatics*, VI/3-1, 7-8.
372 Barth, *Church Dogmatics*, Ⅰ.1, 295-296, 480-481.
373 Barth, *Church Dogmatics*, Ⅲ.1, 94-228; 229-329.

바르트의 신학은 "하나님 자신의 드러내심"이라는 '계시적 관점'으로 창조와 기독론에 집중한다. 그리고 '형상회복'에 따른 '창조론적' 관점의 그리스도의 직분론은 성부와의 관계에서 '종속적'이고, '양태론적'인 계시적 관점으로 바꾼다.[374] '창조회복'에 따른 '창조론적' 관점을 떠난 바르트의 계시 신학은 그리스도의 세 가지 직분에 대한 개혁주의 전통의 교리를 더욱 발전시킨 것이 아니었다. 오히려 퇴보로 역행했다.

중세 초기 권위주의자들에 의해 신학이 자신들의 위치와 신학적 입장을 대변하는 변증적인 모습으로 바뀌면서 '둘째 아담 그리스도의 세 가지 직분론'이 휴면 상태에 빠진 경험이 있다. 바르트의 '계시적 관점'은 첫째 아담의 '형상회복'을 일컫는 '창조회복'에 따른 그리스도의 직분론을 공허한 상태로 다시 한 번 더 몰아갔다.

바르트 이후 그리스도의 세 가지 직분에 대한 견해들이 다양하게 펼쳐지는 가운데 G. C. 벌카워(A.D. 1903-1996)는 그리스도의 직분의 사역을 그분의 '비하'와 '승귀'를 통해 돌아보기를 권한다.[375]

『웨스트민스터 소요리문답』 제23문에 의하면, 그리스도께서 우리의 구속자로서 수행하신 세 가지 직분의 직무 수행은 "비하"와 "승귀"의 상태에서 이뤄진다.[376]

벌카워는 그리스도의 두 본성을 통한 직분의 사역이 "비하"와 "승귀" 가운데 이루진 것은 성경뿐만 아니라 신학적 전통이 이를 지지한다고 말한다. 성경은 그리스도의 인격과 사역의 끊을 수 없는 관계를 설명한다고 주장한다. 그리고 그리스도께서 누구이신지를 아는 것은 그분의 사역에 대한 바른 이해를 구할 수 있는 첩경의 길이라고 한다.[377]

---

[374] Barth, *Church Dogmatics*, Ⅰ.1, 295-296, 371-372, 386, 388, 400, 466, 480-481; Barth, *Church Dogmatics*, Ⅳ.1, 122.
[375] Berkouwer, *The Work of Christ*, 58.
[376] Schaff (ed.), "The Westminster Shorter Catechism", *The Creeds of Christendom* Vol. Ⅲ, 680-681.
[377] G. C. Berkouwer, *The Person of Christ*, trans. John Vriend (Grand Rapids: Eerdmans Pub-

그러나 벌카워는 그리스도의 직분을 가리키는 'office'라는 단어가 그리스도의 "공무적"(official) 사역으로 불리기를 거부한다. 왜냐하면, 그럴 경우 그리스도의 삶의 역동성과 독특함이 모호하게 되기 때문이라는 것이 그의 견해이다.[378] 벌카워는 이런 방식으로, 성경에서 말하는 바를 놓치지 않기 위해 그리스도의 직분에 따른 과도한 해석을 피한다.

벌카워는 그리스도의 세 가지 직분 가운데 하나인 '선지자직'에 대해 부정적인 견해를 나타낸다.

> 선지자 직분을 계시 범주의 유일한 기초로 생각하는 것은 원칙적으로 그리스도 직분의 연합에서 떠나는 것입니다.[379]

그는 그리스도의 직분 수행을 추상적인 측면에서 보는 것이 아니라 그리스도께서 인격적으로 행하신 일들과 관계성을 가져야 할 것을 주장한다. 그는 그리스도의 직분의 초점을 '은혜'와 '희생'에 맞춘다. 그는 선지자로서 예언적 사역을 그리스도의 왕과 제사장 직분의 옆에 두기를 꺼려했다. 벌카워가 볼 때 그리스도는 예언적 계시가 아니라 하나님의 사랑의 계시였다. 뿐만 아니라 예언적 사역은 화해론에 따른 것과 거리가 멀다고 파악했던 것이다.

벌카워에 따르면, 그리스도는 '예수' 또는 '구주'라는 이름과 분리될 수 없는 직분이다. 구원과 긴밀하게 연결되어 있는 직분이다.[380] 그러나 그는 '형상회복'에 따른 '창조론적' 관점이 아니라 바르트처럼 하나님의 사랑의 '계시'와 관련해 그리스도의 직분을 설명한 것이다.[381]

---

lishing Company, 1954), 101-110.
378 Berkouwer, *The Work of Christ*, 58-59, 63-64.
379 Berkouwer, *The Work of Christ*, 59-63.
380 Berkouwer, *The Work of Christ*, 62.
381 Berkouwer, *The Work of Christ*, 63-65.

벌카워에 따르면, 그리스도의 직분은 자신의 능력을 드러내는 직분이 아닙니다. 기름 부음 받은 자로서 자신에게 주어진 직무의 수행이 강조되는 직분이다. 벌카워는 그리스도의 세 가지 직분을 교황과 관련시키며, 교황을 그리스도의 대리자로 보는 로마교회의 입장을 강하게 거부한다. 벌카워가 볼 때 그리스도의 세 가지 직분은 누군가가 대신할 수 있는 직분이 아니다. 그리스도께 주어진 '직분'은 그리스도의 권위를 인정하는 데만 사용되어야 하는 직분이었다. 따라서 세 가지 직분은 그리스도의 편에서 구체적이고 실제적인 활동을 의미한다고 봤던 것이다.

그는 여기에 대해 아브라함 카이퍼(Abraham Kuyper)의 『교회 개혁에 관한 논문』(Tractaat van de Refomatie der Kerken)의 내용 인용을 통해 이를 강조한다.

> 그러므로 그리스도는 실제로 천상 교회에서만 왕으로 다스리시며 지상에서는 그분의 권위를 인간에게 전가해 그분의 교회를 다스리게 하셨다고 말할 수 없습니다. 그리스도는 지상에 있는 그분의 교회에 확실히 계시며, 가장 참된 의미의 말씀으로 존재하십니다.[382]

그는 그리스도의 직분을 설명할 때, 크게 두 가지 점에 대해 세 가지 직분을 강조한다.

첫째, 그리스도의 직분은 분명하게 개별성을 가지고 있다.
둘째, 그리스도의 직분은 서로 연합을 이루고 있다.

그리스도의 세 가지 직분에 대해 개별성을 인정하면서 세 가지 직분의 연합을 특별히 강조하는 벌카워는 바르트처럼 성부를 계시하는 직분으

---

[382] Berkouwer, *The Work of Christ*, 78-87; A. Kuyper, *Tractaat van de Refomatie der Kerken*, 1883, p.15에 있는 내용을 *The Work of Christ*의 p.80의 각주를 통해 재인용 했다.

로서의 연합을 말한다. 벌카워는 요한복음 5:32-37; 8:14, 28: 12:49, 50; 14:24; 17:14 등을 통해 그리스도의 세 가지 직분을 성부를 계시하는 직분으로 설명한다.[383]

그는 그리스도의 '왕직'을 통해 이 사실을 더욱 부각시킨다. 세 가지 직분을 기독론의 입장과 구원론의 입장에서 조명하는 벌카워에 따르면, '왕직'은 그리스도께서 메시아인 것과 직접적인 관계를 가지고 있는 직분이다. 그리고 '왕직'은 성부와 관련해 '아들'로 연결된다. 결국, '왕직'은 아들이 아버지를 계시한다는 측면에서의 직분이었다. 그리고 선지자직과 제사장직은 마치 종속적인 관계 속에서 왕직과 연합된 것을 말한다. '창조회복'에 따른 '창조론적' 관점을 가지고 있는 둘째 아담이 되는 그리스도의 세 가지 직분론의 본연의 모습을 희석시키게 된다.

(3) 판넨베르크와 몰트만으로 이어지는 세 가지 직분론

그리스도의 세 가지 직분에 대한 20세기 신학의 반응은 전통을 논하면서 그 모습이 다양하게 전개된다.

판넨베르크(A.D. 1928-2014)의 경우, 그리스도의 세 가지 직분을 구약의 성취로 보는 전통을 거부한다. 그는 그리스도께서 실제로 왕과 제사장직을 수행하지 않으셨다는 근거로 이런 견해를 제시한다. 크리스토프 슈뵈벨(Christoph Schwobel)에 따르면, 판넨베르크는 종교적 주장을 위한 보편적인 근거는 종교들 속에서 이뤄진 실재에 기초해야 한다고 본다. 종교의 역사를 가지고 바르게 해석하는 것이야말로 하나님의 진리를 드러내는 방법이라고 그는 여겼다.[384]

판넨베르크의 주장에 따르면, 그리스도는 사실 역사 속에서 세 직분을 가지시지 않았다. 이것은 단지 예표론적 의미를 가지고 있는 한 유형(type)

---

[383] Berkouwer, *The Work of Christ*, 66-70.
[384] 크리스토프 슈뵈벨, "볼프하르트 판넨베르크", 데이비드 F. 포드(편), 『현대 신학과 신학자들』, 류장열 외 3인 역 (서울: 기독교문서선교회, 2006), 312.

에 불과한 것이었다.³⁸⁵ 그리스도의 신인적 인격 또한 예수의 역사적 행위로 보는 것을 비판한다. 역사적 예수는 제사장도, 왕도 아니었고, 본래적 의미에서 예언자도 아니었다는 것이다.

이런 견해는 판넨베르크뿐만 아니라 18세기의 J. A. 어네스티(J. A. Ernesti, A.D. 1704-1781)에 의해서도 이미 제시된 바 있다. 어네스티는 그리스도의 삼중직에 대한 교리 자체를 불분명한 구약적 개념으로 여기며 이를 거부했다.³⁸⁶

판넨베르크가 볼 때, 그리스도의 세 가지 직분 교리는 중세의 신학이 교부들의 성육신에 따른 신학을 기독론과 연결해 그리스도의 사역으로 승화시킨 신학이었다.³⁸⁷ 인간이 "하나님의 형상"이라는 말은 그 기능상 형상의 본래 주체를 묘사하는 기능을 가지고 있다는 뜻이다. 그에 따르면, 인간이 '하나님의 형상'이라는 말은 인간이 하나님의 통치적 대리자이자 개척자라는 의미이다.³⁸⁸ 그러므로 '하나님의 형상'의 회복을 그려내는 둘째 아담으로서 그리스도의 표상은 보편적, 인간학적 영역을 함축한다고 본 것이다.³⁸⁹ 그의 주장에 따르면, 첫째 아담의 원상태로서의 회복을 말하는 사상은 이레나이우스의 신학에서 전개된 것이다.³⁹⁰

이레나이우스에 의해 첫째 아담의 회복에 따른 둘째 아담으로서의 그리스도가 신학적으로 소개되었다고 판넨베르크는 주장한다. 이런 이레나이우스의 "하나님의 형상"에 따른 기독론은 성경과 이해에 따른 긴장을 명확하게 해소하지 못한다는 것이 그의 견해다.³⁹¹

실제로 이레나이우스의 신학은 성육신에 따른 그리스도의 존재와 그리스

---

385 Pannenberg, *Jesus-God and Man*, 224-225.
386 Bavinck, *Reformed Dogmatics* Vol. 3, 350.
387 Pannenberg, *Jesus-God and Man*, 212.
388 판넨베르크, 『판넨베르크 조직신학 Ⅱ』, 360-361.
389 Van Der Kooi · van der Brink, *Christian Dogmatics*, 256-257.
390 판넨베르크, 『판넨베르크 조직신학 Ⅱ』, 368-372.
391 판넨베르크, 『판넨베르크 조직신학 Ⅱ』, 372.

도의 사역을 포괄적으로 다룬다. 판넨베르크의 주장대로 그의 신학은 성경에 나타난 난제들을 명확하게 해소하지 못함도 발견된다. 그러나 이런 것들은 당시 초기 교부들이 가지고 있던 미완의 신학적 모습들 가운데 하나였다. 당시의 신학이 20세기처럼 분명한 토대 위에 형성된 것이 아니었다.

이단에 대해서는 변증적인 모습으로, 고난 중에 있는 성도들에게는 신앙의 기초를 세우는 것으로 그 초점이 맞춰져 있었다. 때문에 성경에 따른 이해를 체계적으로 그리고 명확하게 해소시키지 못하는 것처럼 보였다.

그리스도의 직분론에 대한 판넨베르크의 견해 중심에는 바르트의 견해 곧 하나님과의 '화해'가 서 있다. 판넨베르크는 그리스도의 직분에 따른 직무의 수행을 두 가지 측면에서 설명한다.

첫째, 성부의 측면에서 그리스도의 직무는 성부의 "내어 줌"이 된다.
둘째, 그 직분의 직무는 그리스도의 "능동적 행위"가 발동되는 "화해의 직무"이다.[392]

"화해의 직무"를 강조하는 판넨베르크에 따르면, '화해'는 성부께서 그 아들을 세상으로 파송하는 것으로만 이뤄지는 것이 아니라 인간의 측면에서 성취되어야 한다는 사고가 내포되어 있다. 세상과의 화해를 위한 아들의 자기 헌신과 아버지께서 그를 내어 주시는 것은 하나의 동일한 사건과 진행 과정을 형성한다는 것이다. 그리고 높여지신 그리스도의 사역과 인간들 안에서 일어나는 영의 사역도 세상의 화해를 위한 하나님의 하나의 행동에 속한 것이다.

판넨베르크는 부활을 예수의 신성을 입증하기 위한 논지로만 보지 않는다. 그것 또한 예수의 참된 인성을 위한 인간 운명의 완성으로 이해하기 위한 토대로 본다. 그는 그리스도 안에 있는 인성과 신성의 관계를 말하

---

[392] 판넨베르크, 『판넨베르크 조직신학 II』, 746-772.

기 전에, 인간학적인 관점에서 그리스도의 사역을 표현한다.[393] 게다가 그리스도의 세 가지 직분을 그리스도의 '기름 부음' 안에서 설명하기를 거부한다. 그는 "예언자의 직무"는 '기름 부음'과 관련시킬 수 있는 직무가 아니며, 메시아의 칭호 또한 기름 부음을 받은 왕을 지칭하는 것이 아니라고 생각했다.[394]

판넨베르크는 그리스도의 세 가지 직분을 화해론 측면에서 그 내용을 전개하고자 한다. 화해는 희생제물이 되어 죽는 사실에만 놓여 있는 것이 아니라, 전 인류와 관련해 복음을 전하는 선교적 메시지도 포함하기 때문이다. 판넨베르크는 여기에 대해 다음과 같은 견해를 제시한다.

> 복음의 권위는 그 복음에 의해 하나님 나라 안에 있는 화해된 인류 공동체의 표징이자 선취적 표상이 되도록 부름을 받은 교회와 대조를 이루는 가운데 복음이 그리스도의 권위를 나타낸다.[395]

역사와 계시를 중요시하는 판넨베르크는 그리스도의 세 가지 직분 또한 이런 관점에서 그 내용을 고찰하고자 했다. 슈뵈벨에 의하면, 판넨베르크는 자신의 체계적 개념을 전개하기 위한 토대를 제시한다. 그리고 그 안에서 점차 독립적인 입장을 형성해 나간다.[396]

판넨베르크는 그리스도의 직분에 따른 사역을 '형상회복'에 따른 '창조론적' 관점이 아니라 바르트처럼 하나님의 자기 계시에 따른 관점에서 설

---

393 판넨베르크, 『판넨베르크 조직신학 II』, 766; Pannenberg, *Jesus-God and Man*, 221; 슈뵈벨, "볼프하르트 판넨베르크", 302.
394 Pannenberg, *Jesus-God and Man*, 214-215; 판넨베르크, 『판넨베르크 조직신학 II』, 760-762.
395 판넨베르크, 『판넨베르크 조직신학 II』, 773-788; Pannenberg, *Jesus-God and Man*, 217. 223; 슈뵈벨, "볼프하르트 판넨베르크", 325.
396 슈뵈벨, "볼프하르트 판넨베르크", 297-301.

명한다.[397] 특히 그리스도의 세 가지 직분을 '하나님 형상회복'과 관련해 '창조회복'에 따른 직분 수행으로 보지 않는 것은 그의 신학은 진화적 발전 요소를 기반으로 하는 '만유재신론'을 주장했기 때문이다.[398]

한편, 막스 베버(Max Weber)로부터 칼빈주의 개혁 교회 전통에 대한 비판적 통찰과 종말론을 배운 위르겐 몰트만(A.D. 1926-현재)은 자신의 저서 『희망의 신학』 서론을 통해 종말론적 관점에서 그리스도의 부활을 논증한다. 그는 종말론을 마지막에 대한 가르침이 아니라 희망에 대한 가르침으로 간주한다.

> 그리스도교적 종말론에서 현재적인 것과 미래적인 것, 경험과 희망은 서로 갈등을 겪는다. … 그러므로 그 희망은 '희망에 저항하는 희망'이며, … 희망으로 말미암아 인간이 그 자신과 세계의 기존 현실과 겪게 되는 갈등은 바로 희망 그 자체를 태어나게 하는 갈등이다. 그것은 십자가와 부활의 갈등이다. … 그리스도교적 희망은 궁극적 새로움, 즉 그리스도를 죽은 자들 가운데서 일으키신 하나님이 만물을 새롭게 창조하실 것을 기대한다. 그러므로 그 희망은 죽음까지 끌어안는 포괄적인 미래의 지평을 열어 준다.[399]

그리고 그는 '계시'의 관점에서 하나님의 '약속'을 이끌어 낸다. 계시에 대한 이해는 몰트만 이전에 이미 바르트와 불트만에 의해 제기되었다. 바르트의 '하나님의 자기 계시'가 안셀무스의 존재론적 신 증명과 일치한다면, 불트만의 경우 '계시의 이해'는 새로운 실존적 신 증명의 범주 안에서 전개된다.[400]

---

[397] Pannenberg, *Jesus-God and Man*, 137-139.
[398] 판넨베르크, 『판넨베르크 조직신학 Ⅱ』, 220-254; 판넨베르크, 『신학과 철학 Ⅱ』, 127-133; 웹스터, "섭리", 380.
[399] 위르겐 몰트만, 『희망의 신학』, 이신건 역 (서울: 대한기독교서회, 2014), 21-45; 목창균, 『현대 신학 논쟁』 (서울: 두란노서원, 2009), 320.
[400] 몰트만, 『희망의 신학』, 54-55.

그리스도의 삶과 죽음, 부활과 종말론적 신앙에 대해 몰트만은 역사적 예수의 관점을 통해 그 답을 찾는다. 그가 볼 때, 십자가에서 죽으신 예수 뿐만 아니라 부활하신 예수 또한 역사적 예수였다. 만약 예수가 역사 속에서 살아나지 않으셨다면 우리가 전한 것은 헛된 것이 된다.[401] 몰트만은 그리스도의 세 가지 직분을 '형상회복'에 따른 '창조론적' 관점이 아니라 해방에 따른 사역을 통해 증거한다. 그는 그리스도의 십자가에 따른 '해방 사역'을 통해 제사장 직분으로 그 뜻을 이룬 그리스도를 부각시킨다. 그리고 선포되는 '해방 사역'에서 그리스도 직분이 선지자로서 간접적으로 소개된다.

> 만약 오는 나라가 역사 안에서 해방하는 통치로서 현존한다면, 하나님의 해방적인 능력은 하나님의 약속과 복음 선포를 통해 드러난다. … 그리스도의 복음은 인간을 죄와 율법과 죽음의 종살이에서 해방하며, 그를 공의의 길에, 영생의 자유로 가는 길에 세운다.[402]

그리고 인간의 존엄성을 회복시키는 측면에서 그리스도의 왕의 직분에 따른 '해방 사역'이 그 모습을 드러낸다.

십자가신학을 '창조회복'에 따른 언약의 성취가 아니라 역사적 현실의 신학으로 보는 몰트만은 이것을 '해방'의 개념으로 해석한다.[403] 그리스도께서 십자가에서 죽으신 사건을 기독교의 핵심적인 신학으로 간주하는 몰트만은[404] 십자가에 대해 두 가지로 해방의 의미를 부여한다.

---

[401] 몰트만, 『십자가에 달리신 하나님』, 160-162, 223-231.
[402] 위르겐 몰트만, 『성령의 능력 안에 있는 교회』, 이신건 역 (서울: 대한기독교서회, 2017), 289-291; 몰트만, 『희망의 신학』, 325.
[403] Van Der Kooi · van der Brink, *Christian Dogmatics*, 529.
[404] Jurgen Moltmann, *The Crucified God: The Cross of Christ as the Foundation and Criticism of Christian Theology* (London: SCM Press, 1974), 204.

첫째, 십자가는 그리스도 자신을 내어 준 사건임과 동시에 화해의 능력으로 죄인을 짐으로부터 해방시켜 준 사건이었다.

둘째, 십자가는 대리적인 능력으로 죄인을 죄의 권세로부터 해방시켜 준 사건이었다.[405]

그에 따르면, 기독교 신앙은 십자가에 달리신 그리스도와 우리가 결합된 가운데 새로운 상황에 처하게 되는 것을 말한다. 그리고 그리스도의 실존과 함께 이 상황에 참여하는 것을 말한다.

> 나사렛 예수 안에서 하나님은 인간이 되셨다. … 십자가에서 범죄인의 폭력적인 죽음, 철저히 하나님의 버림을 받은 상태에서 죽음을 당한다. … 인간이 되신 하나님은 모든 인간의 인간성과 충만한 인간적 생동성에 대해 현재적이고 또 경험될 수 있다.[406]

몰트만은 십자가를 하나님에 의해 버림받아 고난 가운데 놓여진 사람들과 함께하는 하나님의 사랑의 연대 행위로 본다. 그가 볼 때, 신앙은 하나님이 그리스도 안에서 하신 약속의 기대, 즉 희망을 의미한다.

몰트만에 의하면, 바르트는 "그리스도론적 종말론"을 통해 그리스도의 죽음과 부활 속에서 구원의 완성을 말한다. 그러나 몰트만은 메시아적 차원에서 "종말론적 그리스도론"을 통해 그리스도의 도래에 따른 구원의 완성을 설명한다.[407] 그의 그리스도론은 성령의 사역과 긴밀한 관계를 지니고 있다. 성령의 오심은 그리스도의 재림의 시작이다. 성령은 노예의 신분과 같이 사회적으로 예속되어 있는 현실을 용납하지 않고 이를 철폐시키

---

[405] 몰트만, 『성령의 능력 안에 있는 교회』, 60-61.
[406] 몰트만, 『십자가에 달리신 하나님』, 396-402; 리처드 바우캄, "위르겐 몰트만", 346-347; 목창균, 『현대 신학 논쟁』, 325.
[407] 위르겐 몰트만, 『희망의 윤리』, 곽혜원 역 (서울: 대한기독교서회, 2014), 88-90.

는 역할을 하신다.[408]

삼위일체 교리를 사회와 정치에 적용하는 몰트만은 개인을 회심시키는 것보다 사회구조를 개혁시키는 것을 교회의 사명으로 여긴다.[409] 해방신학에 영향을 끼치게 된 몰트만의 신학은 하나님의 약속을 그리스도의 부활과 연결한다. 그리고 이것을 역사 속에서 실현해 나가는 측면에서 복음은 "하나님의 의의 계시"로 파악한다.[410]

몰트만은 그리스도의 세 가지 직분을 직접적으로 설명하지는 않는다. 그러나 하나님의 통치를 나타내는 종말론적 성취를 통해 왕권을 나타낸다.[411] 그리고 하나님 나라의 예언자로서 그리스도의 메시지를 듣고, 사람들이 결단하도록 촉구하는 측면에서 '선지자 직분'을 말한다. 십자가의 죽음과 부활에 따른 하나님의 약속의 실현을 통해 '제사장 직분'의 수행에 따른 결과를 나타낸다.[412]

몰트만은 부활하신 그리스도의 통치는 희망과 기대만이 아니라 역사적으로 변혁을 이끈다고 주장한다. 따라서 그리스도의 '왕직'에 따른 왕권은 인간 존엄성의 회복이라는 해방의 결과를 이끈다는 측면에서 그 모습이 그려진다.[413]

"감정으로부터의 신학"을 말했던 슐라이어마허의 영향을 받은 리츨은 둘째 아담 그리스도의 세 가지 직분을 구속언약에 따른 '형상회복'을 위한 사역이 아니라 '일하는 자'에게 주어진 '사역'으로 여긴다. 그리고 '창조론적' 관점이 이끌어 내는 "위로부터의 신학"(신본주의)을 합리주의적인 "아래로부터의 신학"(인본주의)으로 짓밟아버린다. 첫째 아담의 대속을 이

---

408 몰트만, 『희망의 윤리』, 89-94; Van Der Kooi · van der Brink, *Christian Dogmatics*, 109.
409 Van Der Kooi · van der Brink, *Christian Dogmatics*, 626; 목창균, 『현대 신학 논쟁』, 325-328.
410 몰트만, 『희망의 신학』, 223-226.
411 몰트만, 『성령의 능력 안에 있는 교회』, 288-289.
412 몰트만, 『희망의 신학』, 232-246.
413 몰트만, 『희망의 신학』, 354-363.

루었던 둘째 아담 그리스도의 세 가지 직분 사역은 기독론을 통해 '형상회복'에 따른 '창조론적' 관점을 보게 한다.

그러나 신정통주의를 앞세웠던 바르트는 그리스도의 직분론을 '계시'라는 신학 안에서 '화해자'로서의 직분을 보면서 그리스도의 직분을 '종속적'이고, '양태론적'인 관점으로 이끌어 갔다. 그리고 '형상회복'에 따른 '창조론적' 관점을 지워버리며 '그리스도의 세 가지 직분'에 대한 신학적 쇠퇴를 가져왔다. 계시 신학에 따른 그리스도의 세 가지 직분에 대한 바르트의 영향은 벌카워에게도 동일하게 나타났다. 그리고 판넨베르크와 몰트만으로 하여금 그리스도의 세 가지 직분을 "아래로부터의 신학"의 요소를 통해 설명하는 것이 용의하도록 길을 열어 주는 역할을 했다.

3. 그리스도의 세 가지 직분에 대한 20세기 해방신학의 반응: 왜곡, 전혀 다른 해석

1) 모본(模本)을 말하는 선지자 직분

그리스도의 세 가지 직분에 대해 해방신학은 현대 신학에서 가장 큰 이슈를 제시한다. 기독교 신학의 출발점을 정치, 사회적 상황의 분석에 두며 실천개념을 강도 있게 실현해 나간다.[414]

로마가톨릭 사제들이 중심이 된 해방신학은 20세기 라틴 아메리카라는 억압의 상황 속에서 태동한다. 남미의 가난한 대중들을 중심으로 혁명처럼 일어난다. 라틴 아메리카 해방신학의 발전에 있어서 중요한 요소는 로마가톨릭 및 개신교가 1950년대와 1960년대에 취하기 시작했던 정의 및 평화에 대한 입장이었다. 라틴 아메리카의 해방신학은 이런 억압의 상황

---

[414] 맥그래스, 『신학의 역사』, 520-521.

속에서 성경이 말하는 해방과 자유를 어떻게 이룰 수 있을까를 모색하는 가운데 태어난 '상황적인' 신학이었다.[415]

라틴 아메리카의 해방신학의 특징은 현대 역사의 희생자가 된 사람들과 그들 가운데 역사하시는 하나님의 행위와 은혜를 다룬다는 데 있다. 해방신학이 고찰하는 것은 가난한 자를 부요하게 만들고, 부요한 자를 가난하게 만들거나 또는 어떤 중간계층을 형성하는 것이 아니다. 억압받고, 고통 가운데 놓여 있는 현실로부터 해방을 추구하는 인간학이 그 중심이 되어 있다. 이런 남미 해방신학의 골자는 다음과 같다.

> 1. 해방신학은 가난한 자와 피압박자를 지향한다. …
> 2. 해방신학은 실천에 대해 비판적으로 반성한다. 구티에레즈가 명시하듯이 신학은 "하나님의 말씀의 빛 안에서 기독교의 실천을 비판적으로 반성하는 것"이다. 이 점에서 해방신학은 마르크스 이론에 의지했음이 분명해진다.[416]

사회구조는 해방신학을 추구하는 자들의 특별한 관심의 대상이 될 수밖에 없었다. 해방신학의 길을 열어줬던 몰트만은 가난을 운명이나 불가피한 것으로 보지 않는다. 현대 세계 자체의 잘못으로 인해 얻게 된 하나의 질병으로 여긴다. 몰트만은 빈부의 문제를 해결하기 위해 그 대안으로 공동체를 제시한다.

> 서로가 긴밀하게 결속하는 연대의 공동체 안에서 모든 구성원은 부요해지는데, 곧 관계, 형제와 자매, 친구와 이웃, 동지와 동료에 대해 부요해지고

---

[415] 레베카 S. 춥, "라틴 아메리카 해방신학", 639; 박만, 『현대 신학 이야기』 (서울: (주)살림출판사, 2015), 65-67.
[416] 맥그래스, 『신학의 역사』, 390-393.

신뢰에 있어서도 부요해진다.[417]

그들의 주장에 따르면, 기독교는 소외당하는 가난한 자들의 편에 서야 한다. 그리고 모든 사람이 새로운 인간 주체가 되도록 사회구조의 근본적인 변혁을 앞장서서 추구해야 한다. 그리스도는 인간의 개인적 죄를 대속하기 위한 구속주가 아니라 변혁에 실질적으로 영향을 미치는 자가 된다. '형상회복'에 따른 '대속자'가 아니라 인간에게 새로운 존재방식을 알려주는 해방자가 되는 것이다.[418] 해방신학은 죄를 다룰 때, 개인의 도덕적 행위뿐만 아니라 사회구조적인 측면에서 이 문제를 매우 깊게 다룬다.

그들이 볼 때, 죄는 하나님이 우리에게 허락하신 사회구조 속에서 일어나는 근본적인 것들에 대한 왜곡이었다. 따라서 해방신학의 선구자였던 구스타보 구티에레즈(Gustavo Gutierrez, A.D. 1928-)는 해방신학을 가리켜 "만물을 새롭게 만들고 계시는 하나님께 부응하는 성찰"이라고 말한 바 있다.[419] 그러므로 그는 '해방'을 '형상회복'에 따른 '창조론적' 관점이 아니라 "억눌린 대중과 사회 계급의 열망"으로 표현한다. 구티에레즈는 '해방'에 대한 것을 피력할 때, 부요한 나라 및 억압하는 계급들과 대립하게 하는 경제와 사회 그리고 정치의 사회구조에 따른 갈등적 측면을 강조한다.[420]

해방신학에 따르면, 그리스도의 세 가지 직분 사역이 역사 속에서 펼쳐진 것은 가난하고 억압받는 대중들의 삶과 상황에 대한 타개였다. 이들은 누가복음 4:18-19의 "가난한 자에게 복음을 전하는 것", "기름을 붓는 것", "포로된 자에게 자유를 전파하는 것", "눈먼 자에게 다시 보게 함을 전파하는 것"을 삼중직분의 관점에서 읽어간다. 여기서 예수의 사역은 해

---

[417] 몰트만, 『희망의 윤리』, 101-104, 134-135.
[418] 촙, "라틴 아메리카 해방신학", 641-644.
[419] 구스타보 구티에레즈, 『해방신학과 사회변혁』, 김쾌상 역 (서울: 일월서각, 1985), 216.
[420] 딘 윌리엄, 『제3세계 해방신학』, 강인철 역 (왜관: 분도출판사, 1993), 31.

방적 특징으로 연결된다.⁴²¹

그들은 그리스도께서 이루신 세 가지 직분 사역을 대중을 해방하는 밑거름으로 삼는다. 해방신학에 대해 밀러드 J. 에릭슨(Millard J. Erickson)은 그의 저서『말씀이 육신이 되다』(The Word Became Flesh)에서 "해방신학자들은 기독교 메시지의 번역자라고 말하기보다 변혁자로 분류해야 한다"라고 성토한 바 있다. 왜냐하면, 그들은 현 상황을 대처하기 위해 과거의 기본 메시지를 단순히 적용한 것이 아니라 변화시키려는 경향을 지니고 있었기 때문이다.⁴²² 뿐만 아니라 에릭슨은 구티에레즈의 해방신학을 가리켜, 실천에 따른 반영을 위해 신학을 여기에 단지 반사시켰을 뿐이라고 평가한다.⁴²³

구티에레즈, 소브리노, 보프와 같은 해방신학자들은 전통적인 신학자들이 추구했던 신학에 대한 역사적 이해보다 사회학에 더 많은 관심을 가지고 있었다. 사회학적인 측면에서 그들에게 보여진 예수 그리스도는 대속을 이루는 구속주가 아니었다. 대중운동에 대한 대표자의 한 모형이었다.⁴²⁴ 그들은 그리스도께서 이루신 세 가지 직분의 사역을 '형상회복'을 위한 사역이 아니라 자신들이 이뤄 가야 할 세 가지 실천 사역으로 간주했다.⁴²⁵

보프에 따르면, 예수님이 가난한 사람들을 선택해 그들에게 자신의 메시지를 전달하신 선지자 직분의 수행은 예수님이 빈곤과 억압받는 현실 안에서 그들의 형제가 되셨음을 뜻한다.

보프는 그리스도께서 자신의 대부분의 생애와 사역을 사회적 상황 속에서 행동하시고 죽으셨던 것처럼, 라틴 아메리카의 사회문제들을 효과적으

---

421 Van Der Kooi · van der Brink, *Christian Dogmatics*, 474.
422 Erickson, *The Word Became Flesh*, 141.
423 Erickson, *The Word Became Flesh*, 141.
424 Erickson, *The Word Became Flesh*, 140.
425 보프,『성 삼위일체 공동체』, 129.

로 해결하기 위해서는 빈곤과 억압 속에 놓여 있는 그들 가운데 그리스도의 선지자적 사역이 실천되어야 한다고 믿었다. 해방신학자들이 볼 때, 오늘날 우리에게 필요한 것은 종교개혁자들이 우리에게 전해 준 전승을 더욱 발전시켜 재해석하는 것이 아니었다. 삶과 운명을 위해 투쟁하는 것이었다.[426] 해방신학자들은 빈곤과 억압의 문제를 하나님의 말씀에 따른 두 가지 개방성을 통해 접근했다.

첫째, 가난한 사람들의 문제와 여기서 비롯되는 슬픔에 대한 해결을 위해 신성한 말씀으로부터 빛과 영감을 받는 것이다.[427]
둘째, 그 문제의 해결을 위한 변혁을 일으키기 위해 혁명적인 것을 불러오는 것이다.

루이스 세군도(Juan Luis Segundo)는 해석학적 순환 과정을 통해 성경 구절이 원래 쓰인 환경으로 돌아가서 저자의 '원 의도'를 확인한 다음 이것을 현대적 상황에 적용할 것을 주장한다. 여기서 중요하게 작용되는 것은 과거의 답이 현재의 답이 될 수 없다는 것이었다. 결국은 자신들이 의도하는 방향에서 성경 구절은 현재의 상황에 맞추어 활용되어야만 했다.[428]

해방신학이 볼 때, 그리스도의 선지자 직분의 수행은 가난한 자들과 함께하는 일의 하나의 모본이었다. 그리고 그리스도의 선지자 직분이 우리에게 적용되는 것은 오늘도 내가 그렇게 살아야 한다는 영향을 끼치는 하나님의 말씀 때문이다. 보프는 다음과 같이 말한다.

그리스도론이란 무엇인가?
그것은 그리스도의 신성에 관한 교리가 아니라 나를 보고 믿으라고, 그리

---

[426] 구티에레즈, 『해방신학과 사회변혁』, 218-219.
[427] Erickson, *The Word Became Flesh*, 144.
[428] Erickson, *The Word Became Flesh*, 139-141; 출, "라틴 아메리카 해방신학", 646-647.

스도의 십자가를 짊어지라고, 그리하여 의롭게 되어, 부활에 참여하라는 초대이며 신앙의 고지이다. 그리스도론은 오늘 지금 나에게 영향을 미치는 하나님의 말씀이다.[429]

구티에레즈는 "가난한 사람들도 생각할 권리가 있다"라는 문구를 통해 권력과 가진 것으로부터 억압 가운데 놓여 있는 가난한 사람들의 목소리를 들을 것에 대한 경종을 울려 준다. 그리스도는 선지자의 직분을 통해 이런 사역들을 감당해 나가셨다는 것이다. 구티에레즈에 따르면, '개발'이라는 단어는 수십 년 동안 가난한 자들의 열망을 표시하는 말이었다. 그러나 그 의제와 혜택은 언제나 '부유한 국가들' 안에서 공유되어 왔다는 것이다. 그리스도는 구조 개혁을 통해 우리를 자유롭게 하려 하시며, 이것이 "해방"을 의미한다는 것이다.[430]

해방신학은 그리스도께서 선지자 직분 수행을 통해 이루셨던 의식구조 개혁에 따른 두 가지의 모본을 따르도록 한다.

첫째, 억압받는 대중들의 탄식에 대해 그들 안에서 응답하는 모본을 따르도록 한다.

둘째, 사회의 전반적인 근본적 변혁이라는 회심을 일으키는 모본을 따르도록 한다.

> 우리의 회심은 사회적, 경제적, 정치적, 문화적, 인간적 환경에 영향을 받는다. 그 같은 구조의 변화 없이 참된 회심은 불가능하다.[431]

그리스도께서 선지자직을 통해 이 사역을 이루신 것처럼, 해방신학은

---

429 보프, 『해방자 예수 그리스도』, 25.
430 티슬턴, 『성경 해석학 개론』, 398-399.
431 윌리엄, 『제3세계 해방신학』, 35-36, 43-90.

이 사역에 대해 우리 또한 그리스도의 모본을 따라 현실적일 뿐만 아니라 구체적으로 몸을 던지는 자가 되어야 한다고 주장한다. 이들은 그리스도의 선지자직에 따른 사역에 대해 크게 세 가지의 틀을 무너뜨린다.

첫째, 그리스도께서 선지자로서 선포하신 말씀을 하나의 '운동적인 관점'으로 전환시킨다.

둘째, 첫째 아담의 대속을 이루기 위한 선지자직의 사역을 사회구조를 개혁하는 혁명의 도구로 전환시킨다.

셋째, 영혼을 일깨우는 선지자 직분의 사역을 사회제도를 향한 투쟁으로 바꾸어 영혼들로 하여금 또 다른 영적 갈등을 하게 한다.

2) 해방의 모범이 되는 제사장의 직분

해방신학의 전체적인 신학 구성은 기독론이 그 중심을 이루고 있다.[432] 그 가운데서도 해방신학이 주장하는 핵심적인 내용은 그리스도의 세 가지 직분에 따른 사역을 통한 해방 활동이다. 그리고 해방신학은 반드시 상황적이어야 한다는 것이다.[433] 해방사상은 종말론적인 사상과 함께 실천을 중요하게 여기는 기능적 요소를 가지고 있다. 특히 구티에레즈는 신학을 실천에 대한 비판적 반성으로 본다. 이런 개념은 초기 마르크스주의와 성경적 종말론에 깊은 영향을 받은 결과였다. 구티에레즈에 따르면, 몰트만은 신학을 정립하는 새로운 방식을 약속한다.[434] 한편, 보프는 성령이 지니고 있는 변화시키는 능력에 의해, 그리고 아들이 지닌 해방하는 활동에

---

[432] 그렌츠 · 올슨, 『20세기 신학』, 341.
[433] 그렌츠 · 올슨, 『20세기 신학』, 346.
[434] 몰트만, 『희망의 신학』, 141-155; 몰트만, 『십자가에 달리신 하나님』, 359-360, 401-407; 티슬턴, 『성경 해석학 개론』, 397-400.

의해 우주는 궁극적으로 아버지께 귀속된다고 주장했다.[435]

해방신학에 토대를 놓았던 몰트만은 자신의 저서 『성령의 능력 안에 있는 교회』를 통해 그리스도에 의해 해방되고 구원을 경험하는 것은 전적으로 성령의 능력 안에서 살아갈 때 가능한 것이라고 말한 바 있다.[436]

보프는 마태복음 해석에서 예수 그리스도를 우주적인 승리자 또는 하나님의 뜻 실현을 입증한 자로 소개한다. 그리고 누가복음 해석에서는 그리스도를 가난한 사람들을 위한 해방자로 제시한다.

라틴 아메리카 해방신학의 역사에 관한 이해를 돕기 위해 미구에즈 보니노(Jose Miguez Bonino)는 자신의 저서 『혁명적 상황 속에서의 신학함』(Doing Theology in a Revolutionary Situation) 등을 통해 "역사는 인간이 살아가고, 하나님이 계속해서 역사하시는 총체적인 사회 정치적, 경제적 상황 속에 자리하는 것"이라 말한다.[437] 여기서 하나님은 역사(history)를 하나님 나라로 변화시키기 위해 사랑 안에서 행동하시는 분이다. 그리고 그리스도는 해방자로, 자신을 헌신적으로 내어놓는 제사장의 직분을 감당하시는 분이다.

보프는 "사람들은 해방자 되시는 그리스도의 모범을 따라 자신들이 하나님 나라에 자리를 잡게 될 것"을 주장한다.[438] 그러므로 "회개하라 천국이 가까이 왔느니라"(마 4:17)라는 회개의 복음과 "다 이루었다"(요 19:30)라는 십자가 대속의 죽음 신학이 문자 그대로 수용될 수 없었던 것이다.

보프와 소브리노를 비롯한 해방신학자들은 모범설을 추구한다. 이런 주장은 속죄를 바탕으로 하는 십자가신학을 피상적으로 만들어 버린다. 단지 그리스도를 위대한 해방자로 만드는 일에 전력을 다한다.

보프가 볼 때, 기독론의 발전 과정과 다양한 해석의 촉진은 달리 이뤄지

---

[435] 보프, 『성 삼위일체 공동체』, 170.
[436] 몰트만, 『성령의 능력 안에 있는 교회』, 65-71.
[437] 츕, "라틴 아메리카 해방신학", 651.
[438] 보프, 『해방자 예수 그리스도』, 21.

는 것이 아니었다. 역사의 예수에서 파악되는 위대한 면모들과 주권을 통해 가능한 것이었다.[439] 따라서 십자가에서 비롯된 속죄 신학은 가난한 자들에 대한 예수의 태도와는 불균형을 이루는 신학이었다.

그러나 그리스도께서 제사장으로서 그 직분을 감당하셨던 십자가는 죄인을 구속에 이르게 하는 구속사의 정점이다. '형상회복'에 따른 '창조회복'을 이끈다. 뿐만 아니라 '죄 사함'이라는 '창조론적' 관점의 기독교 교리를 세우는 데 신학적 교차를 형성하는 중심이다.[440]

바빙크는 기독교 신앙을 인간적 본성에 따른 자연발생적 또는 모범적인 것으로 여기는 것을 거부한다. 그는 그리스도의 십자가를 중심으로 죄 사함에 따른 신앙의 두 기둥을 말한다.

첫째, 죄에 대해 '죽음'을 말하는 그리스도의 십자가다.
둘째, 영생에 따른 '부활'을 말하는 그리스도의 십자가다.[441]

해방신학자 소브리노는 예수님을 '권력에 대해 저항하는 사람'으로 피력한다. 그리스도로서 예수님의 공생애 사역이 집권 세력을 향한 저항이었다면, 그분의 공생애 기간은 권력으로부터 위협과 박해의 대상이 되는 기간이었다.[442]

소브리노에 의하면, 예수님은 박해가 자신을 죽음으로 몰아갈 것과 그 죽음이 다른 사람을 위한 것임을 아시면서도 자신에게 주어진 그리스도의 직분을 충성스럽게 감당하신 분이었다. 예수님이 다른 사람을 위해 도움이 되는 삶을 사시고 죽으신 모범적 삶을 그는 강조한다. 이런 섬기는 삶

---

[439] 에밀리오 누네즈, 『해방신학 평가』, 나용화 역 (서울: 기독교문서선교회, 1990), 214.
[440] 밴후저, "속죄", 305: "십자가의 중요성은 1)신론 2)복음 3)성경 해석과 연결되어 있다."
[441] Bavinck, *Reformed Dogmatics* Vol. 1, 570, 595
[442] 혼 소브리노, 『해방자 예수』, 김근수 역 (서울: 메디치미디어, 2008), 365-373.

과 그 의미를 예수님은 모든 사람에게 직접 제안하시고 실천하도록 하셨으며, 제자들에게 그렇게 하도록 당부하셨다는 것이다.[443]

소브리노는 십자가의 두 가지 모범을 말한다.

첫째, 섬김의 모범이다. 십자가는 그리스도께서 자비하신 분이라는 것과 함께 섬김을 받기 위한 분이 아니라 섬기려 오신 분이라는 것을 나타내 보이는 모범이었다.

둘째, 사랑함의 모범이다. 십자가는 하나님의 사랑을 최고로 나타내 보이는 모범이었다.

여기서 그리스도의 몸이 십자가에 어떻게 못 박혔는지를 물어야 한다고 주장한다. 소브리노는 자신이 그 십자가에 못 박힌 사람으로서 그리스도를 닮아야 할 것을 강조한다.

그러나 그리스도께서 둘째 아담으로서 제사장의 직분을 감당하신 것은 모범이 되기 위한 것이 아니었다. 속죄의 근본을 이루시기 위해서였다. 그리스도께서는 제사장으로서 스스로 대속을 이룰 화목의 제물이 되어 하나님으로부터 화해를 이끌어 내셨던 것이다. 그런 측면에서 십자가는 '창조회복'을 이루기 위해 하나님의 정의와 공의를 실현한 장소였으며, 동시에 속죄의 근본을 증명하는 장소였다.

칼빈에 따르면, 십자가는 죽음을 통해 그리스도께서 제사장의 직분으로 죄에 대해서는 기소된 공의의 장소가 되었으며, 동시에 하나님과 화해를 이끌어 낸 장소였다.[444] 첫째 아담의 불순종으로 인해 무너진 '하나님 형상'을 회복시키는 '창조회복'의 장소였다. 소브리노의 주장처럼 그리스도께서 십자가에서 이루신 것이 제사장의 직분으로 완전한 제물이 되는 대

---

[443] 소브리노, 『해방자 예수』, 379.
[444] Van Der Kooi, "Christology", 260-261.

속이 아니라 모범에 불과했다면 심각한 문제에 봉착하게 된다. '창조회복'을 이루기 위해 그리스도의 죽음이 정말로 필요한 것이었는가라는 강력한 질문이 제기될 수 있다. 왜냐하면, 그럴 경우 그리스도의 공의로운 죽음은 하나의 불필요한 희생에 불과하기 때문이다.[445]

소브리노가 볼 때 십자가에서 그리스도께서 이루신 것은 우리로 하여금 그 길을 걸어가게 하는 하나의 모범이었다. 이에 근거해서 그는 인권과 정의를 위해 싸우다가 죽임을 당한 이들의 죽음을 예수님의 죽음과 같이 여겼던 것이다.[446]

소브리노는 구원의 십자가와 십자가의 보혈로 일어난 새 언약(새 계약)을 말한다. 그는 고린도전서 2장과 3장에 나타난 십자가에 대한 언급을 인용한다.

> 십자가는 하나님이 참되신 분이라는 계시를 받아들이지 못하게 하는 모든 인간의 죄를 폭로한다.

그리고 고린도후서 5:19의 인용을 통해 그리스도의 십자가는 약함을 강함으로, 가난함을 부유함으로, 분열을 화해로, 부정을 긍정으로 바꾸었다고 강조한다.[447]

루터는 십자가를 계시의 사건으로 파악한다. 그는 이것을 하나님이 자신의 '등'을 모세에게 계시하셨던 사건에 비유한다(출 33:23). 모세가 하나님을 볼 수 있었지만 그가 본 것은 하나님의 등이었던 것처럼, 십자가 사건은 하나님이 직접 계시한 사건임에도 불구하고 간접적인 계시의 방법을

---

[445] 밀라드 J. 에릭슨, 『복음주의 조직신학(중)』, 현재규 역 (고양: 크리스챤다이제스트, 2012), 423
[446] 소브리노, 『해방자 예수』, 498-508.
[447] 소브리노, 『해방자 예수』, 344-435.

택한 사건이었다.⁴⁴⁸ 십자가의 계시는 구원에 있어서 택한 백성에게는 '하나님의 능력'이었지만, 멸망 받을 자들에게는 '미련한 것'으로 여겨지는 계시 사건이었다(고전 1:18).

십자가에서 드러난 하나님의 계시에서 우리는 그리스도의 고난과 십자가가 무엇을 의미하는지 답을 찾아야 한다. 해방신학이 말하는 것처럼 인간의 행동을 수반하는 모범적인 측면을 의미하는 것이 아니다. 십자가는 그리스도께서 제사장으로서 그 직분을 감당하실 때, 자신을 대속의 제물로 드림으로 하나님과 화해를 이끌어 내셨으며, '창조회복'에 따른 새 하늘과 새 땅의 문을 여시는 구원의 사건이었다.

3) 유토피아의 성취자로서의 왕의 직분

그리스도는 기독론에서부터 종말론에 이르기까지 신학의 출발점이자 최종적인 것을 결정짓는 신학의 근본이라고 말할 수 있다. 인간을 향한 하나님의 구원 계획은 그리스도를 통하지 않고는 말할 수 없다. 새 하늘과 새 땅에 관한 최종적인 결정 또한 그리스도를 통하지 않고는 이뤄질 수 없다. 그리스도의 신비도 인간을 향한 하나님의 구원 계획의 바탕이 된다.⁴⁴⁹

해방신학은 그리스도의 모범을 따라 인간이 행동할 것을 권한다. 그리고 인간의 행동으로 이어지는 신학을 주장한다.⁴⁵⁰ 우리는 역사의 예수의 가르침을 따라야 하며, 그 가르침의 주제는 '하나님의 왕국'에 관한 것이라고 해방신학자 보프는 주장한다.⁴⁵¹ 그는 그리스도의 가르침에 따라 왕국이 지닐 두 가지 차원을 강조한다.

---

448 맥그라스, 『루터의 십자가 신학』, 287-295.
449 카를로 라우다치, 『신학적 인간학』, 윤주현 역 (서울: 가톨릭대학출판부, 2011), 142-147.
450 Erickson, *The Word Became Flesh*, 145.
451 Erickson, *The Word Became Flesh*, 152; 보프, 『해방자 예수 그리스도』, 186.

첫째, 개인적 개종이다.
둘째, 인간 세계를 구조화하는 것이다.

보프의 주장에 따르면, 왕국과 해방의 개념 사이에는 명확한 연관성과 상호 관계가 성립된다. 왕국은 죄에 대한 용서와 하나님과의 화해라는 영적 차원만이 있는 것이 아니다. 인격의 주체들과 백성의 세계 그리고 우주의 변혁이 함께 내포되어 있다.

보프는 요한복음 2:15-17, 예수께서 일으키신 성전정화 사건을 설명한다. 이를 통해 해방운동에 따른 혁명적 동기의 당위성을 주장한다.[452] 그는 예수님이 행하신 행위를 사회적으로 배척당한 매춘 여성 그리고 술꾼 등에 이르기까지 확대한다.[453]

해방신학에 의하면, 하나님 나라는 두 가지의 관점이 요구된다.

첫째, 구조적 혁명이이다.
둘째, 이 땅에서의 변혁을 통한 왕국이 요구된다.

아우구스티누스의 『참된 종교』와 『하나님의 도성』에 의하면, 첫째 아담이 범죄한 후, '두 종류 인간의 행보'가 나타난다.[454]

첫째, 사람이 일평생 동안 견지해 나가야 할 '지상적인 인간'이다.
둘째, 묵은 인간과 동시에 지낼 수밖에 없는 '천상적 인간'이다.

이런 모습은 심판의 날까지 지속될 것이다. 심판을 통해 묵은 인간은 제

---

[452] 보프, 『해방자 예수 그리스도』, 44, 121.
[453] Erickson, *The Word Became Flesh*, 152.
[454] Augustinus, *The City of God* XI-XXII, 98-137.

거되고, 천상적 인간은 변혁을 통해 완전해질 것이다.[455] 아우구스티누스는 해방신학이 주장하는 것처럼 이 땅에서의 변혁과 이 땅에서의 왕국을 말하지 않는다. 최후의 심판대에서 일어날 '창조회복'에 따른 새로운 왕국을 말한다.

해방신학은 이 땅에서의 왕국인 유토피아를 논한다. 이를 위해 그리스도의 메시지에는 종교와 정치뿐만 아니라 일체의 억압적인 상황에 맞서는 비판적 해방 기능이 내포되어 있다고 말한다. 그들의 주장에 따르면, 그리스도께서 이 땅에 오신 것은 새로운 종교를 창설하시기 위해서가 아니다. 새로운 인류를 이루시기 위한 것이었다.[456] 그러므로 그리스도께서 세 가지 직분 사역을 통해 이루셨던 소경의 회복과 억눌린 자를 위한 회복은 모든 민족이 열망할 유토피아의 실현이 어떤 것인지 나타내 보이는 사역이었다. 그리스도께서 행하신 기적들은 그분의 신성을 드러내는 표징이 아니라 그 나라가 이미 현재해 있음을 말하는 것이다. 인류와 더불어 지속해 온 유토피아가 성취되는 것으로 본다.[457]

보프가 볼 때, 예수님은 당대의 사회적 관습을 깨뜨리신 분이다. 하나님의 왕국은 해방이 없는 과거가 아니다. 해방이 있는 현재와 미래의 모습이라며 종말론적 특성을 논한다.[458] 여기서 그리스도는 다스림의 왕이 아니라, 가난한 자들과 함께하시는 왕이었다. 따라서 우리는 왕국이 도래될 때까지 왕이신 예수 그리스도처럼 유토피아의 건설을 위해 왕국과 일치하는 반사회적 운동을 추구해야 한다고 주장한다.

그리스도께서 '기름 부음 받은 자'로서 이루신 사역이 '형상회복'에 따른 '창조회복'이라는 하나님 나라의 관점을 보프는 인정하지 않는다. 오직 '인간 해방'을 근거로 한, 인본적 관점에서 모든 것을 직시한다.

---

[455] 아우구스티누스, 『참된 종교』, 성염 역 (왜관: 분도출판사, 2011), 121-123.
[456] 보프, 『해방자 예수 그리스도』, 44.
[457] 보프, 『해방자 예수 그리스도』, 79; 185-204.
[458] Erickson, *The Word Became Flesh*, 153; 보프, 『해방자 예수 그리스도』, 102-103.

팀 켈러(Timothy J. Keller, A.D. 1950-)는 자신의 저서 『왕의 십자가』에서 베드로는 '기름 부음 받은 자'를 문자적으로 "메시아", "만왕의 왕", "세상만사를 바로잡을 절대적인 왕"으로 인지했다고 말한다.

> 베드로는 문자적으로 '기름 부음 받은 자'라는 뜻의 표현을 사용한다. 전통적으로 왕은 일종의 대관식으로 기름 부음을 받았다. 하지만 '크리스토스'(Christos)는 궁극의 기름 부음 받은 자, 메시아, 만왕의 왕, 세상만사를 바로잡을 절대적인 왕을 뜻한다. … 메시아가 고난받는다는 것은 말이 되질 않았다. 악과 불의를 종식시키고 세상만사를 바로잡아야 할 인물이 고난이라니, 고난을 받다가 죽으면 어찌 악을 이길 수 있겠는가.[459]

그는 예수님의 '기름 부음 받은 자'를 필연성으로 표현한다. "버림당할 자", "죽임당할 자"였다. 성부의 뜻을 바르게 세우는 측면에서의 필연성이었다.

칼빈은 하나님 나라를 주제로 다룰 때, 1536년 판 『기독교 강요』에서 하나님의 영광의 통치 속에 인도받을 자와 지옥에 던져질 자라는 이중적 국면을 설명한다.

> 하나님의 왕국은 자신의 성령으로써 자신의 백성들을 이끌고 다스리셔서 그들의 모든 행위들 가운데 자신의 신적인 인자와 자비가 두드러지게 하심이다. 반면, 하나님의 나라는 자신들이 하나님과 주님을 위해서 있다는 것을 인정하지 않고 그분 자신의 명령에 복종하기를 원하지 않는 유기된 자들을 멸망시키고 내던지는 것이며, 그들의 신성모독적인 교만을 쓰러뜨려서 그분 자신의 권세에 대항할 수 있는 어떤 권세도 없다는 것을 표명하

---

[459] 팀 켈러, 『왕의 십자가』, 정성묵 역 (서울: 두란노서원, 2013), 155-157.

려고 하는 것이다.[460]

그러나 1559년 판 『기독교 강요』에서는 하나님을 믿는 믿음을 향한 의지와 관련된 내용을 중심으로 논의한다.[461] 내용적 차이가 있지만, 두 버전 모두 하나님 나라를 구원과 관련해 내용을 전개한다. 성경은 하나님 나라를 장차 "도래할 나라"로 제시한다(막 14:25, 눅 8:10). 하나님 나라는 우리가 건설해 나가는 나라가 아니다. 하나님에 의해 상속으로 주어지는 나라다.[462] 그러므로 하나님 나라는 우리가 만들어 가야 할 유토피아라 기보다 선지자직과 왕직의 복음 선포를 통해 세상에 알려지는 나라였다(눅 16:16).

해방신학은 하나님 나라의 선포에 대해 이것을 악으로부터의 해방, 억압으로부터의 해방으로 정형화한다. 그리고 인간 인격과 사회 모습의 변혁을 위한 핵심소재로 삼는다. 보프는 이것을 유토피아의 새로운 질서의 확립으로 설명하면서 그 중심에 그리스도의 왕권을 둔다.[463]

몰트만의 주장에 따르면, 인간의 존엄성과 그 가치를 지키기 위해 그리스도인은 인권과 인간의 존엄성에 대해 가장 잘 봉사하는 국가의 형태를 가져야 한다. 뿐만 아니라 이를 방해하는 억압적인 국가에 대해서는 저항해야 한다.[464]

그러나 칼빈은 세례 요한이 하나님 나라를 선포할 때, 그 안에는 죄인이 정죄받을 것을 인정하는 것과 회개가 수반되었다는 사실을 밝힌다. "하나님 나라가 가까이 왔다"라는 선포는 죄의 용서와 구원 그리고 새 생명에 대한 강조였다.[465] 해방신학은 하나님의 나라라는 유토피아의 건설을 위

---

460 칼빈, 『라틴어 직역 기독교 강요』, 263-264.
461 Calvin, *Inst* II.6.4; Volker Leppin, "Eschatology", 361-362.
462 Calvin, *Inst* II.1.3; II.6.4.
463 보프, 『해방자 예수 그리스도』, 89.
464 몰트만, 『성령의 능력 안에 있는 교회』, 269-277.
465 Calvin, *Inst* III.3.19.

해 그리스도의 왕권과 같은 강력한 통치력을 바탕으로 한 혁명적인 것을 강조한다. 반면, 전통신학은 회개와 용서, '창조회복'에 따른 새 생명을 장차 도래할 하나님 나라와 함께 증거한다.

보프의 주장에 따르면, 예수님이 오신 이유는 하나님 나라를 선포하시기 위함이었다.[466] 예수님은 종교적인 규범을 내세워 또 다른 악습을 만들어 내려는 옛 세계를 끝내고, 해방의 원천이신 하나님의 뜻을 구체적으로 이루기 위해 오신 분이다.[467] 해방신학자들이 생각하는 하나님 나라의 왕국 개념은 그리스도께서 왕권으로 획득한 자유와 평등으로 이 땅을 지배하는 것이다.

구티에레즈는 구원을 택한 백성의 개념으로 보는 자체를 구 시대적인 발상으로 여긴다. 그는 "보편 구원"에 따른 "질적 구원"의 개념을 통한 유토피아를 꿈꾼다. 인간은 현 세계를 건설하는 데 있어서 '자신 안에'의 사고가 아니라 하나님과의 합일점을 찾아야 한다고 주장한다. 구티에레즈는 인간과 인간의 상통(相通)을 파괴하는 것, 인간이 여러모로 타인을 거부하고, 자기 자신 안에 틀어박히는 것을 죄로 여긴다. 죄는 인간의 계급사회에서 생겨나는 근본적 인간소외를 말한다. 이것이 불의와 착취를 만들어 내는 근본 원인이 된다는 것이다.[468]

구티에레즈를 비롯한 해방신학자들은 그리스도 안에서 새로운 창조의 파라다이스인 유토피아의 실현을 제시한다. 이를 위해 죄악으로부터의 해방을 논하며, 정치적 해방의 실현을 오늘이라는 시점과 연결시킨다. 그리고 이것을 구원과 직결시킨다.[469] 이들은 하나님 나라인 왕국을 이루기 위해 두 가지 혁명이 필수적으로 이뤄져야 할 것을 강조한다.

---

[466] 누네즈, 『해방신학 평가』, 231.
[467] 보프, 『해방자 예수 그리스도』, 153.
[468] 구스타보 구티에레즈, 『해방신학』, 성염 역 (왜관: 분도출판사, 2014), 164-169, 205.
[469] 구티에레즈, 『해방신학』, 173-194; 그렌츠 · 올슨, 『20세기 신학』, 357-358.

첫째, 사고와 행동에 있어서 인격의 회개와 같은 '내적 혁명'이다.
둘째, 인간 세계의 재건을 요구하는 '외적 혁명'이다.

보프는 하나님 나라를 이루는 데 있어 우리의 내적, 외적 행동을 촉구한다.[470] 해방신학은 그리스도를 마지막 해방자, 그 백성을 고국으로 데려갈 결정적 유토피아의 해방자로 본다.

해방신학은 그리스도께서 행하신 세 가지 직분 가운데 왕직을 권세자, 권위를 가진 자로 표현한다. 그러나 이 표현은 혁명을 이룬 지도자로서 권세와 권위의 표현이었다. 이들은 그리스도의 왕직을 첫째 아담의 죄와 관련된 '창조회복'의 직분 수행으로 보지 않는다. 해방신학자들은 그리스도의 왕직 수행을 통해 파라다이스를 말하며, 동시에 그들이 원하는 공산주의적 유토피아의 실현을 전개한다.[471] 그리스도의 세 가지 직분을 개별적으로 나누어 설명하지 않는다.

그러나 상황 자체가 그리스도의 세 가지 직분에 대한 내용들을 중심으로 자신들의 주장을 전개하는 것이 사실이다. 이들은 그리스도의 세 직분이 가지는 진정한 의미의 '창조회복'이 아니라 자신들의 이념을 위해 세 직분을 강조한 것이다.

4) 행위론을 유발시키는 중보자 직분

해방신학의 특징 중 하나는 역사의 예수를 특별히 강조하는 데 있다. 해방신학은 예수님이 그리스도이시며, 하나님의 독생자이시고, 영원하신 아들이시라고 말한다. 그리고 그분은 우리를 우리의 죄에서 해방하기 위해

---

[470] 보프, 『해방자 예수 그리스도』, 90-91.
[471] 구티에레즈, 『해방신학』, 270-280; 누네즈, 『해방신학 평가』, 138, 163; 티슬턴, 『성경해석학 개론』, 394, 397-398.

역사 가운데 보냄을 받으신 분으로 소개한다.[472]

이때 그리스도는 첫째 아담의 무너진 형상을 회복시킬 '창조회복'에 따른 대속을 이루실 분으로 소개되지 않는다. 그들은 그리스도를 자신들이 추구하는 '해방'의 메시지에 맞춰 설명한다. 다시 말하면, 부활하신 그리스도는 해방의 메시지에 의해 부활의 모습으로 계속 살아 계시며, 모든 실재에 대해 현존하신다고 그들은 주장한다.

> 그리스도는 부활하심으로 이 세계를 떠나신 것이 아니었다. 오히려 그분은 훨씬 더 심오한 양식으로 이 세계를 관통해 계시고, 하나님이 모든 사물에 현존해 계시는 것과 동일한 방식으로 지금 현재 모든 실재에 현존해 계신다. … 이 세계는 그리스도의 부활에 힘입어서 선명하고 명백해지게 되었다.[473]

해방신학자들의 일치된 출발점은 남미의 역사, 경제 그리고 문화 및 사회와 정치의 현실적 상황을 근본적으로 변화시키고자 하는 역사적 활동에 있다.

우고 아스만(Hugo Assmann)은 인간의 행동과 무관하게 저절로 존재하는 진리는 진리가 될 수 없음을 강력하게 시사한다. 성경의 어떤 메시지도 실증되지 않은 것은 진리로 효력을 가질 수 없다는 것이다.[474] 해방신학자들은 그리스도의 세 가지 직분을 중보자로서의 직분과 그 사역을 실천하는 행위의 관점에서 파악하고자 한다. 하나님의 정의는 하나님의 행위로만 알려질 수 있다는 것이다. '심판'은 하나님의 적극적인 개입을 말하며, 동시에 억눌린 자들을 해방하기 위한 행동을 포함한다.[475]

---

[472] Erickson, *The Word Became Flesh*, 148.
[473] 보프, 『해방자 예수 그리스도』, 270.
[474] 누네즈, 『해방신학 평가』, 145-149, 166.
[475] 누네즈, 『해방신학 평가』, 155-156.

해방신학은 사회정의에 대한 실현과 고통 가운데 놓인 삶의 변화는 실천하는 행동이 앞서지 않고는 불가능한 것으로 여긴다. 중보자로서의 그리스도의 직분은 가난한 자들의 편에 서고, 그들을 위해 행동하는 직분이었다. 뿐만 아니라 중보자로서의 그리스도의 사역은 사회구조에 저항하는 혁명가로서의 구원 활동이었다. 그러므로 사회구조의 해방을 위한 헌신적인 자세를 복음적 믿음으로 수용했던 것이다. 종교가 그 사회의 최대의 유대(紐帶)가 되어야 할 것을 주장하는 몰트만에 따르면, 인간을 사회구조에서 진정으로 해방하기 위해서는 사회의 정치적 종교와 투쟁할 수밖에 없다는 것이다.[476]

칼빈은 갈라디아서 3:19 주석에서 "중보"라는 말의 의미를 "화평케 하는 자" 또는 "화해자"로 보지 않는다. 율법을 공포하는 "대사"(大使)로 그 의미를 설명한다.[477] 그리스도께서 중보자가 되신 것은 인간의 죄로 말미암아 하나님과 우리 사이에 생긴 빈 공간을 메우기 위한 것이었다.[478] 그리스도께서 중보자가 되신 것은 인류를 구속하기 위한 목적이었다. 이 땅에서의 사회정의를 실현하고, 약자의 편에 서서 사회의 구조적 모순을 해결하기 위한 것이 아니었다. 해방신학은 첫째 아담의 타락으로 말미암은 인간의 죄, 그리고 이를 대속하기 위한 중보자로서 그리스도의 직분에 대한 본래 의도를 희석한다.

칼빈은 우리가 하나님의 영접을 받는 측면에서 그리스도를 "화해의 중보자"라고 말한다. 그리고 우리로 하여금 하나님의 부르심으로 나아가는 길이라는 측면에서 그리스도를 "중재의 중보자"로 소개한다. 그는 하나님이 자신을 사람에게 나타내 보이시는 측면에서 그리스도를 "모든 교훈의 유일한 중보자"라고 밝힌다.[479]

---

476 몰트만, 『십자가에 달리신 하나님』, 444-448.
477 칼빈, 『칼빈성경주석 19: 갈라디아서』, 576.
478 Calvin, Inst II.6.1; II.12.1; Inst III.2.1.
479 칼빈, 『칼빈성경주석 19: 갈라디아서』, 577; Calvin, Inst III.20.19.

마이클 호튼의 『주님과 종』(The Lord and Servant)에 의하면, 그리스도께서 종말론적인 측면에서 선지자 직분을 행하실 때, 그 모습은 단순히 정보를 제공하는 차원의 선지자가 아니다. 앞으로 나아갈 시대를 조명하는 선지자로서 중보적 직분을 감당하신다.[480]

예수회 수도사 출신의 가톨릭 신부인 떼이야르 드 샤르댕(Pierre Teilhard de Chardin)의 영향을 반영하는 해방신학자 보프는 그리스도의 중보적 개념을 우주적 기독론으로 설명한다. 그리스도께서 근본적으로 하나님에게 나아가는 길의 시작이며, 중간이요, 마지막이라는 것이다.[481]

그의 주장에 따르면, 그리스도는 존재방식에 있어서 우주의 범주들과 시공간에 갇혀 있지 않은 상태로 존재하신다. 그 상태에서 모든 존재의 일치를 형성한다. 이때 신적인 영으로 무소부재성이라는 초물리적인 모습으로 실재 안에 편재하고 계신다. 그러므로 어떤 사람이 가난한 사람을 받아들이는 것은 그가 가난한 예수님을 받아들이는 것이다. 반면, 가난한 사람을 거부하는 것은 그리스도를 거부하는 것이다.[482] 따라서 가난하고 억압 아래 있는 자의 편에 서서 투쟁하는 것은 그 자신이 중보적 위치에서 편재하시는 그리스도를 받아들이는 것이다.

해방신학은 그리스도께서 세 가지 직분의 사역을 감당하실 때, 중보자로서 편재해 계신다는 가설을 적용한다. 그리고 우리로 하여금 행위를 통해 그리스도의 중보적 사역에 동참할 것을 유발한다.

보프는 편재의 개념이 사람들의 심리와 사상 등에도 내재한다며, 자신이 추구하는 해방사상 가운데 그리스도께서 현존하신다는 것을 간접적으로 증거한다. 이것은 해방신학이 실천하는 행위론을 펼쳐 나가는 데 있어 중요한 근거가 된다. 그리스도의 편재를 통해 가난한 자를 받아들이는 것

---

[480] Michael S. Horton, *Lord and Servant: A Covenant Christology* (Louisville, Kentucky: Westminster John Knox Press, 2005), 209-212.
[481] 보프, 『해방자 예수 그리스도』, 274-276; 누네즈, 『해방신학 평가』, 224.
[482] 보프, 『해방자 예수 그리스도』, 281-285.

이 곧 그리스도를 받아들이는 것으로 인정하며, 실천 행위를 통해 그리스도께서 이미 이뤄 놓으신 해방을 만끽하는 자가 되라는 것이다.

해방신학은 사회변혁을 꾀하는 데 있어서 중보자 되시는 그리스도께서 살아 계심을 증거하도록 혁명적 동기를 부여한다. 변혁은 일종의 지속적인 혁명을 말한다. 이는 문제의 해결만이 아니라 체제의 쇄신과 현재의 구조를 지속적으로 변화시키는 목표를 포함한다.[483]

중보자로서 그리스도의 직분은 왕직과 선지자직 그리고 제사장직으로서 '창조회복'에 따른 직무를 감당하는 모습을 가진다. 그리스도께서 중보자로서 죄인에게 내려지는 하나님의 의로운 심판의 벌을 대신 담당하셨다. 자기의 피로 죄인의 값을 대속해 하나님의 진노를 푸시고, 아담의 '무너진 형상'을 회복시키는 '창조회복'을 불러일으키셨다.[484]

따라서 우리가 중보자 되시는 그리스도께 구해야 할 것은 해방신학자들이 주장하는 바와 같이 혁명적 행위론의 유발이 아니라 정죄받아서 멸망당할 수밖에 없는 우리를 먼저 알아가는 것이다. 그리고 이로부터 의, 해방, 생명, 구원을 그리스도께 구해야 한다.[485] 이것이 무너진 형상을 회복받은 자의 진정한 모습이라 말할 수 있다.

4. 결론

그리스도의 세 가지 직분에 관한 교리는 어느 한 시대, 어느 특정한 한 인물에 의해 거론된 교리가 아니다. 고대 교회 교부들은 구약성경에 나타나는 '왕'과 '선지자' 그리고 '제사장'의 직분에 대해 그리스도께서 구속자로서 이 사역을 감당하셨음을 피력했다. 고대 교회의 교부들은 '그리스

---

[483] 보프, 『세상 한가운데서 하느님을 증언하는 사람들』, 241.
[484] Calvin, *Inst* II.16.2.
[485] Calvin, *Inst* II.16.1.

도의 세 가지 직분론'을 신학 용어를 사용해 교리적으로 설명하기보다 신앙적인 측면에서 이를 강조했다.[486] 그리스도의 세 가지 직분은 고난을 당한 그 시대, 자신들이 따라야 할 하나의 모범이었다.

이런 가운데 로마의 클레멘스가 우리를 구원하기 위한 역할론으로서 그리스도의 사역을 비춘다. 그리고 이레나이우스에 의해 처음으로 그리스도께서 우리의 구원에 따른 "둘째 아담"으로 거론되면서 직분에 따른 교리적 조명이 일어나기 시작한다.

그리스도께서 둘째 아담으로 성육신한 것은 첫째 아담의 회복에 전적인 목적을 두었다. 고대 교회 교부들뿐만 아니라 중세를 이끈 신학자들에 이르기까지 여기에 대해 동의한다. 둘째 아담 그리스도께서 첫째 아담의 '형상회복'을 일으킬 '창조회복'에 따른 직분 수행자였다는 사실을 자신들의 신학적 틀 안에서 직·간접적으로 밝힌다. 그리스도의 세 가지 직분 교리는 역사와 신학적 흐름과 함께 '교의학적 형성'과 '발전' 그리고 '전개'의 단계를 거쳐 현대 신학에 이르게 된다. 그리스도의 세 가지 직분론은 고대 교회 교부들이 중심이 되었던 초기의 이해 단계를 넘어, 교의학적 형성이 요한 크리소스토무스와 아우구스티누스, 키릴루스와 칼케돈 신경에 의해 이뤄진다.

"값의 지불"이 그리스도께서 이루신 '형상회복'이 '창조회복'에 따른 관점으로 제시된다. 그 길을 제시한 안셀무스와 마틴 루터에 의해 둘째 아담인 그리스도의 직분이 교리적 발전을 이뤄 간다. 이런 그리스도의 직분론은 칼빈에 의해 교리적으로 확립된다. 그리고 신학적 전개가 펼쳐진다.

특히 칼빈의 『제2차 제네바교회 교리문답서』(1542)와 칼빈의 1536년, 1539년 그리고 1559년의 『기독교 강요』는 그리스도의 세 가지 직분론에 따른 중심축을 이루며 교리를 형성한다. 벌코프와 칼 바르트, 벌카워 등은 그리스도의 직분론에 대한 교리적 발전과 확립을 칼빈으로 보는 것에 동

---

[486] 펠리칸, 『고대교회 교리사』, 188-189.

의한다.[487]

칼빈 이후 그리스도의 세 가지 직분론은 16세기의 대표적 신앙고백서였던 『하이델베르크 요리문답』에서부터 17세기 신앙고백의 꽃이라 불러지는 『웨스트민스터 신앙고백서』에 이르기까지 각종 신앙고백서를 중심으로 다양한 견해가 표방된다.

16세기와 17세기는 각종 신앙고백서가 중심이 되어 그리스도의 직분론을 이끌었다면 그 이후 20세기에는 신학자 각자가 중심이 되어 직분론을 이끈다. 청교도 신학을 이끈 윌리엄 퍼킨스와 아이작 암브로스, 그리고 투레틴과 찰스 핫지와 바빙크 등에 의해 그리스도의 직분론이 조직적으로 제시된다. 첫째 아담의 '형상회복'을 말하는 '창조회복'에 따른 그리스도의 세 가지 직분론이 구속언약과 중보자의 직무 수행과 관련해 빠짐없이 소개된다.

그런가 하면, 신의식을 인간의 자기의식적 고찰에서 답을 찾았던 슐라이어마허에 의해 그리스도의 직분론은 유명무실한 취급을 받게 된다. 그의 영향을 받았던 리츨은 그리스도의 직분을 '직분'이 아니라 일하는 "사역"으로 칭할 것을 주장한다. 그래서 그리스도의 세 가지 직분론에 쇠퇴를 가져오게 된다.[488] 고대 교회 이후, 수많은 시간과 과정을 거쳐 교리화된 그리스도의 세 가지 직분론을 교의학적으로 분석해 보면, 크게 세 가지의 뚜렷한 특징이 있음을 발견하게 된다.

첫째, 각각 직분이 형성하고 있는 교리적 바탕이 다르다.
세 가지 직분은 '왕'과 '선지자' 그리고 '제사장'의 모습과 역할이 각각의 교리적 바탕을 형성한다.

---

[487] Berkhof, *Systematic Theology*, 391; Barth, *Church Dogmatics*, IV/3-1, 5; Berkouwer, *The Work of Christ*, 61-62: Woo, *The Promise of the Trinity*, 47-48.
[488] Bavinck, *Reformed Dogmatics* Vol. 3, 354; Woo, *The Promise of the Trinity*, 49-51.

① '은혜론'이다.[489]

아우구스티누스는 아담의 죄로 인한 인간의 전적부패와 전적무능을 통해 은혜의 교리를 이끌어 낸다. 그리스도의 직분 가운데 '왕직'의 직분은 '은혜의 왕권'으로 직분의 중심에 서게 된다.

② '회개론'이다.[490]

영혼을 일깨우는 회개론은 말씀 사역을 이룬다. 말씀의 본체이신 그리스도께서 말씀 사역을 통해 영혼들을 회개의 장으로 이끄신다.

③ '화해론'이다.

그리스도는 죄로 인해 하나님과 사람 사이에 막혔던 담을 허무신 '참된 중보자'요, '제사장'이시다. 자신이 둘째 아담으로서 첫째 아담의 진정한 값이 되신다. 여기서 그리스도는 '창조회복'을 통해 하나님과 사람 사이의 화해를 이루신다.[491]

둘째, 그리스도의 각 직분은 구조적인 측면에서 '일체'와 '연합' 그리고 '연결'과 '관계'의 개념을 가진다.

그리스도의 세 가지 직분은 먼저 그리스도의 위격 안에서 '일체'의 모습을 형성한다. 성부와 성자 사이에 체결된 인간의 구원을 위한 구속언약의 체결과 세 가지 직분은 직접적인 관계를 가진다.[492]

그리스도께 주어진 각각의 직분은 관료적인 개념에서 주어진 직분이 아니다. 첫째 아담의 상실당한 실질적인 세 가지 직분의 모습이었다. 그러므로 인간의 죄를 대속하기 위한 완전한 대속의 사역은 그리스도의 위격 안에서 먼저 세 가지 직분이 하나를 이룰 필요가 있었다. 세 가지 직분은 각

---

489 Bavinck, *Reformed Dogmatics* Vol. 2, 214; Vol. 3, 515-516.
490 Calvin, *Inst* Ⅱ.5.9; Ⅱ.8.52.
491 Calvin, *Inst* Ⅱ.15.6; Wendel, *Calvin*, 216-219.
492 Calvin, *Inst* Ⅱ.15.1-2: 칼빈은 그리스도의 세 가지 직분이 가지는 목적을 '구원'과 '안식'을 얻기 위함에 있다고 말한다.

각의 역할뿐만 아니라 대속의 값을 이룰 확고한 위치를 잃지 않기 위해서 마치 삼위일체처럼 각각의 직분은 유지하되, 하나를 이뤄야만 했다. 그것이 그리스도의 위격 안에서 이뤄지게 된다. 그리고 성육신한 그리스도의 '한 인격' 안에서 세 가지 직분은 실질적인 연합을 이뤄 '창조회복 사역'을 펼쳐 나간다.

왕, 선지자, 제사장의 직분은 그리스도 자신의 권위와 권세를 말하는 직분이라기보다 '창조회복'을 위해 하나님의 계획을 수행할 직분이었다.[493] 따라서 그리스도의 직분은 하나님과 사람 사이에 중보자로서 그 역할을 감당해야만 했다. 이런 세 가지 직분이 주어진 시기를 신학적으로 분석해 보면 영원 전, 성부와 성자 사이에 맺었던, 인간의 구원과 관련해 '구속언약'이 체결된 그때였다.[494] 그때 그리스도의 세 가지 직분은 자연발생적으로 만들어지거나, 성자에 의해 생겨난 직분이 아니라 '창조회복'을 위한 구속언약과 관련해 성부로부터 주어진 직분이었다.[495]

셋째, 그리스도의 세 가지 직분은 첫째 아담의 죄를 대속하기 위한 목적을 가지고 있었으며, 인류를 향한 '창조회복'과 그에 따른 구원의 메시지를 담고 있었다.

멜기세덱의 반차를 쫓는 그리스도의 왕의 직분은 권세를 쫓는 왕직이 아니라 '의의 왕'이었다. 그리고 '평강의 왕'으로서 직분 수행이었다. 그 '의'와 '평강'은 힘의 원리에 의한 것이 아니었고, 하나님의 공의를 바르게 세우는 메시지를 전해 주었다.[496] 따라서 그리스도의 세 가지 직분은 첫째 아담의 불순종으로 말미암은 값에 대한 사역으로 이뤄진다. 하나님

---

493 Berkouwer, *The Work of Christ*, 58-60.
494 비키 · 존스, 『청교도 신학의 모든 것』, 288-289; 암브로스, 『예수를 바라보라 1』, 155-157.
495 비키 · 존스, 『청교도 신학의 모든 것』, 67, 288-289.
496 Wendel, *Calvin*, 196.

의 법도와 규례를 따르는 것으로부터 시작해, 그 법도와 규례를 지켜 준행하는 것으로 사역이 마무리된다.

직분에 따른 그리스도의 사역은 "케노시스"로 그 모습이 나타난다. "자기 비움"과 스스로 낮아짐에 대한 메시지와 더불어 우리의 구원을 위한 하나님의 사랑을 전해 준다. 그리고 그리스도의 세 가지 직분이 이룬 '하나님 나라'는 구원에 따른 현재와 미래에 대한 소망의 빛줄기를 비춰 준다.[497]

그러나 신정통주의를 앞세웠던 바르트의 "계시"와 "가능성"의 신학은 첫째 아담의 '창조회복'을 이루고자 하는 그리스도의 진정한 직분론에 대해 "양태론"과 "종속론"이라는 공허함을 만들어 전체를 퇴색시킨다.

그리고 그의 뒤를 이은 벌카워는 그리스도의 직분론에 대한 참된 진리를 막는다. 심지어 진화론적 경향 속에서 "아래로부터의 신학"을 주도했던 판넨베르크와 몰트만과 해방신학은 심각한 문제점을 낳는다. 첫째 아담의 완전한 대속을 이룰 둘째 아담 그리스도의 '창조회복'에 따른 직분수행에 대한 '창조론적 관점'의 문을 닫게 만든다.

20세기에 급격하게 늘어나기 시작한 "아래로부터의 신학"과 "진화론적 신학"의 제시는 둘째 아담 그리스도께서 행한 세 가지 직분론이 주는 진정한 의미를 알지 못하게 한다. 그러나 둘째 아담 그리스도의 세 가지 직분론에 따른 '창조론적 관점'은 교리적으로 우리의 과거 원죄뿐만 아니라 현재와 미래의 죄에 대한 사함을 이끌어 낸다.[498] 그리스도의 각각의 직분이 사역을 통해 이룬 죄사함은 죄에 대해 그 값만 지불한 것이 아니었다. 하나님으로부터 용서와 화해를 이끌어 냈으며, 부활과 영생의 종착지인 '새 하늘과 새 땅'에 대한 길을 열어 주었다.

---

[497] Peter J. Gentry · Stephen J. Wellum, *Kingdom through Covenant* (Wheaton: Crossway, 2018), 773-774.

[498] Bavinck, *Reformed Dogmatics* Vol. 2, 196, 392; Anthony A. Hoekema, *Saved by Grace* (Grand Rapids: Eerdmans, 1994), 180-181.

제4장

창조론의 관점에서 바라본 첫째 아담의 세 가지 직분

둘째 아담인 그리스도의 직분에 대해 초대 교부였던 로마의 클레멘스는 그리스도의 왕직과 제사장직에 대한 접근을 추구한다. 그는 그리스도의 사역이 성취로 끝난 것이 아니라 그 효력이 '전가'를 통해 우리에게 주어진다는 사실을 기독론적 측면에서 다룬다.

이그나티우스를 비롯한 교부들은 그리스도의 직분 가운데 대체로 왕직과 제사장직을 거론했으며, 제사장직을 더욱 강조한다. 기독교에 대한 박해가 유대교와 로마 정부로부터 거세게 몰아친다. 신앙으로 인해 박해를 받던 시대적 상황을 그리스도께서 걸어왔던 제사장직의 직분을 통해 그려내고 있었다. 그 길을 기억하며, 신앙의 순결을 지켜 나가도록 했던 것이다.

교부 시대의 신학은 '하나님 형상회복'에 따른 '창조회복'의 관점이 그리스도의 직분 수행에 따른 기독론에 포괄적으로 묻혀 강조된다. 그런 가운데 4세기의 암브로시우스와 11세기의 안셀무스는 값에 대한 무름을 통해 둘째 아담이었던 그리스도의 직분을 논한다. '형상회복'에 의한 '창조론적 접근'을 용의하게 한다.

지금까지 '왕', '선지자', '제사장'의 직분에 대한 초기의 모습과 신학 형성 과정을 봤다면, 이 직분이 태동하게 된 근거를 찾아보는 것이 중요하다. 그 출발은 하나님의 창조에서 시작된다. 하나님은 아담을 창조하셨다. 하나님은 자신의 피조 세계를 아름답게 가꾸도록 아담에게 직분을 부여하신다. '왕', '선지자', '제사장' 직분은 둘째 아담 그리스도에게서 그 내용을 찾기 전에 먼저 첫 번째 아담에게서 그 내용을 찾아야 한다. '왕', '선지자', '제사장'의 직분은 '하나님의 형상'이라는 바탕 위에 주어진다. "하나님이 보시기에 좋았더라"라는 하나님의 창조 원리 가운데 주어진 것이다.[1]

첫째 아담에게 주어졌던 직분과 둘째 아담의 직분과의 관계 속에서 조명되어야 할 것이 있다. 그것은 그리스도의 직분이 첫째 아담의 '창조회복'을 위한 직분이었다는 사실이다.[2]

여기에 대해 첫째 아담의 직분이 어떤 목적을 위해 주어졌는지 살펴볼 필요가 있다. 그것은 둘째 아담인 그리스도께서 공생애를 통해 이루신 직분의 사역을 이해하는 바탕이 된다.[3] 첫째 아담에게 주어진 직분에 대해 바른 이해를 가져야 한다. 그러기 위해서는 아담과 관련된 성경에 대한 해석학적 접근이 이뤄져야 한다. 이때 아담에게 주어진 직분의 정의는 교의학적 관점을 벗어난 자의적인 성경 해석이 되어서는 안 된다.[4]

그리스도의 세 가지 직분이 창조론과 어떤 관계를 가지는지를 설명하기 전에 먼저 행해야 할 것이 있다. 첫째 아담의 세 가지 직분을 성경 해석과 함께 교의학적으로 접근하는 것이다. 이것은 둘째 아담인 그리스도의 세 가지 직분이 첫째 아담의 대속을 이루는 것과 어떤 관계를 지니게 되는지 설명하는 데 중요한 열쇠의 역할을 하게 된다.

---

1   Bavinck, *Reformed Dogmatics* Vol. 3, 28: When God had completed the work of creation, he looked down with delight on the work of his hands, for it was all very good (Gen. 1:31).
2   Clement of Alexandria, "The Work of Christ", 174; Ursinus, *Commentary on The Heidelberg Catechism,* 394; 비키 · 존스,『청교도 신학의 모든 것』, 345-346.
3   Zaspel, *The Theology of B. B. Warfield*, 291.
4   앤터니 티슬턴,『두 지평』, 박규태 역 (서울: 한국기독학생회출판부, 2017), 494-495.

1. 첫째 아담의 세 가지 직분과 창조론과의 관계

1) 하나님의 형상과 하나님의 공유적 속성과의 관계

천지만물을 창조하신 하나님이 여섯째 날, 사람을 "우리의 형상과 우리의 모양대로" 창조하셨다. 여기에 두 가지 큰 의미가 있다.

첫째, '사람'은 하나님의 본성에 따라 특별하게 창조되었다는 것이다.[5] 닛사의 그레고리우스는 『인간의 창조에 관해』를 통해 창세기 1:26의 "우리의 형상대로, 우리의 모양대로, 우리가 사람을 만들고"라는 부분을 "우리의 모습으로, 우리와 비슷하게 사람을 만들자"로 해석한다. 그리고 이 형상을 하나님이 주신 "어떤 능력", "특권"으로 설명한다. 또한, 사람이 "하나님의 모습"으로 만들어졌다는 말은 하나님이 인간을 모든 선에 참여할 수 있도록 창조하셨다는 뜻이라고 설명한다.[6] 이는 하나님의 형상이 하나님의 속성과 관련 있다는 것을 간접적으로 표현한 것이다.

둘째, "우리의 형상과 우리의 모양대로"라는 표현은 사람이 하나님과 같은 '신'(God)이 아니라 단지 피조물이라는, 유한성을 지닌 존재라는 것을 강조한다.

아우구스티누스는 『삼위일체론』에서 이렇게 말한다.

> 사람이 비록 '하나님의 형상대로' 창조되었을지라도 하나님과 동등하게 만들어지지 않았으며, 하나님으로부터 나지 않았고, 하나님으로부터 지음을 받았을 뿐이다.[7]

---

5 Louth (ed.), *Ancient Christian Commentary on Scripture, Old Testament* Ⅰ, 30-31.
6 Louth (ed.), *Ancient Christian Commentary on Scripture, Old Testament* Ⅰ, 34.
7 아우구스티누스, 『삼위일체론』, 655; Louth (ed.), *Ancient Christian Commentary on*

하나님이 사람을 창조하실 때 두 가지 요소를 사용하셨다.

첫째, 유한한 '흙'이라는 '티끌'을 사용해 몸을 이루게 하셨다.
둘째, 그 몸이 '인격'을 형성하도록 '영혼'을 창조하셨다.

칼빈은 '하나님의 형상'이 영혼 속에 자리를 두고 있으며, 영혼 속에 하나님의 형상이 존재한다고 설명한다. 그는 '형상'의 성질을 거울에 비유한다. 거울에 빛이 비칠 때, 거울은 그 빛을 비추는 성질을 가지고 있다. 칼빈이 볼 때, '형상'은 본질을 거울처럼 비추는 성질을 지닌 것이다.[8]

"하나님의 형상"과 "모양"은 창세기 2:7의 "생기"와 깊이 관련 있으며, 하나님의 속성과도 긴밀하게 연결된다. 하나님이 사람을 창조하실 때, 사람의 코에 '호흡' 즉, '생기'를 불어넣으셨다. 이때, 하나님이 불어넣으신 생기로 말미암아 "사람이 생령"이 되었다고 창세기 2:7은 묘사한다.

하나님이 사람의 코에 생기를 불어넣으셨다는 것과 그로 말미암아 사람이 "생령"이 되었다는 것은 "생기"가 어떤 특징을 지닌 실체라는 것을 말한다. 구약성경에서 '생기'는 살아 있는 모습을 나타내는 말로 사용된다.[9] 그리고 '생령'은 일반적으로 '영혼'으로 번역된다. 따라서 '호흡'인 '생기'는 '영적 지각'과 '활동하는 양심'을 말한다. 이것은 사람에게 도덕적 능력이 주어졌다는 것을 동시에 보여 준다.[10]

사람이 하나님의 형상과 모양대로 피조되었다는 것은 위의 사실로 미뤄 볼 때, 사람이 다른 피조물과 달리 하나님으로부터 존귀한 성격을 부여 받았다는 것을 뜻한다.[11] 이것은 하나님의 속성 가운데 유한한 피조물이 함께

    Scripture, Old Testament Ⅰ, 30.
8 Eberhard Busch, "God and Humanity", 227.
9 G. Ch. 알더스, 『화란주석 창세기 Ⅰ』, 기독지혜사 편집부 역 (서울: 기독지혜사, 1986), 101-102.
10 앨런 로스, 『창조와 축복』, 김창동 역 (서울: 도서출판 디모데, 2007), 177-178.
11 알더스, 『화란주석 창세기 Ⅰ』, 102.

담아낼 수 있는 속성이 부여되었다는 것을 가리키는데, 이는 "공유적 속성"을 가리킨다.[12] 공유적 속성을 통해서 하나님은 의식적이고, 지성적이며, 자유롭고, 도덕적인 인격적 존재로 자신의 모습을 드러내신다. 공유적 속성으로서 '사랑', '거룩', '선', '의로움', '진실함', '공의', '지식', '지혜' 등이 사람의 '인격'을 형성하며 하나님을 닮게 된다.

이레나이우스 이후 지금까지 '형상'과 '모양'은 인간 본성의 구별된 측면으로 여겨지고 있다. 이런 '형상'과 '모양'은 다양한 견해를 가진다. 예를 들어, '형상'은 하나님을 닮게 만드는 인간의 자연적 속성을 나타내는 인격과 이성 등으로, '모양'은 구속받은 자를 거룩하게 만드는 인간의 초자연적 은혜라고 말한다. 그리고 '하나님의 형상'을 인간이 창조주와 공유하는 정신적, 영적 속성으로 언급하기도 한다. 그런가 하면 '형상'을 육체적 닮음, 땅에서 하나님을 대표하는 모습으로 그린다.

폴 디온(Paul Dion)의 연구에 따르면, 고대 근동의 '형상'은 신의 특성과 신의 본질적 개념을 반영한다.[13]

바빙크는 공유적 속성을 "하나님이 가지신 '지식', '지혜', '선', '은혜', '의', '거룩' 등에 관한 어떤 희미한 유사성이 피조물 가운데 있다"는 것으로 표현한다. 특히 '거룩'이 공유적 속성에 포함되는 것은 '하나님의 형상'이 가지는 특징적 요소라고 설명한다. '거룩'은 '분리하다', '단절하다'를 의미한다. 이것은 하나님의 거룩함은 '죄'와 분리된다는 것을 말한다.

퍼거슨은 삼위일체 하나님을 '거룩'으로 묘사하는 것처럼, '거룩'을 삼위일체 하나님으로부터 분리해 말할 수 없다고 한다.[14] 다시 말하면 '하나

12　이신열, "칼빈의 대적자 오시안더: 인간론을 중심으로", 210: "아담이 하나님의 형성을 따라 지음 받았다는 것은 그가 하나님과 동일한 본성(essence)을 지니게 되었다는 뜻이 아니라 그의 속성(attributes)을 반영하게 되었음을 뜻한다."
13　피터 J. 젠트리 · 스티븐 J. 웰럼, 『언약과 하나님 나라』, 김귀탁 역 (서울: 새물결플러스, 2017), 268-269, 277.
14　헤르만 바빙크, 『하나님의 큰 일』, 김영규 역 (서울: 기독교문서선교회, 1999), 128-129; Sinclair B. Ferguson, *Devoted to God: Blueprints for Sanctification* (East Peoria, IL:

님의 형상' 가운데 '거룩'에 대한 공유적 속성이 있다는 것은 '하나님 형상'은 하나님의 뜻으로부터 분리되어서는 안 된다는 것을 함께 설명한다.

그리고 사람의 지식은 하나님의 지식과 다른 점이 있다. 벌코프의 견해에 의하면, 사람의 지식은 시간과 공간에서 얻어지는 유한성의 개념을 가지는 반면, 하나님의 지식은 영원함의 개념을 가진다. 이렇게 차이가 있다. 사람의 지식이 외부로부터 얻은 것이라면, 하나님의 지식은 스스로 얻어지며 영원하다.[15]

매튜 헨리(Matthew Henry)는 창세기 1:26 주석에서 사람이 하나님의 형상과 모양대로 지음 받았다는 것은 사람이 피조물 중에 가장 하나님을 닮았다는 것을 말하는 것이라며, '하나님의 형상과 모양'을 두 가지로 설명한다.[16]

> **첫째**, '하나님의 형상'과 '모양'은 사람의 본성과 본질을 가리킨다. 여기서 본질과 본성은 몸(흙)에 속한 본질이 아니라 '영혼의 본질'에 속한 것을 뜻한다.
> **둘째**, '하나님의 형상'과 '모양'은 사람이 지니는 속성의 성질을 가리킨다. 사람이 지닌 하나님의 형상은 '지식'과 '의'와 '참된 거룩함'에 있다.[17]

『하이델베르크 요리문답』은 '하나님의 형상'을 가리켜 이렇게 말한다.

> 하나님의 본성과 뜻과 하나님의 일하심을 올바로 아는 마음이며, 하나님께 순종하는 의지일 뿐만 아니라 그 행위들이 하나님의 뜻과 일치하는 것이다.

The Banner of Truth Trust: 2016), 1-4.
15 Berkhof, *Systematic Theology*, 69-82.
16 매튜 헨리, 『창세기』, 원광연 역 (고양: 크리스챤다이제스트, 2008), 43-44.
17 헨리, 『창세기』, 44.

의롭고, 거룩한 행위와 의지, 마음, 외적 행위가 하나님의 뜻과 동일하다는 것이다. 하나님의 형상에는 하나님의 공유적 속성이 함께 있다.[18] 이것을 창세기 1:26에서는 "하나님이 이르시되 우리의 형상을 따라 우리의 모양대로 우리가 사람을 만들고"라고 표현한 것이다. 특히 사람이 '하나님의 형상'이라고 말하는 것은 사람은 동물뿐만 아니라 다른 모든 피조물과 구별된다는 것을 말한다. 사람의 생각 안에는 하나님과 관련해 사람의 종교적인 상태와 종교의 본질 자체에 관한 견해가 함께 반영되었다고 보스는 설명한다.[19]

판 브루헌에 의하면, 하나님은 사람을 창조하실 때, 자신의 형상에 비추어 사람에게 '선지자'와 '제사장'과 '왕'의 직분을 부여하셨다.[20] 루터는 창조 기사를 다룰 때, 인간을 특별한 위치에 둔다. 이때 특별한 위치는 인간이 '하나님의 형상'으로 지음을 받았다는 사실에 놓여 있다.[21]

히브리어로 '형상'과 '모양'은 구체적으로 상호 구별이 거의 불가능하다. 그런데도 단어가 가지는 의미를 살펴볼 때, '형상'은 '그늘지다'에서 유래한 것으로 '그림자'를 가리키며, 신체적으로 닮았다는 의미이다. 하나님은 형상이 없으시다. 따라서 닮았다는 것은 신체적 유사성이 아니라 이미지 측면에서의 유사성을 말한다. 창조주와 공유하는 정신적, 영적 기능을 의미한다.[22]

'모양'은 '닮다'라는 의미에서 유래한 것으로, 그림자의 실체를 담고 있다. 특히 '형상'은 물질적 외형을 갖춘 조각상을 말하는 것이 아니라 물질적 형태를 띠고 있는 '대리자'를 뜻한다.[23] '형상'과 '모양'은 동일한 것을

18　Ursinus, *Commentary on The Heidelberg Catechism*, 83.
19　Vos, *Reformed Dogmatics: Anthropology* Vol. 2, 1.18, 391.
20　Van Bruggen, *Annotation to The Heidelberg Catechism*, 99.
21　로제, 『마틴 루터의 신학』, 339-345.
22　Gordon J. Wenham, *World Biblical Commentary : Genesis* 1-15 (Colombia: Word, Incorporated, 1987), 28-31.
23　존 H. 월튼, 『NIV 적용주석: 창세기』, 김일우.전광규 역 (서울: 한국성서유니온선교회,

말한다. 그러므로 하나님이 사람을 창조하실 때, "우리의 형상을 따라, 우리의 모양대로" 사람을 창조하셨다는 것은 하나님이 사람을 창조하실 때, 자신을 닮은 조각상으로 사람을 창조하신 것이 아니라 '낳았다'라는 의미를 가진 '닮음'의 창조를 하셨음을 가리킨다. 이는 하나님의 공유적 속성이 부여되었다는 의미이다.

칼빈은 "우리의 형상을 따라, 우리의 모양대로 사람을 만들자"라는 말은 사람이 하나님과 같은 모양이거나 하나님의 형상을 닮았다라는 뜻이라고 말한다.[24]

안토니 A. 후크마(Anthony A. Hoekema)는 '형상'과 '모양'이라는 두 단어가 가지는 의미에 대해 이렇게 말한다.

> 인간이 어떤 의미에서는 하나님을 닮았다는 것에 대한 하나님의 표현이다.[25]

'형상'이란, 두 가지 측면에서 사실적인 의미를 지닌다.

첫째, "물질의 본질"에 대한 것을 가리킨다.
둘째, "물질의 기능" 즉, "능력"을 뜻한다.

사람이 '하나님의 형상'으로 창조되었다는 것은 사람은 하나님의 속성의 일부분을 담아내고 있는 일종의 그릇이라 말할 수 있다. "형상대로"라는 것은 본질에 대한 물리적 구현과 함께 그 기능이 피조된 형체 가운데 부여되었다는 것이며, 그 형상을 창조한 대표자의 속성들이 반영되었다는 것을 말한다.

2007), 182.
24　칼빈, 『칼빈성경주석 1: 창세기 Ⅰ』, 68.
25　Hoekema, *Created in God's Image*, 13-14.

존 H. 월튼(John H. Walton)은 『NIV 적용주석: 창세기』에서 이렇게 말한다.

> 그리스도를 '보이지 아니하는 하나님의 형상'(골 1:15)으로 말하는 것은 그분은 하나님의 본질을 지니고 계시며, 하나님의 속성을 반영하신다는 사실과 함께 그분을 대신해 행동하신다는 것을 말한다. 창세기 1장의 문맥에서 사람들은 다스리고 정복하는 일을 함으로써 하나님을 대신해서 행동한다.[26]

아우구스티누스(Augustinus)는 자신의 저서 『삼위일체론』을 통해 "우리"라는 말은 공간적으로 가깝다는 뜻이 아니라 닮음으로 가깝다는 뜻이라고 말한다.[27] 그는 "하나님의 형상"에 대해 이렇게 밝힌다.

> 인간 정신은 하나님을 아는 능력 때문에 특별한 의미에서 하나님의 형상이다.[28]

인간 정신은 외부로부터 들어온 것이 아니라 항상 그 자신과 현존하고 있는 것으로 여긴다. 지혜와 사랑이 자리를 잡고 있으며, "하나님이 주신 선물"로 여긴다. 이것을 다른 말로 표현하면, 하나님이 사람을 하나님의 형상대로 창조하실 때, 그 형상은 하나님의 "공유적 속성"을 담아내 창조하셨다는 사실을 증거한다.

하나님이 아담을 하나님의 형상대로 창조하실 때 공유적 속성을 부여하신 이유는 하나님이 창조하신 세계를 아담으로 하여금 하나님의 속성과 아담 자신의 본성에 걸맞게 아름답게 가꾸도록 하기 위해서였다.

---

26 월튼, 『NIV 적용주석: 창세기』, 184.
27 아우구스티누스, 『삼위일체론』, 656-657; *cf*) Kelly, *Early Christian Doctrines*, 271-272.
28 Augustine, "The Perfection of the Image in the Contemplation of God", (ed.), John Burnaby, *Augustine-Later Works* (London: Westminster John Knox Press, 2006), 97-98.

고든 R. 루이스(Gordon R. Lewis)는 『통합신학』에서 이렇게 주장한다.

> 지음 받은 인간은 항상 하나님께 생명과 호흡을 의존하고, 항상 이 의존 관계 속에서 조명되어야 한다. … 우리는 하나님 아래에서의 인간의 지속적인 자아 정체성과 책임성에 의미를 부여한다. … 하나님은 존재론적으로 인간을 자신의 형상으로 창조하셨기 때문에 하나님과 인간 사이에는 존재의 유비와 행위의 유비가 동시에 존재한다.[29]

하나님의 형상을 하나님의 공유적 속성을 부여해 창조하신 또 다른 이유는 아담의 직분 수행이 하나님의 뜻에 맞추어 충실하게 감당되도록 하시기 위함이었다. 아담에게 주어진 직분론과 관련해 '하나님의 형상'은 권위와 권세뿐만 아니라 하나님의 명령에 절대적으로 따르는 믿음과 순종이 함께 관계되는 섭리론이 전개되어야만 했다.[30] 이런 측면에서 아담에게 주어진 세 가지 직분은 하나님의 형상을 담아내는 성질을 지녀야 했다. 이 성질은 하나님의 고유적 속성을 드러내는 직분의 직무가 그 중심을 이뤄야 했다.

2) 하나님의 창조 목적을 이룰 아담의 세 가지 직분과 직무

아담이 하나님의 형상으로 지음 받았다는 것은 아담은 다른 피조물들과 달리 특별한 구별점을 가지고 있다는 것을 가리킨다. 이 구별점은 창조

---

[29] 고든 루이스 · 브루스 데머리스트, 『통합신학』, 김귀탁 역 (서울: 부흥과개혁사, 2010), 347, 353; 이신열, "칼빈의 『공관복음 주석』에 나타난 섭리 이해", 「개혁논총」 24 (2012), 155-156: "칼빈은 섭리의 기원을 고찰함에 있어서 이를 전적으로 하나님의 속성이라는 관점에서 접근해 하나님의 능력에 하나님의 숨겨진 은혜(arcana gratia)가 그 원인이라고 주장한다. … 따라서 칼빈에 의하면, 섭리의 기원은 하나님의 놀라운 능력과 은혜 그리고 선하심이라는 그의 속성에서 발견된다."

[30] 게메렌, 『구원계시의 발전사』, 86-89.

된 피조 세계의 질서를 바르게 세우는 다스림을 뜻한다.[31] 하나님이 사람을 창조하시고, 그 사람을 향해 특별한 것을 명하신다. 창세기 1:28에서는 그 명령이 "생육하고, 번성하여 땅에 충만하라, 땅을 정복하라, 바다의 물고기와 하늘의 새와 땅에 움직이는 모든 생물을 다스리라"라는 것으로 나타난다. 그리고 창세기 2:15은 아담을 에덴동산에 두시고, "그것을 경작하며, 지켜라"라고 명령하신다. "생육", "번성", "충만"이 모든 생물을 향한 하나님의 축복이었다면, "정복"과 "다스림" 그리고 "지킴"은 하나님의 "형상"과 "모양"을 지닌 사람에게 주어진 명령이다. 하나님이 창조하신 피조 세계의 질서를 바르게 하도록 명령하심과 동시에 그 명령을 수반할 수 있도록 직분과 그에 따른 직무를 함께 주시는 장면에서 비롯되었다.[32]

"정복하라"와 "경작하며"라는 동사는 밀접한 관계를 가지고 있으며, 하나님의 형상 가운데 책임이라는 국면이 주어지는 것을 말한다. 특히 "정복"은 구조가 아니라 기능적인 것으로, 청지기 정신에 초점을 두고 있다.[33]

창세기 1:28은 하나님이 창조하신 피조물을 다스리게 될 인간의 임무와 지위에 대한 가르침을 포함한다. 그리고 창세기 2:15, 동산을 "경작하게" 하는 것은 하나님의 창조 속에는 인간의 책무도 포함된다는 것을 말한다.[34]

하나님이 자신의 형상대로 창조된 사람으로 하여금 피조 세계를 하나님의 대리자로서 다스리게 하신다. 그리고 그 세계를 통해 하나님이 허락하신 축복을 누리도록 하신다. 이때 하나님의 형상인 아담에게 주어진 직분

---

31 빅터 해밀턴, 『NICOT 창세기 I』, 임요한 역 (서울: 부흥과개혁사, 2016), 144-146.
32 월튼, 『NIV 적용주석: 창세기』, 195, 201; 알더스, 『화란주석 창세기 I』, 87, 108.
33 월튼, 『NIV 적용주석: 창세기』, 201.
34 알더스, 『화란주석 창세기 I』, 108.

은 크게 세 가지로 그 모습이 나타난다.[35]

첫째, 하나님의 창조 목적을 이룰 공의의 속성과 관련된 '왕'의 직분이다.

하나님은 사람을 "에덴동산에 두시고", 사람으로 하여금 그것을 다스리게 하신다. 여기서 "에덴동산"은 '하나님 나라'의 개념을 지닌다.

오리게네스는 창세기의 에덴을 우화적으로 해석한다. 여기에 대해 칼빈은 창세기 주석에서 오리게네스의 견해를 배격한다.

> 에덴을 "동산"이라 하고, 에덴이 있는 위치를 "동방"이라고 하는 것은 에덴이 인간에게 할당된 어떤 지역이었음을 말하며, … 이곳은 하나님이 아담을 장자의 영예로써 존귀하게 하셨고, 특별한 은총의 표시로 그에게 가장 기름지고 안락한 곳을 주시고, 땅의 첫 열매를 선물로 택하셨을 것이라는 점은 분명하다.[36]

하나님의 형상대로 창조된 사람이 하나님을 대신해 '하나님 나라'를 다스리기 위해서는 그에게 주어지는 직분이 '하나님 나라의 특징'을 담아내야 했다. 그러므로 아담에게 주어지는 직분은 하나님이 아담을 창조하실 때, 부어 주었던 공유적 속성과 긴밀한 관계를 가진 직분들이 주어지게 된다.

창세기 1:28의 "정복하라"라는 말씀은 기본 어근이 '카바쉬'로서 '진압하다(subdue)'를 의미한다. 그러나 "정복하라"라는 단어에는 하나님이 창조하신 피조물들을 아름답게 가꾸어 가며, 그것을 자신의 삶의 터로 삼으라는 청지기적 직분이 강조된다.

---

35 Berkhof, *Systematic Theology*, 392.
36 칼빈, 『칼빈성경주석 1: 창세기 Ⅰ』, 86-88.

빅터 해밀턴(Victoria Hamilton)에 의하면, 창세기 1:28의 "카바쉬"는 힘과 독재의 의미를 부여하기보다 '정착'과 '농경'을 지칭한다.[37]

창세기 1:26과 28절의 "다스리라"라는 말씀은 기본 어근이 '라다'로서 '지배하다'(have dominion over), '치리하다'를 가리킨다.

J. 리처드 미들턴(J. Richard Middleton)에 의하면, 창세기 1:26, 28과 연관된 '라다'는 제왕적이며, 목축적 은유로서 다양한 범주들에서 동물들을 다루는 곳에 등장한다.[38] 이는 하나님을 대신한 대리적 통치자로서의 직분이 사람에게 주어졌음을 뜻한다.

여기에 대해 피터 J. 젠트리(Peter J. Gentry)는 『언약과 하나님 나라』에서 이렇게 말한다.

> "다스리라"라는 용어는 시편 72:8이 보여 주는 것처럼 왕에게 적용된다. 그리고 "정복하라"라는 단어는 특별히 왕의 일을 가리킨다.[39]

아담에게 하나님의 공의의 속성에 근거한 왕의 직분이 주어진다. 아담은 이 직분 수행을 통해 하나님 나라의 공의와 질서를 바르게 세워야 할 책임과 의무를 지니게 된다. 특히 "다스리라"라고 명령하신 말씀에는 자신의 권한을 한껏 더 높이라는 의미는 포함되어 있지 않다. 이 말씀은 하나님 나라의 왕직이 지닌 성격을 보여 주는 말씀으로, 권세를 통해 다스리되 '종과 같이' 하나님의 명령에 순종하는 가운데 다스림이 이뤄져야 한다는 것을 보여 준다.[40]

---

37 해밀턴, 『NICOT 창세기 I』, 148; 미들턴, 『해방의 형상』, 63-46.
38 미들턴, 『해방의 형상』, 63.
39 젠트리 · 웰럼, 『언약과 하나님 나라』, 283-284; Wenham, *World Biblical Commentary : Genesis 1-15*, 33.
40 바우만, 『벨직 신앙고백서 해설』, 211-214.

칼빈은 창세기 주석에서 이렇게 밝힌 바 있다.

> 하나님이 사람에게 모든 피조물들을 다스릴 권세를 주셔서 동물들이 사람에게 복종하도록 했으며, 이런 과정들을 통해 하나님의 공의와 창조질서를 유지하도록 하셨다.[41]

창세기 2:19에 의하면, 하나님 자신이 흙으로 창조한 각종 짐승들을 아담에게로 이끌어 간다. 그리고 아담으로 하여금 그 짐승들의 이름을 직접 짓도록 한다. 아담은 짐승들에게 각각의 이름을 지어 준다. 그가 지어 준 이름이 짐승들의 이름이 된다.

아우구스티누스는 이 장면을 통해 두 가지를 가르친다.

① 이성을 가지지 못한 모든 짐승들 또한 본능적으로 하나님께 복종해야 하는 존재임을 알고 있다는 것을 가르쳐 준다.
② 사람의 가치는 세상의 어떤 피조물과도 비교될 수 없다는 것을 가르쳐 준다.[42]

아담이 각종 짐승들의 "이름"을 짓는다는 것은 아담의 두 가지 측면을 강조한다.

① '이름'을 짓기 위해서는 사물의 특징과 본질에 대해 깊은 이해력을 지니고 있어야 한다.[43] 이것은 하나님의 형상대로 창조된 아담의 존재와 가치에 대한 설명으로 작용한다. 아담에게 주어진 '직관력'과 '통찰력'은 아담이 모든 것 가운데 뛰어난 존재이며, 최고의 가치를 지닌 존재라는 것

41　칼빈, 『칼빈성경주석 1: 창세기 Ⅰ』, 70-71.
42　Louth (ed.), *Ancient Christian Commentary on Scripture, Old Testament* Ⅰ, 64-65.
43　칼빈, 『칼빈성경주석 1: 창세기 Ⅰ』, 103-104; Bavinck, *Reformed Dogmatics* Vol. 2, 97.

을 증명한다.

② '이름'을 짓는다는 것은 '소유권'에 대한 것을 말한다. 소유권은 자신의 것이며, 그것을 다스리는 '권한'이 있다는 것을 함께 말한다.⁴⁴

매튜 헨리(Matthew Henry)는 이 장면을 자신의 창세기 주석을 통해 "왕의 즉위식"으로 표현한다.⁴⁵ 벌코프는 하나님의 형상으로서 인간은 모든 피조물들 가운데 왕의 입장에 선다는 것을 『인간론』을 통해 강조한다.⁴⁶

둘째, 하나님의 창조 목적을 이룰 '선지자'의 직분이다.

여기에 대해 창세기 2:15은 창세기 2:17을 관련해 살펴볼 필요가 있다. 먼저 15절에 따르면, 하나님은 사람을 에덴동산에 두시고 경작한 것을 지키게 하신다. "지키게 하시고"는 기본 어근이 '쇠마르'로서 '보존', '간수'(keep), '감시', '준수'하는 것을 말한다. 동사 '쇠마르'는 신적 위임을 나타내는 것으로 '수호하다', '보호하다'로 번역되기도 한다.⁴⁷

아담은 하나님이 창조하신 창조의 세계를 잘 관리해야 할 의무가 있다는 것을 말한다. 크리소스토무스는 "동산을 잘 일구고, 지키는 일은 하나님을 믿고, 그 계명을 지키는 일이다"라고 말한 바 있다. 에덴동산에는 자유로운 것을 말하기 전에 창조의 관점에서 먼저 하나님이 정해 놓으신 경계가 있다는 것과 그 경계를 지켜 나가는 것이 아담에게 주어진 직분의 직무라는 것을 알게 한다.⁴⁸

44　Wenham, *World Biblical Commentary : Genesis 1-15*, 68-69.
45　헨리, 『창세기』, 66.
46　Berkhof, *Systematic Theology*, 223.
47　데스몬드 알렉산더, 『에덴에서 새 예루살렘까지』, 배용덕 역 (서울: 부흥과개혁사, 2014), 29.
48　Louth (ed.), *Ancient Christian Commentary on Scripture, Old Testament* Ⅰ, 59-60.

하나님이 창세기 2:17에서 아담에게 이렇게 말씀하신다.

선악을 알게 하는 나무의 열매를 먹지 말라 네가 먹는 날에는 반드시 죽으리라(창 2:17).

이 말씀은 하나님의 동산을 잘 가꿀 것과 하나님의 계명을 지켜 준행하는 직분자로서 직분의 위치에 대해 분명한 기준을 세운다. 직무를 망각해서는 안 된다는 하나님의 명령이자, 경고의 음성이었다. 하나님이 말씀하신 것을 잘 지켜 나갈 뿐만 아니라 하나님의 말씀에 늘 귀를 기울이는 선지자 직분에 근거해 하나님의 피조 세계를 잘 관리하는 것이 아담의 몫이었다.[49]

하나님의 형상인 아담은 자신의 직분 속에 담겨져 있는 공유적 속성을 통해 선지자의 직분을 감당하게 된다. 하나님을 향한 '참된 지식'을 바르게 세우는 선지자, 하나님의 '의'가 지켜지도록 자기 자신이 '의'를 지켜내는 계명의 준수자가 되어야 했다.

벌코프는 첫째 아담이 죄를 범한 것에 대해 이렇게 말한다.

자신을 하나님과 대립하는 위치에 두었기 때문이며, 하나님의 뜻에 자신을 굴복시키는 것을 거부했기 때문이다.[50]

죄는 본성적으로 하나님의 거룩한 본성과 대립한다. 그리고 자신이 어떠한 위치에 서 있어야 하는 존재인지 망각하게 만든다. 자신이 하나님의 자리를 범한다는 것조차 깨닫지 못하게 하는 특성을 지닌다.[51]

---

49 로스, 『창조와 축복』, 180; Wenham, *World Biblical Commentary : Genesis* 1-15, 67-68, 72-75.
50 Berkhof, *Systematic Theology*, 243.
51 Ferguson, *Devoted to God: Blueprints for Sanctification*, 20-29.

하나님이 에덴동산 중앙에 '선악을 알게 하는 나무'를 둔 것은 사람에게 도덕적 선택을 통해 얻어질 두 갈래 길이 제시되는 계명이었다.[52]

한 길은 하나님의 말씀을 따라 준행할 때였다. 하나님이 약속하신 생육, 번성, 충만과 함께 하나님이 허락하신 세상의 모든 권세를 생명과 함께 누릴 것이 약속된다.

다른 길은 그렇지 않을 때였다. 그 경우 생명을 잃어버리게 되는 저주 가운데 놓여지게 될 것이 약속된다.

후크마는 이것을 "하나님을 위해 땅을 통치하고, 하나님을 영화롭게 하는 문화개발 명령"으로 여기고 있다.[53] 아담이 인류의 머리가 되는 것은 아담 이후 모든 후손, 즉 모든 사람이 이에 해당되는 것을 말한다. 하나님은 인류의 머리가 되는 아담으로 하여금 하나님의 말씀을 따라 준행하는 선지자로서 그 근본을 잃어버리지 않도록 주지시키신다.

셋째, 하나님의 창조 목적을 이룰 '제사장직'의 직분이다.

창세기 2:15의 "경작하며"라는 말씀은 그 기본 어근이 '아바드'로서 '일하다', '봉사하다', '섬기다', '시중들다'(work, serve)와 함께 '예배하다', '순종하다'의 의미로도 사용이 된다. 가꾸는 자로서, 그리고 동시에 여호와를 섬기는 자로서의 직분이 주어진다.[54] 한글 성경에서 "경작하며"로 번역된 '아바드'는 직무와 관계된 것으로, 성막 안에서 제사장의 임무를 묘사하는 데도 쓰인다.[55] 따라서 "경작하며"는 아담에게 일반적인 단순한 노동이 요구되는 것을 말하는 것이 아니다. 섬김과 시중드는 것을 함께 요구하고 있다.

---

52 Bavinck, *Reformed Dogmatics* Vol. 3, 66-67.
53 Hoekema, *Created in God's Image*, 14-15.
54 로스, 『창조와 축복』, 180.
55 존 페스코, 『태초의 첫째 아담에서 종말의 둘째 아담 그리스도까지』, 김희정 역 (서울: 부흥과개혁사, 2012), 85.

"에덴동산"은 단순한 농장이 아니었다. '성전'의 개념을 가지고 있다. 하나님의 임재가 있는 성스러운 공간을 만들어 내는 일이 아담에게 주어졌음을 말한다.[56] 하나님의 형상으로 지음 받은 아담의 '거룩한' 공유적 속성이 일하고, 봉사하고, 섬기는 일에 함께해야 한다.[57] 이 모든 것이 하나님을 향한 예배의 행위가 되었으며, 아담은 제사장의 직분으로 이 직무를 감당해야만 했다.

하나님의 형상인 아담의 직분은 세 가지 점에서 하나님의 창조 목적을 이뤄 가는 직무였다.

① 아담의 직분은 하나님의 창조물인 피조 세계에 대해 하나님의 속성을 드러내는 공의의 사역을 통해 하나님께 영광을 돌리며, 하나님의 창조 목적에 부합하는 직무를 이어 가게 된다.[58]

② 아담의 직분은 하나님의 말씀을 지키고, 준행하는 직무의 수행을 통해 하나님의 창조 목적을 이루는 직분이었다. 천지만물을 창조하신 하나님의 말씀의 권세와 권위를 피조 세계에 더 높이는 직무를 통해 하나님 나라를 굳건하게 세워 나가며 하나님의 창조 목적을 이뤄 간다.

③ 아담의 직분은 하나님의 거룩을 드러내며, 하나님을 섬기는 직무를 통해, 하나님의 창조 목적을 이뤄 간다.

『벨직 신앙고백서』 제12조에 따르면 하나님이 창조하신 창조물들은 본질적으로 창조주인 하나님을 섬기도록 창조되었다. 각각의 창조물 가운데 주어진 사역과 기능 또한 이를 위해 주어진다.

---

[56] 월튼, 『NIV 적용주석: 창세기』, 272-285; 페스코, 『태초의 첫째 아담에서 종말의 둘째 아담 그리스도까지』, 72-81.
[57] 헨리, 『창세기』, 60-61.
[58] Calvin, *Inst* II.2.8-10.

하나님은 모든 피조물에게 존재와 종류, 형태를 부여하셨으며 그들의 다양한 직무로 창조주를 섬기도록 하셨습니다. ....[59]

하나님의 형상인 아담은 유한한 존재가 함께할 수 있는 공유적 속성을 담아내고 있다. 아담에게 주어진 직분은 하나님의 공유적 속성을 드러내는 사역을 통해, 하나님의 창조 목적을 이뤄 가는 직무를 펼쳐 나간다. 공유적 속성에서는 하나님이 의식적이고, 지성적인 인격적인 존재로 나타난다. 하나님의 공유적 속성은 하나님의 창조 목적을 이뤄 가는 사역의 근원지가 된다.[60]

벌코프는 하나님의 형상을 가리켜, "하나님 안에 있는 원형적인 것이 창조에 의해 인간 안에서 모형적인 것이 되었다."[61]라고 밝힌다. 이것은 아담의 직분의 직무 또한 하나님의 원형을 담아내는 사역이 되어야 한다는 것을 간접적으로 설명해 준다. 아담의 직분의 직무는 모든 측면에 있어서 하나님의 창조 목적을 이뤄 가는 원형을 지닌 사역이었다. 이것은 하나님이 그에게 부여한 사역의 내용뿐만 아니라 아담에게 주어진 공유적 속성을 통해서도 그대로 드러나고 있었다.

3) 아담에게 세 가지 직분이 주어진 명시적, 확정적 두 시기와 창조론

아담은 하나님의 형상대로 지음을 받았다. 아담이 하나님의 형상인 것은 아담의 창조가 일반적인 피조물들과는 달리 하나님의 공유적 속성이 주어져 피조되었다는 것을 말한다. 하나님이 아담을 창조하실 때, 그에게 공유적 속성을 불어넣어 창조한 것은 아담을 특별하게 창조했다는 것을 말한다. 그리고 아담이 하나님의 창조 목적을 이루기 위해 창조되었다는

---

59 Schaff (ed.), "The Belgic Confession", *The Creeds of Christendom* Vol. III, 395.
60 Berkhof, *Systematic Theology*, 234-235.
61 Berkhof, *Systematic Theology*, 220.

것을 가리킨다. 『웨스트민스터 소요리문답』의 제1문은 "사람의 첫째 되는 목적은 하나님을 영화롭게 하는 것과 영원토록 그분을 즐거워하는 것입니다"라고 말한 바 있다.[62]

하나님이 사람을 지으실 때, '자신의 형상을 따라' 사람을 지으셨다는 것은 사람에 대해 두 가지를 설명한다.

첫째, 사람은 존재와 가치에 있어서 존귀하게 창조되었다는 것이다.
둘째, 사람은 하나님의 창조 목적을 이루기 위해 창조되었다는 것을 말한다. 여기서 중심은 사람이 아니라 하나님이 중심이 된다.[63]

첫 번째 사람이면서 동시에 인류의 머리가 되는 대표성을 지닌 아담에게 직분이 주어진 것은 아담이 가지고 있는 본성(本性)에 의한 것이 아니었다. '하나님의 영광을 위한' 것이었다. 아담의 직분은 하나님의 형상과 무관하지 않다. 아담에게 주어진 '공유적 속성'과도 무관하지 않다. 그런데도 아담에게 부여된 직분의 접촉점은 '형상'과 '공유적 속성'보다 '하나님의 영광을 위해'라는 하나님의 창조 목적이 앞서게 된다. 그 다음 '형상'에 따른 '공유적 속성'이 세 가지 직분과 접촉점을 이루게 된다.

하나님의 창조 목적을 이루기 위해 주어진 아담의 직분에는 하나님의 속성이 그대로 드러나 있다. 그 이유는 직분의 수행이 아담 자신을 위한 것이 아니라 하나님의 창조 목적을 이루는 사역이었기 때문이다. 후크마는 인간의 존재에 대해 이런 견해를 제시한다.

---

62 Schaff (ed.), "The Westminster Shorter Catechism", *The Creeds of Christendom* Vol. III, 676.
63 G. I. 윌리암슨, 『웨스트민스터 소요리문답 강해』, 문성호 역 (대구: 양문출판사, 1988), 11-15.

인간이 된다는 것은 하나님을 향하는 것입니다. 인간은 자신의 존재를 하나님께 빚지고 있습니다. ...[64]

하나님의 창조에는 목적이 있다. 그리고 하나님에 의해 창조된 피조물에게는 하나님의 창조 목적에 부합하는 사역들이 있다.

아담에게 직분이 주어진 시기는 본성에 의한 시기가 아니다. 아담을 창조하고 난 뒤, 하나님의 영광이라는 관점에서 주어진다.[65] 하나님이 아담에게 부여한 세 가지 직분의 시기는 둘로 나눌 수 있다.

첫째, 명시적(明示的) 시기이다.

창세기 1:26에서 하나님은 사람을 창조하시기 전에 사람을 왜 창조하시는지 그 목적을 분명히 하신다.

> 그들로 바다의 물고기와 하늘의 새와 가축과 온 땅과 땅에 기는 모든 것을 다스리게 하자.[66]

하나님은 창조하신 피조 세계의 피조물들을 자신을 대신해 다스릴 자로 사람을 창조할 것을 계획하신다. 그리고 "다스리게 하자"라는 말씀으로 권세에 따른 직분을 사람에게 주어 피조 세계의 피조물들을 다스리게 할 것을 명시적으로 나타낸다. 명시적 시기는 하나님이 사람에게 직분을 주어 그의 직무를 통해 피조 세계를 하나님의 창조 목적에 걸맞도록 다스리게 할 것을 계획한 시기였다. 그 시기는 '영원 전'이었다.

---

64 Hoekema, *Created in God's Image*, 75-76.
65 데이비드 칼훈, 『칼뱅을 읽다』, 홍병룡 역 (서울: 죠이선교회, 2108), 221.
66 Hoekema, *Created in God's Image*, 14.

둘째, 확정적(確定的) 시기이다.

창세기 1:28에서, 하나님은 사람을 창조하신다. 그리고 하나님이 창조하신 피조 세계와 피조물을 공의롭게 다스려 하나님의 창조 목적을 이뤄가도록 사람에게 직분에 따른 직무를 말씀하신다.

그리고 창세기 2:15에서, 하나님은 "그 사람"을 이끌어 "에덴동산"에 두시며, "경작하게" 하고, "지키게" 하신다. 사람을 창조하기 전, 자신의 창조 목적을 이룰 사람에게 세 가지 직분이 주어질 것을 미리 계획하셨다면, 에덴동산은 하나님이 계획하셨던 그 일을 공식적으로 실행하는 확정적 시기의 장소였다.

바빙크는 창세기 1:28에서 나타나는 땅의 통치는 하나님의 형상으로 지음 받은 인간에게 부여된 임무로 이뤄졌다고 말한다.[67] 아담에게 다스릴 직분과 그 직분이 인간 창조 이후에 주어진다.

칼빈은 자신의 『기독교 강요』를 "하나님에 대한 지식과 우리 자신에 대한 지식은 서로 연결되어져 있다"[68]라는 명제로 시작한다.

그리고 제1권 제2장에서 "하나님을 안다는 것"과 "하나님에 대한 지식은 하나님을 실질적으로 경배하는 것"이라고 설명한다.

제3장에서는 "하나님에 대한 지식"은 인간의 마음속에 본래부터 뿌리박혀 있었다고 고백한다.

> 주님, 당신은 우리의 창조주이시고, 우리는 당신의 손으로 만드신 작품입니다.[69]

하나님과 사람의 관계는 상호성에 근거한 것이 아니다.

아우구스티누스의 "은혜의 교리"는 하나님이 사람을 향해 은혜를 베푸

---

67 Bavinck, *Reformed Dogmatics* Vol. 3, 32-33.
68 Calvin, *Inst* Ⅰ.1.1.
69 칼훈, 『칼뱅을 읽다』, 175: *Piety of John Calvin*, 126의 내용을 재인용.

실 때, 은혜는 상호 관계적인 측면에서 발동되는 것이 아니라 전적인 하나님 편에서 일어나는 것임을 말한다.[70]

아담에게 세 가지 직분이 주어진 명시적이고, 확정적 두 시기는 세 가지 직분이 주어진 단순한 시기만을 말하는 것이 아니다. 하나님과 사람의 관계에 대한 세 가지의 분명한 사실을 설명한다.

첫째, 비록 하나님의 형상으로 지음을 받았다 할지라도 사람은 하나님이 명하신 사역을 감당해야 할 관계에 놓여 있다. 사람은 하나님을 향해 시선을 고정시켜야만 한다. 아우구스티누스는 우리가 비록 하나님의 형상으로 지음 받았을지라도 우리는 "하나님의 형상 안에서 유일무이한 삼위일체를 찾지 않으면 안 됩니다. … 오직 그분의 형상이기 때문입니다"라고 말한다.[71]

둘째, 하나님께 영광을 돌리는 권세가 되어야 한다는 것이다. 명시적, 확정적 두 시기는 하나님의 피조 세계를 비롯한 피조물을 다스리는 권세를 아담이 가졌다 할지라도 그 권세는 하나님으로부터 나온 권세라는 것을 알도록 한다.

하나님은 직분의 확정적 시기를 통해 아담에게 주어진 직분이 하나님 보시기에 선하게 수행되어야 할 것을 창조론적 관점에서 말씀하셨고, 명령하셨다. 하나님이 천지만물을 창조하셨을 때, 모든 피조물은 하나님이

---

70 필립 샤프 (편), 『어거스틴의 은총론(I)』, 차종순 역 (서울: 한국장로교출판사, 2013), 336-338; Benjamin Breckenridge Warfield, "Augustine", in Samuel G. Craig, ed., *Calvin and Augustine* (Philadelphia: Presbyterian and Reformed Publishing Co, 1980), 322: 칼빈은 은혜의 교리에 있어서 근본적으로 아우구스티누스의 입장을 따랐으며, 아우구스티누스는 '저항할 수 없는 하나님의 은혜'에 대해 말한다고 Warfield는 주장한다; *cf)* Zaspel, *The Theology of B. B. Warfield*, 192: 워필드는 아우구스티누스를 '은혜론'의 창시자, 안셀무스를 '속죄론'의 창시자, 루터를 '이신칭의론'의 창시자, 터툴린안을 '삼위일체'의 창시자로 보고 있다.

71 Augustine, "The Perfection of the Image in the Contemplation of God", 103, 108-109.

보시기에 "좋았더라"였다.

아우구스티누스에 의하면, 하나님이 창조하신 것을 통해 "좋았더라"라고 말씀하신 것은 인간 편에서가 아니라 하나님 편에서라는 것을 말한다. 이런 측면에서 "만들었다"에서는 "하나님의 능력"이 비춰지고 있다. "말씀하셨다"에서는 "하나님이 주권"이 나타난다. 그리고 "좋았더라"를 통해서는 "하나님의 선하심"이 나타난다고 아우구스티누스는 『미완성 창세기 문자적 해설』을 통해 주장한다.[72]

창세기 1장은 이것을 일곱 번이나 강조한다(창 1:4, 10, 12, 18, 21, 25, 31). 칼빈은 창세기 주석에서 이렇게 말한다

> 모세가 여기서 나타내고자 한 것은 모든 것은 하나님의 목적과 이유에 의해서 창조되었다는 것을 가르치기 위해서였다.[73]

아담에게 주어진 직분은 사람으로 하여금 하나님의 창조의 근본을 벗어나서는 안 된다는 것을 말한다. 그리고 사람은 하나님의 선한 창조 목적을 이뤄 하나님께 영광을 돌려야 한다는 사실을 발견하게 한다.

셋째, 명시적, 확정적 두 시기는 아담으로 하여금 하나님 앞에 항상 겸손해야 한다는 사실을 증거한다. 그가 받은 직분은 자신의 본성에 근거한 것이 아니었다. 하나님으로부터, 하나님의 목적을 이루기 위해 주어진 직분이었다. 여기에 대해 아담의 겸손이 요구되고 있다.

벌코프에 의하면, 겸손은 사람의 본성에 의해 구성된 것이다. 이것은 생득적일뿐만 아니라 다른 사람의 행복과 자신을 위해 필요한 것이다.[74] 직

72　Louth (ed.), *Ancient Christian Commentary on Scripture, Old Testament* Ⅰ, 8.
73　칼빈, 『칼빈성경주석 1: 창세기 Ⅰ』, 52.
74　Berkhof, *Systematic Theology*, 252; Ian Hazlett, "Calvin and the British Isles", 120: 칼빈은 시모어 공작에게 보낸 서신에서 자신이 비록 하나님의 거룩한 사역의 도구로 택함을

분은 본성에 의한 것은 아니지만 본성과 함께 어울려져 주어진다. 따라서 사람은 하나님으로부터 주어진 직분에 대해 하나님의 공의의 속성을 드러내는 사역을 하나님 앞에서 성실히 행하는 겸손의 자세를 잃지 않아야 한다. 사람이 비록 하나님으로부터 면류관을 받고, 창조물에 대한 지배권을 받았을지라도 모든 자연과 모든 피조물을 하나님의 뜻과 목적에 따라 만들어 가는 것이 의무이며, 특권이었다.[75] 의무와 특권에는 겸손이 함께 하고 있었다.

아담에게 주어진 세 가지 직분의 시기와 관련해 명시적으로 직분이 계획된다. 그리고 계획된 직분이 확정적으로 주어진다. 이 두 시기에서 나타나고 있는 것처럼, 아담에게 주어진 직분의 두 시기는 하나님의 창조 목적이 어떻게 이뤄질 것인지가 먼저 계획되고, 그 계획대로 실행되는 시기였다. 벌코프는 이렇게 말한다.

> 인간의 창조 앞에는 하나님의 거룩한 계획이 선행된다.[76]

창조와 섭리는 뗄 수 없는 관계에 놓여 있다. 아담에게 주어질 직분을 계획했던 명시적 시기와 그 직분이 주어졌던 확정적 시기를 통해 창조에 따른 하나님의 전지함의 지혜를 함께 엿볼 수 있다. 그 시기와 때에 있어서 모든 것이 하나님의 계획에 의해 이뤄졌을 뿐만 아니라 하나님의 주권에 의해 주관되었다는 창조론적 사실이 재발견된다.[77]

받았을지라도, 하나님의 특별한 은혜를 강화시키기 위해 겸손해야 할 것을 권면한다.
75 Berkhof, *Systematic Theology*, 199.
76 Berkhof, *Systematic Theology*, 197-199.
77 Calvin, *Inst* Ⅰ.16.1; Calvin, *Inst* Ⅰ.16.4: 칼빈은 모든 피조물의 활동은 우발적으로 일어나는 것이 없으며, 하나님의 섭리 가운데 이뤄진다고 말한다.

2. 창조에 따른 첫째 아담의 세 가지 직분이 가지는 기능적 의미

1) 중보자로서의 역할을 담아내는 일체적 세 가지 직분

'왕', '선지자', '제사장'은 아담의 개별적 또는 그 직위를 취득할 만한 능력에 의해 만들어진 직분이 아니었다. 하나님에 의해 주어진 직분이었다. 아담이 비록 권세를 가진 위치에 놓여 있을지라도 그 위치는 하나님께 수종을 드는 자의 위치였다. 중보자로서 위치였다.[78] 창세기 2:17 아담은 하나님께 수종을 드는 자로서 그리고 하나님을 향한 인류의 대표자인 머리로서 세워진다. 그리고 하나님을 향한 중보자로서 행위언약을 체결한다.

『웨스트민스트 소요리문답』 제16문은 이렇게 고백한다.

> 아담이 맺은 언약은 저만을 위한 것이 아니라 그 후손까지 위한 것이다.[79]

아담은 세 가지 직분을 가진 중보자로서 언약을 체결한다. 이 언약에는 세 가지 직분이 일체의 모습으로 나타난다. 행위언약에는 책임이 부여된다. 아담에게 주어진 직분은 하나님의 피조 세계를 향한 하나님의 뜻을 세우기 위한 직분이었기에 아담과 맺었던 행위언약과 직결된다. 이 행위언약에는 '영생'이 약속되어 있었다.[80]

하나님과 인간 사이에 세워진 행위언약은 법적 관계가 구체적으로 적용되면서 인간은 결코 이 언약으로부터 벗어날 수 없었다.[81] 아담은 인류의

---

78 Calvin, *Inst* II.12.4.
79 Schaff (ed.), "The Westminster Shorter Catechism", *The Creeds of Christendom* Vol. III, 679; A. A. Hodge, *Commentary on The Confession of Faith*, 154.
80 Berkhof, *Systematic Theology*, 235-236.
81 Vos, *Reformed Dogmatics: Anthropology* Vol. 2, 2.21, 44.

머리로서 대표성을 가지고 있었기에 그에게 부여되는 책임은 단순히 개인에게 묻는 책임이 아니라 인류의 머리요, 대표성에 따른 책임을 묻는 것이었다.[82] 그러므로 아담에게 주어진 세 가지 직분 또한 한 개인에게 주어진 직분이 아니라 대표성에 따른 각각의 직분이었다. 머리와 대표성은 인류에 대한 중보적 위치에 서게 되고, 그에 따른 법적 효력을 갖게 된다. 이렇게 주어진 세 가지 직분은 '행위언약' 안에서 하나님의 말씀을 지켜 준행하며, 언약을 이뤄 가는 측면에서 일체로 그 모습이 나타나야만 했다.

젠트리는 『언약과 하나님 나라』에서 언약과 관련해 다음과 같이 말한다.

> (1) 구약성경에서 언약에 해당되는 히브리어 단어는 '베리트'다. 성경에서 이 말은 다양한 관계 속에서 매우 광범위하게 맹세로 묶인 서약을 가리키는 데 사용된다.
> (2) '베리트'라는 단어의 어원이나 기원에 관한 연구가 광범위하게 이뤄졌지만 이 단어의 의미에 관해서는 특별한 조명이 이뤄지지 못했다. 히브리어가 속해 있는 셈족 언어의 어족에서 '베리트'는 기원전 1,300년대 초 이집트어로 쓰인 글에서 외래어로 등장하는 것이 확인되었다.
> (3) 고대 근동에 있어서 언약은 두 가지 형태의 조약으로 나타났다. 하나는 종주-봉신 조약으로 외교적 조약을 말하며, 또 다른 하나는 왕의 하사 또는 토지 수여로서, 이 조약은 신이나 왕의 호의로 재산을 받거나 제사장이나 왕의 신분 같은 특권적 지위가 주어지는 것을 포함한다.[83]

하나님이 아담에게 세 가지 직분을 주신 이유는 아담이 청지기로서, 하나님의 대리자로서 어떤 역할을 감당하는 자가 되어야 하는가를 설명한

---

82 Burger, *Being in Christ*, 93-96.
83 젠트리 · 웰럼, 『언약과 하나님 나라』, 189, 192, 193.

다. 다시 말하자면, 기능과 역할로서 세 가지 직분을 말한다. 아담에게 주어진 세 가지 직분에는 '영적 기름 부음 받은 자'로서 '중보자'의 의미가 부여된다.

구약성경은 이 세 가지 직분에 대해 설명할 때, 이것을 하나님과 언약백성 사이의 중보적 기능과 역할을 수행하는 것으로 설명한다. 예를 들어, 이스라엘의 왕은 하나님의 주권과 권력을 중재하는 중보자였다. 선지자는 하나님의 진리와 그 명령을 중재하는 중보자였다. 그리고 제사장은 하나님의 거룩함과 용서에 대해 중재하는 중보자였다.[84]

판 브루헌에 따르면, 그리스도께 주어진 직분은 외형적으로는 세 가지의 직분을 설명하고 있지만 실제적 행위에 있어서는 세 가지 직분이 하나를 이뤄 일체의 모습으로 중보적 사역을 이루게 된다. 이런 모습은 첫째 아담에게도 동일하게 적용되고 나타났다.[85]

첫째 아담에게 주어진 세 가지 직분이 중보자로서 기능과 역할을 감당해 낼 때, 별도의 모습으로 보면 각각의 개별적인 직분으로 나타난다. 그러나 이 직분은 떨어져서 별도로 수행되는 직분이 아니었다. 마치 하나님의 삼위가 일체의 모습으로 모든 역사를 이룬 것처럼, 일체를 이뤄 수행되는 직분이었다. 하나님이 천지 만물을 창조하셨다. 이때 성부는 계획하고, 명하는 분이셨다. 성자는 그것을 중보적 위치에서 수행하는 분이셨다. 성령은 그 결과를 실천해 나가는 분이셨다. 이처럼 아담에게 주어진 직분은 하나의 완성을 위해 세 가지 직분이 일체의 모습으로 사역을 이뤄 가게 된다.

에덴동산에서 마귀가 아담을 유혹했을 때였다. 아담은 그 유혹을 물리칠 수 있는 능력을 하나님으로부터 이미 부여받았다. 그 능력이 세 가지 직분 가운데 주어졌다. 당시 아담은 하나님의 말씀을 받은 선지자직의 바른 직무 수행을 통해 마귀의 유혹을 구별해내야 했다. 그리고 제사장직의

---

[84] Sherman, *King, Priest, and Prophet*, 107-110.
[85] Van Bruggen, *Annotation to The Heidelberg Catechism*, 101.

수행을 통해 거룩을 지켜 내야 했다. 왕직의 권세를 통해 하나님이 친히 다스리시는 것과 동일한 방식으로 마귀의 불의함을 공의로 다스려야 했다.[86] 이때 세 가지 직분은 따로 작동하는 직분이 아니라 마치 삼위일체처럼 동시에 작동되어 나타난다.

A. A. 핫지에 따르면, 세 가지 직분이 가지고 있는 중보의 직책에는 왕과 선지자, 제사장이라는 세 가지의 중요한 기능이 포함되어 있다.[87] 그 모습과 그 기능은 각각이지만 "우리의 형상과 우리의 모양"이 삼위일체 하나님의 모습을 담아내고 있는 것처럼 하나를 이룬다. '왕직'과 '선지자직', '제사장직'은 각각이지만 아담의 '한 인격' 안에서 일체의 모습을 취하며 동시에 작동되는 직분이었다. 하나님의 공의를 지켜 내고, 하나님의 말씀을 바르게 지켜 내고, 하나님의 거룩을 지켜 내는 일에 있어서 세 가지 직분은 각각의 기능을 가지고 있었다.

하지만 이 모든 것을 지키는 데 있어서 어느 하나 소홀함이 없이 일체를 이루는 가운데 언약을 지켜야 했다. 왜냐하면, 하나의 직분이 무너지는 것은 곧 전체 직분의 무너짐으로 연결되기 때문이었다. 어느 하나가 탁월하다고 문제가 해결되는 것이 아니었다. 서로가 서로를 만들어 가는 일체의 형식이 세 가지 직분 가운데 있었던 것이다.

이렇게 세 가지 직분을 부여받은 첫째 아담의 역할은 하나님과 피조 세계를 보는 측면에서 철저히 중보자로서 역할과 기능을 감당하는 것이었다. 일체의 모습을 이루며 충성된 중보자로서 역할을 감당해야 했다. 이를 위해서는 무엇보다 자발적으로 순종하며 하나님을 더욱 기쁘게 하는 청지기의 자세가 필요했다.

존 오웬에 따르면, 구속언약에서 성부는 "처방하시는 분", "약속하시는 분", "법을 수여하시는 분"이었다. 성자는 성부의 처방, 약속, 법을 시행

---

86 바우만, 『벨직 신앙고백서 해설』, 229.
87 A. A. Hodge, *Commentary on The Confession of Faith*, 185-186.

하시는 분이었다.

여기에 대해 성자가 구속 사역을 자원해서 맡지 않았다면 만족은 이뤄지지 않았을 것이라고 토마스 굿윈은 말한다. 중보자의 자세와 역할에는 자원하는 순종이 필연적이었다는 것을 알 수 있다.[88] 구원 사역에 있어서 중보자로서 그리스도의 사역이 자원하는 순종으로 그 사역들을 이끌어 갔다.

아담이 중보자로서 수행하는 직분은 기계적인 시스템으로 되는 것이 아니다. 아담이라는 '한 인격'이 중보자로 이 직무를 수행한다. 자원해 순종하는 중보자로서 그 역할을 일체의 모습을 통해 감당해야만 했다. 첫째 아담이 행위언약에 대해 실패했던 가장 큰 요인 중 하나는 일체의 모습을 지닌 중보자로서 자신의 위치와 직분자로서 바른 자세를 망각했기 때문이다.

2) 하나님의 속성을 드러내는 나침판으로서의 역학(力學) 구조

하나님이 아담을 '하나님의 형상'으로 창조한 것과 그에게 주어진 직분은 창조론과 긴밀한 관계를 가지고 있다. 하나님이 사람을 하나님의 형상대로 피조하신 것은 살아 있는 모든 존재들은 하나님 앞에 복종해야 한다는 창조의 원리를 제시한다.[89] 특히 하나님이 아담을 '하나님의 형상'과 '하나님의 모양대로' 창조하신 내면에는 하나님의 공유적 속성이 내포되어 있었다. 공유적 속성은 아담이 하나님의 가치관으로 세워진 자라는 것을 말한다. 그리고 아담의 대리적 통치를 통해 피조 세계가 다스려질 것과 모든 피조 세계는 하나님을 향한 존재가 되어야 한다는 당위성을 제시해 준다.

---

88 비키 · 존스, 『청교도 신학의 모든 것』, 289.
89 바빙크, 『하나님의 큰 일』, 175.

하나님의 형상대로 지음 받은 아담의 직분은 아담의 탁월함으로 생겨난 직분이 아니었다. 피조 세계로 하여금 하나님을 향해 그 방향과 길을 바르게 인도하라는 나침판과 같은 역학적 구조 가운데 하나님이 주신 직분이었다. 하나님이 인간을 자신의 형상으로 만드시고, 그에게 하나님과 닮은 특성인 속성을 부여하신 것은 인간으로 하여금 하나님의 창조 세계를 대리 통치하도록 하기 위함이었다.[90]

그 통치는 지배와 다스림을 위해 자신의 왕국을 건설하는 것이 아니었다. 하나님께로 바르게 인도하기 위한 나침판의 역할을 감당하는 통치였다. 아담은 이 직분을 통해 피조 세계가 하나님을 바르게 경배하며, 영광을 돌리는 길을 제시하는 데 있어서 세 가지의 나침판이 되어야 했다.

첫째, '왕직'이다.

권세를 통해 전체를 바른 길로 인도하는 나침판으로서의 역할이었다. 아담은 왕직의 직분을 통해 피조 세계로 하여금 하나님의 '공의'를 바르게 세워야 했다. 그 '공의'를 통해 하나님의 영광을 더 높이고, 하나님 나라를 굳건하게 지켜 나가는 직분을 감당해야 했다. 아담은 여기에 대해 길과 방향을 자신이 가진 권세를 통해 드러내야 했던 것이다. 직분자로서 아담이 행하는 권세는 창조자요, 만물의 주관자 되시는 하나님의 공의를 드러내기 위한 권세였다. 이렇게 공의를 드러내어 하나님을 바르게 찾고, 공의를 통해 하나님 또한 우리에게 다가오시도록 하는 나침판으로서의 역학적 구조가 설정되어 있었다.

바빙크에 따르면 성경은 하나님이 인간을 찾아오실 때 하나님의 정의와 사랑 안에서 하나님을 알도록 인간을 가르친다. 나침판으로써 역할을 감당한다.[91]

---

90 페스코, 『태초의 첫째 아담에서 종말의 둘째 아담 그리스도까지』, 61-62.
91 Bavinck, *Reformed Dogmatics* Vol. 1, 328.

칼빈은 『기독교 강요』 제1권 제17장에서 세상이 우리의 판단력을 빼앗아 갈 때도 하나님의 공의가 통제를 통해 그 길을 조명해 준다고 주장한다.[92]

공의는 하나님을 바라는 길을 열어 주는 역할을 한다. 공의는 하나님을 찾고, 감사와 영광을 하나님께 돌리는 길을 제시하는 나침판이다.[93] 공의가 불신자에게는 심판에 따른 판결문이라면, 신자들에게는 자신의 허물을 회개하고 하나님께로 돌이키게 하는 나침판이 된다.

둘째, '선지자직'이다.

하나님의 말씀이 바르게 집행되도록 그 길을 인도하는 나침판의 역할이었다. 하나님의 형상을 지닌 사람에게 부여된 공유적 속성 가운데 하나였던 '지식과 지혜'는 아담이 선지자로서 나침판의 역할을 감당하는 데 없어서는 안 될 필수적 요소였다. 사람 안에 있는 하나님의 형상에는 은사와 능력과 자질이 포함된다. 이것은 형상이 지니고 있는 임무와 연결된다.[94]

아우구스티누스는 자신의 저서 『삼위일체론』 제12권에서 인간의 타락을 가리켜 이렇게 말한 바 있다.

> 지혜에 대한 사랑보다 교만하게 하는 지식을 선호함으로써 합리성이 침몰하게 된 것이다.[95]

아우구스티누스에 따르면 인간은 자신의 통제를 버린다. 자신이 주인이 되고, 자신의 몫을 갖기를 원했다. 타락은 아담이 물질적이고, 시간적인 일에 자신을 헌신시킨 결과였다. 하나님을 바르게 알고, 하나님의 말씀을

---

92 Calvin, *Inst* I.17.1.
93 Calvin, *Inst* I.2.1.
94 Hoekema, *Created in God's Image*, 73.
95 Augustine, "Knowledge and Wisdom", 93-94.

바르게 이해해야 할 지식이 그 방향을 잘못 잡게 된다.

뱀의 유혹으로 말미암은 그릇된 길에 대해 방향과 길을 바르게 제시해야 할 선지자였던 아담은 오히려 자신이 방향을 잃어버린다. 그리고 하나님이 허락하신 자신의 배필이었던 '여자'에게도 그 방향을 바르게 제시하지 못하고, 함께 타락의 길을 걸어간다. 왕직은 권위와 권세를 외부로 드러내며 공의를 세워 나가는 나침판으로서의 역학적 구조를 가지고 있었다. 여기에 대해 선지자 직분은 내면을 통한 바른 길을 제시하고, 인도하는 나침판으로서의 역학적 구조를 가지고 있었다.

셋째, '제사장직'이다.

하나님을 향한 거룩을 잃어버리지 않도록 그 길을 인도하는 나침판으로서의 역할이었다. 에덴동산을 예배 처소로 삼으신 하나님은 아담으로 하여금 거룩을 잃어버리지 않도록 하셨다.

바빙크에 따르면, 아담에게 주어진 직분 가운데 왕직은 하나님이 허락하신 피조 세계를 공의로 이끌고, 다스리는 직분이었다. 그리고 선지자직은 하나님을 설명하고, 하나님에 관한 미덕들을 선포하는 직분이었다. 제사장직은 하나님이 창조하신 피조물들(아담 자신을 포함)을 하나님께 거룩한 제물로 바치는 직분이었다.[96] 자신뿐만 아니라 하나님 나라의 공동체와 하나님을 향한 예배 처소에 대해 거룩을 잃어버리지 않도록 나침판으로서 역학적 구조를 가지고 있었다.

제사장 직분은 하나님의 임재를 나타내고, 하나님의 영광이 성소 가운데 더욱 충만히 흐르도록 역할을 감당하는 직분이다. 하나님의 거룩의 속성을 드러내면서 자신뿐만 아니라 하나님의 피조 세계에 이르기까지 나침판으로서 길과 방향이 되어야 한다. 거룩에 대한 길과 방향을 제시해야 할 제사장이었던 아담은 하나님보다 뱀의 유혹에 순종함으로 거룩을 잃어버

---

96 Bavinck, *Reformed Dogmatics* Vol. 2. 561-562.

린다. 동시에 자신의 직분을 상실당하게 된다. 그 결과 아담은 하와와 함께 하나님의 거룩과 성소를 상징했던 에덴동산으로부터 쫓겨난다.[97] 이 일로 인해 세상은 혼돈으로 빠져든다. 거룩함으로 인도해야 할 나침판이 역할과 책임을 다하지 못했기 때문이다.

한편, 하나님의 속성을 드러내야만 하는 아담의 세 가지 직분이 나침판으로 역학적 구조를 가진다는 것은 다음과 같은 두 가지 요소가 함께하고 있었기 때문이다.

① 아담의 직분에는 하나님 나라에 관해 바른 길과 방향을 제시해야 하는 직무가 함께하고 있었다. 존 머레이(John Murray)에 따르면, 아담은 하나님의 형상을 따라 지음을 받았을 뿐만 아니라 아담의 행위는 그의 정체성에 의해 규정되었다.[98] 아담의 정체성은 하나님의 속성을 묘사하는 행동으로 연결되었으며, 세 가지 직분의 직무와 연결되었다. 따라서 하나님의 형상인 아담에게 주어진 세 가지 직분은 하나님의 속성을 드러내는 직무를 나침판이 되어 바르게 감당해야 했던 것이다.

② 아담에게 주어진 세 가지 직분은 언약에 대한 책임론이 뒤따르는 직분이었다. 직분에 따른 아담의 책임은 행위언약을 통해 그 내용이 나타났다.[99]

> **선악을 알게 하는 나무의 열매를 먹지 말라 네가 먹는 날에는 반드시 죽으리라**(창 2:17).

창세기 2:17의 행위언약은 아담에게 주어진 세 가지 직분이 나침판으로서 역할을 다하지 못했을 때 가해지는 형벌을 말한다. "반드시 죽으리라"

97　알렉산더, 『에덴에서 새 예루살렘까지』, 30, 34.
98　머레이, 『존 머레이 조직신학』, 72-74.
99　Gentry · Wellum, *Kingdom through Covenant*, 236.

라는 말씀은 직무 유기로 인해 어떤 형벌이 내려지게 될 것인지 아주 명확하게 말해 준다. 그것은 곧 죽음이었다.

웨스트민스터 신앙고백서 제7장 2절은 사람과 하나님 사이에 맺어진 행위언약의 실효는 아담의 완전한 순종이었으며, 그 순종의 조건으로 생명이 약속되는 것이라고 밝힌다.[100]

A.A. 핫지에 의하면, 지성이 있는 피조물이 피조되었다는 것은 의존과 의무의 관계가 내포되었다는 것을 뜻한다.[101] 아담의 세 가지 직분이 나침판으로서 역학적 구조를 가졌다는 것은 "아담의 직분은 기능적으로 길과 방향을 제시하는 직분이다"라고 말하는 것만이 아니었다. 아담의 세 가지 직분이 나침판으로서 역학적 구조를 가지고 있다는 것은 세 가지 직분 안에는 나침판으로서 '직무'만 있는 것이 아니라 나침판으로서 '기능'을 다하지 못했을 때 '책임'이 함께 수반된다는 것을 말한다.

3) 하나님 나라의 선한 본질을 지켜 내기 위한 세 가지 직분

하나님이 창건하신 에덴동산은 하나님을 예배하는 '성소'를 상징함과 동시에 '하나님 나라'를 상징한다. 하나님 나라는 하나님이 자신의 영광을 드러내기 위해 통치하는 나라를 말한다. 칼빈은 『기독교 강요』 제3권 제20장 "주기도문 해설"에서 '하나님 나라'에 대한 정의를 다음과 같이 두 가지로 요약한다.

> 하나님 나라는 하나님의 통치가 있는 곳으로 모든 육의 정욕을 자신의 영의 힘으로 바로 잡으시며, 우리의 모든 생각을 자신의 법도에 맞도록

---

100 Schaff (ed.), "The Westminster Confession of Faith", *The Creeds of Christendom* Vol. III, 616-617.
101 A. A. Hodge, *Commentary on The Confession of Faith*, 167-168.

인도하신다.[102]

하나님 나라는 하나님의 통치가 있는 곳이다. 여기에 대한 우리의 모습은 하나님의 법도인 '의'에 대해 순종하는 것으로 나타나야 한다. 우리는 이를 통해 하나님의 영광에 참여하게 된다.

하나님의 통치가 있는 곳을 가리켜 하나님 나라라고 명하는 것은 그 나라의 다스림의 본질이 하나님의 속성을 지니고 있기 때문이다. 하나님의 본성은 피조물로부터 무엇을 받으시는 데 있는 것이 아니라 피조물에게 자신을 발산하시고, 나누어 주는 데 있다.[103] 따라서 하나님 나라는 하나님의 '최고의 선'이 행해지는 나라다.[104]

아담에게 직분이 주어졌다는 것은 아담은 하나님을 대리해 피조 세계를 다스리는 권세자가 되었다는 것이다. 하나님이 창조하신 피조 세계에 대해 하나님의 "선한 속성"을 잘 드러내어 하나님께 영광을 돌려야 하는 직분자라는 것을 말한다.

차녹에 따르면, "선함"은 최고의 존재에게만 합당하게 불리는 명칭이다.[105] "완전한 선"은 만물의 창조자이며, 보존자 되실 뿐만 아니라 모든 존재와 생명의 근원되시는 하나님 한 분에게만 해당되는 속성이다. 하나님이 인간의 "최고선"이라는 것은 성경 전체가 증거한다.[106]

아퀴나스는 하나님의 '선'에 대해 이렇게 말한다.

> 그러므로 오직 신만이 자신의 신성이고, 본질적으로 선하다. 다른 것들은 신의 분유함으로써 선하다고 불린다.[107]

---

102 Calvin, *Inst* III.20.42.
103 리브스, 『선하신 하나님』, 75, 88-89
104 Bavinck, *Reformed Dogmatics* Vol. 3, 44-45.
105 Charnock, *Existence and Attribute of God* Vol. II, 209.
106 바빙크, 『하나님의 큰 일』, 9, 16.
107 아퀴나스, 『신학요강』 I.109, 201-202.

'선'이란 "완전성과 목적"을 말한다. '선'은 신만의 본질이며, 피조물은 그 선함에 대한 "분유"이다. 여기서 분유라는 것은 범신론과 같이 신성이 묻어난 분유적인 측면을 말하는 것이 아니다. 하나님의 형상인 아담은 하나님의 공유적 속성에 따라 하나님의 선하심으로 피조되었다. 따라서 아담은 '지식'과 '거룩'과 '의'에 이르기까지 모든 것이 '선'을 바탕으로 하고 있었다. 여기에 대해 아담이 가진 직분은 하나님의 '선하심'을 바탕으로 하고 있는 직분이었다. 하나님 나라의 선한 본질을 지켜 내기 위한 직분이었다. 하나님 나라는 하나님의 선하신 본질을 바탕으로 삼는다.

차녹은 하나님의 선하심에 대해 크게 네 가지로 정리한다.

> **첫째**, 오직 하나님만이 본질적으로 선하시다.
> **둘째**, 하나님만이 무한히 선하시다.
> **셋째**, 하나님만이 선하시기 때문에 하나님만이 완전히 선하시다.
> **넷째**, 하나님만이 불변하게 선하시다.[108]

하나님이 천지만물을 창조하시고, 피조물을 향해 반응한 것을 성경은 "하나님 보시기에 좋았더라"라는 표현을 통해 우리에게 알리고 있다. 이와 같은 표현은 하나님의 형상으로 피조되었을 뿐만 아니라 하나님으로부터 세 가지 직분을 부여받은 아담을 향해 두 가지 사실을 밝힌다.

첫째, 하나님 나라는 하나님의 선한 본질에 의해 세워진 나라라는 사실이다.

"하나님 보시기에 좋았더라"라는 말씀에서 사용된 "좋다"라는 히브리어는 단순히 감정적으로 '좋다'라는 의미를 넘어선다. 한 걸음 더 나아가 '선하다', '아름답다', '복되다'라는 의미를 가진다. 하나님의 선하심과 위

---

108 Charnock, *Existence and Attribute of God* Vol. II, 210-212.

대하심이 반영된 것이다.[109]

아우구스티누스는 『미완성 창세기 문자적 해설』에서 이렇게 말한 바 있다.

> 창세기 1:4의 '좋았다'라는 말씀을 통해 우리는 하나님의 '선하심'을 알게 된다.[110]

둘째, 하나님이 아담에게 주신 직분은 하나님의 속성과 관련된 하나님 나라의 선한 본질을 지켜 나가는 직분임을 강조한다.

'하나님의 형상과 모양'인 아담은 하나님의 선한 속성을 닮은 선량한 권세자로서 피조 세계를 다스려, 하나님의 통치가 참된 평강을 이뤄 간다는 것을 나타내야 했다. 아담은 살아 있는 '하나님의 형상'이었다. 아담은 하나님으로부터 다스리는 왕으로 임명받는다. 그리고 하나님을 대신한 왕으로서 피조물들을 다스릴 뿐만 아니라 생육하고, 땅에 충만하라는 명령을 받았다.[111] 아담은 하나님의 피조 세계에 대해 정의를 수호하는 자로서 하나님 나라의 본질을 드러내야 했다. 선과 악을 확연히 구별해 낼 뿐만 아니라 권세를 통해 악에 대해서는 단호한 조치를 취하고, 악이 근접하지 못하도록 해야만 했다.[112]

하나님이 아담에게 "선악을 알게 하는 나무의 열매는 먹지 말라 네가 먹는 날에는 반드시 죽으리라"라는 말씀을 주실 때 아담은 이것이 무엇을 말하는지 아는 분별력을 가진 상태였다.[113] 아담은 직분을 지닌 자로서 권세를 내세우기보다 먼저 자신이 하나님의 통치 아래에 있다는 사실과 하

---

109 Wenham, *World Biblical Commentary : Genesis* 1-15, 18.
110 Louth (ed.), *Ancient Christian Commentary on Scripture, Old Testament* Ⅰ, 8.
111 알렉산더, 『에덴에서 새 예루살렘까지』, 83-87.
112 리브스, 『선하신 하나님』, 101-113.
113 Turretin, *Institutes of Elenctic Theology* Vol. 1, 578-579.

나님의 법에 순종해야 한다는 것을 하나님의 실정법을 통해 먼저 깨달아야 했다.[114] 아담은 자신에게 준 직분이 하나님 나라의 선한 본질을 지켜내기 위한 직분이었다는 것을 되새겨야 했다.

'하나님의 형상'과 아담의 직분 그리고 하나님의 '선한 속성'은 '하나님 나라'의 본질이 '선함'이라는 것을 설명해 준다. 따라서 하나님으로부터 직분을 부여받은 아담은 이 직분을 통해 하나님 나라의 선한 본질을 지켜야만 했다.

첫째 아담의 완전함을 대신했던 둘째 아담을 생각해보자. 둘째 아담인 그리스도는 하나님의 완전한 형상이시다. 첫째 아담이 상실한 하나님 나라의 선하심을 회복시키기 위한 중보자로서 세 가지 직분을 수행하셨다.

그러나 완전한 아담으로 이 땅에 오신 그리스도의 신성을 거부했던 아리우스파는 이렇게 말했다.

> 그리스도께서 자신을 '선한 선생'으로 인정하지 않았기 때문에 그리스도는 자신이 하나님인 것을 부인한 것이다.[115]

그러나 아리우스파의 주장과는 달리 그리스도는 신성으로 제2위 하나님이시다. 성부는 성자 안에서 생각하고, 성자 안에서 세상을 본다. 구원에 있어서 중보자였던 그리스도는 창조의 중보자로서 천지만물을 '선하게' 창조하신 분이다.[116] 아리우스파의 주장과는 달리 '선한 본질'을 가지고 신인양성의 위격적 연합으로 이 땅에 오신 하나님이셨다.

차녹에 의하면, 그리스도는 '하나님의 본질적 형상'이다.[117] 그리스도 안에서 '하나님의 선한 뜻'과 하나님에 대한 순종을 나타낼 뿐만 아니라

---

114 헨리, 『창세기』, 61-64.
115 Charnock, *Existence and Attribute of God* Vol. II, 209-211.
116 Burger, *Being in Christ* 91-93.
117 스티븐 차녹, 『하나님을 아는 지식 1』, 임원주 역 (서울: 부흥과개혁사, 2015), 216.

"하나님의 모든 속성들은 그리스도 안에서 영광을 받는다."[118]
그리스도께서 이렇게 말씀하셨다.

> 어찌 나를 선하다 일컫느냐 하나님 한 분 외에는 선한 이가 없느니라
> (마 19:17; 참고, 막 10:18)

이 말씀은 '오직 하나님만이 선하시다'는 뜻이다. 아울러 '모든 인간은 선하지 못하다'는 것을 강조한다.[119]

칼빈은 마태복음 19:17 주석에서 그리스도를 가리켜 "선한 이"라고 말하는 것은 그리스도께서 하나님으로부터 왔다는 사실을 알지 못한 것에 대한 지적이라고 설명한다. 그리스도를 "선한 이"로 부르는 것 자체가 그리스도의 존재를 바르게 알지 못하고 하는 말이라는 것이다.[120]

아담의 세 가지 직분은 자신이 선한 것을 만들어 가는 직분이 아니다. 하나님의 '선하신' 본질에 의해 피조된 하나님 나라를 아름답게 지켜 나가는 직분이었다. 아담이 자신의 직분 수행을 통해 하나님의 선한 본질을 지켜 내는 것은 자신의 직분의 행위를 통해 하나님의 존재를 증명하는 것과 같았다.[121]

사람이 비록 '하나님의 형상'과 '모양대로' 창조되었을지라도 사람은 하나님의 본질에 속한 존재는 아니다.[122] 하나님이 사람을 '하나님의 형상'과 '모양'대로 창조하신 목적은 하나님의 피조 세계에 대해 하나님의 본질인 '선함'을 지켜 내는 것이었다. 그리고 하나님은 이를 통해 자신이 창

---

118 차녹, 『하나님을 아는 지식 1』, 263-264.
119 Hagner, *World Biblical Commentary* : Vol. 33a, Matthew 14-28, 557.
120 칼빈, 『칼빈성경주석 16: 공관복음 Ⅱ』, 존 칼빈 성경주석 출판위원회 역 (서울: 성서연구원, 2012), 186-187.
121 앨리스터 맥그래스, 『한 권으로 읽는 기독교』, 황을호 · 전의우 역 (서울: 생명의 말씀사, 2017), 121.
122 게메렌, 『구원계시의 발전사』, 57.

조한 세계에 대한 '아름다움'을 만끽하게 된다.

에덴동산에 거했던 아담은 '지식'과 '의' 그리고 '거룩'으로 이뤄진 하나님의 형상으로 지음을 받았다. 그리고 직분을 통해 사역을 감당해 나갈 때, 옳고 그름에 대해 판단할 수 있도록 분별력이 주어진다. 따라서 아담이 하나님 나라의 선한 본질을 지켜 내는 것은 두 가지 측면에서 매우 쉬운 일이었다.[123]

첫째, 본성적인 측면에서다.

하나님의 '선한' 본성에 의해 지음 받은 아담은 악한 행동을 하는 어려움보다 하나님의 선한 본질을 지켜 내는 행동이 더 쉬웠다. 『하이델베르크 요리문답』 제6문은 다음과 같은 고백을 이끌어 낸다.

> 하나님은 본래 인간을 악하고 불의하게 만드셨습니까? 아닙니다. 하나님은 사람을 선하고 자신의 형상대로 참된 의와 거룩함으로 창조하셨습니다.[124]

둘째, 죄 없이 피조된 아담은 하나님께 대항하며, 자신의 본성을 거스르기보다 직분 수행을 통해 하나님이 명령하신 바를 준행하는 것이 더 쉬웠다.

하나님은 아담을 '선하게' 그리고 '참된 의'와 '거룩함으로' 창조했기에 본성적으로 죄를 범하는 것이 선을 지키는 것보다 더 어려웠다. 우르시누스는 그 이유를 하나님이 창조하신 '하나님의 형상에 대한 5가지의 요소'를 통해 설명한다.

---

[123] 코르넬리스 프롱크, 『도르트 신조 강해』, 황준호 역 (용인: 그 책의 사람들, 2014), 220-221.
[124] Ursinus, *Commentary on The Heidelberg Catechism*, 78.

… 그러므로 하나님의 형상은 다음과 것들을 포함한다.

첫째, 영혼의 영적인 것과 불멸의 본질과 함께 지식과 의지의 능력
둘째, 하나님과 그분의 뜻과 일하심에 대해 우리가 본성적으로 지니고 있는 개념과 생각
셋째, 의롭고 거룩한 행위, 성향, 의지의 작용. 이것은 의지와 마음, 외적 행위의 온전한 의와 거룩함과 동일함
넷째, 행복과 복락과 영광. 하나님 안에서 누리는 기쁨은 동시에 비참함이나 부패가 없는 모든 선한 것이 충만함으로 연결됨
다섯째, 물고기, 새를 비롯한 모든 피조물들에 대한 인간의 지배

이 모든 면에 있어서 우리의 이성적인 본성은 어느 정도 창조주를 닮았다. … 그러나 절대로 하나님과 동등해질 수는 없다.[125]

이와 같이 아담의 세 가지 직분은 하나님 나라의 선한 본질을 지켜 내기에 어떤 부족함도 없이 그 직무를 수행할 수 있는 능력이 주어졌던 것이다.

3. 창조의 근본을 망각한 첫째 아담의 세 가지 직분

1) 불신과 불순종을 낳은 첫째 아담의 세 가지 직분

아담은 "선악을 알게 하는 나무의 열매를 먹는 날에는 반드시 죽을 것"(창 2:17)이라는 하나님의 말씀을 준행하지 못한다. 그는 "너희가 그것을 먹는 날에는 너희 눈이 밝아져 하나님과 같이 될 것(창 3:5)"이라고 말했던 뱀의 간교함에 속아 큰 죄악 가운데 놓이게 된다. 하나님이 자신에게

---

[125] Ursinus, *Commentary on The Heidelberg Catechism*, 83-85.

준 직분을 성실히 수행하지 못했던 아담은 세 가지 직분을 상실하게 된다.

아담은 하나님의 영광을 가리려는 뱀의 유혹에 대해 하나님 말씀의 잣대로 분별하지 못했다. 하나님의 말씀의 근원을 벗어나 하나님의 말씀을 거스르는 뱀의 악함을 세 가지 직분을 통해 정죄하거나, 물리치지 못한 결과였다.

『벨직 신앙고백서』 제14조에 따르면, "하나님의 형상을 지닌" 사람은 하나님의 뜻에 합당하게 능력을 발휘할 수 있도록 피조되었다.[126] 그러나 악에 대한 정죄와 물리침에 대한 권세와 능력은 아담 자신의 본성적 능력에 의해 생겨나는 것이 아니었다. 아담이 가진 세 가지 직분의 권세와 능력은 하나님의 계명에 대해 순종할 때 생겨나는 것이었다.[127]

A. A. 핫지는 『믿음의 고백에 대한 주석』(Commentary on The Confession of Faith) 제6장에서 아담이 '선악과'의 열매를 먹은 것을 가리켜 아담이 세 가지 직분으로 두 가지의 죄를 범한 것으로 표현한다.

첫째, 하나님의 지혜를 의심했던 "불신"의 죄였다.

둘째, 하나님의 뜻에 순종하지 못하고 대항하는 "불순종"의 죄였다.[128]

아담의 불신과 불순종의 죄는 하나님과의 교제를 즉시 단절시켰다. 아담이 처음에 지니고 있었던 '의'를 잃어버리게 만들었다. 아담은 이 죄로 인해 죽음과 함께 전적부패 가운데 빠져든다. 이 부패는 아담의 모든 기능에 퍼진다. 죄로 인한 부패는 아담의 세 가지 직분이 원래 지녔던 하나님을 향한 충성심을 잃어버리게 만들었다. 하나님의 선하심을 더 이상 이뤄갈 수 없는 상태가 된 것이다. 하나님과의 사랑의 교통이 즉시 끊어졌으

---

126 Schaff (ed.), "The Belgic Confession", *The Creeds of Christendom* Vol. III, 398-399.
127 바빙크, 『하나님의 큰 일』, 177-181.
128 A. A. Hodge, *Commentary on The Confession of Faith*, 148

며, '원의'를 상실당하게 되었다.[129]

세 가지 직분의 직무에 충실하지 못하고 마귀의 말에 귀를 기울이다가 자신의 탁월함까지 잃어버린 아담은 결국 자신의 온전한 본성을 훼손당한 채 육체적으로, 영적으로 사망에 이르게 되었다.

여기에 대해 A. A. 핫지는 이렇게 말한다.

> 마귀의 유혹으로 하나님을 반역했고, 자신의 자유의지를 남용한 아담은 자신의 탁월한 은사를 잃어버렸습니다. … 마음과 의지는 완악해졌고, 더러움으로 가득했습니다.[130]

하나님 나라의 세 가지 직분의 소유자 아담이 뱀의 유혹을 받는다. "너희가 결코 죽지 아니하리라"고 불신을 이끌었던 말과 "너희 눈이 밝아져 하나님과 같이 되리라"고 불순종을 이끌어 낸 어처구니없는 말에 대해 세 가지 직분의 분별력으로 허구를 구별해야 했다. 그리고 하나님의 공의를 벗어난 유혹에 대해 세 가지 직분에서 비롯된 권세를 가지고 단호하게 대처해야만 했다.[131]

그러나 아담은 뱀에게 유혹당해 '그 열매'를 자신에게 권하는 여자의 행동에 동참하게 된다. 이런 아담의 모습은 여자의 행동에 동참하는 것을 넘어 세 가지 직분으로 하나님을 향해 불신하고, 불순종하는 불의의 길을 걸어가게 되었다.

하나님의 말씀을 거스르도록 유혹한 뱀에 대해 아담은 자신에게 주어진 직분의 직무를 충실하게 수행하며, 뱀을 향해 하나님의 공의를 실현하지

---

129 A. A. Hodge, *Commentary on The Confession of Faith*, 151-152.
130 Schaff (ed.), "The Canons of The Synod Dort", *The Creeds of Christendom* Vol. III, 587.
131 비키 · 존스, 『청교도 신학의 모든 것』, 51: "아담의 타락이 에덴동산에서 일어났다. 거기서 마귀는 아담을 만나 아담을 정복하고 아담을 이끌어 모든 인간을 죄와 사망의 포로로 만들었다."- Goodwin, *Christ Set Forth*, in *Work*, 5:198의 내용을 재인용.

못했다. 뱀의 유혹에 빠진 여자를 향해, 하나님의 말씀이 무엇을 말하는지 바르게 교훈하지도 못했다. 하나님의 말씀을 거역한 여자에 대해 하나님의 공의를 바르게 실행하지도 못하는 전적 무능에 빠졌던 것이다.[132]

죄가 어떤 모습으로도 용납될 수 없는 것은 죄가 인간을 전적으로 부패하게 만들기 때문이다. 그러나 아담은 그 죄악된 행위와 함께하게 된다. 그리고 하나님이 자신의 행위에 대해 죄를 물었을 때 그는 오히려 핑계를 대며, "하나님이 주셔서 나와 함께 있게 하신 여자 때문입니다"라며 그 책임을 여자에게 그리고 하나님께 돌린다.

아우구스티누스에 따르면 아담은 자신이 행한 것을 죄로 여기지 않고, 행했다고 말하지 않는다. 만약 아담이 자신이 저지른 것을 죄로 여기지 않고 행했다면, 그것은 아담이 속은 것이다. 그러나 아담은 "당신께서 저에게 짝지어 주신 여자가 주기에 먹었을 따름입니다"라고 한 말을 미루어 볼 때, 아담은 죄를 모르고 지은 것이 아니다. 오히려 기만 당해 그러한 행동을 했다고 보아야 한다. 아우구스티누스는 여기에 대해 이렇게 말한다.

> 둘 다 잘못 믿어서 속은 것은 아니지만 그래도 죄를 지음으로써 둘 다 사로잡혔고, 악마의 덫에 걸려들었음은 분명하다.[133]

창세기 1:26, 28과 2:15은 아담에게 직분이 주어진 것을 다루고 있다. 그리고 창세기 2:17은 직분 수행에 따른 경고의 메시지였다. 그런가 하면, 창세기 3:24은 불신과 불순종에 대한 아담의 직분 박탈에 따른 징계를 나타내고 있다. 그러나 하나님은 아담의 직분에 대한 값을 묻고, 그의 직분을 박탈시키는 것만으로 모든 것을 끝맺지 않으셨다.

창세 전, 이미 아담의 타락을 아셨던 하나님은 제2위 성자 하나님을 중

---

132 프롱크, 『도르트 신조 강해』, 217.
133 아우구스티누스, 『신국론』 14.11.2.

보자 그리스도로 삼으시고, 첫째 아담의 회복에 따른 구속언약을 체결하신다. 하나님의 언약 안에서 아담과 그리스도는 각각의 대표가 된다. 아담은 행위언약에 있어서 공적인 대표였으며, 그리스도는 구속언약에 있어서 공적인 대표가 된다.[134]

창세기 3:23, 24은 아담의 불신과 불순종으로 인해 세 가지 직분에 어떤 변화가 일어났는지 두 가지를 조명해 주고 있다. 그것은 직분이 박탈당하는 모습이었으며, 이와 함께 아담의 세 가지 직분이 어떻게 회복될 것인지 창조론의 관점에서 우리에게 조명해 주고 있었다. 여기서 우리는 두 말씀을 주목해야 한다.

> 여호와 하나님이 에덴동산에서 그를 내보내어 그의 근원이 된 땅을 갈게 하시니라(창 3:23).
> 이같이 하나님이 그 사람을 쫓아내시고, 에덴동산 동쪽에 그룹들과 두루 도는 불칼을 두어 생명나무의 길을 지키게 하시니라(창 3:24).

이 구절을 통해 우리가 주목해야 할 표현은 23절의 "그를 내보내어"와 24절의 "그 사람을 쫓아내시고"이다.

23절의 "내보내어"는 그 원형이 '솰라흐'로서 부정적인 측면보다는 긍정적인 측면에서 '풀어 주다, 해방하다'를 의미한다. 여기에 대해 칼빈은 창세기 주석을 통해 다음과 같이 밝힌다.

> 아담이 용서받을 가망조차 없이 기가 꺾인 것은 아니었다는 사실을 명심해야 할 것이다. … 하나님은 인간이 다른 곳에서 생명을 찾도록 동산에서 쫓아내신 것이므로 우화적인 해석은 불합리하다.[135]

---

134 Schaff (ed.), "The Westminster Confession of Faith", *The Creeds of Christendom* Vol. III, 619; 비키 · 존스, 『청교도 신학의 모든 것』, 245.
135 칼빈, 『칼빈성경주석 1: 창세기 Ⅰ』, 154.

23절의 "내보내어"는 선악을 알게 하는 나무의 열매를 먹은 상태의 아담이 '생명나무'의 열매를 먹고 영원히 죄인으로 살아가는 것을 막기 위한 하나님의 조치였다. 그리고 "내보내어"는 아담의 죄를 대속할 여인의 후손에 대해 약속하신 '은혜언약'(창 3:15)의 성취를 이루기 위한 하나님의 조치였다.[136]

반면, 24절의 "쫓아내시고"는 그 원형이 '까라쉬'로서 부정적 의미로서 '내던지다', '버리다'를 의미한다.[137]

아우구스티누스는 『마니교도 반박 창세기 해설』을 통해 이렇게 말했다.

> 하나님이 아담을 낙원에서 내쫓으신 것은 아담 자신이 지은 죗값을 치루기 위해 자신에게 맞는 장소로 이끌려 간 것이다. "들어오지 못하게 하셨다"라는 표현보다 "내쫓으셨다"라는 표현이 더 어울린다.[138]

여기에 대해 NKJV 성경은 23절의 "내보내어"를 "sent"로, 24절의 "쫓아내시고"는 "drove out"라고 표현해 징계(23절)와 형벌(24절)의 의미를 강조한다.[139]

다시 말하면, 24절의 "쫓아내시고"는 단순히 쫓김의 상태에서 쫓아내는 것이 아니라 형벌적 요소를 담고 있다. 이 '쫓겨남'은 아담의 원죄로 인해 거룩한 처소로부터 쫓김을 당하는 것을 말한다. 죄악된 상태에서 돌아올 수 있는 모든 가능성을 완전히 차단했다는 행위를 담고 있다. 아담이 지니고 있었던 세 가지 직분의 박탈에는 징벌적 요소(징계, 형벌)가 내포되어 있었다.

---

136 비키 · 존스, 『청교도 신학의 모든 것』, 345-346.
137 Wenham, *World Biblical Commentary : Genesis 1-15*, 85-86.
138 Louth (ed.), *Ancient Christian Commentary on Scripture, Old Testament* Ⅰ, 101.
139 Thomas Nelson (ed.), *The Holy Bible: Containing the Old and New Testaments* (Nashville: Thomas Nelson Publishing, Inc, 1928), 4.

첫째 아담의 하나님의 말씀에 대한 불신과 불순종은 그 자신의 직분을 박탈당하게 만든다. 하나님 나라의 세 가지 직분을 가진 자로서 오히려 하나님을 불신하고, 불순종했던 아담은 하와와 함께 에덴동산이라는 성소로부터 추방이라는 쫓김을 당한다.[140]

그러나 아담의 불신과 불순종으로 인한 쫓김은 단순한 추방에 따른 쫓김이 아니었다. 그의 쫓김은 직분의 상실만이 아니라 전(全) 인류의 머리된 자의 자격으로, '영생'에 관한 언약이 파기되었다는 것을 함께 말하고 있었다.[141] 불신과 불순종은 아담의 세 가지 직분의 상실과 함께 창조론의 관점에서 '영생'에 따른 언약의 파기를 불러오게 되었던 것이다.

하나님이 아담과 맺었던 '영생'에 따른 행위언약은 아담의 단순한 행위에 맡겨진 언약이 아니었다. 그런데도 아담과 맺은 행위언약은 하나님의 초자연적인 은혜가 없이 아담의 행위를 통해 이룰 수 있는 언약이었다. 하나님이 아담에게 그 언약을 지킬 수 있도록 창조시 그의 세 가지 직분 위에 부어주었던 그 능력으로 지킬 수 있는 언약이었다.[142]

그러나 하나님의 창조의 근본을 망각한 아담의 직분에 의한 불신과 불순종의 행위는 결국, '영생'에 따른 언약의 성취가 아니라 '영벌'의 심판을 불러오게 되었다.

2) 자유의지에 따른 세 가지 직분의 직무 유기와 창조론

하나님이 아담에게 준 직분에 따른 직무 수행은 아담의 특별한 능력을 요구하고 있지 않았다. 직분의 수행 능력은 하나님 나라라는 울타리 안에

---

140 알렉산더, 『에덴에서 새 예루살렘까지』, 30.
141 Schaff (ed.), "The Westminster Confession of Faith", *The Creeds of Christendom* Vol. III, 616-617; A. A. Hodge, *Commentary on The Confession of Faith* 153.
142 Bavinck, *Reformed Dogmatics* Vol. 2, 567; 비키 · 존스, 『청교도 신학의 모든 것』, 839-840.

서 하나님의 말씀을 지켜 준행하는 것으로 나타나는 것이었다. 한 가지 덧붙일 것은 아담이 직분자로서 직무를 감당할 때, 이 또한 기계적인 것이 아니라 인격적으로 직분의 직무를 감당하도록 창조되었다. 특히 사람이 인격적이라고 말할 때, 인격은 그 사람의 판단과 결정에 따른 의지와 직접적인 관계를 가지고 있다.[143]

하나님은 첫째 아담을 창조하시고, 그의 의지의 통제에 따라 선택할 수 있도록 '자유의지'를 부여하셨다.[144] 그 마음에 의해 옳고, 그름의 판단과 선악을 구별할 수 있도록 하셨다. 자유의지는 여기에 따른 선택권을 허락하셨다는 것을 말한다. 그리고 이 허락은 그 행위에 대한 값이 그 당사자에게 있다는 것을 함께 설명한다.

아담의 자유의지는 하나님의 말씀에 대해 순종하는 것으로 직분 수행을 완수할 수 있었으며, 약속의 말씀대로 영생에 도달할 수 있었다. 크리소스토무스는 아담에게 주어진 자유의지는 자유로운 선택에 의한 방종이 아니라 하나님의 말씀을 지켜 준행하는 것에 대한 의지적 결단으로 보고 있었다. 그에 따르면, 하나님이 사람에게 자유로운 선택을 허락하신 것은 사람이 원하는 것을 하나님이 받아주시기 위해서였다.

크리소스토무스는 자유의지에 대해 이런 결론을 내리고 있었다.

> 모든 일을 하나님의 도움에만 의지하지 않도록 우리도 동시에 바치는 것이 있어야 한다. … 우리는 우리의 것을 드리자 그리하면 나머지는 하나님이 해 주실 것이다.[145]

---

143 Calvin, *Inst*, Ⅰ.15.8.
144 Calvin, *Inst*, Ⅰ.15.8.
145 Calvin, *Inst*, Ⅱ.2.4: Chrysostom, *De proditione Judaeorum*, hom. i (MPG 49. 377); *Homilies on Genesis*: hom. 19:2; hom. 53:2; hom. 25:7 (MPG 53. 158; 54. 466; 53. 228). 각주 재인용

사람의 이성과 결부된 자유의지에 대해 오리게네스는 보다 분명한 결론을 내린다.

> 이성은 그 본성 안에 선악을 인식하는 능력이 있으며, 이 능력은 선악을 인식하는 데 있어서, 선을 선택하고 악을 거부하게 된다.[146]

자유의지를 아담의 측면에서 보면, 다른 피조물과 특별히 구별되는 기준이 된다. 이것은 다른 피조물에 비해 아담의 존귀함을 말하는 것이 된다. 그러나 하나님의 관점에서 보면, 자유의지는 아담으로 하여금 인격적으로 하나님께 영광을 돌리도록 하기 위한 하나님의 선택이었다는 것을 알게 한다.

오리게네스는 이렇게 말한다.

> 원하는 것이 하나님의 것이고, 실행하는 것이 하나님의 것이라면, 우리가 악한 것을 원하고, 악한 것을 실행하는 것도 하나님의 것이다. 그렇다면 우리에게는 자유의지가 없다.

일반적인 능력을 하나님으로부터 받았지만 그것을 더 나쁜 것에 또는 더 좋은 것을 위해 이 능력을 사용하는 것은 우리 편에 있다. 자유의지에 따른 인간 책임론을 함께 거론한다.[147]

자유의지와 관련해 인간의 선택에 대해 아우구스티누스는 이렇게 말한다.

> 자유의지가 최고선을 필연적으로 등지도록 만들어지지 않았다는 것에 대

---

146 오리게네스, 『원리론』 III.1.3, 554.
147 오리게네스, 『원리론』 III.1.20, 587-591.

해 의심하지 말아야 한다.

자유의지는 하나님의 관여가 아니라 사람의 전적인 의지적 결정으로 단행된다. 자유의지는 그 의지가 자연적으로 움직이는 것이 아니다. 인간의 지, 정, 의가 판단해 결정하는 의지다. 이때 의지는 선을 등지도록 만들어지지 않았다.[148]

아우구스티누스의 『자유의지론』에 따르면, 하나님이 사람에게 자유의지를 준 이유는 사람이 하나님으로부터 존재한다는 것을 알도록 하기 위함이었다. 그러므로 하나님이 아담에게 자유의지를 준 것은 아담으로 하여금 죄를 범할 수 있도록 길을 열어 준 것이 아니었다. 정의가 사람으로 하여금 선하게 살도록 그 길을 열어 주고, 인도하고 있는 것처럼 의지 또한 악보다 최고의 선을 택하도록 길을 열어 주었다. 아우구스티누스는 이것을 가리켜 "자유의지가 최고선을 필연적으로 등지도록 만들어지지 않았다"라고 말했던 것이다. 따라서 자유의지를 올바르게 사용하지 못했을 때 내려지는 형벌은 그 사람이 자유의지를 바르게 사용하지 못한 것에 대한 값이었다.[149]

창세기 2:17의 창조론에 따른 행위언약은 사람의 자유의지와 결코 무관하지 않다. 창조론에 따른 사람의 자유의지는 아담에게 주어진 세 가지 직분의 직무 수행과 결코 무관하지 않다. 언약 안에는 의지에 따른 순종과 겸손의 행위가 표방되고 있었다.

바빙크는 자신의 『개혁 교의학』 제3권에서 그 성취에 축복과 영생이 놓여 있었다고 행위언약과 관련해 밝히고 있다.[150] 하나님이 첫째 아담에게 준 세 가지 직분의 직무는 자유의지와 함께하고 있었다. 이것은 직분이 바르지 못한 직무를 수행했을 경우 그 직분에 징계가 주어진다는 것을 말한

---

[148] Augustine, *On Free Will*, III.I.1, 169-170.
[149] Augustine, *On Free Will*, II.I.1-II.2.5, 134-137.
[150] Bavinck, *Reformed Dogmatics* Vol. 3, 225.

다. 그러나 아담은 뱀의 유혹에 의해 자신의 직분에 따른 직무를 유기하게 된다. 아담의 직무 유기는 자신의 자유의지에 의해 분별되고, 판단된 사건이었다. 아담은 자신이 생각할 때, 자신이 좋다고 여겨졌던 쪽을 선택했던 것이다.

에라스무스는 『자유의지에 관하여』에서 자유의지에 대한 내용을 다룰 때 이것을 하나님이 제시한 "인간의 선택"으로 표현한다.[151] 아우구스티누스가 밝히고 있는 것처럼 자유의지는 인간에게 선택을 요구하고 그에 따른 '상'과 '벌'만을 말하고 있지 않다. 아담의 자유의지는 최고의 선을 택하도록 그 길을 하나님이 열어 주셨다. 아담의 직분은 이런 바탕 위에서 충실히 자신의 직무를 감당해야 했다. 아담의 자유의지에 따른 세 직분의 직무유기는 이런 사역에 대한 불충에서 일어났다.

아담의 자유의지에 의한 세 가지 직분의 직무 유기는 하나님의 창조 세계와 하나님 나라의 본질에 대해 두 가지의 오류를 낳는다.

첫째, 선으로 구성되어져 있는 창조 세계와 하나님의 나라에 대해 악이 들어올 수 있도록 길을 열어 주었다.

창조의 세계는 하나님의 선한 본질을 그대로 표현해내는 창조였다. 만물은 선한 본질로 세워졌으며, 아담의 거처로 삼았던 에덴동산은 여기에 대한 총 집결체였다.

아우구스티누스는 『고백록』에서 하나님의 선하심의 창조와는 달리 하나님이 창조하지 않은 악의 출처에 대해 말한다.

> 변한다는 것은 전에 없었던 것이 존재하게 되었다는 것을 말한다. … 그것은 창조주처럼 아름답고, 좋게 존재하는 것이 아니라 선하지 않은 모습으

---

151 Rupp · Marlow, (ed.), *Luther and Erasmus: Free Will and Salvation*, 54.

로 존재한다.¹⁵²

선하심을 말하는 하나님은 그 자체가 "거룩"이다. 거룩하신 하나님은 자신뿐만 아니라 이성적 피조물의 근원이 된다. 따라서 하나님의 창조는 그 어떤 것도 예외 없이 선하심의 창조를 이룬다.

아퀴나스에 따르면 하나님은 "최고의 선"이다. 그리고 제1원인이 되신다. 하나님이 제1원인이 된다는 것은 하나님께는 어떤 존재의 원인도 있을 수 없다는 것이다.¹⁵³ 반면, 아담은 원죄의 원인이 되어 자신의 죄가 후손에게 전해지도록 만들었다. 아퀴나스는 "원죄의 종(種)은 그 원인에 의해 결정되어지고, 원죄의 형상적 본성은 원죄의 원인에 의해 결정된다"라고 말한 바 있다.¹⁵⁴

여기에 대해 칼빈 또한 하나님의 의지는 만물의 일차적 원인이 되지만 그런데도 죄의 원인이 될 수 없으며, 악의 원조나 범죄의 주체로 불릴 수 없다고 말한다.¹⁵⁵

칼빈은 『제네바 신앙고백서』(1542) 제1장 2문에서 하나님이 사람을 창조하신 목적을 다룬다. 창조의 목적은 우리를 통해 영광을 받기 위한 것이란 사실과 함께 우리의 인생은 그러한 하나님의 영광을 위해 사는 것이 옳은 것이라고 고백한다.¹⁵⁶

아담의 세 가지 직분은 자신의 자유의지를 통해 하나님의 창조의 근원이 되는 선을 지켜가는 것이 그의 직무였다. 여기에는 하나님의 말씀에 순

---

152 Augustine, *Confessions and Enchiridion*, ed., Albert Cook Outler (Louisville, KY: Westminster John Knox Press, 1955), XI.4.6, 247-248.
153 Thomas Aquinas, *Aquinas on Nature and Grace: Selections from the Summa Theologica*, ed., A. M. Fairweather (Louisville, KY: Westminster John Knox Press, 2006), 54-56; 아퀴나스, 『신학요강』, 40-52.
154 Aquinas, *Aquinas on Nature and Grace: Selections from the Summa Theologica*, 122-123.
155 John Calvin, *Calvin: Theological Treatises*, ed., J. K. S. Reid (Louisville, KY: Westminster John Knox Press, 2006), 179.
156 Calvin, *Catechism of the Church of Geneva*, 9.

종하는 것에서부터 하나님의 말씀에 따라 그 직분을 충성스럽게 수행하기까지 자신의 자유의지가 함께 수반되어 직분의 직무를 이어 가는 것이 필수였다. 기계적 의지가 아닌 인격을 수반하고 있는 자유의지는 하나님을 떠나는 것이 죄라는 것을 인식하고 있었다.[157]

하나님이 아담에게 직분을 준 목적이 있다면 자유의지를 통한 직분 수행으로 하나님 자신에게 영광을 돌리기 위함이었다. 그러나 뱀의 유혹에 빠진 아담의 의지는 하나님을 향해 불신하게 된다. 그리고 그의 불순종은 '선'만이 존재하는 하나님의 창조 세계 전체와 하나님 나라에 악이 들어오는 통로를 만들어주는 직무유기를 일으켰던 것이다.[158]

둘째, 아담의 자유의지에 따른 세 가지 직분의 직무 유기는 하나님의 영광을 말하는 창조 세계의 아름다움 위에 "가시와 엉겅퀴"를 만들어 내게 된다.

아담의 형벌은 땅이 저주받는 것을 포함한다. 그 결과 땅은 더 이상 먹을 수 있는 식물을 풍성하게 생산할 수 없게 되었다. 가시와 엉겅퀴에 의해 에덴동산의 모습과는 달리 식량을 확보하기 위해 필연적으로 힘을 들여야 했고, 수고를 해야만 했다.[159] 하나님은 만물을 창조하실 때, 창조물의 모든 것에 대해 '선'을 바탕으로 창조하시게 된다. 그때 하나님은 사람 또한 그 본성을 선하게 창조한다. 이로 인해 사람은 본성적으로 그 양심과 의지의 자유로 선한 일을 행할 수 있게 되었다.[160] 창조는 하나님의 고유의 영역이다. 특히 '창조'를 가리키는 '빠라'라는 단어가 '지어내다' 또는 '만들다'라는 뜻으로 쓰일 때는 하나님의 행동을 표현하는 데만 이 단어

---

157 Augustine, *On Free Will*, II.XX.54, 168-169.
158 월터스, 『창조 타락 구속』, 93-97.
159 알렉산더, 『에덴에서 새 예루살렘까지』179.
160 빌헤름 게에를링스, 『교부 어거스틴』, 권진호 역 (서울: 기독교문서선교회, 2013), 128.

가 사용된다.[161]

'창조'는 그 의미에 있어서 "창조 기사"를 말할 때는 피조 세계를 만드신 "하나님의 행위"를 뜻한다. "창조의 아름다움"에 대해 논할 때는 창조의 산물에 대한 반응을 말하며 "창조 질서"와 연결된다.[162]

창세기 1장에 등장하는 창조 기사와 함께 다루어지고 있는 "하나님이 보시기에 좋았더라"라는 말씀은 칼빈의 창세기 주석에 따르면, 하나님에 관해 두 가지 사실이 내포되어져 있다는 것을 발견하게 된다.

첫째, 창조는 하나님의 목적에 의해 이뤄졌다는 것이다.
둘째, 모든 창조물은 하나님의 이유에 의해 창조되었다는 것이다.[163]

'창조'와 "하나님이 보시기에 좋았더라"라는 창조 기사를 통해 하나님은 자신이 창조하신 그 창조물을 통해 영광을 받길 원하는 목적을 가지고 계셨다. 그 목적은 하나님의 선하심을 바탕으로 한, 창조 질서를 통해 그 뜻이 이뤄지게 될 것을 말하고 있었다.

칼빈에 따르면 창조 질서는 하나님이 창조주 되심과 그리고 창조주인 하나님의 선하심을 보여 주는 증거물이었다. 칼빈은 하나님의 창조를 "아름다운 극장"으로 표현한다. 비록 죄로 인해 타락했음에도 불구하고 창조 질서는 모든 인간에게 여전히 유효한 상태에 놓이게 된다. 창조 질서에 대한 칼빈의 설명은 천사 피조물에서부터 정부의 역할에 이르기까지 자연의 모든 부분을 총망라한다.[164] 하나님의 창조 질서 안에서는 창조주의 뜻을

---

161 갓프리, 『창조를 위한 하나님의 패턴』, 26; Wenham, *World Biblical Commentary* : Genesis 1-15, 14: '빠라'라는 동사는 하나님만이 주어로 취할 수 있는 동사다; 가노치, 『창조론』, 33.
162 41. 월터스, 『창조 타락 구속』, 41.
163 칼빈, 『칼빈성경주석 1: 창세기 I』, 52.
164 Calvin, *Inst*, I.5.1; I.14.20, 179-180; Susan E. Schreiner, "Creation and Providence", 268.

최고의 법으로 인정한다. 피조 세계에는 하나님이 명한 바대로 순종해야 하는 질서의 원리가 있었다. 이 원리 안에는 사람의 자유의지를 통한 세 가지 직분의 순종하는 직무 수행이 함께 하고 있었다.

자유의지를 앞세운 아담의 불신과 불순종의 직무 수행은 행위언약의 파기와 하나님이 세우신 창조 질서의 원리를 깨뜨리는 행위를 범하게 된다.[165] 여기에는 하나님의 창조 세계의 아름다움을 깨뜨리는 반역이 포함이 되어 있었다. 그 결과 하나님을 대신해 피조 세계를 다스렸던 아담의 세 가지 직분의 행위는 불순종의 값으로 그가 다스리도록 허락받은 피조 세계에 곧장 "가시와 엉겅퀴"에 따른 '고난'과 '역경'이라는 징벌을 낳게 되었다.

"가시와 엉겅퀴"을 아우구스티누스는 아담으로 인해 "땅이 받은 저주"와 불순종에 따른 "인간의 삶의 고통"이라고 표현했다. 크리소스토무스는 "삶의 형벌"로, 터툴리아누스는 "육이라는 흙에서 생겨난 죄의 상징"이라고 표현했다.[166]

이와 같이 자유의지를 바탕으로 했던 아담의 세 가지 직분의 직무 유기는 하나님의 창조론에 대해 '선'이 아니라 '악'이 뿌리를 내리게 했다. 그리고 하나님의 아름다운 창조물 위에 풍성함이 아니라 "가시와 엉겅퀴"를 통해 하나님의 영광을 가리는 죄를 범하게 되었다.

3) 첫째 아담의 창조회복을 말하는 둘째 아담의 세 가지 직분

그리스도께서 둘째 아담이 되어야 할 이유는 첫째 아담의 대속을 이루기 위해서였다. 죄는 사람으로 하여금 하나님을 떠나게 만든다. 죄는 하나

---

[165] Boston, *Human Nature in its Fourfold State*, 39-41.
[166] Louth (ed.), *Ancient Christian Commentary on Scripture, Old Testament* Ⅰ, 94-95: Augustine, *Two Books on Genesis Against The Manichaeans* 2.20.30; Chrysostom, *Baptismal Instruction* 2.4-5; Tertullian, *On The Crown* 14.3.

님으로부터 멀어지게 하는 근원이 된다.

아우구스티누스는 『고백록』에서 인간을 하나님 앞에서 지울 수 없는 두 모습으로 살아가는 존재로 설명한다.

한 가지 모습은 죄로 인해 "죽을 수밖에 없는 존재"로 살아가는 것이다. **또 다른 한 가지 모습**은 "죄의 증거를 몸에 지닌 채 살아가는 존재"이다.[167]

루터는 이런 죄를 인격적으로 이해하고 있었다. 아담으로 말미암은 인간의 원죄는 인간의 개별적인 죄와 분리될 수 없다. 후손의 죄는 아담으로부터 유전적으로 전해지는 숙명과도 같은 것이라고 그는 말한다. 루터란의 『아우크스부르크 신앙고백서』(*Confessio Augustana*) 제2장은 원죄에 대해 크게 두 가지를 다룬다.

첫째, 원죄는 아담으로 인한 것이며,

둘째, 모든 사람이 원죄 가운데서 잉태, 출생되는 것을 말한다.[168]

아담의 범죄는 모든 인류를 하나님의 진노 아래 두게 했다. 원죄가 되어 이것이 인간의 본성처럼, 유전적으로 모든 인류에게 전가되었다.[169] 그러나 펠라기우스는 아담의 죄는 아담 개인의 죄에 불과한 것으로 여긴다. 이것이 아담의 후손에게 전달되거나 그 후손의 죄가 될 수 없다는 것이 그의 주장이다. 심지어 그는 아담의 죄가 모방을 통해 전달되었다고 말한다.[170]

그러나 아담의 죄는 개인의 자격으로 범한 죄가 아니다. 인류의 대표성

---

167 Augustine, *Confessions and Enchiridion*, Ⅰ.1, 31.
168 H.G. 푈만, 『교의학』, 이신건 역 (서울: 신앙과지성사, 2013), 276-277; Philip Schaff (ed.), "The Augsburg Confession, 1530", *The Creeds of Christendom* Vol. III, 3.
169 Calvin, *Inst*, Ⅱ.1.5-8.
170 Calvin, *Inst*, Ⅱ.1.5.

의 자격으로 죄를 범했기에 비록 아담 한 사람의 죄라 할지라도 그것은 아담 한 사람의 죄로 성립되지 않는다. 인류의 죄가 된다. 칼빈의 견해를 보면, 죄를 범한 것은 아담 한 사람이었다. 그렇지만 그의 범죄는 모든 인류로 하여금 죄의 결과를 낳게 했다.[171] 첫째 아담의 죄는 단순한 죄가 아니었다. 사람의 본성과 그에게 주어진 직분에 이르기까지 전적인 파멸과 타락을 가져오게 되었던 것이다.

『하이델베르크 요리문답』 제37문은 둘째 아담이었던 그리스도께서 당하는 고난을 가리켜 "온 인류의 죄를 대속하기 위한 것"이라고 말한다. 그 자신이 "참된 아담"의 몸과 영혼으로 "하나님의 진노를 짊어지는 것"으로 설명한다.[172] 이때 그리스도께서 당하는 고난은 죽음과 함께 첫째 아담의 "불신"과 "불순종"에 따른 그 값을 고스란히 지불하는 고난이었다.

우르시누스는 이것을 일곱 가지로 정리한다.

> **첫째**, 최고의 행복과 기쁨을 잃어버린 고난
> **둘째**, 주리고, 목마르고, 슬픔과 괴로움을 당하는 고난
> **셋째**, 극도의 궁핍함을 느끼는 고난
> **넷째**, 중상과 조롱, 시기와 배척 등을 당하는 고난
> **다섯째**, 마귀로부터 시험을 당하는 고난
> **여섯째**, 십자가에서 죽음을 당하는 고난
> **일곱째**, 영혼의 가장 쓰라린 고난[173]

첫째 아담의 완전함을 담아내는 둘째 아담인 그리스도의 고난은 철저히 첫째 아담의 '불신'과 '불순종'에 따른 값을 담아내는 고난이었다.

칼빈에 따르면, 오시안더는 첫째 아담이 자신의 완전함을 그대로 보존

---

[171] Calvin, *Inst*, II.2.12.
[172] Ursinus, *Commentary on The Heidelberg Catechism*, 394.
[173] Ursinus, *Commentary on The Heidelberg Catechism*, 395-396.

했을지라도 그리스도는 이와 무관하게 인간이 되었을 것이라고 주장한다.[174] 둘째 아담의 성육신이 첫째 아담의 완전한 대속을 이루기 위한 성육신이었다는 사실을 거부한다. 그러나 둘째 아담은 첫째 아담의 대속을 이루기 위해 성육신했으며, 또 다른 아담으로서 둘째 아담이 아니라 완전한 첫째 아담의 요소를 갖춘 둘째 아담이었다. 그러므로 그리스도는 완전한 첫째 아담의 모습을 취하기 위해 두 가지의 요소를 취하게 된다.

첫째, 둘째 아담으로서 첫째 아담의 속성을 완전히 담아낸다. 그리스도께서 여인의 몸에 잉태된 것은 둘째 아담이 "여인의 피와 살"을 취함으로서 대속을 이룰 첫째 아담의 속성을 그대로 담아내는 것이었다.[175]

첫째, 아담의 '혈'과 '육'을 취하는 것은 첫째 아담의 겉모습만 닮은 둘째 아담이 되는 것이 아니었다. 그의 모든 속성을 취하는 '참된 아담'이 되는 것을 말한다.[176] 그런데도 둘째 아담이 첫째 아담의 속성을 그대로 담아내면서 대속을 이루기 위해서는 죄 없는 상태로 그 속성을 취해야만 했다. 성령을 통한 잉태는 이런 것들을 이루게 한다. 이것이 이른바 신인양성의 위격적 연합을 통한 둘째 아담의 잉태와 탄생이었다.

둘째, 첫째 아담이 가졌던 세 가지 직분의 요소를 취하는 것이었다. 둘째 아담은 첫째 아담의 속성을 그대로 담아낼 뿐만 아니라 하나님의 형상인 첫째 아담에게 주어졌던 세 가지 직분이 함께 주어질 때, 진정한 첫째 아담의 대속을 이룰 완전한 둘째 아담이 되는 것이었다.

그리스도께서 완전한 첫째 아담의 모습을 가지게 되는 것은 여인의 몸

---

174 Calvin, *Inst*, Ⅰ.15.3; Ⅱ.12.5.
175 Adam J. Johnson, *Atonement: A Guide for the Perplexed* (London: Bloomsbury Publishing PLC, 2015), 119-122.
176 Johnson, *Atonement*, 117.

을 통해 아담의 '혈'과 '육'을 담아내는 것만이 아니었다. 첫째 아담과 관련된 불신과 불순종에 따른 세 가지 직분의 문제가 함께 거론되어야 했다.

바빙크는 그리스도께서 첫째 아담의 완전한 모습을 갖추기 위해서는 참된 선지자로서, 제사장으로서 그리고 왕으로서 그 직분이 수행되어야만 했다는 것을 말한다.[177] 그리고 그리스도께서 수행한 직분은 어떤 필요에 의해 주어진 세 가지의 역할에 따른 직분이 아니었다. 그분의 인격 자체가 선지자, 제사장 그리고 왕이었다. 그리스도는 중보자로서 완전한 구세주가 되기 위해, 성부에 의해 세 가지 직분을 받아야 했다. 성령에 의해 세 가지 직분을 행할 능력을 가져야 했다.[178] 그 이유는 첫째 아담의 세 가지 직분으로 인한 불신과 불순종에 따른 문제를 해결하기 위해서였다.

칼빈은 이렇게 강조한다.

> 그리스도라는 칭호에는 세 가지의 직분이 관계되어 있다. 그가 메시아로 불리는 것은 그의 왕권으로 인한 것임에도 불구하고, 선지자와 제사장으로서 기름 부음 받은 것을 무시하는 것이 되어서는 안 된다.[179]

그리스도의 직분을 논할 때, '기름 부음 받은자'로서의 강조를 위한 세 가지 직분에 대한 접근, 그리고 기독론적인 측면을 강조하기 위한 세 가지 직분의 접근 방법으로는 아담의 완전한 대속을 이룰 그리스도를 그려 내지 못한다. 구속언약의 장면에 따르면, 그리스도께서 세 가지 직분자가 된 것은 첫째 아담의 죄를 대속하는 측면에서 완전한 값이 되기 위해서였다.

칼빈은 로마서 5:12의 주석을 통해 아담이 죄를 지은 것은 자기만의 죄가 아니라 대표성으로서 우리의 본성을 타락시키고, 악하게 만들어 놓았다고 말한다. 그리고 5:14에서 아담을 오실 자의 모형으로 설명한다. 그러

---

[177] Bavinck, *Reformed Dogmatics* Vol. 3, 224.
[178] Bavinck, *Reformed Dogmatics* Vol. 3, 364-368.
[179] Calvin, *Inst* II.15.2.

면서 한 사람으로 말미암아 죄가 온 세상에 들어왔고 죄로 말미암아 사망이 들어왔듯이, 한 사람으로 말미암아 의가 회복되었고, 의로 말미암아 생명이 회복되었다는 것을 말한다.[180]

이런 부분을 생략하고 그리스도를 기름 부음을 받은 세 가지 직분자로만 설명하면, 그리스도의 직분은 첫째 아담이 범했던 직분에 따른 '불신'과 '불순종'의 문제를 해결하지 못하게 된다. 첫째 아담의 대속을 이룰 완전한 아담의 조건을 갖추지 못한다.

그리스도의 직분은 분명히 제2위 하나님의 중보적 기능과도 연결이 된다. 그런데도 둘째 아담인 그리스도의 직분은 창조론적인 측면에서 아담에게 주어진 세 가지 직분의 회복을 위한 사역이었음을 함께 인지해야 한다.

벌코프는 자신의 『조직신학』(Systematic Theology)에서 "그리스도의 직분"을 논한다.

> 그리스도께서 세 가지 직분을 위해 기름 부음을 받은 것은 아담이 원초적으로 이 직분과 사역을 위해 창조되었다는 것으로 설명된다.[181]

그리스도께서 "세 가지 직분을 가진 자였다"라고 말하기보다 "그리스도께서 첫째 아담의 회복을 위해 세 가지 직분자가 되었다"라고 말해야 더 옳을 것이다.

핫지는 사람의 '원형상'에 대해 말하기를 "사람은 원래 성숙과 완벽의 상태로 만들어졌다"라고 말한다.[182]

장성한 분량으로 창조되었던 첫째 아담이 세 가지 직분을 즉시 수행했다. 그러나 둘째 아담의 직분 수행은 첫째 아담과는 달랐다. 둘째 아담이

---

180 칼빈, 『칼빈주석: 로마서』, 박문재 역 (고양: 크리스챤다이제스트, 2013), 161, 164.
181 Berkhof, *Systematic Theology*, 392.
182 Hodge, *Systematic Theology* Vol. II, 92.

그 직분을 감당하기 위해서는 두 가지의 필요조건이 충족되어야만 했다.

첫째, 사리에 대해 분별력을 가질 수 있는 '삼십'이라는 시간적 요소가 필요했다.

둘째, 율법에 대한 순종이었다.

하나님이 출애굽한 이스라엘 백성들에게 계명과 율법을 주실 때, 민수기 4:3의 말씀에 따르면, 제사장으로 섬길 수 있는 나이를 "삼십 세"로 규정하고 있는 것은 사리를 분별할 수 있는 나이에 대한 설정이었다.

매튜 헨리는 성경에서 말하는 삼십의 규정에 대해 자신의 견해를 이렇게 밝힌다.

> 삼십 세가 되기 전에는 봉사를 하지 않았다. 이는 그 이전에는 사람들에게 유치하고 어린이 같은 면이 그대로 남아 있을 위험이 있고, 또한 레위인의 일을 담당할 만큼 신중함과 진지함이 없고, 존귀함도 없었기 때문이다. … 세례 요한과 그리스도는 삼십 세에 공적인 사역을 시작했다.[183]

그리스도께서 공생애를 "삼십 세"에 시작하신 것은 이런 율법을 철저히 지키기 위한 것이었다. 뿐만 아니라 그리스도는 둘째 아담으로서, 첫째 아담의 모든 죄책을 감당해야 했다. 율법이 요구하는 것에 대해 완전한 순종을 이뤄 무죄한 삶을 살아감으로 첫째 아담이 실패했던 시험을 통과하고, 성취해야만 했다.[184]

그리스도는 제2위 성자 하나님이시다. 그리스도는 피조 세계에 대해 법을 제정하신 하나님으로서, 피조 세계의 모든 법 위에 존재하신다. 그리스

---

[183] 매튜 헨리, 『민수기, 신명기』, 원광연 역 (고양: 크리스챤다이제스트, 2011), 37-38.
[184] Zaspel, *The Theology of B. B. Warfield*, 291.

도께서 비록 둘째 아담의 모습으로 있을지라도 신인양성의 위격적 연합으로 계신 그리스도는 혼합을 이룬 인격이 아니라 완전한 하나님이셨다. 그리고 완전한 사람으로서 '한 인격'을 이루고 계신 분이었다.

여기에 대해 칼케돈 신경은 "두 아들을 가르치는 자", "아들의 신성에 인성이 몰입되었다고 가르치는 자", "그리스도의 신성과 인성의 혼합을 가르치는 자", "그리스도의 몸의 인성을 부인하는 자", "그리스도의 인성과 신성이 연합 이전에 둘이거나 연합 이후에 하나라고 가르치는 자" 모두를 정죄했다.[185]

그리스도는 첫째 아담의 불순종의 길을 재차 걷지 않기 위해 자신이 제정한 그 법을 스스로 지키며, 완전한 대속의 값을 이뤄 가신다. 그리스도는 하나님의 말씀에 철저히 순종하며, 첫째 아담의 완전함을 담아내는 둘째 아담으로서의 세 가지 직분을 수행하신다.[186]

4. 결론

첫째 아담의 '형상회복'을 말하는 좁은 의미의 '창조회복'은 고대 교회뿐만 아니라 중세와 현대 교회에 이르기까지 기독론 속에 그 모습이 비춰지고 있었다.

키릴루스가 네스토리우스에게 보낸 '두 번째 서신'에서 본격적으로 교리화 되었던 "위격적 연합"은 그리스도의 직분이 기독론을 표방하면서 '창조론적' 의미를 가지고 있다는 근거를 더욱 깊이 있게 제공한다. 죄악

---

[185] Hodge, *Systematic Theology* Vol. III, 390: "The union of the two natures in Christ is a personal or hypostatic union."; Schaff (ed.), "The Creed of Chalcedon", *The Creeds of Christendom* Vol. I, 30-34.
[186] 그레엄 골즈워디, 『하나님의 아들과 새 창조』, 강대훈 역 (서울: 부흥과개혁사, 2016), 77-82.

가운데 놓인 첫째 아담의 대속을 이룰 둘째 아담인 그리스도의 위격적 연합은 "신성"을 가지신 그리스도의 직분 수행이 "비하"라고 말한다. 동시에 그리스도의 "인성"은 "창조회복"을 그의 "한 인격" 안에서 드러낸다고 말한다.

하나님을 향한 불순종으로 직분을 상실당했던 아담은 원래 하나님의 공유적 속성이 부여된 가운데 '하나님의 형상대로' 창조되었다. "하나님 형상"대로 창조된 아담에게 하나님이 직분을 부여하셨다. 이것은 아담에게 주어진 직분은 그의 본성에 의해 자연적으로 발생된 직분이 아니라는 것을 설명한다.

우르시누스의 『하이델베르크 요리문답 해설』(*Commentary on The Heidelberg Catechism*) 제6문 2항의 해설에 의하면, 하나님은 만물을 목적 없이 창조하지 않으셨다. 자신이 창조한 피조물을 향해 이유 없이 역할을 부여하지 않으셨다.[187] 하나님의 창조는 창세 전, 하나님의 전지성에 의해 모든 것이 계획되었다. 창조는 그 계획에 따라 실행된 것이다.[188] 그러면 하나님은 어떤 이유 때문에 아담에게 직분을 부여하셨는지에 대한 것은 결국 하나님의 창조의 목적과 직분이 관련이 있다는 것을 말한다.

아담의 직분은 하나님의 창조 세계를 아름답게 가꾸어 가기 위한 하나님의 창조 목적 가운데 주어졌다. 창조 질서의 원리 위에 주어진 직분이라 말할 수 있다. 첫째 아담에게 주어진 직분은 그의 속성과도 무관하지 않다. 하나님의 공유적 속성과 관련되어 있는 '하나님의 형상'과 깊은 관계를 가지고 있다. 하나님 나라를 아름답게 가꾸어 가기 위한 측면에서 '공의'와 '거룩함' 그리고 '의로움'의 기준은 '하나님의 형상'에 비춰지는 "공유적 속성"에 그 바탕을 두고 있다.[189]

그리고 직분의 직무 수행에 대한 자세를 말하고 있는 '순종'과 '복종'

---

[187] Ursinus, *Commentary on The Heidelberg Catechism*, 80-82.
[188] Bavinck, *Reformed Dogmatics* Vol. 2, 407-408.
[189] Berkhof, *Systematic Theology*, 91.

그리고 '충성'은 하나님이 첫째 아담을 창조한 목적과도 관계가 있다. 다시 말하면, 하나님이 창조하신 아담의 역할과 관련된다.

하나님이 창조하신 피조 세계는 신적 본능에 의해 자연 발생적 또는 진화적으로 피조된 것이 아니다. 하나님의 창조 목적에 따라 하나님이 친히 피조하셨다. 이렇게 창조된 피조 세계는 그 어느 것 할 것 없이 모든 것이 하나님의 선한 속성을 담아낸다.[190] 따라서 하나님이 창조하신 피조 세계는 모든 것이 '선'을 이룬다. 하나님의 형상대로 창조된 아담은 자신에게 주어진 왕, 선지자, 제사장의 직분으로 하나님의 선하신 피조 세계를 아름답게 가꾸어 가는 피조의 원리를 지켜 나가야만 했다.[191]

첫째 아담이 가진 세 가지 직분은 아담 자신의 권위와 권세를 나타내는 개인적 신분증명서가 아니었다. 하나님 나라의 피조 세계에 대한 청지기로서 공적인 직분이었다. 그 직분의 직무 수행에 대한 원리는 하나님의 창조적 목적이 그 바탕을 이루고 있었다.[192] 하나님이 에덴동산 중앙에 "선악을 알게 하는 나무"를 두신다. 그리고 아담에게 "선악을 알게 하는 나무의 열매를 먹지 말라 네가 먹는 날에는 반드시 죽으리라"(창 2:17)라는 말씀을 주셨다. 이것은 아담에게 주어진 직분의 직무 수행이 하나님의 창조 원리에 어떻게 작동되어야 하는지를 말씀하는 대목이었다.[193]

세 가지 직분은 기계적으로 직무가 수행되는 것이 아니었다. 인격적이었고 하나님이 허락하신 자유의지를 바탕으로 하고 있었다. 그 직무의 수행은 근본적으로 하나님의 말씀을 지켜 준행하는 창조 질서의 원리 가운데 이뤄져야 했다.

아담에게 세 가지 직분이 주어졌던 "명시적 시기"와 "확정적 시기"에도 하나님의 이런 창조의 원리는 그대로 묻어나고 있었다. 창조를 계획하신

---

190 Berkhof, *Systematic Theology*, 151-160.
191 칼빈, 『칼빈주석: 로마서』, 248; Luther, *Lectures on Romans*, 239.
192 골즈워디, 『하나님의 아들과 새 창조』, 122.
193 Bavinck, *Reformed Dogmatics* Vol. 3, 182-185.

하나님은 아담에게 세 가지 직분을 부여할 것과 그 직분이 행해야 할 역할에 대해, 영원 전 '명시적 시기'를 통해 "다스리게 하자"를 계획하신다. 이것은 아담에게 주어질 세 가지 직분이 하나님의 창조 목적을 담고 있다는 것을 말한다. 그리고 하나님은 창조를 이루신 후에 아담에게 계획하셨던 직분과 그에 따른 직무에 관한 것을 피조 세계인 에덴동산을 통해 부여하셨다. 이것을 세 가지 직분의 직무 부여에 대한 '확정적 시기'라 말할 수 있다.

에덴동산에서 아담에게 세 가지 직분이 주어진 것은 에덴동산이 가지고 있는 의미와 무관하지 않다. 에덴동산은 창조 기사와 관련해 일종의 신전의 의미를 가지고 있었다. 창세기 2:8-17에 나타나는 "사람"은 동산 성소의 일종의 제사장으로 묘사된다. 에덴동산에서 아담에게 주어진 직무인 '섬기고', '경작하고', '지키는 것'은 민수기 3:7-8; 8:26; 18:5-6과도 관련이 있다. 성소를 지키고, 섬기는 레위인의 의무로 묘사되고 있다. 그리고 에덴동산은 하나님의 명령이 주어진 장소였다. 이것을 볼 때 에덴동산의 목적 또한 하나님이 왕으로 다스리는 장소가 되는 것을 말한다.[194]

첫째 아담에게 주어진 직분이 창조론과 관계가 있다는 것은 아담의 직분이 가지고 있는 기능을 통해서도 발견된다. 창조하셨을 때, 하나님은 아담의 마음속에 선에 대한 열의와 영생을 넣어 주셨다. 그리하여 아담으로 하여금 본래의 고귀성을 잊지 않도록 하셨다.[195]

이런 아담에게 직분을 주실 때, 세 직분은 "생육", "번성", "충만"이라는 하나님의 창조의 축복을 더욱 아름답게 가꾸어 가는 직분이었다. 충성된 청지기로서 역할이었다. 따라서 아담의 세 가지 직분의 성격 가운데 나타나는 나침판으로서의 역학적 구조는 하나님이 창조하신 피조물을 하나님께로 바르게 인도하는 역할에 따른 직분의 충성된 자세였다. 아담의 직

---

194 Gentry · Wellum, *Kingdom through Covenant*, 306-308.
195 Calvin, *Inst* II.1.1-3; II.1.4, 244-245.

분은 하나님의 말씀을 지켜 준행하는 직무 수행을 통해 하나님의 피조 세계에 대한 선한 본질을 지켜 내는 것이었다.

아담의 직분에 따른 직무 수행은 아담 자신이 선한 것을 만들어 내는 것이 아니라 하나님의 창조 본질인 '선'을 지켜 내는 것을 말한다. 칼빈은 아우구스티누스가 발렌티누스를 책망하는 글을 인용하면서 아담의 죄는 하나님의 선한 본질을 지켜 내지 못했기 때문이라는 것을 말한다. 이때 그 원인은 아담이 하나님의 명령에 불순종하며, 자기가 원하는 것을 자신의 의지(자유의지)로 택했기 때문이다. 아담이 죄로 인해 넘어진 것은 하나님의 뜻을 수행했던 직분의 바른 직무 수행 결과 나타난 것이 아니었다. 자신의 뜻에 따라 움직이다가 넘어진 결론이었다.[196]

하나님이 아담에게 직분을 주신 목적이 있다. 따라서 아담은 자신에게 주어진 직분으로 '선'을 지켜 내려 할 때, 무엇보다 하나님의 창조 원리에 순종해야만 했다. 이것은 하나님의 공의를 세우는 창조 원리이기도 했다. 이런 가운데 첫째 아담의 세 가지 직분이 그 직무를 감당해 낼 때, 나타내야 할 또 하나의 모습이 있었다. 직분이 각각의 세 가지 모습으로 직무를 감당하는 분할 또는 개별 방식이 아니라 일체의 모습을 이뤄 사역을 감당해 내야 했다. 하나님의 삼위가 각각의 모습이 아니라 일체의 모습을 통해 창조와 피조 세계를 주관하듯이 아담의 세 가지 직분인 왕, 선지자, 제사장의 직무 수행 또한 일체의 모습을 이뤄 그 사역에 조화를 이뤄 가야만 했다.[197]

하나님의 창조 원리와 깊은 관계를 가지고 있었던 아담의 직분은 자신이 원하는 사역 방식을 취하는 것이 아니라 하나님의 말씀에 대해 순종의 자세를 취하며, 하나님의 뜻을 이뤄 가는 사역이었다. 인격적인 하나님은 아담이 세 가지 직분의 직무를 감당할 때, 아담의 자유의지가 자원해 그

---

[196] Calvin, *Inst* II.3.13; Anthony N. S. Lane, "Anthropology", 276.
[197] Sherman, *King, Priest, and Prophet*, 169-181, 210-213, 219-220, 250-253.

직무를 감당하는 것을 통해 영광 받길 원하셨다.

그러나 아담의 직분은 하나님의 이런 원리를 벗어나게 된다. 뱀의 유혹 앞에 자신에게 주어진 직분의 직무를 통해 '공의'를 세우지 못한다. 아담은 자신뿐만 아니라 하나님 나라 공동체의 거룩을 손상시킨다.[198] 아담의 직분에 따른 불순종은 타락을 불러일으킨다. 피조 세계가 "하나님 보시기에 좋았더라"가 아니라 "가시와 엉겅퀴"가 되어 버린다.

타락이 불러일으킨 죄, 여기에는 반드시 그 값이 있었다. 하나님이 아담에게 선악을 분별할 수 있는 지식과 능력을 주었기에 여기에 대한 죄책은 반드시 그 값이 뒤따를 수밖에 없었다.[199] 따라서 첫째 아담의 '창조회복'을 말하는 둘째 아담의 대속에는 첫째 아담의 세 가지 직분에 대한 불신과 불순종에 따른 그 값의 회복을 함께 묻고 있었다.

그러므로 첫째 아담의 완전한 대속을 이루기 위해서는 그리스도께서 첫째 아담의 완전한 직분에 대한 회복을 일으켜야만 했다. 여기에는 둘째 아담인 그리스도께서 첫째 아담의 불순종으로 인해 상실당한 세 가지 직분을 공생애를 통해 회복시켜야 할 이유가 담겨 있었다.

---

[198] Burger, *Being in Christ*, 94.
[199] Bavinck, *Reformed Dogmatics* Vol. 3, 33.

제5장

창조회복과 관계된
둘째 아담의 세 가지 직분과 공생애 사역

성자 하나님이 인간의 구속을 위해 둘째 아담인 그리스도로 성육신하셨다. 그리스도께서 둘째 아담으로서 직분을 지니게 된 것은 에덴동산에서 첫째 아담에게 주어졌던 세 가지 직분을 연상시킨다. "창조론의 관점에서 바라본 첫째 아담의 세 가지 직분"에 이어 둘째 아담의 세 가지 직분에 따른 공생애 사역이 창조론과 어떤 관계를 지니게 되는가를 알아보는 것은 그리스도의 공생애가 첫째 아담의 대속을 이루기 위한 사역이었다는 것을 보여 준다.

C. H. 도드(C. H. Dodd)는 이렇게 말한다.

> 그리스도를 둘째 아담으로 보는 바울의 주장은 실제로 일어난 타락 이야기와는 큰 관련성이 없다. … 결론적으로 이런 질문은 잘못된 것이라고 주장된다.…
> 우리가 만일 아담의 역사성을 부인한다면, 어떻게 악이 역사상의 세상으로 들어온 일을 설명할 수 있는가?
> … 창조 세계에 결함이 있었다면, 하나님이 죄를 세상에 들어오게 했다는 비난을 어떻게 면할 수 있는지 이해하기가 어렵다.[1]

---

1 윌리엄 에드거, "아담, 역사, 신정론", 한스 마두에미 · 마이클 리브스(편), 『아담, 타

그리스도께서 광야에서 마귀로부터 받았던 세 번의 유혹은 첫째 아담의 세 가지 직분을 회복시키지 못하도록 하기 위한 마귀의 공격이었다. 여기에 대해 신명기의 기록된 말씀으로 그리스도께서 마귀의 유혹을 물리친 것은 첫째 아담의 박탈당한 직분 회복과 관련된 것이었다.[2]

둘째 아담인 그리스도의 '공적 직무'를 가리키는 '공생애'가 그분의 나이 삼십 세쯤 되었을 때 시작된다(눅3:23). 요셉은 삼십 세에 총리가 되었으며(창 41:46), 다윗은 자신의 나이 삼십 세에 왕위에 오른다(삼하 5:4). 민수기 4:3에 따르면, 레위지파들은 성막에서 사역할 수 있는 나이를 삼십 세로부터 시작을 이룬다. 그리스도의 '공적 직무'인 공생애가 삼십 세에 시작되었다. 이것은 둘째 아담인 그리스도는 첫째 아담의 대속을 이루기 위해 생명만 대속을 이룬 것이 아니라 첫째 아담의 불순종에 따른 모든 것을 다 이루며, 공생애 사역을 이뤘다는 것을 말한다.

그리스도께서 둘째 아담으로서 성취한 공생애 사역은 세 가지 직분의 직무 수행으로 이뤄진다. 이 직무의 수행은 과거의 원죄에 대해서는 값의 지불에 따른 대속을 불러일으킨다. 미래에 대해서는 하나님 형상의 완전한 회복을 말하는 하나님의 언약을 성취한다.[3] 그리스도께서 공생애를 통해 이룬 사역은 '왕', '선지자', '제사장'으로서, 세 가지 직분의 사역이었다. 그리고 공생애에서 성취한 세 가지 직분의 사역은 첫째 아담의 '창조 회복'을 이루기 위해 필히 수행되어야 할 직분에 따른 사역이었다.[4]

락, 원죄: 원죄와 원사망』, 윤성현 역 (서울: 새물결플러스, 2018), 512-513.
2   Calvin, *Catechism of the Church of Geneva*, 18-19.
3   Berkhof, *Systematic Theology*, 234.
4   레이몬드, 『개혁주의 기독론』, 366-368.

1. 광야에서 사십 일의 금식과 둘째 아담의 세 가지 직분과의 관계

1) 광야 사십 일의 금식과 둘째 아담의 세 가지 직분에 대한 이해

첫째 아담은 인류의 머리임과 동시에 행위언약에 대한 대표성을 지니고 있었다.[5] 첫째 아담의 대속을 이루기 위한 둘째 아담은 인류의 머리로서 대표성을 지닌 존재여야 했다.

후크마는 『인간론』(Created in God's Image)의 제7장 "죄의 기원"에서 "한 사람"인 아담을 가리켜 "사망"의 대표성으로 표현한다. 그리고 그리스도는 부활에 따른 "생명"의 대표성으로 설명한다.[6] 그리스도께서 둘째 아담으로서 대표성을 지니신다는 것은 그 행위 또한 대표성이 결여되지 않아야 한다. 그리고 첫째 아담의 행위에 따른 대속의 모습을 담아내야 한다.[7]

둘째 아담인 그리스도께서 모든 면에 있어서 첫째 아담의 대표성을 지니시지 않았다면 그리스도의 대속에 따른 희생의 피는 인류를 위한 것이 될 수 없었다. 단지 한 개인을 위한 개별성의 차원에 그치고 말 사건이었다.[8] 따라서 그리스도께서 대속을 이루시기 위해서는 첫째 아담에 대한 완전함을 지니셔야 했다.

그리스도의 공생애 사역은 세 가지 직분의 사역이었다. 이유는 첫째 아담이 세 가지 직분자로 사역했기 때문이다. 첫째 아담은 자신의 직분에 걸맞게 사역을 바르게 수행하지 못한다. 불순종으로 직무를 유기했으며, 하나님 앞에 그 직분으로 범죄했다. 세 가지 직분자로서 사역을 감당하고 있는 그리스도의 공생애는 첫째 아담의 죄책에 따른 직분의 회복을 내포하고 있었다.

---

5 Bavinck, *Reformed Dogmatics* Vol. 3, 78.
6 Hoekema, *Created in God's Image*, 113-117.
7 Burger, *Being in Christ*, 93-96.
8 머레이, 『존 머레이 조직신학』, 52-56.

헤페는 그리스도의 공생애 사역을 가리켜 "자기 공로를 우리에게 적용시키는 사역"으로 표현한다.[9] 따라서 공생애의 첫 출발을 알리는 그리스도의 '사십 일 금식'은 절제된 생활의 모범을 사람들에게 보여 주기 위한 것이 아니었다. 이 장면은 일반 사람들과 구별에서 비롯된 권위의 회복을 얻기 위한 것이라고 칼빈은 밝힌다.[10]

공생애를 위한 그리스도의 '사십 일 금식'은 그리스도의 세 가지 직분 수행과 관련해 두 가지의 큰 의미를 내포한다.

첫째, "사십 일"은 창세기 6장의 홍수가 하늘로부터 "사십 주야"를 내린 사건과 관련이 있다.

크리소스토무스는 창세기 주석에서 '사십 일' 간의 '대 홍수'를 가리켜, 죄에 대한 강력한 하나님의 심판으로 묘사한다. 이것은 죄악에 대해 어떤 변명의 구실도 없애기 위한 하나님의 강력한 조치였다.[11] 땅에 임한 '사십 일'의 홍수 심판은 여러 가지 의미를 내포한다. 하늘에서 땅으로 비가 '사십 주야'를 내렸다는 '사십 일'은 땅을 향한 하나님의 심판의 완전성을 나타내고 있다.

'사'(四)는 네 방향을 말하며, 땅(흙)을 말한다. 그리고 '사'는 흙으로 지은 '사람'을 뜻한다. 반면, '십'(十)은 '충만함'을 말한다. 따라서 홍수의 '사십(四十) 일'은 죄악된 세상을 향한 하나님의 완전한(충만한) 심판을 말한다. '사십 일'의 '대 홍수'는 용서받지 못할 죄악에 대한 하나님의 완전한 심판을 의미한다. 그리스도께서 공생애를 행하기 전에 광야를 통해 이룬 '사십 일의 금식'은 그리스도의 세 가지 직분 수행의 성격을 보여 준다. 즉, 그리스도의 세 가지 직분 수행이 공생애가 되는 것은 첫째 아담의 죄

---

9   Heppe, *Reformed Dogmatics*, 449-452.
10 칼빈, 『칼빈성경주석 16: 공관복음 Ⅰ』, 205.
11 Louth (ed.), *Ancient Christian Commentary on Scripture, Old Testament* Ⅰ, 138.

를 완전하게 대속할 직분의 사역이라는 것을 예고하고 있었다.

둘째, '사십 일'은 출애굽한 모세가 하나님으로부터 말씀을 받기 위해 시내산에 오른 "사십 일"과 관계가 있다. 모세가 시내산에 오른 이유는 하나님으로부터 계명의 말씀을 받기 위해서였다. 이 기간 동안 모세가 금식했던 이유는 인간의 자아를 죽이고, 하나님의 뜻을 바르게 세우기 위함이었다. 매튜 헨리는 모세의 금식에 대해 다음과 같이 주석한다.

> 모세는 이전에도 그렇게 오랫동안 금식했었다. 그러나 모세는 이 두 번째에도 많은 날들의 식량을 가지고 올라가지 않았다. 그는 사람이 떡으로만 사는 것이 아니라고 하는 것을 믿었고, 그것이 진리라고 하는 것을 체험을 통해 용기를 얻었기 때문이다. …
> 하나님의 권능이 모세를 지원해 주었기 때문에 그는 음식이 필요 없었다. 또한, 하나님과 가진 교제가 모세를 기쁘게 했기 때문이다.[12]

모세가 시내산에 올라 '사십 일'을 금식한 목적은 하나님으로부터 주어지는 율법의 계명을 받는 것과 관련이 있었다. 이처럼 그리스도께서 행하신 '사십 일'의 금식은 공생애를 통해 펼쳐질 세 가지 직분 사역이 하나님의 말씀을 철저히 지키고, 준행하는 사역이 될 것을 예고하고 있었다.

조엘 R. 비키(Joel R. Beeke)는 『청교도 신학의 모든 것』(*A Puritan Theology Doctrine for Life*)에서 그리스도의 공생애와 관련해 다음과 같은 견해를 낸다.

> 그리스도는 둘째 아담으로 활동하시는 동안 자신의 신성에 의존함으로써 속이지 않으셨다. 오히려 성령을 받고 성령을 의지하심으로써, 아버지에

---

12 매튜 헨리, 『출애굽기, 레위기』, 김병하 역 (고양: 크리스챤다이제스트, 2011), 447-448.

게 충분히 의존했다(요 6:38).¹³

공생애를 준비하는 과정에서 펼쳐진 그리스도의 사십 일의 금식은 공생애 자체가 자신의 목적을 이루기 위한 것이 아니라 아버지의 뜻을 이루기 위한 기간이 될 것을 또한 예고한 것이다.

사십 일의 금식은 그리스도의 공생애가 하나님으로부터 주어진 율법과 계명의 준수와 함께 하나님의 모든 말씀을 지켜 준행하는 가운데 진행되는 직무 수행이 될 것을 예고한다. 공생애를 준비하는 과정에서 펼쳐졌던 사십 일의 금식은 둘째 아담인 그리스도의 세 가지 직분 사역이 '창조회복'에 따른 '창조론적' 관점에서 기독론이 펼쳐질 것을 증거한다.

그리스도로서 공생애를 이루기 위한 발걸음이 성령에 이끌리어 광야로 가신 것 또한 앞으로 있을 그리스도의 사역에 대한 또 다른 예표이다. 레위기 16:22에 따르면, 광야는 사람이 살지 않는 "빈들"이다. 첫째 아담이 '하나님 형상'을 상실당한 것을 가리켜 바빙크는 이것을 두 가지로 설명한다.

첫째, 인간이 더 이상 '선지자', '제사장', '왕'으로서 활동할 수 없는 상태가 되었다는 것이다.
둘째, 이것을 해결하기 위해 특별한 사람을 필요로 하고 있었다는 것이다.¹⁴

광야는 마치 첫째 아담이 자신의 직분을 상실당한 것과 같은 곳이었다. 광야는 출애굽한 이스라엘 자손들이 가나안 땅에 들어가기까지 불신에 따른 징계를 받으며, 방황했던 장소이기도 했다.

---

13 비키 · 존스, 『청교도 신학의 모든 것』, 396.
14 Bavinck, *Reformed Dogmatics* Vol. 3, 332.

칼빈은 마태복음 4장 주석에서 그리스도께서 광야로 가신 것은 두 가지 동기 때문이라고 지적한다.

첫 번째 동기는 "하늘의 사람"으로서 자신에게 주어진 사명을 시작하기 위해서였다.
두 번째 동기는 시험의 단련을 통해 자신을 무장시키기 위해서였다.[15]

이와 같이 광야와 그곳에서 있었던 사십 일의 금식은 세 가지 직분을 지닌 자로서 그리스도의 사역의 성격을 설명한다. 그 사역은 영광이 아니라 고난이 함께하는 사역이 될 것을 예고하고 있었다.

둘째 아담으로서 세 가지 직분을 수행할 당사자인 그리스도께서 광야를 향하고, 그곳에서 사십 일의 금식을 행한다. 이것은 첫째 아담이 하나님의 말씀에 대해 반역을 일으킨 것을 둘째 아담인 그리스도께서 하나님의 말씀에 철저히 순종하심으로, 첫째 아담의 불순종에 따른 값을 지불하실 것을 예고하고 있었다.

벌코프에 의하면, 그리스도는 비하의 신분으로 직분을 감당하신다. 이때 그리스도께서 당한 고난에는 "광야의 고난"과 "겟세마네의 고난" 그리고 "골고다의 고난"이 있었다. 이 고난은 선택 항목이 아니라 직분에 따른 필수적인 고난이었다.[16]

오웬은 그리스도께서 직분을 통해 겪어야 할 고난을 구속 사역의 전체 부분 중 하나로 파악한다.[17]

바빙크는 고난에 대해 두 가지를 설명한다.

첫째, 죄와 관련된 고난이다.

---

15 칼빈, 『칼빈성경주석: 16, 공관복음 Ⅰ』, 205.
16 Berkhof, *Systematic Theology*, 371-372.
17 비키 · 존스, 『청교도 신학의 모든 것』, 407.

둘째, 또 다른 하나는 죄와 관련 없이 존재하는 고난이다.[18]

그리스도께서 둘째 아담으로 당하는 고난은 일반적 고난이 아니었다. 첫째 아담과 관련된 죗값에 따른 고난이었다.

크리소스토무스는 그리스도의 죽음을 가리켜 두 가지를 설명한다.

첫째, 우리에게 죄로부터 사면을 가져다줄 것이다.
둘째, 우리를 처벌로부터 자유롭게 하는 것이다.[19]

안셀무스에 따르면 그리스도께서 사람이 된 이유는 인간 본성의 죄책에 따른 문제를 해결하기 위해서였다.[20]

여기에 대해 워필드는 그리스도께서 이루신 둘째 아담으로서의 삶을 가리켜, 첫째 아담이 실패한 시험을 둘째 아담이 순종을 통해 성취함으로서 만족을 이룬 것이라고 설명한다.[21]

죄에 분노한 하나님의 공의에 대한 형벌의 만족, 율법의 요구에 대한 완전한 순종의 삶을 이룬다. 그리스도의 공생애는 첫째 아담이 실패한 직분의 사역과 연결된다. 이것은 첫째 아담의 완전한 회복을 위한 둘째 아담으로서의 직분 수행이 첫째 아담의 무너진 형상을 회복시키는 '창조론적' 관점을 가진 사역이라는 것을 의미한다.

"광야"는 그리스도께서 메시아로서 사역을 감당하기 위한 '준비의 장소'였다.[22] 따라서 그리스도께서 광야에서 행한 '사십 일의 금식'과 세 가지 직분의 사역은 둘째 아담으로서 그리스도의 사역이 첫째 아담의 회복

---

18 Bavinck, *Reformed Dogmatics* Vol. 3, 42-48.
19 Chrysostom, "The Work of Christ", 171-173.
20 Anselm, *Cur Deus Homo*, Ⅰ.Ⅴ, 13.
21 Zaspel, *The Theology of B. B. Warfield*, 291.
22 앤터니 티슬턴, 『조직신학』, 421-422.

을 위한 '창조론적' 관점을 담고 있다는 것을 우리에게 간접적으로 비춰 준다. 그리스도의 공생애는 단순하게 만족을 채우는 측면에서의 사역을 말하는 것이 아니었다. 공생애는 첫째 아담의 본질적이고, 근원적인 문제를 해결하는 '창조회복'에 따른 '창조론적' 관점을 가지고 있다는 것을 우리에게 보여 주고 있다.

2) 마귀의 세 가지 유혹과 그리스도의 세 가지 직분과의 관계

(1) 선지자 직분을 향한 유혹

팔머 로벗슨(Palmer Robertson)은 완전한 선지자로서의 그리스도를 두 가지 예를 들어, 소개한다.

첫째, 그리스도는 이사야의 "종"에 대한 예언대로 오신 완전한 선지자였다.

둘째, 모세와 같은 "한 선지자"에 대한 예언대로 오신 완전한 선지자였다.[23]

웨인 그루뎀(Wayne Grudem, A.D. 1948-)에 의하면, 그리스도는 계시의 근원이다. 하나님의 계시를 전달하는 자가 아니라 우리에게 하나님을 완전히 계시하는 영원한 말씀으로서 선지자다. 그리고 자신의 권위로 말씀하신다.[24] 일반적으로 선지자는 계시를 받은 사람이라는 측면에서 볼 때, 수동적인 모습을 지닌다. 그런데도 자신이 받은 소명을 다른 사람에게 전달한다는 측면에서 선지자의 직분은 능동적인 모습을 함께 지닌 직분이다.[25]

---

23 팔머 로벗슨, 『선지자와 그리스도』, 한정건 역 (서울: 개혁주의 신학사, 2007), 78-83.
24 Grudem, *Systematic Theology*, 626.
25 Berkhof, *Systematic Theology*, 393.

둘째 아담인 그리스도께 주어진 선지자 직분은 창조적 관점에서 볼 때, 그리고 구원론적 관점에서 볼 때, 말씀의 본체이신 제2위 하나님 되시는 성자와 관련된다. 창세기 2:17과 관련해 첫째 아담에게 주어졌던 직분과도 긴밀한 관계를 맺고 있다. 하나님이 아담에게 "선악을 알게 하는 나무의 열매는 먹지 말라 네가 먹는 날에는 반드시 죽으리라"라고 말씀하신다. 아담이 피조물로서 지켜야 할 법도에 대한 이유와 기준을 설정하신다. 그리고 이와 함께 이것을 능동적으로 지킬 자질을 함께 주신다. 이성, 이해력, 신중함, 판단력 등이 더해진다.[26]

그리고 그에게 주어진 세 가지 직분 가운데 하나인 선지자 직분이 창조론적 관점에서 직무가 준행되어야 할 것이 명시된다. 따라서 그리스도께서 둘째 아담으로서 직분을 수행하는 데는 첫째 아담의 직분을 회복시키는 창조 회복이 있어야 함을 의미한다.

둘째 아담인 그리스도의 직분에 대해 누구보다 그 의미를 잘 알고 있었던 마귀는 사십 일의 금식을 행한 그리스도 앞에 광명한 천사로 가장해 접근한다.[27] 그리고 그리스도로 하여금 자신에게 주어진 직분 수행을 하나님의 법에 따라 행할 것이 아니라 첫째 아담처럼 자기 자신을 위해 그 직분을 사용하도록 유혹한다. 목적은 첫째 아담의 직분을 회복시키지 못하도록 하기 위한 것이었다.

벌코프는 그리스도께서 광야를 비롯한 겟세마네와 골고다에서 당하신 고난에 대해 이렇게 평가했다.

---

26 Calvin, *Inst* Ⅰ.15.8; 루이스 · 데머리스트, 『통합신학』, 256-257.
27 헨더렌 · 펠레마, 『개혁교회 교의학』, 469-471: "그리스도는 자기 뜻대로 천사들을 부릴 수 있다(마 4:11 ; 24:31; 25:31). … '천사들은 그리스도를 통해서 그리스도의 교회와 밀접하게 연결되어 있고, 또한 교회는 천사들과 밀접하게 연결되어 있다'(『기독교 강요』1.14.6, 12) … 더욱이 죄는 맨 처음에 천사들의 세계에서 시작했다. … 마귀와 그의 편을 선택한 천사들을 사로잡은 것은 바로 교만이었다고 종종 추측되었다"(Bavinck, *Reformed Dogmatics* Vol. 3, 36)."

카이퍼는 이것을 둘째 아담의 "범죄에 따른 추상적 가능성"으로 설명했다. 바빙크는 "시험을 통한 거룩성의 성장"으로, 보스는 이것을 "자연적인 본능"에 호소한다.

그러나 벌코프는 이들의 견해에 대해 물음표를 던지며 광야를 첫째 아담의 대속을 이룰 실질적인 장소라는 견해를 표현한다.[28]

마귀는 에덴동산에서 아담을 향해 공격하면서 아담이 가지고 있는 세 가지 직분 가운데 선지자직을 먼저 공격한다. 왜냐하면, 말씀이 무너지는 것은 곧 거룩과 권세도 함께 무너지는 것을 의미하기 때문이다. 이런 이유에서 그리스도를 향한 마귀의 첫 번째 유혹은 선지자직에 대한 공격으로 이어진다. 그 공격은 사십 일 금식이 가져다주는 인간의 한계에 따른 연약성을 향한 공격이었다.[29]

그리스도께서 비록 완전한 신성을 가졌을지라도 그리스도께서 이루고 있는 '한 인격'이 완전한 인성과 연합을 이루고 있음 또한 사실이다. 따라서 인성이 느끼는 배고픔은 인성만의 배고픔이 아니라 그리스도의 '한 인격'의 배고픔이 된다.

굶주림으로 인한 배고픔에 대해 암브로시우스는 그리스도께서 마귀를 속이기 위한 하나의 전략이었다고 말한다. 그리스도는 굶주림의 모습으로 자신이 단순한 '한 인간'인 것처럼 위장한다. 이것은 그리스도께서 자신의 승리를 방해받지 않도록 속임수를 사용한 것이라고 그는 주장한다.[30]

그러나 암브로시우스의 이런 해석은 그리스도의 '한 인격'의 실체보다 그리스도의 '신성'을 지나치게 부각시킨 결론이었다.

셔어만은 자신의 『왕, 제사장 그리고 선지자』(*King, Priest, and Prophet*)를 통해 그리스도께서 광야에서 받으신 세 가지의 유혹을 그리스도의 세 가

---

28 Berkhof, *Systematic Theology*, 372.
29 Sherman, *King, Priest, and Prophet: A Trinitarian Theology of Atonement*, 110-115.
30 Ambrose, "The Work of Christ", 181.

지 직분과 관련시킨다.³¹ 셔어만에 따르면, 마귀의 유혹은 단순한 배고픔을 해결하는 유혹이 아니었다. 그리스도로 하여금 둘째 아담으로서 그 직분을 수행하지 못하도록 방해하는 유혹이었다.

마귀는 배고픈 그리스도를 유혹해 하나님 아들로서 능력을 발하게 해 자신의 배고픔을 해결하도록 공격한다. 둘째 아담인 그리스도로 하여금 자신의 직분을 남용해 첫째 아담의 상실당한 직분을 회복시키지 못하도록 유혹한 것이다. 그리스도의 사역이 공생애가 되지 못하고 자기생애가 되도록 하기 위한 조치였다.

여기에 대해 셔어만은 이렇게 밝힌다.

> 진실된 선지자는 자신에게 당장의 필요와 만족을 채우기보다 진실된 음식을 제공할 수 있어야 한다.… 그리스도는 마귀의 유혹을 신명기 8:3의 말씀으로 물리치셨다.³²

마이클 호튼은 선지자를 가리켜, 가르치는 것뿐만 아니라 "하늘의 방침을 시행하는 법률가"로도 표현한다. 말씀의 근본을 이루시는 그리스도는 자신의 선포를 통해 새로운 세상을 계시하는 "참 선지자"였다.³³ 동시에 첫째 아담의 선지자 직분을 회복시킬 둘째 아담으로서의 선지자였다.

하나님이 아담에게 준 선지자 직분은 하나님의 피조 세계를 하나님의 법에 따라 질서 있게, 그리고 바르게 이끌어 가야 하는 중요한 직분이었다. 선지자 직분은 자기의 만족을 구하고, 자기의 만족을 채우는 직분이 아니었다. '종'과 같이 주인의 뜻을 바르게 수행하는 직분이었다. 광야에서 마귀가 그리스도로 하여금 배고픔에 대해 '자기만족'을 이루도록 유혹

---

31 Sherman, *King, Priest, and Prophet*, 107-110.
32 Sherman, *King, Priest, and Prophet: A Trinitarian Theology of Atonement*, 112-113.
33 마이클 호튼, 『언약적 관점에서 본 개혁주의 조직신학』, 이용중 역 (서울: 부흥과개혁사, 2012), 485-488.

한 것은 둘째 아담인 그리스도의 '선지자 직분'에 대한 공격이었다.

이때 그리스도께서는 자신의 만족을 구하지 않으신다. 신명기 8:3의 말씀으로 그 유혹을 물리치신 것은 자신의 직분에 대한 충실함을 통해 첫째 아담의 선지자 직분을 회복시키는 장면이었다.

이것을 달리 표현하면, 첫째 아담에게 주어졌던 선지자 직분에 대한 '창조회복'을 말한다. J. 판 헨더렌(J. van Genderen)은 『개혁교회 교의학』(Concise Reformed Dogmatics)에서 아담의 창조회복과 관련해 견해를 밝힌다.

> 아담이 불순종으로 잃어버린 것이 그리스도 안에서 우리에게 새롭게 계시된다. 고린도후서 3:18은 그리스도로 말미암아 우리가 그의 형상을 따라서 새롭게 변화된다는 것을 암시해 준다. 여기서는 인간이 하나님의 형상으로 창조되었다는 사실과 관련해서 그리스도께서 우리에게 중요한 것으로 묘사되고 있는데, 이는 부정할 수 없는 사실이다. … 다시 말해서 하나님이 맨 처음에 아담을 창조하셨을 때처럼, 우리가 또 다시 하나님의 형상이 된다.[34]

그리스도께서 둘째 아담으로서 선지자 직분을 감당하시며, 첫째 아담의 직분을 회복시키신다는 것은 '하나님 형상의 회복'이라는 '창조론적' 관점을 설명한다.

다렐 보크(Darell Bock)에 의하면, 그리스도께서 광야에서 마귀에 의해 먹는 것으로 유혹을 받으신다. 이것은 그리스도께서 하나님의 아들로서의 권능을 자신의 사사로운 문제를 해결하시는 데 사용해 하나님의 뜻을 성취시키시지 못하도록 만드는 유혹이었다.[35]

---

[34] 헨더렌 · 펠레마, 『개혁교회 교의학』, 549-550.
[35] 다렐 보크, 『NIV 적용주석:누가복음』, 조호진 역 (서울: 도서출판솔로몬, 2010), 167-169.

잭 던 킹스베리(Jack Dean Kingsbury)는 마태복음 4장 주해에서 이렇게 말한다.

> 만일 사탄이 시험에서 승리했다면, 그는 효과적으로 예수를 파멸시키는 데 성공했을 것이다.[36]

광야에서 일어났던 그리스도를 향한 유혹은 단순한 유혹이 아니었다. 그리스도로 하여금 첫째 아담의 회복을 일으키지 못하게 하는 공격이었다. 이 첫 번째 공격은 첫째 아담에게도 그랬던 것처럼 하나님의 뜻을 거역하도록 유혹하는 공격이었다.[37]

셔어만은 그리스도께서 광야에서 마귀에게 당하신 시험을 그리스도의 세 가지 직분의 관점에서 설명한다. 셔어만은 이것을 첫째 아담의 회복이라는 '창조론적' 관점에서 설명하기보다 세 가지 직분이 가지고 있는 특징적 요소를 설명하는 데 그치는 아쉬움을 가진다.[38] 그는 그리스도의 세 가지 직분이 삼위일체적 요소를 지니고 있다고 강조한다.[39] "희생"과 "승리하신 그리스도"에게서 나타나는 세 가지 직분의 모습을 윤리적 차원과 목회적 차원으로 승화시키고 있다.[40]

그러나 그리스도께서 광야에서 마귀로부터 당했던 유혹을 물리친 사건은 '한 인격'을 통해 일어난 사건이었다. 이것은 곧 기독론에 따른 '창조 회복'의 관점을 놓치지 말아야 한다는 근거를 제공한다.

그리스도께서 광야에서 먹는 문제와 관련한 마귀의 유혹을 신명기 8:3의 말씀으로 물리치신다. 이것은 첫째 아담의 불순종으로 야기된 '형상'

---

36 잭 던 킹스베리, 『이야기 마태복음』, 권종선 역 (서울: 요단출판사, 2006), 95.
37 킹스베리, 『이야기 마태복음』, 96-98.
38 Sherman, *King, Priest, and Prophet*, 107-115.
39 Sherman, *King, Priest, and Prophet*, 107-110.
40 Sherman, *King, Priest, and Prophet*, 151-162, 163-168, 213-218, 257-261, 262-280.

의 파괴와 함께 일어났던 직분의 상실에 대한 것이 말씀을 지켜 순종하는 것으로 '창조회복'을 일으켰다는 것을 말한다. 이것이 기독론을 통해 비춰지고 있었다.

(2) 제사장 직분을 향한 유혹

선지자 직분을 향한 공격의 실패에 대해 마귀는 공격의 끈을 놓치지 않는다. 마귀는 베드로전서 5:8 말씀처럼, 자신이 삼킬 자를 찾고 있었다. 마귀는 그리스도께서 세 가지 직분에 대한 사역을 수행하시지 못하도록 제사장 직분에 대한 두 번째 유혹으로 이어 간다.

이제 마귀는 그리스도를 성전의 꼭대기에 세운다. 셔어만은 마귀의 이런 유혹을 가리켜 제사장직을 통한 유혹으로 설명한다. 성전 꼭대기는 제사장의 계층적 구조를 봤을 때, 최고의 위치에 세워지는 대제사장을 상징한다.[41] 마귀의 이런 유혹의 장면은 그리스도께서 둘째 아담이시라는 사실과 함께 그리스도께서 둘째 아담으로서 첫째 아담의 회복을 일으킬 직분을 감당하신다는 것을 마귀가 알고 있었다는 것을 간접적으로 증거해 준다.

마귀는 그리스도로 하여금 "메시아로서 제사장직을 수행하기 위해, 자신이 해함을 입을 필요가 없다"고 강조한다. 마태복음 4:5, 6에 의하면, 마귀는 그리스도를 유혹하기 위해 그를 성전 꼭대기에 세운다. 그리고 그리스도로 하여금 "네가 만일 하나님의 아들이면, 뛰어내려라 그리하면 천사들이 너를 털끝 하나도 상함을 입지 않도록 할 것이다"라고 유혹한다. 이것은 두 가지 측면에 대한 마귀의 유혹이었다.

첫째, 그리스도로 하여금 스스로 하나님의 아들인 것을 증거하도록 유혹한다. 제사장의 직분뿐만 아니라 첫째 아담의 회복을 일으킬 둘째 아담

---

41 Sherman, *King, Priest, and Prophet*, 113.

의 사역을 무용지물(공생애가 아닌 자기생애)로 만들기 위한 조치였다.

둘째, 제사장적 메시아로서 자신이 해함을 입을 필요가 없다는 것을 통해 자기희생적 행위를 요구하는 사역을 멈추도록 유혹한다. 그리하여 첫째 아담의 직분 회복을 일으키지 못하도록 조치한다. 그리스도로 하여금 자기희생적 행위를 요구할 수도 있다는 생각을 버리도록 유혹해 제사장 직분을 수행하지 못하도록 한다. 그러나 그리스도께서는 신명기 6:16의 말씀을 인용해 시험을 물리치신다.[42]

그리스도께서는 자신이 가지고 있는 특권을 사용하지 않으셨을 뿐만 아니라, 자신의 사명을 벗어나기를 거부하시고, 마귀의 유혹을 물리치신다. 이때 그리스도는 직분자로서 하나님의 모든 요구를 만족시키며, 그 사명을 감당하기 위해 신명기 6:16의 말씀을 인용해 마귀의 유혹을 물리치신다.[43]

> 예수께서 이르시되 또 기록되었으되 주 너의 하나님을 시험하지 말라 하였느니라 하시니(마 4:7).

『하이델베르크 요리문답 해설』은 제31문의 해설에서 그리스도의 제사장직에 대해 세 가지를 설명한다.

> **첫째**, 그리스도의 제사장직은 하나님의 은밀한 계획을 우리에게 계시해 준다.
> **둘째**, 그리스도의 제사장직은 우리를 위해 하나님께 자신을 화목제물로 드리게 한다.

---

42 Sherman, *King, Priest, and Prophet*, 110-115.
43 Hagner, *World Biblical Commentary : Vol. 33a, Matthew 1-13*, 67; Sherman, *King, Priest, and Prophe*, 113-114.

셋째, 그리스도의 제사장직은 우리의 모든 간구가 언제나 응답받도록 중보적 역할을 감당한다.[44]

『하이델베르크 요리문답 해설』은 제45문의 해설을 통해 그리스도께서 살아나신 것은 "중보자 직분을 계속 수행하기 위해서"라고 밝히고 있다.[45] 그리스도는 "중보자"로서 자신이 이룬 구속의 은덕을 우리에게 "적용", "전가", "보존"하신다. 첫째 아담이 인류의 머리요, 대표로서 상실한 그 은덕을 둘째 아담은 자신이 이룬 공로를 통해 회복시키고 이를 우리에게 전가해 준다.[46]

그리스도께서 제사장으로 그 직분을 감당한 것에 대해 『웨스트민스터 소요리문답』 제25문은 기독론과 구원론적 측면에서 두 가지를 설명한다.

첫째, 단번에 드려지는 제물로서, 비하 상태에서 이룬 두 가지의 만족이다. 하나는 '하나님의 공의에 만족'을 이루는 것이었으며, 또 다른 하나는 '우리로 하여금 하나님과 화목'을 이루게 하는 것이었다.

둘째, 승귀 상태에서 계속해 '우리를 위해 중보'하시는 것을 설명한다.[47]

히브리서 7:17, 21은 그리스도의 제사장 직분이 하늘에서 지속되는 것에 대해, 그리스도의 제사장 직분이 아론의 반차를 따르는 직분이 아니라 멜기세덱의 반차를 쫓는 직분이기 때문이라고 밝힌다.[48]

첫째 아담의 제사장 직분과 둘째 아담인 그리스도께서 지녔던 제사장 직분에서 가장 큰 차이는 다름 아닌 그리스도의 제사장 직분이 속죄와 관

---

44 Ursinus, *Commentary on The Heidelberg Catechism*, 331-332.
45 Ursinus, *Commentary on The Heidelberg Catechism*, 433-437.
46 Ursinus, *Commentary on The Heidelberg Catechism*, 440-442.
47 Schaff (ed.), "The Westminster Shorter Catechism", *The Creeds of Christendom* Vol. III, 681.
48 비키 · 존스, 『청교도 신학의 모든 것』, 406-407.

련이 있다는 사실일 것이다.

워필드에 의하면, 그리스도께서 십자가에서 제사장 직분으로 흘린 피는 속죄를 함의하는 차원에서만 이해할 수 있다.[49] 그리스도의 세 가지 직분 가운데 제사장 직분은 대속에 따른 전체적인 의미를 설명한다. 그리고 첫째 아담이 제사장 직분으로서 '하나님 나라'인 에덴동산을 거룩으로 이끌어 가지 못한 것에 대한 회복을 함께 담고 있다. 이런 이유에서 그리스도께서 광야에서 금식을 마치고 마귀로부터 받았던 두 번째 유혹 사건인 제사장 직분에 대한 공격은 선지자 직분에 대한 유혹보다 더욱 친밀하게 진행되었다.

마귀는 둘째 아담인 그리스도로 하여금 다른 대상을 위해 자신을 희생시키는 어리석은 자가 되지 말도록 유혹한다. 그리고 자신의 최상의 위치를 굳건하게 지켜 나가도록 유혹한다.[50] 배고픔의 문제를 해결하는 것이 개인적인 문제였다면, 두 번째 유혹은 그리스도를 성직자가 지닐 수 있는 최상의 자리에 두면서 교만에 빠지도록 유혹하는 것이었다. 제사장의 직분을 상실하도록 만들어 첫째 아담의 제사장 직분을 회복시키지 못하도록 유도했다. 마귀는 이런 과정을 통해 첫째 아담에 대해 '창조회복'을 이루지 못하게 하는 효과와 함께 자신의 왕국을 굳건하게 지켜 나가고자 했던 것이다.

칼빈은 『기독교 강요』 제4권에서 마귀의 궁극적인 목적을 가리켜 "그리스도의 은혜를 소멸시키기 위한 것"이라고 밝힌다.[51]

> 인간은 철저하게 부패했다. 하나님을 부인하고 자기 자신을 왕으로 선언한 인간은 죄의 노예가 되었다. 그가 하나님을 벗어나서 얻고 행사하려는 자유는 그를 외면했다. 그는 다른 권세들, 곧 마귀와 죄 및 죽음의 권세의

---

49 Zaspel, *The Theology of B. B. Warfield*, 299-301.
50 Sherman, *King, Priest, and Prophet*, 114.
51 Calvin, *Inst* IV.1.2; 앤터니 티슬턴, 『조직신학』, 185.

일부가 된다. 그는 그것들의 힘에 지배를 받는다.[52]

둘째 아담 그리스도의 직분을 향한 마귀의 공격은 죄악된 세상을 다스리고 있는 지배 구조를 빼앗기지 않고 견고히 세워 나가기 위한 목적 가운데 행해졌다.

셔어만에 따르면, 둘째 아담인 그리스도는 제사장 직분에 대한 유혹으로 자신을 무너뜨리려고 하는 마귀에 대항해 신명기 6:16의 말씀을 인용해 마귀를 물리친다. 그리스도는 두 가지 분명한 자세를 취한다.

첫째, 자신에게 주어진 특권을 사용하지 않았다.
둘째, 자신에게 주어진 사명에서 벗어나기를 거부한다.[53]

그리스도께서 이와 같은 자세를 취할 수 있었던 가장 근본적인 원인은 신인양성의 위격적 연합으로 계시는 그의 '한 인격' 가운데 그 원인이 있었다.

칼빈의 주장에 따르면, 그리스도의 신성과 인성이 연합을 이뤄 '한 인격'을 형성하지만 둘째 아담으로서 직분의 사역은 신성이 인성 뒤에 감추어진 상태에서 진행된다.[54] 그런데도 신성은 '한 인격' 안에 형태만 있는 것이 아니라 인성을 돕는 위치에서 그 역할을 담당한다. 그리스도는 둘째 아담으로서 제사장 직분에 대해 유혹으로 도전하는 마귀에 대해 그리스도의 '한 인격'을 통해 마귀의 유혹을 물리치신다. 그리고 첫째 아담의 제사장 직분을 완전히 회복하는 가운데 '창조회복'에 따른 사역을 완성해 나가신다.

---

52 헨더렌 · 펠레마, 『개혁교회 교의학』, 606.
53 Sherman, *King, Priest, and Prophet*, 113-114.
54 칼빈, 『칼빈성경주석 16: 공관복음 II』, 359-360.

(3) 왕의 직분을 향한 유혹

구약의 이스라엘 왕을 비롯한 지상의 왕들은 군사적으로, 정치적으로 다스리는 자로서의 왕이었다. 그러나 그리스도께서 '기름 부음 받은 자'로서 왕의 직분을 가지셨다는 것은 자신을 세상 가운데 내려놓은 왕의 모습이었다. 그분은 '생명'을 다해 성부의 뜻을 바르게 세우는 측면에서의 왕이셨다.

그리스도께서 예루살렘에 입성하실 때였다. 제자들을 비롯한 무리들이 자신을 찬양하며, "호산나"라고 외친다. 그리스도는 이들의 행위를 책망하거나, 거절하지 않으신다. 이유는 자신이 하나님의 모든 뜻을 이룰 "새로운 백성의 참 왕"이셨기 때문이다.[55]

투레틴은 요한복음 14:6의 말씀을 인용하며, 그리스도의 세 가지 직분을 설명한다. 이때, "길"은 "피"와 관련해 그리스도께서 행하실 "제사장의 직분"으로 정리한다. "진리"는 우리에게 주어질 "복음"과 관련해 "선지자의 직분"으로, "생명"은 우리를 보호하시고 살리시는 "왕의 직분"과 연결시킨다.[56] 모든 것이 자기생애가 아닌 공생애로 연결된다.

셔어만은 마귀가 그리스도께 행한 세 번째 유혹을 가리켜 "주권"과 "영광"을 앞세운 "왕의 직분"에 대한 유혹이었다고 말한다.[57] 마귀는 그리스도로 하여금 자신에게 영적 충성을 바칠 것을 요구한다. 그리스도께서 자신을 경배하게 되면, 지상의 '주권'과 '영광'을 주겠다고 그리스도를 유혹한다. '왕직'을 향한 마귀의 유혹은 그리스도의 권위를 자신의 권위와 권세 아래에 두는 것을 말하는 것은 아니다.

'왕의 직분'을 향한 마귀의 유혹에는 크게 두 가지 뜻이 내포되어 있었다.

---

55 Grudem, *Systematic Theology*, 628-629.
56 Turretin, *Institutes of Elenctic Theology* Vol. 2, 393.
57 Sherman, *King, Priest, and Prophet*, 114-115.

첫째, 자신이 만물의 생명을 다스리는 주관자라는 것을 선포한다. 요한복음 14:6에 대한 투레틴의 해석과 연결해 볼 때, 그리스도께서 지닌 '왕의 직분'은 곧 '생명'과 연관된 직분이었다.

헤페 또한 『개혁 교의학』(*Reformed Dogmatics*)에서 '왕의 직분'을 가리켜 "하나님에게로 돌아오지 못하는 무기력에 대해 생명력을 가득 불어넣는" 직분으로 소개한다.[58]

창세기 2:19과 20절, 하나님이 아담에게 모든 짐승들을 끌어오시고, 그로 하여금 짐승들의 이름을 지어 주도록 하신다. 아담은 각종 짐승들의 이름을 지어 주면서 피조물들의 '왕'으로 즉위한다.[59] 그는 피조물들의 생명을 다스리는 '주권자'이자 '주관자'가 된 것이다.

마귀는 둘째 아담인 그리스도로 하여금 자신에게 엎드리도록 한다. 이것은 자신이 모든 피조 세계에 대한 왕으로 즉위하는 것과 같은 의미를 지닌다. 그러나 창세기 2:19과 20절 말씀에 앞서서 하나님은 창세기 2:17의 말씀을 들려주신다. 이것은 첫째 아담으로 하여금 다스리는 자가 되기 전에 먼저 '하나님의 말씀'에 대해 복종과 순종으로 하나님께 반응해야 한다는 것을 확인시켜 준다. 인간은 하나님께 반응해야 할 피조물임과 동시에 하나님께 직접 응답해야만 하는 존재이다. 따라서 인간이 피조 세계를 다스린다는 것은 구체적으로 섬긴다는 것을 말한다.[60]

둘째, '왕의 직분'에 대한 유혹을 성공시켜 세 가지 직분에 대한 직무 수행을 모두 파괴하려는 술책을 펼친다. 투레틴은 첫째 아담이 범한 죄에 대해 보편성을 강조한다. 죄는 그 자체로 전체 율법을 위반했다는 것이다.

어느 하나의 계명을 어긴 것은 그 하나에 대한 범죄가 아니라 율법 전체를

---

[58] Heppe, *Reformed Dogmatics*, 452-453.
[59] 칼빈, 『칼빈성경주석 1: 창세기 Ⅰ』, 70-71.
[60] 헨더렌 · 펠레마, 『개혁교회 교의학』, 595-596.

위반하는 죄를 범한 것입니다.[61]

각각의 직분에 대해 마귀가 유혹한 대로 한 가지라도 반응했더라면 그것은 곧 전체의 반응이었다는 것이다. 그럴 경우 그리스도는 비록 신인양성이라는 흠 없는 제물로 이 땅에 오셨다 할지라도 첫째 아담의 죄를 대속할 완전한 제물의 자격을 상실하게 되는 것이다.[62] 이런 사실을 이미 알고 계셨던 그리스도는 경배의 대상은 하나님 한 분뿐이며, 세상의 어떤 것도 경배의 대상과 조건이 될 수 없다고 하시며, 마귀의 유혹을 신명기 6:13의 말씀을 인용해 물리치신다.[63]

사탄아 물러가라 기록되었으되 주 너의 하나님께 경배하고 다만 그를 섬기라 하였느니라(마 4:10).

그리스도께서 마귀의 세 가지 유혹을 '기록된 말씀'으로 물리치셨다는 것은 매우 큰 의미를 지닌다. 둘째 아담인 그리스도께서 세 가지 직분을 기록된 말씀으로 지켜 낸 것은 첫째 아담의 직분 수행 실패가 말씀의 불순종에서 비롯되었기 때문이다.[64] 그리스도는 첫째 아담이 불순종한 세 가지 직분의 수행을 왕의 직분에 이르기까지 끝까지 말씀을 지켜 준행하는 것으로 직분의 회복을 이루신다.

판넨베르크는 첫째 아담이 "하나님의 형상"으로 피조된 것에 대해 두 가지를 설명한다.

첫째, 아담은 하나님의 통치에 참여하도록 피조되었다.

---

61 Turretin, *Institutes of Elenctic Theology* Vol. 1, 612.
62 Turretin, *Institutes of Elenctic Theology* Vol. 1, 613.
63 Sherman, *King, Priest, and Prophet*, 114.
64 Bavinck, *Reformed Dogmatics* Vol. 3, 36-37, 107-108, 127-128, 136-138, 341-342.

둘째, 아담은 하나님의 권리를 수행하도록 부르심을 받은 존재이다.[65]

그런데도 아담의 직분은 하나님의 다스림과 하나님의 말씀에 대해 순종하는 직분이었다. 왕의 직분에 따른 "통치"와 "하나님 나라의 권리"를 수행하는 직분이었다.

둘째 아담 그리스도께서 '왕의 직분'에 대한 마귀의 유혹을 말씀의 권세로 물리치신다. 이것은 하나님의 말씀에 대한 불신과 불순종으로 상실당하고 박탈당했던 첫째 아담의 '왕직'에 대한 '창조적 회복'의 길을 여는 것이었다.

특히 그리스도께서 공생애 사역을 이루시기 전에 이와 같이 세 가지 직분의 회복을 '한 인격' 안에서 이루신 것은 앞으로 있을 공생애 사역의 유효성과 관련된다. '왕의 직분'에 대한 유혹을 물리치신 것이 최종적인 유혹의 승리가 된다. 이것은 모든 직분이 서로 연합되고, 연결되어 있다는 것을 말한다.[66] 마귀의 유혹을 말씀으로 물리치는 데 일체를 이룬 세 직분의 모습이 앞으로 있을 '창조회복'을 증거하고 있었던 것이다.

2. 그리스도의 공생애를 통해 나타난 둘째 아담의 세 가지 직분 사역

1) 영혼을 일깨우기 위한 선지자 직분의 사역

완전한 대속을 이루기 위한 그리스도의 모습에는 크게 세 가지 중요한 의미가 내포되어 있었다.

---

65 판넨베르크, 『판넨베르크 조직신학 II』, 359-360.
66 Turretin, *Institutes of Elenctic Theology* Vol. 2, 393

첫째, 성육신이다.

첫째 아담의 속성을 완전히 지니기 위해 둘째 아담인 그리스도는 여인의 혈과 육으로 성육신한다. 그리스도께서 동정녀라는 여인의 몸에 잉태되시는 순간부터 그리스도의 성육신은 이뤄졌다. 이때도 그리스도는 두 번째 위격으로서 신성을 잃어버리지 않은 상태로 계셨다.[67] 신성과 인성이 '한 인격'을 이룬다. 혼합되지 않았으며, 제삼의 모습으로 신성과 인성이 하나를 이루지 않았다. '참 신'과 '참 인간'의 두 본성이 '한 인격'을 이룬다.

둘째, 첫째 아담에 의해 상실당한 직분의 회복이다.

그리스도께서 첫째 아담의 완전한 회복을 이루기 위해서 상실당한 직분의 회복이 함께 이뤄져야만 했다. 죄는 인간의 어느 일정 부분만 문제를 일으키지 않았다. 인간 본성과 관련된 모든 것에 대한 부패를 만들어냈다.[68]

셋째, 영혼들을 일깨운다.

첫째 아담의 죄로 말미암아 죽은 영혼들을 세 가지 직분의 권세와 사역을 통해 일깨운다. 영혼을 일깨우기 위해서는 무엇보다 영을 향해 영향을 줄 수 있는 사역이 필요했다.

토머스 보스턴(Thomas Boston)에 따르면, 하나님은 구원하기로 예정하고 택하신 백성에게 믿음을 심어 주신다. 이를 위해 죄를 깨달아 알게 해야 했으며, 참 회개를 불러일으키기 위해서는 하나님을 알만한 지식이 주어져야 했다. 이때 부패한 영혼들은 그리스도의 선지자 직분에 대해 반감을 가질 뿐만 아니라 그리스도의 모든 직분에 반항하는 반감을

---

[67] 머레이, 『존 머레이 조직신학』, 149
[68] Lane, "Anthropology", 278-280.

지니게 된다.[69]

부패한 영혼들을 일깨우는 것은 '창조회복'과 직결된다. 이를 위해 가장 먼저 선결되어야 할 것은 진리의 말씀이다.

그러므로 믿음은 들음에서 나며 들음은 그리스도의 말씀으로 말미암았느니라(롬 10:17).

그리스도께서 공생애 기간 동안 직분을 통해 그분의 사역을 이뤄 가실 때, 초기 사역의 주요 무대가 회당이었다는 사실에 우리는 주목할 필요가 있다. 바빙크는 둘째 아담이었던 그리스도께서 나사렛 회당에서 자신의 등장을 증명하시고 가르치신 것에 대해, "고난받는 주의 종의 예언의 적용"이라고 밝힌바 있다.[70] 둘째 아담의 선지자 직분에 따른 직무 수행은 선택이 아니라 필수였다. 영적으로 흑암에 사로잡힌 모습을 하고 있는 영혼들을 말씀으로 일깨우셔야 했다.

벌코프는 그의 저서 『조직신학』에서 "은혜의 방편으로서의 말씀"을 다룬다. 여기서 그는 "선지자의 선포에 복음이 있다"고 주장한다.[71] 첫째 아담은 선지자 직분을 바르게 행하지 못해 인류를 영적 흑암 가운데 놓이게 만들었다. 둘째 아담은 영적 흑암 가운데 놓인 영혼들을 일깨우는 복음을 통해 말씀을 선포하는 선지자의 직분을 이뤄 간다. 복음 안에서 우리를 새롭게, 그리고 충만하게 만들어 간다.[72]

첫째 아담의 바르지 못한 선지자 직분 수행에 의해 무너졌던 '형상'이 둘째 아담의 선지자 직분을 통해 바르게 세워졌고, 이를 통해 '창조회복'

---

69 Boston, *Human Nature in its Fourfold State*, 109-127.
70 Bavinck, *Reformed Dogmatics* Vol. 3, 422-423.
71 Berkhof, *Systematic Theology*, 679-680.
72 Randall C. Zachman, "Communio cum Christo", 366.

이 이뤄졌다. 여기에는 크게 두 가지 사역이 전개되는 것을 볼 수 있다.

첫째, "선포"에 따른 사역이다.
둘째, "가르침"에 따른 사역이다.

'선포'는 죄를 알지 못하고 있는 잠자는 영혼들을 일깨워 "참 회개"로 이끌어 가는 역할이다. '가르침'은 "영적 무지" 가운데 놓여 있는 자들을 바른 길로 인도하는 등불과 같은 역할이다. 천국의 도래를 선포하고, 믿음의 길로 인도한다.[73]

둘째 아담인 그리스도의 공생애 사역 가운데 '선지자 직분'이 제일 먼저 소개된 것은 '하나님 형상'이 무너질 때도 그랬듯이 아담의 서고 넘어짐에 있어서 첫 번째 관문은 '영혼'이었다. 그리스도께서 제자들을 부르시고, '회당'에서 말씀을 선포하시고, 가르치신 것 또한 영혼을 일깨우기 위한 사역의 첫 걸음이었다.

보스는 "인간 영혼의 모든 능력은 하나님 안에서 근거해야 할 것"을 주장한다.[74] "하나님의 인장"과도 같은 "하나님의 형상"인 "영혼"을 바르게 세우는 것은 사람의 의지나 다른 수단으로 되지 않는다. 하나님과 관계를 이루고 있는 오직 '말씀'으로 이뤄진다.

그리스도의 공생애 사역은 첫째 아담의 대속을 이루는 값의 지불이 '고난'을 통한 값의 지불과 함께 영혼들을 일깨우는 모습으로 나타났다.

H. G. 푈만(H. G. Pohlmann)은 자신의 『교의학』 제6장에서 "창조"와 "구원"을 취급한다. 여기서 푈만은 '창조'와 '구원'을 구분하지만 분리하는 것은 반대한다.[75] 그의 주장에 의하면, 동일한 하나님에게서 일어나는 일을 분리된 '두 활동'으로 보는 것은 불합리하다. 그리스도께서 둘째 아담

---

73 Bavinck, *Reformed Dogmatics* Vol. 3, 422.
74 Vos, *Reformed Dogmatics: Anthropology* Vol. 2, 1.18, 13.
75 푈만, 『교의학』, 236-239.

으로서 선지자 직분을 감당하시는 것은 '창조'와 '구원'을 함께 연결하는 측면에서의 사역으로 간주되어야 한다.

머레이는 그리스도의 죽음을 가리켜 "죽기까지 복종하였다"라고 말하면서 이 죽음은 단순한 죽음이 아니라 자신의 영혼을 떠나 보낼 정도의 고통과 순종이 함께한 죽음이었다고 밝힌다.[76] 그리스도의 공생애 가운데 '고난'의 사역이 있었는가 하면, 순종을 수반하는 사역 또한 존재했다. 순종은 첫째 아담의 말씀에 대한 불순종을 순종으로 그 값을 치르는 것을 말한다. 둘째 아담의 사역 가운데 첫째 아담의 '형상회복'에 따른 '창조회복'과 '구원'의 사역이 '선포'와 '가르침'에 따른 직분의 사역을 통해 펼쳐졌던 것이다.

리츨은 그리스도께서 공생애를 통해 "선포하신 하나님 나라"를 윤리적인 측면에서 다룬다. 여기서 그는 세 직분의 사역을 '하나님 형상회복'에 따른 '창조론적' 관점으로 보지 않는다. 일하는 "사역"으로 인지하며, 하나님 나라는 그리스도의 세 가지 직분인 '선지자', '제사장', '왕'의 직분 수행으로 수립된 나라라고 주장한다.[77]

판넨베르크는 "하나님 나라가 가까이 임하게 되었다"라는 선포를 가리켜, 그리스도께서 '왕'의 직분을 수행하신다는 것을 상징적으로 나타내는 것이라고 주장한다. 그리고 이것을 "아래로부터의 신학"의 요소를 통해 설명한다.[78]

그러나 벌코프는 '하나님 나라'를 '종말론'에서 다룰 때, '구원론'의 완성을 이루는 관점에서 그 내용들을 전개해 나가는 것을 볼 수 있다.[79]

초대 교부들에서부터 칼빈을 비롯한 종교개혁시대의 신학자들, 그리고 바

---

76 머레이, 『존 머레이 조직신학』, 52-56.
77 Albrecht Ritschl, *The Christian Doctrine of Justification and Reconciliation* Vol 3, eds., H. R. Mackintosh · A. B. Macaulay (Clifton. N.J: Reference Book Publishers, 1966), 428-429.
78 Pannenberg, *Jesus-God and Man*, 277.
79 Berkhof, *Systematic Theology*, 770-784.

빙크를 비롯한 개혁주의 신학자들에 이르기까지 일반적으로 나타나는 모습이 있다. 그것은 그리스도의 공생애 사역을 통해 '선포된 하나님 나라'를 기독론적인 관점에서 전체를 파악하고 설명한다는 것이다.[80]

그리스도께서 둘째 아담으로서 공생애에 따른 선지자의 직분을 감당하실 때, '선포'와 '가르침'을 통해 '형상'의 회복에 따른 '창조회복' 사역이 함께 펼쳐지고 있었던 것에 대해 그들은 부인하지 않는다. 그리스도께서 둘째 아담으로서 행하신 모든 것은 첫째 아담의 회복을 일으키는 근거가 된다. '창조회복'은 거듭남의 '새 창조'와 그 맥을 같이 한다.

그리스도께서 둘째 아담으로서 이루신 사역은 하나님의 진노를 누그러뜨린다. 하나님의 공의를 만족시킨다. 그리고 아담의 형상으로 태어난 모두에게 과거와 현재, 미래의 모든 죄에서 사함을 받게 한다.[81] '새 창조'는 또 다른 피조물의 창조가 아니다. "하나님 보시기에 좋았더라"에 따른 형상회복인 '창조회복'을 말한다.

그리스도의 공생애 사역을 가리켜 "영혼을 일깨우기 위한 사역"이라고 일컫는다. 이것은 그 직분의 사역이 기독론에 따른 구원론의 관점에서만 파악되는 것이 아니라 아담의 '창조회복'에 따른 관점에서 함께 파악되어야 한다는 것을 말한다.[82]

인간론에 있어서 가장 중요한 요소는 하나님이 사람을 '자기 형상'과 '자기 모양대로' 창조하셨다는 명제와 관련되어 있다.[83]

여기에는 기독론에 따른 창조론의 관점에서 그 내용이 함께 파악된다. 이것을 기독론에 따른 구원론으로만 다루게 되면, 그리스도를 둘째 아담으로 칭하는 의미가 퇴색되어 버린다. 그리스도께서 둘째 아담으로서 선

---

80 앤터니 티슬턴, 『조직신학』, 69.
81 에드워드 피셔, 『토머스 보스턴과 함께 읽는 개혁 신앙의 정수』, 황준호 역 (서울: 부흥과개혁사, 2018), 110-116.
82 우병훈, 『그리스도의 구원』43-44.
83 루이스·데머리스트, 『통합신학』, 257.

지자 직분을 공생애 기간에 감당해 나가신다. 이것은 첫째 아담의 대속을 이루는 사역 가운데 '형상의 회복'이라는 '창조회복'이 함께 담겨 있다는 것을 상기시킨다.

2) 성부의 뜻을 온전히 이루기 위한 왕직의 수행

그리스도의 세 가지 직분에 대한 사역은 마치 삼위일체의 사역처럼 이뤄지게 된다. 말씀이 선포되는 곳에는 말씀만 선포되는 것이 아니었다. 그 말씀에 권세가 더해진다. 예수님은 자신이 모든 약속의 성취를 이루신다. 둘째 아담으로서 첫째 아담의 직분을 회복시키는 완성을 이루실 때도 그 가운데 권세가 함께한다. 기름 부음 받은 자로서 직분의 사역을 감당하실 때 그분은 만왕의 왕이셨으며, 세상만사를 주관하시는 절대 왕이셨다.[84] 왕직을 통해 말씀의 권위가 세워진다. 그 말씀 사역 가운데 하나님을 경외하고 경배하는 거룩한 사역들이 동시에 이뤄진다.

바빙크는 그리스도께서 세 직분을 수행해 나가실 때, 직분의 사역은 시간을 두듯이 각각의 모습으로 나누어 행해지는 것이 아니라 본질적으로 동시에 수행된다고 말한다. 그리스도께서 말씀하실 때 선지자로서 하나님의 말씀을 선포하는 것으로 끝나지 않는다. 동시에 제사장으로서 긍휼과 왕권이라는 권세가 함께 나타나게 된다.[85]

칼빈은 이렇게 말한다.

> 그리스도의 왕직 수행을 영적인 것으로 깨달을 때에 우리는 그 힘과 효험을 깨달을 수 있다.[86]

---

[84] 켈러, 『왕의 십자가』, 143, 155-156.
[85] Bavinck, *Reformed Dogmatics* Vol. 3, 340-341, 366-368.
[86] Calvin, *Inst* II.15.4.

그리스도께서 회당을 중심으로 초기 사역을 이뤄 가실 때, 왕직은 두 가지를 통해 그 권세를 나타낸다.

첫째, 말씀에 대해 권세를 더한다.
둘째, 귀신과 같은 더러운 영들을 물리치는 권세로 나타난다.[87]

왕직을 부여받은 아담은 에덴동산에서 권세자로서 그 역할을 다하지 못하면서 결국 직분을 박탈당하게 된다.

그리스도께서 공생애를 이루실 때였다. 세 가지 직분을 완전하게 수행하시던 그리스도는 '하나님의 형상과 모양'을 하고 있는 사람이 귀신 들린 것을 발견하신다. 이때 그리스도께서 자신의 왕직의 권세로 귀신을 쫓아내시고 물리치신다.

헤페는 그리스도의 "왕적 통치"가 "소명"과 "심판"을 통해서 드러난다고 말한다.[88] 특히 '소명' 가운데 나타나는 '왕적 통치'는 그리스도께서 성령을 통해 신자의 마음속에 말씀을 선포할 때, 그 효력이 나타난다.

그리스도는 공생애 기간 동안 왕의 직분에 따른 권세를 나타내실 때 세상적인 힘의 방식을 사용하지 않으신다. 박탈당했던 첫째 아담의 직분을 회복시키는 사역을 충실하게 수행하시는 모습을 나타내신다.

왕직 수행에 따른 대표적인 직분 수행을 회당 사건은 잘 조명해 준다. 왕직 수행의 첫 번째 사건이기도 했던 회당에서 선지자직과 제사장직과 함께 나타난다. 이때 왕직은 말씀에 권세를 더하는 선지자직과 함께한다. 귀신을 쫓아내는 제사장직에 권세를 통해 드러낸다.[89]

보스는 '죄'를 가리켜 "구체적인 악"이라고 말한다.[90] 하나님의 형상에

87　Sherman, *King, Priest, and Prophet*, 123-128.
88　Heppe, *Reformed Dogmatics*, 483.
89　티슬턴, 『성경 해석학 개론』, 108.
90　Vos, *Reformed Dogmatics: Anthropology* Vol. 2, 2.2, 24.

대한 '창조회복'의 왕권은 '악'을 제거하는 것으로 모습이 나타난다. 악을 제거하는 것은 선지자 직분과 제사장 직분으로 이룰 수 없다. 회당에서 귀신 들린 자로부터 '악'의 존재인 귀신을 쫓아낸 것은 왕권의 권세로 이뤄졌다.

『웨스트민스터 소요리문답』 제26문에 따르면, 그리스도는 우리의 모든 원수인 '악'을 저지하시고 정복하심으로써 왕의 직분을 수행하신다.[91]

그리스도께서 공생애를 통해 왕의 직분을 드러내셨던 두 번째 대표적 사건은 요단강 세례 장면이었다. 마태복음 3:15에 의하면, 그리스도께서 요단강에서 세례를 베풀던 요한을 향해 자기에게도 세례 베풀 것을 왕명으로 명하신다.

"이제 허락하라!"

그리스도께서는 세례를 통해 유대인들의 잘못된 사고의 틀을 두 가지 차원에서 깨뜨리셨다.

첫째, 세례 장면을 통해 자신은 '하나님의 의'를 이룰 메시아임을 나타낸다.

둘째, 구원의 조건이다.

유대인들이 주장하는 것처럼, '아브라함의 혈통'과 '할례', '율법'에 따른 구원이 아니라 죄사함이 구원의 조건이 될 것임을 이 명령을 통해 일깨워 주신다. 유대인 또한 선민이 아니라 죄사함을 받아야 할 대상인 것을 증거해 주신다.

공생애 가운데 나타났던 왕직 수행의 대표적인 세 번째 사건은 예루살렘 입성 장면이었다.[92] 마태는 그리스도께서 유대인의 왕으로 오신 것을 세 가지 모습으로 증거한다.

---

91 Schaff (ed.), "The Westminster Shorter Catechism", *The Creeds of Christendom* Vol. III, 681.
92 Bavinck, *Reformed Dogmatics* Vol. 3, 367.

첫째, 다윗의 혈통(마 1:17)
둘째, 예언의 성취에 따른 왕(마 1:23, 2:6)
셋째, 베들레헴에서 태어난 것(마 2:8-11)

그러나 그리스도는 유대인들이 생각했던 것처럼 군사적, 정치적인 힘을 나타내는 왕이 되길 거절한다.[93] 특히 이 사건은 성육신해 세 가지 직분 수행의 근거가 되는 초림에 대한 그리스도의 왕권이 재림에 따른 그리스도의 왕권과 어떤 차이를 가지고 있는지 설명한다. 그리스도의 신적 왕권은 삼위일체 하나님으로서 가지는 본질적이며, 절대적이고, 영원적이며, 불변적인 성격을 지니고 있다. 반면, 중보적 왕권은 중보자로서 백성의 구원과 관련해 은혜언약과 깊은 관련을 맺고 있다.[94]

마태복음 21:7과 마가복음 11:7, 누가복음 19:35 그리고 요한복음 12:14에 의하면, "호산나"를 외치는 사람들의 환호에 따라 그리스도께서 예루살렘에 입성할 때였다. 그리스도는 '말'이 아니라 '나귀 새끼'의 등에 올라타고 성에 들어갔다.[95]

킹스베리는 그리스도께서 "나귀 새끼"를 타고 예루살렘에 입성한 이유를 두 가지로 설명한다.

첫째, 그리스도께서 자신이 메시아라는 것을 상징적으로 설명하신다.
둘째, 그리스도께서 자신이 종말론적 왕권을 행사하는 다윗의 자손임을 명시하신다.[96]

---

93 Grudem, *Systematic Theology*, 628-629.
94 문병호, 『기독론』, 808.
95 브루스 밀른, 『요한복음 강해』, 정옥배 역 (서울: 한국기독학생회출판부, 2005), 238-240.
96 J. D. 킹스베리, 『마가의 기독론』, 김근수 역 (서울: 도서출판 나단, 1994), 152-153.

'말'이 군사적인 성격을 가지고 있다면, '나귀'는 전쟁을 상징하는 것이 아니라 '노동'이나 '교통수단'을 말한다. 특히 '어린 나귀'는 전쟁과는 반대되는 '평강'에 대한 것을 더욱 뚜렷하게 나타내고 있다.[97]

그리스도께서 둘째 아담으로서 공생애 사역 가운데 행했던 왕직 수행은 자신의 영광을 이루기 위한 것이 아니었다. 첫째 아담의 회복에 따른 성부의 뜻을 온전히 이뤄 가시는 사역이었다. 요한계시록 19:11, 재림의 그리스도께서 "백마"를 타고 나타나시는 전쟁과 심판자의 모습과는 완전히 다른 모습이었다.[98] 그렇게 예루살렘에 입성하신 그리스도는 자신을 정치적, 군사적 왕으로 만들려는 무리와 지지자들과 제자들의 뜻과는 달리 성부의 뜻을 이루기 위한 왕권의 수행을 단행하신다.

이스라엘 태동의 역사를 보면 왕의 위치는 하나님께 영광을 돌리는 예배 수호자로서의 위치였다. 백성들을 다스리는 통치는 섬김의 원리를 가지고 있었다. 이런 왕직은 하나님 나라의 정의를 수호하는 위치에 있었다.[99] 둘째 아담인 그리스도께서 왕의 직분으로서 이룬 공생애 사역은 첫째 아담의 형상회복을 말하는 '창조회복'의 사역이었으며, 성부의 뜻을 온전히 이뤄 가는 직분 수행 가운데 이뤄지게 된다.

3) 에덴의 참된 회복을 이루기 위한 제사장직의 사역

하나님은 "우리의 형상과 우리의 모양대로" 사람을 창조하셨다. 그리고 6일간의 창조를 마치시고 일곱째 날에 안식하시며, "그날을 복 주사 거룩

---

[97] 브루스 B. 바톤 외 2인, 『LBA 주석시리즈: 누가복음』, 김진선 역 (서울: 한국성서유니온선교회, 2009), 712-713; 브루스 B. 바톤 외 3인, 『LBA 주석시리즈: 요한복음』, 전광규 역 (서울: 한국성서유니온선교회, 2008), 412-413; 게리 버지, 『NIV 적용주석:요한복음』, 김병국 역 (서울: 도서출판 솔로몬, 2010), 439.

[98] 크레이그 S. 키너, 『NIV 적용주석:요한계시록』, 배용덕 역 (서울: 도서출판 솔로몬, 2010), 568-570.

[99] Grudem, *Systematic Theology*, 628-629; Sherman, *King, Priest, and Prophet*, 135-142.

하게 하셨다"고 창세기 2:2-3절이 증거한다. 하나님은 사람을 에덴동산에 두시며, 제7일을 거룩하게 지키도록 특별히 명하신다.

매튜 헨리(Matthew Henry)는 『창세기 주석』에서 이렇게 말했다.

> 하나님이 안식을 거룩하게 하심으로 '자연의 왕국'이 정돈되고, '은혜의 왕국'이 개시되었다.[100]

B.C. 1446년, 이스라엘이 하나님의 은혜로 약 430년간이라는 애굽의 속박에서 벗어난다.[101] 하나님이 약속하신 땅, 가나안을 향해 이스라엘 자손들이 나아갔을 때였다. 하나님은 유월절과 무교절을 함께 지키며, 그 첫날과 일곱째 날이 "성회"가 되도록 명하셨다(출 12:16). 그리고 하나님은 시내산에 머무는 이스라엘 자손들과 언약을 맺으며, 613가지의 법도와 규례와 함께 계명의 핵심이라 말할 수 있는 '열 가지'의 도덕법인 계명을 주셨다.

『하이델베르크 요리문답』 제115문에 따르면, 누구도 십계명을 완전하게 지킬 수는 없다. 그러면 이런 질문이 제기된다.

"하나님이 그 계명을 주신 이유는 무엇일까?"

여기에 대해 『하이델베르크 요리문답』 제115문은 이렇게 답한다.

> 우리로 하여금 죄악된 본성을 더욱 알고, 그리스도 안에서 죄 사함과 의를

---

100 헨리, 『창세기』, 50-51.
101 빅터 P. 해밀턴, 『출애굽기』, 박영호 역 (서울: 도서출판 솔로몬, 2017), 40; 나훔 M. 사르나, 『출애굽기 탐구』, 박영호 역 (서울: 도서출판 솔로몬, 2004), 36-47: "열왕기상 6:1에 따르면, 솔로몬이 그의 통치 4년 만에 예루살렘에 성전을 건축한다. 이것은 출애굽한 지 480년 만에 일어난 것으로 말해지고 있다."; cf) 출애굽의 연대를 B.C. 1446년으로 보는 것은 (왕상 6:1)의 솔로몬 성전을 중심으로 연대가 계산된다. 그가 왕으로 등극한 것을 B.C. 970년으로, 그리고 솔로몬이 성전을 세우기 시작한 것이 그의 통치 제4년째인 B.C. 966년으로 볼 때, 이때가 출애굽한 지 480년이었다. 따라서 B.C. 966년+B.C. 480년 = B.C. 1446년이라는 결론이 도출된다.

더욱 구하도록 하기 위함이다.[102]

십계명의 네 번째 계명에는 창조기사에 등장했던 제 7일에 관한 내용이 있다.

안식일을 기억하여 거룩하게 지키라(출 20:8).

안식일에 관한 것은 천지를 창조하신 창조의 기사로부터 출애굽과 광야의 여정 그리고 시내산 언약을 통해 계속해서 등장한다. 안식일을 통해 에덴동산을 보여 준다.

에덴동산은 안식처와 안식일의 모형이다. '에덴'은 그 의미가 '즐기다'에서 온 것으로 '기쁨'을 뜻한다. '동산'은 '울타리를 치다(깐)'를 통해 '지킴과 보호함'을 나타낸다.[103] 에덴동산은 하나님의 지키심과 보호하심으로 인해 기쁨이 충만한 곳을 말한다. 샬롬이 가득한 안식의 처소를 가리킨다.

그러나 주어진 직분의 역할을 충실히 감당하지 못한 아담은 자신의 죄로 말미암아 안식의 처소인 에덴동산으로부터 쫓겨난다. 타락한 인류의 역사는 아담의 형상을 닮은 후손을 통해 계속된다. 하나님은 아담의 두 아들을 통해 인류의 두 가지 대표성을 설명한다.

한 아들은 유기된 자를 대표하는 가인이었다.
다른 한 아들은 죄악으로부터 구원받을 자를 대표할 아벨의 또 다른 씨

---

102 Ursinus, *Commentary on The Heidelberg Catechism,* 1080.
103 Wenham, *World Biblical Commentary* : Genesis 1-15, 61; 칼빈, 『칼빈성경주석: 1, 창세기 Ⅰ』, 86-88; 헨리, 『창세기』, 57-58; 빅터 해밀턴, 『NICOT 창세기 1』, 임요한 역 (서울: 부흥과개혁사, 2016), 172-173; 크로스웨이 ESV 스터디 바이블 편찬팀, 『ESV 스터디 바이블』, 신지철 외 4인 역 (서울: 부흥과개혁사, 2014), 71.

인 셋이었다.

창세기 4:17, 26에 의하면, 유기된 자를 대표하는 가인은 자신의 아들 에녹을 낳고 자신들을 지킬 "성"(city)을 쌓는다. 그러나 구원받을 자를 대표하는 아벨의 또 다른 씨인 셋은 아들 에노스를 낳고 '여호와를 경배하는 제단'을 쌓는다. 온 가족이 하나님을 찬양하며 경배하는 예배를 드린다. 제사장 직분의 바른 수행을 통해 에덴의 참된 회복을 그리며, 신앙을 고백하는 자들과 속된 자들이 구별되기 시작한다.[104]

칼빈은 『기독교 강요』 제2권 제15장에서 이렇게 말한다.

> 그리스도께서 성부에 의해 보내진 목적과 그리스도께서 우리에게 베푸신 것을 알기 위해서 예언적 사명과 함께 왕직과 제사장직을 함께 보아야 한다.[105]

에덴의 회복을 이루기 위한 세 가지 직분을 통한 그리스도의 사역은 두 가지 대표적인 사건을 펼쳐 나간다.

첫째, 거룩을 지켜 내기 위한 "성전 정화 사건"이었다.
둘째, 하나님과 완전한 화목을 이루기 위해 자신을 "십자가의 제단"에 올려놓는 사건이었다.[106]

에덴동산의 거룩과 안식을 지켜 내지 못했던 첫째 아담의 행위를 둘째 아담은 '성전 정화 사건'에 나타난 행위를 통해 제사장 직분을 지켜 낸다. 그러나 바빙크는 이것을 제사장 직분으로 다루지 않고 왕의 직분으로

---

104 헨리, 『창세기』, 137-139.
105 Calvin, *Inst* II.15.1-5.
106 Calvin, *Inst* II.15.6.

행한 사역으로 본다.[107] 그러나 앞에서도 밝혔던 것처럼, 칼빈은 예언적 사명에 대해서 '왕직'과 '제사장직'을 함께 조망하도록 권면한다.

그리스도는 제사장들과 결탁해 성전에서 진정한 샬롬을 깨뜨리고 참된 안식을 담아내지 못하도록 마귀를 따르는 장사꾼들을 쫓아내신다. 그리스도는 제사장들과 결탁이 되어 자신들의 수익을 얻기 위해 매매를 일삼던 환전상들의 상과 성전 안에 있는 소와 양의 불의한 울타리를 깨뜨리신다.

그리스도의 공생애에서 성전 정화 사건은 두 번에 걸쳐 일어난다.

첫째, 마가복음 11:15-19과 요한복음 2:13-22은 공생애 초기에 일어났던 제1차 성전 정화 사건을 다루고 있다.

둘째, 마태복음 21:12-17은 공생애의 마지막 단계였던 고난 주간에 펼쳐진 제2차 성전 정화 사건을 다루고 있다.

참된 에덴의 회복을 이루기 위한 제사장으로서 그리스도의 예언적 사역은 멜기세덱의 반차를 쫓은 영원한 제사장의 자격으로 수행된다.

레위 지파의 제사장직은 특정한 시간과 공간에 제한된 한시적인 것이었다. 그러나 멜기세덱의 제사장직은 조건적이고, 일시적인 율법의 그림자와 연결되어 있는 것이 아니었다. 멜기세덱은 구약에 단지 두 번 등장한다(창 14:17-20, 시 110:4).

멜기세덱은 성경에 언급된 최초의 제사장으로 그 기원은 불투명하다. 시편 110:4과 히브리서 7:11-28의 말씀이 그리스도께 적용된다. 그리스도는 영원하신 분이다. 따라서 그리스도의 제사장직은 신적 맹세에 의해 영원히 확증된다. 이런 측면에서 그리스도는 멜기세덱의 반차에 따른 제사장으로서 구약의 제사장들과 구별되시며, 제사장의 제물이 되심으로 멜

---

[107] Bavinck, *Reformed Dogmatics* Vol. 3, 367.

기세덱과도 구별되신다.[108]

그리스도의 공생애 기간에 발생했던 '성전 정화 사건'은 첫째 아담에 의해 무너졌던 에덴의 참된 회복을 예고하는 제사장 직분의 사역이었다. 둘째 아담으로서 그 직분을 감당하셨던 그리스도께서 하나님과 화목을 이루기 위해 자신을 제물로 드리신 것이 죄 사함에 따른 값과 관련이 있다면, 공생애를 통해 감당되었던 '성전 정화 사건'은 에덴의 참된 회복에 따른 거룩을 이루는 일에 집중되었다.

거룩은 계명을 지킴으로 이뤄진다.[109] 바빙크에 따르면 하나님의 거룩은 "온 율법과 도덕적 계명은 의식적 계명과 함께 이스라엘에게 나타나는 모든 구원계시의 원리와 원인"이 된다.[110]

그리스도께서는 바리새인들과 같이, 또한 거짓된 제사장들과 같이 거룩을 인위적으로 만들어 내기를 거부하신다. 둘째 아담으로서 그리스도는 공생애 기간 동안 계명을 준행함으로서 거룩을 이루셨다. 그리스도께서 이끄셨던 '성전 정화 사건'의 근거가 거룩이었다면 그 근본은 계명이었다.

굿윈에 따르면, 그리스도께서 제사장으로서 직분을 감당하실 때 흘리셨던 피의 열매는 죄책에 대해서는 "사함의 열매"로, 오염에 대해서는 "정화의 열매"로 그 모습이 나타났다.[111] 그리스도께서 공생애를 통해 이룬 성전 정화는 다음 예언에서도 드러난다.

> **예수께서 대답하여 이르시되 너희가 이 성전을 헐라 내가 사흘 동안에 일으키리라(요 2:19).**

---

[108] 호튼, 『언약적 관점에서 본 개혁주의 조직신학』, 490; 데스몬드 알렉산더 · 브라이언 로즈너, 『IVP 성경 신학 사전』, 출판부 역 (서울: 한국기독학생출판부, 2004), 662-664; 문병호, 『기독론』, 799.
[109] J.C. 라일, 『거룩』, 장호준 역 (서울: 도서출판 복 있는 사람, 2009), 103-133.
[110] Bavinck, *Reformed Dogmatics* Vol. 2, 216-221, 557-562.
[111] 비키 · 존스, 『청교도 신학의 모든 것』, 421.

그리스도께서는 자신이 지닌 제사장의 직분으로서 "죄 사함의 열매"로, "정화의 열매"로 에덴의 참된 회복(창조회복)을 일으킬 것을 예고하셨다.

3. 공생애 사역을 통해 이뤄진 둘째 아담의 사역과 언약 성취

1) 언약의 성취를 이루기 위한 세 가지 직분 수행과 완전한 대속의 값

아담의 회복을 예언하는 창세기 3:15의 은혜언약은 "여인의 후손"이라는 표현이 보여 주듯이 첫째 아담에 의해 성취되는 것이 아니었다. 첫째 아담의 속성을 그대로 담아낸 혈통의 후손을 통해 이뤄질 것이 예언된다. 에덴동산의 행위언약은 하나님의 행위보다는 아담의 행위에 그 초점이 맞추어져 복과 저주를 언약한다. 반면, 은혜언약은 하나님이 주실 것이라 약속한 것에 그 초점이 맞추어져 있다. 그런데도 은혜는 모든 것에 대한 책임을 제거하지는 않았다.[112] 아담의 회복을 예언하고 있는 은혜언약에는 그 값이 있었다. 창세기 3:15은 말한다.

> 여자의 후손은 네 머리를 상하게 할 것이요, 너는 그의 발꿈치를 상하게 할 것이니라(창 3:15).

은혜언약은 창조회복이 어떻게 성취될 것인지 증거한다. 이 속에는 첫째 아담의 불순종으로 상실되었던 세 가지 직분의 회복과 회복된 직분의 수행을 통해 최종적으로 이뤄질 것이 언약된다.

창세기 3:23의 "그를 내보내어"[113]는 하나님이 여인의 후손을 통해 언약

---

112 프레임, 『존 프레임의 조직신학』, 93-98.
113 Nelson (ed.), *The Holy Bible*, 4-〔NKJV〕 Gen 3:23.

을 성취하기 위한 첫 번째 조치였다. 여기에 비추어 창세기 3:24의 "그 사람을 쫓아내시고"[114]는 창조회복을 말하는 은혜언약이 성취되기까지 행위언약에 따른 값을 묻고 있다. 둘째 아담인 그리스도께서 첫째 아담의 대속을 이룬 십자가에서 죽으심에 대한 두 가지의 모습을 담고 있다. 죄는 어떤 모습으로도 하나님과 함께할 수 없다는 것이다. 그리고 죄는 반드시 그 값을 치러야 한다는 것을 설명한다.

타락 이후 인간의 본성은 하나님의 은혜 없이는 어떤 '참된 선'도 행할 수 없는 악으로 가득한 모습을 하고 있었다.[115] 『하이델베르크 요리문답』은 제7문에서 사람의 타락과 죄에 관한 문제를 다루면서 "죄의 원인은 마귀와 사람의 의지에 있다"고 밝힌다. 금생의 온갖 재난들과 죽음은 그 자체가 죗값에 따른 결과였다.[116]

그런데도 하나님은 이 과정을 통해 대속에 관한 하나님의 언약을 이뤄 가신다. 첫째 아담의 회복을 위해 창세 전에 맺었던 '구속언약'(은혜언약)은 신인양성의 위격적 연합을 이룬 성육신의 상태에서 역사 가운데 이뤄지게 된다.

T.F. 토렌스(T. F. Torrence)는 '새 언약'과 관련해 "그리스도의 속죄는 그의 죽음만이 아니라 그의 삶 전체를 포괄한다"면서 그리스도의 성육신을 강조한다. 그리고 십자가는 대속을 이루는 절정으로 표현한다.[117]

그리스도께서 첫째 아담의 대속을 이룰 언약의 성취를 크게 세 단계로 나누어 완전히 이루신 것을 볼 수 있다.

첫 번째 단계는 성육신에서부터 삼십 세까지의 단계이다.
"가시와 엉겅퀴"의 "저주의 값"이다. 이 단계는 그리스도께서 첫째 아

---

114 Nelson (ed.), *The Holy Bible*, 4-〔NKJV〕Gen 3:24.
115 Hoekema, *Created in God's Image*, 112.
116 Ursinus, *Commentary on The Heidelberg Catechism*, 88-125.
117 마이클 고먼, 『속죄와 새 언약』, 최현만 역 (평택: 에클레시아북스, 2016), 33.

담의 대속을 이루기 위한 기초 단계라 볼 수 있다. 여자의 태를 통해 '살'과 '피'를 취한 성육신 사건은 그리스도께서 대속을 이루실 언약의 '참된 아담'이 되는 사건이었다.[118] 그리스도는 성령에 의해 이뤄진 성육신을 통해, 창세기 5장에서 말하는 완전한 아담의 모양과 형상을 취하신다. 그리고 대속을 이룰 죄 없는 완전한 '참된 아담'이 되는 조건을 갖추신다.

여기서 우리가 주목해야 할 것이 있다.

① 첫째 아담의 대속을 이루기 위해 신인양성의 위격적 연합을 이룬 완전한 인격체인 그리스도께서 태어나시자마자 바로 제물이 되지 않은 이유이다.
② 난지 팔 일만에 할례를 행한 뒤에도 제물이 되지 않은 이유이다.
③ 세 가지 직분이 삼십 세 이후의 공생애 기간을 통해 이뤄진 것과 십자가에서 대속의 죽음으로 마무리가 된 이유이다.

그리스도는 우리의 구원을 이루시기 위해 첫째 아담의 대속에 따른 세 가지의 값을 치르신다.

① '나심에서부터 성장 과정'에 따른 "가시와 엉겅퀴"의 "저주의 값"을 살아가신다.
② 삼십 세 이후 공생애 과정을 통해 직분의 불순종에 따른 값으로 '순종'과 '고난'을 통해 "진노의 값"을 살아가신다.
③ "죄의 삯"인 "사망의 값"을 '십자가에서 죽으심'을 통해 치르신다.

대속을 이루기 위한 과정은 둘째 아담인 그리스도께서 첫째 아담의 완

---

[118] 로버트 L. 레이몬드, 『최신 조직신학』, 나용화외 3인 역 (서울: 기독교문서선교회, 2010), 700-701.

전한 대속의 값이 되셔야 했기 때문에 필요한 과정이었다.

투레틴은 첫째 아담의 죄로 인해 그 후손들이 "가시와 엉겅퀴"에 대한 "저주의 값"을 살아간다고 말한다. 아담의 타락은 그 후손에게 끔찍한 결과를 가져다줄 수밖에 없었다.

> 아담의 극악한 죄는 자신과 그의 후손 모두에게 가장 무서운 결과를 가져올 수밖에 없었습니다. … 그는 그의 후손들에게 하나님의 저주와 진노를 초래했습니다.[119]

창세기 3:18에서 말하는 "가시와 엉겅퀴"는 마귀에게 사로잡힌 첫째 아담의 불순종에 대한 "저주의 값"이었다.

칼빈은 사람이 타락한 것은 육의 연약함 때문이라며, 피조물의 육신은 그 한계를 가질 수밖에 없음을 『기독교 강요』 제2권 제5장 5절에서 설명한다. 그런데도 칼빈은 『기독교 강요』 제3권 제3장 21절을 통해 죄는 인간의 연약함 때문이 아니라 그 사람이 마귀에게 사로잡혔기 때문이라고 말한다.

> 죄는 절망적인 광기에서 생기는 것이므로 연약하기 때문이라고 할 수 없으며, 그 사람이 마귀에게 사로잡혔다는 것을 분명히 보여 준다.

죄의 결론이 죽음이었다면, "가시와 엉겅퀴"는 그 과정에서 일어나는 "저주의 값"이다. 둘째 아담이었던 그리스도는 여기에 대해 인간의 연약성을 함께 감내하며 "가시와 엉겅퀴"에 대한 값을 '공생애 전'까지 이뤄낸다. 안셀무스는 그리스도의 값을 죽음의 값과 전 생애에 따른 값으로 설명한다. 율법의 자발적 순종은 아담의 불순종에 대한 값이었다.[120]

---

[119] Turretin, *Institutes of Elenctic Theology* Vol. 1, 611-612.
[120] Bavinck, *Reformed Dogmatics* Vol. 3, 337-340, 379, 400, 531.

그리스도께서 나신 지 팔 일만에 할례를 받으셨던 것과 삼십 세에 공생애를 시작하시기 전까지 율법을 지켜 준행하며 사셨던 삶은 단순한 삶이 아니라 저주의 값을 온전히 살아가는 것이었다. 이사야 33:22에 의하면, 율법을 세우신 이는 하나님이시다. 그분이 자신이 제정한 그 율법에 완전히 순종하셨다. 첫째 아담의 대속을 이루기 위한 값이었다.[121]

두 번째 단계는 삼십 세에서부터 시작해 십자가에서 죽기 전까지 세 가지 직분의 수행에 따른 단계이다.
"진노의 값"이다. 첫째 아담의 불순종으로 박탈당했던 세 가지 직분의 사역을 온전히 이뤄 가는 둘째 아담의 '공생애 사역'의 단계는 너무나 중요했다. 자의적인 해석과 판단에 따른 불순종으로 첫째 아담의 세 가지 직분은 무한하신 하나님을 진노하시게 했다. 둘째 아담인 그리스도는 하나님의 법에 순종하는 것을 통해 "진노의 값"을 지불하신다. 그리고 직분을 회복시키신다.

창세기 3:15의 "네 후손도 여자의 후손과 원수가 되게 하리니"라는 언약의 성취는 세 가지 직분의 수행을 통해 이뤄진다. 그리스도는 이것을 두 가지 방향에서 이 언약을 성취해 나가신다.

① 회당에서 진리의 말씀을 선지자직과 왕직의 권위를 가지고 가르치시면서 그 모습이 나타난다.[122] 진리를 위장한 율법주의적 사고와 그릇된 말씀으로 영적 흑암을 이루고 있는 회당에서 진리를 발하면서 마귀와 원수를 이루신다. 마귀를 향한 하나님의 진노였다.

② 제사장직과 왕직의 권세를 통해 하나님의 거룩을 드러내시며 원수를 물리치신다.[123] 마가복음 1:23-24에 따르면 그리스도께서 회당에서 "더러

---

121 A. A. Hodge, *Commentary on The Confession of Faith*, 197-198, 200-201.
122 Sherman, *King, Priest, and Prophet*, 123-128.
123 호튼, 『언약적 관점에서 본 개혁주의 조직신학』, 531.

운 귀신 들린 사람"에게서 귀신을 쫓아내신다. 제사장으로서 거룩을 회복시키시며, 왕의 권세로서 하나님 나라의 공동체를 지키신다. 그리스도께서는 세 가지 직분의 수행을 통해 하나님의 형상을 더럽히는 존재를 쫓아내시고, 하나님 나라의 거룩한 본래의 모습을 성취하고 지켜 내는 진노를 발하신다.

세 번째 단계는 하나님과 화목을 이루기 위한 생명의 속전으로, 대속의 완전함을 성취하는 "십자가의 번제단"이다.

죄의 삯인 "사망의 값"이다. 이것은 첫째 아담의 대속을 이루기 위한 마지막 단계로서, 성육신과 성장 과정을 통한 대속의 값과 세 가지 직분의 수행을 통해 이룬 것이 그 바탕을 이룬다. 그리고 완전한 대속의 제물이 된다.

토머스 R. 슈라이너(Thomas R. Schreiner)는 로마서 5:12-19의 주석에서 아담이 지은 죄에 대한 보편성과 그 죄로 인해 세상에 죄와 사망이 들어오게 되었다고 말한다.

> [롬 5:15-19]에서 바울은 다섯 번에 걸쳐 아담과 그리스도를 대조시킨다. … 아담은 세상에 죽음과 심판을 가져왔지만, 예수 그리스도는 은혜와 생명과 의를 가져오셨다.[124]

그는 죄의 근원으로서 첫째 아담을, 그리고 죄에 대한 근원적 해결자로서 그리스도를 언약과 함께 "모형론적 머리"로 설명한다.[125] 슈라이너는 그리스도의 사역에 대해 이렇게 말한다.

---

124 슈라이너, "원죄와 원사망", 452-475.
125 슈라이너, "원죄와 원사망", 456-467.

그리스도의 사역은 인간을 죄를 짓기 전 아담의 상태로 돌려놓는 것이 아니라 그리스도 안에서 연합해 의롭다함을 받으며, 장차 도래할 시대의 생명을 누리게 할 것이다.[126]

둘째 아담 그리스도께서 이루신 의를 '형상회복'에 따른 '창조회복'으로 보기를 거부한다.

"십자가의 번제단"의 사건인 "사망의 값"은 창세기 3:15의 언약의 이루심이었다.[127] 마귀는 그리스도를 죽음으로 인도하는 것이 자신의 진정한 승리로 여기고 있었다. 마태복음 26-27장(막 14, 15장; 눅 22, 23장; 요 18, 19장)에 의하면, 마귀는 유대의 공회를 선동한다. 제사장들과 헤롯 그리고 빌라도와 무리들을 선동해 그리스도를 십자가에 못 박아 죽도록 한다.

그러나 하나님은 그리스도를 통해 "너는 그의 발꿈치를 상하게 할 것이니라"라는 첫째 아담의 회복에 따른 언약을 성취하신다.[128] 이 과정에서 "사망의 값"을 완전하게 지불하신 그리스도는 죽은 자 가운데서 "삼 일만"에 부활하신다. 그리고 승천하시고, 이 땅에 다시 오셔서 마귀의 원수가 되어, 마귀를 비롯한 그 무리들을 "불과 유황 못"에 던져 영원히 심판하신다(계 19:20; 20:10, 11-14).

그때 그리스도는 완전한 말씀의 "저울"로서(선지자 직분), 거룩의 완전한 "거울"로서(제사장 직분), 완전한 권세를 행사하는 "심판자"로서(왕 직분) "여자의 후손은 네 머리를 상하게 할 것이요"라는 아담을 향한 언약의 말씀에 대한 종결을 이루시게 된다.

---

126 슈라이너, "원죄와 원사망", 473-475.
127 Bavinck, *Reformed Dogmatics* Vol. 3, 409.
128 Vos, *Reformed Dogmatics: Anthropology* Vol. 2, 3.12, 92.

2) 하나님 형상의 회복을 이룬 세 가지 직분

창세기 5:3에 의하면, 인류의 머리이며, 동시에 대표성을 가졌던 아담의 죄는 후손에게 일종의 속성이 되어 전가된다. 성경은 이것을 "아담의 모양과 형상"으로 표현한다.

여기에 대해 도르트 신경은 '세 번째와 네 번째 교리'를 소개하는 자리에서 제2항을 통해 아담 이후의 모든 후손들이 부패함을 받는다는 것을 밝힌다.

> 타락 후 인간은 자신을 닮은 본성을 지닌 자녀를 낳습니다. 부패한 상태에서 부패한 자녀를 낳습니다. … 펠라기안들의 주장처럼 모방이 아니라 부패의 본성은 아담으로부터 모든 후손에게 유전됩니다.[129]

창세기 5:1은 아담의 계보를 소개하는 자리에서 아담을 "하나님의 형상대로" 지음을 받았다고 소개한다. 사람의 창조가 하나님의 '선한' 속성을 담아낸 죄 없는 상태의 피조였다는 것을 강조한다.[130] 반면, 창세기 5:3에서는 아담이 낳은 자녀에 대해 '하나님의 형상'이라는 말을 사용하지 않는다. 아담을 닮은 "자기 형상과 같은 아들을 낳아"라고 하며, 아담의 계보를 설명한다.

매튜 헨리는 창세기 본문의 주석에서 이렇게 말한다.

> 은혜는 혈통을 따라 계승되지 않지만 부패성은 혈통을 따라 계승된다.[131]

아담이 범한 죄는 "대표성"과 "머리 됨"으로 범한 죄이다. 그러나 은혜

---

129 Schaff (ed.), "The Canons of The Synod Dort", *The Creeds of Christendom* Vol. III, 588.
130 칼빈, 『칼빈성경주석 1: 창세기 I』, 200.
131 헨리, 『창세기』, 142.

는 하나님으로부터 주어짐이니 계승되는 것이 아니다.

칼빈은 창세기 5:1의 주석에서 '하나님의 형상대로'와 3절에서 말하는 아담의 '자기 형상'에 대한 것을 속성에 대한 확연한 구별로 본다.

전자의 경우는 하나님이 자신의 영광을 사람에게 인친 것이다. "하나님 자신의 지혜와 공의의 살아있는 형상"으로 죄 없는 아담의 속성을 말한다.
후자는 아담이 원래의 상태에서 타락한 것이다. 아담이 낳은 자녀들은 아담의 타락을 그대로 가지고 태어난다는 원죄의 속성을 나타낸다.[132]
바빙크에 의하면, 자녀가 그 부모의 '혈'과 '육'을 이어받아 원죄 상태로 태어나는 것을 가리켜 "하나님 형상의 상실"이라고 말한다.[133] 비록 인간이 원죄 상태로 태어나더라도 인간은 인간으로서의 본성을 완전히 잃어버리지 않는 상태로 태어난다.

> 죄는 그 본질의 속성상 비존재를 향해서는 영향을 끼치지만 존재 자체에 대해서는 어떤 능력도 발할 수 없습니다. 죄는 창조할 수 없고, 파괴할 수도 없습니다. 따라서 천사, 인간, 자연의 본질은 죄로 인해 변한 것이 아닙니다. … 변한 것은 이들의 실체가 아니라 이것들이 자신들을 드러내는 형태입니다.[134]

타락한 죄가 인간의 본성 전체와 모든 능력 그리고 형태를 손상시킨다. 그리고 이 본성이 하나님께 대항하고, 하나님의 법이 아니라 육체의 법을 즐겨 하게 된다.
자녀는 부모의 '혈'과 '육'을 이어받아 그 부모의 외모를 가지고 태어난다. 그런데도 자녀는 하나님이 피조하신 영혼이 그 육신에 불어넣어져 태

---

132 칼빈, 『칼빈성경주석 1: 창세기 Ⅰ』, 200-201; Calvin, *Inst*, Ⅱ.1.7.
133 Bavinck, *Reformed Dogmatics* Vol. 3, 139-140.
134 Bavinck, *Reformed Dogmatics* Vol. 3, 139.

어난다. 창세기 5:3이 '아담의 형상'을 가진 자녀의 출산을 말하고 있는 것은 그 부모와 비슷한 외모를 닮은 것만을 말하는 것이 아니다. 이 말씀은 두 가지의 의미를 담고 있다.

첫째, 아담의 죄가 후손인 인류에게 하나의 속성이 된다. 아담 이후로 태어나는 모든 인류는 창세기 2:17의 죄의 삯인 사망에 이를뿐만 아니라 그 죄로 인한 "가시와 엉겅퀴"(창 3:18)의 값을 살아가는 존재가 되었다는 것을 말한다.[135]

둘째, '아담의 형상'으로 그 후손이 태어난다는 것은 『하이델베르크 요리문답』의 제7문의 해설에서도 언급되고 있다. 하나님이 각 사람의 영혼을 피조해, 각 사람의 육신 가운데 그 영혼을 불어넣는다. 이때 그 영혼은 아담의 범죄 결과에 따른 "의의 결핍" 상태로 피조된다. 그리고 의의 결핍 상태의 영혼이 육신 가운데 불어넣어진다.[136]

첫째 아담에게 비춰진 '하나님의 형상'이 '의'와 '거룩'을 지녔다면 타락한 이후의 아담에게 비춰진 '하나님의 형상'은 '부패'와 '죽음'을 지니게 된다. 그리고 이 근원이 아담의 후손인 모든 인류가 지니게 되는 '아담의 형상'이 되는 것이다.[137]

하나님이 사람을 피조할 때, 사람은 육체와 영혼의 두 구성 요소를 이뤄 피조된다. 헤페는 마틴 하이데거(Martin Heidegger)의 견해를 인용하며, 하나님이 피조한 사람은 '육체'와 '영혼'의 두 구성 요소를 가지게 되었으며, 이 두 구성 요소가 연합을 이뤄 '한 인격'을 형성하게 되었다는 것을 말한다.[138]

---

135 월터스, 『창조 타락 구속』, 97.
136 Ursinus, *Commentary on The Heidelberg Catechism*, 100-101.
137 Boston, *Human Nature in its Fourfold State*, 64-79.
138 Heppe, *Reformed Dogmatics*, 222.

하나님은 '한 인격'의 행위를 통해 영생할 수 있도록 길을 열어 주셨다. 그러나 아담은 '한 인격'의 행위를 통해 하나님의 말씀을 거역했다. '한 인격'에서 나타나는 그의 세 직분은 하나님의 영광을 가리는 길을 걷게 된다. "선악을 알게 하는 나무의 열매를 먹지 말라 네가 먹는 날에는 반드시 죽으리라"(창 2:17)라는 법을 지키는 것은 아담의 육신의 능력 또는 영혼의 능력으로 지켜지는 것이 아니다. '한 인격'을 이룬 아담의 이성적 판단에 따른 '자유의지'에 의해 지켜진다.[139]

보스에 의하면, 언약은 "인격적"이다. '행위언약'에 따른 죄책과 전가는 "비인격적 본성"이 아니라 '인격'과 함께 처리된다.[140] 하나님은 '하나님 형상'인 아담의 '한 인격'을 통해 하나님의 법도를 지킬 능력을 주셨다. 그리고 모든 피조물의 머리로서 다스릴 권세를 주셨다.[141] 이것이 바로 아담의 직분 가운데 주어진 권세였다. 세 가지 직분의 권세는 '한 인격'의 이성적 판단에 따른 '자유의지'에 의해 지켜 나가게 된다. '자유의지'는 인간이 원하기만 하면 '영생'에 이를 수 있는 능력을 가지고 있었다.

칼빈의 『기독교 강요』제1권 제15장 8절에 따르면, 아담의 '자유의지'는 "죄를 범하지 않을 수 있는 의지"였다. 그리고 '자유의지'는 하나님의 언약을 충분히 지킬 수 있는 통제하고, 다스릴 수 있는 능력이었으며, 영생에 도달할 수 있는 능력이었다.[142]

하나님은 아담에게 하나님 말씀을 잘 분별할 수 있도록 선지자 직분을 주셨다. 하나님 말씀에 따라 거룩하게 구별되는 길을 걸어가도록 제사장 직분을 주셨다. 권세를 가지고 하나님 형상의 영광을 지켜 내도록 왕직의 직분을 주셨다.

굿윈은 둘째 아담인 그리스도의 세 가지 직분에 대해 왕의 직분을 "능

---

[139] 비키 · 존스, 『청교도 신학의 모든 것』, 149, 277.
[140] Vos, *Reformed Dogmatics: Anthropology* Vol. 2, 2.20, 43-44.
[141] Turretin, *Institutes of Elenctic Theology* Vol. 1, 469.
[142] Calvin, *Inst* I.15.8.

력"과 "지배권의 직분"으로, 선지자의 직분을 "지식"과 "지혜의 직분"으로 보았다. 그리고 제사장의 직분을 "은혜"와 "자비의 직분"으로 설명한다.[143] 이런 세 직분의 바르지 못한 직무 수행은 결국 하나님의 형상을 무너뜨린다.

"자기 형상과 같은"(창 5:3)이라는 말씀은 속성의 측면에서 아담의 죄로 인해 "하나님의 형상"이 전적으로 부패하고, 타락하게 되었으며, 부패가 하나의 속성이 되어 아담의 후손들에게 "전가"된다는 것을 말한다.[144]

여기에 대해 펠라기우스주의자들은 생식에 의한 죄의 전파가 불가능하다는 것과 함께 원죄에 대해 부정적인 견해를 펼친다. 이것은 그리스도의 직분의 사역이 둘째 아담으로서 첫째 아담의 대속을 이룰 '창조회복'에 따른 사역이 된다는 것을 부정하는 결론을 낳는다.

투레틴에 따르면 아우구스티누스는 원죄 전가의 부정적인 견해에 대해 이렇게 핀잔한다.

> 논쟁을 일삼기보다 어떻게 하면 그리스도로 말미암아 그 악을 벗어날 수 있는지를 진지하게 논하는 것이 낫다.[145]

분명한 것은 죄는 생식기를 따라 유전되는 것이 아니라 대표성으로 말미암아 하나의 본성이 되었다. 그러므로 "자기 형상과 같은"이라는 말씀은 "상실당한 세 가지 직분의 모습"으로 아담의 후손이 태어난다는 것을 함께 말한다.[146] 그리스도께서 광야에서 사십 일의 금식을 통해 유혹받으

---

143 비키 · 존스, 『청교도 신학의 모든 것』, 458.
144 Turretin, *Institutes of Elenctic Theology* Vol. 1, 462-464, 640-643; Hodge, *Systematic Theology* Vol. II, 67: Hodge는 "칼빈과 베자, 투레틴 그리고 위대한 개혁주의 신학자들은 영혼의 창조를 믿었을 뿐만 아니라 영혼의 유전설 또한 받아들이고 있다"라고 말하며, 아담에 의한 죄의 전가를 설명한다.
145 Turretin, *Institutes of Elenctic Theology* Vol. 1, 640.
146 칼빈, 『칼빈성경주석 1: 창세기 I』, 200-201.

셨던 것을 말씀의 권세로 세 직분이 물리친다. 그리고 공생애를 통해 직분을 충실하게 감당하신다. 이것은 대속의 값으로 생명을 속전으로 내어놓기 전, 언약의 성취를 위해 필수적으로 이뤄야 할 과정이었다.

후크마는 이렇게 말한다.

> 하나님의 형상이 새롭게 회복되어야 한다는 것은 그 형상이 망가졌다는 것을 반증하는 것이다.[147]

그리스도의 성육신과 성장의 과정 그리고 공생애를 통한 세 가지 직분의 성공적인 수행은 십자가의 번제단에서 그리스도께서 대속의 언약을 완전하게 성취하시도록 길을 열어 준다. 그리고 완전한 대속을 이룬 '그리스도의 의'는 우리로 하여금 '과거의 죄'와 '현재의 죄' 그리고 '미래에 이르는 죄'에 대한 짐과 죄책감으로부터 해방시켜 준다.[148] 이로서 그리스도의 지체가 된 성도들은 그리스도께서 이루신 '형상회복'을 통해 온 땅을 다스리는 왕이 된다. 그리고 생명이신 그리스도의 말씀을 선포하는 선지자가 되며, 그리스도의 이름으로 생명을 누리는 '만인 제사장'이 된다.[149]

---

[147] Hoekema, *Created in God's Image*, 28.
[148] Hoekema, *Saved by Grace*, 178-181.
[149] Bavinck, *Reformed Dogmatics* Vol. 3, 479; 로제, 『마틴 루터의 신학』, 405-406: "루터는 『신약성서에 관한 설교』(1520)에서 처음으로 만인 사제직에 관한 개념을 전개했다. … 루터는 이와 같이 말한다. '세례의 물에서 나오는 사람은 누구나 이미 성별된 사제이고, 주교이고, 교황이라고 자랑할 수 있다. 비록 외관으로는 모든 사람이 다 그 직무를 수행해서는 안 될 것처럼 보인다고 할지라도 말이다.' … 만인 사제직에 대한 언급은 하나님과 인간 사이에 제사장을 통한 중재가 필요치 않음을 의미하는 것이다. … 믿음 안에서 하나님께 자유롭게 나아갈 수 있다."

3) 새 언약의 완성을 이룬 세 가지 직분의 완전한 중보자

그리스도의 희생은 어떤 특정한 혈통이나 사회적 지위 등에 기초하지 않는다. 하나님의 신실한 약속을 기반으로 하는 은혜에 기초한다.[150] 특히 그리스도의 성육신과 성장의 과정을 통한 "가시와 엉겅퀴"에 대한 대속의 값과 세 가지 직분의 완전한 수행을 통한 그리스도의 희생의 값은 하나님과 사람 사이에 새로운 언약을 맺을 수 있는 길을 제시한다.

그리스도의 값은 '자기의 죄'에 대한 값이 아니다. "대속의 값"이기에 그리스도의 죽음은 하나님의 진노에 대한 완전한 값이 되었다. 그리고 하나님과 사람 사이의 완전한 중보자가 되어 하나님의 진노를 풀어 준다.

핫지는 그리스도께 '중보자'라는 단어를 사용할 때, 죄를 위한 보증으로서 '중보자'라는 단어를 사용하기보다 "유일한 중보자"라는 측면에서 '중보자'라는 단어를 사용하기를 원한다.[151]

'행위언약'이 첫째 아담의 행위로 깨뜨려졌다면, 둘째 아담의 대속의 값을 통해 이룬 완전한 번제단의 예물은 하나님과 '새 언약'을 맺는 길을 열어 준다.[152] 그리스도께서 십자가에서 생명으로 대속의 제물이 되시는 순간 성소의 휘장이 위로부터 아래로 찢어진다(마 27:51, 막 15:38, 눅 23:45). 이 사건은 우리에게 두 가지 중요한 사실을 말해 준다.

첫째, 세 가지 직분에 의한 그리스도의 완전한 대속의 값이 이뤄졌다는

---

150 Sherman, *King, Priest, and Prophet*, 186-190.
151 Hodge, *Systematic Theology* Vol. II, 455.
152 젠트리·웰럼, 『언약과 하나님 나라』, 622-623, 720-734, 918: 예언자들은 다양한 시점에 다양한 곳에서 다양한 방법으로 '새 언약'에 대해 말한다. 새 언약을 언급한 주요 본문들 (1) 영원한 언약: 렘 32:36-41, 50:2-5; 겔 16:59-63. (2) 화평의 언약: 사 54:1-10; 겔 34:20-31. (3) 새 마음과 새 영에 대한 약속: 겔 11:18-21. (4) 새 언약: 렘 31:31-34. 등: 새 언약은 새롭게 만들어진 언약이 아니다. 궁극적으로 성경의 모든 언약은 '새 언약'에서 성취와 결말 그리고 목적에 도달한다.

것이다. 아담의 죄로 인해 하나님과 사람 사이에 막혔던 담이 완전히 허물어졌다는 사실이다.[153] 성소의 휘장은 모세 시대 맺었던 율법을 상징한다. 그 휘장이 "위에서 아래"로 찢어진 것은 이제 더 이상 모세 시대에 맺었던 율법의 '옛 언약'이 근거가 되지 않는다는 것을 상징한다. 그리스도께서 세 가지 직분의 중보자로서 '옛 언약'을 완전하게 성취한 '새 언약'이 근거가 된다는 것을 말한다.[154]

둘째, '새 언약'은 세 가지 직분의 중보자 되시는 그리스도께서 구세주로서 '새 하늘과 새 땅'에 대해 길이 되어 주신다는 것을 말한다. 구원에 이르는 모든 것에 대해 값이 되어 주셨다는 사실이다. '옛 언약'은 구원에 대해 '오실 그리스도'를 바라보는 믿음의 길이 되어 주었다면, '새 언약'은 십자가에서 모든 것을 이루신 중보자 되시는 그리스도 안에서 구원의 길을 열어 주었다.[155]

시편 110편은 세 가지 직분을 가지신 그리스도께서 장차 오셔서 마귀의 세력을 완전히 정복하시고, 영원한 메시아 왕국을 세우실 것을 예언한다. 그리스도는 십자가에서 시편 110:4의 예언을 성취하신다.

여호와는 맹세하고 변하지 아니하시리라 이르시기를 너는 멜기세덱의 서열을 따라 영원한 제사장이라 하셨도다(시110:4).

『웨스트민스터 소요리문답』 제25문은 멜기세덱의 서열을 따라 세워진

---

153 Bavinck, *Reformed Dogmatics* Vol. 3, 477.
154 티슬턴, 『기독교 교리와 해석학』, 572; 비키·존스, 『청교도 신학의 모든 것』, 68: "'그리스도의 적용'이라는 제목이 붙은 제1권 24장에서 에임스의 언약신학은 더욱 분명해진다. 하나님과 그리스도 간의 구속언약을 실현시키는 수단이 은혜언약인데, 성경은 이것을 '새 언약'으로 부른다."
155 Heppe, *Reformed Dogmatics*, 449-455.

그리스도께서 제사장의 직분을 어떻게 수행하셨는지 묻는다.[156] 그리고 여기에 대해 그리스도는 단번에 자신을 제물로 드렸다는 것과 함께, 이로 인해 하나님의 공의를 만족시켰다는 사실을 밝힌다. 그리스도는 제사장 직분으로 십자가에서 두 가지의 만족을 채운다.

첫째, 죄의 값에 따른 우리를 위한 만족이다.
둘째, 죄에 대한 하나님의 만족을 채우는 것이었다.[157]

그리스도는 중보자로서 하나님과 우리 사이를 화목하게 했다. 지금도 우리를 위해 끊임없이 간구하는 중보자인 제사장의 직분을 행하고 계신다.[158] 세 가지 직분 수행을 통해 십자가에서 드려진 그리스도의 대속의 값은 '의'가 되어 사망 가운데서 부활의 첫 열매가 되었다. 그리고 '아담 안에서' 모든 사람이 죽은 것같이 '그리스도 안에서' '새 언약'으로 모든 사람이 새로운 삶을 얻게 된다(고전 15:22).

히브리서 기자는 예레미야 31:31의 "새 언약"에 대한 예언의 말씀을 인용하면서 히브리서 8장을 통해 그리스도의 직분과 새 언약의 필요성을 서로 연결시킨다. 그리고 9장에서는 "옛 언약" 아래의 불완전함을 피력하면서 세 가지 직분 수행을 통해 이룬 그리스도의 영원하고, 완전한 속죄를 다룬다. 새 언약의 완성을 이룬 그리스도의 가장 중요한 역할 가운데 하나는 중보적 기능이다.

벌코프는 그리스도의 중보적 특징을 세 가지로 표현한다.[159]

---

156 Schaff (ed.), "The Westminster Shorter Catechism", *The Creeds of Christendom* Vol. III, 681.
157 Turretin, *Institutes of Elenctic Theology* Vol. 2, 417, 423, 429.
158 Schaff (ed.), "The Westminster Shorter Catechism", *The Creeds of Christendom* Vol. III, 681.
159 Berkhof, *Systematic Theology*, 447-448.

첫째, "중보의 일괄성"이다.
둘째, "중보의 권위성"이다.
셋째, "중보의 효력"이다.

세 번째 특성은 그리스도의 중보적 기도는 실패함이 없다는 측면에서 나온 것이다. 중보적 역할에는 필히 해결되어야 할 문제가 있다. 그것은 다름이 아니라 완전한 중보자로서의 역할이다. 『하이델베르크 요리문답』 제18문에 따르면, 그리스도는 "참 하나님"이요, "참 사람"으로서 우리의 진정하고 완전한 중보자가 되신다.[160]

그리스도께서 승천하실 때, 그 모습은 신인양성의 위격적 연합의 완전한 중보자의 모습을 가지신다. 지금도 그 상태로 하나님 우편에 앉아 계시며, '새 언약' 가운데 놓인 자를 향해 중보자로서 그 역할을 감당하고 계신다.[161] 이때 그리스도께서 중보자가 되시는 것은 첫째 아담의 모습과는 달리 완전한 세 가지 직분자로서 중보적 위치에 서시게 된다. 첫째 아담에게 주어졌던 세 가지 직분에 대한 불완전한 요소를 둘째 아담인 그리스도께서는 완전함으로 이루셨다. 완전함의 세 가지 직분의 모습을 통해 오늘도 '창조회복'이라는 '새 언약'을 이루고 계신다.

4. 결론

고대 교회는 첫째 아담의 대속을 이룰 둘째 아담인 그리스도의 직분을 고난과 역경을 이겨 나갈 신앙의 본으로 가르친다. 그런 가운데 왕과 선지자, 제사장의 직분은 기독론적인 바탕을 가지고 전개된다. 그리고 '창조회

---

160 Schaff (ed.), "The Heidelberg Catechism", *The Creeds of Christendom* Vol. III, 312-313.
161 Bavinck, *Reformed Dogmatics* Vol. 3, 473-474.

복'에 따른 '창조론적' 관점을 내포한다. 아담의 세 가지 직분이 '창조론적' 관점을 가지는 것은 하나님이 아담에게 부여한 세 가지 직분의 성격에 그 모습이 더욱 뚜렷하게 담겨 있었다. 특히 아담에게 부여했던 세 가지 직분은 하나님의 속성과 직접적인 관계를 가지고 있었다.

존 M. 프레임(John M. Frame)에 따르면, 하나님의 속성은 "다스림의 속성", "권위의 속성", "임재를 나타내는 속성" 등 크게 세 가지의 속성으로 나눌 수 있다.[162]

"다스림의 속성"이 왕직이 중심을 이룬다면, "권위의 속성"은 선지자직과 "임재의 속성"은 제사장직과 관계를 가진다. 각각 직분의 기능과 역할이 분명하다. 그런데도 세 직분은 각각의 모습으로 사역을 이루지 않는다. 삼위가 일체인 것처럼, 세 직분 또한 분리가 아니라 일체의 모습으로 진행된다. 연결되어 있고, 연합되어 있는 세 가지 직분 가운데 어느 한 가지 직분이라도 그 직분이 제대로 수행되지 못하게 되면, 세 가지 직분은 모두 그 기능을 상실당하기 때문이다.[163]

이런 세 가지 직분을 하나님은 하나님의 '형상'과 '모양'대로 지음 받은 아담에게 부여하신다. 하나님의 '형상'과 '모양'대로 지음을 받은 아담에게 '왕직'과 '선지자직' 그리고 '제사장직'이라는 세 가지 직분이 주어진다.

'하나님의 형상'은 하나님이 피조하신 아담에 대해 두 가지 측면을 설명해 준다. 인간의 통치적인 측면과 하나님의 창조 안에서의 해석이다.

전자는 인간들은 세상에서 왕적 권세를 구사한다는 점에서 하나님과 같다고 할 수 있다.

후자는 하나님을 위한 권세의 사용이라는 점에서 통치자가 아니라 대리

---

162 프레임, 『존 프레임의 조직신학』, 257-259.
163 Berkhof, *Systematic Theology*; Berkouwer, *The Work of Christ*, 62; 293; 쥘만, 『교의학』, 323-325.

자이다.

하나님과의 관계적인 측면에서 아담은 하나님의 공유적 속성을 가진 직분자이다. 아담에게 주어진 '왕직'과 '선지자직', '제사장직'의 세 가지 직분은 하나님의 공유적 속성인 '사랑'과 '거룩', '의로움', '진실함'과 함께 '공의'의 속성을 가지고 있다.[164]

하나님의 형상과 모양을 하고 있는 아담이 '왕직'과 '선지자직' 그리고 '제사장직'을 부여받았다는 것은 하나님의 다스림이 있는 나라는 공의가 다스림의 중심에 있다는 것을 말한다. 그리고 공의는 하나님의 말씀이 그 기준이 된다는 것을 세 가지 직분은 설명해 준다.[165]

칼빈의 『기독교 강요』에 의하면, 창조주는 자신이 피조한 세계를 주관하신다. 그리고 피조 세계로 하여금 자신을 예배하도록 하신다.[166] 하나님의 "형상"과 "모양"으로 피조된 아담은 자신에게 부여된 세 가지 직분의 바른 사역을 통해 하나님께 영광을 돌려야 했다.

하나님 나라를 상징하며, 하나님 나라의 속성을 담고 있는 '성전'과도 같은 에덴동산의 샬롬의 기준은 하나님의 공의였다. 아담의 세 직분은 여기에 대해 청지기였고, 파수꾼이었으며, 중보자로서의 사역자였다. 아담의 직분은 하나님의 공의에 도전하도록 유혹하는 뱀에 대해, 유혹에 빠진 여자를 향해 공의를 발해야 했다.

그러나 아담은 여기에 대해 하나님의 공의를 바르게 세우지 못한다. 심지어 여자에 대해 세 가지 직분이 가지는 나침판으로서 역할을 제대로 감당하지 못한다. 아담의 무너짐은 하나님을 향해 죄를 범하게 되었고, 하나님의 성소로부터 추방당했다.

아담의 죄는 사망뿐만 아니라 하나님의 '형상'과 '모양'을 향해 주어졌던 세 가지 직분을 박탈당하게 한다. 따라서 첫째 아담의 대속을 이룰 둘

---

164 칼빈, 『칼빈성경주석 1: 창세기 Ⅰ』, 68.
165 Boston, *Human Nature in its Fourfold State*, 39-40.
166 Calvin, *Inst* Ⅰ.5.6.

째 아담인 그리스도는 생명의 속전뿐만 아니라 하나님의 '형상'과 '모양'을 향해 주어졌던 세 가지 직분을 회복시켜야만 했다.[167]

둘째 아담이 되었던 그리스도께서 공생애를 감당하기 전, 광야에서 '사십 일의 금식'을 행하신다. 이때 마귀로부터 받은 세 가지 직분을 향한 유혹은 단순한 차원의 유혹이 아니었다. 셔어만은 그리스도께서 광야에서 마귀로부터 당했던 세 번의 유혹을 "세 가지 직분을 향한 유혹"으로 설명한다.[168]

만약, 첫째 아담의 대속을 이룰 둘째 아담인 그리스도께서 마귀의 유혹대로 세 가지 직분을 자신의 필요와 만족을 채우기 위해 사용하셨다면 그리스도의 사역은 껍데기만 대속을 이루는 사역이 되었을 것이다. 십자가에서 죽음은 완전한 대속을 이루는 번제의 제단이 될 수 없었다. 이것을 이미 알고 계셨던 둘째 아담이신 그리스도께서 마귀의 유혹을 기록된 하나님의 말씀으로 물리치시며, 세 가지 직분을 지켜 나가신다.

첫 번째 행해진 선지자직의 유혹에 대해서는 신명기 8:3의 말씀으로 마귀의 유혹을 물리치신다.

두 번째 행해진 제사장직의 유혹은 신명기 6:16의 말씀으로 물리치신다.

세 번째 행해진 왕직에 대한 유혹은 신명기 6:13 말씀의 인용을 통해 마귀의 유혹을 물리치신다.

첫째 아담은 마귀의 유혹에 넘어가 하나님의 말씀을 벗어난다. 그가 하나님의 공의를 무너뜨렸다면, 둘째 아담은 마귀의 유혹에 대해 하나님의 말씀으로 유혹을 물리치신다. 공의를 발동시켜 세 가지 직분 사역을 충실

---

167 Vos, *Reformed Dogmatics: Anthropology* Vol. 2, 2.21, 45.
168 Sherman, *King, Priest, and Prophet*, 110-115.

히 감당하신다.[169]

그리스도께서 공생애 사역을 이어 가기 전, 광야에서 일어났던 마귀의 세 가지 직분을 향한 유혹은 두 가지 측면에서 설명된다.

첫째, 마귀의 측면에서 설명된다.

마귀가 둘째 아담인 그리스도를 향해 세 가지 직분으로 유혹한다. 이것은 첫째 아담의 '창조회복'을 일으키는 둘째 아담의 사역에 대해 효력을 잃어버리도록 하기 위한 조치였다. 그리하여 자신의 왕국을 견고하게 세워 나가려고 했던 것이다.

둘째, 아담의 측면에서 설명된다.

둘째 아담은 공생애를 이루기 전, 먼저 선결해야 할 것이 있었다. 그것은 첫째 아담의 불순종의 직무 수행으로 박탈당한 첫째 아담의 세 가지 직분을 회복시키는 것이었다. 첫째 아담의 대속을 이룰 둘째 아담으로서 완전한 대속의 예물이 되어야 했기 때문이다. 그러기 위해서는 첫째 아담의 값에 대한 모든 것을 완전하게 이뤄 가야만 했다.

'선지자 직분'과 '제사장 직분' 그리고 '왕의 직분'을 향한 유혹에 대해 둘째 아담인 그리스도께서 기록된 하나님의 말씀으로 유혹을 물리치신다. 이것은 바르지 못한 직무 수행으로 무너져버린 세 가지 직분을 회복시키는 '창조회복'의 장면이었다.[170]

그리고 이어지는 그리스도의 공생애 사역은 '선지자'와 '제사장' 그리고 '왕'에 대한 세 가지 직분의 사역의 모습으로 크게 두 가지의 관점을 실현시킨다.

---

169 Bavinck, *Reformed Dogmatics* Vol. 3, 36-37, 107-108, 127-128, 136-138, 341-342; Sherman, *King, Priest, and Prophet*, 112-114.
170 Sherman, *King, Priest, and Prophet*, 110-115; Zaspel, *The Theology of B. B. Warfield*, 291.

첫째, 흑암에 사로잡힌 영혼들을 일깨우는 사역을 실현시킨다.

둘째 아담이신 그리스도는 선지자 직분 사역과 제사장 그리고 왕의 직분 사역을 통해 영혼들을 일깨우신다. 이때, 회당이 그 사역의 중심이 된다. 바빙크는 그리스도의 이런 사역을 가리켜 "고난받는 주의 종의 예언의 적용"으로 이 사실들을 설명한다.[171]

첫째 아담의 '창조회복'을 일으켜야 할 둘째 아담의 공생애 가운데는 '선포'와 '가르침'이 있었다. 그리고 순종하고, 복종하며 고난의 길을 걸어가는 값이 함께하고 있었다.[172] 둘째 아담이었던 그리스도는 이 모든 사역에 대해 그리스도의 '한 인격'으로서, 첫째 아담의 '한 인격'이 되셨다. 그리스도는 첫째 아담에 대한 사실의 모습으로 '창조회복'을 일으키시며 모든 사역을 감당하신다.

둘째, 새 언약의 완성을 이뤄 가는 사역을 실현시킨다.

첫째 아담의 회복에 대한 언약의 시작은 '창세 전'으로 거슬러 올라간다. 시작은 첫째 아담의 회복을 위한 둘째 아담의 대속을 말하는 '구속언약(은혜언약)'으로부터 이뤄진다. 칼빈은 '구속언약'을 '행위언약'과 유사한 조건으로 둘째 아담인 그리스도께서 인류의 대표가 되신다고 가르친다.[173] 그리스도께서 이루신 세 가지 직분을 통한 공생애 사역은 첫째 아담의 '창조회복'에 따른 언약의 완전한 값이 되시기 위한 사역이었다.[174]

성육신하신 그리스도께서 삼십 세에 공생애를 이루시기 전까지 율법에 순종하며 사셨던 삶은 "가시와 엉겅퀴"에 대한 "저주의 값"이었다.

---

171 Bavinck, *Reformed Dogmatics* Vol. 3, 422-423.
172 머레이,『존 머레이 조직신학』, 52-56; 피셔,『토머스 보스턴과 함께 읽는 개혁 신앙의 정수』, 110-116; 티슬턴,『성경 해석학 개론』, 108.
173 Trueman, "Calvin and Reformed Orthodoxy", 475; Berkhof, *Systematic Theology*, 295; 밴후저, "속죄", 346.
174 비키 · 존스,『청교도 신학의 모든 것』, 405.

그리고 공생애 기간은 상실당한 세 가지 직분의 회복과 함께 영적 흑암 속에 갇힌 영혼들을 일깨우는 '창조회복' 사역이 중심을 이룬다. 하나님의 무한한 "진노의 값"을 지불한다.

그리고 십자가에서 이루신 '대속의 죽음'은 '사망 권세'를 깨뜨리는 대속에 따른 언약의 완전함을 이루는 '번제단'이었다.[175] 그리고 죄의 삯인 "사망의 값"으로 첫째 아담의 죄에 대한 대속의 완성을 이룬다.

이와 같이 둘째 아담이었던 그리스도는 신인양성의 '한 인격'을 이루며, 펼쳤던 공생애를 통해 첫째 아담의 '형상회복'에 따른 '창조회복'의 완성을 이루신다.

---

[175] Calvin, *Inst* II.15.6; Bavinck, *Reformed Dogmatics* Vol. 3, 409.

제6장

그리스도의 세 가지 직분이 가지는 교의학적 의미

그리스도의 직분론이 고대 교회에서는 포괄적인 신학의 모습으로 내용들이 전개되었다. 이것이 현대 신학에 와서 보다 조직적으로 그 내용을 전개하는 교리적 정착을 이룬다. 그러나 "아래로부터의 신학"은 그리스도의 세 가지 직분론에 대해 기독론을 바탕으로 한 '창조론적' 관점을 떠난다. '형상회복'이라는 '창조회복'에 따른 하나님의 언약의 성취를 지워버리게 한다. 분명한 것은 둘째 아담의 세 가지 직분과 첫째 아담의 직분과의 관계는 '창조회복'에 따른 '창조론'의 관점에서 언약의 완성인 구원을 바라보게 한다.

그리스도의 세 가지 직분론이 기독론적이며, 창조론적인 관점에서 교의학적으로 어떤 의미를 가지고 있는지에 대해 분석하는 것은 세 가지 직분이 가지는 신학적 의미를 한층 높여 주는 결론을 낳는다. 이런 측면에서 그리스도의 세 가지 직분에 대한 순서가 무엇을 의미하는지 분석하는 것은 세 가지 직분에 대한 교의학적 의미를 고취시키는 효과를 가져온다.

그리고 그리스도의 직분 교리가 다른 교리와 신학적으로 어떻게 연계되어 있는지, 어떤 구조를 형성하고 있는지 분석하는 것 또한 중요하다. 이런 과정을 통해 세 가지 직분이 단순히 명칭만 불리는 직분이 아니라 교의학적으로 중요한 위치에 놓여 있는 직분이라는 것을 증명하게 된다.

그리스도의 세 가지 직분의 교리가 교의학적으로 어떤 의미를 가지고 있는지 분석하기에 앞서 먼저 세 가지 직분에 대한 역사적 접근을 다루었다. 이와 함께 세 가지 직분에 대한 첫째 아담과 둘째 아담의 관계를 분석했다. 이것은 둘째 아담인 그리스도의 세 가지 직분에 대한 교의학적 입장을 더욱 견고하게 세워 나가기 위해서였다.

앞에서 우리는 하나님이 아담에게 세 가지 직분을 부여하신 이유를 '하나님 형상'이 가지는 속성 가운데서 그 답을 찾았다. 다음에는 그리스도의 세 가지 직분이 교리적인 측면에서 어떤 성격을 가지고 있는지 여기에 따른 교의학적 분석이 이뤄져야 한다. 이런 과정을 통해 둘째 아담인 그리스도의 세 가지 직분론의 교리는 더욱 체계적이고, 견고한 교리의 터를 세워 나가게 될 것이다.

1. 세 가지 직분의 순서가 담고 있는 교의학적 의미

1) 선지자, 왕, 제사장직의 순서

일반적으로 신학자들이 보는 그리스도의 세 가지 직분은 기독론이 중심이다. 그 순서는 '선지자', '왕', '제사장'이다. 칼빈도 이 순서를 따르고 있다. 그리스도의 세 가지 직분은 성경의 가르침에 근거한다.

첫 번째 순서는 '선지자' 직분으로 대표 사역은 가르침이다.

성경은 우리로 하여금 하나님을 더욱 더 알아가도록 가르치고 있다. 『웨스트민스터 소요리문답』 제3문에 따르면, 성경이 우리에게 중요하게 교훈하는 두 가지가 있다.

① "성경은 사람이 하나님에 관해 어떻게 믿을 것인가?"

② "성경은 하나님이 사람에게 무엇을 요구하시는가?"[1]

죄악 가운데 놓여 있는 인간은 타락과 무지에 빠져들게 된다.
J. 판 헨더렌은 『개혁교회 교의학』에서 죄의 문제를 다룬다.

> 어떤 사람이 어떤 죄에 대해 인식했는가 아니면 그렇지 않았는가에 따라서, 죄 안에서도 등급의 차이가 있다. … 그러므로 [선악에 대한] 무지와 분별력이 없는 것은 모두 죄의 결과다. 무지 및 실수로 말미암는 죄의 결과는 모든 죄의 뿌리를 연상시켜 준다.[2]

죄악 가운데 놓여 있는 인간을 바르게 세우기 위해서는 말씀이신 그분이 직접 오셔서 무지 가운데 놓여 있는 인간들을 바르게 깨우쳐야 할 이유가 있었다. 그러므로 그리스도께서 공생애 사역을 펼쳐 나갈 때, 하나님과 하나님 나라에 관한 바른 가르침을 주기 위해 회당에서 가르치는 사역을 먼저 행하셨던 것이다.

그리스도께서 선지자로서 하나님의 말씀을 대언하는 사역을 하실 때, 그 말씀은 자신이 성부로부터 들으신 말씀이었으며, 성부로부터 온 말씀이었다.[3] 이를 통해 그리스도는 하나님 나라에 대한 바른 가르침과 구원에 관한 사실들을 말씀으로 조명해 주셨던 것이다.

두 번째 순서는 '왕'의 직분으로서의 사역이다.

왕직은 '다스리는' 권세를 상징한다. 그러나 하나님 나라의 왕직은 정의로운 법에 따라 백성들을 다스리는 직분이다. 그리고 백성을 지키고, 보존

---

1 Schaff (ed.), "The Westminster Shorter Catechism", *The Creeds of Christendom* Vol. III, 676.
2 헨더렌 · 펠레마, 『개혁교회 교의학』, 645-646.
3 Ursinus, *Commentary on The Heidelberg Catechism*, 329.

할 의무를 함께 가지고 있는 직분이다.[4] 선지자직에 이어 왕의 직분이 소개된다. 이것은 그리스도께서 이 땅에 오셔서 이루신 사역의 성격이 권세로만 나타나는 것이 아니라, 자기 백성을 지키고 보호하는 하나님의 뜻을 담고 있다는 것을 함께 말한다. 왕직이 선지자직의 뒤를 이어 소개된다. 그것은 그리스도의 직분이 기독론적인 측면에서 비하에 해당한다는 것을 강조한다고 볼 수 있다.

세 번째 순서는 '제사장 직분'이다.

칼빈의 『기독교 강요』 제2권 제15장에 의하면, 그리스도의 세 가지 직분이 신성의 '비하'에 따른 직분이라는 것은 왕직의 모습뿐만 아니라 그리스도께서 행하신 제사장의 직분 사역을 통해 더욱 분명해진다. 칼빈은 그리스도께서 메시아로 불리는 것은 왕권 때문에 그렇게 불린다는 것을 인정한다. 그러나 그리스도께서 예언자로서, 제사장으로서 '기름 부음을 받으신 것'을 무시해서는 안 된다고 그는 주장한다.[5]

그리스도께서 제물로 드려지신 것은 제사장 직분으로 드려지신 것이다. 이것은 '기름 부음 받은 자'가 자신을 드린 '비하'로 설명된다. 히브리서 9:22의 말씀처럼 그리스도는 우리의 죄를 도말하시고, 우리의 죄에 대한 값을 치르셨다.

그리스도는 제사장이시다. 동시에 멜기세덱의 반차를 쫓은 영원한 제사장이시다.[6] 그리스도는 십자가에서 자신을 제물 삼아 스스로 제사 드린 제물과 제사장을 겸하신 분이다. 그리고 '하늘 성소'에 들어가신 제사장이시다. 우리가 드리는 기도와 찬양이 하나님 앞에 드려지는 향기로움이 되도록 중보자로서 제사장의 직분을 지금도 수행하시는 분으로 칼빈은 소개한다.[7]

---

4 Ursinus, *Commentary on The Heidelberg Catechism*, 332.
5 Calvin, *Inst* II.15.2.
6 Calvin, *Inst* II.15.6.
7 Calvin, *Inst* II.15.6.

헤페는 그리스도의 '승귀'를 가리켜, "그리스도께서 자발적으로 수용한 비하가 승귀의 이유가 되었다"[8]라며, 기독론적인 측면에서 비하와 승귀의 모습을 강조한다. 따라서 그리스도의 직분 가운데 왕직이 선지자직 뒤에 오고, 제사장직이 마지막으로 등장하는 것은 성육신하신 그리스도께서 비하의 상태에서 이룰 사역들을 기독론적인 측면에서 설명하기 위한 순서라고 말할 수 있다.

2) 왕, 선지자, 제사장직의 순서

그리스도의 세 가지 직분을 '선지자', '왕', '제사장'의 순서로 거론하는 것은 그리스도께서 펼쳤던 직분을 기독론적인 측면에서 보는 것이라 말할 수 있다. 여기에 대해 '왕', '선지자', '제사장'의 순서는 둘째 아담인 그리스도의 세 가지 직분을 '하나님 형상'의 회복에 따른 '창조회복'의 관점과 언약 성취에 대한 관점에서 기독론을 보게 하는 것이라 말할 수 있다. 인간이 '하나님의 형상'이라는 것은 하나님과 인간의 관계가 임의적이거나 선택적이 아니라는 것을 암시해 준다. '하나님의 형상'과 관련된 묘사에서 언약이라는 명칭이 사용되지는 않는다. 그러나 그것으로부터 뒤따르는 모든 것은 언약의 특성을 지니고 있다는 것을 알 수 있다.[9]

'그리스도'는 성자의 이름이 아니다. '그리스도'는 '기름 부음 받은 자'를 말한다. 이것을 다른 말로 표현하면, 구원과 관련해 제2위 되시는 성자에게 직분이 주어졌다는 것을 말한다. '그리스도'는 성자에게 처음부터 이런 직분적 기능이 있었다는 것을 말하지 않는다.[10]

---

8 Heppe, *Reformed Dogmatics*, 494.
9 발터 아이히로트, 『구약성서신학 Ⅰ』, 박문재 역 (고양: 크리스챤다이제스트, 2003), 536; 헨더렌 · 펠레마, 『개혁교회 교의학』, 650-651.
10 Calvin, *Institutes of the Christian Religion: The First English Version of the 1541 French Edition* 4.2, 218-219.

'기름 부음을 받은 자'와 관련된 세 가지 직분 가운데 '왕'은 '주권자', '권세자'로서 성자의 본연의 모습을 말한다. '선지자' 또한 '말씀'의 본체이신 성자의 본연의 모습을 대변한다. 그러나 '제사장' 직분은 '거룩'을 제외하면, 제2위 하나님 되시는 성자의 고유한 직분이라고 불리기 어렵다. 폴 R. 하우스(Paul R. House)는 제사장 직분을 가리켜 "하나님의 임재를 중보하는 직분"으로 소개한다.[11]

그리스도의 세 가지 직분을 '왕', '선지자', '제사장' 직의 순서로 내용을 다루는 것은 크게 세 가지의 이유를 근거로 한다.

첫째, '형상회복'이라는 '창조회복'과의 관계이다.

둘째 아담인 그리스도는 하나님의 완전한 형상이시다(고후 4:4, 히 1:3). 동시에 신인양성의 위격적 연합을 이루고 있는 모습 속에서도 나타나고 있는 것처럼, 그리스도는 완전한 아담의 형상이시다.[12]

둘째 아담은 하나님의 속성을 담고 있었던 첫째 아담의 상실당한 하나님의 형상을 회복시킬 직분을 감당해야만 했다. 그리스도의 직분 가운데 하나님의 속성을 가장 크게 부각시키는 직분은 단연코 '왕직'에 대한 직분이다. 왕의 기름 부음은 향이 나는 기름 부음을 말하지 않는다. '지혜와 이해의 영', '조언과 권세의 영', 하나님에 대한 '경외심의 영' 등이 그에게 임했다는 것을 말한다.

칼빈은 세 가지 직분 모두 하나님으로부터 기름 부음을 받은 직분이지만 왕직은 다른 직분과는 달리 권능과 자비와 은총의 영역을 포함한다고 강조한다.[13] '왕직'은 첫째 아담과 관련해 권위와 권세와 함께 책임이 부여된다. 그리스도는 하나님의 형상이시며 아담의 형상이시다. 이것은 그리스도의 왕직이 하나님의 권세이며, 동시에 아담의 창조회복을 일으키는

---

11 폴 R. 하우스, 『구약신학』, 장세훈 역 (서울: 기독교문서선교회, 2007), 228-231.
12 Berkhof, *Systematic Theology*, 291.
13 Calvin, *Inst* II.15.5.

데 있어서 책임 있는 권세자라는 것을 대변한다.

하나님의 형상인 첫째 아담의 직분은 '만왕의 왕'이신 하나님으로부터 부여받은 직분이었다. 그리고 하나님의 뜻을 바르게 지켜 나가야 할 직분이었다. 이런 하나님의 직분이 무너진 것이다. 그리스도의 왕의 직분은 하나님의 형상으로서 권세 있는 직분과 함께 무너진 형상에 대해 창조회복을 일으켜야 할 책임이 그에게 주어졌다는 것을 강조한다.

둘째, 존재의 출발과 근원과의 관계이다.

하나님을 제외한 모든 만물에는 존재의 원인이 있다. 아담의 직분 또한 아담의 능력에 의해 만들어지고, 생겨난 직분이 아니다. 모든 것의 존재의 원인과 관련된 직분이다. 그 존재와 근원의 출발은 '만왕의 왕'이신 하나님이었다. 그분으로부터 직분이 주어졌다.

칼빈은 『기독교 강요』 제1권에서 하나님을 모든 것의 가장 높고, 원인이 되신 분이라 일컫는다.[14]

여기에 대해 우르시누스 또한 하나님은 다른 것에 의존하지 않으신다는 동일한 견해를 제시한다. 그 자체로 존재하시고, 다른 모든 것의 존재와 원인이 된다.[15] 그리스도의 직분에 대해 왕직을 먼저 다루는 것은 창조회복과 함께 직분의 존재와 출발을 먼저 인지할 필요가 있었기 때문이다. 근원에 따른 시작 없이 진행은 있을 수 없다.

셋째, 하나님 나라와 관련된다.

첫째 아담에게 주어진 세 가지 직분은 '하나님 나라'를 의미한다. 첫째 아담이 거했던 에덴동산은 "하나님의 성소"라는 개념을 가지고 있었다. 에덴동산은 풍성한 열매를 맺는 기름진 땅으로서 농지의 일부분이 아니

---

14 Calvin, *Inst* Ⅰ.16.3.
15 Ursinus, *Commentary on The Heidelberg Catechism*, 243.

다. 에덴동산은 전형적인 성소로 간주되었다. 이곳은 하나님이 거하시는 곳이며, 인간이 하나님을 예배해야 할 장소였다. 이런 동산의 특징은 성막과 예루살렘 성전에서 발견되기도 한다.[16]

에덴동산은 "하나님 나라" 개념을 가지고 있었다. 하나님 나라에서 '왕직'은 그 나라를 다스리고, 지키는 자의 주권을 함축한다. '선지자직'은 하나님 나라의 법을 지키는 자리에 있다. 그리고 '제사장직'은 성소에서 행하는 예배자로서의 직분을 설명한다.

하나님 나라는 하나님의 다스림이 있는 나라이며, '하나님의 왕권'으로 세워진 나라이다. 하나님 나라는 모든 미덕과 완전함이 완전히 펼쳐지는 나라다. 공의와 은혜, 거룩함과 사랑, 주권과 자비가 영원하다.[17]

헤르만 리델보스(Herman Nicolaas Ridderbos)는 하나님 나라를 이렇게 말한다.

> 하나님 나라가 구원을 의미하는 이유는 하나님이 그분의 백성으로서 그분께 의뢰하는 모든 자에게 그분의 왕적 공의를 실행하시는 데 있으며, 그 나라가 심판을 의미하는 것은 하나님이 그분의 뜻에 반항하는 모든 자에게 대항해 그의 '왕의'(Royal Will)를 실행하는 까닭이다. … 하나님 나라는 하나님과 관계되는 것일 뿐만 아니라 하나님에게서 기원한다.[18]

아담에게 주어진 세 가지 직분을 소개할 때, '왕'의 직분을 먼저 소개하는 것은 아담은 하나님의 성품을 나타내는 자로서, 하나님을 대리해 하나님 나라를 다스리는 직분자라는 것을 종합적으로 설명한다.

16　Fesko, *Last Things First*, 57-58; Louth (ed.), *Ancient Christian Commentary on Scripture, Old Testament* I, 53-54, 56; 알렉산더, 『에덴에서 새 예루살렘까지』, 23; G. J. Wenham, "Sanctuary Symbolism in the Garden of Eden Story," *Proceeding of the World Congress of Jewish Studies* 9 (1986), 19.
17　Bavinck, *Reformed Dogmatics* Vol. 2, 390.
18　헤르만 리델보스, 『하나님 나라』, 오광만 역 (서울: 도서출판 엠마오, 1991), 54-61.

도날드 거쓰리(Donald Guthrie)의 『신약신학』에 의하면, "왕"이 존재한다는 것은 "왕국"이 있다는 것을 말한다. 그리고 왕국이 존재한다는 것은 왕이 가진 "왕권"에는 "주권"과 "통치권"이 있다는 것을 함축한다.[19] 하나님을 대리하는 청지기였던 첫째 아담에게 왕의 직분이 주어진 것은 두 가지를 함께 요구하고 있었다.

① '왕국'을 지키는 측면에서 유혹자를 물리칠 수 있는 '다스리는 권세'가 아담에게 주어졌다는 것이다. 아담은 자신에게 주어진 '다스리는 권세'로서 마귀의 유혹을 물리칠 것이 요구되고 있었다.

② 하나님이 아담에게 왕의 직분을 주셨다는 것은 아담은 하나님을 대리해 하나님의 창조 세계를 공의롭게 이끌어 가야 할 것이 요구되고 있었다.

첫째 아담을 하나님의 "모양"과 "형상"대로 창조하셨을 때, 아담이 하나님의 형상이었다는 것은 하나님의 속성을 담아내고 있었다는 것을 말한다. 그리고 왕의 직분에 뒤이어 '선지자'의 직분을 소개하는 것은 하나님이 에덴동산을 창설하시고, 그곳에 아담을 둔 이유와 목적을 강조하기 위해서였다. 아담이 직분을 가지고 하나님 나라를 어떻게 다스려야 하는지, 에덴동산의 기준을 통해 말씀하신다.

> **선악을 알게 하는 나무의 열매는 먹지 말라 네가 먹는 날에는 반드시 죽으리라 하시니라(창 2:17).**

창세기 2:17의 말씀은 아담으로 하여금 하나님의 말씀에 근거해 하나님

---

19 도날드 거쓰리, 『신약신학』, 정원태.김근수 역 (서울: 기독교문서선교회, 1999), 82-83.

나라가 지켜지고, 다스려져야 한다는 것을 말한다. 창조된 사람은 피조물로서 창조주의 뜻을 최고의 법으로 인정해야 했다. 그리고 그 행동에 있어서 하나님의 뜻과 일치하는 정당성이 있어야 했다.[20]

제사장 직분은 하나님 나라의 거룩과 함께 하나님을 예배하는 자로서의 모습을 잃지 않아야 할 것을 강조한다. 『웨스트민스터 소요리문답』 제1문에서 사람의 제일의 목적에 대해 "하나님을 영화롭게 하고", "영원토록 그분을 즐거워하는 것"이라고 말한다. 이것은 인간의 본연의 모습에 비추어 볼 때, 예배자의 자세를 강조한다.[21]

그리스도의 세 가지 직분을 '왕', '선지자', '제사장'의 순서로 거론하는 것은 또 다른 이유를 내포한다. 그것은 둘째 아담인 그리스도의 세 가지 직분을 기독론과 창조론적인 측면에서 함께 강조하기 위해서이다. 둘째 아담인 그리스도께서 직분을 수행한다는 것은 첫째 아담의 불순종으로 인해 상실당했던 세 가지 직분을 회복시킨다는 측면에서 '창조회복'의 관점을 가지고 있다.

에덴동산에서 첫째 아담이 잃어버린 하나님의 형상과 모양은 모든 사람의 모든 것을 잃어버린 것이다. 둘째 아담이 회복시킨 것은 이 모든 것을 모든 사람에게 되돌리고 있다.[22] 그리스도는 성자로서 완전성의 속성을 가지고 계신다. 그런 그리스도께서 세 가지 직분을 성부로부터 부여받으셨다는 것은 첫째 아담의 '창조회복'에 따른 완전한 회복을 염두에 둔 것이다. 둘째 아담은 첫째 아담의 대속을 이루기 위해 생명의 속전으로 모든 것을 해결한 것이 아니다. 첫째 아담이 세 가지 직분을 통해 불순종했던 그 모습까지 대속을 이루셨던 것이다.

---

20 Boston, *Human Nature in its Fourfold State*, 39-40.
21 Schaff (ed.), "The Westminster Shorter Catechism", *The Creeds of Christendom* Vol. III, 676.
22 문병호, 『기독론』, 1034-1035.

둘째 아담에게 주어진 직분이 첫째 아담의 직분을 대속하는 개념에서 그 직분들이 다루어져야 한다는 것을 부각시키고 있다. 인간이 죄가 없었다면 그리스도의 성육신은 존재할 이유가 없었다.[23]

안셀무스는 『하나님은 왜 사람이 되셨는가』제2권 제2장에서 "사람이 죄를 짓지 않았다면 사람은 죽지 않아도 되었을 것"이라는 결론을 말한다.[24] 그리고 제2권 제6장에서 "신인(God-man)을 제외하고는 어떤 존재도 인간을 구원에 이르게 하는 대속을 이룰 수 없다"는 사실을 강조한다. 그리스도께서 인간의 죄를 대속하시기 위해 필연적으로 성육신하실 수밖에 없다는 사실을 밝힌다.[25] 형상의 '창조회복'을 말하는 중보자로서 그리스도의 직분은 성육신과 밀접한 관계를 가지고 있다.[26]

아담의 관점에서 볼 때, 그리스도의 세 가지 직분은 제2위 되시는 성자 하나님의 당연한 모습을 강조하는 것이 아니다. 하나님이신 그분께서 무엇 때문에 인간의 몸으로 오셔야만 했는지를 설명한다.[27] 그리고 첫째 아담의 완전한 대속을 이루기 위한 둘째 아담의 직분이었다는 사실을 증명해 나간다. 아담에 대해 '왕', '선지자', '제사장'의 순서로 직분을 다루는 것은 아담의 창조에 대한 하나님의 목적과 뜻을 먼저 나타내는 것이다. 하나님 나라의 직분자로서 직무가 말씀이 바탕이 되어야 한다는 것을 명시한다. 이런 가운데 거룩과 하나님을 향한 예배를 함께 설명한다.

따라서 '왕', '선지자', '제사장'의 세 가지 직분의 순서는 그리스도의 세 가지 직분을 기독론과 함께 '창조회복'에 따른 관점으로 함께 설명되어야 한다는 것을 보여 주고 있다.

---

23 Calvin, *Inst*, Ⅰ.15.3.
24 Anselm, *Cur Deus Homo*, Ⅱ.Ⅱ, 54.
25 Anselm, *Cur Deus Homo*, Ⅱ.Ⅵ, 58.
26 Wendel, *Calvin*, 230-231.
27 Anselm, *Cur Deus Homo*, Ⅱ.Ⅵ-Ⅶ, 58-59; Ⅱ.XVIII, 80-84.

2. 세 가지 직분 교리와 다른 교리와의 교의학적 관계

1) 왕의 직분과 은혜론과의 관계

그리스도의 직분은 하나님의 형상을 향한 은혜를 내포한다. 하나님의 사랑을 의미하는 은혜의 교리는 그리스도의 직분에 관한 교리가 칼빈에 의해 확립되기 전이었던 교부들의 시대에 가장 두드러지게 나타났던 사상이다.[28] 영화(榮化)가 종말론적 의미를 담고 있다면, 은혜는 인간의 타락을 그 기점으로 한다.

루터는 은혜를 일방적인 선물로 보고 있다. 은혜의 일방적인 행위는 하나님의 약속을 기반으로 한다. 따라서 은혜는 우리의 어떤 행위도 용납되지 않은 채 그 목적을 이루시는 하나님 편에서의 일이다.[29] 특히 은혜는 그리스도 안에서 제정된다.

요하네스 콕케이우스(Johannes Cocceius)는 여기에 대해 "하나님은 오직 중보자를 통해 이 세상에 은혜를 베푸실 수 있었다"라고 말한다.[30] 이레나이우스는 은혜를 "밭을 풍요롭게 만드는 이슬과 비"에 비교했고, 아우구스티누스는 내적 은혜에 대한 필요성을 인정했던 첫 번째 사람이다.[31]

아우구스티누스는 아담의 죄로 말미암은 인간의 전적 부패와 전적 무능을 주장하며, 은혜 교리를 도출한다.[32] 그는 『규칙서』에서 "사람은 좋은 점에 대해 교만하지 말고, 모든 것을 하나님의 은혜로 돌려야 한다"라고 말했다. 하나님은 자기의 은혜로 신앙을 역행하는 인간의 의지까지도 전

---

28 Clement of Rome, "The Person and Work of Christ", 29; Richardson ed., *Early Christian Fathers*, 50-51; 브로밀러, 『역사신학』, 62-63; Gregory of Nyssa, "The Person of Christ", 133.
29 Heppe, *Reformed Dogmatics*, 371; McKim (ed.), "Luther, Martin", 217-218.
30 Heppe, *Reformed Dogmatics*, 373.
31 Bavinck, *Reformed Dogmatics* Vol. 1, 578.
32 Bavinck, *Reformed Dogmatics* Vol. 3, 509.

향시키신다. 아우구스티누스는 모든 피조물은 하나님께 빚진 존재임을 말한다.[33]

반면, 펠라기우스는 아담의 죄에 대한 연결고리를 완전히 끊어버림으로써 은혜의 교리를 완전히 곁길로 돌려 버린 대표적인 인물이 되었다.[34]

그런가 하면 로마교회는 은혜의 교리에 대해 담을 세워 버리는 결과를 초래하게 된다.

로마교회는 초자연적인 은혜를 '세례 성사'에 의해 전달되는 것으로 국한시킨다. 성인들을 포함한 유아에 이르기까지 모든 사람이 구원을 얻기 위해서는 '세례 성사'를 반드시 이뤄야 한다고 주장한다.[35]

트렌토 공의회 제5차 회기(1456년 6월 17일)에서 다루어진 "원죄에 관한 교령"에서는 "죄 사함을 받기 위한 세례식이 잘못된 것이라고 주장하는 자들은 파문당할 것"을 명시했다.

> 그들에게 죄의 사함을 받기 위한 세례식은 정당한 것이 아니라 잘못된 것이라고 주장한다면, 그는 파문 받아야 한다. 왜냐하면, "한 사람이 죄를 지어 이 세상에 죄가 들어왔고 죄는 또한 죽음을 불러들인 것같이 모든 사람이 죄를 지어 죽음이 온 인류에게 미치게 되었습니다"라는 사도들의 말은 온 세상에 퍼져 있는 가톨릭교회가 항상 이해해 오던 것과 다르게 이해될 수 없기 때문이다.[36]

---

33 아돌라르 줌켈러, 『아우구스티누스 규칙서』, 이형우 역 (왜관: 분도출판사, 2006), 71; 어거스틴, 『성 어거스틴의 고백록』, 25; Augustine, *On Free Will*, III.XVI.45-46, 198-199.
34 Bavinck, *Reformed Dogmatics* Vol. 3, 508.
35 Bavinck, *Reformed Dogmatics* Vol. 4, 514-517.
36 주세페 알베리고 외, 『보편 공의회 문헌집 제3권: 트렌토 공의회·제1차 바티칸 공의회』, 김영국 외 2인 역 (서울: 가톨릭출판사, 2013), 666.

그리스도의 직분 교리는 하나님의 은혜를 바탕으로 한다. 그리스도께서 창세 전, 인간의 타락과 관련해 대속의 값이 되어 줄 것을 언약하셨다. 일명 구속언약이다. 이 언약도 그 바탕은 은혜언약이었다. 이때 그리스도께서는 왕, 선지자, 제사장으로 그 직분을 감당해 나가실 것이 명시된다. 특히 그리스도의 왕직은 위격이 가지는 본질상의 직분으로, 영원성을 가지고 있다.[37] 왕직에 있어서 그리스도의 왕권은 본래 하나님의 아들로서의 왕권이었으며, 그 자신의 권능으로 원수를 정복하는 왕권이었다.[38] 그러나 하나님은 구속언약을 통해 이런 아들로 하여금 군림하는 왕직이 아니라 보호자로서 그리고 수호자로서의 왕직을 수행하도록 은혜의 터를 이룬다.

『웨스트민스터 소요리문답』 제26문은 그리스도께서 왕의 직분을 어떻게 수행하셨는지 우리에게 알려 준다.

> 우리를 복종시키고, 다스리셨다. 그리고 자기와 우리의 모든 원수를 저지하시고 물리치셨다.[39]

왕직은 권위와 권세를 말한다. 그러나 칼빈은 그리스도의 왕직 수행을 '형상회복'에 따른 사명으로 다룬다. 그리스도는 영원한 구원을 위해 자기 백성에게 풍부하게 주시는 왕으로, 영적인 원수들에게는 굴하지 않는 왕으로 자신을 드러내신다.

> 위로는 자신을 아버지께 올려 드리는 제사장 직분을, 아래로는 자신을 우리에게 내려 주시는 왕직을 감당하셨다.[40]

---

37 Calvin, *Inst* II.15.3.
38 Ursinus, *Commentary on The Heidelberg Catechism*, 339.
39 Calvin, *Inst* II.15.3; Schaff (ed.), "The Westminster Shorter Catechism", *The Creeds of Christendom* Vol. III, 681; Sherman, *King, Priest, and Prophet*, 138-142.
40 문병호, 『기독론』, 804-809.

이것은 그리스도께서 행하신 왕직 수행이 어떤 성격인지를 설명한다. 그리스도의 왕직 수행은 자신을 위한 것이 아니었다. 우리를 위해 행하신 은혜를 수반한 직분 수행이었다.[41] 아우구스티누스가 『하나님의 도성』(신국론)에서 밝혔듯이 그리스도의 왕권은 "자신을 이롭게 하는 왕권"이 아니라 "인간사를 이롭게 하는 왕권"이었다.[42] 그리스도의 위격에 따른 왕권이 절대적이고, 영원적이며, 본질적으로 주권과 관계가 있다면, '창조 회복'을 말하는 우리의 영혼을 구원하기 위한 중보자로서 왕권은 '은혜의 왕권'과 관련이 있다.

왕과 선지자 그리고 제사장으로서 그리스도의 직분은 하나님과 사람 사이의 중보자로서 사역을 이룬다. 이때 그리스도께 나타나는 대표적인 모습 가운데 한 가지가 있다면 그것은 '낮아지심'이다. 그리스도의 '낮아지심'은 왕이신 하나님의 신성의 측면에서 '비하'를 말하지만 우리를 향해서는 은혜를 수반하는 '낮아지심'이다. '낮아지심'은 신분의 변화에서 나타난다.

그리스도의 '낮아지심'은 선지자와 제사장의 직분만으로는 표현할 수 없다. 그리스도께서 둘째 아담으로서 인간의 죄를 대속할 제물이 되기 위해서는 먼저 선결되어야 할 것이 있다. 그것은 자신이 낮고, 천한 몸으로 오는 것이었다. 여기에 대해 루터는 첫째 아담이 가진 왕직과 제사장직에 대한 은혜를 그리스도 안에서 더 깊이 찾을 수 있다고 한다.[43]

루터는 고대 교회의 교리를 따라 그리스도의 사역에서 인성을 다른 것보다 앞세운다. 고대 교회는 아담의 타락 이후 마귀가 인성을 지배할 권리를 어느 정도 가졌다고 믿고 있었다. 마귀는 그리스도를 통해 이런 권리를 상실했다는 신학이 대표적이었다.[44]

---

41 Calvin, *Inst* II.15.4.
42 아우구스티누스, 『신국론』4.3, 429-432.
43 Luther, *On Christian Liberty*, 23-24.
44 로제, 『마틴 루터의 신학』, 315.

루터는 신앙을 말할 때 "우리에게 생명과 구원을 주신 예수의 인성을 믿는 것"이라고 말한다. 그는 그리스도의 인격(Person)과 사역을 엄격하게 구별하는 것을 찬성하지 않았다. 루터가 볼 때, 하나님의 행동 방식은 그리스도에게서만 인식되었다. 따라서 그리스도의 인격에서 그리고 그리스도의 사역에서 성부의 모든 뜻이 계시된다고 그는 생각했다.[45]

루터란들은 그리스도의 '비하'를 신분의 측면에서 보는 것이 아니라, 그리스도의 인성이 신성의 능력을 숨기거나 사용하지 않은 측면에서 비하를 설명한다.[46] 그들은 그리스도의 직분을 통해 은혜의 교리를 논한다. 루터는 구원에 있어서 인간은 두 가지의 길을 통해 하나님 앞에 설 수 있다는 것을 말한다. 곧 "그리스도 안에서" 그리고 "십자가를 통해서"이다.[47]

그러나 루터란의 주장대로라면 그리스도의 비하는 은혜를 수반할 수 없다. 그리스도께서 우리 구원의 길이 되어 주신 것에 대해 그리스도의 '한 인격' 안에 있는 두 본성 가운데 인성을 지나치게 앞세우게 된다면 그리스도께서 십자가에서 죽으신 대속은 은혜가 아니라 인성에 따른 보상 또는 배상이 강하게 작용하게 된다. 그럴 경우 그리스도의 은총은 배상의 뒤로 물러나 초라하게 되어 버린다.

그리스도의 왕직에는 두 가지의 왕권이 새겨져 있다.

첫째, 언약을 실현하기 위한 왕권이다.
둘째, 자기 백성을 위한 하나님 나라의 통치 원리에 따른 왕권이다.

이 두 가지의 왕권 속에는 '은혜'가 수반되어 있다. 그리스도의 왕직은 언약의 성취를 위해 하나님의 주권과 권력을 중재할 뿐만 아니라 스스로

---

[45] 로제, 『마틴 루터의 신학』, 312-315.
[46] Hodge, *Systematic Theology*, Vol. II, 408; Bavinck, *Reformed Dogmatics* Vol. 3, 432-433.
[47] 빌럼 판 엇 스뻬이꺼르, 『루터: 약속과 경험』, 황대우 역 (부산: 고신대학교 개혁주의학술원, 2017), 236-238.

희생적 사역을 걸어가게 된다. 그리스도의 왕직은 죄의 종 노릇하던 세상에 대해 하나님 나라의 신성한 주권을 다시 세운다.[48] 이 일로 인해 그리스도 안에서 세례를 받은 성도들은 세상에 대해 새로운 존재가 되는 은혜의 터 위에 올려지게 되는 것이다.

『하이델베르크 요리문답』 제32문은 '그리스도인'과 관련된 해설에서 이런 고백을 이끌어 낸다.

> 3. 그리스도는 자신의 권능으로 원수를 정복하셨지만 우리는 그분의 은혜와 도움으로 그분을 통해 우리의 원수를 정복합니다.
> 4. 그리스도는 그분의 말씀과 성령으로 세상을 다스리시며, 우리 마음을 움직이시고, 잃어버린 그분의 형상을 우리 안에 회복시켜 주십니다.[49]

2) 선지자의 직분과 계시와 회개론과의 관계

일반적으로 선지자는 현재 또는 미래의 일에 대한 사실을 사람들에게 알리도록 하나님으로부터 부름 받은 자를 말한다. 선지자는 자신의 뜻을 전하는 자가 아니라 하나님의 뜻을 선포하는 자이다. 구약의 선지자들은 백성들의 죄를 책망하고, 회개를 촉구했다면 신약의 선지자는 장차 올 일을 전하는 사역들이 중심이 된다.[50] 선지자는 계시자로서 하나님의 말씀과 직접적인 관계를 가지고 있다. 따라서 선지자 직분은 '생명의 말씀'이신 성자 하나님의 위격적 특성과 고유하게 관련되는 직분이다.[51]

---

48 Sherman, *King, Priest, and Prophet*, 117-119.
49 Ursinus, *Commentary on The Heidelberg Catechism*, 339-340.
50 Ursinus, *Commentary on The Heidelberg Catechism*, 327-328.
51 문병호, 『기독론』, 793.

'하나님의 형상'인 첫째 아담은 하나님의 계시된 뜻에 대해 순응해야 하는 선지자 직분을 가진 자였다.[52] 아담의 타락 이후, 하나님으로부터 부름을 받은 선지자들이 그림자로서 선지자 직분을 감당했다면, 그리스도는 말씀의 본체로서 이 땅에서 사역을 이루신 참 선지자였다. 이때 그리스도는 선지자로서 두 가지의 모습을 직분을 통해 보여 주신다.

첫째, 자신에게 주어진 사람들을 하나님과 화목 시키기 위해 헌신하는 선지자의 모습을 보인다.[53]

둘째, 구원에 대해 무지한 우리를 일깨워 주는 선지자의 모습을 보인다.

우리의 구원과 관련해 자신에게 직접 보여 주신 하나님의 뜻을 완전하고, 분명하게 계시하신다.[54]

그리스도는 기름 부음 받은 자로서 왕, 선지자, 제사장의 직분을 부여받으셨다. 왕의 직분은 첫째 아담에게 부여되었던 '하나님 형상'이 가진 본래의 통치권을 회복시켜야 할 직분이었다. 그리고 선지자 직분은 말씀의 계시를 통해 하나님과 사람 사이에 끊어졌던 교제를 이어 가게 한다.[55] 구약에 의하면, 선지자 직분은 왕과 제사장 직분과는 달리 계승되는 직분이 아니다. 하나님이 필요에 따라 부르시고, 하나님이 그 직무를 감당케 하는 직분이다.

그러므로 구약의 선지자들은 대체로 하나님의 뜻을 백성들에게 선포하는 방식으로 직무를 수행했다. 대표적인 메시지는 '하나님의 심판'이었다. 그들은 이 사실을 백성들에게 즉각적으로 알리면서 '계시의 직무'와 '회개의 직무'를 수행했다. 이런 선지자가 본격적으로 구약에서 활동했던 것

---

52 제임스 I. 패커, 『청교도 사상』, 박영호 역 (서울: 기독교문서선교회, 2001), 110-111.
53 Heppe, *Reformed Dogmatics*, 449.
54 Heppe, *Reformed Dogmatics*, 453-455.
55 Berkhof, *Systematic Theology*, 392-393.

은 언약의 율법이 계시되었을 때였으며, 모세가 그 직분의 기원이다. 참 선지자와 거짓 선지자의 확실한 평가 기준은 선지자가 예언한 말이 성취되었는지 여부를 확인하는 것이다.[56]

그리스도는 기름 부음 받은 선지자로서 사역을 감당하실 때, 하나님 나라와 하나님에 대해 '바르게 계시해야 할 책무'를 가지고 계셨다. 아담의 형상을 입고 있는 죄악된 인간들로 하여금 죄악을 깨닫도록 말씀으로 그들을 일깨워야 할 '회개의 책무'를 가지고 계셨다.

비키와 존스는 『청교도 신학의 모든 것』에서 "그리스도의 직분과 직위에 대한 청교도의 교리"를 언급한다. 이 자리에서 그리스도의 선지자 직분에 대해 논한다.

> 그리스도의 선지자로서의 중보 직분은 어떤 의미에서 역사가 완성될 때 끝나지만, 다른 의미에서 보면 하나님의 뜻과 마음에 대한 계시자로서의 그분의 역할은 하늘에서 계속된다. … 그리스도는 하나님의 마음을 구속받은 자들에게 계시하는 유일한 특권을 갖고 계시기 때문에 하늘에서도 계속 선지자 직분을 감당하실 것이라는 것은 의미가 있다.[57]

첫째 아담의 회복이라는 '창조회복' 사역을 펼쳐 나갈 때, 하나님이 사용하셨던 긴밀한 도구는 말씀을 통한 사역이었다.[58] 그리스도는 이 사역을 선지자직에 따른 세 가지 모습을 통해 이뤄 간다.

첫 번째 모습은 구약을 통해 이루신다. 말씀의 본체이신 그리스도께서 말씀의 빛을 선지자들에게 계시하셔서 그 사역을 이루신다.

두 번째 모습은 신약을 통해서다. 말씀의 본체이신 그리스도께서 이 땅

56　로벗슨, 『선지자와 그리스도』, 47-49, 120-121.
57　비키 · 존스, 『청교도 신학의 모든 것』, 402-405.
58　문병호, 『기독론』, 795.

에 성육신하셔서 친히 계시와 회개의 사역을 감당하셨다.

세 번째 모습은 승천하신 이후의 사역이다. 그리스도께서는 보혜사 영으로 하늘 보좌에서 지금도 선지자 사역을 계속하고 계신다.[59]

그리스도께서 선지자 직분을 수행함에 있어서 구약의 선지자들과 사뭇 다른 것이 있다. 그리스도는 율법에 나와 있는 하나님의 요구를 전하면서 동시에 자신의 권위로, 자발적 순종으로 이 사역들을 감당해 나가셨다. 구약의 선지자들이 계시의 전달자였다면, 그리스도는 신성과 인성이 위격적 연합을 이룬 말씀의 계시자이셨다. 구약의 선지자들이 명령에 따른 순종의 사역자였다면, 그리스도는 명령자이신 그분이 스스로 순종의 사역을 이루신 분이다. 회개를 촉구하시고(마 3:2), 하나님 나라에 대한 소망을 주셨으며, 바리새인과 같은 위선자를 향해 분노하시고, 눈먼 자를 회복하시고, 영적 흑암 가운데 놓인 자들을 향해 자신의 권위와 권세가 어떤 것인지 계시하셨다.

특히 '산상수훈'(마 5-7장)을 통한 가르침은 그리스도께서 단순한 선지자가 아니라 권위와 권세를 가진 선지자이심을 더욱 분명하게 계시하신 것이다. 그리스도는 말씀에 대한 해석을 통해 자신이 선지자로서 가르침에 대한 최종 권위자이자 종결자이심을 계시하셨다.[60]

칼빈은 『기독교 강요』 제2권 제12장의 타이틀에서 "그리스도는 중보자의 직분 수행을 위해 사람이 되셔야만 했다"[61]라고 말한 바 있다. 십자가에서 희생제물로 자신을 대속해 드리기 전, 그리스도는 자신이 이 땅에 온 목적을 '계시의 말씀'과 '회개'의 촉구를 통한 직분에 따른 사역으로 감당해 나간다.

---

59 Heppe, *Reformed Dogmatics*, 456-457; Berkhof, *Systematic Theology*, 394.
60 Calvin, *Inst* II.15.2.
61 Calvin, *Inst* II.12.

그리스도는 사람들로 하여금 인격적으로 하나님을 바르게 만나도록 중보적 역할을 선지자직을 통해 수행하신다. 그리스도께서 선지자직을 감당하시는 것은 율법으로부터 온 것이 아니었다. 그리스도 안에 있는 본원적인 하나님의 계시가 근원이 되었다.[62] 말씀의 근원이 되시는 그리스도께서 선지자 직분을 감당하신 것은 인류의 구원을 이루기 위해 일시적이고, 필요에 따라 역할론적인 측면에서 수행하신 것이 아니었다. 그리스도께서 이루신 선지자직은 왕직과 제사장직과 마찬가지로, 말씀이신 그분의 근원적인 직분이며, 영원한 직분이었다.

그리스도는 영원 전부터 영원까지 말씀 자체로 계신다. 창세기 2:17의 "선악을 알게 하는 나무의 열매는 먹지 말라 네가 먹는 날에는 반드시 죽으리라"는 언약의 말씀은 선포의 말씀으로, 제2위 하나님 되시는 그리스도께서 친히 주신 말씀이었다. 이 말씀은 첫째 아담을 향해 주신 언약의 말씀으로, 그 내용은 하나님 나라의 영원한 법도와 규례였다.

그리고 창세기 3:15의 후손을 통해 구원을 약속하신 '계시의 말씀'과 '심판의 말씀'은 계시자 되시는 그리스도께서 첫째 아담의 형상을 입고 있는 후손들을 향해 주신 말씀이었다. 여기에 대해 말씀이신 그분이 친히 둘째 아담이 되셔서 타락한 인류의 머리이자 대표자의 역할을 감당하신다.[63] 그리고 이 땅에 친히 오셔서 "회개하라 천국이 가까이 왔느니라"(마 4:17)라는 말씀을 선포하신다. 완전한 선지자 되시는 그리스도께서 회개에 따른 구원과 천국에 대한 것을 확실하게 계시해 주신다.

바르트는 이런 그리스도의 직분을 왕직과 제사장직의 직분 속에 선지자직을 흡수시켜 두 직분을 설명한다. 바르트는 계시로서의 선지자직과 회개를 일깨우는 선포로서의 선지자 직분을 독립적인 것으로 보지 않는다. "화해"라는 것으로 함께 묶어 설명한다. 바르트는 화해를 하나님의 주권

62　Bavinck, *Reformed Dogmatics* Vol. 3, 223-224.
63　Bavinck, *Reformed Dogmatics* Vol. 3, 228.

적 행위인 동시에 사람과 "하나 됨"으로 보고 있다. 하나님과 사람은 창조자와 피조물로서 양 측면이 구별되지만 화해를 통해 하나로 결합되는 하나를 이룬다는 것이다.[64]

바르트는 화해를 "그 중심" 또는 "하나 됨"으로 말한다. '그 중심'에 그리스도께서 계시며, 하나님과 '화해'를 위해 그리스도는 중보자로서 "내어 줌"이 된다는 것이다.[65] 바르트는 그리스도의 선지자 직분에 대해 양태적인 견해를 가지고 왕직과 제사장직의 두 직분을 증거한다.

그런가 하면 판넨베르크는 '그리스도'라는 호칭에서 '왕직'과 '제사장직'의 '두 직분'만을 거론한다. '선지자직'은 이에 속할 수 없다고 주장한다. 그는 그리스도의 세 가지 직분에 대한 교리를 개혁주의 신학에 의해 파생된 것으로 여긴다. 특히 선지자직은 그리스도의 본래 직분이 아니라 두 가지 측면에서 제시된 직분으로 판단한다.

첫째, 예수의 가르침의 활동에 근거해 제시된 직분이라는 것이다.

둘째, 모세의 율법 해석에 따른 이스라엘의 전통성과 관련해 제시된 직분으로 본다.[66]

판넨베르크의 주장과는 달리 '기름 부음 받은 자'와 관련된 그리스도의 직분에는 선지자직이 포함되어 있었다. 이것은 성경이 이미 증명한다. 하나님은 구약의 선지자들을 세우실 때, 영적 기름 부음을 통해 그들을 세웠다. 엘리사를 세울 때는 엘리야를 통해 기름 부음의 과정을 거치게 하셨던 것을 볼 수 있다.[67]

---

64 Barth, *Church Dogmatics,* IV.1, 122-123.
65 Barth, *Church Dogmatics,* IV.1, 123-128.
66 Pannenberg, *Jesus-God and Man*, 215.
67 A. A. Hodge, *Commentary on The Confession of Faith*, 187: "That this representation is true is proved from the fact that the Scriptures (a) explicitly call him a prophet. Compare Deut. xviii. 15, 18 and Acts iii. 22 ; vii. 37 ; Heb. i. 2."

A. A. 핫지의 『웨스트민스터 신앙고백 해설』 제8장, "중보자 그리스도"는 그리스도께서 선지자였던 것에 대해 말한다. 판넨베르크의 주장과는 달리 그리스도는 성육신 이전, 모든 선지자에 대해 계시의 원천인 "중보적 선지자"로 이미 그 직무를 감당하고 계셨다는 것을 증거한다.[68]

그리스도는 선지자의 직분을 수행하면서 '계시자'로서뿐만 아니라 '죄 사함의 회개'를 통해 하나님 나라의 열매를 맺어가는 은혜의 전파자였다.[69] 그리스도는 자신의 것을 취하기 위해 신성의 위격에 따라 직분자로서 사역을 수행한 것이 아니다. 영혼을 일깨우며, 하나님의 이름을 영화롭게 하기 위해 자신의 모든 것을 내어놓으면서 그 직분을 감당하셨던 분이다. 그리스도께서 선지자의 직분을 이 땅에서 감당하신다. 그때 기준은 자신의 영광을 이루기 위한 것이 아니라 '형상회복'을 통해 '창조회복'을 일으키고자 하는 성부의 선택을 이루는 것이었다. 성부의 뜻을 성취하는 사역이었다.

3) 제사장의 직분과 중보적 화해론의 관계

그리스도께서 성부로부터 '화해'를 이끌어 낼 최초의 사건은 창세 전, 죄악 가운데 빠질 인간의 구원을 위해 체결된 '구속언약'이었다. '구속언약'(*Pactum Salutis*)의 역사적 기원은 J. A. 도너의 설명에 따르면 콕케이우스가 개신교 스콜라주의자들과 예정론에 직면하면서 나온 결과물이었다. 여기서 그는 '구속언약'을 제한 속죄 관점으로 발전시켰다.[70]

하나님과 인간 사이 무너진 관계를 화목으로 이끌어 내기 위해 그리스도께서는 자신이 인간의 죄를 대속할 것을 언약하신다. 그리고 제사장 직분

---

68 A. A. Hodge, *Commentary on The Confession of Faith*, 186-187.
69 Bavinck, *Reformed Dogmatics* Vol. 3, 244.
70 피터 A. 릴백, 『칼빈의 언약사상』, 원종천 역 (서울: 기독교문서선교회, 2012), 323-325.

의 수행을 통해 대속의 완전한 제물이 될 것을 결정하신다. 죄의 삯은 사망 뿐이라는 사실을 알고 계셨음에도 불구하고 그리스도는 이 결정에 대해 자신을 '산 제물'로 내어놓으셨으며, 성육신을 통해 그 값이 되어 주신다.[71] 이 모든 결정이 결론에 이르기까지 그리스도는 순종하는 제사장으로 직분을 감당하신다.

죄의 값에 대해 속상설을 앞세웠던 안셀무스는 『하나님은 왜 사람이 되셨는가』의 제1권 제20장에서 하나님 나라의 질서를 깨뜨린 죄는 반드시 그 대가를 치러야 한다고 주장한다.[72] 인간은 스스로가 대가를 치를 자격을 가지고 있지 않았기에 그리스도께서 하나님께 빚진 인간의 죗값을 대신해 지불하셨다는 것이다.[73] 하나님은 죄와 어떤 모습으로도 관계가 없으신 분이기에 죄에 대해 배상해야 할 어떤 의무도 없는 분이다. 그런데도 제2위 하나님 되시는 그리스도께서 속상자가 되어 주신 것은 하나님과 인간 사이의 교제가 회복될 수 있도록 자신이 희생의 값이 되어 주신 것이라고 안셀무스는 말한다.[74]

하나님의 용서해 주시는 자비를 그리스도는 '화해'를 나타내는 제사장의 직분을 통해 이끌어 낸다. 여기에 대해 아우구스티누스는 그리스도께서 '고난의 십자가' 위에서 우리의 죄를 대속할 희생제물이 되어 주심으로, 우리는 하나님과 연합해 거룩한 교제를 나눌 수 있게 되었다고 말한다. 이때 그리스도께서 제사장 직분을 통해 희생제물이 되어 주신 것은 하나님과 사람 사이의 '참된 중보자'[75]로서 희생제물이었다.

---

71 문병호, 『기독론』, 801.
72 Anselm, *Cur Deus Homo*, Ⅰ.XX, 42-43.
73 Anselm, *Cur Deus Homo*, Ⅰ.XX, 42.
74 맥그래스, 『한 권으로 읽는 기독교』, 181-182.
75 앤터니 티슬턴, 『조직신학』, 302-303: "중보자 중보(mediator, mediation). '중보자'를 뜻하는 그리스어 *mesites*는 말자체가 이미 명료하다. 이 말은 두 당사자 사이에 서 있는 사람을 뜻하며, '중간' 혹은 '가운데 자리'를 뜻하는 *mesos*에서 나왔다 그리스어에는 *mesiteuo*라는 동사 형태가 있으나, 신약성경에서 이는 히브리서에서만 나타난다."

아우구스티누스는 그리스도께서 고난의 십자가 위에서 자신을 온전한 번제물로 바쳐 죄를 위한 희생제물이 되셨다고 선언한다. 『하나님의 도성』에서 그리스도의 희생의 본질에 관해 명료한 방향을 제시한다. 희생제물이 되신 그리스도를 종의 형체를 취하신 "참된 중보자"로 설명하며, 그분은 제물을 드리는 제사장이면서 동시에 그 제물이 되셨다는 것을 말한다.[76]

'화해론'을 거부했던 소치니스주의자들(Socinianism)은 안셀무스의 '충족설' 또는 "속상설"과 같은 대속의 개념을 강하게 거부한다. 그들의 주장에 따르면 '사랑의 속성'을 가지고 계시는 하나님에게서 진노를 발견한다는 것은 모순이라는 것이다. 그들은 죄에 대해서도 아담으로부터 전가된 인류를 향한 보편적 죄를 부인한다. 죄는 각 사람의 행위로부터 나타나는 것이라고 주장한다.[77] 그러므로 첫째 아담의 원죄에 따른 용서와 '화해'는 모순이라는 것이다. 이들은 왕, 선지자, 제사장에 따른 그리스도의 세 가지 직분을 말한다. 그러나 실상은 그렇지 못하다. '화해'에 따른 '대속'을 인정하지 않았던 이들의 관점에서 제사장 직분은 실체가 아닌 왕직에 따른 부가물이었다.

바르트는 '화해'를 그리스도 안에서 하나님과 인간 사이에 맺은 "계약의 성취"로 보고 있다. 하나님은 화해의 흔들리지 않는 영원한 근거를 하나님과 인간 사이의 계약에 두고 있다고 말한다. 그리고 이 계약에 예수 그리스도께서 있다는 것을 말한다.[78]

바르트에 따르면 '화해'는 죄의 심각성을 포괄한다. 인간이 죄를 용서받기 위해서는 하나님에 의해 '화해'가 이뤄져야 하며, 그 속에는 죄에 대한 회개와 용서가 뒤따라야 한다는 것이다. 요한복음 3:16은 이런 측면에

76　맥그래스, 『신학이란 무엇인가』, 774-777.
77　A. A. Hodge, *Commentary on The Confession of Faith*, 101.
78　칼 바르트, 『칼 바르트 교회교의학 해제 화해론 IV/1』, 신준호 역 (서울: 새물결플러스, 2015), 16, 30, 36, 99-107.

서 '화해'에 대한 큰 윤곽을 드러낸다고 바르트는 주장한다.[79] 계속해서 그는 하나님이 '세상을 사랑하신 것'은 세상이 하나님의 아들이기 때문도 아니요, 하나님으로부터 세상이 생성되었기 때문도 아니었다고 주장한다.

대속의 교리를 반대하며 제사장의 직분을 그리스도의 왕의 직분에 따른 부가물로 여겼던 소시니안들에 의하면, 하나님이 '세상을 사랑하신 것'은 하나님의 속성에 따른 것이었다.[80] 그러나 하나님이 세상을 사랑하신다는 것을 소시니안들처럼 하나님의 사랑이라는 속성 한 가지만으로 대답해 버리면 하나님의 속성을 단편적인 속성으로 보게 되는 모순을 낳게 된다.

바르트는 하나님이 '세상을 사랑하신 것'을 소시니안의 주장과는 달리, 하나님의 두 가지 뜻이 함께 펼쳐진 것으로 설명한다.

첫째, 죄에 대한 심판을 통해 하나님이 세상을 사랑하신다는 것을 증거한다. 아담의 범죄에도 불구하고 하나님은 세상을 버리지 않으셨다는 것이다.

둘째, 대속의 희생 재물로 그 아들을 '내어 줌'으로써 그 사랑을 표현하셨다는 것이다.[81]

리차드 A. 멀러(Richard A. Muller)의 주장에 의하면, 하나님의 속성은 분명히 개별성을 가지고 있다. 하나님의 속성은 밖으로 드러나는 실행적인 측면에서는 분명히 이성에서 구별된다. 그런데도 하나님의 속성들은 본질적으로 하나님 안에서 하나를 이루고 있다. 그리고 인식에 있어서는 구별되지만 탁월함과 실재성에 있어서는 본질적으로 하나이다. 하나님의 속성들은 서로가 불가분하게 이어져 있다. 따라서 하나님의 속성을 다룰 때, 어떤 한 속성을 높이 강조하기 위해 다른 속성을 무시한다거나, 경시하는

---

79 Barth, *Church Dogmatics,* IV.1, 70-78.
80 Bavinck, *Reformed Dogmatics* Vol. 3, 347-351.
81 Barth, *Church Dogmatics,* IV.1, 71-72.

경향을 나타내지 않아야 한다.[82]

하나님의 속성은 상호 연관성을 가진다. 하나님의 '사랑의 속성'은 죄악을 무시한 채 발동되지 않는다. 하나님의 '공의의 속성'이 '자비'와 '은혜'와 '사랑의 속성'과 연관성을 가지지 않는다면 죄를 범한 아담과 여자는 "반드시 죽으리라"(창 2:17)라는 이 공의의 말씀에 입각해 즉각 죽는 것으로 끝났을 것이다. 결국은 창세기 3:15의 '여자의 후손'을 통한 은혜언약을 이끌어 내지 못한다. 말씀에 모순이 생겨난다. 그러니 '공의의 속성'은 '자비'와 '은혜'와 '사랑의 속성'을 서로 무효화한다든지 다른 속성들을 방해하지 않는다.[83] 그렇다고 해서 한 속성이 다른 속성보다 앞서거나 더 효력 있게 작동되지도 않는다.

하나님의 속성은 가장 공의로우면서도 가장 자비롭고, 가장 은혜로우며, 동시에 가장 사랑이 넘치는 모습으로 나타난다.[84] 만일 하나님의 공의가 서로 연관성을 가지지 못한다든지, 시간의 편차를 두고 나타나는 '순차적 속성'을 가졌다면 창세기 2:17과 창세기 3:15의 말씀은 모순이라 말할 수 있다. 그러나 이 두 말씀이 모두 성립되는 가장 큰 이유는 하나님의 속성은 서로 긴밀하게 연관성을 가지고 있기 때문이다.

이자크 도르너(Isaak Dorner)는 하나님의 속성에 대해 이렇게 말한다.

> 하나님의 속성들은 삼위일체적이며, 다양한 속성들은 하나님 안에서 통일성을 형성한다.[85]

---

82 멀러, 『하나님의 본질과 속성』, 467-481; Arie Baars, "The Trinity", 252: 칼빈은 하나님의 속성 간에는 어떤 관계가 있는지에 대해서는 깊이 있게 연구하지 않았다.
83 Bavinck, *Reformed Dogmatics* Vol. 3, 391.
84 멀러, 『하나님의 본질과 속성』, 929-932.
85 홈즈, "하나님의 속성", 93.

그리스도의 제사장 직분에 따른 자원하는 중보적 역할의 실행은 하나님의 '공의의 속성'과 함께 하나님의 '자비'와 '용서' 그리고 '은혜'와 '사랑의 속성'을 함께 이끌어 내어 '화해'를 이루게 된다.[86] 그리스도는 중보적 실행을 통해 '화해'를 이끌어 낼 때, 두 가지의 중보적 형태를 통해 그 모습을 본격적으로 드러낸다.

첫째, 세상을 구원할 목적을 성취하기 위한 성육신의 중보적 실행을 통해 하나님과 '화해'의 기초를 놓는다. 그리스도로 말미암은 '화해'는 조건적 제시가 아니라 중보적 역할의 실행에 의해 이뤄진다. 여기에는 그리스도의 낮아지심과 순종하심이 뒤따른다.

둘째, 십자가에서 자신이 희생제물이 되어 주는 제사장으로서 중보적 역할의 실행이다. 제사장으로서 중보적 역할의 실행은 하나님의 공의에 대해서는 그 값으로 응답했을 뿐만 아니라 용서를 이끌어 냈고, 최종적으로 화해를 이루었다.

판넨베르크에 따르면, 구원자라로서 하나님과 화해를 이끌어 내는 것은 그리스도의 활동과 역사 안에서만 계시된다. 예수 안에서, 예수를 통해 미래의 구원은 믿는 자들에게 열려 있고, 들어갈 수 있다.[87] 구원은 예수 그리스도의 죽음이라는 희생제물로 이뤄지며, 부활 사건의 중재를 통해 이뤄진다. 이때 스스로 제물이 되는 제사장직의 수행을 통해 이뤄진 그리스도의 죽음의 중재 사건은 하나님과 '화해'를 이끌어 내는 근거가 된다.

---

86 우병훈, 『그리스도의 구원』, 41-42: "그리스도께서는 제사장직을 통해 우리와 하나님을 화해시키셨습니다. 이로써 우리는 하나님의 의로운 심판과 그 형벌을 피할 수 있게 되었습니다. … 이런 그리스도의 제사장직은 두 번째 모델인 '배상론', '대리적 소죄론'과 잘 연결됩니다."
87 판넨베르크, 『판넨베르크 조직신학 II』, 681-690.

첫째 아담의 불순종이라는 죄악으로 말미암아 무너진 하나님과의 관계를 둘째 아담인 그리스도는 제사장직에 따른 중보적 역할의 실행을 통해 '화해'를 이끌어 내게 된다. 둘째 아담으로서 '그리스도론'의 토대를 세웠던 이레나이우스는 그리스도를 하나님과 '화해'를 이끌어 내신 분으로 설명한다. 그에 따르면 그리스도께서 이끄신 '화해'는 자신의 철저한 순종과 제사장으로서의 자기희생이라는 제물을 통해 이뤄졌다.

아우구스티누스는 『고백록』에서 인간은 중보자 되시는 그리스도의 속량으로 영원한 길을 찾게 되었음을 고백한다.[88] 실상 '화해'를 필요로 하는 자들은 죽을 수밖에 없는 죄인이었다. 인간을 하나님과 화해시킬 중보자는 아담의 형상을 입고 있으면서 동시에 죄가 없는 자가 되어야만 했다.[89] 그러나 문제는 참된 아담의 모습을 가지고 있으면서 죄가 없는 아담이 된다는 것은 불가능한 일이었다. 따라서 대속을 통해 하나님과 '화해'를 이룰 수 있는 조건은 죄 없으신 하나님이 그 동기가 되셔야 했다. 하나님이 동시에 사람이 되시는 '한 인격'을 형성하는 것이었다.[90] 제사장으로서 중보적 역할의 실행을 감당했던 그리스도는 이런 모든 조건을 충족하셨다. 그리고 이로 인해 하나님과 '화해'를 이끌어 내는 '창조회복'의 동기가 되셨다.

3. 세 가지 직분의 연합성이 지니는 교의학적 의미

1) 하나님의 본질, 속성과 관련된 세 가지 직분의 연합 교리

그리스도의 세 가지 직분의 개념에는 통치와 회개, 대속 그리고 중보적

---

88 어거스틴, 『성 어거스틴의 고백록』, 235.
89 Berkhof, *Systematic Theology*, 443-446.
90 어거스틴, 『성 어거스틴의 고백록』, 372.

사상 등이 서로 연합을 이루고 있다. 그리스도의 세 가지 직분에 대해 투레틴은 한 직분이 다른 직분을 선행하거나 별도의 사역을 이뤄 가는 것을 말하지 않는다. 세 가지 직분이 동시적 개념으로 서로 연합을 형성하며, 사역을 이뤄 가게 되는 것을 말한다.[91]

그리스도의 세 직분이 서로 연합한다는 것은 하나님의 본질과 관계가 있을 뿐만 아니라 하나님의 속성이 가지는 연합의 성질과도 깊은 관계를 가지고 있다. 특히 속성 간의 긴밀한 연결은 하나님의 형상으로 창조된 사람에게도 나타나고 있었으며, 하나님 안에서 더욱 뚜렷하게 나타나고 있었다.[92]

A. A. 핫지는 『웨스트민스터 신앙고백 해설』 제2장에서 하나님의 속성은 하나님의 완전한 본성에 속한 특성들을 담고 있으며, 하나님 본성의 고유한 성질에 의해 하나님의 본성으로부터 나뉠 수 없음을 밝힌다.[93]

차녹 또한 하나님의 속성은 하나님의 본질에 속한 것이며, 완전함을 담고 있다고 말한다.[94] 워필드에 따르면, 칼빈은 하나님의 본질에 관한 지식과 하나님의 속성에 관한 지식을 구분한다. 왜냐하면, 하나님의 속성은 하나님의 내적 본질을 묘사하는 것이 아니라 하나님이 어떤 분이신지를 묘사하는 것으로 생각하고 있었기 때문이다.[95]

그러나 칼빈은 하나님의 속성이 하나님의 본성을 나타낸다는 것을 거부하지 않는다. 다만, 하나님의 속성을 고려하지 않고 사변적으로 하나님의 본질을 알려는 시도를 거부할 뿐이다. 칼빈은 하나님이 사역에서 모습을 드러내시는 것을 본성의 계시로 설명하기보다 하나님 자신이 존재하신다

---

91 Turretin, *Institutes of Elenctic Theology* Vol. 2, 394.
92 Vos, *Reformed Dogmatics: Theology Proper* Vol. 1, 2.11, 5; 셸더르하위스, 『중심에 계신 하나님』, 68-71.
93 A. A. Hodge, *Commentary on The Confession of Faith*, 74, 84, 88.
94 Charnock, *Existence and Attribute of God* Vol. 1, 187.
95 벤자민 B. 워필드, 『칼뱅: 하나님·성경·삼위일체 교리 해설』, 이경직·김상엽 역 (서울: 새물결플러스, 2015), 196-197.

는 것으로 설명하길 원한다. 그렇다고 해서 하나님의 속성들이 하나님의 본성에 대한 참된 규정을 보여 주는 것을 반대하는 것은 아니라고 칼빈은 말한다.[96]

로버트 셔어만은 그리스도의 세 가지 직분에 대해 삼위일체론적 접근을 시도한다. 그의 견해에 따르면, 그리스도의 세 가지 직분은 그리스도의 속죄 사역과 연결된다.

케빈 밴후저(Kevin Vanhoozer)는 『속죄』에서 그리스도의 세 가지 직분은 마치 삼위일체처럼 서로 연결되어 있다고 말한다.[97] 하나님의 삼위는 각각의 위격이 각각의 '인격'(Person)을 형성한다. 그런데도 삼위는 본질적으로 일체의 모습을 하고 있다. 이처럼 하나님의 각각의 속성은 하나님의 본질 안에서 일체의 모습을 연상하는 연합을 형성한다. 하나님의 모든 속성은 하나님의 존재와 마찬가지로 영원성을 가진다. 하나님의 영원성이라는 속성이 연합을 이뤄 언약이 함께 영원함의 적용을 이루게 된다.[98] 이것은 하나님의 영원성의 속성이 다른 모든 속성에 대해 연합을 이뤄 영원성이 적용되도록 했기 때문이다.

그리스도의 세 가지 직분은 하나님의 속성이 서로 연합해 교통을 이루는 것처럼, 세 가지 직분은 분리될 수 없다. 그리스도의 세 가지 직분 또한 하나님의 속성처럼 분리된 별도의 직분이 아니기 때문이다. 그리스도의 세 가지 직분은 하나님의 속성과 무관하게, 직무의 수행을 위해 단순히 부여된 직분이 아니다. 제2위 하나님 되시는 성자의 위격과 관련해 주어진 직분이다.

제롬 잔키우스(Jerome Zanchius)의 견해에 따르면, 하나님의 속성은 하나님에게서 직접적으로 술어로 서술되지 않고 창조 질서 안에서 일어나는

96　워필드, 『칼뱅』, 180-200.
97　밴후저, "속죄", 343-344.
98　Charnock, *Existence and Attribute of God* Vol. 1, 291-297.

효과를 통해 확인할 수 있다.⁹⁹ 세 가지 직분은 하나님의 속성과 관련해 하나님의 창조 질서를 바르게 회복하기 위해 주어진 직분이었다. 이것이 역사 가운데 연합을 이룬다. 왕과 선지자, 제사장의 직분이 연합해 '형상회복'에 따른 '창조회복' 사역을 일으켰던 것이다.

하나님의 속성이 하나님의 본질 안에서 하나를 이루는 것처럼, 하나님의 본질과 속성과 관련된 그리스도의 세 가지 직분은 연합해 하나의 직무에 따른 사역을 이룬다. 우리의 이해를 따르면, 세 가지 직분의 사역은 각각의 모습으로 드러난다. 그러나 하나님 안에 있는 것은 무엇이든지 똑같다. 이 모든 것은 하나님 안에서 하나이다.

즉 하나님의 자비는 하나님의 공의이고, 하나님의 공의는 하나님의 자비이다. 그리고 각각의 것은 하나님의 본질이다. 이것들은 오직 우리의 이해에서만 서로 다를 뿐이다.¹⁰⁰ 그러니 그리스도의 세 가지 직분 가운데 어느 한 직분을 강조하기 위해 다른 두 직분을 희석시켜 버리는 것은 올바른 방법이 되지 못한다.¹⁰¹

리츨과 같은 신학자는 그리스도에 대한 직분의 명칭을 거부한다. 사역적인 측면에서 사랑의 뜻을 표현하는 "부름"의 명칭을 사용할 것을 주장한다.¹⁰² 그리스도의 직분을 사역적인 측면에서 그 명칭을 달리해야 한다는 리츨의 견해는 그리스도의 세 가지 직분이 하나님의 본질과 속성에 대해 무관한 직분이었을 때, 그 의미는 타당성이 있다. 그러나 그리스도의 모든 사역은 영원한 계획 속에서, 그리고 영원한 계획 가운데 이뤄진 하나님의 본질과 속성과 관련된 사역이었다.¹⁰³

99 　멀러, 『하나님의 본질과 속성』, 324.
100 　멀러, 『하나님의 본질과 속성』, 329.
101 　W. A. Visser't Hooft, *The Kingship of Christ* (New York: Harper & Brothers, 1948), 16-17.
102 　Woo, *The Promise of the Trinity*, 49-51.
103 　레이몬드, 『개혁주의 기독론』, 18-34.

사역에 따른 그리스도의 직분은 첫째 아담이 하나님의 형상대로 창조되었다는 것과도 긴밀한 관계가 있다. 이런 점들에 비춰 볼 때, 그리스도의 직분은 리츨의 주장처럼 마치 외부로부터 하달된 직무에 따른 직분이 아니다.

그리스도의 세 가지 직분은 사역에 따라 또는 어떤 역할적인 측면에 의해 단순히 주어진 직분이 아니다. 하나님의 속성으로부터 나온 본성과 관계된 직분이다. 왕직이 하나님의 공의의 속성과 관련 있다고 말한다면, 그루뎀의 주장처럼 선지자직은 하나님의 말씀은 변함이 없다는 측면에서 불변성과 관련이 있다. 선지자직이 불변적인 속성과 관련된다는 것은 하나님의 말씀은 변함이 없으시다는 점에서 그렇다.

> 만약 하나님이 더 좋은 상황을 만들기 위해 변하셨다면 그는 애초에 완전한 존재가 아니었다는 이야기가 된다.[104]

그리고 제사장직은 둘째 아담이었던 그리스도께서 자신을 희생제물로 내어놓은 측면에서 자비의 속성과 관련이 있다.[105]

하나님은 그리스도의 사역을 통해 우리에게 자신이 어떤 분인지 드러내신다. 모세 시대에 애굽에 내렸던 '열 가지 재앙'은 하나님의 본질과 속성을 드러내는 대표적인 사건이다(출 8:10, 22; 9:14; 12:13). 우상 숭배는 왕권의 사역을 통해 심판하셨다. 자기 백성을 위해서는 대속의 피로, 그리고 시내산에서 완전한 선지자의 직분으로 법도와 규례에 따른 계명을 이스라엘 백성에게 주셨다(출 20:2-17).

이때 하나님의 본질과 속성은 각각의 모습을 하고 있었지만 서로가 연합을 이룬다. 마치 삼위일체처럼 하나의 모습을 취해 그 직무에 따른 사역

---

104 그루뎀, 『성경 핵심 교리』, 100-104; Vos, *Reformed Dogmatics: Theology Proper* Vol. 1, 2.36, 13.
105 Bavinck, *Reformed Dogmatics* Vol. 3, 367.

을 펼쳐 갔다.[106] 그리스도께서 둘째 아담으로 펼쳤던 세 가지 직분의 사역은 성질에 있어서 각각의 모습을 하고 있었다. 그러나 본질적으로 세 가지 직분은 하나님의 속성처럼 연합을 이루며, 직무와 관련해 하나처럼 사역을 펼쳐 나갔던 것이다.

2) 서로를 보완하며 하나를 이루는 세 가지 직분의 연합 교리

그리스도의 세 가지 직분은 직무적 측면에서 봤을 때는 셋이다. 그러나 그 역할의 수행적인 측면에서 봤을 때는 서로를 보완하며, 하나를 이뤄 연합된 상태에서 직무를 수행한다.[107] 여기에 대해 투레틴 또한 세 가지 직분이 구별되지만 하나를 이뤄 함께 그 직무를 감당한다고 말한 바 있다.[108] 그리스도께서 공생애 사역을 통해 귀신을 내쫓으실 때(마 7:22; 막 1:25-26, 6:13; 눅 11:14), 그 사역은 '말씀의 권위'라는 선지자직의 직분과 '권세'라는 왕권이 함께 연합해 직무를 수행한 결과였다. 스가랴 6:13은 "평화의 의논"이라는 말씀을 통해 그리스도께서 메시아의 사역을 이뤄 가실 때, 왕직과 제사장직의 사역이 연합해 결과를 이룰 것을 예언한다.[109]

판넨베르크는 그리스도께서 아버지로부터 이 땅에 보내지는 파송의 전제에 대해, 그리스도께서 십자가에서의 대속의 죽음을 목적으로 하셨다고 말한다.[110] 그리스도께서 대속에 따른 직분을 수행하실 때, 죽음의 성취를 위해 세 가지 직분이 서로 보완적인 측면에서 연결되어 연합하게 된다.

구약 성경에 등장하는 사무엘의 예를 보면, 그의 직분 수행은 장차 임할 그리스도의 세 가지 직분 수행을 예표한다. 이스라엘이라는 왕국을 형성

---

106 Sherman, *King, Priest, and Prophet*, 116, 169.
107 Bavinck, *Reformed Dogmatics* Vol. 3, 368.
108 문병호, 『기독론』, 791-792.
109 Berkhof, *Systematic Theology*, 293.
110 판넨베르크, 『판넨베르크 조직신학 II』, 748.

하기 전(前)이었다. 가나안 땅을 기업으로 삼고 있던 이스라엘 백성 가운데 세워진 사무엘은 비록 왕으로 세워지지는 않았다. 그렇지만 그는 다스리는 권세자로서(왕직), 하나님의 말씀에 대한 선포자로서(선지자직), 제사장으로서 직분을 감당한다(제사장직). 이때 모든 직무가 보완적인 측면에서 서로 연합해 수행된다(삼상 7:1-17).

그리스도의 사역의 범위는 그리스도께서 둘째 아담이 되어 첫째 아담의 죄를 대속하시고, 세상을 구원하기 위해 행하실 모든 일을 포함한다.[111] 이때 그리스도의 직분에 따른 직무는 하나의 관점에서 그 사역들이 연합을 이뤄 진행된다.

이런 그리스도의 세 가지 직분에 대해 칼빈은 이것을 "Three offices"와 "Three parts"로 소개한다.[112] offices와 parts라는 복수 형태를 사용해 그리스도 안에 세 가지 직분이 있다는 내용을 강조한다.

그런가 하면 벌코프와 로버트 셔어만은 그리스도의 직분에 대해 이것을 "Three offices"와 "Threefold office"로 소개한다. Three offices는 그리스도의 '사역의 다양성'을 강조하고 있는 반면, Threefold office는 그리스도의 '사역의 통일성'을 일깨워 준다. '직분'은 사람이 부여받은 권위를 행사하는 역할을 나타내고 그를 임명한 이에게 책임이 있는 사실을 알려 준다. 따라서 하나님이 그리스도를 임명하시고, 그리스도의 사역을 위해 사용된 '직분'이라는 용어는 그리스도의 사역을 나타내는 데 적합하다.[113]

전자는 'offices'라는 복수를 사용해 칼빈처럼 그리스도께 어떤 직분이 있는지 그 직분에 대한 종류와 그 수를 증거한다. 그리고 후자는 'office'에 대해 단수를 사용해 그리스도의 세 가지 직분의 활동과 수행에 따른 직무의 성격을 설명한다. 세 가지 직분에 따른 직무가 마치 삼위일체의 모습을

---

111 브루스 밀른, 『기독교 교리 핸드북』, 안종희 역 (서울: 한국기독학생회출판부, 2017), 303
112 Calvin, *Inst* II.15.2.
113 헨더렌 · 펠레마, 『개혁교회 교의학』, 758-759.

하고 있을 뿐만 아니라 속성의 교류의 특징에서 나타나는 연합을 형성한다는 것을 강조한다.

벌코프는 그리스도께서 "삼중적 직분"을 위해 기름 부음을 받으신 것은 인간의 삼중직과 그에 따른 사역을 위해 창조되었기 때문이라고 설명한다.[114]

두 사람 모두 개념에 있어서는 칼빈과 동일하다. 다만 세 가지 직분에 대한 개혁주의 전통을 더욱 강화하는 측면에서 셔어만은 'Threefold office'에 대해 단수를 사용해, 세 가지 직분이 마치 삼위일체의 모습처럼, 일체의 모습을 하고 있다는 것을 강조한다. 셔어만의 이런 주장은 그리스도의 세 가지 직분은 그리스도의 고유의 직분이었다는 것을 강조하기 위한 것이었다.[115]

바빙크는 그리스도의 일을 그리스도의 직분 수행으로 본다. 왜냐하면, 이것이 하나님의 영원한 경륜과 연관되기 때문이다.[116] 다만 그는 그리스도께 맡겨진 세 가지 직분을 하나님이 사람에게 맡긴 소명과 목적과 관련이 있다고 생각했다. 바빙크에 따르면, 첫째 아담이 '하나님 형상'으로 피조되었다는 것은 아담이 선지자직으로 하나님의 말씀을 선포하고, 왕직으로 피조물을 하나님의 법에 따라 의롭게 다스리며, 제사장직으로는 자기와 모든 것을 하나님께 드리는 향기로운 제물이 되는 목적을 가지고 있었다. 이런 그리스도의 세 가지 직분이 가지는 각각의 직무에 대해 바빙크는 연합됨을 주장한다.[117]

스티븐 차녹은 이렇게 말했다.

> 하나님과 중보자 되시는 그리스도를 아는 지식은 영원한 생명과 행복에

---

114 Berkhof, *Systematic Theology*, 392.
115 Sherman, *King, Priest, and Prophet*, 9, 18, 28-31, 63-76, 104-116, 268-280.
116 헤르만 바빙크, 『개혁교의학 개요』, 원광연 역 (고양: 크리스찬다이제스트, 2011), 412.
117 헤르만 바빙크, 『개혁교의학 개요』, 412-413.

이르는 필요 불가결한 수단이다.[118]

그리스도라는 중보자가 없었다면 부패한 인간의 본성은 인간으로 하여금 절망의 운명에 직면하도록 이끌어 갔을 것이다. 그리스도는 직분에 따라 두 가지로 불린다.

첫째, "기름 부음 받은 자"로 불린다.
둘째, 죄 사함이라는 대속의 개념에 따라 "보증"으로 불린다.

보스에 따르면, 그리스도는 영원 안에서 자기에게 속한 사람들의 의무를 자기 자신이 스스로 책임을 지는 '보증'이 되셨다.[119] 자신이 지불과 만족을 언약하게 된다. 여기서 보증이 되었다는 것은 어떤 일정 부분에 대한 것을 말하는 것이 아니라 전부에 대한 보증을 말한다. 따라서 그리스도의 세 가지 직분이 연합해 그 전부에 대해 보증이 되셨으며, 직분이 연합된 직무를 통해 함께 보증이 되는 사역을 이뤄 가신다. 이때 그리스도의 세 가지 직분의 연합은 서로를 보완하는 측면의 성격을 가진다.

그리스도의 중보적 사역은 그리스도의 역사적 사역과도 관련된다.[120] 역사 속에서 그리스도의 세 가지 직분은 낮아짐의 상태에서도, 높아짐의 상태에서도 서로 연합을 이루며 서로를 보완하며, 그 직무를 진행해 나간다. 그리스도의 직분과 그리스도의 본질은 분리해 경험되지 않는다.

그리스도 안에서 하나님과 화해를 이룰 수 있었던 것은 그리스도의 직분의 형태가 각각의 모습으로 특성을 이뤘기 때문이 아니라 일치해 연합을 이

---

118 차녹, 『하나님을 아는 지식 1』, 213.
119 Vos, *Reformed Dogmatics: Anthropology* Vol. 2, 3.6-8, 87-89.
120 로후스 레온하르트, 『조직신학 연구 방법론』, 장경노 역 (서울: 기독교문서선교회, 2018), 521.

루었기에 가능했다.[121]

특히 그리스도의 세 가지 직분이 연합된 직무를 통해 하나의 사역을 이뤄 갈 때, 서로 보완적인 측면에서 연합을 이룬다는 것은 각각의 직분이 직무에 따른 수행 능력이 부족하기 때문이 아니었다. 그리스도의 세 가지 직분의 결론은 모두 '구원'과 연결되어 있었다. 따라서 세 직분이 서로 보완하며, 하나를 이뤄 간다는 것은 연합된 직무를 통해 '창조회복'에 따른 구원 사역을 이뤄 간다는 것을 말한다.

4. 세 가지 직분의 구조와 교의학적 의미

1) 그리스도의 위격 안에서 일체를 이루는 세 가지 직분

성자는 제2위 하나님으로서의 위격이시다. 그리스도는 존재에 있어서 성부로부터 나심이라는 점에서 제2위의 위격이시다.[122] 그리스도는 아버지와 아들과 성령을 구별하는 데 있어서 삼위의 두 번째의 '인격'(Person)인 제2위의 위격이시다.

그러나 그리스도는 성부와 '동일본질'이시다. 권위에 있어서 열등하지 않으며 동등하다. 제2위 하나님 되시는 그리스도는 성부의 뜻을 이루실 때, 종속적이거나 복종의 방식에 의하지 않고, 동등한 관계 속에서 뜻을 이뤄 가신다. 다만 성자가 성부와의 관계에서 '종속적'이라 함은 성육신에 따른 비하와 구원 사역과 관련해 그렇게 표현한 것이다.

특히 종속적 개념은 이레나이우스를 비롯한 터툴리안과 오리게네스 등 교부들에게서 기원했으며, 저스틴(Justin)은 성자를 아버지의 감추어진 존

---

121 푈만, 『교의학』, 323-325.
122 Berkhof, *Systematic Theology*, 352-353.

재로 보았다.[123]

삼위일체론은 성부, 성자, 성령의 내적 관계를 다루는 '내재적 삼위일체론'과 창조, 구원, 성화에 따른 행위를 다루고 있는 '경륜적 삼위일체론'으로 나누어진다.

로마가톨릭의 예수회 소속 신학자인 칼 라너(Karl Rahner)는 삼위일체 논의에서 특징적인 '경륜적 삼위일체'와 '본질적(내재적) 삼위일체'의 관계를 다룬다. 이 두 개의 삼위일체론은 서로 다른 두 하나님을 주장하는 것이 아니다. 한 분 하나님을 이해하는 두 개의 다른 방식을 의미한다. 하나님은 삼위일체론적으로 소통하는 존재라는 것이다. 신성은 직접적 실존에만 머무르지 않고 지식(관념)과 사랑이라는 반사적 행위에 의해서 소통한다. 이는 성부는 성자를 낳고 성령은 성부와 성자로부터 발출하는 내재적 삼위일체론의 핵심요소에 해당된다.[124]

기독론은 인간을 죄에서 구원하시기 위한, 제2위 하나님 되시는 그리스도의 성육신과 그에 따른 사역을 담고 있다.[125] 그리스도의 세 가지 직분인 '왕', '선지자', '제사장'의 직분은 '내재적 삼위일체론'과 '경륜적 삼위일체론' 그리고 기독론을 종합해 이해된다.

그리스도의 세 가지 직분은 하나님의 '공의'와 '불변성' 그리고 '자비' 등의 속성과 긴밀한 관계를 가지고 있다. 그리고 그리스도의 제2위의 위격이 삼위일체를 이루는 것처럼 세 직분이 일체를 이룬다. 속성이 하나님의 본질 안에서 구별되지 않는 것처럼 일체의 모습을 이룬다.[126]

---

123 Zaspel, *The Theology of B. B. Warfield*, 240-241; Bavinck, *Reformed Dogmatics* Vol. 2, 276, 281, 285, 291.
124 맥그래스, 『신학이란 무엇인가』, 586-588; 이신열, "조나단 에드워즈(Jonathan Edwards)의 창조론에 나타난 만유재신론(Panentheism)의 역할", 「장로교회와 신학」 제13호 (2017), 187.
125 레온하르트, 『조직신학 연구 방법론』, 490-508.
126 Heppe, *Reformed Dogmatics*, 59.

그리스도의 세 가지 직분은 혼합된 직분이 아니다. 구별된 직분이며, 독립적인 직분이다. 그런데도 하나님의 속성의 성격을 담아내고 있는 그리스도의 세 직분은 그리스도라는 위격 안에서 일체의 모습을 가진다. 그리고 서로 연합을 이뤄 세 가지 직분으로서 사역을 펼쳐 나간다.

헤페는 신적 속성과 관련해 이것을 신의 본성과 구별하는 것은 인간이 가지는 이해력의 제한성이 근거하고 있기 때문이라고 말한다.[127]

←그리스도의 위격과 세 가지 직분과의 관계→ [128]

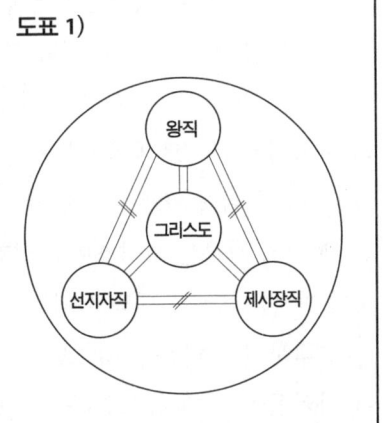

1. 왕직은 선지자직과 제사장직과 구별된다
2. 선지자직은 왕직과 제사장과 구별된다
3. 제사장직은 왕직과 선지자직과 구별된다
4. 세 가지 직분은 서로 종속적인 관계를 가지지 않는다

※왕직과 선지자직과 제사장직은 그리스도의 위격 안에서 일체의 모습으로 세 가지 직분이 연합을 이뤄 사역한다.

도표 1)

그리스도의 세 직분이 서로 연합을 이뤄 일체의 모습으로 사역을 감당하는 것은 유티케스(Eutyches)의 주장처럼 신성과 인성이 혼합을 이뤄 두 본성이 가지고 있는 각각의 고유한 속성을 잃어버리고 새로운 본성을 만들어 내는 일체의 모습이 아니다. 그런가 하면 인간적 본성으로부터 그리스도의 신성을 분리해 내어 단성론을 주장했던 네스토리우스처럼 다른 직

---

127 Heppe, *Reformed Dogmatics*, 57-60.
128 그리스도의 세 가지 직분은 '왕직', '선지자직' 그리고 '제사장직'이 각각의 개별성의 모습을 갖추고 있다. 그런데도 그리스도의 세 가지 직분은 그리스도의 위격 안에서 일체의 모습을 이루며 사역을 펼쳐 나간다.

분을 제거한 상태에서의 일체 모습을 말하는 것 또한 아니다.[129]

사벨리우스의 양태론처럼[130] 한 분의 하나님이 세 가지의 모습으로 나타난다는 경향을 따라 그리스도의 세 가지 직분의 연합과 일체를 말하는 것은 더욱 아니다. 그리스도의 세 가지 직분은 그리스도의 위격 안에서 혼합을 이루거나, 양태적인 경향을 띠지 않은 상태에서 연합을 이루고, 일체의 모습을 이뤄 직무에 따른 사역을 수행한다.

칼빈은 『기독교 강요』 제2권 제15장에서 '그리스도'라는 칭호는 '세 가지의 직분'과 관계된다는 점을 유의하도록 한다. 그리고 이 세 가지 직분에 대해 '기름 부음'이 있었던 것은 엄연한 사실이라고 밝힌다.[131] 이때 기름 부음을 받은 것은 그 직분이 기름 부음을 받은 것이 아니라 그 직분을 수행할 당사자인 '그리스도'라는 위격이 기름 부음 받은 것이다. 그리스도께서 우리 사이에 직분자로 서 계시는 것이며, 직분을 수행하기 위해 기름 부음이 그리스도의 위격 위에 부어졌다는 것을 보여 준다. 따라서 그리스도께 주어진 세 가지 직분은 그리스도의 위격을 통해 사역들이 이뤄지며, 세 가지 직분이 가지는 속성에 의해 사역들이 영향을 받게 된다.

세 직분의 사역은 그리스도의 위격 안에서 연합과 일체의 모습을 갖추어 사역들을 진행하게 된다. 『웨스트민스터 신앙고백서』 제2장의 "하나님과 거룩한 삼위일체에 대해"에 따르면 하나님은 자기의 본성에서 "완전한 생명"과 "영광"과 "선"과 "행복"을 누린다.[132] 하나님의 본성은 완전성을 가지고 있다. 그러므로 하나님의 본성이 취하는 사역은 외부로부터 만들어져 들어올 수 없다. 그리스도의 사역은 항상 완전한 하나님의 본성에 의해 이뤄진다. 속성은 본성과 관계되어 있다. 속성은 본성 안에서 구별되

---

129 Bavinck, *Reformed Dogmatics* Vol. 3, 316.
130 맥그래스, 『신학이란 무엇인가』, 588-589: "'양태론'(modalism)이라는 용어는 독일의 신학자인 아돌프 폰 하르낙이 2세기 말의 노에투스와 프락세아스 및 3세기의 사벨리우스와 관련된 삼위일체 이단들의 공통된 요소를 설명하기 위해 사용한 말이다."
131 Calvin, *Inst* II.15.2, 5.
132 A. A. Hodge, *Commentary on The Confession of Faith*, 70.

는 것이 아니라 하나를 이룬다.[133]

마치 속성과도 같은 성질을 가지고 있는 세 가지 직분은 그리스도의 위격이라는 본성 안에서 하나를 이룬다. 속성이 공유를 이루고 연합을 이루는 것은 속성의 어떤 성질에 의한 것이 아니라 속성에 담긴 본성에 의해 이런 성질이 일어나게 된 것이다. 이때 그리스도의 세 가지 직분은 그리스도의 위격 안에서 종속적 관계를 통해 하나를 이루는 것이 아니라 동등한 관계 속에서 하나를 이루게 된다. 여기에는 한 직분이 다른 직분보다 앞서거나 더 뛰어나다는 것을 말하지 않는다.

그리스도께 세 가지 직분이 기름 부음을 통해 이뤄졌다는 것은 두 가지의 큰 의미를 담고 있다.

첫째, 존재와 사역에 따른 통일성의 의미를 담고 있다.

그리스도는 존재에 있어서는 하나님이시다.[134] 그러나 인간을 구원하시는 측면에서 그리스도의 존재는 칼케돈 신경에 나타나 있는 것처럼 "참 하나님이시며, 동시에 참 사람"이 되셔야만 한다.[135]

워필드는 칼케돈 신경의 이런 신앙고백에 덧붙여 그리스도를 하나님과 '동일본질'이며, 사람과 '동일본질'이라고 설명한다.[136] 그리스도는 죄에 대해서는 대속의 값으로, 우리의 중보자로서 중보의 직책을 감당하기 위해서는 참 하나님이시며, 동시에 참 사람이 되셔야만 했다.[137] 이때, 그리스도께 주어진 사역들은 구원에 따른 대속을 이루기 위한 세 가지의 값인

---

[133] Hodge, *Systematic Theology* Vol. Ⅰ, 368.
[134] Grudem, *Systematic Theology*, 543-544.
[135] Bavinck, *Reformed Dogmatics* Vol. 3, 253-256; 레이몬드, 『개혁주의 기독론』, 312; 필립 샤프, 『교회사전집 2』, 이길상 역 (고양: 크리스챤다이제스트, 2008), 515; 샤프, 『교회사전집 3』, 615; Schaff (ed.), "The Heidelberg Catechism", *The Creeds of Christendom* Vol. Ⅲ, 312-313.
[136] Zaspel, *The Theology of B. B. Warfield*, 214.
[137] Calvin, *Inst*, Ⅱ.12.1-3.

"나심에서부터 성장 과정" 그리고 공생에 과정을 통한 "고난받으심" 그리고 "십자가에서 죽으심"의 값에 초점이 맞춰지게 된다. 세 가지 직분은 구원에 대한 통일성을 가지고 이 사역들을 감당해 나간다.

둘째, 자원하는 순종에 대한 능동적인 의미를 담고 있다.
그리스도의 세 가지 직분이 자신에게 주어진 단순한 사무에 따른 직분이었다면 그것은 속성과 무관한 것으로, 리츨의 주장처럼 단순히 일과 관계된 직분일 뿐이다. 구약에서 왕과 선지자 그리고 제사장을 각각 세울 때, 기름을 붓는다. 이것은 자신의 직분이 기름 부으신 분이 원하시는 직무를 감당해야 할 직분이라는 것을 말한다. 여기에는 순종이 필연적이었다.[138] 그러나 그리스도께 주어진 세 가지 직분이 "기름 부음 받은" 직분이라고 말하는 것은 구약에서 왕과 선지자와 제사장이 기름 부음을 받은 것과는 사뭇 다른 것이 있다.

구약 시대의 세 가지 직분자들의 직무는 세운 자의 명령에 절대적으로 순종해야 하는 수동적인 경향이 있다면, 그리스도의 세 가지 직분에 대한 직무는 자원하는 능동적인 순종을 바탕으로 한다. 그리스도는 제2위 성자 하나님이다. 하나님은 어떠한 존재들로부터도 명령을 받지 않는다. 모든 존재는 하나님의 명령을 받을 뿐이다. 그리스도께서 제2위 하나님이시라는 사실은 그리스도께 명령할 수 있는 존재는 아무도 없다는 것을 말한다. 따라서 그리스도의 세 가지 직분에 따른 사역은 그리스도께서 신성의 본성을 따라 그분이 스스로 결정하셨다는 것을 뜻한다.[139]

그리스도는 삼위일체 하나님의 제2위의 위격이시다. 뿐만 아니라 그리스도는 자존하시는 하나님이시면서 동시에 고난받을 메시아이시기도 했

---

[138] Van Der Kooi, "Christology", 261-262.
[139] 로버트 리탐, 『그리스도의 사역』, 황영철 역 (서울: 한국기독학생회출판부, 2011), 22.

다.¹⁴⁰ 이런 그리스도의 위격 안에서 일체를 이룬 세 가지 직분은 구조적인 측면에서 분명한 것 두 가지를 다시 한번 더 말해 준다.

첫째, '회복'을 말한다.

대속을 이루기 위해서는 세 가지 직분의 사역이 반드시 이뤄져야만 했다. 그 이유는 첫째 아담이 타락으로 인해 상실당했던 직분이 '왕'과 '선지자'와 '제사장'의 세 가지 직분이었기 때문이다.

둘째, '구원 사역은 하나님 안에서 완성된다'는 것을 말한다.

직무의 수행은 하나님의 영예와 인간의 구원을 지향하고 있는데, 그중에서도 하나님의 영예가 우선이다.¹⁴¹ 인간의 허물은 어떠한 사역도 완전함을 담아내지 못한다. 결론적으로 그리스도의 위격 안에서 일체를 이루고 있는 세 가지 직분은 하나님의 영광을 이루기 위한 '창조회복'을 이끌어 낼 직분이었다.

2) 그리스도의 인격(Person)과 연합을 이루는 세 가지 직분

성육신하실 때, 그리스도의 신성과 인성이 연합해 '한 인격'(Person)을 이루게 된다. 칼케돈 신경은 그리스도께서 신성과 인성으로 '한 인격'을 형성할 때, 양성은 변화 없이, 분리 없이, 혼합 없이 신인양성이 위격적 연합을 이뤄 '한 인격'을 형성했다는 사실을 분명하게 한다.¹⁴²

칼빈은 『기독교 강요』에서 그리스도의 신성이 인성과 연합을 이룰 때, 두 본성은 각각의 특성에 대해 손상을 입히거나, 손상받지 않은 상태로 연

---

140 Zaspel, *The Theology of B. B. Warfield*, 289.
141 쉘더르하위스, 『중심에 계신 하나님』, 77; 리탐, 『그리스도의 사역』, 21.
142 Schaff (ed.), "The Creed of Chalcedon", *The Creeds of Christendom* Vol. Ⅰ, 30-34; Hodge, *Systematic Theology* Vol. Ⅲ, 390; Bavinck, *Reformed Dogmatics* Vol. 3, 253-256.

합을 이뤄 '한 인격'을 형성하게 되었다는 것을 말한다.[143]

그리스도께서 성육신하신 것은 인성이 신성을 취한 것이 아니다. 신성이 인성을 취하신 것이다. 그리스도께서 성육신하셔서 육신의 몸을 이루실 때, 그리스도는 참 하나님이시요, 참 사람의 완전한 '한 인격'을 형성하시게 된다.

아폴리나리우스의 주장처럼, 로고스인 신성과 인간의 본성은 '한 위격' 안에서 연합할 수 없다는 것과는 달리 신성은 신성대로 인성은 인성대로 그 속성을 그대로 유지한 체 그리스도의 '한 인격' 안에서 연합을 형성하게 된다. 알렉산드리아 학파에 속했던 아폴리나리우스는 이렇게 말한다.

> 그리스도 안에서 하나님은 육체로 변형되셨으며, 이 육체는 본성적으로 신적인 어떤 것으로 변형되었다.

그는 그리스도의 인격에 대해 육체적 몸은 있지만 인간의 마음과 영은 갖고 있지 않다고 가르쳤다. 그리스도를 인간의 몸과 신적 본성으로 이원화시킨다.[144]

아폴리나리우스는 인간 존재 안에서 몸과 영혼이 한 본성을 구성하듯이 로고스와 인간의 몸의 하나됨은 한 본성을 구성했다고 주장한다. 완전한 인성이 있는 곳에는 반드시 죄가 있기 때문에 완전한 신성과 완전한 인성은 한 위격 안에서 연합할 수 없다는 것이 그의 주장이다.[145]

그러나 분명한 사실은 그리스도의 '한 인격' 안에서 신성과 인성은 교통을 이룬다. 이때 그리스도의 세 가지 직분은 신성에 속한 직분과 인성에 속한 직분으로 나누어져 사역하지 않는다. 세 가지 직분은 신성과 인성이

---

[143] Calvin, *Inst*, II.14.1, II.14.4.
[144] 헤그룬트, 『신학사』, 122-123; 그루뎀, 『성경 핵심 교리』, 376
[145] 도널드 맥클라우드, 『그리스도의 위격』, 김재영 역 (서울: 한국기독학생회출판부, 2001), 213; 클로체, 『기독교 교리사』, 129.

연합을 이룬 그리스도의 '한 인격' 안에서 연합을 이뤄 직분에 따른 직무의 사역들을 이뤄 간다. 칼빈은 그리스도의 중보 행위가 신성 또는 인성의 본성에서 나타나는 행위가 아니라 그리스도의 '인격'에서 나타나는 행위라는 사실을 강조한다.[146]

첫째 아담의 대속을 이룰 그리스도의 세 가지 직분이 신성에 속한 직분이었다면 직분에 따른 그리스도의 사역은 아담의 불순종으로 말미암아 상실당한 직분의 값이 되지 못한다. 대속은 당사자로서의 값이 되어서 이뤄지는 것이다. 그러나 그리스도의 신성은 죄와 관련되지 않는다. 성육신하신 그리스도의 직분이 신성에만 속했다는 것은 그리스도께서 죄에 대한 당사자가 아니라는 것을 말한다. 그럴 경우 세 가지 직분의 사역은 죄에 대한 값을 이끌어 내지 못한다. 대속을 이룰 자격을 가지지 못한다.

그렇다고 해서 그리스도의 세 가지 직분이 첫째 아담의 죄와 연관이 있는 인성에만 속한 직분이라고 한다면 이 또한 속죄를 이루는 일에 있어서 완전한 값이 되지 못한다. 인간의 연약성은 언제든지 넘어질 수 있는 조건을 가지고 있다. 그리고 유한성을 가진 인성으로는 하나님의 무한한 진노의 값을 담아내지 못하기 때문이다.

그리스도의 사역이 그리스도의 인격 속에 포함되어야 할 것은 인격을 통해 하나님의 은혜를 이끌어 낼 수 있기 때문이다.[147] 투레틴은 그리스도께서 중보자로서 세 가지 직분을 가졌다는 것은 그의 인성으로만이 아니라는 것을 말한다. 신성과 인성의 '한 인격'을 이룬 상태에서의 중보자라는 것을 말한다.[148] 그리스도께서 성육신하셔서 대속의 완전한 값이 되셨다는 것은 그리스도의 신성과 인성이 연합을 이뤄 '한 인격'이 되셨다는

---

146 Gentry · Wellum, *Kingdom through Covenant*, 555; Trueman, "Calvin and Reformed Orthodoxy", 474-475.
147 Bavinck, *Reformed Dogmatics* Vol. 4, 220-221; Van Den Belt (ed.), *Studies in Medieval and Reformation Traditions* Vol 2, 113-117.
148 Turretin, *Institutes of Elenctic Theology* Vol. 2, 382-384.

것을 말한다. 이것은 두 가지 큰 의미를 부여한다.

첫째, 그리스도께서 자신을 인류와 연합시켰다는 것을 의미한다.[149]

인류의 대표성을 가진 첫째 아담의 대속을 이루기 위해서는 그리스도께서 진정으로 둘째 아담이 되셔야 한다. 첫째 아담과 같은 인류의 머리와 대표성을 담아내야만 하셨다. 그리스도께서 '한 인격'을 이루셨다는 것은 이런 의미에서 그리스도께 대표성에 대한 완전한 자격이 부여되었다는 것을 말한다.

둘째, 그리스도께서 이루신 '한 인격'은 대속을 이룰 완전한 상태가 되셨다는 것을 의미한다.

구속사는 그리스도의 인격과 그 인격에 속한 세 가지 직분의 사역을 통해 이뤄진다.[150] 하나님이 구원의 사역을 펼쳐 나가기 위해서는 구원에 따른 객관적인 모든 상황이 갖춰져야 한다.[151] 그리스도께서 '한 인격'을 이루시는 것은 대속을 이룰 모든 조건을 구성하는 기초의 큰 틀을 구축하는 것과 같다.

그리스도께서 성령으로 잉태해 동정녀 마리아의 몸을 통해 태어나신다. 이때 그리스도께서 비록 죄 없는 상태로 태어나신다 할지라도 그리스도는 인성의 연약성을 가지고 태어나게 되신다. 다른 아이들처럼 어린 시절을 보내게 되고, 성인이 되까지 성장한다. 인간의 마음을 가졌고, 인간의 영혼과 감정을 가지고 활동하신다.[152]

---

[149] 리탐, 『그리스도의 사역』, 79.
[150] Freudenberg, "Catechisms", 212-213; Gunther H. Haas, "Ethics and Church Discipline", 334-335; Zachman, "Communio cum Christo", 365.
[151] Bavinck, *Reformed Dogmatics* Vol. 4, 79.
[152] Grudem, *Systematic Theology*, 532-535.

'참 사람'의 모습에서 읽을 수 있는 것은 그리스도께서 비록 죄 없이 태어났더라고 그 또한 인간의 연약성으로 인해 죄를 범할 수 있다는 것을 말한다. 그리스도의 신성과 인성이 연합을 이루었다는 것은 인간의 연약성을 그리스도의 '한 인격' 안에서 신성이 그 보호막이 되었다는 것을 말한다. 신성이 '한 인격' 안에서 보호막이 되어 줌으로써 그리스도의 인성은 첫째 아담의 완전한 대속을 이룰 완전한 제물이 되었다는 것을 의미한다.[153]

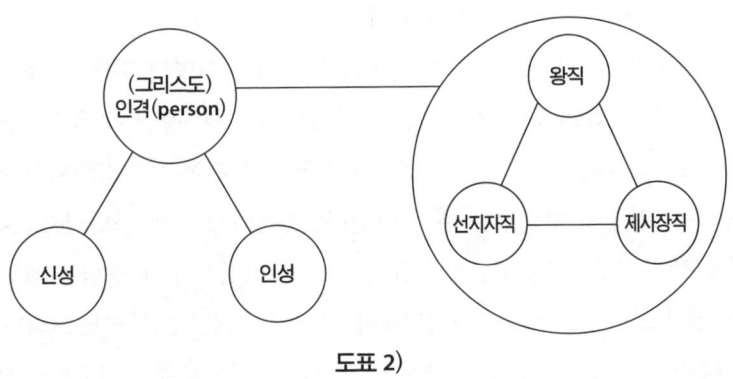

도표 2)

신성은 제물이 될 수 없다. 그러나 '한 인격'으로 참여할 수는 있다. 그리스도의 '한 인격' 안에서 그리스도의 신성은 인성과 교통을 이루며 '한 인격'으로 완전한 제물이 되도록 돕는다. 칼빈은 첫째 아담의 대속에 따른 완전한 사역이 각각의 직분에 따른 사역으로 이뤄졌다는 것을 거부한다. 일부에 의해서가 아니라 일체의 모습을 담고 있다.[155] 이때 일체의 모

---

[153] Calvin, *Inst*, II.12.3.
[154] 그리스도의 세 가지 직분은 그리스도의 신성과 인성이 연합해 '한 인격'을 이룬 인격 안에서 연합을 이뤄 세 가지 직분에 대한 완전체의 사역을 이뤄 가게 된다.
[155] Calvin, *Inst*, II.15.2; Selderhuis, "The Institutes", 260; Georg Plasger, "Ecclesiology",

습은 '한 인격' 안에서 형성된다. 그리스도의 세 가지 직분이 신성과 인성이 연합해 교통을 이루는 '한 인격'과 연결되어 사역함을 강조한다.

마이클 호튼은 『주님과 종』 제8장 "선지자와 제사장"에서 대속을 이루는 그리스도의 직분 사역이 그리스도의 '한 인격' 안에서 이뤄져야 한다는 칼빈의 견해에 대해 전적으로 동의한다. 이것이 자신의 결론 제시가 될 것임을 밝힌다.[156]

칼빈에 따르면 그리스도는 왕과 선지자 그리고 제사장에 따른 완전한 세 가지 직분자로서 하나님과 사람 사이를 중보하실 때, 세 가지 직분은 그리스도의 인격에 속해 연합을 이룬다. 그리고 하나님과 사람 사이를 중보하는 중보적 역할을 감당하게 된다.[157]

그리스도의 세 직분은 인성과 신성으로 나뉘어 설명될 수 없다. 아담의 죄를 대속하는 측면에서 세 직분은 그리스도의 인성적인 측면을 강조하고 있음에도 불구하고 세 가지 직분의 완전한 직무 수행은 그리스도의 신성과 인성이 연합을 이루었을 때를 말한다. 죽음의 고뇌와 하나님으로부터 버림을 받아 진노 아래 놓이는 공포를 연약한 인성을 통해 경험할 때도 신성과 인성을 이루고 있는 '한 인격'이 이 모든 것을 경험한다. 그러나 오시안더는 그리스도께서 우리에게 의로움을 주시는 것은 그리스도의 인성에 의한 것이 아니라 신성에 의한 것이라고 '한 인격' 안에서 이룬 완전한 대속을 분리한다.

오시안더는 그리스도의 세 가지 직분의 사역을 통해 이룬 의가 우리에게 주어지는 것은 신성에 의한 것이라며, 신성과 인성이 '한 인격'을 이뤄 사역한 직분의 사역을 부인한다.[158] 그러나 분명한 것은 오시안더의 주장

326-327.
[156] Horton, *Lord and Servant*, 208-241.
[157] Stephen Edmondson, *Calvin's Christology* (Cambridge, UK: Cambridge University Press, 2004), 14-15.
[158] Calvin, *Inst*, III.11.12.

과는 달리 그리스도의 세 가지 직분은 신성만으로, 또는 인성만으로, 그 직분이 사역을 감당했다는 것을 말하지 않는다. 그리스도의 세 가지 직분의 사역은 신성과 인성이 연합해 교통을 이루고 있는 그리스도의 '한 인격'(Person) 안에서 '창조회복'에 따른 사역의 완성을 이루었다.

3) 중보자 그리스도로 연결되는 세 가지 직분

아우구스티누스는 『하나님의 도성』에서 그리스도를 가리켜 하나님과 사람 사이의 "참되신 중보자"로 칭한다.[159] 그리스도는 중보자로서 첫째 아담의 죄를 자신이 친히 담당하시는 "속죄에 대한 중보자"이셨다. 인간의 죄로 인한 하나님의 진노를 자신이 친히 감당하시는 "화목의 중보자"이셨다.[160] 그리고 인간으로 하여금 하나님께 의롭게 여겨져서 더 이상 원수가 되지 않도록 하시는 '화해의 중보자'이셨다. 중보자로서의 그리스도의 모습은 우리의 구원에 따른 왕, 선지자, 제사장의 직분 수행을 통해 그 모습이 분명히 드러나고 있었다.[161]

칼빈은 중보자의 필연성에 대해 주장한다. 그의 주장에 따르면, 은혜로운 하나님은 중보자를 통해 그 모습을 드러내신다. 죄로 오염된 인간이 구원에 이를 수 있는 길은 오직 중보자를 통해서만이 가능했다.[162] 그리스도는 "창조의 중보자"이셨을 뿐만 아니라 인간의 구원에 있어서 하나님과 사람 사이의 유일한 "구원의 중보자"이셨다.[163]

---

[159] Augustinus, *The City of God* Ⅰ-Ⅹ, ed., William Babcock (New York: New City Press, 2013), 507, 513.
[160] Turretin, *Institutes of Elenctic Theology* Vol. 2, 391-392.
[161] Bavinck, *Reformed Dogmatics* Vol. 2, 462-463, 570; 프레임, 『존 프레임의 조직신학』, 920-923; van den Belt (ed.), *Studies in Medieval and Reformation Traditions* Vol 2, 120.
[162] Calvin, *Inst*, Ⅱ.6.1-2.
[163] Bavinck, *Reformed Dogmatics* Vol. 2, 423-424; Vol. Ⅲ, 223; 리탐, 『그리스도의 사역』, 209-212.

하나님은 영원한 계획 속에서 구원할 사람을 그리스도 안에서 선택하신다. 구원 실행에 대해 모든 것을 하나님과 사람 사이의 중보자 되시는 그리스도를 통해 이뤄 갈 것을 계획하신다.[164]

이때 중보적 성격을 가지고 있는 제2위 하나님 되시는 성자는 그리스도로서 중보자가 되셔서 인간의 구원 실현을 위해 왕직과 선지자직 그리고 제사장직의 직분에 따른 사역을 이룰 것을 언약하신다. 그리스도는 성육신을 통해 이것을 실현하신다. 그리스도께서 중보자로서 행하시는 세 가지 직분은 성경에 의하면, 자신의 목적을 이루기 위해 실행되는 직분이 아니라 성부 하나님의 목적을 이루기 위해 행해지는 직분이었다(롬 8:3, 요 3:16).[165]

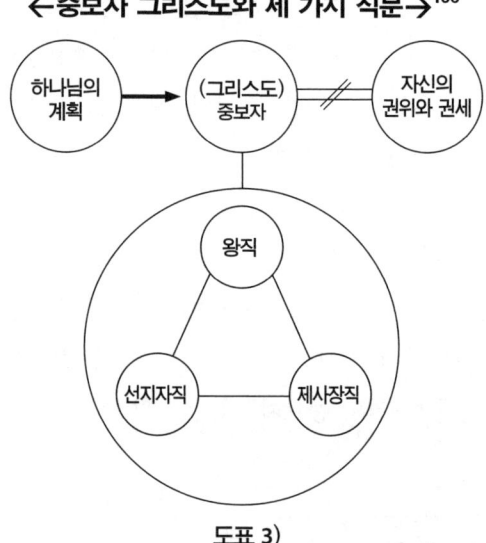

←중보자 그리스도와 세 가지 직분→[166]

도표 3)

---

164 Calvin, *Inst*, Ⅱ.17.2.
165 Van Der Kooi, "Christology", 260.
166 그리스도의 세 가지 직분이 그리스도의 중보자 되심과 연결이 되었다는 것은 그리스도의 세 가지 직분 수행이 자신의 영광을 위한 직분 수행이 아니라 하나님의 계획에 대해 순종하고, 복종하는 종의 자세로 그 사역을 감당해야 된다는 것을 말한다.

그리스도께 주어진 왕직과 선지자직 그리고 제사장의 직분이 도표 3)과 같이 중보자로 묶였다는 것은 그리스도의 사역이 자신의 권위와 권세를 드러내는 사역이 아니라 하나님의 계획을 실행하는 사역이 되어야 하는 것을 말한다. 그리고 그 사역에 대해 그리스도는 중보자로서 '순종하고', '복종하는' 종이 되셔야 했다.[167]

제임스 패커(James Innell Packer)는 중보자가 필요한 이유에 대해 우리의 죄와 관련해, 이후에 이르기까지 말씀과 다스림에 있어서 우리에게는 중보자가 항상 필요하다고 역설(力說)한다.[168] 그리스도의 순종에 따른 중보자의 사역은 순간이라는 "판단"과 "필요"라는 조건부가 따르는 사역이 아니었다. 그리스도께서 중보자로서 순종하는 종의 자세를 취하는 데에는 "항상"이라는 수식어가 함께 따라붙는다. 그리고 이것은 두 가지를 동시에 설명한다.

첫째, 그리스도께서 중보자로서 성부의 계획에 대해 순종하는 종의 자세를 취하는 것은 그리스도의 위격에 따른 것임을 설명한다.

그리스도는 본성적으로 하나님의 아들이며, 창조 사역에 있어서 그리스도는 중보자이시다.[169] 이때 그리스도는 성부의 계획을 차질 없이 실행하는 중보자로서 창조주이시다. 그리스도께서 중보자라는 것은 신성의 본성에 따른 것이 아니다. 그분의 위격에 따른 사역의 모습에 비춰 중보자였다.

둘째, 그리스도께서 순종하는 종의 자세를 취한다는 것은 그리스도 자신의 결연한 의지적 자세를 나타낸다.

성육신의 주체를 다룰 때, 개혁파는 성육신의 주체는 근원적으로 삼위일체 하나님인 것을 말한다. 이때 성육신은 하나님의 본질에 기초하고 있

---

167 Calvin, *Inst*, II.16.5-7; II.17.6.
168 패커, 『청교도 사상』, 237.
169 Bavinck, *Reformed Dogmatics* Vol. 3, 276.

는 것이 아니라 하나님의 위격에 기초한다. 이것은 성육신이 비록 삼위일체 하나님의 주체에 의해 이뤄졌을지라도 그 뜻이 실행되는 것은 그리스도의 주관적 의지 가운데 실행되었다는 것을 말한다.[170]

하나님의 영원한 계획은 그리스도와 직접적으로 연관되어 그 일들이 실행된다.[171] 따라서 구원 실행에 따른 그리스도의 세 가지 직분은 그리스도의 위격 안에서 먼저 일체의 모습을 취하게 된다. 그리고 그리스도의 세 가지 직분은 신성과 인성이 연합을 이루고 있는 그리스도의 '한 인격' 안에서 사역을 이뤄 가게 된다. 이때 그리스도의 직분은 그리스도의 '한 인격' 안에서 중보자 되시는 그리스도의 위격으로 사역이 연결이 된다.

그리스도의 신분 교리에 대해 루터란은 그리스도의 신분의 참된 주제가 '그리스도의 인성'이라고 보는 반면, 개혁파는 '중보자의 위격'으로 보고 있다.[172] 특히 그리스도의 직분이 그리스도의 위격으로 연결되었다는 것은 그리스도의 직분이 중보적 직분이라는 것을 설명한다. 동시에 그리스도의 직분은 하나님의 계획을 이루기 위해 하나님의 뜻에 순종하고, 복종하는 종의 자세를 취해야 하는 직분이라는 것을 드러낸다.

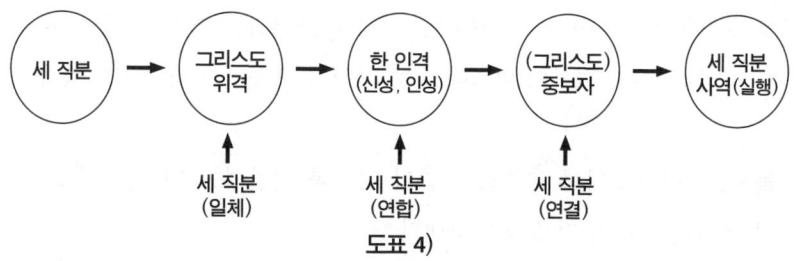

도표 4)

---

170 Schaff (ed.), "The Athanasian Creed", *The Creeds of Christendom* Vol. I, 37; Bavinck, *Reformed Dogmatics* Vol. 3, 274-276.
171 레이몬드, 『최신 조직신학』, 591-595.
172 Berkhof, *Systematic Theology*, 364-365.
173 그리스도의 세 가지 직분이 그리스도의 사역으로 나타나기까지의 네 단계 도표.

위의 도표 4)에서도 나타나고 있는 것처럼, 그리스도께서 세 직분의 사역을 이루실 때, 그리스도의 '위격' 안에서 세 가지 직분이 먼저 '일체'의 모습을 가지게 된다. 이어서 그리스도의 '한 인격'과 '연합'을 이룬 세 가지 직분은 '중보자'인 그리스도의 위격과 '연결'되어 최종적으로 '사역'을 감당하게 된다.[174]

왕과 선지자 그리고 제사장의 직분은 그리스도의 위격을 나타내는 중보자에 연결되어 사역이 실행된다. 이것은 세 가지 직분의 사역이 그리스도 자신의 영광을 더 높이고, 자신의 권세를 나타내기 위한 것이 아니라는 것을 설명한다. 특히 세 가지 직분의 사역의 실행이 중보자인 그리스도의 모습을 통해 이뤄지는 것은 하나님은 중보자가 없이는 어떤 것도 실행할 것을 계획하지 않으신다는 사실과 함께한다. 이는 죄로 말미암아 무너져버린 하나님과의 관계에서 중보자가 필요하다는 사실을 나타낸다.[175]

언약의 파기로 '생명'에 대해 인간은 이미 '죽은 자'가 되어 버렸기에 중보자 없이는 어떤 모습으로도 하나님과 연결될 수가 없었다. 인간의 구원을 위해 그리스도는 우리의 중보자가 되어 주셔야만 했다. 우리를 대속하실 그 모든 값에 대한 사역들 또한 중보자의 자격을 가진 자의 모습이 되어야 했다.[176] 그리스도는 택한 자의 '창조회복'을 위한 중보자이셨다. 이미 영원 전부터 중보자로 선택되셨다.[177] 그리고 중보자 그리스도는 둘째 아담으로서 왕과 선지자 그리고 제사장으로서 세 가지 직분의 사역을 중보적 위치에서 실행하시게 된다.

---

174 van den Belt (ed.), *Studies in Medieval and Reformation Traditions* Vol 2, 102.
175 Heppe, *Reformed Dogmatics*, 449-453.
176 Berkhof, *Systematic Theology*, 349-350; Heppe, *Reformed Dogmatics*, 448.
177 Bavinck, *Reformed Dogmatics* Vol. 3, 214.

4) 구속언약으로 연결되는 세 가지 직분

성부, 성자, 성령 삼위는 각각의 위격은 있으나 '동일본질'이며, 종속적인 관계가 아니라 권위에 있어서 동등하다. 니케아 신경은 성육신에 따른 그리스도의 나심에 대해 "영원한 나심"이며, "참 하나님으로부터의 나심"과 "동일본질에 의한 나심"을 말한다.[178] 그리스도는 제2위의 위격으로서 창조의 권능과 명령할 수 있는 권위와 권세에 있어서 성부, 성령과 동등하시다.[179]

그러나 성부만이 유일한 하나님이시며, 성부의 신격을 주입해서 성자와 성령을 지었다는 미카엘 세르베투스(Michael Servetus)의 견해는 칼빈으로부터 강력한 비판을 받았다. 칼빈은 성부를 "본질의 수여자"로 여기며, 성부만이 유일한 하나님으로 여기는 세르베투스의 견해를 받아들이지 않았다.[180]

삼위일체에 대해 오류의 길을 걸었던 세르베투스는 인간 그리스도의 형상이 신격 안에 있는 것으로 이해했다. 그러나 세르베투스의 주장처럼 그리스도는 신격이 주입되어 신 위격의 자격을 갖추게 된 분이 아니다. 만일 그리스도의 신격이 성부로부터 주입되었다면, 그리스도는 성부와 종속적인 관계의 신격이다. 신의 두 번째 위치에 있는 자로서 직분자다. 그러나 그리스도는 비록 성부로부터 '나심'이지만 '동일본질'의 나심이며, 동등한 신 위격으로 계시는 분이다. 그리스도께서 중보자이신 것은 제2위 하나님으로서 역할을 말하는 것이지 종속적인 측면에 따른 직분을 말하는 것이 아니다.

언약은 본질적으로 하나님의 작정 위에 선다. 그러나 칼빈은 언약을 다루는 장면에서 하나님의 작정과 관련된 내용을 거의 다루지 않는다. 그런

---

[178] Schaff (ed.), "The Nicene Creed", *The Creeds of Christendom* Vol. Ⅰ, 24.
[179] Calvin, *Inst*, Ⅰ.13.24.
[180] Calvin, *Inst*, Ⅰ.13.23; Backus, "Calvin and the Church Fathers", 133.

데도 칼빈은 『기독교 강요』 제3권 제21장의 예정을 통해 성부께서 그리스도와 언약 맺으신 것을 가르친다.[181] 그리고 성부와 성자 사이에 맺은 언약에 대해 어느 곳에서도 '창세 후'에 언약을 맺었다는 표현을 사용하지 않는다.[182] 영원 전, 하나님은 인간의 타락을 이미 아시고, 인간의 구원을 계획하신다. 이때 '창조의 중보자' 되시는 제2위 하나님이신 성자께서 인간의 구원에 대해 '구원의 중보자'가 되어 주실 것을 성부와 언약하신다. '구원의 중보자'로서 인간의 죄를 어떻게 대속하실 것인지, 대속의 값으로 세 가지 직분이 주어지게 되며, 세 가지 직분은 영적 기름 부음을 통해 이뤄진다.

그리스도의 세 가지 직분은 첫째 아담의 구속과 관련된 직분이다. 바빙크에 의하면, 그리스도께 다른 직분이 주어지지 않고 오직 '왕'과 '선지자', '제사장'의 세 가지 직분만 주어진다. 이것은 우발적이거나, 우연적인 일로 일어난 것이 아니다. '창조회복'에 따른 하나님의 구원 계획과 목적에 기초한다.[183]

그리스도의 세 가지 직분은 '영원 전', '창조의 중보자' 되시는 성자를 '구원의 중보자'로 삼으면서 주어진 직분이었다. 그리스도의 기름 부음은 '구속언약'이 체결되면서 동시에 이뤄진다. 구속언약은 택함을 받은 자들이 언약의 유익의 참여자로 만들기 위해 그리스도께서 왕, 선지자, 제사장의 직분을 취하신 것이다.[184] 이런 '구속언약'은 '은혜언약'의 영원한 기초이며, 그리스도를 위한 언약이 아니라 죄인을 위한 언약이라는 측면에서 '행위언약'이었다.[185]

---

[181] Calvin, *Inst*, III.21.5.
[182] 릴백, 『칼빈의 언약사상』, 324-325.
[183] 바빙크, 『하나님의 큰 일』, 322.
[184] 비키 · 존스, 『청교도 신학의 모든 것』, 281, 288.
[185] Berkhof, *Systematic Theology*, 295.

바빙크는 그리스도께서 기름 부음 받은 시기를 '영원 전'으로 보고 있다. '왕'과 '선지자', '제사장'의 직분 수행은 그리스도께서 인성을 취하시면서 비롯되었다고 본다.

> 그때 처음으로 그분은 그분의 중보 사역의 수행을 위해서 인성을 취해 갖추셨다. 그분이 인간이 되셔야 했던 것은 하나님의 이름을 인간들에게 계시하시기 위해서였고, 고난을 받으사 십자가에 죽으시기 위해서였으며, 진리의 왕으로서 진리를 증거하시기 위함이었다.[186]

비치우스에 따르면 그리스도의 세 직분과 관련해 "중보"와 "보증"이 되어 주신 것은 인간이 타락한 직후 실행된다.[187] '영원 전', 성부와 성자 사이에 체결된 '구속언약'에서 그리스도께서 차지하시는 공적인 위치는 다음과 같다.

첫째, 보증이 되시는 것이었다. 형벌을 대신 받을 것에 대한 보증이었다. 자신이 당사자가 되셔서 죄인의 자리에 서서 값을 치룰 것에 대한 보증이었다.

둘째, '머리'가 되는 대표성으로서 공적인 위치에 서는 것이었다.[188] 첫째 아담이 지은 죄는 '머리'의 대표성으로 인류의 죄가 되었다. 둘째 아담인 그리스도의 '머리' 되심은 첫째 아담의 죄를 대속하고, 자신이 이룬 의를 우리의 의로 삼으며, 인류로 하여금 죄의 노예로부터 해방하는 데 있어서 대표성이었다.

---

186 바빙크, 『하나님의 큰 일』, 323.
187 Woo, *The Promise of the Trinity*, 49.
188 Berkhof, *Systematic Theology*, 294.

←그리스도의 세 가지 직분의 부여와 영적 기름 부음을 받은 시기→[189]

	(태초) (창조) →→→→→→→→→→→→→→→→→→	
세 가지 직분 (영적 기름 부음) ↑ 구속언약 (성부/성자-그리스도)	창 2:17 ↑ 행위언약 (하나님/사람)	창 3:15 ↑→ 은혜언약 (하나님/그리스도/사람)
영원 전 ⇐ ⇒	타락 전	타락 후 (구속언약 작동)

도표 5)

그리스도께서 세 가지 직분의 기름 부음을 받은 것은 한 개인의 문제에 대한 해결자의 자격이 아니었다. 첫째 아담이 인류의 대표성으로 죄를 범했던 것처럼, 인류 전체를 대표하는 자격으로 기름 부음을 받으신 것이었다.[190] 그리스도께서 세 가지 직분에 따른 영적 기름 부음을 받으신 것은 '영원 전', 구속언약이 체결될 때였다(참고, 도표 5). 밴후저는 구속과 언약 그리고 세 직분에 대해 다음과 같이 말한다.

> 우리는 구속의 드라마 전체가 하나님이 우리의 하나님이 되시고, 우리는 그분의 백성이 되리라는 하나님의 언약과 함께 움직이기 시작했다는 사실을 확증해야 한다. 보어스마와 함께 우리는 성육신하신 아들이 하나님의 언약의 목적을 실행하는 자라는 사실, 그리고 '그리스도'의 대단히 중요한 소명과 정체성을 구성하는 세 가지 직분이 그 자체로 언약적인 것이라는

---

189 그리스도의 세 가지 직분에 대해 영적 기름 부음을 받은 시기는 영원 전, 성부와 성자가 구속언약을 맺을 때, 그 직분이 주어지면서 영적 기름 부음이 이뤄지게 된다.
190 Boston, *Human Nature in its Fourfold State*, 62-64.

사실을 확증해야 한다.[191]

칼빈은 『제네바 교리문답』 제34문에서 이렇게 가르친다.

그리스도의 칭호는 그리스도께서 아버지로부터 기름 부음을 받으심으로써 '왕', '선지자' 그리고 '제사장' 직분으로 임명되셨다는 것을 의미한다.[192]

그리스도의 직분은 두 가지 측면에서 구속언약과 긴밀하게 연결된다.

첫째, 그리스도의 세 가지 직분은 하나님의 예정하심과 작정 그리고 섭리를 이끌어 내는 측면에서 구속언약과 긴밀하게 연결된다. 그리스도의 세 가지 직분은 구원과 직결된 직분이다.[193] 하나님은 인류의 머리가 되는 첫째 아담의 타락을 아는 것으로 그치지 않으셨다. 자신의 '형상'과 '모양'으로 피조된 아담의 구원을 계획하신다. 이때 그리스도의 세 가지 직분은 구원에 따른 예정과 작정과 섭리에 대한 공의의 값이 될 것을 구속언약 가운데 명시하신다.[194]

둘째, 세 가지 직분은 하나님의 은혜를 이끌어 내며 구속언약과 긴밀하게 연결된다. 구속언약은 그리스도의 행위를 강조한다. 구속언약은 행위언약에 있어서 그리스도께서 인류를 대표하는 둘째 아담이 되셔서 첫째 아담의 행위를 대신하시는 것을 말한다.[195] 여기서 그리스도는 세 가지 직분을 통해 보증이 되실 뿐만 아니라 중보자로서 직무를 수행하신다. 구속

---

[191] 밴후저, "속죄", 346.
[192] 존 헤셀링크, "칼빈의 신학", 150-151.
[193] Bavinck, *Reformed Dogmatics* Vol. 4, 215-216.
[194] Bavinck, *Reformed Dogmatics* Vol. 4, 122.; Vol. IV, 212-214; Vol. IV, 225-226.
[195] Trueman, "Calvin and Reformed Orthodoxy", 475.

언약의 체결에는 죄에 대해서는 반드시 값이 있다는 하나님의 공의를 발견하게 한다. 그러나 구속언약은 죄 없으신 분의 자원하는 순종과 복종을 바탕으로 하고 있었다. 이런 그리스도의 세 직분에 따른 대속의 값은 하나님의 은혜를 이끌어 내기에 충분했다. 그리스도는 인간의 죄를 위해 죽으셨고, 그 값으로 인간을 일으키셨다.[196]

하나님은 창조주이실 뿐만 아니라, 만물에 대한 소유와 지배와 권위 그리고 자신이 창조한 온 우주의 '최종 해석자'이시다. 하나님은 피조 세계와 피조물에 이르기까지 질서와 원칙을 자신의 절대적 권세를 통한 주권으로 세우셨다.[197] 첫째 아담의 범죄는 하나님의 절대적 권위에 대한 범죄행위였다. '형상회복'을 통해 '창조회복'을 이끌어 갈 그리스도의 세 가지 직분은 처음부터 주어진 제2위 성자 하나님의 직분이 아니었다. 그리스도께 주어진 세 가지 직분은 하나님의 주권을 인정하며, 동시에 하나님의 용서와 자비와 사랑이라는 은혜를 우리로 하여금 재발견하게 하는 구속언약의 선물이었다.

5. 결론

둘째 아담 그리스도의 세 가지 직분은 신성과 인성에 따른 직분이다. 그리스도의 세 가지 직분은 둘째 아담으로서 첫째 아담을 대속하실 직분이었다. 첫째 아담의 불순종에 대해 완전한 값이 되는 직분이었다. 이것을 창조론적인 측면에서 '형상회복' 또는 '창조회복'이라 일컫는다.

A. A. 핫지는 『웨스트민스터 신앙고백 해설』에서 그리스도께서 중보자

196　Bavinck, *Reformed Dogmatics* Vol. 4, 214.
197　존 M. 프레임, 『신론』, 김재성 역 (서울: 개혁주의신학사, 2014), 135-153.

로서 세 가지 직분을 감당하실 때, 인성을 신적인 것으로 만들어 사역하지 않으셨음을 밝힌다. 신성과 인성은 분리되지 않았고, 변화하지 않았다.[198] 이런 그리스도는 율법의 창시자였다. 그리고 자신에 의해 제정된 그 율법에 대해 완전히 순종하시며 세 직분의 사역을 이뤄 가셨다.[199]

그리스도의 이런 사역에 대해 고대 교회의 교부들뿐만 아니라 루터를 비롯한 종교개혁자들 그리고 칼빈과 이후 신학자들도 동의한다.

그리스도께서 세 가지 직분을 수행한 것에 대해 신약성경은 두 가지 단계로 이를 증거한다.

첫째, 공생애의 준비를 위한 단계이다.

앞에서 "창조론과 관계된 둘째 아담의 세 가지 직분과 공생애 사역"에서 밝힌 바 있다. 그리스도께서 공생애를 본격적으로 이루시기 전, 광야에서 마귀로부터 받았던 세 번의 유혹(시험)은 첫째 아담의 세 가지 직분 회복을 이루지 못하도록 하기 위한 마귀의 공격이었다. 이때 유혹은 '선지자 직분'과 '제사장 직분' 그리고 '왕의 직분'에 대한 단계로 접근이 이뤄진다.

둘째, 공생애 사역에 따른 직분 수행의 단계이다.

그리스도의 공생애가 '왕의 직분'과 '선지자 직분' 그리고 '제사장 직분'의 직무 수행을 통해 '형상회복'이라는 '창조회복'을 불러일으킨다.

그리스도의 세 가지 직분은 기독론의 근간을 이룬다. 그리고 교의학적으로 '형상회복'에 따른 좁은 의미의 '창조회복'의 관점을 가진다. '창조론적' 관점을 가지고 있는 그리스도의 세 가지 직분은 교리적으로 다른 교

---

[198] A. A. Hodge, *Commentary on The Confession of Faith*, 198-200.
[199] A. A. Hodge, *Commentary on The Confession of Faith*, 200-202.

리와 긴밀한 관계를 가지며, 직무가 수행된다.

'왕의 직분'은 '은혜의 교리'와 관련을 가진다. '왕의 직분'은 그리스도의 본연의 모습을 담고 있으며, '하나님 형상'을 향한 '은혜'를 내포한다. 인간의 타락 이후 '은혜'는 두 가지로 그 모습이 나타난다.

첫째, 인간의 구원과 관련된 은혜이다.
둘째, 이들이 초자연적인 질서에까지 올려지는 은혜이다.[200]

여기서 '왕의 직분'은 구속언약의 실현을 위해 스스로 희생적인 사역을 이뤄 간다. 그리고 '선지자 직분'은 '계시'와 '회개'의 교리와 관련을 가진다. A. A. 핫지에 의하면, 그리스도는 모든 "계시의 원천"이시며, 가르치는 사역으로 "선지자 직분"의 직무를 수행하신다.[201] 산상수훈의 가르침에서 그리스도는 자신이 말씀의 본체이며, 그 말씀에 대한 최종 권위자라고 계시하신다.[202] 그리고 죄악된 인간들에게 말씀을 계시해 죄를 돌아보게 하시고, 그들을 회개 가운데로 이끄신다.

'제사장 직분'은 '화해론'의 교리와 관련을 가진다. 그리스도는 '왕'으로, 그리고 말씀의 본체로 이미 존재하고 계셨으며, 이끌어 낼 '화해'를 목적으로 하고 있었다. 세 가지 직분 가운데 첫째 아담의 죄를 대속하기 위해 그리스도께서 스스로 결정하신 직분이 있었다면, 그것은 '제사장의 직분'이다. 이 직분은 인간의 구원을 목적으로 하고 있으며, 두 당사자를 서로 화해시켜 주는 것을 암시했다. 속죄는 죄와 허물을 덮어 주는 희생 제물에 의해서 이뤄진다.[203] 그리스도의 '화해'는 이 두 가지 모두를 포괄한다.

---

[200] Bavinck, *Reformed Dogmatics* Vol. 3, 332; 516-517.
[201] A. A. Hodge, *Commentary on The Confession of Faith*, 186-187.
[202] Calvin, *Inst* II.15.2.
[203] 헨더렌 · 펠레마, 『개혁교회 교의학』, 844.

바르트는 '화해론'을 하나님의 사랑의 속성으로 설명한다. 그러나 그리스도의 제사장 직분의 수행을 따라 이뤄지는 '화해'는 하나님의 사랑의 속성뿐만 아니라 하나님의 '자비'와 '용서' 그리고 '은혜'와 '사랑'의 속성을 함께 이끌어 내어 '화해'를 이루게 된다.

그리스도의 세 가지 직분은 단순한 기능적 직무를 말하는 직분이 아니다. 그리스도의 직분은 '창조론'과 '기독론' 그리고 '구원론'적인 측면에서 하나를 이루며, 교의학적으로 중요한 위치를 차지한다. 그리스도의 세 직분은 각각의 직분으로 구성되어 있다. 그런데도 세 직분은 삼위일체처럼, 구조적인 측면에서 서로 연결된다. 그리고 본질과 속성에 있어서 연합을 이뤄 직분에 따른 직무를 수행한다.

이때 그리스도의 세 직분은 그리스도의 '위격' 안에서 '일체'를 이룬다. 그리고 신인양성이 위격적 연합을 이루고 있는 그리스도의 '한 인격' 안에서 연합을 이룬 채 직분에 따른 직무를 수행한다.[204] 이런 세 직분은 '중보자'로서 그 직분에 따른 직무를 실행한다.

그리스도께서 신인양성의 연합된 상태에서 '중보자'의 모습을 이루셔야 할 것은 헤페의 주장에서 나타나는 것처럼, 범죄한 인간은 죽은 존재이기에 스스로 중보자가 될 수 없다.[205] 하나님과 화해를 이루기 위해서는 화해를 이룰 속전에 따른 문제가 해결되어야 한다. 그러나 인간은 어떤 모습으로도 하나님과 화해를 이끌어 낼 만한 여력을 가지고 있지 못한 것이 사실이다.

여기에 대해 그리스도는 공로와 효력에 따른 성취를 이룰 '중보자'로서 '참 하나님'과 첫째 아담의 '참 사람'의 모습을 취하시게 된다. 창세 전, 첫째 아담의 '창조회복'에 따른 구속언약이 체결된다.[206] 그리스도의 세

---

[204] Gentry · Wellum, *Kingdom through Covenant*, 555; Trueman, "Calvin and Reformed Orthodoxy", 474-475.
[205] Heppe, *Reformed Dogmatics*, 448-452.
[206] Bavinck, *Reformed Dogmatics* Vol. 3, 212-215; Woo, *The Promise of the Trinity*, 38-40.

직분은 구속언약과 긴밀한 관계를 가지며 직무가 수행된다. 그리고 그리스도의 직분은 '기독론'과 함께 '창조회복'에 따른 '창조론'과 '구원론'이 연결되어 직무 수행에 따른 사역을 이뤄 가게 된다.

그리스도께서 보증이 되어 주신 구속언약과 그에 따른 세 가지 직분은 제3자로서의 위치가 아니었다. '언약의 머리'로서 첫째 아담의 당사자가 되는 둘째 아담의 직분이었다. 둘째 아담인 그리스도는 모든 인간은 죄인이라는 법으로부터 예외가 되신다. 하나님은 이런 그리스도 안에서 은혜언약을 맺으셨다. 그리스도는 이 언약의 머리이실 뿐만 아니라 중보자가 되신다. 행위언약에서는 언약의 머리로서 첫째 아담이 당사자였다면, 은혜언약(구속언약)에서는 언약의 머리로서 그리스도께서 아담의 당사자가 되신다. 첫째 아담은 그의 자연적 후손의 머리였고, 그리스도는 그의 영적 후손의 머리가 되신다.[207]

둘째 아담의 세 가지 직분은 단순히 첫째 아담의 행위를 대신하는 직분이 아니었다. '한 인격'으로서 '보증'이었으며, '한 인격'으로서 중보자였다. 그리고 '머리'로서 전체를 대표하는 직분이었다. 이런 측면에서 그리스도의 세 가지 직분은 '창조회복'을 일으키는 직분이었다. 하나님의 공의를 만족시키며, 대속의 값에 따른 하나님의 은혜를 이끌어 내기에 충분한 직분이었다.[208]

---

[207] Bavinck, *Reformed Dogmatics* Vol. 3, 117; 헨더렌. 펠레마,『개혁교회 교의학』, 912-913; 비키 · 존스,『청교도 신학의 모든 것』, 43-44.

[208] Bavinck, *Reformed Dogmatics* Vol. 4, 214.

총결론

1. 전체 요약

　둘째 아담 그리스도의 세 가지 직분이 고대 교회 교부들에 의해 다루어질 때 '왕'과 '선지자' 그리고 '제사장'에 대한 직분론은 각각 구별되어 설명되지 않는다. 포괄적으로 논해진다. 그리스도의 세 가지 직분이 '형상회복'에 따른 '창조회복'의 관점을 가지고 있다는 것 또한 포괄적인 신학 안에서 간접적으로 증거된다. 당시 교부들의 신학은 핍박과 고난 속에서 절망하며, 배교를 통해 순간을 모면하고자 하는 신자들을 독려하는 차원에서 움직였다. 그리스도의 직분에 담긴 메시지 또한 동일한 차원에서 활용된다.

　고대 교부들은 그리스도의 제사장 직분을 매우 강조했다. 이것은 당시 교부들의 공통된 특징이었다. 시대적 상황이 그리스도의 제사장 직분을 호출한다. 고통과 고난, 핍박을 이기는 십자가를 제사장 직분과 연결시켰던 것이다.

　이런 가운데 그리스도의 세 가지 직분에 대한 교의학적 초기의 이해는 로마의 클레멘스로부터 시작한다. 고난 가운데 놓여 있는 고린도 교인들을 향한 격려 서신에서 그 내용이 발견된다. 여기서 클레멘스는 그리스도를 "하나님의 왕권을 가지신 분", "유일한 대제사장", "영혼의 보호자"로 지칭한다.[1]

　그리고 이레나이우스는 그노시스들과의 논쟁에서 "둘째 아담으로서 그

---

[1] Richardson (ed.), *Early Christian Fathers*, 50-51, 61, 72-73; Clement of Rome, "The Person and Work of Christ", 29; Clement of Rome, "The Church and Ministry", 31.

리스도"를 구원론적인 측면에서 증거하며, 그리스도의 직분론을 신학적 무대로 등장시킨다.[2]

그리스도의 직분에 대한 초기의 이해에 대해 알렉산드리아의 클레멘스는 그리스도의 위격을 통해 그리스도를 "통치자", "대제사장", "선지자"로 거론하며, 기독론을 발전시킨다.[3]

그리고 오리게네스는 첫째 아담의 대속을 이룰 둘째 아담으로서 그리스도의 명칭을 거론한다. 그리고 그리스도께서 "중보자"이심을 강조한다. 그러나 오리게네스는 대속을 이루는 그리스도의 사역에 대해 이것을 마귀에게 주는 "배상설"로 오도한다.

오리게네스 이후 그리스도의 직분론은 힐라리우스에 의해 첫째 아담의 관점에서 대속을 이룰 둘째 아담인 그리스도가 본격적으로 거론된다. 이런 단계는 나지안주스의 그레고리우스와 닛사의 그레고리우스를 지나, 암브로시우스에 이르게 된다.

암브로시우스는 그리스도께서 중보자라는 것과 함께 '새 생명'의 주관자이심을 거론한다. 여기서 그리스도는 둘째 아담으로서 첫째 아담의 채무를 변제하실 "변제자"의 모습을 가진다.[4] 오리게네스의 "배상설"은 그리스도의 죽음을 마귀에게 빚진 것을 변제하는 값의 지불로 본다. 반면, 암브로시우스의 "배상설"은 '하나님의 형상'을 회복하는 간접적인 측면을 다룬다. 그리스도의 사역이 '하나님의 형상'을 그려 낸다.

이런 가운데 기독론이 중심이 되어 발전해 오던 그리스도의 세 가지 직분론은 니케아 신경(A.D. 325)에 이르게 된다. 그리스도에 대한 "참 하나님"과 "동일본질", 성령에 대해 "아버지로부터"만이 아니라 "그리고 아들로부터"라는 "필리오케"에 대해 집중적으로 거론되면서 새로운 발전을

---

2   크레취마르(편), 『신학의 고전 Ⅰ』, 20-21.
3   Clement of Alexandria, "On Spiritual Marriage", 67; 펠리칸, 『고대교회 교리사』, 202.
4   Ambrose, "Letters 40 and Letters 41: The Synagogue at Callinicum", 226-228; Ambrose, "The Work of Christ", 181.

거듭한다.

크리소스토무스는 그리스도의 사역을 거론하며, 그리스도의 직분론에 새로운 영향을 끼친다. 그는 그리스도의 죽음을 가리켜, 우리의 죄를 사면해 주기 위한 사역으로 증거한다.[5] 그는 "그리스도께서 죄로 삼은 바 되셨다"는 것과 "그리스도께서 저주가 되셨다"는 두 큰 요지를 통해 아담의 '회복'에 따른 그리스도의 사역을 증거한다.[6]

크리소스토무스는 그리스도의 사역과 관련해 "선택적 교리"와 "전가에 대한 교리" 그리고 "은혜의 교리"를 증거한다. 둘째 아담의 세 가지 직분에 따른 교리를 형성하는 데 밑거름이 된다. 이것은 후대의 칼빈에게 직·간접적인 영향을 끼치기도 한다.

5세기의 신학을 이끌었던 아우구스티누스는 『자유의지론』과 『하나님의 도성』, 『고백록』, 『참된 종교』 등에서 그리스도의 직분을 다룬다. 첫째 아담에게 직분이 주어졌다는 것을 "원죄론" 등을 통해 설명하면서 그리스도의 직분에 대한 교리를 형성시킨다.

5세기의 네스토리우스와 "하나님의 어머니"(데오토코스)에 대한 논쟁을 일으켰던 키릴루스는 첫째 아담의 대속을 이룰 "기름 부음 받은 자"로서 둘째 아담을 거론한다. 그는 그리스도께 주어진 제사장 직분과 왕에 대한 두 직분을 종전의 교부들과는 달리, 교훈적이고, 신앙적인 독려 차원이 아니라 교의학적으로 조명한다. 그는 둘째 아담으로서 그리스도의 직분을 소개할 때, 제사장 직분을 특별히 강조한다. 그리고 신성과 인성의 '한 인격'을 이룬 그리스도의 수난사를 강조한다.[7]

그리스도의 세 가지 직분에 대한 교의학적 형성에 있어서 또 하나의 분기점은 칼케돈 신경(A.D. 451)이 그 중심에 선다. 그리스도의 "신성"과 "인성"의 "두 본성"에 대한 "한 인격"과 "동일본질"에 대한 교리가 세워진

---

5 Chrysostom, "The Work of Christ", 171-172.
6 Bavinck, *Reformed Dogmatics* Vol. 3, 399-400.
7 Kelly, *Early Christian Doctrines*, 318.

다. 여기에 왕이면서 말씀의 근본이신 그리스도와 함께 완전한 제물로서 중보자의 모습을 갖추고 있는 제사장이 조명된다.

칼케돈 공의회 이후 그리스도의 직분론은 제2차 콘스탄티노플 공의회(A.D. 553)와 제3차 콘스탄티노플 공의회(A.D. 680) 그리고 콘스탄티노플의 또 다른 공의회(A.D. 861-880) 등에서 나타나는 것처럼, 자신들의 교리적 권위를 지켜 내기 위한 변증적 신학이 중심을 이룬다. 그리스도의 직분론은 그들의 관심에서 멀어졌으며, 자연스럽게 "휴면 상태"에 놓이게 된다.

그러던 그리스도의 직분론이 11세기의 안셀무스에 와서 새롭게 점화된다. 안셀무스는 『하나님은 왜 사람이 되셨는가』에서 죄에 대한 "속상적 개념"을 들고 나온다.[8] 그리고 『프로슬로기온』과 『모놀로기온』에서는 "하나님의 존재"와 "하나님의 본질과 속성"을 거론한다. 여기서 그리스도께서 둘째 아담으로서 대속에 따른 직분을 수행했다는 '창조회복'의 큰 틀을 놓는다.

13세기, 토마스 아퀴나스는 『신학대전』과 『대이교도 대전』 등에서 그리스도의 직분에 따른 직무를 강조한다. 여기서 아퀴나스는 그리스도의 직분에 따른 직무가 구속과 구원에 있어서 구조와 원인이 된다는 것을 증거한다.[9]

아퀴나스 이후 그리스도의 직분론은 16세기 종교개혁의 문을 열었던 루터에 의해 '제사장직'과 '왕직'의 두 직분론이 강조된다. "칭의의 교리"가 중심이 되었던 루터는 "노예 의지론"과 "십자가신학"에서 '화해'에 따른 희생제물로서 제사장 직분과 왕의 직분을 소개한다.[10] 안셀무스가 죄에 대해 "속상"에 따른 "만족"을 주장했다면, 루터는 그리스도께서 그 값을 십

---

8   Kelly, *Early Christian Doctrines*, 375.
9   Schaff, *History of the Christian Church*, Vol. V, 670; 사쏘(편), 『신학대전 요약』, III.46, 435-438; 오미어러, 『신학자 토마스 아퀴나스』, 261-262; 크레취마르(편), 『신학의 고전 I』, 273-274.
10 알트하우스, 『루터의 신학』, 251; 로제, 『마틴 루터의 신학』, 317.

자가에서 대신한 것을 주장한다. 루터의 주장은 그의 "십자가신학"과 함께 『시편 강해』와 『갈라디아서 강해』 그리고 『히브리서 강해』 등에 고스란히 드러난다.

이와 같이 '창조회복'에 따른 그리스도의 직분론이 포괄적으로 취급되고, 왕과 제사장의 두 직분으로 강조되는 등 불확실한 교리 가운데 있을 때였다. 칼빈은 세 가지 직분에 대한 분명한 교리적 입장을 취한다.

초대교회 및 교부 시대를 거쳐, 역사적으로 그리스도의 직분론에 대한 신학적 형성의 발걸음을 요한 크리소스토무스가 이뤄갔다. 안셀무스는 꺼져가는 그리스도의 직분론에 새로운 불을 지핀다. 그런가 하면, 칼빈은 지금까지 역사 속에서 논의되어 오면서 교리적으로 제 위치를 찾지 못했던 그리스도의 세 가지 직분론을 교의학적 바탕을 겸비한 교리로 확립시킨다.

판넨베르크는 그리스도의 세 가지 직분론에 대해 오시안더가 최초로 교리적으로 설명한 신학자라고 주장한다.[11] 그에 따른 근거로 그는 오시안더가 작성한 1530년의 "아우그스부르크 의회의 변론서"를 제시한다. 판넨베르크에 따르면, 칼빈은 그리스도의 세 가지 직분을 교리로 사용한 것은 1536년 이후 『제네바 신앙고백서』와 『기독교 강요』에서 일반적으로 사용했다는 것이다.[12] 마치 칼빈이 오시안더의 영향을 받아 세 가지 직분의 교리를 체계적으로 사용한 것처럼 논한다.

그러나 그리스도의 세 가지 직분에 대한 칼빈의 교리적 확립은 판넨베르크의 주장과는 달랐다. "둘째 아담인 그리스도의 세 가지 직분에 대한 교리적 확립"에서 이미 밝혔던 것처럼, 그리스도의 세 가지 직분에 따른 칼빈의 교리적 확립은 세 가지의 영향을 받게 된다.

---

11   Pannenberg, *Jesus-God and Man*, 213.
12   Pannenberg, *Jesus-God and Man*, 213.

첫째, 교부들의 신학적 영향
둘째, 종교개혁주의자들의 영향
셋째, 여러 논쟁을 통한 영향

그리스도의 직분에 대한 "기름 부음 받은 자"라는 칭호는 나지안주스의 그레고리우스와 크리소스토무스에게서 발견된다. 그리고 그리스도를 "둘째 아담"이라는 칭호는 2세기의 이레나이우스에게서 발견된다. 판넨베르크의 주장대로, 오시안더가 '아우그스부르크 의회'(1530)에서 자신의 변론을 위해 그리스도의 직분에 관해 논했을지라도 이것은 교리적인 정착과 체계로 볼 수 없다.

심지어 존 페스코는 16세기의 요한네스 아 라스코에 의해 세 가지 직분론이 칼빈보다 먼저 주장되었다고 하지만 칼빈이 그리스도의 세 가지 직분론을 변증하며, 교리적으로 문서화하고 정착시킨 것은 1536년과 1539년의 『기독교 강요』에서 이미 이뤄지고 있었다.

그리스도의 세 가지 직분에 대한 교리의 체계적인 확립과 정착은 칼빈에 와서 이뤄지게 된다. 여기에 대해 벌코프와 바르트 그리고 벌카워뿐만 아니라, 수많은 신학자가 동의한다.[13]

칼빈의 그리스도의 세 가지 직분에 따른 교리적 확립과 발전에 대해 살펴보면, 그 출발은 1536년의 제1차 『제네바 신앙고백서』에서 포괄적으로 다루어진다. 그리고 1536년판의 『기독교 강요』는 제2장 "신앙"에서 다루어졌던 사도신경 해설의 두 번째 부분에서 그리스도를 중보자로 소개하면서 제사장직 안에서 선지자직을 함께 설명했다. 변증적인 측면에서 '성령의 사역'을 통해 선지자의 직분을, 그리고 왕으로서 그리스도를 포괄적으

---

13 Berkhof, *Systematic Theology*, 391; Barth, *Church Dogmatics*, IV/3-1, 5; Berkouwer, *The Work of Christ*, 61-62; Woo, *The Promise of the Trinity*, 47-48; Witsius, *De oeconomia foederum*, II.3.3; Muller, *Christ and the Decree*, 31-33, 72, 74; Muller, *After Calvin*, 1.4.

로 설명한다.¹⁴ 그리고 1539년 판의 『기독교 강요』는 1536년 판의 『기독교 강요』제2장 "신앙"에서 다루었던 사도신경 해설을 변증적인 측면에서 교리적으로 설명한다.¹⁵

1539년의 『기독교 강요』는 제4장 "신앙"에 속한 사도신경 해설에서 "기름 부음 받은 자"로서 "왕직"과 "선지자직" 그리고 "제사장직"의 세 가지 직분을 교리적으로 설명한다.¹⁶

프랑스어로 작성된 1542년의 『제2차 제네바교회 교리문답서』는 제34문에서부터 제45문에 이르기까지 총 16개의 문답 형식으로 세 가지 직분에 대해 교리적으로 설명한다.¹⁷ 특히 이 『제2차 제네바교회 교리문답서』는 그 형식에 있어서 『하이델베르크 요리문답』(1563)의 세 가지 직분에 대한 중요한 모델의 역할을 한다.¹⁸

그리고 최종판인 1559년 『기독교 강요』의 제2권, 제15장, 1-6절에 등장하는 그리스도의 세 가지 직분의 교리에 대해 직접적인 영향을 끼친다. 1539년의 『기독교 강요』와 1559년의 『기독교 강요』는 그리스도의 세 가지 직분을 중보자의 관점에서 기독론에 초점을 맞추어 내용을 전개해 나간다. 그리고 '형상회복'에 따른 '창조론적' 관점을 함께 내포하며 전체를 진행한다.¹⁹

칼빈의 『기독교 강요』 이후, 그리스도의 세 가지 직분은 16세기와 17세의 신앙고백서가 중심에 선다. 요한네스 아 라스코는 『런던 신앙고백』에서 그리스도의 세 가지 직분론을 구원론과 사도와 교회에 부여된 역할과

14　Calvin, *Institutes of the Christian Religion*(1536) Ⅱ.1.6-7, 44-45; Ⅱ.3.20, 57-58.
15　Calvin, *Institutes of the Christian Religion: The First English Version of the 1541 French Edition* 4.2, 218-219.
16　Calvin, *Institutes of the Christian Religion: The First English Version of the 1541 French Edition* 4.2, 219-220.
17　Calvin, *Catechism of the Church of Geneva*, 15-19; Freudenberg, "Catechisms", 210.
18　Freudenberg, "Catechisms", 211.
19　Garcia, *Life in Christ*, 91-93.

종말론적인 측면에서 다룬다.[20]

『글래스톤베리 회중의 신앙고백』에서는 우리에게 선의의 확신을 전해 주는 '선지자'로, 죄를 위한 희생제물로서 '제사장'을, 사망 권세를 다스리고 영적 속박 가운데서 건져주는 '왕'으로서 그리스도의 세 가지 직분이 논해진다.[21]

그리고 『벨직 신앙고백서』(A.D. 1561년)는 멜기세덱의 특징을 통해 그리스도의 '왕직'과 '제사장직'을 소개한다.

『하이델베르크 요리문답』(A.D. 1563년)은 제31문에서 '선지자직'과 '제사장직'과 '왕직'을 취급한다. 제32문에서는 그리스도인과 세 가지 직분은 분리될 수 없다는 것을 피력한다.[22] 제45문은 그리스도께서 세 가지 직분의 직무 수행을 통해 이룬 그 공로가 우리에게 그대로 적용된다는 것을 말한다. 대표성에 따른 '창조회복'으로서의 둘째 아담의 직무 수행이 강조된다.[23]

그 외 『제2 스위스 신앙고백서』(A.D. 1566), 『네덜란드 신앙고백서』(A.D. 1566) 등은 그리스도의 세 가지 직분을 "중보자"와 "화해자" 모습을 통해 강조한다.

16세기와 17세기 청교도의 대표적인 신학자라 할 수 있는 퍼킨스는 『황금 사슬』에서 그리스도의 세 가지 직분에 대해 "두 본성에 따른 삼중직"을 논한다.[24] 특히 세 직분에 대한 청교도 신학의 특징은 중보자와 세 직분을 연결해 논한다. 이런 것은 아이작 암브로스와 토마스 굿윈에게도 동

---

20 Dennison (ed.), *Reformed Confessions* Vol 1, *London Confession of John à Lasco A.D. 1647*, 552-553, 563-577.
21 Dennison (ed.), *Reformed Confessions* Vol 1, *Vallérandus Poullain: Confession of the Glastonbury Congregation*(1551), 643-662.
22 Ursinus, *Commentary on The Heidelberg Catechism*, 332-334.
23 Ursinus, *Commentary on The Heidelberg Catechism*, 430-443.
24 퍼킨스, 『황금사슬』, 108-109, 117; McKim (ed.), "Perkins, William", 231; 린드버그, 『경건주의 신학과 신학자들』, 107; Muller, *After Calvin*, 1.1.

일하게 나타난다.[25]

그리고 17세기의 대표적인 신앙고백서라 일컫는 『웨스트민스터 소요리문답』(A.D. 1647)의 제23문에서 세 가지 직분의 직무 수행에 대한 것을 비하와 승귀를 통해 설명한다. 제24-28문은 세 가지 직분에 대한 직무를 소개한다.[26] 그리고 『웨스트민스터 대요리문답』(A.D. 1648)에서는 제42-45문을 통해 그리스도의 세 가지 직분을 다룬다. 그리고 제46-58문은 그리스도의 직무에 따른 비하와 승귀를 말한다.[27]

그리스도의 세 가지 직분의 교리적 바탕을 이룬 칼빈의 『기독교 강요』와 그리스도의 세 가지 직분에 따른 16세기와 17세기의 신학은 그리스도의 세 가지 직분에 대한 교리적 틀과 기준이 되었다.

비치우스와 투레틴을 비롯해 찰스 핫지와 바빙크 그리고 보스와 벌코프 등의 개혁주의 신학자들이 있다. 이와 대조되는 슐라이어마허와 리츨과 같은 신학자들이 있다. 그리고 '선지자직'을 '제사장직'에 포함시켜 두 직분론을 주장하며, "화해론"을 펼쳤던 바르트와[28] 벌카워 그리고 판넨베르크와 몰트만을 비롯한 현대 신학자들이 있다. 이들 모두에 이르기까지 그리스도의 직분론에 대한 기준은 칼빈의 『기독교 강요』와 16·17세기의 그리스도의 세 가지 직분에 대한 교리가 중심이 되어 논의 된다.

그리고 20세기의 해방신학 또한 그런 그리스도의 세 가지 직분을 등에 업고 자신들의 신학을 펼친다.

---

25 암브로스, 『예수를 바라보라 1』, 204-205, 240-242, 271; Jones, *Why Heaven Kissed Earth: The Christology of the Puritan Reformed Orthodox Theologian, Thomas Goodwin(1600-1680)*, 202-221.

26 Schaff (ed.), "The Westminster Shorter Catechism. A.D. 1647", *The Creeds of Christendom* Vol. III, 681-682; Dennison (ed.), *Reformed Confessions* Vol 4, "Westminster Shorter Catechism A.D. 1647", 356-357.

27 Dennison (ed.), *Reformed Confessions* Vol 4, *Westminster Larger Catechism* A.D. 1648, 305-310.

28 Barth, *Church Dogmatics*, IV/3-1, 14-16, 38-165; 신준호(편), 『칼 바르트 교회교의학 해제』, 177-211.

그러나 그리스도의 세 가지 직분론을 창조론적인 관점에서 보는 "위로부터의 신학"적 요소를 벗어나 "아래로부터의 신학"의 터 위에서 그리스도의 직분론을 논하는 신학자들이 등장한다. 슐라이어마허와 리츨, 그리고 판넨베르크와 몰트만을 비롯한 20세기의 해방신학이 그 대표 주자가 된다. 둘째 아담의 세 가지 직분이 첫째 아담의 '형상회복'에 따른 '창조회복'의 관점을 가지고 있다는 것을 떠난다. 그들은 그리스도의 세 가지 직분을 하나의 기능적인 측면에서 본다.

여기에 대해 자유신학과 대항하며 변증신학을 앞세웠던 신정통주의의 바르트 또한 예외가 아니었다. 그리스도의 세 가지 직분론에 대해 '창조회복'에 따른 '창조론적' 관점을 잃어버린 그는 "화해론"과 "가능성"의 신학을 통해 그리스도의 직분론을 말한다. 삼위일체를 양태적이고 종속적인 형태로 묶어 버리며, 그리스도의 직분론이 가지고 있는 참된 가치관을 잃어버린다.

첫째 아담에게 주어졌던 세 가지 직분은 하나님의 창조 목적을 이뤄야 할 직분이었다. '하나님의 형상'으로서 하나님의 피조 세계를 아름답게 가꾸는 것이었다. 특히 '하나님의 형상'대로 만들어진 존재라는 것은 하나님의 피조 세계를 다스리도록 창조되었다는 것을 말한다. 그리고 아담이 '하나님의 형상'인 것은 아담은 하나님의 계시된 뜻에 적극적으로 응답하고 순응해야 된다는 것을 말한다.[29]

'하나님 형상'은 하나님의 공유적 속성을 내포한다. '하나님 형상'인 첫째 아담에게 주어진 세 가지 직분은 '공의'와 '거룩', '의로움'이라는 하나님의 공유적 속성을 바탕으로 한 직분이었다. 이것이 아담의 자유의지 가운데 주어진다.[30] 첫째 아담에게 세 가지 직분이 주어진 것은 본성적으로 주어진 직분이 아니었다. 하나님의 창조 목적에 걸맞는 직무를 감당하기 위해 주어진 직분이었다. 이것을 시기적으로 나눠 본다면, 아담에게 직분

---

29 패커, 『청교도 사상』, 30, 110.
30 Augustine, *On Free Will*, III.I.1, 169-170.

이 주어질 것이 계획된 '명시적 시기'(창 1:26)와 에덴동산에 사람을 두시고, 그것을 '경작하게' 하시고, '지키게' 한 '확정적 시기'(창 2:15)로 나눌 수 있다.

첫째 아담의 대속을 이룰 둘째 아담의 세 가지 직분은 '형상회복'에 따른 '창조회복'의 개념을 함께 가지고 있다. 첫째 아담의 대속을 이룰 둘째 아담의 값은 '사망'에 따른 값만 있는 것이 아니다. 거기에는 불순종의 값에 따른 '가시와 엉겅퀴'에 대한 값과 함께 직분의 불순종으로 인해 박탈당했던 직분의 회복에 따른 값이 함께 요구된다.

그리스도께서 '구속언약'을 맺으실 때, 신인양성으로 성육신하실 것과 함께 '기름 부음 받은 자'로서 세 가지 직분이 주어진 것이 위격적 연합의 측면에서 다루어진다. 여기서 유의할 것은 제사장 직분은 신성의 고유한 직분 가운데서는 존재하지 않았으며, 하나님의 임재를 중보하는 직분이었다는 사실이다.[31] 따라서 신인양성의 위격적 연합을 이룬 둘째 아담인 그리스도께 세 가지 직분이 주어진 것은 박탈당한 첫째 아담의 직분의 회복에는 '창조회복'의 관점이 함께 주어지고 있다는 것을 증거한다.

둘째 아담이었던 그리스도께서 공생애를 시작하시기 전, 광야에서 마귀로부터 받으셨던 세 번의 유혹은 첫째 아담의 '창조회복'을 막기 위한 세 가지 직분을 향한 마귀의 공격이었다.

존 파이퍼(John Piper)는 '칭의 논쟁'에서 이렇게 말한다.

> 아담의 범죄로 인해 아담과 관련된 모든 사람에게 정죄가 발생된 것과 똑같은 방식으로 그리스도와 관계된 모든 사람에게 그리스도께서 이루신 의가 발생한다.[32]

---

31 하우스, 『구약신학』, 228-231.
32 존 파이퍼, 『칭의 논쟁』, 신호섭 역 (서울: 부흥과개혁사, 2009), 267-268.

그리스도께서 둘째 아담이 되셨다는 것은 첫째 아담의 범죄로 인해 박탈당하고 상실당했던 직분에 대한 회복을 둘째 아담이 반드시 가져와야만 한다는 것을 말한다. 아담에 의한 죄의 전가는 단순히 신분적으로 '죄인'이 된 것이 아니었다. 아담이 '죄인'이 된 것은 본질의 문제였다.

둘째 아담으로서 공생애를 이룰 그리스도께서 선지자 직분을 향한 마귀의 유혹을 신명기 8:3의 말씀으로 물리치신다. 제사장의 직분에 따른 유혹은 신명기 6:16의 말씀으로, 왕의 직분에 대한 유혹은 신명기 6:13의 기록된 말씀으로 물리치신다.[33]

잭 딘 킹스베리는 『마가의 기독론』에서 그리스도께서 유혹을 받은 '광야'를 가리켜 "마귀의 거처"라고 말한다. 그리고 '마귀'는 "강한 자"로 상징되기도 한다고 말한다. 이런 마귀의 유혹을 그리스도께서 물리치신 것은 두 가지의 의미를 가진다.

첫째, '구원의 시대'를 시작하셨다는 것이다.
둘째, '요단강에서의 수세 사건'을 완성하셨다는 것이다.[34]

광야에서 마귀의 유혹을 신명기의 말씀으로 물리치신 것은 말씀에 불순종해 박탈당했던 첫째 아담의 직분 회복에 따른 두 가지를 성취하신 것이다.

첫째, 하나님의 말씀을 지키고, 말씀을 바르게 세움으로써 첫째 아담이 실패했던 영적 전투에서 승리하셨다.
둘째, 첫째 아담에 의해 박탈당하고 상실당했던 직분을 회복하셨다.

33　Sherman, *King, Priest, and Prophet*, 110-115.
34　J. D. 킹스베리, 『마가의 기독론』, 김근수 역 (서울: 도서출판 나단, 1994), 105-109.

마귀를 통한 승리는 직분의 회복과 함께 직분에 따른 사역의 출발을 이룬다. 그리스도는 공생애를 통해 영혼을 일깨우는 사역을 선지자직의 수행으로 이루신다. 그리고 왕의 직분으로 성부의 뜻을 세우시며, 제사장의 직분으로는 거룩을 지키신다. 십자가에서 이룰 대속의 완전한 길을 열어 가신다.

대속에 따른 모든 조건을 갖춰지면 대속이 법적으로 성립된다. 구약의 대제사장이 대속을 이룰 때였다. 지성소에 들어가기 전, 먼저 머리부터 발끝까지 몸을 씻는다. 순결한 백색 세마포 예복을 입는다. 그리고 하나님께 드릴 대속의 희생제물을 드렸다. 그런 다음 자신의 몸을 세 번째로 정결케 하고 옷을 갈아입은 뒤 지성소에 들어가 백성의 죄를 대속했다. 모든 절차를 완전히 이행하고 난 뒤 백성을 대속할 수 있었다.[35]

구약의 대제사장이 대속을 이루기 위해 취한 행동은 장차 그리스도께서 둘째 아담으로서 대속을 어떻게 이루시는지를 예표한다. 첫째 아담의 죄로 말미암은 "가시와 엉겅퀴"에 대한 "저주의 값", 불순종에 따른 "진노의 값", "죄의 삯"인 "사망의 값"을 해결해야만 완전한 대속을 이룰 제물이 될 수 있었다. 그리스도께서 십자가에서 완전한 대속을 이루신다는 것을 십자가에서 죽으시는 것으로만 답해서는 안 된다.[36]

첫째 아담의 대속을 이루신 둘째 아담 그리스도의 세 가지 직분은 '기독론'과 함께 '창조회복'과 관련해 중요한 신학적 의미를 내포한다. 권위와 권세를 나타내는 왕의 직분이 인간의 타락과 관련해 '은혜의 교리'와 관계를 가지고 있었다면, 하나님의 말씀과 관련된 선지자의 직분은 '계시'와 말씀을 통해 영혼을 일깨우는 '회개론'과 관계를 가진다. 그리고 대속의 제물이 되어 하나님과 화해를 이끌어 내는 제사장 직분은 '중보적 화해론'의 교리와 관련된다. 이런 그리스도의 세 가지 직분론은 기독론과 함께 첫

---

35 켈러, 『왕의 십자가』, 134-135.
36 조윤호, "요한복음 19:30의 '다 이루었다'가 의미하는 것", 198-229를 참고하시오.

째 아담의 '창조회복'에 따른 대속의 교리와 직접적인 관계를 가진다.

그리스도의 세 가지 직분의 직무 수행은 각각 개별적인 모습을 가지고 직분을 감당한다. 그러나 그리스도의 세 가지 직분은 마치 삼위가 일체의 모습을 이뤄 모든 사역들을 감당하셨던 것처럼, 연합하여 사역을 이뤄 간다.[37]

둘째 아담인 그리스도께 주어진 세 가지 직분은 '하나님의 속성'과도 깊은 관계를 가진다. 왕의 직분이 하나님의 '공의의 속성'과 관련이 있는 직분이라면, 선지자 직분은 변함없으신 하나님의 말씀에 대한 '불변성의 속성'과 관련이 있다. 그리고 제사장 직분은 자기 희생을 마다하지 않는 '자비의 속성'과 관련이 있다.[38]

이것을 구조적 측면에서 분석해 보면, 그리스도의 세 가지 직분은 본질과 속성에 있어서 일체의 모습을 이룬다는 것을 알 수 있다. 그리고 그리스도의 직분은 위격이 이루고 있는 '한 인격' 안에서 중보자로서 사역했다는 사실이다. 이런 그리스도의 세 직분의 사역은 구속언약에 대한 신성과 관련해 비하를 설명하며, 인성과 관련해서는 첫째 아담의 '창조회복'을 함께 바라볼 것을 증거한다.

2. 그리스도의 세 가지 직분에 근거한 세 가지 메시지

1) 멜기세덱의 반차(班次)를 통한 구원의 메시지

그리스도께서 중보자로서 자신에게 주어진 직분을 수행하실 때, 구원에 따른 직무 수행은 전체의 핵심을 이룬다. 그리스도께서 대제사장이 되어

---

37 Berkhof, *Systematic Theology*, 293; Heppe, *Reformed Dogmatics*, 59.
38 Bavinck, *Reformed Dogmatics* Vol. 3, 367.

우리를 죄와 불결로부터 씻음 받게 하시고, 하나님과의 사이에 막혔던 담을 허물어 주실 것은 구원의 전체를 결정하는 중요한 메시지였다. "멜기세덱의 반차를 쫓아가는 대제사장"과 관련된 말씀(시 110:4, 히 5:6, 7:17)은 여기에 대한 핵심적인 메시지를 우리에게 전해 준다.[39]

성경은 멜기세덱을 "살렘 왕"과 "제사장"으로 소개한다(창 14:18, 히 7:1). 그리고 "의의 왕", "평강의 왕"으로 알리기도 한다(히 7:2). 그리스도의 직분과 관련된 멜기세덱은 직능에 있어서는 '제사장직'과 관련되며, 이름이 주는 의미에 있어서는 '왕직'과 관련된다.[40]

멜기세덱은 그리스도의 모형과 관련해 세 가지로 소개된다.

첫째, 존재론적인 측면에서 '영원성'을 가진 존재로 소개된다(히 6:20, 7:3). 그리스도의 제사장 직분의 영원한 본질은 아론이 아니라 멜기세덱의 반차를 따르는 제사장이라는 사실에서 나온다. 아론의 제사장 직분이 '옛 언약'을 말한다면 멜기세덱은 '새 언약'을 염두에 두고 있다. 새 언약은 완성될 때까지 계속된다.[41]

둘째, 권세적인 측면에서 '왕'으로(히 8:1) 소개된다.

셋째, 역할적인 측면에서 '제사장'으로 소개된다(시 110:4, 히 5:6-10, 6:20, 7:3).[42]

아담의 죄로 인해 '하나님 형상'대로 피조된 인간은 생명에서 출발해 죽음에 이르게 된다. 이때 그리스도는 인간의 죄를 대속할 죽음을 자신의 출발점으로 삼으시기 위해 영원한 중보자이자 죄를 대속할 제사장의 모습을 갖추신다. 성부께서는 우리를 구원에 이르도록 하시기 위해 그리스도

---

39 Calvin, *Inst*. II.15.6.
40 Turretin, *Institutes of Elenctic Theology* Vol. 2, 406-409; 414.
41 비키 · 존스, 『청교도 신학의 모든 것』, 407.
42 Turretin, *Institutes of Elenctic Theology* Vol. 2, 413.

를 영원한 중보자이자, 영원한 제사장이 되도록 멜기세덱의 반차를 쫓는 자로 지명하신다.[43] 성부께서 그리스도를 멜기세덱의 반차를 쫓는 자로 세우신 것은 우리를 향한 하나님의 구원의 의지에 대한 강력함을 피력한다. 성경은 멜기세덱의 직분과 관련해 왕과 제사장의 두 직분을 강조한다.

칼빈은 이것을 두 가지로 설명한다.

첫째, 왕직이다.

멜기세덱의 직분이 하나님의 권위에 의해 입혀진 직분이라고 한다. 이를 통해 그리스도께 주어진 직분이 하나님으로부터 주어진 직분임을 나타낸다. 그리스도는 다른 왕보다 높으신 왕이라는 것을 멜기세덱의 반차를 쫓는 직분을 통해 강조한다.[44]

둘째, 우리의 구원의 성취 여부가 죄 사함에 달려 있다는 점을 통한 제사장직과 관련된 것이다.

그리스도께 주어진 직분이 우리를 구원의 길로 인도하는 '창조회복'에 따른 죄 사함의 유일한 길이라는 점이 강조된다.[45]

첫째 아담의 범죄로 인류가 본성적으로 진노의 자녀가 되어 하나님의 의로운 심판 앞에 놓이게 된다. 이때 그리스도를 멜기세덱의 반차를 쫓는 직분자로 세우신 것은 인간을 죄악 가운데 두지 않겠다는 하나님의 강력한 메시지였다.

아우구스티누스에 따르면, 하나님은 타락해 죄악 가운데 놓인 인간의 악을 해결하시기 위해 힘의 논리에 의한 또 다른 강력한 힘을 사용하지 않

43　Calvin, *Inst*, IV.18.2; IV.19.28.
44　칼빈, 『칼빈성경주석 5: 시편 IV』, 403.
45　칼빈, 『칼빈성경주석 5: 시편 IV』, 403.

으신다. 정의를 발해 문제를 해결하기로 계획하신다.[46] 힘의 논리는 '창조회복'을 돌아보는 것이 아니라 항상 또 다른 힘을 의존하게 하며, 정의를 맞서게 한다. 그러나 정의는 타락한 죄악의 본성을 돌아보게 하고, 죄악을 맞서게 하며, '창조회복'을 일으킨다. 아우구스티누스의 『삼위일체론』에 따르면 하나님이 마귀의 권세를 빼앗으실 때, 힘의 논리가 아니라 정의로 패하도록 하신다. 그것은 사람들로 하여금 그리스도를 본받아 마귀를 이기되 힘이 아니라 정의로 이기는 길을 찾도록 하기 위해서였다.[47]

멜기세덱은 '살렘 왕', '의의 왕'을 말한다. '살렘'은 '살람'에서 유래된 것으로, '화친하다', '배상하다'로 번역이 되며, '평화로운'을 의미한다.[48] 성부께서 그리스도가 중보자로 직분을 감당하실 때, 멜기세덱의 반차를 쫓도록 하신다. 그것은 하나님의 정의로 죄악을 물리쳐서 진정한 '참 평강'을 이루는 '창조회복'을 불러일으키시기 위함이었다.

그리스도께서 마귀를 힘으로 청산하실 때, 그 힘에는 공정함이 있어야만 한다. 그렇지 않을 경우 힘에 의한 청산은 또 다른 불법을 만드는 악의 고리를 형성하게 된다. '참 평강'을 이룰 수 없다. 하나님이 그리스도로 하여금 자신에게 주어진 직분을 통해 멜기세덱의 반차를 쫓도록 하신다. 그것은 악을 향한 완전한 승리를 말한다. 완전한 승리는 하나님의 공의를 바르게 세우는 것으로부터 일어나야 한다. 이것이 '창조회복'에 따른 '참 평강'을 불러온다는 메시지를 우리에게 전해 준다.

『벨직 신앙고백서』 제21조는 그리스도께서 "멜기세덱의 반차를 쫓아 영원한 대제사장이 되신 것"으로부터 시작한다. 그리고 그리스도께서 십자가에 못 박히신 사건을 취급한다. 『벨직 신앙고백서』에 의하면, 하나님은 단번에 드려진 십자가의 속죄 제사 외에는 어떤 것으로도 화해의 방편

---

46 아우구스티누스, 『삼위일체론』, 1019-1027
47 아우구스티누스, 『삼위일체론』, 1023.
48 Wenham, *World Biblical Commentary* : Genesis 1-15, 316-318.

을 삼은 일이 없으시다.⁴⁹

『웨스트민스터 소요리문답』은 그리스도께서 구속자로서 '왕', '선지자', '제사장'의 직분을 가지셨다고 말한다. 그리스도께서 우리의 구원과 관련해서 세 가지 직분을 수행하실 때, 힘의 원리가 아니라 하나님의 뜻을 나타내고, 하나님의 공의에 만족하도록 직분을 행하신다. 『웨스트민스터 소요리문답』은 제23-26문에서 그리스도의 직분에 관한 내용을 다룬다. 제24문에서 선지자 직분은 "하나님의 뜻을 우리에게 나타내는 직분"으로, 제25문에서 제사장 직분은 "하나님의 공의를 만족하게 하는 직분"으로 논해진다. 제26문에서 왕의 직분은 우리로 하여금 "복종하게 하고, 다스리고, 보호하고, 우리의 모든 원수를 막아 이기는 것"을 행하는 직분으로 소개된다.⁵⁰

A. A. 핫지도 동의하고 있듯이 그리스도께서 제사장직에 있어서 불완전한 아론의 반차를 따르지 않고 영원한 멜기세덱의 반차를 따르셨기에 영원한 제사장으로, 그리고 만사에 있어서 머리로서 왕의 직분을 다하실 수 있었다.⁵¹ 그리스도께서 멜기세덱의 반차를 쫓으신다는 것은 형식적인 모습의 강조가 아니었다. 그리스도께 주어진 직분의 수행이 '살렘 왕'과 '평강의 왕'의 모습을 가진다는 것을 대변해 준다. 창세기 14:18에 의하면, 멜기세덱은 "지극히 높으신 하나님의 제사장"이시다. 그리스도는 이런 멜기세덱의 반차를 쫓는 자로서 직분을 감당하신다. 이때 그리스도는 멜기세덱의 명령을 따라 직분을 수행하는 자가 아니다.

아퀴나스는 자신의 『신학대전』에서 그리스도의 제사장 직분은 멜기세덱의 명령에 따라 결정된 것이 아니며, 멜기세덱의 제사장으로 부름 받은

49　Schaff (ed.), "The Belgic Confession", *The Creeds of Christendom* Vol. III, 406-407.
50　Schaff (ed.), "The Westminster Shorter Catechism", *The Creeds of Christendom* Vol. III, 680-681.
51　A. A. Hodge, *Commentary on The Confession of Faith*, 188-189.

것 또한 아니라는 것에 동의한다.[52] 그리스도께서 멜기세덱의 반차를 쫓는다는 것은 인류의 구원을 위해 그리스도는 완전한 세 가지 직분자가 되셨다는 것을 의미한다. 그리고 불완전한 인간의 구원을 이뤄 가기 위해 그리스도는 구원의 주체자이자 주관자가 되신다는 것을 말한다. 이것은 그리스도께서 '창조회복'에 따른 구원의 길로 안전하게 우리를 인도하는 주권자가 되신다는 메시지를 전해 준다.

2) 세 가지 직분의 낮아지심의 사역을 통한 구원의 메시지

구원과 관련해 안셀무스는 인간의 천함과 연약함을 알고 계신 하나님이 인간의 몸으로 오셔야만 하는 이유에 대해 인류의 구속은 하나님의 존재로만 가능했기 때문이라고 말한다. 다른 방법으로는 하나님의 만족을 채울 수가 없었다.[53]

『하이델베르크 요리문답』 또한 그리스도께서 인성을 취하신 것은 우리를 대신해 대속의 값이 되시기 위함이라고 말한다. 그로 말미암아 '의'와 '생명'을 얻어 우리를 회복시키신다.[54] 그리스도께서 세 직분자로 세워지신 이유와 목적은 오직 인류를 구원하시기 위한 하나님의 뜻을 이루기 위해서였다.

그리스도는 두 가지 측면에서 중보자이셨다.

첫째, 인간을 대표하는 제사장으로서 중보자이셨다. 그리스도는 하나님 앞에서 제사장으로 중보하시며 죄인인 인간으로 하여금 하나님께 나아갈 수 있도록 하셨다.

---

52 Thomas Aquinas, *The Summa Theologica*(QQ. I— XXVI) part III, ed., Fathers of the English Dominican Province (London: R & T. Washbourne, LTD, 1914), 309-311.
53 Anselm, *Cur Deus Homo*, I .I-V, 8-13; 티슬턴, 『기독교 교리와 해석학』, 623-632.
54 Ursinus, *Commentary on The Heidelberg Catechism*, 180-184.

둘째, 하나님의 공의를 바르게 세우는 측면에서 중보자이셨다. 그리스도는 인간의 죄에 대해 친히 공의의 값이 되어 주심으로써 하나님의 공의를 세우신다. 그 공의의 값으로 우리 구원을 위해 중보자가 되어 주셨다. 칼빈은 그리스도의 중보와 관련해 이렇게 말한다.

> 예수 그리스도는 인간을 위해서는 '상승적인 중보자'이셨고, 하나님을 위해서는 '하강적인 중보자'이셨다.[55]

그리스도는 자신의 신격을 자랑삼고 신격을 드러내기 위해 왕과 선지자와 제사장의 직분을 감당하는 중보자가 아니셨다. 자신을 낮고 천한 자리까지 내려놓으시는 신 위격의 상태에서 세 직분의 사명을 감당한 중보자이셨다.

인간 구원과 관련된 그리스도의 직분이 효력을 발하기 위해서는 낮고 천한 인간의 몸을 취하시고 스스로 낮아지심의 위치에 서셔야 했다. 그러기 위해서는 다음과 같은 세 가지의 낮아짐의 조건이 함께 성립되어야 했다.

첫째, 신 위격으로 계시는 그리스도에 대한 '자기 비움'의 케노시스가 먼저 성립되어야 했다.

인간의 구원을 위해 그리스도는 자신에게 주어진 세 직분을 완전하게 발할 수 있도록 무엇보다 첫째 아담을 완전하게 담아내는 당사자가 되셔야 했다. 따라서 구속언약의 실현을 위해 그리스도는 자발적으로 아버지께 자신을 복종시키는 '자기 비움'을 실현하신다. 여기에는 성육신을 위한 천한 몸을 취하시는 '자기 비움'의 낮아짐이 있었다. 자신의 높은 지위를 잠시 뒤로 감추시는 '자기 비움'의 낮아짐이 있었다. 칼빈이 그리스도

---

55 티슬턴, 『기독교 교리와 해석학』, 674-682; Van Der Kooi, "Christology", 259.

의 낮아지심의 시점을 성육신으로 보고 있는 이유는 성육신이 구원의 실현을 위한 실질적인 시발점이기 때문이다.[56]

그리스도를 존재로 말한다면, 하나님이시다. 참된 지식을 가지고 계시며, 의로움과 거룩함의 근원이 되신다. 자신의 권위와 권세로 천하 만물을 다스리시는 분이다. 그러나 인간의 구원을 위해 자신의 권세와 권위를 내려놓으시고, 뒤로 감추시는 자기 비움을 실현하신다. 심지어 예배받으실 위치에 계신 분이 예배자의 위치에 서신다.[57] 그리고 왕, 선지자, 제사장의 직분을 자신의 신적 권위에 따라 수행하지 않으신다. 철저히 율법에 기초하신다. 그 율법을 지켜 준행하심으로, 순종하심으로 세 직분의 사역을 이루신다.

둘째, 그리스도는 자신의 영광을 취하는 높아짐이 아니라 스스로 '고난'에 처하는 낮아지심의 필연적인 길을 걸으셔야 했다.

그리스도께서 감당하셔야 할 세 가지 직분은 단순히 직분을 통해 구원의 성취를 이루는 것이 아니었다. 첫째 아담의 회복을 일으키는 직분의 수행이 되어야 했다. 첫째 아담의 죄로 말미암은 "가시와 엉겅퀴"(창 3:18)는 둘째 아담이자 마지막 아담의 짐이 된다. 머리로서 인류에 대한 대속의 값이 되신 그리스도께서 세 가지 직분을 통해 필시 치뤄야 할 '창조회복'에 따른 값이었다. 그리스도의 십자가가 죄의 삯인 사망을 십자가에 못 박는 것이었다면, 나면서부터 걸어갔던 삶의 여정과 공생애 가운데서 일어나는 고난의 길은 죄악된 세상의 "가시와 엉겅퀴", '저주'를 십자가에 못 박는 장면이었다.

바빙크에 따르면, 그리스도께서 이루신 세 직분의 사역에 대해 신학자들은 다양한 견해들을 제시한다. 이그나티우스를 비롯한 속사도 교부들은 그리스도께서 고난받으신 것을 가리켜 "우리를 향한 하나님의 사랑"으로

---

[56] Trueman, "Calvin and Reformed Orthodoxy", 475.
[57] Bavinck, *Reformed Dogmatics* Vol. 3, 330-336.

표현한다.[58]

반면, 나지안주스의 그레고리우스는 그리스도께서 당하시는 고난을 새 아담이 되신 그리스도께서 옛 아담의 값을 대신하시는 것으로 여긴다. 닛사의 그레고리우스는 둘째 아담의 필연성으로 이를 설명한다. 아우구스티누스 또한 그리스도의 고난을 첫째 아담의 값을 대속할 둘째 아담이 걸어야 할 여정으로 본다.

안셀무스는 인간의 죄를 채무에 비유한다. 고난을 죄책에 대한 대가 지불로 여긴다. 죄에 대해 지나치게 속상설로 일관하고 있었던 안셀무스에 따르면, 죄는 자비에 의해 사해지는 것이 아니라 채무에 따른 완전한 변제 이행을 통해 이뤄진다. 안셀무스는 하나님의 아들이 성육신하신 것을 가리켜 이렇게 말한다.

> 그분은 성육신하신 하나님으로서 배상해야 하는 인간의 의무를 맡으시는 동시에 구속에 필요한 엄청난 배상금을 지불할 신적 능력을 소유하시기 위함이었습니다.[59]

그리스도께서 세 가지 직분을 통해 낮아지심의 모습을 취하시는 것은 첫째 아담의 '창조회복'에 따른 대속을 이룰 값의 모습이었다. 하나님이 우리의 구원을 위해 스스로 자신을 인간의 높이에 맞춰 주신 것을 말한다. 그리스도의 세 가지 직분의 낮아지심은 달랐다. 직분 수행을 통해 자신이 이루신 공로를 자신의 공로로 돌리지 않으셨다. 그 공로를 우리의 공로로 돌리셨다. 둘째 아담 그리스도의 고난에 따른 낮아지심은 우리를 위한 낮아지심이었다. 십자가에서 이루신 공로가 우리에게 의로 전가되는 것은 여기에 대한 최종 결론이었다.

---

58 Bavinck, *Reformed Dogmatics* Vol. 3, 340-345.
59 Anselm, *Cur Deus Homo*, Ⅰ.XII, 26-27; Ⅰ.XIX, 40-41; Ⅰ.XXIV, 48-50; 맥그래스, 『한 권으로 읽는 기독교』, 181-182.

셋째, 그리스도는 '순종'을 통해 낮아지심의 사역들을 이루셔야 했다.

그리스도는 구약의 왕, 선지자, 제사장직을 초월한 세 가지 직분의 중보자이셨다.[60] 그런데도 그리스도는 자신의 직분을 통해 종처럼 섬기며 사역하셨다. '창조회복'과 관련해 죄인을 하나님과 화목시키고, 구원에 이르도록 하기 위해 자발적으로 헌신한다. 여기서 그리스도는 세 가지 직분의 헌신적 순종을 바탕으로 우리 대신 하나님을 만족시키신다. 그리고 이를 통해 우리를 하나님과 화해시키는 중보적 사역을 감당하신다.[61] 그리스도는 율법 준행과 함께 십자가에서 죽으시기까지 모든 직분의 사역을 순종을 바탕으로 한 종의 모습으로 이루신다.[62]

우리가 하나님과 화해를 이루기 위해서는 근본적으로 두 가지가 성립되어야 한다.

첫째, 아담의 죄를 해결할 '참된 아담'의 모습이 있어야 한다.

그리스도는 둘째 아담으로서 첫째 아담을 대신할 '참된 아담'이 되셔야 했다. 그리스도는 첫째 아담이 가졌던 세 가지 직분을 가지신 진정한 '참된 아담'의 모습을 취하셔야 한다. 그리고 '참 하나님'이시며, 동시에 '참 사람'이 되셔서 '죄 없는 아담'의 완전한 모습을 취하셔야 했다.

둘째, 첫째 아담의 불순종으로 인해 멸망에 이르게 된 인류를 하나님과 화해시켜야 했다.

그리스도는 하나님의 공의에 대해 순종의 길을 걸으면서 그 값을 다하신다. 그리스도의 낮아지심의 순종은 둘째 아담으로서 첫째 아담의 '창조회복'이라는 아담의 길을 걸으셨던 것이다. 그리스도의 세 가지 직분의 낮아지심은 순종을 통해 이 모든 것을 이뤄 가며 우리의 구원을 이루게 된다.

---

60 Bavinck, *Reformed Dogmatics* Vol. 3, 337.
61 Heppe, *Reformed Dogmatics*, 449-451.
62 Bavinck, *Reformed Dogmatics* Vol. 3, 337-340.

3) 그리스도의 세 가지 직분이 이룬 하나님 나라의 메시지

그리스도의 세 가지 직분은 구원의 성취를 이루기 위해 고난에 동참하고, 순종하며, 헌신하는 것으로만 그 모습이 나타난 것이 아니었다. 그리스도의 세 가지 직분의 사역은 구원의 성취와 함께 영생을 말하는 '하나님 나라'가 가져다주는 승리의 두 관점을 보게 했다.

칼빈은 "사람들을 위해 준비된 미래의 영생이 하나님 나라에 있다"라는 것에 대해 사사기 66:22-24과 다니엘 12:1-2은 우리에게 숨기지 않고 있다고 밝힌다.[63] 첫 번째는 "십자가에서 이루신 하나님의 나라"였으며, 두 번째는 "종말에 이룰 하나님 나라"였다.

십자가는 사람의 눈으로 볼 때, 누가 봐도 실패와 패배의 장소였다. 마귀는 십자가에서 자신의 승리를 확신했으며, 지속될 자신의 왕국을 계획한다. 예수님의 제자들은 십자가에서 죽으신 그리스도를 등지고, 자신들의 신변을 보호하기 위해 '안가'(安家)로 숨어 버린다. 그러나 그리스도께서 세 가지 직분의 마지막 사역을 이루신 십자가의 번제단은 패배의 장소가 아니라 최후의 승리를 만들어 냈으며, 새로운 시작을 창출해 냈다.

그리스도께서 세 가지 직분을 통해 이루시는 하나님 나라를 세 단계로 구분하면 다음과 같다.

첫 번째 단계는 '선포된 하나님 나라'이다.
두 번째 단계는 '성취된 하나님 나라'이다.
세 번째 단계는 '실현될(된) 하나님 나라'이다.

리델보스는 『하나님 나라』에서 하나님 나라에 대해 승리와 선포를 말할 때 모든 근거를 그리스도께 둔다.

---

63 Calvin, *Inst*, II.2.12, II.10.22, III.25.10-12.

천국의 현재성에 대한 비밀은 예수께서 사탄을 이기고 승리하셨다는 사실, 무한한 그분의 이적을 행하시는 능력, 복음 선포에서 제한받지 않으시는 권위, 그분의 축복의 선포와 그분의 백성에게 구원을 베풀어 주시는 것에 있다. 우리가 여기서 천국의 메시아적, 기독론적 성격에 직면해, 예수님이 현재적 실재로 선포하시는 전(全) 실재가 바로 예수님 자신이 그리스도라는 사실에 근거해 있음은 의심할 여지가 없다.[64]

아우구스티누스에 의하면, 첫째 아담의 불순종으로 말미암아 세상은 죽음의 왕국이 인간을 지배하게 된다. 그리고 인간은 "육을 따라 사는 인간"과 "영을 따라 살아가는 인간"의 두 분류를 이룬다. 이런 가운데 세상은 음란과 타락 그리고 부패와 불의, 시기와 질투, 분열과 분쟁 등을 거듭해 일삼게 된다.[65]

이런 세상을 향해 그리스도께서 세 가지 직분의 사역을 이루며 하나님 나라를 선포하신다.

회개하라 천국이 가까이 왔느니라(마 4:17; 막 1:15).

하나님의 자비의 문이 열렸다는 것과 회개를 통해 하나님 나라가 약속되었다는 것이 선포된다.[66] '선포된 하나님 나라'의 성취를 그리스도께서 십자가의 번제단을 통해 이루신다(성취될 하나님 나라). 이때, 그리스도께서 십자가의 번제단에서 이루신 하나님 나라는 종말에 최종적으로 실현될 하나님 나라의 첫 출발의 단초(端初)를 이룬다.

그리스도의 세 가지 직분이 십자가에서 직분의 완성을 이루기까지 그리스도께 주어진 왕의 직분은 권위와 권능을 앞세운 왕의 모습이 아니었다.

---

64 리델보스, 『하나님 나라』, 131-132.
65 아우구스티누스, 『신국론』14.1-28, 1429-1539.
66 Calvin, *Inst*, III.3.19.

평강의 왕으로서 자신에게 주어진 사역을 감당하신다. 그리고 선지자 직분은 예언의 성취를 이뤄 가는 말씀의 근원으로 사역을 한다. 제사장 직분은 스스로 희생제물이 되어 하나님과 사람 사이의 중보를 이루는 역할을 한다.

하나님 나라를 이루고자 하는 그리스도의 세 가지 직분의 사역은 자신을 위한 사역이 아니었다. 칼빈은 이것을 가리켜 "우리를 대신하신" 또는 "우리를 위한" 그리스도의 사역이었다고 강조한다.[67] 그리스도는 '창조회복'을 일으키기 위한 예언 성취적 사명자이셨다. 왕으로서 사명 또한 우리 편에서 하나님의 영광의 열매를 맺게 하는 등, 우리에게 축복이었다. 그리고 우리를 위해 우리와 하나님 사이를 화해시키는 '창조회복'에 따른 제사장의 직분을 감당하셨다.[68]

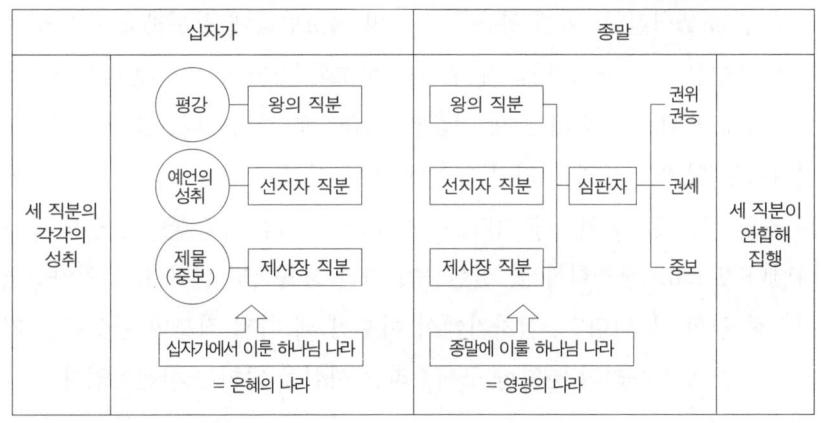

도표 6)

---

67 홀트롭, 『기독교 강요 연구핸드북』, 158-162.
68 Calvin, *Inst*, Ⅱ.15.2-6.
69 그리스도의 세 가지 직분은 십자가에서 완전한 대속의 값을 이루면서 완성된 하나님 나라로 하나님의 택한 백성들을 불러모을 복음을 낳게 된다.

십자가에 이르기까지 그리스도께서 이루신 세 가지 직분의 사역 완성은 하나님 나라에 대한 "현재의 통치"를 이루게 한다. 이때 하나님 나라는 "은혜의 나라"(도표 6) 참고)로서 두 가지의 통치를 현 시대에서 실현한다.

헤페는 자신의 『개혁 교의학』 제16장 "은혜의 언약"에서 에글린(Eglin)의 말을 인용하며, 은혜언약의 추진 동력은 마귀로 인해 비참에 이르게 된, 타락한 인류 전체를 향한 하나님의 사랑으로 표현한다. 그리고 코케이우스의 인용을 통해 하나님은 은혜언약을 중보자를 통해 이루신다는 것과 은혜언약은 모두 하나님의 약속에 근거하고 있음을 말한다.[70]

'현재의 통치'를 이루는 이 땅에서의 하나님 나라는 두 가지를 실현한다.

첫째, 하나님 나라의 택한 백성을 복음으로 불러모으는 영적 통치를 실현한다.

싱클레어 B. 퍼거슨(Sinclair B. Ferguson)에 따르면, 복음은 우리의 생각을 알려 주고 조명한다. 이런 복음은 우리의 사고방식에 침투하고 우리의 성향에 영향을 미친다. 그리하여 우리의 사고와 삶의 방식을 변화시킨다.[71] 십자가에서 이루신 승리는 세 직분의 모습으로 나타난다. 권위와 권세로 나타나는 왕의 직분과 진리의 말씀에 대한 선지자 직분 그리고 하나님께로 인도하는 제사장의 직분이다. 이 세 가지가 복음으로 묶여 권능으로 나타난다(행 1:8). '창조회복'을 실현하기 위한 성육신의 신비가 '신인양성의 위격적 연합'에 있다면, 십자가에서 이루신 세 가지 직분의 완성은 그리스도의 존재가 우리의 영원한 구세주라는 사실을 밝히는 사건이었다.

머레이는 십자가에서 그리스도께서 거두신 승리를 찬양한다.

---

70 은혜의 나라는 '은혜언약'을 기반으로 한다; Heppe, *Reformed Dogmatics*, 371-409.
71 Ferguson, *Devoted to God*, 45-53.

예수님은 구원하기 위해 오셨다. 그러므로 그분은 죄에 관한 모든 세부적인 사항까지도 다루셨다. 이것이 성경이 그리스도의 속죄의 죽으심을 우리에게 해석하는 여러 가지 범주의 의미다.

1. 예수님 자신 안에는 죽음에 대한 완전한 승리가 존재한다.
2. 그분은 자신의 죽음을 통해 사망의 쏘는 것을 이기셨다.[72]

베드로를 통해 증거된 예수 그리스도의 십자가 복음은 세 가지 직분이 권능으로 그 모습이 나타난 대표적인 한 사건이었으며, 회개와 죄 사함을 통해 삼천 명이 주께로 돌아오는 역사를 일으켰다(행 2:38-41).

둘째, 십자가에서 세 가지 직분이 사역의 완성을 통해 이룬 그리스도의 의를 하나님의 택한 백성들에게 전가하는 영적 통치를 실현한다.

그리스도의 세 가지 직분이 이룬 '은혜의 나라'는 종말의 심판을 면할 자들에게 복음이 전해지는 것을 말한다. 그리고 '은혜의 나라'는 인간의 의로움을 말하는 것이 아니라 억만 죄악 가운데 놓여 있는 우리가 하나님의 전적인 은혜로 말미암아 천국으로 인도되는 것을 말한다. 그 길은 그리스도께서 세 가지 직분을 통해 이루신 의가 우리의 의로움으로 여겨지게 되며, 이것이 '의의 전가'로 나타난다.[73]

십자가에서 그리스도께서 세 가지 직분을 통해 이루신 하나님 나라는 종말에 있을 완성될 하나님 나라의 길을 열어 준다(실현될 하나님 나라). 그리고 십자가에서 이루신 하나님 나라에 따른 현재적 통치가 완성되는 그 날, 곧 하나님 나라의 택한 백성이 복음으로 부름을 받은 것이 완성되는 그날이다. '창조회복'에 따른 그리스도의 세 가지 직분의 사역은 연합을 이뤄 종말의 '심판자'로 그 모습이 나타난다.[74] 이때 심판자 되시는 그리

---

72 머레이, 『존 머레이 조직신학』, 52-56.
73 Calvin, *Inst*, III.11.4; Busch, "God and Humanity", 226; 294-295.
74 Calvin, *Inst*, III.12.1.

스도는 세 가지 직분의 모습을 통해 권위와 권능과 권세를 동시에 나타내시며, '새 하늘과 새 땅'에 대한 중보의 모습으로 함께 비춰지신다. 그리고 그리스도의 세 가지 직분은 '창조회복'의 결론을 뜻하는 영원한 하나님 나라인 '영광의 나라'의 통치를 실현한다.

그리스도의 세 가지 직분이 이뤄 갈 '미래의 통치'는 하나님의 공의에 의한 완전한 심판을 통해 나타난다. 마귀의 세력에게는 고통이 영원한 불못의 심판이 주어진다. 그리고 하나님의 택한 백성에게는 자비하심을 통해 영원한 복락이 있는 완전한 '창조회복'을 이룬다. '새 하늘'과 '새 땅'이 열린다. 이때 심판은 세 가지 직분의 권세를 가지신 그리스도에 의해 단행된다(도표 6) 참고).[75]

'창조회복'을 위한 그리스도의 세 가지 직분 수행을 통해 이룬 하나님 나라의 도래에 대해 칼빈은 이것을 이중적인 국면으로 설명한다. 하나님 편에 서 있는 신실한 자에게는 '영광의 통치' 속으로 인도되는 날이 될 것이지만, 하나님께 속하지 않은 자에게는 지옥에 던져지는 날이 될 것이다.[76]

---

[75] Schaff (ed.), "The Westminster Confession of Faith", *The Creeds of Christendom* Vol. III, 672: *The Westminster Confession of Faith*, XXXIII. I - II ; Schaff (ed.), "The Belgic Confession", *The Creeds of Christendom* Vol. III, , 401: Art. XVI; 코르넬리우스 비네마, 『개혁주의 종말론 탐구』, 박승민 역 (서울: 부흥과개혁사, 2014), 478-494.

[76] Calvin, Inst, III.25.4; III.25.12; Leppin, "Eschatology", 361-363.

참고 문헌

성경

한글개역개정. 대한성서공회, 2007.

NIV   New International Version (2011)
KJV   King James Version (2016)
NKJV New King James Version (2018)

영문 서적

Anselm. *Cur Deus Homo*. ed., Sidney Norton Deane. Chicago: Open Court Publishing Company, 2005.
Augustinus. *The City of God* Vol. Ⅰ : Ⅰ-XIII. ed., Marcus Dods. Edinburgh: T.&T. Clark, 1891.
_____. *Confessions and Enchiridion*. ed., Albert Cook Outler. Louisville, KY: Westminster John Knox Press, 1955.
_____. *The City of God* XI-XXII. ed., William Babcock. New York: New City Press, 2013.
_____. *The City of God* Ⅰ-X. ed., William Babcock. New York: New City Press, 2013.

_____. *Augustine-Later Works: The Trinity*, ed., John Burnaby. London: Westminster John Knox Press, 2006.

_____. *Augustine Earlier Writings: On Free Will*, ed., J. H. S. Burleigh. Louisville, Kentucky: Westminster John Knox Press, 2006.

Aquinas, Thomas. *Aquinas on Nature and Grace: Selections from the Summa Theologica.* ed., A. M. Fairweather. Louisville, KY: Westminster John Knox Press, 2006.

_____. *The Summa Theologica*(QQ. I— XXVI). ed., Fathers of the English Dominican Province. London: R & T. Washbourne, LTD, 1914.

_____. *The Summa Theologica*(QQ. XXVII.— LIX). ed., Fathers of the English Dominican Province. London: R & T. Washbourne, LTD, 1914.

Barth, Karl. *Church Dogmatics*. III.1. trans. G.W. Bromiley, T.F. Torrance. Peabody: Hendrickson Publishers, 2010.

_____. *Church Dogmatics*. IV/3-1. trans. G.W. Bromiley, T.F. Torrance. Peabody: Hendrickson Publishers, 2010.

_____. *Church Dogmatics,* IV.1. trans. G.W. Bromiley, T.F. Torrance. Peabody: Hendrickson Publishers, 2010.

_____. *Church Dogmatics,* IV.3. trans. G.W. Bromiley, T.F. Torrance. Peabody: Hendrickson Publishers, 2010.

_____. *Church Dogmatics,* I.1. ed., G.W. Bromiley, T.F. Torrance. Peabody: Hendrickson Publishers, 2010.

_____. *Church Dogmatics,* I.2. ed., G.W. Bromiley, T.F. Torrance. Peabody: Hendrickson Publishers, 2010.

_____. *Church Dogmatics,* IV.2. ed., G.W. Bromiley, T.F. Torrance. Peabody: Hendrickson Publishers, 2010.

Bavinck, Herman. *Reformed Dogmatics* Vol. 4. trans. John Vriend. Grand Rapids: Baker Academic. 2008.

_____. *Reformed Dogmatics* Vol. 3. trans. John Vriend. Grand Rapids: Baker Academic. 2006.

_____. *Reformed Dogmatics* Vol. 2. trans. John Vriend. Grand Rapids: Baker Academic. 2004.

_____. *Reformed Dogmatics* Vol. 1. trans. John Vriend. Grand Rapids: Baker Academic. 2003.

Bae, Junghun. "John Chrysostom on Almsgiving and the Therapy of Soul." Ph.D diss., Australian Catholic University, 2018.

Berkhof, Louis. *Systematic Theology*. Grand Rapids: Banner of Truth. 1949.

Berkouwer, G. C. *The Work of Christ*, trans. Cornelius Lambregtse. Grand Rapids: William B. Eerdmans Publishing Company, 1965.

_____. *The Person of Christ*, trans. John Vriend. Grand Rapids: Eerdmans Publishing Company, 1954.

Bettenson, Henry. (ed.), *The Early Christian Fathers*. New York: Oxford University Press, 2010.

_____. (ed.), *The Later Christian Fathers*. Great Britain: The Guernsey Press co. Ltd, 1984.

Boston, Thomas. *Human Nature in its Fourfold State*. Carlisle, PA: The Banner of Truth Trust, 2015.

Breckenridge Warfield, Benjamin. "Augustine", in Samuel G. Craig. ed., *Calvin and Augustine*. Philadelphia: Presbyterian and Reformed Publishing Co, 1980.

Burger, Hans. *Being in Christ*. Eugene, OR: Wipf and Stock Publishers, 2009.

Calvin, John. *Institutes of the Christian Religion: The First English Version of the 1541 French Edition* ed., Elsie Anne McKee. Grand Rapids: Eerdmans Publishing Co, 2009.

_____. *Institutes of the Christian Religion*(1536) ed., Ford Lewis Battles. Grand Rapids: Eerdmans Publishing Co, 1995.

_____. *Calvin: Theological Treatises*. ed., J. K. S. Reid. Louisville, KY: Westminster John Knox Press, 2006.

_____. *Institutes of the Christian Religion* Ⅰ. ed., John McNeill. Philadelphia: Westminster Press, 1960.

_____. *Institutes of the Christian Religion* Ⅱ. ed., John McNeill. Philadelphia: Westminster Press, 1960.

_____. *Institutes of the Christian Religion* Ⅲ. ed., John McNeill. Philadelphia: Westminster Press, 1960.

_____. *Institutes of the Christian Religion* Ⅳ. ed., John McNeill. Philadelphia: Westminster Press, 1960.

_____. *Catechism of the Church of Geneva*, ed., William S. Johnson. Sheldon: Goodwin Printer, 1815.

Chadwick, Henry · Oulton, J. E. L. (ed.), *Alexandrian Christianity*. Louisville, KY: Westminster John Knox Press, 2006.

Charnock, Stephen. *Existence and Attribute of God* Vol. 1. New York: Robert Carter & Brothers, 1865.

_____. *Existence and Attribute of God* Vol. Ⅱ. New York: Robert Carter & Brothers, 1865.

Dennison, James T. (ed.), *Reformed Confessions* Vol 1. Grand Rapids: Reformation Heritage Books, 2008.

_____. (ed.), *Reformed Confessions* Vol 2. Grand Rapids: Reformation Heritage Books, 2008.

_____. (ed.), *Reformed Confessions* Vol 3. Grand Rapids: Reformation Heritage Books, 2008.

_____. (ed.), *Reformed Confessions* Vol 4. Grand Rapids: Reformation Heritage Books, 2008.

Douglas, J. D. (ed.), *New Bible Dictionary*. ed., N. Hillyer. Michigan: Eerdmans Publishing Co, 1962.

Edmondson, Stephen. *Calvin's Christology*. Cambridge, UK: Cambridge University Press, 2004.

Erickson, Millard J. *The Word Became Flesh*. Grand Rapids: Baker Books, 2000.

Fairweather, Eugene R. (ed.), *A Scholastic Miscellany: Anselm to Ockham, An Address (Proslogion)*. Louisville, KY: Westminster John Knox Press, 2006.

Ferguson, Sinclair B. *Devoted to God: Blueprints for Sanctification*. East Peoria, IL: The Banner of Truth Trust: 2016.

Fesko, J. V. *Last Things First*. Fearn, Ross-Shire, UK: Christian Focus Publications, 2014.

_____. *Theology of the Westminster Standards*. Wheaton: Crossway, 2014.

Garcia, Mark A. *Life in Christ: Union with Christ and Twofold Grace in Calvin's Theology*. Colorado Springs: Authentic Media, 2008.

Greenslade, S. L. (ed.), *Early Latin Theology*. Louisville, KY: Westminster John Knox

Press, 2006.
Gentry, Peter J · Wellum, Stephen J. *Kingdom through Covenant*. Wheaton: Crossway, 2018.
Goodwin, Thomas. *The Works of Thomas Goodwin*. vol. 5. Edinburgh: James Nichol, 1863.
Grudem, Wayne. *Systematic Theology*. Grand Rapids, Michigan: Inter-Varsity Press, 2016.
Hagner, Donald A. *World Biblical Commentary* Vol. 33a, Matthew 14-28. Colombia: Word, Incorporated, 1995.
_____. *World Biblical Commentary* Vol. 33a, Matthew 1-13. Colombia: Word, Incorporated, 1993.
Hardy Edward R. (ed.), *Christology of the Later Fathers*. Louisville, KY: Westminster John Knox Press, 2006.
Hendrix, Scott H. *Martin Luther: Visionary Reformer*. London: Yale University Press, 2015.
Heppe, Heinrich. *Reformed Dogmatics*. trans. G.T. Thompson. Eugene, OR: Wipf and Stock Publishers, 2007.
Hodge, A. A. *Commentary on The Confession of Faith*. Philadelphia: Presbyterian board of Publication, 1869.
Hodge, Charles. *Systematic Theology* Vol. Ⅰ. Peabody, MA: Hendrickson Publishers Marketing, 2011.
_____. *Systematic Theology* Vol. Ⅱ. Peabody, MA: Hendrickson Publishers Marketing, 2011.
_____. *Systematic Theology* Vol. Ⅲ. Peabody, MA: Hendrickson Publishers Marketing, 2011.
Hoekema, Anthony A. *Created in God's Image*. Grand Rapids: Eerdmans, 1994.
_____. *Saved by Grace*. Grand Rapids: Eerdmans, 1994.
Hooft, W. A. Visser't. *The Kingship of Christ*. New York: Harper & Brothers, 1948.
Horton, Michael S. *Lord and Servant: A Covenant Christology*. Louisville, Kentucky: Westminster John Knox Press, 2005.
Huijgen, Arnold. *The Spirituality of the Heidelberg Catechism*. Bristol: Vandenhoeck & Ruprecht LLC, 2015.

Jansen, John Frederick. *Calvin's Doctrine of The Work of Christ*. London: James Clarke, 1947.

Johnson, Adam J. *Atonement: A Guide for the Perplexed*. London: Bloomsbury Publishing PLC, 2015.

Jones, Mark. *Why Heaven Kissed Earth: The Christology of the Puritan Reformed Orthodox Theologian, Thomas Goodwin(1600-1680)*. Gottingen: Vandenhoeck & Ruprecht, 2010.

Kelly, J. N. D. *Early Christian Doctrines*. London: Adam & Charles Black, 1968.

Louth, Andrew. (ed.), *Ancient Christian Commentary on Scripture, Old Testament* Ⅰ. ed., Thomas C. Oden. Illinois: IVP, 2001.

Luther, Martin. *Lectures on Romans*. ed., Wilhelm Pauck. Louisville, KY: Westminster John Knox Press, 2006.

_____. *Early Theological Works*, ed., James, Atkinson. Louisville, KY: Westminster John Knox Press, 2006.

_____. *On Christian Liberty*. ed., W.A. Lambert. Minneapolis: Fortress Press, 2003.

Macleod, Donald. *The Person of Christ*. Downers Grove: InterVarsity Press, 1998.

McCracken, George E. (ed.), *Early Medieval Theology*. Louisville, KY: Westminster John Knox Press, 2006.

McGuckin, John Anthony. (ed.), *Ancient Christian Doctrine* 2. Downers Grove: Inter Varsity Press, 2009.

McKim, Donald K. (ed.), *Historical Handbook of Major Biblical Interpreters*. Downers Grove: Inter-Varsity Press, 1998.

Moltmann, Jurgen. *The Crucified God: The Cross of Christ as the Foundation and Criticism of Christian Theology*. London: SCM Press, 1974.

Muller, Richard A. *After Calvin: Studies in the Development of a Theological Tradition*. Oxford: Oxford University Press, 2003.

Nelson, Thomas. (ed.), *The Holy Bible: Containing the Old and New Testaments*. Nashville: Thomas Nelson Publishing, Inc. 1928.

Owen, John. *A Display of Arminianism, in The Works of John Owen, D.D*. Edinburgh: Johnstone & Hunter, 1850-1855.

Packer, J. I. *Affirming the Apostles' Creed*. Wheaton: Crossway Books, 2008.

Pannenberg, Wolfhart. *Jesus-God and Man.* trans. Lewis L. Wilkins, Duane A. Priebe. Philadelphia: The Westminster Press, 1977.

Pauck, Wilhelm. (ed.), *Melanchthon and Bucer.* Louisville, KY: Westminster John Knox Press, 2002.

Reid, J. K. S. (ed.), *Calvin: Theological Treatises, Reply to Sadolet*(1539). Louisville, Kentucky: Westminster John Knox Press, 2006.

Richardson, Cyril. C. (ed.), *Early Christian Fathers.* Louisville, KY: Westminster John Knox Press, 2006.

Ritschl, Albrecht. *The Christian Doctrine of Justification and Reconciliation.* Vol 3. eds., H. R. Mackintosh · A. B. Macaulay Clifton. N.J: Reference Book Publishers, 1966.

Roberts, Alexander · Donaldson, James, (eds.), *Ante-Nicene Christian Library* Vol. X. ed., Frederick Crombie. Edinburgh: Hamilton & Co, 1868.

Robertson, O. Palmer. *The Christ of the Covenants.* Grand Rapids, Baker, 1980.

Rupp, E. Gordon · Marlow, A. N. ed., *Luther and Erasmus: Free Will and Salvation.* Louisville, Ky: Westminster John Knox Press, 2006.

Schaff, Philip. *History of the Christian Church* Vol. III. Grand Rapids: Christian Classics Ethereal Library, 2002.

_____. *History of the Christian Church,* Vol IV. Grand Rapids: Christian Classics Ethereal Library, 2002.

_____. *History of the Christian Church,* Vol. V. Grand Rapids: Christian Classics Ethereal Library, 2002.

_____. *History of the Christian Church*, Vol. VII. Grand Rapids: Christian Classics Ethereal Library, 2002.

_____.*History of The Christian Church* Vol. II. New York: Charles Scribner's Sons. 2002.

Schaff, Philip (ed). *The Creeds of Christendom* Vol. I . Grand Rapids, Michigan: Baker Book House Company. 1996.

_____. (ed). *The Creeds of Christendom* Vol. II . Grand Rapids, Michigan: Baker Book House Company. 1996.

_____. (ed). *The Creeds of Christendom* Vol. III. Grand Rapids, Michigan: Baker Book

House Company. 1996.
Selderhuis, Herman J. (ed.), *The Calvin Handbook*. Grand Rapids: Eerdmans, 2009.
Sherman, Robert. *King, Priest, and Prophet: A Trinitarian Theology of Atonement*. New York: T & T Clark International, 2004.
Turretin, Francis. *Institutes of Elenctic Theology* Vol. 1: *First through Tenth Topic*. trans. James T. Dennison, Jr. Phillipsburg, New Jersey: Presbyterian and Reformed Publishing Company, 1992.
_____. *Institutes of Elenctic Theology* Vol. 2: *Eleventh Through Seventeenth Topics*. trans. James T. Dennison, Jr. Phillipsburg, New Jersey: Presbyterian and Reformed Publishing Company, 1992.
_____. *The Atonement of Christ*. ed., James R. Willson. New York: Board of Publication of the Reformed Protestant Dutch Church, 1859.
Ursinus, Zacharias. *Commentary on The Heidelberg Catechism*, ed., G.W. Williard. Columbus, Ohio: Olive Tree Communications, 2004.
Van, Bruggen. J. *Annotation to The Heidelberg Catechism*. Winnipeg: Inheritance Publications, 1991.
Van den Belt, Henk. (ed.), *Studies in Medieval and Reformation Traditions* Vol 2. Boston: Koninklijke Brill NV, 2016.
Van Der Kooi, Cornelis. · Van Den Brink, Gijsbert. *Christian Dogmatics*, ed., Reinder Bruinsma. Grand Rapids, Michigan: Wm. B. Eerdmans Publishing Co, 2017.
Vos, Geerhardus. *Reformed Dogmatics: Theology Proper* Vol. 1. ed., Richard B. Gaffin. Grand Rapids: Lexham Press, 2014.
_____. *Reformed Dogmatics: Anthropology* Vol. 2. ed., Richard B. Gaffin. Grand Rapids: Lexham Press, 2014.
_____. *Reformed Dogmatics: Christology* Vol. 3. ed., Richard B. Gaffin. Grand Rapids: Lexham Press, 2014.
Wendel, Francois. *Calvin: The Origins and Development of His Religious Thought*, trans. Philip Mairet. New York: Harper & Row, 1963.
Wenham, Gordon J. *World Biblical Commentary* : Genesis 1-15. Colombia: Word, Incorporated, 1987.
Woo, B. Hoon. *The Promise of the Trinity*. Göttingen: Vandenhoeck & Ruprecht, 2018.

Woolf, Bertram Lee ed., *The Reformation Writings of Martin Luther*. Vol. Ⅱ. *The Spirit of the Protestant Reformation*. London: Lutterworth Press, 1956.
Zaspel, Fred G. *The Theology of B. B. Warfield: A Systematic Summary*. Illinois: Crossway, 2010.

번역 서적

가이슬러, 노마. 『로마가톨릭주의와 복음주의』. 라은성 역. 서울: 도서출판 그리심, 2016.
가노치, 알렉산드레. 『창조론』. 신정훈 역. 서울: 가톨릭대학교출판부, 2012.
갓프리, 로버트. 『칼빈: 순례자와 목회자』. 김석원 역. 서울: 부흥과개혁사, 2009.
_____. 『창조를 위한 하나님의 패턴』. 이동수 역. 서울: 도서출판 그리심, 2008.
거쓰리, 도날드. 『신약신학』. 정원태·김근수 역. 서울: 기독교문서선교회, 1999.
게메렌, 웰렘 반. 『구원계시의 발전사』. 권대영 역. 서울: 도서출판 솔로몬, 2017.
게에를링스, 빌헤름. 『교부 어거스틴』. 권진호 역. 서울: 기독교문서선교회, 2013.
곤잘레스, 후스토 L. 『종교개혁』. 엄성옥 역. 서울: 은성출판사, 2012.
_____. 『기독교 사상사 Ⅰ』. 이형기·차종순 역. 서울: 한국장로교출판사, 2002.
고먼, 마이클. 『속죄와 새 언약』. 최현만 역. 평택: 에클레시아북스, 2016.
골즈워디, 그레엄. 『하나님의 아들과 새 창조』. 강대훈 역. 서울: 부흥과개혁사, 2016.
구티에레즈, 구스타보. 『해방신학』. 성염 역. 왜관: 분도출판사, 2014.
_____. 『해방신학과 사회변혁』. 김쾌상 역. 서울: 일월서각, 1985.
그루뎀, 웨인. 『성경 핵심 교리』. 박재은 역. 서울: 도서출판 솔로몬, 2018.
그렌츠, 스탠리·올슨, 로저. 『20세기 신학』. 신재구 역. 서울: 한국기독학생회출판부, 2013.
누네즈, 에밀리오. 『해방신학 평가』. 나용화 역. 서울: 기독교문서선교회, 1990.
다스만, 에른스트. 『교회사 Ⅱ/1』. 하성수 역. 왜관: 분도출판사, 2013.
덤브렐, 윌리엄 J. 『새 언약과 새 창조』. 장세훈 역. 서울: 기독교문서선교회, 2007.
드롭너, H.R. 『교부학』. 하성수 역. 왜관: 분도출판사, 2015.
딜렌버거, 존(편). 『루터 저작선』. 이형기 역. 고양: 크리스챤다이제스트, 2005.

라슨, 티모시(편). 『복음주의 인물사』. 이재근 · 송훈 역. 서울: 기독교문서선교회, 2018.
라일, J.C. 『거룩』. 장호준 역. 서울: 도서출판 복 있는 사람, 2009.
라우다치, 카를로. 『신학적 인간학』, 윤주현 역, 서울: 가톨릭대학출판부, 2011.
레담, 로버트. 『웨스트민스터 총회의 역사』. 권태경 · 채천석 역. 서울: 개혁주의신학사, 2014.
레이몬드, 로버트 L. 『개혁주의 기독론』. 나용화 역. 서울: 기독교문서선교회, 2011.
_____. 『최신 조직신학』. 나용화외 3인 역. 서울: 기독교문서선교회, 2010.
레온하르트, 로후스. 『조직신학 연구 방법론』. 장경노 역. 서울: 기독교문서선교회, 2018.
로스, 앨런. 『창조와 축복』. 김창동 역. 서울: 도서출판 디모데, 2007.
로벗슨, 팔머. 『선지자와 그리스도』. 한정건 역. 서울: 개혁주의 신학사, 2007.
로제, 베르하르트. 『루터 연구 입문』. 이형기 역. 고양: 크리스챤다이제스트, 2013.
_____. 『마틴 루터의 신학』. 정병식 역. 서울: 한국신학연구소, 2016.
루이스, 고든 · 데머리스트, 브루스. 『통합신학』. 김귀탁 역. 서울: 부흥과개혁사, 2010.
루터, 마르틴. 『소교리문답』. 최주훈 역. 서울: 도서출판 복 있는 사람, 2018.
_____. 『대교리문답』. 최주훈 역. 서울: 도서출판 복 있는 사람, 2017.
_____. 『탁상담화』. 이길상 역. 고양: 크리스챤다이제스트, 2008.
루터, 말틴. 『갈라디아서 강해(상)』. 김선희 역. 용인: 루터신학대학교 출판부, 2003.
리델보스, 헤르만. 『하나님 나라』. 오광만 역. 서울: 도서출판 엠마오, 1991.
리브스, 마이클. 『선하신 하나님』. 장호준 역. 서울: 도서출판 복 있는 사람, 2016.
리탐, 로버트. 『그리스도의 사역』. 황영철 역. 서울: 한국기독학생회출판부, 2011.
린드버그, 카터. 『경건주의 신학과 신학자들』. 이은재 역. 서울: 기독교문서선교회, 2009.
릴백, 피터 A. 『칼빈의 언약사상』. 원종천 역. 서울: 기독교문서선교회, 2012.
마네치, 스캇. 『칼빈의 제네바 목사회의 활동과 역사』. 신호섭 역. 서울: 부흥과개혁사, 2019.
마두에미, 한스 · 리브스, 마이클(편). 『아담, 타락, 원죄: 원죄와 원사망』- 토머스 슈라이너. 윤성현 역. 서울: 새물결플러스, 2018.
맥그라스, 알리스터 E. 『신학이란 무엇인가』. 김기철 역. 서울: 도서출판 복 있는사람,

2017.
_____.『한 권으로 읽는 기독교』. 황을호 · 전의우 역. 서울: 생명의 말씀사, 2017.
_____.『신학의 역사』. 소기천 외 3인 역. 고양: 지와사랑, 2016.
_____.『루터의 십자가 신학』. 김선영 역. 서울: 도서출판 컨콜디아사, 2015.
맥긴, 버나드(편).『서방 기독교 신비주의의 역사(1)』. 엄성옥 역. 서울: 은성출판사, 2015.
맥클라우드, 도널드.『그리스도의 위격』. 김재영 역. 서울: 한국기독학생 출판부, 2001.
맥킴, 도널드(편).『칼빈 이해의 길잡이』. 한동수 역. 서울: 부흥과개혁사, 2012.
머레이, 존.『존 머레이 조직신학』. 박문재 역. 고양: 크리스챤다이제스트, 2008.
멀러, 리차드 A.『종교 개혁 이후의 개혁파 교의학』. 이은선 역. 서울: 이레서원, 2002.
_____.『하나님의 본질과 속성』. 김용훈 역. 서울: 부흥과개혁사, 2014.
몬터, 윌리엄.『칼빈의 제네바』. 신복윤 역. 수원: 합신대학원출판부, 2015.
몰트만, 위르겐.『성령의 능력 안에 있는 교회』. 이신건 역. 서울: 대한기독교서회, 2017.
_____.『희망의 신학』. 이신건 역. 서울: 대한기독교서회, 2014.
_____.『희망의 윤리』. 곽혜원 역. 서울: 대한기독교서회, 2014.
_____.『십자가에 달리신 하나님』. 김균진 역. 천안: 한국신학연구소, 2011.
미들턴, J. 리처드.『해방의 형상』. 성기문 역. 서울: SFC 출판부, 2010.
밀른, 브루스.『요한복음 강해』. 정옥배 역. 서울: 한국기독학생회출판부, 2005.
_____.『기독교 교리 핸드북』. 안종희 역. 서울: 한국기독학생회출판부, 2017.
바르트, 칼.『이해를 추구하는 믿음: 안셀무스의 신학적 체계와 연관한 신 존재 증명』. 김장생 역. 서울: 한국문화사, 2013.
바빙크, 헤르만.『하나님의 큰 일』. 김영규 역. 서울: 기독교문서선교회, 1999.
_____.『개혁교의학 개요』. 원광연 역. 고양: 크리스챤다이제스트, 2011.
바우만, 클라렌스.『벨직 신앙고백서 해설』. 손정원 역. 서울: 도서출판 솔로몬, 2016.
바톤, 브루스 B. 외 2인.『LBA 주석시리즈-누가복음』. 김진선 역. 서울: 한국성서유니온선교회, 2009.
_____. 외 3인.『LBA 주석시리즈-요한복음』. 전광규 역. 서울: 한국성서유니온선교회, 2008.
배튼하우스, 로이(편).『아우구스티누스 연구핸드북』. 현재규 역. 고양: 크리스챤다이제트, 2004.
버지, 게리. 『NIV 적용주석:요한복음』. 김병국 역. 서울: 도서출판 솔로몬, 2010.
벌코프, 루이스. 『기독교교리사』. 박문재 역. 고양: 크리스챤다이제스트, 2008.
_____. 『조직신학』. 권수경 · 이상원 역. 고양: 크리스챤다이제스트, 2011.
벨, 데이비드 N. 『중세교회 신학』. 이은재 역. 서울: 기독교문서선교회, 2012.
보프, 레오나르도. 『성 삼위일체 공동체』. 김영선 · 김옥주 역. 서울: 크리스천헤럴드, 2011.
_____. 『삼위일체와 사회』. 이세형 역. 서울: 대한기독교서회, 2011.
_____. 『해방자 예수 그리스도』. 황종렬 역. 왜관: 분도출판사, 2002.
_____. 『세상 한가운데서 하느님을 증언하는 사람들』. 성염 역. 왜관: 분도출판사, 1990.
_____. 『해방신학 입문』. 김수복 역. 서울: 한마당, 1987.
보크, 다렐. 『NIV 적용주석:누가복음』. 조호진 역. 서울: 도서출판솔로몬, 2010
부쉬, 에버하르트. 『위대한 열정』. 박성규 역. 서울: 새물결플러스, 2017.
_____. 『칼 바르트 교회교의학 해제 화해론 IV/1』. 신준호 역. 서울: 새물결플러스, 2015.
브랜들레, 루돌프. 『요한 크리소스토무스』. 이종한 역. 왜관: 분도출판사, 2016.
브로밀리, 제프리. 『바르트 교회교의학 개관』. 신옥수 역. 고양: 크리스챤다이제스트, 2005.
_____. 『역사신학』. 서원모 역. 서울: 크리스챤다이제스트, 1999.
비네마, 코르넬리스. 『개혁주의 종말론 탐구』. 박승민 역. 서울: 부흥과개혁사, 2014.
비키, 조엘 · 존스, 마크. 『청교도 신학의 모든 것』. 김귀탁 역. 서울: 부흥과개혁사, 2015.
사르나, 나훔 M. 『출애굽기 탐구』. 박영호 역. 서울: 도서출판 솔로몬, 2004.
사쏘, G. 달(편). 『신학대전 요약』. 이재룡외 2인 역. 서울: 가톨릭대학교출판부, 2001.
샤프, 필립(편). 『어거스틴의 은총론(Ⅰ)』. 차종순 역. 서울: 한국장로교출판사, 2013.
샤프, 필립. 『교회사전집 2』. 이길상 역. 고양: 크리스챤다이제스트, 2008.
_____. 『교회사전집 3』. 이길상 역. 고양: 크리스챤다이제스트, 2008.
샤츠, 클라우스. 『보편공의회사』. 이종한 역. 왜관: 분도출판사, 2005.
셀더르하위스, 헤르만. 『비덴베르크에서 도르트까지』김병훈 외 4인 역. 수원: 합동신학대학원출판부, 2018.

_____. 『중심에 계신 하나님』. 장호광 역. 서울: 대한기독교서회, 2009.
소브리노, 혼. 『해방자 예수』. 김근수 역. 서울: 메디치미디어, 2008.
슈미트, P. B. 『교부학 개론』. 정기환 역. 서울: 도서출판 컨콜디아사, 2003.
슐라이어마허, 프리드리히. 『기독교신앙』. 최신한 역. 고양: 도서출판 한길사, 2013.
_____. 『종교론』. 최신한 역. 서울: 대한기독교서회, 2006.
스뻬이꺼르, 빌럼 판 엇. 『루터: 약속과 경험』. 황대우 역. 부산: 고신대학교 개혁주의 학술원, 2017.
_____. 『칼빈의 생애와 신학』. 박태현 역. 서울: 부흥과개혁사, 2014.
아이히로트, 발터. 『구약성서신학 I』. 박문재 역. 고양: 크리스챤다이제스트, 2003.
아우구스티누스. 『삼위일체론』. 성염 역. 왜관: 분도출판사, 2015.
_____. 『성 어거스틴의 고백록』. 선한용 역. 서울: 대한기독교서회, 2012.
_____. 『요한 서간 강해』. 최익철 역. 왜관: 분도출판사, 2011.
_____. 『참된 종교』. 성염 역. 왜관: 분도출판사, 2011.
_____. 『신국론』. 성염 역. 왜관: 분도출판사, 2009.
_____. 『인내론』. 이성효 역. 수원: 수원가톨릭대학교 출판부, 2006.
아퀴나스, 토마스. 『대이교도대전』. 신창석 역. 왜관: 분도출판사, 2015.
_____. 『신학대전 I』. 정의채 역. 서울: 바오로딸, 2014.
_____. 『진리론』. 이명곤 역. 서울: 책세상, 2012.
_____. 『신학요강』. 박승찬 역. 고양: 나남, 2008.
안셀무스. 『모놀로기온 프로슬로기온』. 박승찬 역. 서울: 아카넷, 2014.
알더스, G. Ch. 『화란주석 창세기 I』. 기독지혜사 편집부 역. 서울: 기독지혜사, 1986.
알렉산더, 데스몬드. 『에덴에서 새 예루살렘까지』. 배용덕 역. 서울: 부흥과개혁사, 2014.
알렉산더, 데스몬드 · 로즈너, 브라이언. 『IVP 성경 신학 사전』. 출판부 역. 서울: 한국기독학생출판부, 2004.
알베리고, 주세페 외. 『보편 공의회 문헌집 제3권: 트렌토 공의회·제1차 바티칸 공의회』. 김영국 외 2인 역. 서울: 가톨릭출판사, 2013.
알트하우스, 파울. 『루터의 신학』. 이형기 역. 고양: 크리스챤다이제스트, 2008.
암브로시우스. 『나봇 이야기』. 최원오 역. 왜관: 분도출판사, 2012.
암브로스, 아이작. 『예수를 바라보라 1』. 송용자 역. 서울: 부흥과개혁사, 2011.
에릭슨, 밀라드 J. 『복음주의 조직신학(중)』. 현재규 역. 고양: 크리스챤다이제스트,

2012.
오리게네스. 『원리론』. 이성효 외 3인 역. 서울: 아카넷, 2014.
오미어러, 토마스. 『신학자 토마스 아퀴나스』. 이재룡 역. 서울: 가톨릭출판사, 2012.
워필드, 벤자민 B. 『칼뱅: 하나님·성경·삼위일체 교리 해설』. 이경직 · 김상엽 역. 서울: 새물결플러스, 2015.
워커, 윌리스턴. 『기독교회사』. 송인설 역. 고양: 크리스천다이제스트, 2016.
월레스, 로날드 S. 『칼빈의 기독교 생활 원리』. 나용화 역. 서울: 기독교문서선교회, 2013.
월터스, 알버트. 『창조 타락 구속』. 양성만 · 홍병룡 역. 서울: 한국기독교학생회출판부, 2007.
월튼, 존 H. 『NIV 적용주석: 창세기』. 김일우.전광규 역. 서울: 한국성서유니온선교회, 2007.
웨어, 디모데. 『동방정교회의 역사와 신학』. 이형기 역. 서울: 한국장로교출판사, 2008.
윌리암슨, G. I. 『웨스트민스터 소요리문답 강해』. 문성출 역. 대구: 양문출판사, 1988.
윌리엄, 딘. 『제3세계 해방신학』. 강인철 역. 왜관: 분도출판사, 1993.
예딘, 후베르트. 『세계공의회사』. 최석우 역. 왜관: 분도출판사, 2006.
젠트리, 피터 J. J · 웰럼, 스티븐. 『언약과 하나님 나라』. 김귀탁 역. 서울: 새물결플러스, 2017.
존더반 NIV 스터디 바이블 편찬팀. 『NIV 스터디 바이블』. 김대웅 외 7인 역. 서울: 부흥과개혁사, 2016.
줄리어스 노리치, 존. 『교황 연대기』. 남길영 외 2인 역. 서울: 바다출판사, 2014.
줌켈러, 아돌라르. 『아우구스티누스 규칙서』. 이형우 역. 왜관: 분도출판사, 2006.
질송, 에티엔느. 『중세 철학사』. 김지찬 역. 서울: 현대지성사, 2013.
_____. 『아우구스티누스 사상의 이해』. 김태규 역. 서울: 성균관대학교출판부, 2011.
차녹, 스티븐. 『하나님을 아는 지식 1』. 임원주 역. 서울: 부흥과개혁사, 2015.
칼빈, 존. 『칼빈주석: 로마서』. 박문재 역. 고양: 크리스챤다이제스트, 2013.
_____. 『칼빈성경주석 16: 공관복음 Ⅰ』. 존 칼빈 성경주석 출판위원회 역. 서울: 성서연구원, 2012.
_____. 『칼빈성경주석 16: 공관복음 Ⅱ』. 존 칼빈 성경주석 출판위원회 역. 서울:

성서연구원, 2012.
_____. 『칼빈성경주석 19: 빌립보서』. 존 칼빈 성경주석 출판위원회 역. 서울: 성서연구원, 2012.
_____. 『칼빈성경주석 19: 갈라디아서』. 존 칼빈 성경주석 출판위원회 역. 서울: 성서연구원, 2012.
_____. 『칼빈성경주석 19: 고린도전서』. 존 칼빈 성경주석 출판위원회 역. 서울: 성서연구원, 2012.
_____. 『칼빈성경주석 1: 창세기 Ⅰ』. 존 칼빈 성경주석 출판위원회 역. 서울: 성서연구원, 2012.
_____. 『칼빈성경주석 5: 시편 Ⅳ』. 존 칼빈 성경주석 출판위원회 역. 서 울: 성서연구원, 2012.
칼빈, 존. 『라틴어 직역 기독교 강요』. 문병호 역. 서울: 생명의 말씀사, 2012.
칼훈, 데이비드. 『칼뱅을 읽다』. 홍병룡 역. 서울: 죠이선교회, 2108.
켈러, 팀. 『왕의 십자가』. 정성묵 역. 서울: 두란노서원, 2013.
코플스톤, F. 『중세철학사』. 박영도 역. 고양: 도서출판 서광사, 2016.
_____. 『에베소서 강해』. 송영의 역. 서울: 지평서원, 2012.
_____. 『요안네스 크리소스토모스의 요한복음 설교 Ⅰ』. 염창선 역. 천안: 호서대학교 출판부, 2011.
케이픽, 켈리 M · 맥코맥, 브루스 L(편). 『현대 신학 지형도』. 박찬호 역. 서울: 새물결플러스, 2016.
크레취마르 · 프리스(편). 『신학의 고전 Ⅰ』. 정지련 역. 서울: 대한기독교서회, 2008.
크로스웨이 ESV 스터디 바이블 편찬팀. 『ESV 스터디 바이블』. 신지철 외 4인 역. 서울: 부흥과개혁사, 2014.
크루쉐, 베르너. 『칼빈의 성령론』. 정일권 역. 부산: 고신대학교 개혁주의학술원, 2017.
크리소스톰, 요한. 『로마서 강해』. 송종섭 역. 서울: 지평서원, 2010.
클로체, E. H. 『기독교 교리사』. 강정진 역. 서울: 기독교문서선교회, 2002.
클린데닌, 대니엘 B. 『동방 정교회 신학』. 주승민 역. 서울: 은성출판사, 2012.
키너, 크레이그 S. 『NIV 적용주석: 요한계시록』. 배용덕 역. 서울: 도서출판 솔로몬, 2010.
킹스베리, J. D. 『마가의 기독론』. 김근수 역. 서울: 도서출판 나단, 1994.

_____. 『이야기 마태복음』. 권종선 역. 서울: 요단출판사, 2006.
큉, 한스. 『교회』. 정지련 역. 서울: 한들출판사, 2007.
티슬턴, 앤서니 C. 『조직신학』. 박규태 역. 서울: 한국기독학생회출판부, 2018.
_____. 『성경 해석학 개론』. 김동규 역. 서울: 새물결플러스, 2018.
_____. 『두 지평』. 박규태 역. 서울: 한국기독학생회출판부, 2017.
_____. 『기독교 교리와 해석학』. 김귀탁 역. 서울: 새물결플러스, 2016.
파이퍼, 존. 『칭의 논쟁』. 신호섭 역, 서울: 부흥과개혁사, 2009.
판넨베르크, 볼프하르트. 『신학과 철학 I』. 오성현 역. 서울: 도서출판 종문화사, 2019.
_____. 『신학과 철학 II』. 오성현 역. 서울: 도서출판 종문화사, 2019.
_____. 『판넨베르크 조직신학 I』. 신준호 · 안희절 역. 서울: 새물결플러스, 2018.
_____. 『판넨베르크 조직신학 II』. 신준호 · 안희절 역. 서울: 새물결플러스, 2018.
판넨베르크, 볼프하르트 외 4인. 『신 인간 과학-우주 생명 정신을 주제로 한 석학들의 대화』. 여상훈 역. 서울: 도서출판 씽크스마트, 2018.
팜필루스, 유세비우스. 『유세비우스의 교회사』. 엄성옥 역. 서울: 도서출판 은성, 2008.
패커, 제임스 I. 『청교도 사상』. 박영호 역. 서울: 기독교문서선교회, 2001.
퍼킨스, 윌리엄. 『황금사슬』. 김지훈 역. 용인: 킹덤북스, 2016.
퍼거슨, 데이비드. 『우주와 창조자』. 전성용 역. 서울: 도서출판 세 복, 2009.
페스코, 존. 『태초의 첫째 아담에서 종말의 둘째 아담 그리스도까지』. 김희정 역. 서울: 부흥과개혁사, 2012.
펠리칸, 자로슬라브. 『고대교회 교리사』. 박종숙 역. 서울: 크리스챤다이제스트, 1999.
포드, 데이비드 F(편). 『현대 신학과 신학자들』. 류장열 외 3인 역. 서울: 기독교문서선교회, 2006.
포시디우스. 『아우구스티누스의 생애』. 이연학 · 최원오 역. 왜관: 분도출판사, 2009.
푈만, H.G. 『교의학』. 이신건 역. 서울: 신앙과지성사, 2013.
프롱크, 코르넬리스. 『도르트 신조 강해』. 황준호 역. 용인: 그 책의 사람들, 2014.
프랑크, 칼 수소. 『기독교 수도원의 역사』. 최형걸 역. 서울: 도서출판 은성, 2006.
프란츠, 아우구스트. 『세계 교회사』. 최석우 역. 왜관: 분도출판사, 2013.
프레임, 존 M. 『존 프레임의 조직신학』. 김진운 역. 서울: 부흥과개혁사, 2017.

참고 문헌　553

_____. 『신론』. 김재성 역. 서울: 개혁주의신학사, 2014.
플래처, 윌리엄 C. 『기독교 신학사』. 박경수 역. 고양: 크리스챤다이제스트, 2007
_____. 『신학의 역사』. 이은선 · 이경섭 역. 서울: 기독교문서선교회, 1996.
피셔, 에드워드 『토머스 보스턴과 함께 읽는 개혁 신앙의 정수』. 황준호 역. 서울: 부흥
　　　　과개혁사, 2018.
핑크, 아더. 『인간의 전적 타락』. 서문강 역. 서울: 청교도신앙사, 2006.
하우스, 폴 R. 『구약신학』. 장세훈 역. 서울: 기독교문서선교회, 2007.
해밀턴, 빅터. 『출애굽기』. 박영호 역. 서울: 도서출판 솔로몬, 2017.
_____. 『NICOT 창세기 I』. 임요한 역. 서울: 부흥과개혁사, 2016.
헤그룬트, 벵트. 『신학사』. 박희석 역. 서울: 성광문화사, 2014.
헨더렌, J. 판 . 펠레마, W. H. 『개혁교회 교의학』. 신지철 역. 서울: 새물결플러스,
　　　　2018.
헨리, 매튜. 『출애굽기, 레위기』. 김병하 역. 고양: 크리스챤다이제스트, 2011.
_____. 『민수기, 신명기』. 원광연 역. 고양: 크리스챤다이제스트, 2011.
_____. 『창세기』. 원광연 역. 고양: 크리스챤다이제스트, 2008.
호튼, 마이클. 『언약적 관점에서 본 개혁주의 조직신학』. 이용중 역. 서울: 부흥과개혁
　　　　사, 2012.
_____. 『언약신학』. 백금산 역. 서울: 부흥과개혁사, 2009.
홀, 데이비드 W. · 릴백, 피터 A(편). 『칼빈의 기독교 강요 신학』. 나용화 외 역. 서울:
　　　　기독교문서선교회, 2009.
홀콤, 저스틴. 『신조를 알면 교회사가 보인다』. 이심주 역. 서울: 부흥과개혁사, 2015.
홀트롭, 필립. 『기독교 강요 연구핸드북』. 박희석 · 이길상 역. 고양: 크리스챤다이제
　　　　스트, 2003.

국내 서적

김영재(편). 『기독교 신앙고백』. 수원: 도서출판 영음사, 2011.
목창균. 『현대 신학 논쟁』. 서울: 두란노서원, 2009.
문병호. 『칼빈신학: 근본 성경교리 해석』. 서울: 지평서원, 2017.
_____. 『기독론』. 서울: 생명의말씀사, 2016.
_____. "*Christus Mediator Legis* : 칼빈 율법관의 기독론적 기초". 「신학지남」 통권 281호 (2004), 264-290.
박만. 『현대 신학 이야기』. 서울: 살림출판사, 2015.
배정훈. "세상 속에서의 수도적 삶: 마태복음 7장 13-14절에 대한 요한 크리소스톰의 해석". 「갱신과 부흥」 Vol. 23 (2019), 32-70.
신준호(편). 『칼 바르트 교회교의학 해제』. 서울: 새물결플러스, 2015.
이상규(편). 『칼빈과 종교개혁가들』. 부산: 고신대학교 개혁주의학술원, 2012.
이신열. "칼빈의 유비(analogy) 이해". 「갱신과 부흥」 17 (2017), 38-68.
_____. "조나단 에드워즈(Jonathan Edwards)의 창조론에 나타난 만유재신론(Panentheism)의 역할". 「장로교회와 신학」 제13호 (2017), 181-202.
_____. "부에 대한 칼빈의 이해". 「행복한 부자학회」 제3권. 제2호 (2014), 47-70.
_____. "칼빈의 『공관복음 주석』에 나타난 섭리 이해". 「개혁논총」 24 (2012), 153-181.
_____. 『칼빈 신학의 풍경』. 서울: 도서출판 대서, 2011.
우병훈. 『처음 만나는 루터』. 서울: 한국기독학생회출판부, 2017.
_____. 『그리스도의 구원』. 서울: SFC출판부, 2014.
조윤호. "워필드의 'The Higher Life' 성화 교리에 대한 비판", 「갱신과 부흥」 Vol. 21 (2018), 151-187.
_____. "바르트의 계시 신학 비판", 「선교교육연구」 Vol. 2 (2018), 42-77.
_____. "요한복음 19:30의 '다 이루었다'가 의미하는 것". 「갱신과 부흥」 Vol. 20 (2017), 198-235.
최윤배. 『잊혀진 종교개혁자 마르틴 부써』. 서울: 대한기독교서회, 2015.

간추린 기독론

도널드 맥클라우드 지음 | 우상현 옮김 | 사륙변형판 | 188면

　기독교 정통 기독론을 평생 연구하고 깊이 묵상한 신학자가 예수 그리스도의 인격과 사역을 쉬운 언어로 풀어 썼다. "그리스도의 인성은 타락했는가?", "그리스도는 실제로 시험받으셨나?", "하나님은 왜 자기 아들을 희생시키셨나?", "바울은 예수를 하나님으로 고백했나?" 등 10개의 질문에 답하며 기독론의 핵심 내용 내용을 전달한다. 실질적이며 무겁지 않게 명쾌하고 예리한 통찰과 논리로 기독교의 정수를 말해 준다.

언약과 구원론

마이클 호튼 지음 | 김찬영, 정성국 옮김 | 신국판 | 600면

    미국 웨스트민스터신학교(캘리포니아) 조직신학 교수인 마이클 호튼 박사의 언약신학 4부작의 세 번째 책으로, 기독교 구원을 언약신학적 관점에서 논했다. 호튼은 율법과 복음 및 그리스도와의 연합, 칭의와 신화(神化)를 살펴보며 정통적 관점에서 오늘날의 관점들과 대화하고 비평하며, 정통적 관점이 성경적으로, 신학적으로 타당함을 논증한다. 구원론과 관련해 비교적 폭넓은 담론을 다루고 본질적인 쟁점을 드러낸다. 전문적 식견을 함양하고자 하는 목회자와 신학생에게 본서를 추천한다.